TAE

NOUS TOUS

French 2

Gilbert A. Jarvis   **Thérèse M. Bonin**

Diane W. Birckbichler

HOLT, RINEHART AND WINSTON, INC.

AUSTIN   NEW YORK   SAN DIEGO   CHICAGO   TORONTO   MONTREAL

Contents

SCOPE AND SEQUENCE

CH.	FUNCTION	STRUCTURE	VOCABULARY	CULTURE
1	Reviewing topics learned in **Et vous?**	Articles and nouns Verbs Questions Adjectives Possession Negation Demonstrative adjectives Prepositions **passé composé** Object pronouns	Numbers Dates and time Days of the week Months Seasons and weather Expressions with **faire** Question words Clothing Colors Expressions with **avoir**	
2	Telling where you come from or what you've just done Talking about nationalities Referring to people already mentioned Combining sentences	The verb **venir** Adjectives and nouns of nationality The indirect object pronouns **lui** and **leur** Using the relative pronouns **qui** and **que**	Hobbies and Pastimes Adjectives of nationality	Shopping in Paris The languages of Belgium **Le jeu de boules** Stamp collecting
3	Asking for information Giving more information Comparing two things or people Talking about people already mentioned	Interrogative pronouns Verbs and prepositions The comparative Object pronouns **me, te, nous, vous**	Farm animals Life in the country	Rural life School life in the country Village markets The daisy game
4	Getting ready for the day Talking about yourself and what you do Talking about driving Expressing *most* and *least*	Reflexive verbs in the infinitive Reflexive verbs in the present tense The verb **conduire** and related vocabulary The superlative	City life Driving Reflexive verbs that describe daily activities	Controversial buildings in Paris **L'Université de Paris** The automobile in France Skyscrapers in Paris
5	Talking about what we do or feel Talking about past activities Talking about what we wear and put on Describing things and people	Other reflexive verbs Reflexive verbs in the **passé composé** The verb **mettre** and related expressions Adjectives that change meaning	Rights and responsibilities of young people Reflexive verbs that describe feelings	Rights and duties of teenagers The countries of the **Maghreb** North African presence in France Léopold Sédar Senghor
6	Talking about giving and receiving Talking about the past Looking at the past in two different ways Talking about people and places with which you are familiar	**recevoir** and verbs like **offrir** The **imparfait** The **imparfait** versus the **passé composé** The verb **connaître**	Holidays Special occasions Giving and receiving gifts	Christmas New Year's traditions Bastille Day The national holiday of Quebec

CH.	FUNCTION	STRUCTURE	VOCABULARY	CULTURE
7	Talking about the future Talking about the future Referring to things already mentioned Combining ideas in complex sentences	The future tense Irregular verbs in the future tense The pronoun **en** **ce qui** and **ce que**	The future Ecology and pollution	**Le TGV (train à grande vitesse)** Prehistory in France The **Ariane** rocket Solar energy
8	Expressing what would happen Saying what you would do if... Talking about places already mentioned Talking about things you say or tell to others	The conditional tense **si** clauses and the conditional tense The pronoun **y** The verb **dire**	World affairs	**Le Musée d'Orsay** French scientists Construction of the **Eurotunnel** The Red Cross
9	Telling what you have to do, what you want, or how you feel Indicating the absence of people or things Telling others what to do Talking about where and how you live	The subjunctive of regular verbs Negative expressions Object pronouns in commands The verb **vivre**	Immigration Adjusting to a new culture	French place names in America French-speaking Canada French explorers in North America Louisiana
10	Talking about what you see and believe Expressing desires and emotions Expressing other desires and emotions Expressing two related actions	The verbs **voir** and **croire** The subjunctive of several irregular verbs The subjunctive of other irregular verbs Present participles	Animals	Saint Bernards **La Camargue** Wild animals of Cameroon Animal metaphors
11	Expressing emotions and doubt Expressing opinions and making judgments Indicating which one Talking about what you have to do	The subjunctive after expressions of emotion or doubt The subjunctive after expressions of judgement Demonstrative pronouns The verb **devoir**	Relationships	Marriage in France Laws pertaining to the family Women in the working world Social life of teenagers
12	Referring to more than one person or thing Expanding descriptions Indicating purpose or restrictions Talking about what is done	Double object pronouns Relative pronouns with prepositions The subjunctive with conjunctions The passive voice	Creative professions Architecture	French impressionist art Haitian art Stained-glass windows **Le Louvre**

Révision et Expansion Topics

Teacher's Preface

INTRODUCTION

Much has been learned about language acquisition in recent years. The new editions of **Et vous?** and **Nous tous** incorporate that knowledge in a way that takes into account the realities of today's classroom. In creating this state-of-the-art series, we have incorporated the following features:

1. *An emphasis on meaning and communication.* Too often in the past, foreign language instruction has separated language from meaning, resulting in negative student attitudes and in a misconception of language learning as a dull, repetitive memorization of strange forms that have little to do with real life. With the materials in this series, you can engage students in communication from the first day of class rather than promise them communication "someday."

2. *An opportunity for you, the teacher, to improve the quality of instruction by taking into account your classroom facilities, your students' interests and abilities, and your own personality and goals.* The teacher is not a technician who follows the prescriptions of the textbook, but a professional who uses his or her knowledge to decide how to use the textbook as a resource. What to have students do with a conversation or an interview, what sequence of activities is appropriate, whether an activity should be done in small groups or by the whole class—oral or written—are all decisions best made by you. While offering abundant material and a workable framework for teaching French, this series does not impose any single methodology. It can easily be adapted to different teaching styles, student abilities, and course objectives. At the same time, the suggestions in the Teacher's Annotated Edition contain an abundance of cultural facts, optional teaching strategies, and quick-reference answers to activities that provide you with the greatest possible support in making decisions quickly, conveniently, and confidently.

3. *A functional approach that relates each grammar point to its function or role in communication.* We believe that a function-oriented approach, while in many ways advantageous, must be combined with a pedagogically sound grammar sequence if true proficiency is to be achieved in an efficient manner.

4. *A richness and variety of cultural insights that increase students' intercultural awareness.* Students read about French culture and see aspects of it depicted in the **Contextes culturels.** They see reflections of the culture in readings or dialogues, they draw cultural conclusions from the way an idea is expressed in French, and they are presented with the opportunity to learn cultural customs and practices from the contexts of the activities. Whatever the approach, students increase their knowledge and understanding of cultures that are different from their own.

When we examined the teaching of French in middle schools, junior high schools, and senior high schools across the country, we were immediately struck by the enormous diversity of teaching styles and environments. With this observation in mind, we have designed a series that allows for diversity while improving the quality of the teaching-learning process and increasing students' enthusiasm for learning a new language.

Teachers can make a difference in attitudes toward learning, and our textbook will help to give students a positive attitude. We have carefully tested the materials in our series, using students in classrooms across the country. Their responses, and the responses of the teachers, have been invaluable in shaping the series and in reinforcing our conviction that, in your hands, **Et vous?** and **Nous tous** can make a significant difference in language learning.

Gilbert A. Jarvis
Thérèse M. Bonin
Diane W. Birckbichler

The Ohio State University

I. Organization of *Nous tous*

The HRW French series consists of **Et vous?** (Level 1), **Nous tous** (Level 2), and **Sans Bornes** (Level 3).

Nous tous is divided into one review chapter, 11 teaching chapters, and four supplementary reading chapters. Instructions for activities are given in English for chapters 1 through 6 and in French for chapters 7 through 12. The first chapter, **Chapitre passerelle**, contains an introductory dialogue and comprehension activity followed by four review sections entitled **Révisions**. Each of the chapters 2 through 12 is organized as follows.

A. **INTRODUCTION.** Each chapter begins with an **Introduction** that contains a variety of activities: (**1**) **Le français en contexte,** a lively dialogue or reading, followed by a **Compréhension** to evaluate understanding; (**2**) **Les mots et la vie,** which presents new vocabulary through pictures, contextualization, and recognition activities; and (**3**) a **Communication** section that encourages students to use the new vocabulary creatively.

B. **EXPLORATIONS.** Each chapter contains four **Explorations** of major grammatical structures. Each **Exploration** is divided into three sections: (**1**) the **Présentation** explains the grammar topic and relates it to a communicative function; (**2**) the **Préparation** provides contextualized, structured practice of the new function and structure; and (**3**) the **Communication** gives students the opportunity to relate the new material to their own lives through open-ended, personalized activities. The **Contextes culturels** found within the **Explorations** provide cultural information and enrichment. A **Révision et Expansion** at the end of each **Exploration** serves to expand concepts taught in the chapter by reviewing previously learned related structures or by presenting a new perspective or use of the grammar concept at hand.

C. PERSPECTIVES. The **Perspectives** section uses readings, dialogues, and communication activities to integrate and reinforce the language presented in the chapter. Each **Perspectives** is divided into three sections: (**1**) the **Lecture,** a reading or conversation, followed by a **Compréhension;** (**2**) the **Communication** activities; and (**3**) a **Prononciation** section to review and reinforce the new sound system. Each **Communication** includes a partial dictation exercise, a global listening exercise, and an activity in which the student gives a personal reaction to a drawing or cartoon.

D. INTÉGRATION. In this optional section, a series of activities, organized by language skill, reviews and integrates the material from the chapter: (**1**) **Écoutez bien** checks aural comprehension; (**2**) **Lisez un peu** provides practice in reading skills; (**3**) **Écrivez** provides writing practice; and (**4**) **Parlons ensemble** gives students practice speaking in challenging and realistic situational role plays.

E. VOCABULAIRE. Each chapter ends with a comprehensive vocabulary list organized into thematic or grammatical categories such as "Nouns related to city life" or "Verbs and verbal expressions."

F. GAZETTES. Located after every third chapter, these colorful, magazine-like sections offer students an opportunity to develop reading strategies, such as contextual guessing and the use of cognates, that will help them read French more easily and effectively. The readings have been selected for their authenticity and their appeal to teenagers.

II. Instructional Strategies

Each section of **Nous tous** has been designed to provide maximum flexibility and to be used in a variety of ways, depending on available class time and your own preferences as well as on the needs, goals, and interests of the class and of individual students. For most programs, instructional strategies will emphasize communicative proficiency in all the skills.

A. CHAPITRE PASSERELLE

Here are some specific strategies for the **Chapitre passerelle**. This chapter is a comprehensive review of concepts taught in **Et vous?** and may be utilized in a number of different ways.

1. **Introduction.** The dialogue, vocabulary boxes, and activities found in the first part of the chapter give you and your students the opportunity to get acquainted and to engage in enjoyable activities while reviewing concepts presented in the first year. This serves to create a positive environment and to lend enthusiasm to the class from the start of the school year.

   • Do fast-paced reviews of vocabulary. For example, to review numbers, write different numbers on the chalkboard, and quickly ask the class or individual students to say them.

- Use the teacher's annotations and your own ideas to extend activities. For example, to review the alphabet and the spelling of important words you can create different games, such as hangman or rapid-response spelling of known vocabulary.

- Ask related questions. For the section on weather, you might ask, **Quel temps fait-il aujourd'hui? Où est-ce qu'il fait très froid? En quelle saison est-ce qu'il neige souvent?**

- Have students work with partners or in small groups to practice greetings and get-acquainted activities.

- After students work in pairs or in groups, ask them to report what they found out. Ask, for example, **Comment s'appelle-t-il? Où est-ce qu'il / elle habite?**

2. **Révisions.** The four **Révisions** contained in the **Chapitre passerelle** are each divided into three or four **Présentations,** each of which reviews one or more grammatical structures. These grammar explanations can be presented in a short amount of time, as they are concepts with which students should already be familiar. These **Présentations** are augmented by a thematic vocabulary review where appropriate. The presentation of grammar is followed by a section entitled **Activités,** which progresses from structured exercises to more open-ended, personalized activities. The order in which you present the **Révisions** depends on your own preferences and the needs of your students.

For suggestions on presenting the opening dialogue, see **B. Introduction,** on pages T10 to T12. For suggestions on using the exercises in the **Révisions,** see the description of **Préparation** and **Communication** activities on pp. T14 to T19.

Here are some specific instructional strategies for **Chapitres 2–12.**

B. INTRODUCTION

1. **Le français en contexte** and **Compréhension.** One prerequisite to comprehension is the ability to relate new information to pre-existing knowledge of oneself, of other people, and of one's environment. **Nous tous** strengthens that ability by providing interesting language-in-context passages that are based on previously learned structures. Here are some ways to enhance comprehension of these passages. Most of these teaching suggestions will also apply to the language-in-context **Lecture** in the **Perspectives** section of each chapter.

   a. **Prereading activities.** Below are possible prereading strategies.

   - "Set the scene" with a brief introduction in French or in English.

   - Relate the content of the **Introduction** to students' lives. For example, in **Chapitre 2,** two teenagers are discussing a shared interest in photography. You might ask students in this instance: **Aimez-vous prendre des photos?** or **Avez-vous un appareil-photo?**

- Ask students to use the title and the accompanying illustrations to try to guess what the passage is about.

- Ask students to answer the prereading question that appears in a teacher's note before the reading.

- Present new vocabulary through visual aids, gestures, French synonyms or paraphrases, and English translations. The marginal glosses can serve as a reference point if students do not remember the meanings of the new words.

- Ask students to anticipate content by looking over the **Compréhension** before reading or listening to the passage.

- Put the **Introduction** without glosses on a duplicating master, and see how many meanings of words students can guess from the context in which they occur.

- If the passage is assigned as homework, students can study the marginal glosses first and think about the word meanings as they read.

b. **Presenting the dialogue.** After students have been exposed to new vocabulary and the scene has been set, they will be better prepared to deal with the entire dialogue. Although it can be introduced in one day, you might want to present several lines one day and the remaining lines on another. The presentation of the dialogue can take several forms.

- Use transparencies and other visuals that illustrate the dialogue before students see it in written form.

- Put the dialogue on a transparency, and read it through with the class, pointing out those parts that students should note. Use visuals to reinforce the content.

- Have students listen to the tape before seeing the dialogue. As follow-up, have students listen to the tape again after they have learned the vocabulary and reviewed the **Compréhension**. Students will be surprised at how much they understand the second time.

- Ask students to read or to listen to the **Introduction** and look for the main idea.

- Assign the reading as homework or as in-class work, and go over the dialogue the next day in class.

Each of these presentations has an appropriate time and place in the classroom. What is essential is that *students be attentive to the meaning* of what they are seeing and hearing, no matter which presentation strategy is used.

c. **Using the Compréhension.** Although individual or whole-class repetition of a dialogue or reading helps pronunciation of new vocabulary and sentence patterns, this activity does not guarantee comprehension of the dialogue. Here are some suggestions for using the **Compréhension** to determine whether students have understood the dialogue.

- Ask the **Compréhension** questions orally after the class has listened to or read the dialogue.

- Assign the **Compréhension** as homework, and go over it the next day in class. You might put answers on a transparency so that students can easily check their responses.

- Assign a question or questions to individual students or to small groups of students, who will then be responsible for finding the answers and reporting back to the rest of the class.

- Use the questions as a game to see which student or team of students can find the answers to the questions in the shortest period of time.

d. **Other follow-up activities.** Have students

- match the lines of a conversation or reading with visuals.

- select the accurate sentences from a summary of the dialogue you provide that contains some misinformation.

- make up their own questions to ask each other.

- draw or find pictures that summarize the content or illustrate particular parts of the dialogue and discuss them orally or in writing.

- make up a new title for the reading (in English in early chapters and later in French) or choose from among titles you suggest.

- create a new beginning or end for the dialogue or rewrite the material, relating it to their lives.

- put scrambled sentences or related illustrations in the right sequence.

- summarize the dialogue in French or English.

- play the role of a character or characters in a conversation and arrange for other students to ask them questions.

2. **Les mots et la vie.** This section introduces vocabulary that is related to the chapter theme, using both visuals and context. The visual presentation of concrete vocabulary is followed by two short paragraphs that present opposing points of view concerning the chapter theme. These paragraphs introduce new vocabulary that does not lend itself to visual presentation but is easily deduced from the context. The new vocabulary items in these paragraphs are underlined in the Teacher's Annotated Edition.

Present the new vocabulary by relating it to the students' knowledge and interests. For example, in **Chapitre 3,** you can ask in English what animals live on a farm and let them use the visuals to discover the equivalent French words. Encourage students to figure out the meaning of unfamiliar words from visual cues or, in the case of the point-of-view paragraphs, from context.

You may also choose to present vocabulary by using visuals, gestures, French synonyms, and English equivalents or by assigning the vocabulary as homework or in-class work.

The closed-ended exercises that follow each vocabulary presentation will help to reinforce vocabulary acquisition. Vocabulary acquisition can be furthered by physical response activities, which motivate students and minimize the use of English, and which allow students to demonstrate understanding without requiring premature production of words and patterns. You might play charades, ask students to give and act out commands, or engage in role-play activities with real props, pictures, or cutouts.

3. **Communication.** The **Communication** section includes a variety of open-ended exercises in which the student is encouraged to relate the new vocabulary to his or her own life. For ideas on how the **Communication** exercises can be used to develop proficiency, see Section C3, **Communication,** on pages T15 to T19. The students can also relate the vocabulary to their own lives by giving their reactions to the point-of-view paragraphs. These paragraphs can also serve as the starting point for small-group or whole-class discussions of the issues presented.

C. EXPLORATIONS

1. **Présentation.** The **Présentation** explains a point of French grammar and its communicative functions. It provides a concise grammar explanation in English and examples of the pattern with accompanying English translations. Each **Présentation** is divided into subsections. Here are a variety of ways for handling the **Présentation** section.

   • Present the structure by using it in context.

   • Use transparencies or other visuals to give examples of the grammar so that students can formulate the general rules that govern usage.

   • Have students look over the **Présentation** at home, then discuss it the next day.

   • Lead the students through the **Présentation** while discussing the use of the pattern in the sample sentences.

   • Use the **Présentation** for review or for makeup work.

   Each **Présentation** begins with a brief statement about how the grammar is used to communicate in French, so that students can immediately see the usefulness of the structure. You can extend the functional approach by making additional comments or by asking other questions. For example, when talking about the negative, ask students to think of situations in which they might want to make a negative statement. Or, before introducing the **passé composé,** ask students to consider what communication would be like if they could not talk about past events. In addition to helping students see the usefulness of the material they are studying, these questions heighten the students' awareness of their own language and of language in general.

The **Présentations** in the Teacher's Annotated Edition include repetition, substitution, and transformation drills that give students initial practice in manipulating structures and making rapid responses within controlled language. The number of drills you use will depend on student needs, class time, and your own preferences. If students are able to easily understand a particular grammar concept, few preparatory drills will be necessary, and students can progress to the **Preparation** and **Communication** sections.

2. **Préparation.** The **Préparation** activities are a bridge between the simple manipulation required by the drills in the Teacher's Annotated Edition, where students focus on grammar forms and linguistic accuracy, and the **Communication,** where the transmission of ideas is the primary goal. Although the **Préparation** activities are set in realistic contexts, the student does not yet give personal or open-ended responses. The **Préparation** exercises progress from easier to more challenging activities.

- The **Préparation** activities can be used immediately after doing all or part of the drills in the Teacher's Annotated Edition.

- You can have students complete the **Préparation** immediately after the grammar presentation and do the drills in the Teacher's Annotated Edition only if more work is needed.

- You may choose to do selected activities rather than to complete the entire section in class. The activities you select will depend on student abilities, class time, and the extent to which students understand various grammar points.

- Selected **Préparation** activities can also be assigned as written homework.

- You can move quickly to the **Communication,** using the **Préparation** activities for remedial work.

Suggestions for modifying or extending the **Préparations** are found in the margins of the Teacher's Annotated Edition. You may wish to do some **Préparation** activities with books closed and others with books open. The exercises done with books open can then be repeated with books closed. It is important that you "set the stage" for an activity by establishing its context so that students readily associate the response with the situation. Be sure to draw attention to the model sentence so that students clearly understand their task. When used in class to improve oral skills, the **Préparation** activities can be assigned in various ways.

- Give cues, and have students respond individually or as a class.

- Give a student the correct answers, and have him or her complete the activity with the class.

- Divide students into small groups, each of which has a student leader with correct answers. You can circulate to check each group's progress.

- Have students role-play certain activities, especially those in which two people are engaged in a guided conversation.

3. **Communication.** The **Communication** sections of **Nous tous** provide rich and varied contexts in which students express their own ideas. Below are some ways to encourage communication, as well as some practical suggestions for dealing effectively with the wide variety of communication activities that appear throughout **Nous tous**.

   a. **Encouraging communication.** In a communicative classroom, students use what they know to express their ideas, which should be listened to and valued. A **Communication** activity can be done several times throughout the week. Each time it is done, various students will respond in different ways, thereby creating new practice for everyone.

   b. **Correcting errors.** There are varying philosphies with regard to error correction. Some teachers believe students generally do not need to be corrected as long as a native speaker could understand them. Those teachers will feel that correction should be limited to the activities where the production of correct forms is a paramount goal. Other teachers are fairly consistent in identifying and correcting errors of form as they occur. Whatever the case, in correcting errors, you must leave room for students to speak freely and to take risks in expressing ideas, while maintaining standards that enable the students' language abilities to develop to the fullest.

   Errors can be pointed out to students in subtle ways. If a student says **J'ai sorti,** you can rephrase the statement: **Ah, vous êtes sorti.** You can also respond with a variation of the correct structure: **Moi, je ne suis pas sorti.** You can point out frequently recurring mistakes to the entire class rather than singling out the individual who has made the error. The **faute de la semaine** (or **le feu rouge de la semaine**) can be placed on a chalkboard or bulletin board, and every student in the class can be corrected when he or she makes that particular error. Students may be encouraged to expect errors and to learn from them. They can, for example, correct errors themselves that you have marked or correct each other's errors. Whatever strategies are used, the classroom environment should encourage students to take risks, to be willing to make errors, and to try to express ideas that are important to them.

   c. **Using small groups.** Many of the activities in **Nous tous** are easily adaptable to small groups. There are numerous benefits to small-group work.

   • Small-group work encourages communication and cooperation.

   • Communication is more lifelike in small-group work.

   • Students may be more at ease in small groups.

   • Each student talks more frequently in small groups.

   • In addition to providing vocabulary or help when needed, you can participate in—rather than direct—conversations.

   The effectiveness of small-group work is largely dependent on the direction and structure you provide. First, the task should be clearly defined so that students know exactly what they are to do. For example, to ask students to get together to find out each other's favorite school subjects would be too unstructured for many students. The formats employed in the **Communication** provide more specific guidance for students. Second, the time allotted should be clearly indicated. Students should be given enough time to complete the task without being distracted. Third, students should be responsible for the information found during their tasks. If they are to ask each other questions, they can report back to the class what they learned about the student(s) interviewed. They can also write a short report. Students could put some of this information on 3″×5″ cards and tack them on the bulletin board: **Julien préfère vivre à la campagne parce qu'il aime la nature.** These cards could subsequently be used for a whole-class activity.

d. **Communication activities.** Here are some examples of communication activities in **Nous tous** and possible ways to use them as whole-class or small-group activities.

Interviews. Students use questions that are provided to interview another student or make up questions to ask, using suggestions provided.

Sample Activity (See p. 77.)

Une sortie. Ask questions about an outing that a partner had recently. It could be a trip to the country, an evening out, or perhaps a visit with friends. Use the suggestions from the columns below to form your questions, and feel free to add ideas of your own.

EXEMPLE — **Chez qui es-tu allé(e)?**
— **Je suis allé(e) chez des amis qui habitent à la campagne.**

qui	aller
de quoi	faire
avec qui	rester
chez qui	manger
qu'est-ce que	sortir
qu'est-ce qui	parler

These interviews can be set up with one student asking the questions and the other responding; the roles can then be reversed. In addition, the activity can become more like a conversational exchange if the student answers a question and then asks about his or her partner. Small groups can also be used: students can start with one question and pass that question around the group until everyone has asked and answered the question. The same procedure is followed with the remaining questions.

Students can prepare questions for homework. If the questions are used for in-class interviews, a follow-up activity will encourage students to be responsible for the information they learn. Students can share with others the information they learned from their partners: **Margot a rendu visite à une cousine qui habite à Los Angeles.** You can have students take brief notes on their partners' answers and hand them in to you, or you may want to have students answer questions orally.

Interpreting illustrations. This activity format allows students to interact with pictures instead of with text as they communicate their ideas.

Sample Activity (See p. 78.)

Qu'est-ce qu'ils demandent? Suggest questions to put in each speech bubble of these cartoon frames. Use an interrogative pronoun in each question.

EXEMPLE   Avec qui sors-tu?

1.

2.

3.

This kind of activity allows for a maximum of creativity on the part of the students. You may have students work individually and give oral or written responses, or have students work in pairs and small groups and make a list of all the different responses. The responses can later be shared with the whole class, at which time you may elicit further responses, asking questions such as, **Où est-ce qu'elle va?**

Sentence completions. Students use elements provided to create sentences that describe their own experiences or opinions.

Sample activity (See p. 174.)

Qu'est-ce que je mets?   Say what you wear in each of the following situations or to go to the following places.

EXEMPLE   Quand il fait chaud...
           Quand il fait chaud, je mets un short et un tee-shirt.

1. l'école
2. la plage
3. une boum

4. un concert de rock
5. quand il pleut
6. ?

One student might make a statement and then turn that statement into a question to ask a partner before moving to the next question. The symbol ? encourages students to move beyond the suggestions given in the book, to create additional sentences based on their own ideas and experiences. You can facilitate this process by providing additional suggestions beforehand.

As a follow-up activity, you may want to ask individuals what they found out about their classmates. Another useful follow-up activity is to have students write a short paragraph describing the person they interviewed. Students may either turn in this assignment or read it to the class.

Opinion activities may be performed in pairs, in small groups, or as a whole-class survey. You can creatively expand opinion activities by asking related questions after students have interviewed each other.

Guessing games and role plays. Students work with partners or groups to carry out role plays or play guessing games.

Sample Activity (See p. 55.)

Devinez leur profession. Give a description of a profession, using a relative pronoun in each description. Your classmates will try to guess the profession.

EXEMPLE — **C'est un homme ou une femme qui travaille dans un hôpital.**
— **C'est un médecin.**

Guessing games can be done in pairs, small groups, or the whole class. In role plays, students can take turns playing each role. Selected pairs can then act out the role play in front of the class.

Expression of Personal Opinions/Experiences. Students describe their opinions or experiences, using a suggested theme.

Sample Activity (See p. 200.)

Aux États-Unis. Your French pen pal has asked you to talk about gift-giving in the United States. Write a short letter explaining on what occasions people give gifts in the United States and what kinds of gifts they generally give.

EXEMPLE *Aux États-Unis on offre souvent . . .*

This kind of activity can be done in small groups in class or serve as the basis for a class discussion. You may also assign the activity as homework, then have students compare their ideas the next day, working in pairs or small groups.

Activities that are especially suitable for writing assignments are marked with a **W.** Writing activities can be done in class with another student or at home. To follow up, you can ask students questions related to their assignment. You might also want to have students read aloud part or all of their responses. Students could be asked to find related pictures or articles from magazines and present them to the class (e.g., in a collage or scrapbook format). Writing activities may be extended to games in which the student or group of students with the longest or most accurate list wins.

D. CONTEXTES CULTURELS

The **Contextes culturels,** which contain information about French-speaking cultures, are independent learning activities. They contain familiar grammar and vocabulary and a limited number of new vocabulary items.

The **Contextes culturels** may be used as follows:

• Use for small-group or whole-class discussions.

• Assign individual or small-group research projects.

• Supplement with enrichment material, including slides, photographs, and realia.

• Create a bulletin-board project with tasks that students must complete or information they must obtain (maps, charts, realia, etc.).

E. PERSPECTIVES

The **Perspectives** presents a stimulating reading passage that is related to the chapter theme and presents additional cultural perspectives. It integrates the chapter grammar and vocabulary and introduces a limited number of new words. A **Compréhension** and a **Communication** follow each reading. The **Communication** section includes an activity in which the student is asked to describe or respond to an illustration in a variety of ways. This activity may be creatively extended by asking additional questions related to the illustration.

(For other hints on how to teach the **Perspectives** reading and the **Compréhension,** see pp. T11 to T12.) If time is limited, you might opt to omit the activities but to hold students responsible for the **Perspectives** vocabulary.

F. PRONONCIATION

The **Prononciation** sections offer contextualized practice in pronouncing selected letters and letter combinations. Instructions to the student are simple and direct, and the scope of the **Prononciation** sections in **Nous tous** covers the basics of pronouncing the vowels and consonants, as well as the fundamentals of stress and intonation.

Listening to native speakers is one of the most valuable forms of pronunciation practice, and the tapes of the **Prononciation** sections can be used to advantage here. Recording and playing back students' voices can also be helpful. Errors in pronunciation can be treated in the same way as errors in grammar. For suggestions on how to handle error correction, see p. T15. Whatever the approach, the emphasis should be on encouraging students not only to listen attentively to native speakers and to seek to imitate them, but also to treat mistakes as an opportunity for learning.

G. INTÉGRATION

The optional **Intégrations** review the material taught in the chapter through a set of additional activities that integrate the grammar and vocabulary in communicative contexts. The format of the activities is similar to that of activities in the end-of-chapter Achievement Test; the activities are separated into the four traditional language skills of listening, reading, writing, and speaking in order to ensure a systematic, multifaceted review of the newly learned material.

The listening, reading, and writing activities may be used

- in class as a review of the chapter to determine whether students are ready for the Achievement Test, to diagnose areas of weakness that need additional practice, and to increase student confidence prior to taking a test.

- as homework to reinforce newly learned material and to provide additional practice.

- as independent small-group work that can free you to spend time doing remedial oral work with other students as needed.

- as an alternative to the end-of-chapter Achievement Test when needed for makeup grades. Individual activities from the **Intégration** may also substitute for activities on the Achievement Test at your discretion.

- as additional in-class activities to supplement or replace **Préparation** or **Communication** activities at your discretion.

Each **Intégration** culminates in a set of two **Situations,** or situational role plays, that challenge students to use their speaking skills in a spontaneous lifelike setting that is carefully controlled to elicit known structures and vocabulary.

These **Situations** may be used

- to check students' proficiency in speaking. The **Situations** may be used for an oral grade in conjunction with or separately from the achievement test; you may assign group or individual grades. (For further suggestions on how to score performance in speaking, see "Testing and Evaluation" on pp. T28 to T29.)

- as ungraded challenge activities to motivate students to see the value of being able to communicate about everyday concerns.

In either case, the **Situations** should be as natural and spontaneous as possible. Here are some suggestions for getting the most from a **Situation**.

- Students may prepare for a situation by studying the topic, discussing it among themselves, and taking brief notes. They should be discouraged from writing their lines word for word and then reading them.

- Encourage students to use props, whether real items or magazine pictures and cutouts, to increase the feeling of realism when role-playing the situations.

- Students should stretch their skills by extemporizing as their experience allows, but should be redirected to learned structures and vocabulary if they overreach themselves.

- Students should listen and observe as others perform their situations. Good listening leads to greater proficiency in the other skills. As a follow-up to a situation, you might ask the class at large to summarize or discuss a small-group performance.

- Accuracy should be fostered during situational role plays, but error corrections should be discreet during actual performance, when spontaneity and naturalness of speech are a primary goal. You might select common errors from a performance and target them in remedial work during a different class time.

A well-managed situational role play can enhance your French class by giving students the opportunity to observe their own progress from chapter to chapter and to see how the linguistic functions they are learning can be applied to the real world.

H. VOCABULAIRE

The vocabulary at the end of each chapter contains the new words in the **Introduction,** in the **Présentation** of the grammar topics, and in the **Perspectives.** Unfamiliar vocabulary items appearing in the **Contextes culturals** and in exercise instructions are defined within the text, with the exception of obvious cognates. These are not included in the list of active vocabulary, and students are not expected to use them in subsequent sections of the book.

The lists are organized in both grammatical and thematic categories to help students learn efficiently. Because vocabulary is amply recycled throughout, the lists may serve simply as a reference or as review for chapter tests.

You can encourage active use of vocabulary words by having students

- make up sentences containing words that they have not yet mastered.

- practice vocabulary with flash cards in small groups.

- find visuals of the words for vocabulary packets that they can then use for review.

- prepare vocabulary posters, mobiles, pictograms, or collages to decorate the classroom.

- use word games such as Lotto and Password to review thematic vocabulary such as politics, art, and animals.

- use groups of words to make up original dialogues and skits.

- organize lists of words into their appropriate thematic categories (e.g. animals) or put words into other categories (e.g., animals you can find in a zoo).

- act out the meanings of appropriate groups of words (e.g., driving, hobbies).

- act out simple or complex commands that add a few new words to previously learned vocabulary.

I. GAZETTES

The **Gazette** found after every third chapter offers special opportunities to challenge students through authentic reading selections that demonstrate how to acquire and apply specific reading skills in French. The selections, taken from a variety of sources including magazines, directories, and newspapers, embrace a wide range of formats and topics. While they challenge students to infer the meaning of unknown vocabulary and structures from context without the aid of a glossary, the **Gazettes** have been carefully compiled to ensure students of every chance of success based on their expected level of proficiency.

Each **Gazette** focuses on a particular set of reading strategies, such as looking for cognates, previewing for author's purpose, and using context to derive meaning. Within the **Gazettes,** each selection is accompanied by a set of activities that guide the students to read for meaning while avoiding pitfalls such as translating word-for-word or answering questions without understanding basic content. These activities are designed to permit students to work with a minimum of teacher direction. They allow individuals or small groups to explore interesting materials in class while other students focus on oral testing, remedial work, or other tasks that require a great deal of teacher intervention. Checking the answers to the activities, which are printed as teacher's notes in the Teacher's Annotated Edition, will allow you to determine whether students are making the best use of the time they spend with the **Gazettes**.

The **Gazettes** can be used

- by advanced students at home or in their free class time.

- by all students to improve their reading skills.

- by students who wish to earn bonus credit.

- by the whole class as a "breather" activity between chapters.

When using the **Gazettes** in class, you may wish to discuss with students the targeted reading strategy and read one of the selections together. When you ask students to read aloud, however, remember that they may be concentrating on pronunciation rather than on meaning. You may wish to have students read silently before or instead of reading aloud. Here are some other suggestions for getting the most out of the **Gazettes**.

- Allow students to complete the readings at their own natural pace—browsing, skimming, and analyzing freely, as they would outside the classroom.

- Encourage students to complete the activities without using a dictionary or trying to decode the meaning of every word.

- Use the readings as a point of departure for class discussions after the activities have been completed.

- Encourage students to find similar selections at home or at the library and to practice applying their newly learned skills with texts they have chosen. In-class reports could lead to stimulating discussions and activities that would allow the entire class to benefit from a few individuals' performances.

In addition to teaching reading strategies, the **Gazettes** offer unique insights into the culture and life-styles of French speakers from around the world and from many walks of life. For many students, the **Gazettes** will represent a rare chance to see how French speakers see themselves.

III. Using the Components of *Nous tous*

A. PUPIL'S EDITION. The student textbook encourages active student participation and supplies a variety of types of activities in each of the four skills. You will find abundant practice in listening, speaking, reading, and writing, as well as information on culture and the structure of language. Activities specifically designed for listening comprehension are marked **L,** while those designed for writing are marked **W**. Those activities marked with a **W** and a cassette symbol are dictations. Activities and passages that are on tape are also marked with a cassette symbol.

B. TEACHER'S ANNOTATED EDITION. The Teacher's Annotated Edition contains a general introduction, abbreviated scripts of the taped listening activities in the Pupil's Edition, and specific information about using **Nous tous**. It also contains the complete student edition with annotations that suggest ways in which activities may be modified for small-group work or adapted to special students. Included as well are follow-up activities, ancillary references, cultural information, quick-reference answers, and specific notes for particular grammar presentations. The notes are not prescriptive; they are simply suggestions for ways to modify or complement activities.

C. WRITING ACTIVITIES WORKBOOK. The contextualized grammar and communication activities in the Writing Activities Workbook for **Nous tous** are coordinated with the grammar presentations in the textbook and give students additional opportunities for written communication. The activities range from simple to complex, allowing you to assign material commensurate with the needs of the class or of individual students. Answers to these activities are found on reduced pages in the Teacher's Edition of the Writing Activities Workbook. Each chapter in the new edition contains word games that teach useful vocabulary and skills in an enjoyable manner.

D. LISTENING ACTIVITIES WORKBOOK. The taped activities in the Listening Activities Workbook give the student additional practice in aural comprehension and pronunciation. Answers to the activities and an abbreviated tape script are found on reduced pages in the Teacher's Edition of the Listening Activities Workbook. In the new edition, you will find in each chapter either a poem or a song. The songs are popular or folkloric French songs that provide unique insights into French culture. The poems have been carefully selected to contribute to the students' enjoyment of their language learning experience.

E. TESTING PROGRAM. The Testing Program consists of Diagnostic Tests and Reteaching Masters (a separate booklet in the TRB), short Quizzes, chapter Achievement Tests, and a Final Exam.

The Diagnostic Tests can be used to document mastery of the content of **Et vous?** Keyed to the Diagnostic Tests are Reteaching Masters, which are brief restatements of structures and additional practice exercises.

There are three short written quizzes per chapter—one covering **Explorations 1–2,** one covering **Explorations 3–4,** and one covering vocabulary. These formative quizzes are designed to check mastery of basic concepts and skills. They are highly structured, comprehensive, discrete-point tests that may be used to diagnose strengths and weaknesses before the administration of the end-of-chapter Achievement Test.

The 12 end-of-chapter Achievement Tests cover listening, reading, and writing in a more global, integrated, and communicative manner.

The final exam tests students' mastery of all material presented in **Nous tous.**

This comprehensive Testing Program offers a variety of ways for evaluating student mastery of the grammar and vocabulary presented in **Nous tous.** It may be used as presented, or modified to fit particular needs, according to student abilities and the amount of class time available. Answers to all tests, an abbreviated tape script of the listening sections, and a section devoted to oral testing are found in the Teacher's Edition of the Testing Program.

F. TAPE PROGRAM AND TAPE MANUAL. The Tape Program is available on cassettes and consists of taped activities that are numbered sequentially throughout the various components of the program. The listening activities from the Student Textbook are coded **ST;** those from the Listening Activities Workbook are coded **LA;** and the taped activities from the Achievement Tests are coded **AT.** Taped passages and activities in the Pupil's Edition are marked with a cassette symbol. The Tape Manual provides the complete scripts of all the taped passages and activities. The various listening components have been recorded on separate sets of tapes for greater ease in locating the desired activity.

G. TEACHING TRANSPARENCIES. These four-color transparencies are organized by chapter and coordinated with the vocabulary introduced in each of the 12 chapters. They contain visual representations of vocabulary items in the text as well as reproductions of selected activities that use visuals to promote meaningful communication. The transparencies can be used both to present new vocabulary and to practice familiar vocabulary. Because they are unlabeled, they provide an excellent tool for both written and oral quizzes as well as games and other classroom activities.

H. **MAP TRANSPARENCIES.** These colorful Map Transparencies with multiple overlays can be used to present information about political divisions and geographical aspects of French-speaking regions of the world.

I. **ADDITIONAL ACTIVITIES AND CULTURAL ENRICHMENT.** This booklet, which is keyed to the chapters of the Pupil's Edition, contains a set of refreshing, creative, fun activities which are organized by language skill and provide an opportunity to enhance the normal classroom experience with games, special projects, and a variety of other motivational activities. In addition, there are short descriptions of aspects of French culture and activities that involve the students in making an active response to cultural insights and settings.

J. **STUDENT RESPONSE FORMS.** Student Response Forms are available for selected activities in the Pupil's Edition. They include blank schedules, answer charts for listening activities, and other useful formats.

IV. Further Development of Language Skills

A. **LISTENING.** Listening is a skill that pervades all classroom activities. Students are constantly listening and reacting either to the teacher or to other students. In addition to using the specific listening activities (marked **L**) found in the Pupil's Edition and those provided by the Tape Program and Listening Activities, teachers can easily prepare additional listening comprehension activities.

- Corrected student compositions can be read aloud, preferably anonymously, although students are usually pleased to have their work selected. In addition, you can ask comprehension questions of your own or use questions that you have had students prepare.

- Skits and rewrites of dialogues can be put on audiotape or videotape and subsequently used for listening practice.

- Students should be encouraged to listen closely to each other. If students have named the sports they enjoy, you can ask them to remember what sports their classmates preferred. Students can also react to each other's comments with statements such as **Pas moi!** or **Moi aussi!**

- You might interview a student or have students interview one another in front of the class. The remaining students can listen and then summarize the conversation orally or in writing. These conversations can also be taped and played later.

- You may want to assign special projects in which students tape short excerpts from literature, such as a well-known poem or a passage from a simple short story. You might also assign outside projects such as interviews with native speakers or dialogues created by two or more students around a certain topic. This might include a radio or TV interview, a sports broadcast, a news announcement, a telephone conversation, or a dramatic reading. Students can include authentic background music or sounds and present them in recorded form for the class.

- You might also bring in a recording of a currently popular French song and provide a handout with accompanying lyrics. Each chapter of the Listening Activities Workbook closes with a song or a poem that is also recorded on the corresponding cassette.

- You can assign students to create a mock telephone conversation to present in front of the class. Real telephone sets can be included in this activity to create an authentic atmosphere.

- You might show a French film. Films provide an excellent opportunity to hear authentic language in a context in which the meaning is clarified by visual cues.

B. WRITING. Students are provided numerous writing activities in the Pupil's Edition (marked **W**) and also in the Writing Activities Workbook. If students need more practice in acquiring grammatical accuracy, they can also write the answers to many of the speaking activities in the **Préparations** and **Communications**. Dictations found in each chapter help students learn to spell and to predict grammar structures and vocabulary. Answers to **Compréhension** questions can also be written out and turned in. You might ask students to write a base sentence: **Nous voulons arrêter la pollution.** After checking the accuracy of their sentences, they are asked to change the base sentence in a variety of ways: change the subject of the verb, put the sentence in the negative or the interrogative, or change the tense of the verb. In addition, new communicative activities that expand students' writing skills may be found in the Writing Activities Workbook, in the Additional Activities and Cultural Enrichment, and in the Special Adaptations.

In addition to using the writing activities provided in the **Nous tous** program, you can encourage writing for communication in other ways.

- Graffiti walls or chalkboards could be provided in the classroom or in the hallway, where students write slogans and comments in French.

- Students could write to pen pals.

- Even at early levels of language instruction, class newsletters could be prepared, using results of interviews conducted in class, interviews with native speakers in the school or community, and news items about the French-speaking world. Upper-level students could help edit and prepare these newsletters.

- Bilingual announcements about French Club activities could be placed around the school.

- Students could be encouraged to keep a personal journal.

C. READING.

To learn to read, students need both to read and to check their comprehension. **Nous tous** provides many such opportunities. The **Introduction, Perspectives,** and **Lisez un peu** can be assigned as readings, and the **Compréhension** can be used to check understanding. The **Gazettes** provide stimulating, authentic texts and specific guidance in learning strategies for developing reading skills. Annotations in the Teacher's Edition furnish abundant suggestions for prereading and postreading activities specific to each passage or selection.

We know that reading is not a passive activity but rather a process in which the reader is actively involved with the meaning of the printed page. Successful readers do not read word for word but instead grasp the meaning of phrases and sentences. Here are some suggestions for helping your students become good readers.

- Give them practice in contextual guessing. Put texts on copying masters, leaving out words, and have students fill in the missing words, with or without cues.

- Point out cognates, word families, and prefixes and suffixes wherever possible.

- Encourage students to read a passage, skimming first for the general content and then scanning for more specific information.

- Remind students to anticipate the content by looking at titles, visuals, and photographs.

- Tell students that words such as **aujourd'hui, hier,** and **demain** are cues that will help them recognize verb tenses and the sequence of events.

- Encourage students to apply the reading skills developed in the **Gazettes** to other French texts. Even though they will not understand everything, they will be able to grasp a surprising amount.

- Use student compositions and reports of oral interviews for reading practice. They will enjoy reading about themselves and their friends.

Remember that reading aloud requires students to pay attention to intonation and pronunciation rather than to concentrate on meaning. Nonetheless, reading aloud has a place in pronunciation and intonation practice if balanced with reading for comprehension.

D. SPEAKING.

To learn to speak, we must practice speaking. Although there is no magical transfer from any other skill, teachers know that skills may be combined during practice. Many oral activities can be done with books open, thus accommodating different learning styles and enhancing learning possibilities. We therefore recommend flexibility in deciding how communication activities are best done.

In addition to the ample speaking practice they receive in **Nous tous,** students can speak French with their friends at school (perhaps at a conversation table in the cafeteria) or on the telephone (partners may be assigned).

Students can even teach some French to their parents and to siblings, thereby reinforcing their own knowledge. If native speakers live in the community or if exchange students are studying at your school, they can visit the class and talk about life in their countries and their impressions of the United States. Even at early levels, students can address simple questions in French to the visitor, who can be encouraged to respond in simple language. Also, students in advanced classes can engage in small-group conversations with first-year students, thereby showing beginning students the results of further language study and providing advanced students with a chance for further practice. If possible, activities relating to French Club or class activities can be given in French (and then in English) over your school's public address system.

V. Different Learning Styles

Every effort has been made to ensure that students practice new structures in varied modes—using visual, written, and oral cues. To accommodate the variety of learning styles among students, it is advisable to select activities in a variety of modes and styles. Students who advance more quickly and work well on their own may spend more time working on the **Communication** section or doing supplemental activities from the Writing Activities Workbook, Listening Activities Workbook, or the Additional Activities and Cultural Enrichment. Students who learn less quickly may spend more time practicing or writing answers to activities from the **Préparations**.

VI. Testing and Evaluation

The emphasis on communication in today's language classroom has led to an increasing interest in research concerning the evaluation of students' ability to communicate. We have incorporated this new knowledge in the preparation of the tests, using the following guidelines:

- *Unlike more traditional formats that normally test isolated bits of language, communicative tests attempt to evaluate the student's ability to bring together various elements of a given chapter as well as the material in preceding chapters.* Therefore, parts of the Achievement Tests require the student to show understanding of several learning objectives. The short Quizzes test specific grammar points or learning objectives and can be given periodically as the class progresses through a chapter. Both the Quizzes and the **Intégration** section at the end of each chapter offer an easy-to-use method of documenting students' mastery of the objectives for each chapter and of assessing whether they are ready for the more integrative Achievement Tests.

- *Formats that allow students to express themselves in a more creative way are an integral part of communicative testing.* Although these formats are more time-consuming to evaluate than are multiple-choice items, they are essential if students are to perceive communication as a primary goal.

- *Each Achievement Test contains sections that assess the student's ability to read, write, and understand the spoken language.* Available teacher-time often precludes frequent formal testing of oral skills. The following section offers some suggestions for evaluating speaking skills within the framework of the **Nous tous** program.

A. EVALUATING SPEAKING

The ability to express oneself orally in French is an important classroom goal for most teachers and can be tested formally or informally. You may choose to give students a daily or weekly oral communication grade based on the amount of communication the student engages in, the quality of what he or she says, and the improvement shown throughout the period. Although this type of grade is subjective, it nevertheless provides a regular means of evaluating a student's oral performance. **Nous tous** offers the following possible ways of testing oral achievement.

- The **Parlons ensemble** section of the **Intégration** may be used for oral testing.

- Students may describe visuals or photographs. The chapter vocabulary visuals, for example, can be used for a short oral quiz. Students can be asked to provide a caption for each of the illustrations or to respond to questions about them.

- Students can assume a role, respond to a short series of questions, or speak extemporaneously on topics chosen from a chapter—for example, rural life in **Chapitre 3,** ecology in **Chapitre 7,** or friendships in **Chapitre 11.**

- Personalized questions may be used to evaluate speaking. Students respond to a series of questions, which may be based on interviews or other activities from the **Communication**.

- The ability to ask questions is another important skill that may be evaluated in a formal test. Students may ask questions based on a series of French or English cues, for example, "ask another student (**1**) when his or her birthday is, (**2**) what he or she likes to do on birthdays, and (**3**) what his or her favorite holiday is.

Although all of these formats are valid for testing oral proficiency, the last two—asking and answering questions—are of particular importance to beginning language students.

B. GENERAL SCORING SUGGESTIONS

Testing for communication requires a reevaluation of grading. When students fill in a blank, grading is simple because answers are predictable. When students communicate a personal message, evaluation is less clear-cut because students are free to write or say whatever they wish, as long as they use vocabulary they know and respond appropriately to the question. The following suggestions may help you determine the type of scoring best suited to you and your students.

- When students choose from a vocabulary list to fill in the blanks of an incomplete sentence or paragraph, one point may be given for the correct choice of word and another for its correct form (gender, number, or verb ending). Partial credit allows students to be given points for what they do know and to be penalized only for what they do not know.

- In communicative testing, students may be given half credit for adequately transmitting an appropriate response and half credit for properly using grammar and vocabulary. This rewards students for conveying an adequate message while reminding them that the correct use of grammar and vocabulary is important.

C. SCORING INFORMATION FOR A SPEAKING TEST: ANSWERING OR ASKING QUESTIONS

Use the scale below to evaluate each response or question on a speaking test. Do not hesitate to assign scores such as 2-1/2 or 1-1/2 if you feel comfortable with more differentiation in the scale.

4 points
Excellent. The student's response or question is appropriate and grammatically correct, with acceptable pronunciation and fluency.

3 points
Good. The student's response or question is appropriate and comprehensible but contains minor errors in pronunciation and/or grammar.

2 points
Fair. The student's response or question contains faulty grammar and poor pronunciation but is comprehensible.

1 point
Poor. The attempted student response is largely incomprehensible or inappropriate.

0 points
Failing. No response is given.

VII. *Nous tous* Leads to Proficiency

Developing proficiency, or the capacity to use language in a meaningful and functional way, is the aim of the HRW French series. The emphasis throughout is on fostering genuine communicative ability, guiding the student from structured introductory practice to open-ended, personalized communication. Language is taught not as meaningless, memorized utterances, but as meaningful communication relevant to real situations.

The following suggestions will help you utilize the various sections contained in **Nous tous** to develop proficiency.

- Involve students actively in all stages of language learning. Teaching a skill implies that students should use that skill rather than talk or be told about it.

- Minimize rote manipulation or recall of language, and emphasize meaningful communication.

- Vary the contexts in which material is learned so that students have the opportunity to use the language often and to see it used in a wide variety of situations.

- Provide practice in each of the skill areas (listening, reading, writing, speaking) because student abilities vary with each skill. The exclusion of practice in one skill may deprive a student of success in learning French. **Nous tous** has been carefully designed to provide practice in all skill areas. The majority of activities can be used, at your discretion, to practice more than one skill.

- Provide a logical sequence of tasks, beginning with drills, progressing to structured, meaningful practice, and ending with open-ended, creative activities. This is the normal sequence of activities in each **Exploration**.

- Encourage students to see the many similarities between themselves and the peoples of the French-speaking world and to examine the differences that exist between them.

- Create a classroom atmosphere in which students feel free to express their ideas and feelings, to take risks in the language, and to view errors as a natural part of language learning.

- Let students see *you* using the language creatively. When you can phrase more complicated or advanced ideas in French with the vocabulary and grammar they know, go ahead. This encourages students to use the language to express more advanced thoughts and ideas.

- Encourage students to use French beyond the classroom—with friends at school or on the telephone, with members of their families, or within the community if possible.

- Recognize the diversity of students in your class, and try to accommodate individual learning styles, needs, and interests.

Implementing a proficiency-oriented classroom requires thoughtful planning and execution by the teacher. Perhaps the most important ingredient in this endeavor is the textbook series that is adopted. The HRW French series is ideally suited for use with proficiency guidelines. Many school systems have also developed their own guidelines for evaluating proficiency, and professional organizations such as the American Council on the Teaching of Foreign Languages have developed proficiency guidelines. (The ACTFL *Proficiency Guidelines* are an adaptation of the United States Foreign Service Institute's evaluation scale.) Such guidelines may be used to help evaluate students' abilities, or they may inspire you to develop your own standards to suit your curriculum and students. To accommodate your school's grading procedures, the evaluation standards can be converted into points and blended with the test procedures described in this Preface.

Abbreviated Tapescripts

Chapitre 1

ST 2, page 6 B. Michelle se présente.
See Student Response Forms.

Bonjour. Je m'appelle Michelle. Je suis élève dans un lycée à Avignon, où j'habite avec ma famille. Nous sommes une petite famille: j'ai une sœur et je n'ai pas de frère. Nous avons un chien et un chat. J'adore les animaux. J'ai beaucoup d'amis à l'école. Pendant le week-end nous aimons bien aller au cinéma ou écouter de la musique. Et moi, j'aime aussi étudier. J'ai des cours intéressants cette année. J'aime surtout la littérature anglaise et les mathématiques. Moi, je préfère les cours difficiles!

ST 3, page 14 A. Qu'est-ce que tu prends?
1. Est-ce que tu vas prendre **cette** salade?
2. Ta mère a pris **ces** haricots verts?
3. Tu veux **ce** hamburger?
4. Est-ce que ton frère a pris **ce** bifteck?
5. **Ces** pâtisseries sont très jolies.
6. Ton père a choisi **cette** tarte aux fraises?

ST 4, page 17 A. Ils arrivent!
1. L'avion de Pierre arrive ce matin à neuf heures et quart. (**9 h 15**)
2. Le train de Paul et Jean va arriver à midi. (**12 h**)
3. Grand-mère arrive par le train de Paris à dix-neuf heures dix. (**19 h 10**)
4. Annick a pris l'avion de New York qui va arriver à minuit. (**24 h**)
5. Jacques n'aime pas prendre l'avion; son train arrive à seize heures vingt-cinq. (**16 h 25**)
6. Le train de Babette va arriver à la gare à treize heures quinze. (**13 h 15**)

ST 5, page 20 A. Que fait-on?
1. Je vais porter mes affaires dans ma chambre; ensuite je vais faire mon lit. (**e**)
2. Nous avons besoin de beurre et de pain. Et voilà de jolies pommes! Combien coûtent ces pommes, s'il vous plaît Madame? (**g**)
3. D'abord je vais aller à la poste; ensuite je vais à la banque parce que j'ai besoin d'argent. (**b**)
4. J'aime bien les repas élégants mais je n'aime pas tout le travail après le repas. Et j'ai encore tous ces verres à laver. (**f**)
5. Il fait beau aujourd'hui; j'adore marcher sous les arbres quand il fait beau et chaud. Et mon chien est bien content aussi. (**d**)

6. J'ai déjà planté la tente. Maintenant, je vais chercher des allumettes pour faire un feu de camp. (**c**)

ST 6, page 24 B. La conversation.
1. Où est mon coca? (**e**)
2. Tu as fini tes devoirs? (**a**)
3. Vous avez lu mon poème dans le journal? (**c**)
4. Tu as écrit à Sabine, en France? (**f**)
5. Vous avez pris le bus ce matin? (**b**)
6. À quelle heure est-ce que Louise est arrivée au lycée? (**d**)

ST 7, page 25 A. De quoi parlent-ils?
1. Tu l'aimes vraiment? Je l'ai trouvé au marché la semaine dernière. (**b**)
2. Je vais les prendre demain ou après-demain. (**a**)
3. Je l'ai choisie parce qu'elle va bien avec mon nouveau chemisier. (**a**)
4. Je voudrais l'acheter, mais je n'ai pas assez d'argent. (**b**)
5. Elle est belle! Est-ce que tu peux l'apporter chez moi demain soir? (**a**)
6. Je les ai achetées pour les envoyer à mes amis au Canada. (**a**)

Chapitre 2

ST 9, page 33 A. Qui est-ce?
1. Elle fait de la danse classique. (**Martine**)
2. Il adore faire du jardinage. Il a toujours de très belles fleurs dans son jardin. (**David**)
3. Elle aime bien faire du lèche-vitrines, mais elle ne fait pas beaucoup d'achats. (**Béatrice**)
4. Elle collectionne les timbres-poste. Elle a une belle collection de timbres étrangers. (**Suzanne**)
5. Il passe tout son temps libre à dessiner. Il est très fort en dessin. (**Serge**)
6. Il fait du théâtre. C'est son passe-temps préféré. (**Denis**)

ST 10, page 37 A. Chez la voisine.
See page 37 for statements and answers.
1. Nous venons d'acheter une nouvelle voiture.
2. Les gens qui habitent en face de chez nous viennent du Canada.
3. Mon fils Philippe est revenu d'Italie la semaine dernière.
4. Ma sœur est allée vivre en Amérique où elle est devenue riche et célèbre.

5. Mon amie Caroline est venue chez nous hier soir.
6. Vous venez de faire ce gâteau? Il est magnifique!

ST 11, page 42 A. L'école internationale.
1. Frédérique est canadienne. (**F**)
2. Gabriel est italien. (**M**)
3. Nous sommes belges. (**?**)
4. Tu es tunisien, n'est-ce pas? (**M**)
5. Et toi, tu es portugaise? (**F**)
6. Pat est américaine. (**F**)
7. Mes amis sont suisses. (**?**)
8. Claude est sénégalais. (**M**)

ST 12, page 47 A. Générosité.
1. Je lui ai acheté une glace. (**c**)
2. Je leur donne souvent des cadeaux. (**e**)
3. De temps en temps je leur achète des glaces. (**d**)
4. Ce matin je lui ai préparé son petit déjeuner. (**b**)
5. Je leur ai prêté ma collection de cartes postales. (**f**)

ST 13, page 52 A. Passe-temps.
1. J'aime faire du lèche-vitrines au centre commercial qui est près de chez moi. (**Gisèle**)
2. J'ai une belle guitare que j'ai achetée en Espagne. (**Isabelle**)
3. Je joue de la batterie dans un groupe que j'ai organisé. (**Guy**)
4. Je passe mon temps libre avec un groupe de gens qui aiment faire du bricolage. (**Raphaël**)
5. Je fais de la danse moderne avec des filles et des garçons qui ont beaucoup de talent. (**Yasmine**)
6. Je joue du piano dans un orchestre qui est très célèbre. (**Antoine**)

ST 15, page 59 D. Au Centre culturel.
See Student Response Forms.

Pour les jeunes Suisses qui cherchent quelque chose à faire pendant leur temps libre, il y a le Centre culturel. C'est là qu'ils viennent pour parler avec leurs copains et leurs copines, boire un café, jouer aux cartes, regarder un film ou écouter de la musique. Le soir et pendant le week-end il y a des cours et des activités de toutes sortes. Par exemple, il y a des cours de dessin et de peinture. Pour les gens qui aiment faire du théâtre, il y a un groupe de jeunes acteurs et actrices. Dans le Centre culturel, il y a une grande cuisine où les jeunes peuvent apprendre à faire la cuisine. Le week-end dernier ils ont préparé un repas chinois. Une jeune fille chinoise leur a montré comment on fait la cuisine en Chine. Si vous allez en Suisse et si vous voulez rencontrer des jeunes, cherchez un Centre culturel.

ST 16, page 60 E. Nouvelles du Centre culturel.
See page 60 for statements and answers.

Le Centre culturel vient d'organiser un voyage pour tous les gens qui aiment faire de la photographie. Les membres du club de photo sont en train d'organiser un voyage en Espagne et au Portugal. Ils comptent faire le voyage en car pour pouvoir voir la campagne espagnole et essayer la cuisine portugaise. Et, bien sûr, ils vont prendre des photos de tout!

Le voyage va durer quinze jours, du 10 au 24 juillet. Le voyage ne coûte pas cher: seulement 1.300 francs suisses. Si vous faites de la photographie, et si vous avez envie d'aller voir ces beaux pays, parlez à Vincent, au Centre culturel. Vous pouvez aussi lui téléphoner au 32-18-55-44. Bon voyage à tout le monde!

ST 18, page 61 A. Qui parle?
1. Je suis impatiente de voir les photos que j'ai prises, mais le développement coûte assez cher. Je suis revenue trop tôt de mes vacances. La prochaine fois je vais passer au moins un mois au Mexique. (**Janine**)
2. Oui, je l'ai rencontré devant un magasin au centre commercial. Je lui ai parlé pendant une heure. C'est un étranger—il est peut-être allemand—mais il habite aux États-Unis depuis plusieurs années. Il joue de la batterie dans un groupe de rock et il aime aussi faire du théâtre. Je vais lui téléphoner pour l'inviter à la boum que nous allons organiser. (**Anne**)
3. Mes copains sont tous occupés cet après-midi. Je leur ai téléphoné, mais ils ne peuvent pas sortir. Je vais peut-être jouer de la guitare pendant une heure. Après ça je vais aller faire un tour en ville. (**Claude**)
4. Je lui ai montré mon dernier tableau et elle l'a beaucoup aimé. Elle pense que je peux le vendre. Tu vas voir—je suis sûre qu'un jour je vais devenir célèbre. Je vais vendre beaucoup de tableaux! (**Alice**)
5. Je suis désolé, mais je ne peux pas venir à la boum ce soir. Je joue dans un concert important demain après-midi et je ne veux pas être trop fatigué. (**Dominique**)

Chapitre 3

ST 20, page 70 A. Pour ou Contre?
1. Il n'y a pas grand-chose à faire à

la campagne. (**contre**)

2. J'adore manger des légumes frais du jardin. (**pour**)
3. C'est agréable de travailler dans les champs. (**pour**)
4. Les poules et les canards sont bêtes. (**contre**)
5. J'ai besoin des distractions de la grande ville. (**contre**)
6. À la campagne, on a le temps de bavarder avec les voisins. (**pour**)
7. Il n'y a pas assez de jeunes dans le village. (**contre**)
8. Je peux apprendre à faire du cheval. (**pour**)

ST 21, page 75 **A. La fête foraine.**

1. Qui as-tu rencontré? (**b**)
2. De quoi avez-vous parlé? (**b**)
3. Qu'est-ce que tu as mangé? (**a**)
4. Qu'est-ce que tu as bu? (**a**)
5. Pour qui est-ce que tu as acheté ce cadeau? (**a**)
6. Qu'est-ce qui ne va pas? (**a**)

ST 22, page 80 **A. Descriptions.**

1. Barbara et sa sœur viennent de faire du cheval. (**d**)
2. M. Chalain va cultiver un de ses champs. (**c**)
3. Mme Loiret aime cueillir des fleurs dans son jardin. (**g**)
4. M. Panoux refuse d'aider ses voisins. (**e**)
5. Solange essaie de gagner un peu d'argent. (**b**)
6. Daniel hésite à vendre cette vache. (**f**)

ST 23, page 85 **A. Qualité supérieure.**

1. **Les haricots verts** sont plus frais que les carottes.
2. **Le gâteau** est moins cher que les croissants.
3. **Le fromage suisse** est aussi bon que le fromage français, et coûte beaucoup moins cher.
4. Les tomates sont plus chères que **les petits pois**.
5. Le bifteck est moins bon que **le poulet**.
6. **Les oranges** sont meilleures que les pommes.

ST 24, page 90 **A. Le matin à la ferme.**

1. Je vous ai fait des sandwichs pour le déjeuner. (**ses enfants**)
2. Je t'ai donné du poulet rôti pour le déjeuner. (**son mari**)
3. Je vais venir t'aider à 11 heures. (**son mari**)
4. Je ne peux pas vous aider maintenant. (**ses enfants**)
5. Je t'ai acheté un nouveau pull hier soir. (**son mari**)
6. Je vais venir vous chercher à 16 heures. (**ses enfants**)

7. Paul t'a téléphoné hier soir. Il va venir te voir ce matin. (**son mari**)

ST 26, page 98 **D. Points de vue.**
See Student Response Forms.

LAURENT	<u>Qu'est-ce que</u> tu comptes faire après tes études, Georges?
GEORGES	Moi, j'ai <u>décidé</u> d'aller habiter dans une grande ville. Comme toi, j'ai passé mon <u>enfance</u> ici, et maintenant je <u>rêve</u> de quitter ce <u>village</u> pour les <u>distractions</u> de la ville. On peut <u>gagner</u> beaucoup <u>plus d'argent</u> dans les villes qu'à la campagne. Et toi, Laurent?
LAURENT	Moi, je vais <u>sans doute</u> rester ici et devenir <u>cultivateur</u>.
GEORGES	Pourquoi? La vie à la ferme est beaucoup <u>plus</u> dure <u>que</u> la vie dans une ville.
LAURENT	Je suis d'accord avec toi, mais j'aime bien les <u>champs</u> et les <u>vignes</u>.
GEORGES	Vraiment, je ne <u>te</u> comprends pas.
LAURENT	Tu ne <u>me</u> comprends pas? Écoute, ce n'est pas compliqué. Je ne suis pas <u>mécontent</u> ici. J'aime bien travailler <u>dehors</u> et j'aime aussi les <u>rapports</u> <u>chaleureux</u> entre les <u>voisins</u>.

ST 27, page 99 **E. À l'épicerie.**
See page 99 for questions and answers.

M. TANNEUR	Voulez-vous autre chose avec ça, Madame Cardot?
MME CARDOT	Non, c'est tout pour aujourd'hui. Merci, M. Tanneur.
M. TANNEUR	Attendez, Madame, je vais vous aider. M. Cardot n'a pas pu venir avec vous aujourd'hui?
MME CARDOT	Non, vous savez, il est encore malade. Ça va un peu mieux, mais il est obligé de rester au lit.
M. TANNEUR	Mais alors, qui vous aide avec la moisson?
MME CARDOT	C'est notre fils Georges qui m'aide. Il vient de finir ses études au lycée et il est revenu travailler à la ferme.
M. TANNEUR	Heureusement pour vous! Il va rester ici longtemps?
MME CARDOT	Non, il compte faire des études à l'université l'année prochaine. Il a décidé il y a longtemps de devenir ingénieur.

M. TANNEUR	C'est dommage! Il y a de moins en moins de jeunes qui choisissent de rester à la campagne.
MME CARDOT	C'est vrai. Mais je comprends bien son point de vue. La vie d'un ingénieur est sans doute moins dure que la vie d'un cultivateur. Et les ingénieurs gagnent plus d'argent aussi.
M. TANNEUR	Oui, sans doute.
MME CARDOT	Bon, merci bien, M. Tanneur.
M. TANNEUR	Au revoir, Madame Cardot. À bientôt.

ST 29, page 100 **A. Un point de vue.**
See page 100 for questions and answers.

Cet été, comme tous les ans, j'ai passé trois semaines à la ferme de mes grands-parents. Mes parents pensent que j'aime bien la campagne et que l'exercice physique et l'air pur sont bons pour ma santé.

C'est vrai que la vie à la campagne est plus tranquille que la vie dans les villes et qu'un pique-nique à la campagne peut être très agréable. Mais passer trois semaines à la campagne, c'est trop! Je ne fais pas beaucoup d'exercice parce qu'il n'y a pas grand-chose à faire, et il y a plus de poussière que d'air pur!

Comme il n'y a pas d'autres jeunes de mon âge dans le village, je passe mon temps à observer les animaux. De tous les animaux de la ferme, je préfère les cochons. Ils sont beaucoup plus intelligents que les vaches.

L'an prochain je vais encore essayer d'expliquer mon point de vue à mes parents, mais je suis sûr qu'ils vont continuer à m'envoyer passer mes vacances chez mes grands-parents.

Chapitre 4

ST 31, page 116 **A. À mon avis.**
1. J'ai garé ma voiture très facilement. Je trouve toujours une place devant mon immeuble. (**pour**)
2. Chaque fois que j'essaie d'aller au cinéma, je suis obligé de faire la queue pendant une demi-heure. (**contre**)
3. Entre six heures et neuf heures du matin il y a des embouteillages partout! (**contre**)
4. J'ai de la chance! Quand je suis prêt à partir, je trouve presque toujours un taxi libre devant la porte! J'ai rarement des difficultés à trouver un taxi. (**pour**)
5. La circulation est impossible aujourd'hui! J'attends à ce feu rouge depuis dix minutes! (**contre**)
6. J'aime bien marcher dans les rues. Il y a du monde partout, et j'aime bien regarder les gens qui passent. (**pour**)
7. Encore un feu rouge! Il y a beaucoup trop de feux dans cette rue! Cette fois-ci je vais brûler le feu! (**contre**)
8. J'aime bien les gratte-ciel. Je trouve ces bâtiments très intéressants. (**pour**)

ST 32, page 121 **D. Une excursion à Paris.**
1. Papa, est-ce que nous pouvons finir de regarder ce film à la télé avant de nous coucher? (**e**)
2. Est-ce que nous allons avoir le temps de nous laver demain matin? (**b**)
3. Maman, est-ce que je peux m'habiller comme je veux? (**g**)
4. Papa, où est Mireille? (**c**)
5. Maman, où sont Georges et Papa? (**d**)
6. Alors, vous êtes prêts à vous coucher? (**f**)

ST 33, page 127 **B. Le matin.**
1. Denise se peigne. (**e**)
2. Serge se lave. (**d**)
3. Marc se lève. (**b**)
4. Henri se brosse les dents. (**f**)
5. Claire s'habille. (**c**)

ST 34, page 133 **A. Au volant.**
1. Alain est tombé en panne d'essence. (**e**)
2. Solange a un pneu crevé. (**b**)
3. Éric est en train de doubler un vélomoteur. (**g**)
4. David conduit trop vite. (**c**)
5. Florence a brûlé un feu rouge. (**d**)
6. Monique a attrapé une contravention. (**f**)

ST 35, page 139 **D. Plus ou Moins?**
1. À la fin du mois je n'ai pas beaucoup d'argent. Alors je prends souvent mes repas dans ce restaurant. (**b**)
2. Quand j'ai assez d'argent je préfère prendre mes repas dans cet autre restaurant. (**b**)
3. Je préfère visiter les grands musées de Paris en hiver. (**a**)
4. Robert, Jacques et Karine traversent Paris tous les jours en voiture. Jacques et Karine attrapent souvent des contraventions. Robert n'a jamais attrapé de contravention. (**b**)

5. Pour traverser mon quartier en voiture, je prends toujours cette rue. (**b**)
6. Quand j'ai besoin d'acheter des vêtements, je vais voir dans cette boutique-là. (**a**)

ST 37, page 145 **D. Le départ en vacances.**
See Student Response Forms.

Vers la fin du mois de juillet, il fait chaud à Paris. Il y a des touristes <u>partout</u>: dans <u>les stations de métro</u>, dans <u>les rues</u> et dans les musées. <u>La circulation</u> est impossible, et on n'<u>arrive</u> jamais à trouver <u>une place</u> pour <u>garer</u> sa voiture. Il faut faire <u>la queue</u> pendant vingt minutes dans les <u>grands magasins</u>. Dans les <u>gratte-ciel</u> du <u>centre-ville</u> et dans les <u>immeubles</u> de la <u>banlieue</u>, les Parisiens sont impatients. Ils ont envie de <u>se reposer</u> et de <u>s'amuser</u> un peu. Enfin, le 1er août arrive. C'est le premier jour des grandes vacances!

Le problème, c'est que tout le monde part en vacances en même temps. Des milliers de Parisiens quittent la ville <u>le plus tôt</u> possible. Sur l'autoroute, ils <u>conduisent</u> <u>le plus vite</u> possible pour arriver avant les autres. Tout le monde veut la <u>meilleure</u> chambre d'hôtel. Vous pouvez facilement imaginer le résultat: le premier jour des vacances n'est jamais très <u>gai</u>!

ST 38, page 146 **E. L'arrivée à Paris.**
See page 146 for questions and answers.

BERNARD	Allô? C'est Monsieur Monnier?
M. MONNIER	Oui, c'est moi. Et vous êtes Bernard, n'est-ce pas?
BERNARD	Oui! C'est moi! Je viens d'arriver. Je suis à la Gare du Nord.
M. MONNIER	Comment? À la Gare du Nord? Vous n'êtes pas venu en avion?
BERNARD	Non, j'ai pris le train de Bruxelles.
M. MONNIER	Alors, voyons… il est 9 heures du matin. Est-ce que vous pouvez prendre le métro? C'est la solution la moins compliquée. La circulation est impossible à cette heure-ci. Si j'essaie de venir vous chercher en voiture, je vais sûrement être pris dans des embouteillages. Il y a une station de métro pas loin de chez nous.
BERNARD	Oui, bien sûr. Mais quelle ligne est-ce qu'il faut prendre?
M. MONNIER	De la Gare du Nord, vous allez prendre la ligne Porte de Clignan-

court—Porte d'Orléans. Il y a un plan du métro dans la station, et vous pouvez consulter le plan avant de partir. En tout cas, il faut descendre à Denfert-Rochereau. Je vais venir vous chercher à la station. Vous n'êtes pas trop fatigué?

BERNARD	Un peu, mais ça va. Je vais pouvoir me reposer plus tard.
M. MONNIER	D'accord. À tout à l'heure, Bernard.
BERNARD	À tout à l'heure.

ST 40, page 147 **A. Arrivée en Provence.**
See page 147 for questions and answers.

PHILIPPE	Enfin on part en vacances! Quel plaisir de pouvoir quitter Paris pour faire un séjour de quelques semaines à la plage. J'ai envie d'arriver à Nice le plus vite possible.
GÉRARD	Et alors, Philippe! C'est pour ça que tu conduis comme un fou? Tu risques d'attraper une contravention si tu continues à conduire aussi vite. Et tu ne peux pas doubler tout le monde, tu sais.
PHILIPPE	Il faut arriver le plus tôt possible pour pouvoir garer la voiture, trouver un hôtel…
GÉRARD	Mais repose-toi un peu. Nous sommes déjà en vacances! Ne sois pas impatient. Nous allons trouver un parking sans difficulté et nous avons déjà nos réservations d'hôtel.
PHILIPPE	Oui, après tout. Ne nous dépêchons pas. Essayons de nous amuser un peu! Voilà un petit café. On n'est pas pressés, alors on va s'arrêter si tu veux.

ST 41, page 147 **B. L'arrivée à Nice.**
1. Dépêchez-vous! Qu'est-ce que vous attendez? Vous avez déjà le feu vert. (**Philippe**)
2. Va plus lentement. Regarde ce beau paysage! (**Gérard**)
3. Tu viens de brûler un feu rouge. Fais plus attention! C'est très dangereux! (**Gérard**)
4. Tu vois! Il n'y a plus de place dans le parking de notre hôtel! (**Philippe**)
5. Zut! Encore un embouteillage. Il y a des embouteillages partout aujourd'hui. (**Philippe**)
6. Il y a beaucoup de circulation aujourd'hui, mais

tout le monde conduit bien. J'aime bien conduire! Je trouve que c'est très reposant. (**Gérard**)

Chapitre 5

ST 43, page 157 **A. La vie de tous les jours.**

1. Sabine va passer son samedi matin à nettoyer sa chambre. (**f**)
2. La semaine prochaine, Alain va voter pour la première fois. (**b**)
3. Patrick fait son service militaire. (**e**)
4. Françoise a obtenu son permis de conduire. (**d**)
5. Vincent est en train de repasser ses chemises. (**c**)
6. Karim réfléchit à son avenir. (**g**)

ST 44, page 160 **A. Logique?**

1. Gabrielle se sent mieux maintenant. (**f**)
2. Charles et Janine se regardent toute la journée et se téléphonent tous les soirs. (**c**)
3. Frédéric s'intéresse aux timbres-poste. (**b**)
4. Qu'est-ce qui se passe dans cette rue? (**g**)
5. Éric et Étienne ne s'entendent pas très bien. (**e**)
6. De temps en temps, mon fils veut emprunter ma voiture. (**d**)

ST 45, page 166 **A. De qui parlent-ils?**

1. On s'est téléphoné pour parler de l'examen. (**passé**)
2. Ils se disputent. (**présent**)
3. Il se sent mieux. (**présent**)
4. Elle s'est bien amusée. (**passé**)
5. Nous nous sommes mariés en France. (**passé**)
6. Elle s'occupe de son fils. (**présent**)

ST 46, page 171 **A. Père et fils.**

1. Je ne te permets pas de sortir avec tes amis pendant la semaine. (**son père**)
2. J'ai mis ma nouvelle chemise pour aller à l'école. (**Paul**)
3. Tu as promis de nettoyer ta chambre ce week-end! (**son père**)
4. Quand est-ce que tu vas te mettre à faire tes devoirs? (**son père**)
5. Mets la radio un peu moins fort, s'il te plaît. J'essaie de lire mon journal. (**son père**)
6. Je vais à la bibliothèque. Je te promets de rentrer avant minuit. (**Paul**)

ST 47, page 177 **A. Au lycée.**

1. a. C'est mon ancien livre de maths!
   b. **C'est un livre ancien.**
2. a. **J'ai ma propre voiture.**
   b. J'ai une voiture propre.
3. a. Marie-Laure est une fille seule.
   b. **Marie-Laure est la seule fille de la classe.**
4. a. **Certains élèves ont décidé de préparer l'examen ensemble.**
   b. Les élèves sont certains d'obtenir leur permis de conduire.
5. a. Voilà un grand homme.
   b. **Voilà un homme grand.** (tall)
6. a. **C'est une élève très curieuse.**
   b. C'est une très curieuse élève.

ST 49, page 184 **E. Un programme d'échange.**
See Student Response Forms.

Bonjour! Je m'appelle Bocar. Je suis de Nouakchott, qui se trouve sur la côte ouest de la Mauritanie. Je parle arabe et français, comme la plupart de mes copains. Je n'ai pas beaucoup de temps libre parce que j'ai beaucoup de responsabilités à la maison. Par exemple, après l'école je m'occupe de mes frères et sœurs. D'habitude, nous nous entendons bien, mais ce matin je me suis fâché contre mon frère parce qu'il s'est moqué de moi. Je m'intéresse à l'informatique et je voudrais acheter mon propre ordinateur un jour. Mais les meilleurs ordinateurs sont chers, et je n'ai pas assez d'argent. Mes parents ne me permettent pas de travailler pour gagner de l'argent de poche.

ST 50, page 185 **F. Une lettre.**
See page 185 for questions and answers.

Chère Annette,

Je t'écris pour t'expliquer pourquoi je n'ai pas pu venir à la boum chez toi. Vendredi soir, après mon dîner, j'ai commencé tout de suite à me préparer pour la fête. J'ai mis ma jolie jupe blanche et j'ai repassé mon nouveau chemisier noir. Et voilà ma petite sœur qui est entrée dans ma chambre sans frapper! Elle s'est mise à me poser beaucoup de questions. Moi, tu sais, je ne supporte pas qu'elle me pose des questions comme ça. Alors, je me suis fâchée, et on s'est disputée. Maman est venue voir, et elle aussi, elle s'est fâchée contre nous. Elle ne m'a pas permis de sortir, et j'ai été obligée de rester à la maison et de nettoyer ma chambre.

Alors, raconte-moi! Qu'est-ce qui s'est passé à la boum? Qui est venu? As-tu mis ta robe bleue? Est-ce que tout le monde s'est bien amusé? J'ai envie de savoir tous les détails.

Sophie

See page 186 for questions and answers.

Cher André,

J'ai téléphoné chez toi ce matin pour demander ta nouvelle adresse à ta mère, et elle m'a donné la grande nouvelle—tu penses sérieusement à te marier avec Anne-Marie! Je t'écris pour te parler un peu de ce projet et parce que je veux te donner mon avis.

Je sais bien que vous vous entendez très bien, Anne-Marie et toi, et que vous sortez ensemble depuis déjà quelques années. Mais quand même, je me sens obligé de te dire que je pense que ce n'est pas le bon moment de vous marier. D'une part, vous n'avez pas encore fini vos études à l'université et, d'autre part, comme tu le sais bien, tu vas être obligé de faire ton service militaire. C'est déjà beaucoup, et quand on se marie, on a tout de suite plus de responsabilités. À mon avis, ce mariage est une excellente idée pour l'avenir mais pas pour maintenant. J'espère que tu vas prendre ce conseil au sérieux.

Ne te fâche pas si tu n'es pas d'accord avec moi. Je te parle sincèrement parce que tu n'es pas seulement mon cousin, mais aussi mon meilleur ami. Envoie-moi de tes nouvelles très bientôt.

Amitiés,
Serge

Chapitre 6

ST 54, page 195 **B. Pour ou Contre?**

1. C'est une bonne occasion d'envoyer des cartes à mes amis. (**pour**)
2. Il ne faut pas parler aux enfants du Père Noël. C'est un mensonge! (**contre**)
3. On mange trop pendant la saison des fêtes. Ce n'est pas bon pour la santé. (**contre**)
4. C'est une occasion de passer du temps avec sa famille et ses amis. (**pour**)
5. Beaucoup de gens dépensent trop d'argent en cadeaux! (**contre**)
6. Chez moi, on prépare des plats traditionnels! Le repas est toujours incroyable. (**pour**)

ST 55, page 197 **A. L'année dernière.**

1. Mes grands-parents ont reçu une radio. (**c**)
2. Quand nous avons ouvert la porte, nous avons vu tous les cadeaux sous le sapin. (**b**)
3. Ma mère a reçu beaucoup de cartes. (**e**)

4. J'ai offert un bouquet de fleurs à ma grand-mère. (**d**)
5. Marie a reçu une poupée. (**g**)
6. Plus tard, j'ai découvert un autre cadeau derrière le sapin. (**f**)

ST 56, page 202 **A. Avant ou Maintenant?**

1. On faisait quelque chose de spécial pour les fêtes. (**avant**)
2. On ne se voit presque plus, n'est-ce pas? (**maintenant**)
3. Édouard et moi, nous faisions une promenade presque tous les jours. (**avant**)
4. Tout le monde pensait que j'avais beaucoup de temps libre. En réalité, je passais mes journées à faire le ménage et à m'occuper dés enfants. (**avant**)
5. Mes enfants ne savaient pas faire la cuisine. (**avant**)
6. Les heures passent vite, et je n'ai pas le temps de m'occuper du jardin. (**maintenant**)
7. Mes enfants m'aident beaucoup à la maison. (**maintenant**)
8. Je rendais souvent visite à mes amies. (**avant**)

ST 57, page 207 **A. Habitudes et événements.**

1. J'ai cueilli du muguet le premier mai. (**une fois**)
2. Huit jours avant Noël nous avons décoré le sapin. (**une fois**)
3. Nous passions nos vacances en famille. (**régulièrement**)
4. Mes amis préparaient des repas formidables pour les fêtes! (**régulièrement**)
5. J'ai beaucoup trop mangé au réveillon de Noël. (**une fois**)
6. Le premier novembre, nous avons fêté la Toussaint. (**une fois**)
7. En général, les invités apportaient des fleurs ou une bouteille de vin. (**régulièrement**)
8. Les gens s'amusaient bien pendant les fêtes. (**régulièrement**)

ST 58, page 212 **B. Quelqu'un d'intéressant.**

See page 212 for questions and answers.

LUCILE   Béatrice, regarde ce garçon! Ah! C'est l'homme de ma vie.

BÉATRICE Quoi? Lucile, comment sais-tu que c'est l'homme de ta vie? Comment est-ce qu'il s'appelle?

LUCILE   Je ne sais pas, mais je l'ai vu hier soir à la boum.

BÉATRICE Quelle boum?

LUCILE   Tu ne savais pas...? Il y avait une boum chez André. Ah, c'est vrai, tu ne connais pas André!

BÉATRICE	Alors, tu as rencontré ce garçon à une boum.
LUCILE	Oui, je l'ai rencontré, mais je ne peux pas dire que je le connais.
BÉATRICE	Qu'est-ce que tu veux dire?
LUCILE	C'est que lui, il parle anglais, et moi, je ne sais pas parler anglais. Mais quand même, je l'ai trouvé très intéressant.
BÉATRICE	C'est bien ce que je pensais. Avec toi, c'est toujours la même histoire! Quel romantisme incroyable!

ST 60, page 218 **D. Les fêtes.**
See Student Response Forms.

Si vous avez eu la chance de vivre ou de voyager dans d'autres pays, vous avez remarqué qu'on ne célèbre pas les mêmes fêtes partout dans le monde. Il y a d'abord les différentes fêtes religieuses, comme Noël, mais il y a encore d'autres différences. Dans le monde musulman, par exemple, le calendrier n'est pas le même que chez nous, et alors les gens ne fêtent pas le Jour de l'An à la même date que nous.

Quand j'étais petite, j'habitais en Algérie, où j'ai appris quelque chose de très important. Si les fêtes sont différentes dans les différentes parties du monde, l'esprit des fêtes est partout le même. Tout le monde aime offrir et recevoir des cadeaux, et partout on se souhaite bon anniversaire.

ST 61, page 218 **E. Une Surprise.**
See Student Response Forms.
See page 218 for sentences and answers.

CLAUDE	Salut, Brigitte! Salut, Luc! Comment…? Mais qu'est-ce que c'est? Je ne comprends pas!
BRIGITTE	Mon cher Claude, permets-moi de te souhaiter un très bon anniversaire!
LUC	Moi aussi! Voilà, nous sommes venus t'offrir un petit cadeau.
BRIGITTE	C'est un gâteau aux amandes.
CLAUDE	Merci beaucoup, vous êtes vraiment très gentils, mais écoutez—c'est trop tôt! Mon anniversaire…
LUC	Combien d'amis est-ce que tu as invités?
BRIGITTE	Je suis bien contente. J'ai toujours eu envie d'être invitée à une fête chez toi.
CLAUDE	Euh, une fête chez moi? De quoi parlez-vous? Qui vous a invités?
LUC	Je vais répondre à ta question tout de suite, mais d'abord, lis ta carte d'anniversaire.
CLAUDE	Qu'est-ce que c'est? *[Sound of Claude unfolding a piece of paper.]* Comment? Un poisson en papier?
LUC ET BRIGITTE	Poisson d'avril!
CLAUDE	Ohh, je comprends maintenant. C'est vrai—c'est le premier avril!

ST 63, page 220 **A. Les Noëls d'hier et d'aujourd'hui.**

1. La veille de Noël, nous avons décoré le sapin. (**l'année dernière**)
2. Quand tout le monde se trouvait autour du sapin, nous chantions des chansons. C'était très gai. (**dans sa jeunesse**)
3. On ne s'offrait pas beaucoup de cadeaux. On n'avait jamais assez d'argent pour acheter des cadeaux. (**dans sa jeunesse**)
4. On a préparé plusieurs desserts, et j'ai réussi à manger un petit peu de chaque dessert différent. (**l'année dernière**)
5. La veille de Noël, nous décorions le sapin. C'était très beau. Et quelquefois il neigeait…alors là, c'était fantastique. (**dans sa jeunesse**)
6. Nous avons offert des jouets formidables aux enfants. (**l'année dernière**)

ST 64, page 220 **B. La nouvelle.**
See page 220 for questions and answers.

SARAH	Quand je suis arrivée au lycée, je me sentais très seule. Tu comprends, je ne connaissais pas les autres élèves, mais eux, ils se connaissaient déjà. Ils bavardaient, ils se racontaient des histoires. Ils étaient tous très gais.
MICHEL	Et tu n'avais pas envie de leur parler?
SARAH	Si! Mais j'étais trop timide. Les premiers jours, je n'avais jamais l'occasion de commencer une conversation. Pourtant, je voulais savoir beaucoup de choses. Par exemple, quel était le meilleur café pour rencontrer d'autres jeunes.

MICHEL	Tu as quand même fini par te faire des amis?
SARAH	Oui, après quelques semaines j'ai réussi à rencontrer les autres élèves et maintenant, j'ai des amis formidables.
MICHEL	Et tes études marchaient bien pendant ce temps-là?
SARAH	Non, pas très bien. J'ai eu beaucoup de difficultés.
MICHEL	Pourquoi n'as-tu pas expliqué aux professeurs que tu ne connaissais pas bien le français?
SARAH	Eh bien, les classes étaient grandes, et je ne me sentais pas assez courageuse. Ce n'était pas facile, tu sais.
MICHEL	Oui, je comprends!

Chapitre 7

ST 66, page 237 A. Le parti écologiste.

1. Il faut recycler autant que possible. (**oui**)
2. C'est vrai qu'il y a des gens qui gaspillent nos ressources, mais ça n'a pas beaucoup d'importance. (**non**)
3. Il faut sauver les espèces en voie d'extinction. (**oui**)
4. Il faut prendre des mesures pour arrêter la pollution. (**oui**)
5. La protection de l'environnement ne m'inspire pas. (**non**)
6. On peut polluer l'atmosphère. Ce n'est pas vraiment dangereux pour les gens. (**non**)

ST 67, page 241 A. Un repas chez Gilles.

1. Elle s'intéressait à la photographie. (**passé**)
2. J'apprendrai à dessiner. (**futur**)
3. Il étudiera les mathématiques. (**futur**)
4. Nous voyagerons pendant l'été. (**futur**)
5. Vous travailliez au Portugal, n'est-ce pas? (**passé**)
6. Nous prenions nos repas à la maison. (**passé**)
7. Ils dormiront jusqu'à midi. (**futur**)
8. Tu sortais souvent avec lui, n'est-ce pas? (**passé**)

ST 68, page 246 A. Qu'est-ce qu'on deviendra?

1. Tu deviendras médecin. (**e**)
2. Tu seras président d'une grande compagnie. (**d**)
3. Tu iras en Chine. (**f**)
4. Tu feras du sport toute ta vie. (**g**)
5. Tu seras très riche. (**c**)
6. Tu deviendras un acteur célèbre. (**b**)

ST 69, page 250 A. Les provisions.
See page 250 for sentences and answers.

M. ROUSSEL	Je voudrais un kilo de carottes, s'il vous plaît, Madame.
MME ROSE	Je suis désolée, Monsieur, nous n'en avons pas aujourd'hui.
M. ROUSSEL	Vous n'en avez pas? Quand est-ce que vous en aurez?
MME ROSE	Demain ou après-demain.
M. ROUSSEL	D'accord. Avez-vous des oranges aujourd'hui?
MME ROSE	Ah oui! J'en ai beaucoup. Elles sont très belles.
M. ROUSSEL	Alors, j'en prendrai deux kilos, s'il vous plaît. Et un litre de lait aussi.
MME ROSE	Voilà, Monsieur. Vous désirez autre chose avec ça?
M. ROUSSEL	Non, ce sera tout pour aujourd'hui, je pense. Ah! Attendez! Je voudrais aussi des allumettes! J'en ai besoin pour faire un barbecue ce soir.
MME ROSE	Elles sont là, devant vous. Vous allez prendre une belle salade, aussi? J'en ai encore deux.
M. ROUSSEL	Non merci, j'en ai déjà une à la maison. Ça fait combien, Madame?
MME ROSE	Cela fait 32,50 F, s'il vous plaît. Merci beaucoup, Monsieur!
M. ROUSSEL	Au revoir, Madame. Merci et bon week-end.

ST 70, page 255 A. Au cours d'histoire.

1. Écrivez un paragraphe sur **ce que** Denis Papin a fait.
2. Écrivez tout **ce qui** est important.
3. Montrez-moi **ce que** vous avez écrit.
4. Changez tout **ce qui** est faux dans votre paragraphe.
5. **Ce qui** est important, c'est de comprendre l'histoire.
6. Finissez maintenant **ce que** vous avez commencé.

ST 72, page 261 C. La maison idéale en l'an 2500.
See pages 261 and 262 for questions and answers.

| NICOLE | Georges, nous sommes mariés depuis cinq ans et nous avons enfin assez d'argent pour acheter une maison. Alors réfléchissons bien à ce que nous allons faire. Moi, je ne sais pas encore ce que je veux... |
| GEORGES | Nous habiterons longtemps dans cette |

maison, alors prenons le temps de bien la choisir. Ce qui est important pour moi, c'est de trouver un endroit tranquille.

NICOLE J'ai une idée! Pourquoi ne pas chercher dans une de ces nouvelles villes au fond de la mer? Ce sera très tranquille! Imagine! Après le travail nous nous amuserons à regarder les poissons! Qu'en penses-tu?

GEORGES Oui, c'est une bonne idée. Mais en fin de compte, je préfère acheter une petite maison dans un village sur la lune. Il y aura beaucoup moins de pollution qu'au fond de la mer, et ce sera aussi plus tranquille.

NICOLE Oui d'accord, mais comment est-ce qu'on ira au travail? Il faudra sûrement acheter une deuxième soucoupe.

GEORGES Oui, c'est un problème. Mais écoute, tu pourras quitter ton travail pour commencer ta propre compagnie d'informatique. Je t'aiderai le soir et pendant le week-end. Comme ça, on ne sera pas obligé d'acheter une deuxième soucoupe.

NICOLE C'est une idée formidable. Dans deux ou trois ans tu pourras aussi t'arrêter de travailler, et nous passerons tout notre temps ensemble!

ST 73, page 262 E. Le Club des écologistes.
See Student Response Forms.

Mes amis, notre avenir dépend de nous. Nous sommes en train de créer le monde de demain. En fin de compte, si nous ne prenons pas des mesures sérieuses aujourd'hui, qui peut dire ce qui se passera dans l'avenir? Aujourd'hui, il y a encore beaucoup d'arbres, de fleurs et d'animaux dans notre région. Mais est-ce qu'il en aura autant dans cent ans si nous continuons à polluer notre environnement? Ce n'est pas évident! Nous avons maintenant trop de mauvaises habitudes: nous ne recyclons pas assez et nous gaspillons nos ressources naturelles. J'ai peur pour notre planète. Il faudra commencer immédiatement si nous voulons la sauver. Pour savoir ce que vous pouvez faire pour arrêter la pollution, parlez à un membre du Club des écologistes ou téléphonez-nous au 54-44-78-65.

ST 75, page 264 A. Les informations.
See page 264 for statements and answers.

Nouvelles internationales
Les présidents de cinq pays se rencontreront la semaine prochaine pour discuter des problèmes qui concernent l'environnement. Ils parleront surtout des espèces animales en voie d'extinction et de la pollution des mers.

Nouvelles nationales
«Je ferai ce que je vous ai promis,» a déclaré le Président de la République. Alors, cette semaine, il ira visiter les trois endroits proposés pour le nouveau centre d'énergie solaire. De ces trois endroits, il en choisira un avant la fin du mois.

Tous les membres de la famille du Président passeront le week-end dans leur maison de campagne pour fêter son anniversaire. Il aura soixante-dix ans.

Sports
Le Grand Prix de Monaco commencera demain. Et voici ce que Marcel Rouvet a déclaré: «Cette année, je ne laisserai pas Senna gagner. Demain vous verrez un nouveau champion.» Nous en reparlerons après la course.

Météo
Il fera beau sur presque tout le pays. Mais il y aura quelques pluies sur la côte atlantique cet après-midi et en soirée. La nuit sera fraîche. Si vous sortez, prenez un parapluie: vous en aurez peut-être besoin.

ST 76, page 264, B. De quoi parlent-elles?
1. Ma mère? Je pense qu'elle dort. Elle préfère se coucher assez tôt. (**présent**)
2. Ah non, ces problèmes seront encore plus graves pour un fumeur. (**avenir**)
3. Non, je ne fume pas. J'adore faire du sport et d'ailleurs je trouve que c'est une sorte de pollution pour les autres! (**présent**)
4. Ma réponse dépendra de lui. (**avenir**)
5. Ça a créé des problèmes très difficiles. (**passé**)
6. J'ai regardé une émission fantastique sur les baleines. (**passé**)
7. J'utilise surtout des produits naturels. (**présent**)
8. J'irai à pied. Et toi? (**avenir**)
9. Mon frère a fait un cauchemar! (**passé**)

Chapitre 8

ST 78, page 274 C. Bonnes ou mauvaises nouvelles?
1. Nouveaux progrès en biologie! (**bonnes**)

2. On a enfin accepté l'accord de paix en Asie. (**bonnes**)

3. Les crimes ont augmenté dans nos villes. (**mauvaises**)

4. Il y a eu moins d'accidents de voiture cette année que l'année dernière. (**bonnes**)

5. Orages et inondations en Asie! (**mauvaises**)

6. On arrive enfin à réduire le chômage parmi les jeunes. (**bonnes**)

7. Violence pendant les élections! (**mauvaises**)

8. Nouveau remède découvert! (**bonnes**)

9. La grève risque de continuer très longtemps. (**mauvaises**)

ST 79, page 276 A. Pourrions-nous…

1. — Aimerais-tu sortir vendredi soir?
   — Je regrette, mais je ne suis pas libre ce soir-là. (**oui**)

2. — Est-ce que tu pourrais t'occuper de mon chien ce week-end?
   — À ta place, j'aimerais bien aller au cinéma. (**non**)

3. — Voudrais-tu venir dîner chez nous samedi?
   — Quelle bonne idée! J'adore le théâtre. (**non**)

4. — Préférerais-tu aller voir un film ou aller à la fête foraine?
   — Allons voir un film. (**oui**)

5. — Est-ce que je pourrais venir te voir ce soir?
   — C'est vrai, il fait très froid. (**non**)

6. — Pourrais-tu me prêter la voiture ce soir?
   — D'accord, mais fais très attention. (**oui**)

7. — Pourrions-nous nous arrêter quelques minutes à la bibliothèque?
   — Pourquoi? Tu as des provisions à faire? (**non**)

ST 80, page 281 A. Au téléphone.

1. a. nous resterions à la maison.
   b. **nous irions à la manifestation.**

2. a. **on verrait moins d'accidents.**
   b. l'inflation serait moins grave.

3. a. **moins de gens seraient au chômage.**
   b. on découvrirait une autre planète.

4. a. il y aurait moins d'inondations.
   b. **il y aurait moins de guerres.**

5. a. **j'achèterais quelques disques.**
   b. je travaillerais ce soir.

6. a. **vous auriez de meilleures notes.**
   b. vous n'étudieriez jamais.

7. a. **il pourrait sortir.**
   b. il serait très triste.

ST 81, page 286 A. Des décisions difficiles.

1. J'ai envie d'y aller bientôt. (**Paris**)

2. Je vais leur parler ce soir. (**ses parents**)

3. Je penserais à eux tout le temps. (**ses parents**)

4. J'y resterais quelques mois. (**Paris**)

5. Bien sûr que je leur écrirais. (**ses parents**)

6. Toi, tu pourrais y venir aussi. (**Paris**)

7. Est-ce que tu aimerais y habiter? (**Paris**)

ST 82, page 292 A. Je t'écoute!

1. Pauline m'a dit un mensonge. (**le passé composé**)

2. Moi, je dis toujours ce que je pense. (**le présent**)

3. François me dira s'il peut nous accompagner. (**le futur**)

4. Oui, je lui dirai la vérité. (**le futur**)

5. Ils ont dit qu'ils ne pourraient pas nous aider. (**le passé composé**)

6. Bien sûr. Elle me dit toujours la même chose. (**le présent**)

7. Est-ce que tu lui as dit pourquoi? (**le passé composé**)

8. Regarde. Ils se disent des mots doux. (**le présent**)

ST 84, page 299 E. Le rêve de Pascale.
See Student Response Forms.

Si c'était le meilleur des mondes possibles, des catastrophes naturelles n'arriveraient plus. Tout le monde travaillerait. Il n'y aurait plus de chômage. On s'unirait pour éliminer la famine. Nous nous entendrions avec nos voisins; alors, il n'y aurait plus de guerres. Par contre, il y aurait beaucoup de découvertes scientifiques et de créations artistiques. Ce serait un monde formidable. Les gens y seraient heureux et tout le monde dirait que la vie est belle.

ST 85, page 299 F. Bulletin d'informations.
See page 299 for questions and answers.

REPORTER   Ici Philippe Dupont. La grève des employés de la Poste continue. Les employés disent qu'ils aimeraient retourner à leur travail, mais qu'ils ne peuvent pas. Ils ont besoin de gagner plus d'argent. Ils sont prêts à continuer à lutter pour améliorer leur situation si les conditions économiques restent les mêmes. Écoutons ce qu'ils ont à dire.

JEUNE FEMME   J'aime bien mon travail, mais je ne peux pas y retourner si la situation ne change pas. Il faut dépenser de plus en plus d'argent à cause de l'inflation. J'ai trois enfants. Qu'est-ce que vous feriez à ma place?

REPORTER En revanche, tout le monde n'est pas d'accord avec ce point de vue. Écoutons M. Bédier, un boulanger du quartier.

HOMME ÂGÉ C'est embêtant d'entendre ce qu'ils disent parce qu'il y a des problèmes beaucoup plus graves. Il y a beaucoup de gens au chômage qui seraient très heureux d'avoir un emploi. Moi, je dis que ces gens-là ont de la chance d'avoir un travail. Ils gagnent plus d'argent que beaucoup de Français.

ST 87, page 301 **A. Les informations.**

See page 301 for statements and answers.

Bonsoir! Il est 22 h. Voici les nouvelles de la journée. Hier soir il y a eu un tremblement de terre en Asie. On y compte de nombreuses victimes. En France, la grève des transports continue. Les conducteurs disent qu'ils ne travailleront pas cette semaine. Si vous comptez partir en voyage ce week-end, prenez votre voiture.

Mais il y a aussi de bonnes nouvelles ce soir. À Roland-Garros, notre champion de tennis Yannick Noah a gagné son match contre John McEnroe. Félicitations, Yannick! Et à Genève, l'Iran et l'Iraq viennent de signer un accord de paix. C'est la fin d'une longue guerre!

Et pour la météo, ce n'est certainement pas la sécheresse: il continuera à pleuvoir sur toute la France. Il y aura des pluies abondantes dans le Nord et des orages dans le Sud. Prenez votre parapluie!

Voilà les nouvelles de la journée. Il est 22 h 05. Bonne soirée à tout le monde et à demain.

Chapitre 9

ST 89, page 311 **A. Est-ce logique?**

1. Son père veut améliorer la situation économique de la famille. Alors, il cherche un bon travail dans une nouvelle usine. (**logique**)
2. Odile veut se faire de nouveaux amis. Alors, elle passe tout son temps libre à la maison. (**illogique**)
3. Sa mère veut apprendre à se débrouiller en anglais. Alors, elle va suivre un cours. (**logique**)
4. Son frère veut s'habituer aux coutumes américaines. Alors, il essaie de faire la connaissance de beaucoup d'Américains. (**logique**)
5. Odile et les autres membres de sa famille ne veulent pas perdre leur héritage culturel. Alors, ils ne célèbrent plus leurs fêtes traditionnelles. (**illogique**)
6. Odile a le mal du pays. Alors, elle téléphone souvent à une amie de chez elle. (**logique**)

ST 90, page 315 **A. Projets.**

1. Nous allons choisir un jour de la semaine. (**non**)
2. Moi, je préfère que nous attendions le week-end. (**oui**)
3. Est-ce que tu veux que nous téléphonions à Thérèse? (**oui**)
4. Il faudrait que nous choisissions un bon plat. (**oui**)
5. Nous irons acheter les provisions ensemble. (**non**)
6. Nous allons être obligées de nous dépêcher. (**non**)

ST 91, page 319 **A. Qu'est-ce qui se passe?**

1. Tu as fait quelque chose d'amusant? (**g**)
2. Florence et Monique t'ont aidée à préparer ton examen? (**c**)
3. Quelque chose s'est passé à la fête hier soir? (**f**)
4. Mathieu t'a invitée à sortir? Ou peut-être Gilbert? (**d**)
5. Tu as rencontré un garçon intéressant à la fête? (**e**)
6. Tu as acheté quelque chose de spécial? (**b**)

ST 92, page 324 **A. Conseils.**

1. Lisez-le! (**g**)
2. Montrez-lui votre passeport! (**b**)
3. Allez-y! (**c**)
4. Achetez-en! (**d**)
5. Demandez-leur! (**f**)
6. Envoyez-en à tous vos amis! (**e**)

ST 93, page 330 **A. Où vivaient-ils?**

1. Où vivait Annick Lacoste en 1983? (**Paris**)
2. Où vivait Philippe Jarret en 1980? (**Bordeaux**)
3. Qui vivait en Suisse en 1981? (**Pascale**)
4. Qui vit au Canada maintenant? (**Jean**)
5. Quand est-ce que Pascale est née? (**1964**)
6. Qui n'a jamais vécu en France? (**Jean**)
7. Où vit Philippe maintenant? (**La Nouvelle-Orléans**)
8. Qui est né en 1940? (**Annick**)

See page 336 for map and answers.

Aujourd'hui, visite de Québec: n'oubliez ni votre appareil-photo ni votre plan de la ville! La visite va commencer au Château Frontenac à dix heures. Ce château à la française date de 1893. C'est aujourd'hui un hôtel très célèbre. Après la visite du château, j'aimerais que vous regardiez la terrasse Dufferin: prenez-y de nombreuses photos, la vue sur le Saint-Laurent est très belle! Ensuite, il faut que vous visitiez la Basilique Notre-Dame. Mais en route, arrêtez-vous à l'ancienne université Laval. Visitez son musée où vous trouverez de très beaux tableaux. Pour finir, il y a la Citadelle. Personne ne quitte Québec sans avoir vu la Citadelle. Nous n'avons rien préparé pour vous pour la fin de l'après-midi. Vous êtes libres, mais nous nous retrouverons à l'hôtel à cinq heures du soir!

ST 96, page 337 **E. Le mal du pays.**
See Student Response Forms.

Il y a longtemps, les Européens venaient s'installer en Amérique pour échapper à l'oppression religieuse et politique en Europe ou pour améliorer leur situation économique. De nos jours, les Européens qui viennent aux USA y viennent surtout en vacances. Ils visitent les beaux paysages de l'Amérique du Nord, ou bien ils rendent visite à des parents qui ont immigré ici il y a des années. Parfois les jeunes restent un an ou deux pour faire des études. C'est le cas de Pierre, qui est étudiant en informatique.

— Pierre, comment se sent-on au début?

— Moi, au début, j'étais très mal à l'aise. Je ne me débrouillais pas bien en anglais et j'avais le mal du pays. J'étais triste d'être si loin de ma famille et de mes amis. C'est alors que mon seul ami américain m'a dit, «Pierre, il ne faut pas que tu te décourages! Tu verras, tu vas te faire des amis.» Mon ami avait raison et maintenant, ça va très bien. J'ai compris qu'être Français avait ses avantages. Les Américains aiment beaucoup que je leur parle à cause de mon accent français!

ST 98, page 338 **A. Qui parle?**
1. Je suis arrivé aux États-Unis il y a trois ans. (**un immigrant récent**)
2. Bien sûr j'ai le mal du pays de temps en temps. (**un immigrant récent**)
3. Mon nom de famille est français, mais mon identité culturelle est à la fois américaine et française. (**un Cajun**)

4. J'ai besoin d'apprendre à me débrouiller en anglais. (**un immigrant récent**)
5. Mes ancêtres se sont installés en Amérique du Nord il y a presque quatre siècles. (**un Cajun**)
6. Nous vivons aux États-Unis depuis deux cents ans, mais mes arrière-grands-parents ne parlaient que français. (**un Cajun**)

ST 99, page 338 **B. Une conversation.**
1. Georges veut savoir à quelle heure la boum va commencer.
2. Voulez-vous que je donne ce dictionnaire à Michel?
3. Véronique a soif!
4. J'ai laissé mon portefeuille chez mes copains.
5. Elles disent qu'elles n'ont pas envie de venir.
6. Ils arrivent à neuf heures ce soir.

Chapitre 10

ST 101, page 354 **A. Deux voyages.**
1. On a vu des tigres et des lions. (**Mireille**)
2. Il y avait des singes qui jouaient dans les arbres. (**Mireille**)
3. Pendant la nuit un ours a mangé nos provisions. (**Julie**)
4. Je me suis amusée à regarder les moineaux et les rouges-gorges. (**Julie**)
5. Les gorilles se sont moqués de nous. (**Mireille**)
6. Il y avait beaucoup d'écureuils dans ce parc. (**Julie**)

ST 102, page 358 **A. Le zoo.**
1. Est-ce que nous verrons des singes? (**Danielle**)
2. J'ai cru que nous pourrions caresser les animaux. (**Suzanne**)
3. Je crois que je verrai des lions. (**Danielle**)
4. Je n'ai pas vu de tigres. (**Suzanne**)
5. Est-ce qu'on verra des ours? (**Danielle**)
6. Nous n'avons pas vu de girafes. (**Suzanne**)

ST 103, page 363 **A. Il est responsable.**
1. Il faudra que tu aies (**b**)
2. Il faut qu'elle fasse (**b**)
3. Nous voudrions que tu ailles (**b**)
4. Il faut que tu saches (**a**)
5. Je ne crois pas que tu puisses (**b**)
6. Il ne faut pas que tu sois (**a**)
7. Nous regrettons que vous ne puissiez pas (**a**)

ST 104, page 368 **A. Au parc national.**
1. J'aimerais que nous apprenions à identifier les oiseaux. (**f**)
2. Il faut que tu prennes beaucoup de photos. (**c**)

3. Moi, je voudrais que nous voyions un renard. (**d**)
4. Il faut qu'on boive beaucoup d'eau pendant la journée. (**e**)
5. J'ai peur qu'on voie un serpent. (**b**)
6. J'aimerais que mon chien vienne avec nous. (**g**)

ST 105, page 373 **A. Des habitudes.**

1. Je parle en réfléchissant bien à ce que je dis. (**bonne**)
2. J'arrive à mon cours de français en mangeant un sandwich. (**mauvaise**)
3. Je lis le journal en traversant la rue. (**mauvaise**)
4. Je dis bonjour au professeur en arrivant à l'école. (**bonne**)
5. Je prépare mes examens en sortant tous les soirs. (**mauvaise**)
6. Je reste en bonne santé en mangeant des légumes et des fruits. (**bonne**)

ST 107, page 379 **E. Au parc-safari.**
See Student Response Forms.

Vous allez bientôt avoir l'aventure de votre vie. <u>En entrant</u> dans le parc, vous allez d'abord passer par <u>la réserve</u> des animaux <u>sauvages</u>. Vous y verrez des <u>singes</u>, des gorilles, <u>un troupeau</u> d'éléphants et beaucoup d'autres animaux. Faites très attention <u>en prenant</u> des photos. Il faut absolument que vous les <u>preniez</u> de la voiture. Si vous sortez de votre voiture, vous risquez de <u>faire peur</u> aux animaux.

Ensuite, vous allez voir des animaux plus communs, comme des <u>cerfs</u> et des <u>lapins</u>. <u>Je ne crois pas</u> que vous <u>puissiez</u> prendre des photos de ces animaux; ils sont très timides. Mais vous pouvez toujours essayer.

<u>En revenant</u>, vous pourrez vous arrêter dans notre zoo pour enfants. Là, vous trouverez des <u>animaux domestiques</u>. Vos enfants pourront les voir de très près et les <u>caresser</u>, s'ils en ont envie. Il y a même <u>une jument</u> avec son <u>poulain</u>. Faites attention, et amusez-vous bien.

ST 108, page 380 **F. Une découverte mystérieuse.**
See page 380 for questions and answers.

LILIANE Tu entends quelque chose?
DANIEL Oui, je crois que c'est un chat.
LILIANE Tiens! Regarde! C'est un petit chat.
DANIEL Comme il est mignon!
LILIANE Mais c'est bizarre! Qu'est-ce qu'il fait tout seul ici? Personne n'habite près d'ici.
DANIEL Peut-être qu'on l'a abandonné.

LILIANE Oh là là! Que c'est triste!
DANIEL Alors, qu'est-ce qu'on fait?
LILIANE Il faut que nous le prenions avec nous. Il va sûrement mourir si nous le laissons ici.
DANIEL Je ne crois pas que ce soit une très bonne idée.
LILIANE Pourquoi?
DANIEL D'abord, en essayant de l'attraper, on risque de lui faire peur. Et puis, peut-être que sa famille n'est pas loin.
LILIANE Mais, écoute, il a déjà très peur. Et il a certainement été abandonné. On ne peut pas le laisser tout seul.
DANIEL Oui, je crois que tu as raison.
LILIANE On pourrait peut-être le garder.
DANIEL Je ne pense pas qu'on puisse avoir un cinquième chat. Maman et Papa vont dire que c'est trop.
LILIANE Alors, on pourrait peut-être lui trouver une famille.
DANIEL Oui, pourquoi pas? En demandant à tous nos copains, nous lui trouverons certainement une bonne famille.
LILIANE Alors, on le prend. Minou, minou. Viens vite ici.

ST 110, page 382 **A. Un raton laveur apprivoisé?**
See page 382 for statements and answers.

YVETTE Regardez ce petit raton laveur que j'ai trouvé en rentrant de l'école! Il est mignon, n'est-ce pas? J'ai envie de le garder dans ma chambre. Comme ça, je le verrai en me réveillant chaque matin.
M. DUBOIS Il est adorable, mais je ne crois pas que ce soit une bonne idée de le garder. Le raton laveur est un animal sauvage. Il est très petit maintenant, mais en grandissant, je crois qu'il deviendra plus gros et plus difficile à garder—j'ai peur qu'il devienne même dangereux.
YVETTE Mais les ratons laveurs ne sont pas dangereux. Et je m'occuperai bien de lui. Il ne souffrira jamais. Quand il fera froid, il pourra rester dans la maison. Il n'aura jamais faim ici. Ce sera parfait pour lui.
MME DUBOIS Écoute, Yvette, même si tu t'occupais bien de lui, je crois qu'il serait malheureux en regardant les

autres animaux. Il préfère être
libre, j'en suis sûre.

YVETTE Est-ce que je peux le garder quelques jours pour voir comment ça
marche?

MME DUBOIS Bon, d'accord. Mais tu verras que
nous avons raison. Je ne crois pas
que ça puisse durer.

Chapitre 11

ST 112, page 390 **A. La famille de Joëlle.**
1. Mon beau-frère est très charmant. (**Gilles Thibaudaux**)
2. Ma nièce a seulement deux ans. (**Suzette**)
3. Mon frère cadet est très réservé. (**Raoul**)
4. Connais-tu mon cousin? Il est très drôle. (**Antoine**)
5. Mon oncle est prof d'anglais. (**Paul Leblanc**)
6. Savais-tu que ma mère fait du théâtre? (**Marie Montreux**)
7. Ma sœur aînée va nous rendre visite la semaine prochaine. (**Margot**)
8. Mon petit neveu est très mignon. (**Hervé**)

ST 113, page 394 **A. La vie est compliquée.**
1. a. Elle est désolée que ses parents soient si compréhensifs.
   b. **Elle doute que ses parents lui permettent d'y aller.**
2. a. Il est surpris que l'examen ait lieu aujourd'hui.
   b. **Il est heureux que l'examen ait lieu aujourd'hui.**
3. a. Il a peur que Marianne sorte avec lui.
   b. **Il espère que Marianne sortira avec lui.**
4. a. Elle regrette que Stéphanie soit réservée.
   b. **Elle ne croit pas que Stéphanie soit réservée.**
5. a. Elle est contente que sa copine aille au concert avec Bernard.
   b. Elle a peur que sa copine aille au concert avec Bernard.
6. a. Il est furieux que sa copine soit malade.
   b. **Il est désolé que sa copine soit malade.**

ST 114, page 399 **A. Une conversation difficile.**
1. — Maman et moi, nous viendrons te voir la semaine prochaine.
   — C'est dommage que vous ne puissiez pas venir me voir la semaine prochaine. (**illogique**)

2. — J'ai toujours des devoirs à faire.
   — Il est essentiel que tu fasses beaucoup de devoirs si tu veux apprendre quelque chose. (**logique**)
3. — Tu sais, je fais du jogging tous les soirs.
   — C'est bon que tu aies le temps de faire du jogging. (**logique**)
4. — Je ne sais pas quoi acheter pour l'anniversaire de Papa.
   —Il vaut mieux que tu te couches très tôt. (**illogique**)
5. — Où est ton chien? Je ne le vois pas.
   — Il se peut qu'il soit dans le jardin. (**logique**)
6. — Je me dispute souvent avec mon petit ami.
   — Il est évident que vous vous entendez bien. (**illogique**)

ST 115, page 404 **A. Une journée en ville.**
1. J'aime mieux ceux-là. (**b**)
2. Celle-ci est trop chère. (**a**)
3. Achetons ceux-ci. (**c**)
4. Celle-là est meilleure. (**a**)
5. Je vais acheter celui-ci pour ma nièce. (**a**)
6. Je prends celles-ci. Elles sont très belles. (**b**)
7. Je préfère celui-là. (**c**)

ST 116, page 409 **A. Obligations.**
1. a. J'ai dû m'occuper de ma nièce.
   b. Je devrai travailler ce soir.
2. a. Je lui dois cinquante francs.
   b. **Il doit être malade.**
3. a. C'est vrai. Nous devrions être plus généreuses.
   b. **Tu as raison. Nous devrions faire plus de sport.**
4. a. Je devais l'aider à préparer son examen d'histoire, mais j'ai oublié.
   b. Je dois lui téléphoner ce soir.
5. a. **Elle me doit de l'argent.**
   b. Je devrais finir mes devoirs.
6. a. **Moi, je dois rentrer. J'ai du travail à faire à la maison.**
   b. J'ai dû laisser mes clés quelque part.

ST 118, page 415 **E. La famille de Grégoire.**
See Student Response Forms.
Nous sommes cinq dans ma famille. Mes parents
sont compréhensifs et très sociables. Ils invitent
souvent leurs amis chez nous. Véronique, ma sœur
cadette, a quatorze ans. Elle est très individualiste
et originale. Jean-Marc, mon frère aîné, a dix ans
de plus que moi. Il est marié depuis cinq ans. Il a
déjà deux enfants: mon neveu, qui a trois ans, et

ma nièce, qui doit avoir treize mois maintenant. Je suis très content que Jean-Marc ait des enfants. À l'âge de seize ans, je suis déjà oncle! Récemment, j'ai été étonné d'apprendre que ma belle-sœur va avoir un troisième enfant. L'esprit de famille et la vie familiale sont très importants pour mon frère. Pour lui, il est essentiel que nous nous voyions chaque dimanche. En effet, pour nous tous, le dimanche en famille est très important.

ST 119, page 416 F. Ils se disputent.
See page 416 for questions and answers.

MANON	Yves, n'oublie pas qu'on va dîner chez mes parents demain soir.
YVES	Demain soir? C'est impossible!
MANON	Mais si, il faut qu'on y aille! On est invités, et j'ai déjà accepté!
YVES	Tu ne m'as pas demandé mon avis.
MANON	**Parce que tu n'étais pas là! Est-ce qu'il faut que je te demande toujours ton avis avant de prendre une décision?**
YVES	Mais tu sais bien que je joue aux cartes avec mes copains le mardi soir.
MANON	Ah, tes cartes! Je suis désolée! J'ai dû oublier! Mais écoute, Yves, pour une fois, tu ne peux pas leur expliquer que nous avons d'autres projets?
YVES	Non, il faut absolument que j'y aille. Ils ne sont que trois! Ils ne peuvent pas jouer sans moi.
MANON	Écoute, tu joues aux cartes tous les mardis et je ne dis jamais rien. Mais cette fois-ci, j'ai vraiment envie d'aller voir ma famille.
YVES	**Bon, d'accord, je vais téléphoner à Jacques. Mais je pense que tu devrais me demander mon avis avant d'accepter une invitation comme ça.**
MANON	Bon, d'accord. Je promets que je te demanderai ton avis la prochaine fois.

ST 121, page 417 A. Rencontres.
See page 417 for statements and answers.

Aimeriez-vous changer votre vie? Voudriez-vous connaître la femme ou le mari idéal? Avec *Rencontres* vous pourrez tout de suite commencer une vie nouvelle. Donnez-nous la description de votre personnalité et celle de la personne que vous désirez connaître, et nous vous aiderons à trouver l'ami idéal. Écoutez ce que disent nos clients.

Je m'appelle Sylvie et j'ai 25 ans. Je suis timide et assez réservée. Alors, j'ai quelques difficultés à me faire des amis. Un jour, j'ai entendu la publicité de *Rencontres* et j'ai décidé de l'essayer. J'ai tout de suite rencontré Olivier, qui est aussi réservé que moi. Nous sommes tellement heureux ensemble, et il est possible que nous nous mariions l'été prochain.

Je m'appelle Bertrand. J'ai 28 ans. Je suis beau, original, intéressant et charmant. Ce que je trouve bizarre, c'est que je n'aie pas de petite amie! Je voudrais trouver une femme riche et belle. J'ai téléphoné à *Rencontres*, et ils ont promis de s'occuper de moi. Je suis sûr qu'ils vont me trouver tout de suite la femme parfaite!

Je m'appelle Mimi. J'ai 19 ans. C'est ma sœur aînée qui m'a parlé de *Rencontres*. C'est là qu'elle a connu mon beau-frère Richard. Ça a été le coup de foudre. Ils se sont mariés un mois après leur premier rendez-vous. Je ne suis ni riche ni belle, mais je suis intelligente, indépendante et j'ai beaucoup d'intérêts. Je suis sûre que *Rencontres* me trouvera l'homme de mes rêves.

Chapitre 12

ST 123, page 427 A. Mais non, vous vous trompez!

1. On a besoin d'une toile pour jouer d'un instrument musical. (**faux**)
2. Le peintre emploie un pinceau pour faire un tableau. (**vrai**)
3. Un paysage est un tableau qui représente une personne. (**faux**)
4. Un compositeur écrit des morceaux de musique. (**vrai**)
5. Un metteur en scène a besoin de crayons. (**faux**)
6. Une nature morte est une sorte de peinture. (**vrai**)
7. Un dessinateur est une personne qui écrit des pièces de théâtre. (**faux**)

ST 124, page 430 A. En classe.

1. a. **Oui, j'en ai beaucoup. Tu veux que je t'en donne?**
   b. Oui, je les ai déjà lus.
2. a. Bon, je t'en donnerai.
   b. **Attends, je te l'expliquerai.**
3. a. Passe-les-moi, s'il te plaît.
   b. **Vite! Dis-le-moi!**
4. a. **C'est Géraldine qui te l'a envoyée.**
   b. J'aimerais bien t'en offrir.
5. a. **Demande-lui de te le rendre.**
   b. Dis-lui de t'en offrir.

6. a. Je ne sais pas. Il ne m'en a pas encore parlé.
b. Je vais t'en apporter ce soir.

ST 125, page 436 A. Des fournitures d'art.

1. Très bien, monsieur. Je suis sûre que nous avons toutes les couleurs **dont** vous avez besoin.
2. Ah, il n'y en a plus, mais je connais quelqu'un chez **qui** vous pouvez en trouver.
3. Voici un pinceau avec **lequel** vous pourrez le faire.
4. D'accord. Pourriez-vous me dire les couleurs **dont** vous avez besoin?
5. La voici! Je crois que c'est l'affiche à **laquelle** vous pensez.
6. Nous en avons plusieurs dans **lesquels** vous trouverez des articles fascinants.

ST 126, page 440 A. Qu'est-ce qu'ils deviendront?

1. Je crois que je deviendrai musicien, bien que les musiciens ne gagnent pas beaucoup d'argent.(**F**)
2. J'aimerais être peintre ou artiste afin de pouvoir travailler seulement quand j'en ai envie. (**V**)
3. J'étudierai la physique à l'université à moins que les cours soient trop difficiles. (**F**)
4. Je deviendrai actrice à condition que mes parents me permettent de partir à Hollywood. (**F**)
5. Je serai danseuse quoique ce soit une vie difficile. (**F**)
6. J'irai à l'université avant de choisir ma profession. (**V**)

ST 127, page 445 A. Les nouvelles.

1. Vingt personnes ont été tuées dans un tremblement de terre. (**déjà**)
2. Un nouveau remède a été découvert par un brillant médecin français. (**déjà**)
3. Deux ours rares seront achetés par le parc zoologique de Montréal. (**pas encore**)
4. Un tableau de Picasso a été vendu pour 250 millions de francs. (**déjà**)
5. Le prochain film de Coline Serreau sera tourné au Maroc. (**pas encore**)
6. Une sculpture très originale a été faite par deux étudiants. (**déjà**)

ST 129, page 451 E. Une occasion à ne pas manquer.
See Student Response Forms.

L'agence de voyages ITF organise actuellement un voyage <u>auquel</u> vous devriez tous participer. C'est un voyage pour les jeunes qui s'intéressent à l'art et à <u>l'architecture</u>. On emmènera les participants dans les différentes régions de France. L'agence a choisi des villes dans <u>lesquelles</u> on trouve des musées et des exemples importants de l'architecture française. Les guides seront des professeurs d'art à <u>qui</u> vous pourrez poser toutes vos questions. Vous allez voir des <u>ruines romaines</u> dans le Sud de la France et des cathédrales <u>gothiques</u> dans le Nord. Vous aurez aussi la possibilité de passer une semaine de plus à Paris où des cours de peinture <u>seront organisés</u>. Et vous recevrez un prix spécial <u>pourvu que</u> vous achetiez votre billet avant le 15 juin. L'ITF est une agence en <u>laquelle</u> vous pouvez avoir confiance. Pour que vous <u>puissiez</u> y participer, il faut que vos parents donnent leur accord. Alors, parlez-<u>leur-en</u> tout de suite.

ST 130, page 452 F. Le Centre Pompidou.
See page 452 for questions and answers.

L'idée du Centre Pompidou est venue de Georges Pompidou, ancien président de la France, qui croyait qu'un centre culturel à Paris serait apprécié non seulement par les Parisiens, mais aussi par tous les Français.

Alors, en 1971, une compétition internationale d'architectes a été organisée pour choisir le dessin du Centre. La compétition a été gagnée par deux architectes—l'Anglais Richard Rogers et l'Italien Renzo Piano, qui ont créé un dessin très moderne.

La construction a été commencée en 1973, et le Centre a été ouvert au public en 1977. Bien que le Centre soit actuellement aussi connu et apprécié que la tour Eiffel, il a été mal accepté au début à cause de son architecture ultra-moderne.

Depuis 1977, de nombreuses expositions y ont été organisées et le nombre de visiteurs augmente chaque année. En 1984, par exemple, le Centre a reçu 8.413.500 visiteurs français et étrangers. On peut dire que le Président Pompidou avait raison!

ST 132, page 454 A. Un jeune artiste.

1. Regarde. C'est le portrait dont je t'ai parlé. (**e**)
2. Cette toile et ces pinceaux m'ont été offerts par mes parents. (**f**)
3. Bien que ce prof soit un peintre célèbre, elle s'intéresse maintenant à la sculpture. (**a**)
4. Le garçon avec qui j'habite fait de la photographie. (**d**)
5. Voilà le pinceau avec lequel j'ai fait mon paysage. (**g**)
6. Nous pouvons observer le cours de peinture, à condition que nous ne fassions pas de bruit. (**c**)
7. On a choisi une de mes peintures pour une exposition. Est-ce que je t'en ai déjà parlé? (**b**)

NOUS TOUS

Gilbert A. Jarvis   Thérèse M. Bonin
Diane W. Birckbichler

HOLT, RINEHART AND WINSTON, INC.

AUSTIN   NEW YORK   SAN DIEGO   CHICAGO   TORONTO   MONTREAL

Consultants

We would like to thank the teachers and administrators who reviewed the manuscript. Their enthusiastic reception of the materials was very encouraging, and their suggestions for improvements were most helpful. We are very pleased to acknowledge the important contributions of the consultants whose names appear below.

Patricia Bialowoz
Glastonbury High School
Glastonbury, Connecticut

Betty Clough
Lanier High School
Austin, Texas

Michel Dassonville
The University of Texas
Austin, Texas

Yamilé Dewailly
Brussels
Belgium

Diane Ging
Columbus Public Schools
Columbus, Ohio

Robert Hawkins
Upper Arlington City Schools
Columbus, Ohio

Ann Marie Hill
Adams High School
Rochester, Michigan

Daniel Holbrook
Maine Twp. High School District 207
Park Ridge, Illinois

Phyllis Kadle
Pleasant Run Junior High School
Cincinnati, Ohio

Peggy Kleinhenn
Plymouth-Canton High School
Plymouth, Michigan

Sharon McCormack
Oak Park High School
Oak Park, Michigan

Zelda Penzel
South Side High School
Rockville Centre, New York

L. Susan Smith
Lincoln Public School
Lincoln, Nebraska

Printed in the United States of America

ISBN 0-03-014947-9

12 036 987654

Acknowledgements

For permission to reprint copyrighted material, grateful acknowledgement is made to the following sources:

PREMIER CHAPITRE: p. 17; *France Télécom:* Advertisement, "L'horloge parlante" from *Document France Télécom: Annuaire officiel des abonnés au téléphone. French National Railroads:* "Horaire—SNCF." **p. 19;** *Centre Evian Equilibre:* Logo, "Evian thermalisme et équilibre." **DEUXIÈME CHAPITRE: p. 42;** *Fédération Unie des Auberges de Jeunesse:* Advertisement, "L'auberge La station," in *Auberges de Jeunesse,* Winter/Spring '87/'88, p. 4. Copyright © 1987 by Fédération Unie des Auberges de Jeunesse. **p. 53;** *Carnaval de Québec, Inc.:* Poster, "Québec: Le Carnaval de Québec." **p. 54;** *La Poste, Le Ministère des Postes et Télécommunications, et de l'Espace:* Stamps, "Centenaire de l'Ecole nationale supérieure des PT," "Don du sang," "Philex Jeunes '88, République Française, Nevers," "République Française, écu 0,31," and "Trait d'Andelot." **p. 60;** *Kinopanorama:* Advertisement, "Kinopanorama," from *Pariscope,* October 14, 1987, p. 130. **p. 62;** *La Poste, Le Ministère des Postes et Télécommunications, et de l'Espace:* Stamp, "Guadeloupe." **GAZETTE Nº 1: pp. 106–107;** *Transworld Feature Syndicate Inc.:* From "La Forme en vingt sports" in *Réalités,* October 1975, pp. 78–79. Copyright © 1975 by Transworld Feature Syndicate Inc. **p. 109;** *Philippe Lebaud Editeur:* Adapted from "Refusez la fatigue!" in *ELLE,* no. 2081, November 25, 1985. Copyright © 1985 by Philippe Lebaud Editeur. **p. 111;** *SCOOP:* Adapted from "Musclez-vous le cerveau" by Ghislaine Andréani from *ELLE,* no. 2064, July 29, 1985. Copyright © 1985 by ELLE. **QUATRIÈME CHAPITRE: p. 128;** *RATP:* Front cover from brochure, "Carte Paris Sésame: Découvrez Paris avec 1 seul ticket." **p. 141;** *U.S. Department of the Interior, Publications and Public Inquiries:* Front cover from brochure, "Bienvenue à Washington." **p. 148;** *Comité des Expositions de Paris:* Front cover from brochure, "Salons de la Foire Internationale de Paris," April 30–May 12, 1988. **CINQUIÈME CHAPITRE: p. 155;** *Jeune Afrique Economie:* Headline from *Jeune Afrique Economie Mensuel.* **SIXIÈME CHAPITRE: p. 195;** *Harmonie:* Business card, "Harmonie." **p. 213;** *Mouvement National des Québécois:* Adapted from advertisement, "L'emblème de la fête nationale/La fierté du Québec en fête." **GAZETTE Nº 2: pp. 226–227;** *Editions du Kiosque:* "CD Jarre" in *Rock & Folk,* no. 248, January 1988, p. 20. Copyright © 1988 by Editions du Kiosque. **pp. 228–229;** *SCOOP:* Adapted from "Stéphanie" by Michèle Fitoussi and photo by Frédéric Meylan/Sygma, in *ELLE,* no. 2118, August 11, 1986, pp. 30–33. Copyright © 1986 by SCOOP. **p. 230–231;** *Le Point:* Adapted from "Jean-Jacques Goldman: La gloire en douceur" by Robert Mallat in *Le Point,* no. 828, August 1, 1988, pp. 69–72. Copyright © 1988 by Le Point. **SEPTIÈME CHAPITRE: p. 248;** *Caisse Nationale de Prévoyance:* Advertisement, "Assur études, Caisse Nationale de Prévoyance." **p. 253;** *La Poste, Le Ministère des Postes et Télécommunications, et de l'Espace:* Stamp, "République Française, Farman, Poste Aérienne." **p. 255;** *Gouvernement du Québec, Office de la langue française:* Front cover from brochure, "Le français au travail...." **p. 258;** *Casterman S.A. Editeurs:* Front cover from *Les Aventures de Tintin: On a Marché Sur la Lune* by Hergé. Copyright © 1954 by Hergé/Casterman S.A. Editeurs. *Gouvernement du Québec, Ministère de l'Environnement du Québec, Direction des communications et de l'éducation, Division de l'éducation:* Front covers from brochures, "Le campeur et son environnement" and "Les pesticides, prudence!" **p. 260;** *Agence Française Pour La Maîtrise de l'Energie:* Advertisement, "Maîtrise de l'énergie, pas si bête." **HUITIÈME CHAPITRE: p. 289;** *Fédération Unie des Auberges de Jeunesse:* Front cover from brochure, "Auberges de Jeunesse, activités été '88." *Touropa:* Advertisement, "Ville Impériales et Oasis du Sud," from *Touropa,* p. 130. **p. 297;** *AFS Vivre Sans Frontière:* Logo, "AFS Vivre Sans Frontière." **p. 301;** *La Poste, Le Ministère des Postes et Télécommunications, et de l'Espace:* Stamp, "République Française: Mulhouse Musées Techniques." **p. 303;** *SIPA PRESS:* Photo, "Avec Balavoine, en 1985: Concert pour l'Ethiopie," by Lehr from "Jean-Jacques Goldman: La gloire en douceur" by Robert Mallat in *Le Point,* no. 828, August 1, 1988, p. 71. **p. 302;** *Gouvernement du Québec, Ministère de l'Environnement du Québec, Direction des communications et de l'éducation, Division de l'éducation et Ministère des Transports, Direction des communications:* Front cover from brochure, "Pour un Québec encore plus beau." **NEUVIÈME CHAPTIRE: p. 334;** *The Lafayette Parish Convention and Visitors Commission:* Front cover from brochure, "Lafayette Louisiana: Cuisine et amusement en français!" **GAZETTE Nº 3: p. 344;** *Larousse:* "Traductrice in the pocket" (Titled: "La Bilingue Electronique") by Françoise Delétraz from *ELLE,* no. 2072, September 23, 1985. *New York Times Syndication Sales:* From "Ce bus remplacera-t-il ses tramways?" by Odile Perrard, Michel Ellenberger, Juliette Nouel and Anne-Elisabeth Vincent in *L'Express Aujourd'hui: Science Technologie Santé,* no. 8, May 15–June 11, 1987, p. 9. Copyright © 1987 by L'Express. *RATP:* Photo, "RATP." **p. 345;** *New York Times Syndication Sales:* From "Baguette: Le premier sandwich à garniture surgelée" in *L'Express Aujourd'hui: Science Technologie Santé,* no. 8, May 15–June 11, 1987, p. 8. Copyright © 1988 by L'Express. *Le Point:* "Chat Alors!" by Daniel Garric and photo by Lai in *Le Point,* no. 832, August 29, 1988, p. 82. Copyright © 1988 by Le Point. "Vidéo Automobile" by Daniel Garric from *Le Point,* no. 813, April 16, 1988, p. 86. Copyright © 1988 by Le Point. **p. 346;** *New York Times Syndication Sales:* From "Souliers de collection" by Dominique Brabec from *L'Express Paris,* no. 1902, December 18–24, 1987. Copyright © 1987 by L'Express. From "Yves Klein: Le vide et la vertu" by Otto Hahn from *L'Express,* no. 1655, April 1, 1983, pp. 8–9. Copyright © 1983 by L'Express. **p. 347;** *SCOOP:* Adapted from "Ce que j'ai vu au fond des mers" by Marina de Baleine from *Paris Match,* no. 1946, September 14, 1988. Copyright © 1988 by Cogédipresse. **DIXIÈME CHAPITRE: p. 365;** *Saatchi and Saatchi:* Front cover from brochure, "Mexico: Le Mexique aux mille visages." **p. 366;** *Gouvernement du Québec, Ministère du Loisir, de la Chasse et de la Pêche, Direction des communications, Jardin Zoologique de Québec:* Front cover from brochure, "Jardin Zoologique de Québec." Copyright © 1988 by the Gouvernement du Québec, Ministère du Loisir, de la Chasse et de la Pêche. **pp. 377–378;** *Les Editions Héritage Inc.:* Adapted from "Les Chevaux sauvages de l'Ile au Sable" in *Hibou,* v. 1, no. 3, March 1980. Copyright © 1980 by Les Editions Héritage Inc. **p. 383;** *ARTIA:* Front cover from "Guide du Promeneur dans la Nature," Sixth Edition, 1982, text by J. Toman and J. Felix, illustrations by K. Hisek. Copyright © 1974 by Artia, Prague. **ONZIÈME CHAPITRE: p. 397;** *French National Railroads:* Front cover from brochure, "Il est pas possible ce TGV." **p. 411;** *l'Ondre des Experts— Comptables:* Advertisement, "Vous comptez sur un Diplôme? Choisissez le Diplôme qui compte," from *l'Etudiant,* no. 76, June 1987. **p. 414;** *SCOOP:* Headline, "Chère Julie," in *Jeune et Jolie,* no. 7, December 1987, p. 68. Copyright © 1987 by Cogédipresse. **DOUZIÈME CHAPITRE: p. 443;** *Service photographique de Musées Nationaux:* "Les Ateliers des Musées" and illustration from *Objectif Musées 1987–1988.* **p. 455;** *Festival d'Aix-en-Provence:* Poster, "Festival d'Aix-en-Provence, 8/31 Juillet 1987," by Jean Dewasne. **GAZETTE Nº 4: p. 460;** *Editions Gallimard:* "Pour Faire Le Portrait d'un Oiseau" from *Paroles* by Jacques Prévert. Copyright © 1949 by Editions Gallimard. **pp. 462–463;** *Harcourt Brace Jovanovich, Inc.:* Excerpts and illustrations from *Le Petit Prince* by Antoine de Saint-Exupéry. Copyright © 1943 by Harcourt Brace Jovanovich, Inc., renewed 1971 by Consuelo de Saint-Exupéry. **p. 464;** *Mercure de France:* "Les Confitures" from *Fables de mon jardin* by Georges Duhamel.

Table of Contents

Contextes culturels

La France

Monuments et sites historiques
- ◊ Vestiges celtes
- ▲ Les grandes cathédrales
- △ Abbayes
- ◻ Châteaux
- ◼ Villes fortifiées
- ▬ Les ruines et édifices romains

MER DU NORD

ANGLETERRE

Amsterdam

PAYS-BAS

Londres

BELGIQUE

Bruxelles

ALLEMAGNE

Rhin

LA MANCHE

Lille

LES ARDENNES

LUXEMBOURG

Luxembourg

▲ Amiens

Le Havre

Rouen

▲ Reims

Meuse

Moselle

Strasbourg

Seine

Versailles ◻ ⊛ Paris

Fontainebleau

LES VOSGES

Brest

St-Malo ◼ Mont-Saint-Michel

▲ Chartres

◻ Chaumont

Rennes

Saône

▲ Vézelay

Carnac

Blois ◻

◻ Chambord

Autun ▲

SUISSE

OCÉAN ATLANTIQUE

Nantes

◻ Amboise

◻ Chenonceaux

Cluny △

Berne

Chinon ◻ ◻

Azay-Le-Rideau

FRANCE

Pérouges ◼

LE JURA

FRANCE

ITALY

GOLFE DE GASCOGNE

Lyon

Genève

Mt-Blanc
(4,811 m.)

Corse

Ajaccio

Grenoble

LES

ALPES

LE MASSIF CENTRAL

ITALIE

Bordeaux

Garonne

Rhône

Vaison-La-Romaine

Pont du Gard ▬

▬ Orange

Nice

Biarritz

Toulouse

Nîmes ▬

Arles ▬

MONACO

Pau

Montpellier ●

Marseille

Carcassonne ◼

Aigues-Mortes ◼

Toulon

ESPAGNE

LES PYRÉNÉES

MER MÉDITERRANÉE

ANDORRE

N
O—E
S

0 — 100 Miles
0 — 100 Kilomètres

Le Monde francophone

AMÉRIQUE DU NORD

8

h

31 30

21

OCÉAN
ATLANTIQU

18   a   13

c

39

b

OCÉAN PACIFIQUE

f

e

AMÉRIQUE
DU SUD

1. l'Algérie	10. le Congo	19. le Laos
2. la Belgique	11. la Côte-d'Ivoire	20. le Liban
3. le Bénin	12. le Djibouti	21. la Louisiane, États-Unis
4. le Burkina-Faso	13. la Dominique	22. le Luxembourg
5. le Burundi	14. la France	23. Madagascar
6. le Cambodge	15. le Gabon	24. le Mali
7. le Cameroun	16. la Guinée	25. le Maroc
8. le Québec, Canada	17. la Guinée-Bissau	26. l'Île Maurice
9. les Comores	18. Haïti	27. la Mauritanie

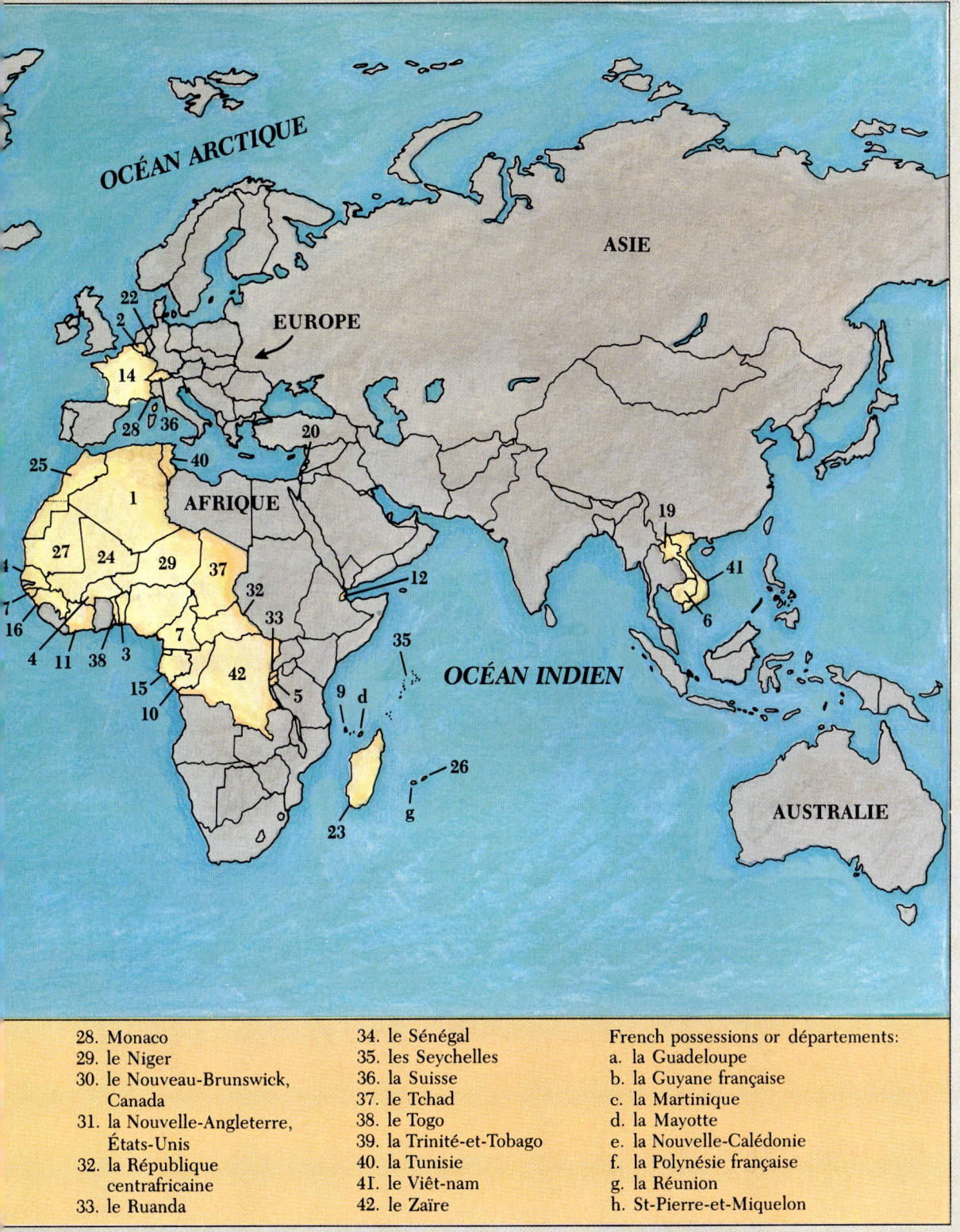

OCÉAN ARCTIQUE

ASIE

EUROPE

22
2

14

28 36

20

25

40

1   AFRIQUE

27   24   29   37

32

33

12

35

19

41

6

4

7

16

7

4 11 38 3

15

10

42

5

9 d

OCÉAN INDIEN

26

g

23

AUSTRALIE

28. Monaco	34. le Sénégal	French possessions or départements:
29. le Niger	35. les Seychelles	a. la Guadeloupe
30. le Nouveau-Brunswick, Canada	36. la Suisse	b. la Guyane française
31. la Nouvelle-Angleterre, États-Unis	37. le Tchad	c. la Martinique
	38. le Togo	d. la Mayotte
32. la République centrafricaine	39. la Trinité-et-Tobago	e. la Nouvelle-Calédonie
	40. la Tunisie	f. la Polynésie française
33. le Ruanda	4I. le Viêt-nam	g. la Réunion
	42. le Zaïre	h. St-Pierre-et-Miquelon

See Student Response Forms.

1.

2.

3.

Chapitre passerelle

In this chapter, you will begin your study of French in **Nous tous** by reviewing what you learned in **Et vous?** You will review the following grammar and vocabulary topics.

Structures

- nouns and adjectives
- regular and irregular verbs
- questions
- possession
- prepositions
- the **passé composé**
- object pronouns
- imperatives

Vocabulary

- numbers
- dates and time
- days of the week
- months
- seasons and weather
- question words
- clothing
- colors

1. Des lycéens à Paris
2. Deux amis à Lille
3. Une équipe de football au Canada
4. Jeunes filles sportives à Toulouse

4.

1

INTRODUCTION

See Teacher's Preface for reference to Student Response Forms available for this chapter. Workbooks and other ancillary materials are correlated to this chapter on the corresponding tabbed divider in your Teacher's Resource Binder. The Teacher's Preface contains abbreviated tapescripts of listening activities in the student text.

Le français en contexte

ST 1

 ### *La Rentrée*

C'est la <u>rentrée des classes</u>. Étienne,
Claudette et Françoise profitent de quelques
minutes avant leur premier cours pour parler
de leurs vacances d'été.

beginning of
   school year

Prereading question.
How do Étienne,
Claudette, and Fran-
çoise feel about com-
ing back to school?

ÉTIENNE	Alors, Claudette et Françoise, comment allez-vous?
CLAUDETTE	Salut, Étienne. Nous, ça va. Et toi? Comment vas-tu?
ÉTIENNE	Comme ci comme ça. Je n'ai pas envie de <u>reprendre</u>.
FRANÇOISE	Moi non plus! Mais j'ai passé de très bonnes vacances. Vous savez que je suis allée rendre visite à ma tante en Grèce. J'ai passé presque tout mon temps à la plage!
ÉTIENNE	C'est pour ça que tu es <u>si</u> <u>bronzée</u>.
CLAUDETTE	Toi aussi, Étienne, tu es bronzé.
ÉTIENNE	J'ai eu de la chance. J'ai trouvé un <u>poste</u> comme <u>maître-nageur</u> à la piscine. J'ai rencontré des jeunes très sympa. Et toi, Claudette, qu'est-ce que tu as fait cet été?
CLAUDETTE	Je suis restée en ville comme toi. J'ai suivi deux cours d'été et j'ai aussi appris à faire du <u>deltaplane</u>!
FRANÇOISE	Alors, tout le monde a passé de bonnes vacances!
ÉTIENNE	Tout le monde <u>est en forme</u>!
CLAUDETTE	Et allez! <u>Au travail</u>!

La vitrine d'une boutique: Paris, France

start again

so / tan

job / lifeguard

hang gliding

is in good shape

Let's get to work!

Compréhension

1. Où est-ce que Françoise est allée cet été?
2. Pourquoi est-ce qu'elle est si bronzée?
3. Pourquoi est-ce qu'Étienne pense qu'il a eu de la chance?
4. Qui est-ce qu'il a rencontré?
5. Et Claudette, qu'est-ce qu'elle a fait?

Suggestion. Have
students put answers
on the chalkboard,
soliciting and receiv-
ing help for their
answers <u>in French</u>.

1. chez sa tante en Grèce   2. Elle a passé presque tout son temps à la plage.   3. Il a trouvé un poste comme maître-nageur.   4. des jeunes très sympa   5. Elle a suivi deux cours d'été et elle a appris à faire du deltaplane.

Les mots et la vie

Remind students that the only ordinal number used in dates is **le premier.** Otherwise, we say **le deux, le douze, le vingt et un,** etc.

Review. **1.** Have students count from 1 to 50 by 2s, then by 5s. **2.** Call out numbers, and have students give the number that precedes and the number that follows. **3.** Have students count to 1,000 by 100s. **4.** Do simple addition or subtraction problems. **5.** Conduct an imaginary auction in which each student begins with 1,000 francs. Auction **un disque, une cassette, un repas dans un bon restaurant,** etc. **6.** Use dates to review large numbers.

Les numéros   Combien font 11 plus 12 moins 8?

0 zéro	14 quatorze	71 soixante et onze
1 un	15 quinze	75 soixante-quinze
2 deux	16 seize	80 quatre-vingts
3 trois	17 dix-sept	81 quatre-vingt-un
4 quatre	18 dix-huit	87 quatre-vingt-sept
5 cinq	19 dix-neuf	90 quatre-vingt-dix
6 six	20 vingt	91 quatre-vingt-onze
7 sept	21 vingt et un	96 quatre-vingt-seize
8 huit	22 vingt-deux	100 cent
9 neuf	30 trente	400 quatre cents
10 dix	40 quarante	714 sept cent quatorze
11 onze	50 cinquante	1.000 mille
12 douze	60 soixante	4.002 quatre mille deux
13 treize	70 soixante-dix	1.000.000 un million

Les dates   Quelle est la date de ton anniversaire?

— Quel jour est-ce?
— C'est mardi.

— Quelle est la date aujourd'hui?
— C'est le 21 septembre.

les jours de la semaine
lundi
mardi
mercredi
jeudi
vendredi
samedi
dimanche

les mois de l'année

janvier	juillet
février	août
mars	septembre
avril	octobre
mai	novembre
juin	décembre

Le temps   Quel temps fait-il?   *How's the weather?*

Il fait beau au printemps.   *It's nice in the spring.*
Il fait chaud en été.   *It's hot in the summer.*
Il fait du soleil.   *It's sunny.*
Il fait du vent.   *It's windy.*
Il fait frais en automne.   *It's cool in the fall.*
Il fait froid en hiver.   *It's cold in the winter.*
Il fait mauvais.   *The weather is bad.*
Il neige.   *It's snowing.*
Il pleut.   *It's raining.*
Il va pleuvoir.   *It's going to rain.*

Remind students that the day can also be asked with the question — **Quel jour sommes-nous?** — **Nous sommes mardi.** Have students answer the questions **Quelle est la date aujourd'hui? ...de ton anniversaire? ... de Noël? ...de la fête nationale?**

PREMIER CHAPITRE   *trois*   3

Remind students of useful vocabulary for formal and informal greetings. Students can practice greetings in role-playing situations. For example, have students imagine they have arrived in France for an intensive language course. They first meet the director of the program. They then meet other young people enrolled in the course, and finally they meet the members of their host family.

Activités

A. Salut! Introduce yourself to a classmate, then ask his or her name and how he or she is. Your partner will also ask you the questions.

La vitrine d'un grand magasin: Paris, France

> EXEMPLE
> — **Salut! Je m'appelle Sarah. Et toi, comment t'appelles-tu?**
> — **Je m'appelle Thomas.**
> — **Comment ça va?**
> — **Ça va bien, merci, et toi?**
> — **Bien, merci.**

B. Préférences. These students prefer things from different decades. Tell what they prefer.

> MODÈLE
> Henri / voitures (1980s)
> **Henri préfère les voitures des années quatre-vingts.**

1. Marie / films (1950s)
2. Jean / meubles (1920s)
3. Thomas / musique (1960s)
4. Marc / vêtements (1930s)
5. Laurent / maisons (1920s)
6. Marie-Laure / ordinateurs (1990s)

1. Marie préfère les films des années cinquante.
2. Jean préfère les meubles des années vingt.
3. Thomas préfère la musique des années soixante.
4. Marc préfère les vêtements des années trente.
5. Laurent préfère les maisons des années vingt.
6. Marie-Laure préfère les ordinateurs des années quatre-vingt-dix.

C. La météo. Imagine that you are giving the weather forecast for the cities listed below. Tell what the weather is like today and what it will be like tomorrow. Also tell if the weather is typical for that season and place.

> EXEMPLE
> le 4 juillet à New York
> **Aujourd'hui il fait chaud, mais demain il va pleuvoir. Il fait souvent chaud à New York en été.**

1. le 25 décembre à New York
2. le 3 septembre à Phoenix
3. le 1 avril à Seattle
4. le 17 mars à San Francisco
5. le 14 août à Houston
6. le 31 octobre à Atlanta

Answers will vary.
1. . . ./Il fait souvent froid à New York en hiver.
2. . . ./Il fait souvent chaud à Phoenix en automne.
3. . . ./Il fait souvent frais à Seattle au printemps.
4. . . ./Il fait souvent beau à San Francisco au printemps.
5. . . ./Il fait souvent chaud à Houston en été.
6. . . ./Il fait souvent beau à Atlanta en automne.

D. Interview. Answer the following questions, or use them to interview another student. Remind students to use **tu** if they use these questions to interview a classmate.

1. Quelle est la date de votre anniversaire?
2. Quel âge avez-vous?
3. Qu'est-ce que vous aimez faire quand il pleut ou quand il neige?
4. Quel jour de la semaine préférez-vous? Pourquoi? Et quel mois de l'année est-ce que vous préférez?
5. À votre avis, quel est l'âge parfait? Pourquoi?
6. Est-ce que vous achetez des disques, des cassettes, des livres ou des revues de temps en temps? En général, combien coûtent ces objets?

Présentation

Definite and indefinite articles. We use the definite articles **le, la, les,** and **l'** to express *the* when we want to be very specific. Definite articles are also used to talk about things in general, such as our likes and dislikes. Although the definite article is sometimes omitted in English, articles usually cannot be omitted in French.

Le professeur parle espagnol.	***The*** *teacher speaks Spanish.*
J'adore **la** glace!	*I love ice cream!*

(handwritten: in general)

The definite articles **le** and **les** contract with the prepositions **à** and **de**. There is no contraction with **la** or **l'**.

de + le = du	à + le = au
de + les = des	à + les = aux

C'est le stylo **du** professeur.	*It's the teacher's pen.*
Il parle **aux** élèves.	*He is speaking* **to the** *students.*
Je ne vais pas **à la** plage.	*I'm not going* **to the** *beach.*

The indefinite articles **un** and **une** mean *a* or *an*. The plural indefinite article **des** means *some*. It cannot be omitted as it sometimes is in English. **Un, une,** and **des** become **de** or **d'** after all negative verbs except **être**. **De** or **d'** is also used after expressions of quantity.

C'est **une** vieille bicyclette.	*It's* **an** *old bicycle.*
Tout le monde va apporter **des** disques.	*Everyone is going to bring* (***some***) *records.*
Claire n'a pas **de** sœur.	*Claire does not have* **a** *sister.*
Je voudrais un verre **d'**eau.	*I would like a glass* **of** *water.*

Activités

A. On fait la cuisine. Here are some things that you might hear in the kitchen before a meal. Complete the sentences by adding a definite or an indefinite article.

1. Tu as acheté ===== gâteau que nous allons manger? *le*
2. Il y a ===== verres dans le placard. *des*
3. Je n'aime pas ===== artichauts. *les*
4. J'ai ===== problème! Les invités sont là et je n'ai pas *un* assez ===== verres. *de*
5. J'ai soif! Je voudrais ===== verre d'eau, s'il vous plaît. *un*
6. Est-ce que Charlotte sait faire ===== cuisine? *la*
7. J'ai ===== bonne idée! On va faire ===== vaisselle ensemble. *une* *la*
8. Je regrette, mais il n'y a plus ===== croissants. *de*

See Student Response Forms.

1. le
2. des
3. les
4. un/de
5. un
6. la
7. une/la
8. de

Option. Have students do Activity B before listening to the script to see if they can guess the answers.

ST 2

B. Michelle se présente. Listen as Michelle describes her family, her friends, and her own likes and dislikes. Complete her description by adding the missing words. See Student Response Forms.

Bonjour. Je m'appelle Michelle. Je suis élève dans __1__ lycée à Avignon, où j'habite avec ma famille. Nous sommes __2__ petite famille: j'ai __3__ sœur et je n'ai pas __4__ frère. Nous avons __5__ chien et __6__ chat. J'adore __7__ animaux. J'ai beaucoup __8__ amis __9__ école. Pendant le week-end, nous aimons bien aller __10__ cinéma ou écouter __11__ musique. Et moi, j'aime aussi étudier. J'ai __12__ cours intéressants cette année. J'aime surtout __13__ littérature anglaise et __14__ mathématiques. Moi, je préfère __15__ cours difficiles!

1. un
2. une
3. une
4. de
5. un
6. un
7. les
8. d'
9. à l'
10. au
11. de la
12. des
13. la
14. les
15. les

Le pont d'Avignon: Avignon, France

Présentation

Enrichment. Have students write a similar paragraph about themselves. They may add ideas of their own.

Regular -er, -ir, and -re verbs. There are three groups of regular verbs in French. They are classified by their endings: **-er**, **-ir**, and **-re**.

	parler	réussir	vendre
je	parle	réussis	vends
tu	parles	réussis	vends
il / elle / on	parle	réussit	vend
nous	parlons	réussissons	vendons
vous	parlez	réussissez	vendez
ils / elles	parlent	réussissent	vendent

Suggestion. Review those **-er** verbs which have spelling changes. See **Chapitre 5, Exploration 3** of **Et vous?**

Activités

A. Petites conversations.   Complete the following short dialogues by adding a verb from the list. Use each verb only once. Be sure to make each verb agree with the subject.

J'aime les quartiers tranquilles.

1. Une femme qui cherche un appartement parle avec un habitant du quartier.

chercher	vendre	habiter	coûter
attendre	porter	travailler	penser

CHANTAL   Pardon, Monsieur. Est-ce que vous __1__ dans ce quartier?
ROBERT   Oui, Madame. Est-ce que vous __2__ un appartement?
CHANTAL   Oui, mon mari __3__ à la maison, et alors nous voulons un appartement dans un quartier tranquille.
ROBERT   Ce quartier est très tranquille, Madame, et les appartements ne __4__ pas trop cher. Je __5__ qu'il y a un appartement libre dans ce bâtiment au coin de la rue. Demandez à cette femme qui __6__ une robe bleue et qui __7__ l'autobus. C'est elle qui __8__ les appartements.
CHANTAL   Merci beaucoup, Monsieur, et au revoir.
ROBERT   Au revoir, Madame.

See Student Response Forms.
1. habitez
2. cherchez
3. travaille
4. coûtent
5. pense
6. porte
7. attend
8. vend

2. Deux amies discutent de la mode.   OMIT

choisir	préférer	aimer	acheter	trouver

ISABELLE   __1__-tu cette jupe rose, Sophie?
SOPHIE   Oui. Je __2__ cette jupe très belle!
ISABELLE   Pas moi. Je __3__ ce pantalon gris, et il ne coûte pas très cher!
SOPHIE   Le problème, c'est que le gris n'est pas ma couleur préférée. Je n'__4__ jamais de vêtements gris. D'habitude je __5__ des couleurs comme le rouge ou le bleu.

Mais maman, le rouge et le bleu sont à la mode cette année!

1. Aimes
2. trouve
3. préfère
4. achète
5. choisis

B. Vos passe-temps.   Use words from the lists below to write sentences about six things you like to do after school or on weekends. Also tell how often or how well you do those things.

EXEMPLE   **Je téléphone souvent à mes amis après mes cours.**

jouer	acheter	peu	souvent
parler	attendre	mal	beaucoup
perdre	répondre	trop	quelquefois
choisir	réfléchir	bien	de temps en temps

Suggestion. Remind students that when the <u>subject is a noun</u>, inversion is made with a pronoun: **La course a-t-elle duré jusqu'à minuit?** In the **passé composé**, inversion is done with the auxiliary verb.

Présentation

Other question words include **Pourquoi, Qu'est-ce que, Combien de,** and **À quelle heure.**

Asking questions. There are four ways of asking a yes-or-no question in French: intonation, **est-ce que, n'est-ce pas,** and inversion.

Françoise est allée à la banque?	*Did Françoise go to the bank?*
Est-ce que tu danses bien?	*Do you dance well?*
C'est le frère de Danielle, **n'est-ce pas?**	*That's Danielle's brother, isn't it?*
A-t-il faim ou soif?	*Is he hungry or thirsty?*
Votre chien, **est-il** perdu?	*Is your dog lost?*

Est-ce que or inversion can be combined with question words to ask for information.

Comment, Qu'est-ce que, Pourquoi

Quand est-ce que le train va arriver?	*When is the train going to arrive?*
Où allez-vous?	*Where are you going?*

Activités

* 3 p.s. — If word doesn't end on d or t, -t-

y a-t-il ≠ Il y a
sonne-t-elle

Remind students that a **t** is inserted between the verb and the pronoun when the verb form ends in a vowel.

A. Pas possible! Alice cannot believe what Jérémie is telling her about some members of his family. How does she respond?

MODÈLE   Ma sœur Janine passe tout son temps libre à étudier!
   C'est vrai? Pourquoi est-ce qu'elle passe tout son temps libre à étudier?

How
What
Where
Why
When

1. Mon frère ne fait jamais ses devoirs!
2. Ma mère aime porter des vêtements punk!
3. Mon cousin habite dans un pays étranger.
4. Moi, je préfère faire mes devoirs après minuit.
5. Mon oncle écrit tout le temps des lettres au journal!
6. Ma petite sœur fait du tennis dans la salle de séjour.

Answers may vary.
1. Pourquoi ne fait-il jamais...
2. Pourquoi est-ce qu'elle aime porter...
3. Pourquoi est-ce qu'il habite...
4. Pourquoi préfères-tu faire...
5. Pourquoi écrit-il...
6. Pourquoi fait-elle...

B. Au téléphone. As you are waiting to use the phone, you overhear one side of a phone conversation. What might the other person have asked in order to prompt these answers?

MODÈLE   **Quelle heure est-il à New York maintenant?**
   Maintenant il est minuit à New York!

1. Mais non, mes cours finissent à quatre heures!
2. Ce sont des billets de train.
3. Ils coûtent cent vingt francs.
4. Nous allons visiter la cathédrale de Chartres.
5. Il fait mauvais aujourd'hui.
6. Il y a un train pour Chartres ce matin à dix heures.

Answers may vary.
1. À quelle heure tes cours finissent-ils?
2. Qu'est-ce que c'est?
3. Combien ces billets coûtent-ils?
4. Où allez-vous aujourd'hui?
5. Quel temps fait-il aujourd'hui?
6. Quand est-ce que vous partez pour Chartres?

Présentation

il n'y a pas

Negation. To make a negative statement, **ne...pas** is placed around the conjugated verb. In the **passé composé**, **ne...pas** is placed around the auxiliary verb.

Elles **ne** sont **pas** tristes.	*They aren't sad.*
Nous **ne** voulons **pas** sortir.	*We don't want to go out.*
Il **n'**a **pas** payé l'addition.	*He didn't pay the bill.*

Other negative expressions you have learned are placed in the same position as **ne...pas**. These include **ne...jamais** (*never*), **ne...pas encore** (*not yet*), and **ne...plus** (*no more, no longer*). Point out the negative form of **il y a** in the first example.

Il **n'**y a **plus** de pain.	*There isn't **any more** bread.*
Vous **n'**avez **pas encore** fait le ménage.	*You haven't done the housework **yet**.*
Mon chat **n'**est **jamais** tombé d'un arbre.	*My cat has **never** fallen from a tree.*

Activités

A. Ce n'est pas vrai! You disagree with some rude statements about various people. Contradict these statements.

> MODÈLE   Sabine a les cheveux trop longs.
> **Ce n'est pas vrai! Elle n'a pas les cheveux trop longs.**

1. Anne-Marie chante mal!
2. Éric a toujours faim!
3. Tes frères sont paresseux!
4. Ton copain a échoué à l'examen!
5. Pierre a oublié ses devoirs à la maison!
6. Jacqueline laisse ses affaires partout!

1. Elle ne chante pas mal!
2. Il n'a jamais faim!
3. Ils ne sont pas paresseux!
4. Il n'a pas échoué à l'examen!
5. Il n'a pas oublié ses devoirs!
6. Elle ne laisse pas ses affaires partout!

B. À vous de répondre. This job interview is not going well for you. Use various negative expressions to answer each of the following questions.

> MODÈLE   Vous avez au moins vingt-cinq ans, n'est-ce pas?
> **Mais non, je n'ai pas encore vingt-cinq ans.**

1. D'habitude, est-ce que vous allez au lit à 19 h?
2. Parlez-vous quatre langues étrangères?
3. Vous réussissez à tous vos examens, n'est-ce pas?
4. Pouvez-vous travailler le samedi et le dimanche?
5. Est-ce que vous savez travailler à la caisse?
6. Vous pouvez commencer tout de suite, n'est-ce pas?

1. Non, je ne vais jamais au lit à 19 h.
2. Non, je ne parle pas quatre langues.
3. Non, je ne réussis pas à tous mes examens.
4. Non, je ne peux jamais travailler le samedi et le dimanche.
5. Non, je ne sais pas travailler à la caisse.
6. Non, je ne peux pas commencer tout de suite.

RÉVISION 2

Présentation

Description with *être* and adjectives. One way to describe people or things is to use the verb **être** (*to be*) and an adjective that agrees in gender and number with the person or thing being described.

> Je **suis** fier. Nous **sommes** désolés.
> Tu **es** sérieux. Vous **êtes** sympathique(s).
> Hélène **est** fâchée. Ces disques **sont** formidables.

In general, adjectives make their feminine form by adding an **-e**. However, some groups of adjectives have irregular feminine endings.

Remind students that masculine adjectives ending in **-e** do not add an **-e** in the feminine: **facile**.

Masculine	-if	-el	-eux
Feminine	-ive	-elle	-euse

Ma sœur est très **sportive**. *My sister is very **athletic**.*
Une vie **naturelle** est une vie **heureuse**. *A **natural** life is a **happy** life.*

The feminine form of the adjective **gentil** is **gentille**.

While most adjectives follow the noun they modify, some common adjectives precede the noun. **Tout** can be separated from the noun it modifies: **toute la journée.**

autre	*other*	jeune	*young*	petit	*small*
beau	*beautiful*	joli	*pretty*	tout	*all, whole*
bon	*good*	mauvais	*bad*	vieux	*old*
grand	*big*	nouveau	*new*		

Les **vieux** chiens dorment beaucoup. ***Old** dogs sleep a lot.*
La **petite** sœur de Marcel lit un **bon** roman. *Marcel's **little** sister is reading a **good** novel.*

Beau, nouveau, and **vieux** have irregular feminine forms, as well as a special form which precedes masculine singular nouns beginning with a vowel sound.

un **beau** magasin	un **nouveau** disque	un **vieux** vélo
un **bel** homme	un **nouvel** ami	un **vieil** hôtel
une **belle** femme	une **nouvelle** moto	une **vieille** amie

Remind students that **des** becomes **de (d')** before a plural adjective: **des disques → de vieux disques.**

Remind students that most adjectives are made plural by adding an **-s** to the singular form. However, masculine singular forms ending in **-eux** do not add an **-s** in the plural.

Remind students that adding an **-e** usually changes the pronunciation of an adjective that ends in a consonant: **français → française.**

Activités

A. Quelle jolie pièce! Imagine that you are writing to a friend about a play you attended. The following is a lineup of the characters in the play as they take their bow. How would you describe their costumes? Make use of the color wheel and the vocabulary below.

Mlle Clerbois Nathalie et Valérie Jean Nodier Anne Dubois M. Duchamps Mme Duchamps Jean-Jacques

les chaussures (*f*) (de tennis) *(tennis) shoes*	le pull *sweater*
la chemise *shirt*	la robe *dress*
le chemisier *blouse*	le short *shorts*
le jean *jeans*	le tee-shirt *T-shirt*
la jupe *skirt*	la veste *(sports) coat*
les lunettes (*f*) (de soleil) *(sun) glasses*	les vêtements (*m*) *clothes*
le pantalon *pants*	

le blouson jacket

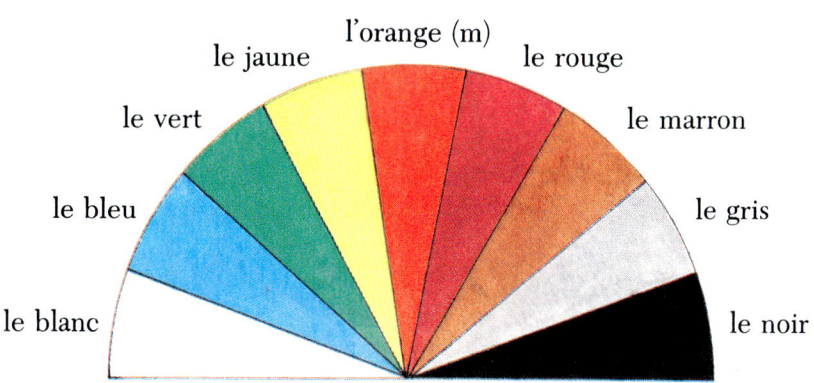

l'orange (m)
le jaune   le rouge
le vert   le marron
le bleu   le gris
le blanc   le noir

B. Au lycée. Martin is telling his grandmother about his new school. What does he tell her?

MODÈLE Les cours sont populaires. (intéressant)
Les cours intéressants sont populaires.
Il y a un stade. (grand)
Il y a un grand stade.

1. Je préfère les cours comme l'anglais et la chimie. (difficile)
2. Il y a beaucoup de bâtiments. (vieux)
3. J'ai quelques cours. (facile)
4. La bibliothèque est très moderne. (nouveau)
5. Nous avons un ordinateur. (petit)
6. Les élèves sont gentils. (autre)

1. les cours difficiles
2. de vieux bâtiments
3. cours faciles
4. La nouvelle bibliothèque
5. un petit ordinateur
6. Les autres élèves

C. Premières idées. Describe yourself and six classmates or family members. Use one or more of these adjectives in each sentence.

EXEMPLE **Mes grands-parents sont actifs et enthousiastes.**

| gentil | beau | patient | timide | sportif |
| amusant | fort | sérieux | modeste | élégant |

1-Est-ce que ta mère est
2-ton meilleur ami est tu
3-tu es
4- Il est beau (Brad Pitt)
5- Julia Roberts
6- Roseanne

Présentation

Suggestion. Review vocabulary for the parts of the body while practicing the expression **avoir mal à.** See **Chapitre 11, Exploration 1** of **Et vous?**

Expressions with *avoir.* We use the verb **avoir** to express possession or relationship, to describe one's hair and eyes, and to talk about age.

avoir	
ai	avons
as	avez
a	ont

Remind students that subject pronouns cannot be omitted except in the imperative.

Mes parents **ont** une voiture rouge.
Tu **as** de beaux cheveux.
M. Thomas **a** quarante-quatre ans.

7-Kato Kaelin
8-Elegant - Liz
9-

Avoir is also used in many expressions.

avoir besoin de *to need*	avoir mal (à) *to hurt, to be sore*
avoir chaud *to be hot*	avoir peur *to be afraid*
avoir de la chance *to be lucky*	avoir rendez-vous (avec) *to have an*
avoir envie de *to want*	*appointment/date with*
avoir faim *to be hungry*	avoir soif *to be thirsty*
avoir froid *to be cold*	avoir sommeil *to be sleepy*
avoir l'air *to seem*	

Ces animaux **ont l'air** malades.   *These animals **seem** sick.*
Suzanne **a mal** à la jambe.   *Suzanne's leg **hurts.***

Remind students that to ask someone's age, the phrase **Quel âge as-tu (avez-vous)?** is used and that the word **ans** cannot be omitted from the answer: **J'ai 18 ans.**

Activités

A. Demandez à un autre élève. Use the following questions to interview a classmate. Be prepared to tell the class about the person you interview.

> EXEMPLE Est-ce que tu as peur des chiens?
> **Non, je n'ai pas peur des chiens. D'habitude les chiens sont très gentils.**

1. Quel âge as-tu?
2. Est-ce que tu as des frères et des sœurs?
3. De quelle couleur sont tes yeux et tes cheveux?
4. As-tu envie d'apprendre une autre langue étrangère comme l'allemand ou l'espagnol?
5. As-tu faim ou soif?
6. Qu'est-ce que tu as envie de faire après ce cours?

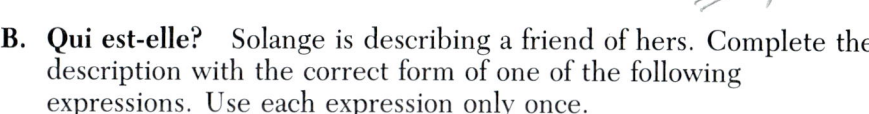

B. Qui est-elle? Solange is describing a friend of hers. Complete the description with the correct form of one of the following expressions. Use each expression only once.

avoir	avoir sommeil	avoir besoin de
avoir l'air	avoir envie de	avoir de la chance

J'ai rencontré une fille qui s'appelle Gabrielle. Elle __1__ les yeux bleus et les cheveux courts et bruns. Elle est très sportive et elle __2__ heureuse. Elle __3__ être médecin. Elle __4__ étudier beaucoup pour réussir. Peut-être qu'elle travaille déjà un peu trop parce que de temps en temps elle __5__ pendant son dernier cours de l'après-midi. Gabrielle est très sympa. J'__6__ d'avoir une amie comme elle!

See Student Response Forms.

1. a
2. a l'air
3. a envie d'
4. a besoin d'
5. a sommeil
6. ai de la chance

C. Qui es-tu? Write a one-paragraph description of yourself. Use the following words and expressions and other vocabulary you know.

avoir
avoir...ans
avoir besoin de
avoir envie de
avoir de la chance parce que

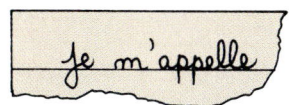

Je m'appelle

Suggestion. Read a few descriptions to the class, and have other students guess who is being described.

PREMIER CHAPITRE   *treize*   13

Emphasize that the choice of the adjective depends on the gender and number of the thing possessed, not on the possessor. Point out that **ton** (etc.) is the familiar form corresponding to the subject pronoun **tu. Votre** (etc.) is the plural or the polite form corresponding to the subject pronoun **vous.** Tell students that **mon, ton,** and **son** are used before feminine singular nouns beginning with a vowel: **mon amie Alice.**

Présentation

Possessive and demonstrative adjectives. Possessive adjectives can be used to talk about our family and possessions. The choice of adjective depends on the gender and number of the thing possessed.

mon, ma, mes	*my*	notre, nos	*our*
ton, ta, tes	*your*	votre, vos	*your*
son, sa, ses	*his, her, its*	leur, leurs	*their*

Leur chien a embêté
le chat de **leurs** cousins.
Louise adore **son** oncle et **sa**
tante.
Où sont **mes** lunettes de soleil?

Their dog annoyed *their*
cousins' cat.
Louise adores *her* uncle
and *her* aunt.
Where are *my* sunglasses?

Possession can also be expressed by using **de** (*of*) + a noun.

Les conseils **de** Mme Richard sont
souvent très bons.
C'est le livre **du** professeur.

*Mrs. Richard's advice is
often very good.
That's the teacher's book.*

We use demonstrative adjectives to express *this, that, these,* and *those.* **Ce, cet,** and **cette** can mean either *this* or *that,* while **ces** can mean either *these* or *those.*

	Singular	Plural
Masculine before a consonant sound	**ce** garçon	**ces** garçons
Masculine before a vowel sound	**cet** arbre	**ces** arbres
Feminine	**cette** église	**ces** églises

Activités

ST 3

A. Qu'est-ce que tu prends? Your cousin is standing next to you in a cafeteria line. He is asking lots of questions. Write whether he uses **ce, cet, cette,** or **ces** in his questions.

MODÈLE   Tu prends cette soupe à l'oignon?

la maison   le crayon
les filles   la mousse
le garçon   le dessert
l'hôtel   l'école
le coca   l'hôpital
la pizza

1. cette
2. ces
3. ce
4. ce
5. Ces
6. cette

B. À qui est-il? Suzanne, Sara, and Sylvie are cleaning the house and putting away all their things. Complete their conversation with the correct possessive adjective.

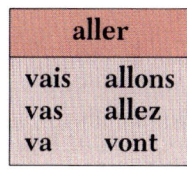

See Student Response Forms.

    MODÈLE   SUZANNE   Ce ne sont pas **mes** cahiers!

SUZANNE	Sylvie, ce sont ___1___ chaussures?	
SYLVIE	Oui, ce sont ___2___ chaussures. Regarde, Sara, ___3___ chemisier est sur cette chaise.	
SARA	Non, ce n'est pas ___4___ chemisier. C'est le chemisier de Suzanne.	
SUZANNE	Oui, c'est ___5___ chemisier. Mais Sara, voilà ___6___ jupe.	
SARA	D'accord, je vais prendre ___7___ jupe. Maintenant tu prends ___8___ tee-shirt.	
SUZANNE	Sylvie, pourquoi est-ce qu'il y a une de ___9___ chaussettes sur mon lit?	
SYLVIE	Parce que je suis en train de chercher l'autre, bien sûr!	

1. tes
2. mes
3. ton
4. mon
5. mon
6. ta
7. ma
8. ton
9. tes

Présentation

Aller and other verbs used with an infinitive. The verb **aller** (*to go*) can be used alone, or it can be used with an infinitive to talk about something that you are going to do.

aller	
vais	allons
vas	allez
va	vont

Marianne **va** chez sa copine.   *Marianne **is going** to her friend's house.*

Je **vais** faire mes devoirs.   *I'm **going** to do my homework.*

The verbs **savoir** (*to know, to know how*), **vouloir** (*to want*), and **pouvoir** (*can, may, to be able*) are also often followed by an infinitive.

Remind students that **pouvoir** is used to talk about both ability and permission to do something.

savoir	
sais	savons
sais	savez
sait	savent

vouloir	
veux	voulons
veux	voulez
veut	veulent

pouvoir	
peux	pouvons
peux	pouvez
peut	peuvent

Henri **sait** jouer au golf.   *Henri **knows how** to play golf.*
Nous **voulons** regarder la télé.   *We **want** to watch TV.*
Est-ce que je **peux** aller au tableau?   ***Can** I go to the board?*

Activités

A. La fête de Marie-Hélène.
Some friends are planning a party for Marie-Hélène's saint's day. They ask what everyone wants and tell what everyone is going to contribute. What do they say?

MODÈLE
    a. vous / manger des fruits?
      Est-ce que vous voulez manger des fruits?
    b. je / apporter des fruits
      Je vais apporter des fruits!

1. a. vous / manger du gâteau?
   b. Suzanne et Marc / faire un gâteau

2. a. tout le monde / boire du coca?
   b. Sylvie, tu / apporter des bouteilles de coca

3. a. vous / danser?
   b. Paul et moi, nous / emprunter des disques

4. a. tu / chanter?
   b. Henri / apporter sa guitare

1. a. Est-ce que vous voulez manger du gâteau?
  b. Suzanne et Marc vont faire un gâteau.
2. a. Est-ce que tout le monde veut boire du coca?
  b. Sylvie, tu vas apporter des bouteilles de coca.
3. a. Est-ce que vous voulez danser?
  b. Paul et moi, nous allons emprunter des disques.
4. a. Est-ce que tu veux chanter?
  b. Henri va apporter sa guitare.

B. Qu'est-ce que tu sais faire?
Imagine you have an interview for a part-time job. Work with a partner, who will ask you questions about the topics below, using forms of **savoir**, **pouvoir**, and **vouloir**. Answer your partner's questions, and then switch roles, and ask your partner the questions.

EXEMPLE
   répondre au téléphone
   — **Tu peux répondre au téléphone?**
   — **Oui, je peux répondre au téléphone sans problème.**

1. arriver à 3 h 30
2. écrire des lettres
3. aider le comptable
4. vendre nos cassettes
5. travailler jusqu'à 18 heures
6. ?

C. Dans vingt-cinq ans.
What expectations do you have for yourself? Discuss what you want to be and what you want to have in twenty-five years.

EXEMPLE
   Dans vingt-cinq ans je veux habiter dans une grande maison à la campagne.

1. Je veux avoir…
2. Je vais être…
3. Je vais savoir…
4. Je veux habiter…
5. Je ne vais pas…
6. Je ne veux pas…

Enrichment. As a diary entry for this chapter, have students write a description of themselves, their likes and dislikes, and their desires and expectations for the future.

RÉVISION 3

(handwritten) Depuis combien de temps Francais
- étudies-tu le Francais
- vas-tu à Bolles

Présentation

Telling time. To tell time in French, we use the following expressions.

Quelle heure est-il?	*What time is it?*
Il est	*It is*
midi.	* noon.*
une heure.	* 1:00.*
deux heures et quart.	* 2:15.*
trois heures et demie.	* 3:30.*
cinq heures moins vingt.	* 4:40.*
six heures moins le quart.	* 5:45.*
minuit.	* midnight.*

Mes vacances commencent vendredi
à trois heures de l'après-midi.
Le train pour Bordeaux va
quitter la gare à 14 h 23.

*My vacation begins Friday at
3:00 in the afternoon.*
*The Bordeaux train is going to
leave the station at 2:23 P.M.*

Horaire DU 28 Sept. 1986 AU 30 Mai 1987
SNCF
Bordeaux – Genève
- Bordeaux   • Genève
- Périgueux   • Bellegarde
- Limoges   • Culoz
- Guéret   • Lyon
- Montluçon   • St-Etienne
- Commentry   • Roanne
- St-Germain-des-Fossés   • St-Germain-des-Fossés
- Roanne   • Commentry
- St-Etienne   • Montluçon
- Lyon   • Guéret
- Culoz   • Limoges
- Bellegarde   • Périgueux
- Genève   • Bordeaux

740

To express how long we've been doing something, we use the word
depuis (*for, since*) and the present tense.

— **Depuis combien de temps
lis-tu** ce roman?
— **Je** le **lis depuis** quelques
jours. (…**depuis** mardi.)

*How long have you been
reading that novel?*
*I have been reading it for
several days. (…since Tuesday.)*

L'horloge parlante
Vivez à l'heure exacte
Appelez le 36 99

Remind students that morning, afternoon, and evening are distinguished by using the 24-hour clock or by
using the expression **du matin** (*in the morning*), **de l'après-midi** (*in the afternoon*), or **du soir** (*in the evening*).

Activités

ST 4

A. Ils arrivent! The following sentences tell what time various family
members will arrive at the airport or the train station. Listen to the
sentences, and write down the time you hear next to the number of
each sentence.

MODÈLE   Le train de ta tante Sophie va arriver
à quinze heures quinze.

15 h 15

1. 9 h 15
2. 12 h
3. 19 h 10
4. 24 h
5. 16 h 25
6. 13 h 15

B. Occupé! It is 3:00 Saturday afternoon and all of your friends are busy. Given the time they started their activities, tell how long they have been doing that activity.

MODÈLE   Michel a commencé à faire ses devoirs à midi.
Il fait ses devoirs depuis trois heures!

1. Annette a commencé à étudier à une heure et demie.
2. Paulette a commencé à regarder la télé à midi.
3. Denis a commencé à écrire une lettre à deux heures et demie de l'après-midi.
4. Joseph et Daniel ont commencé à jouer au tennis à onze heures du matin.
5. Martin a commencé à chercher son chien à trois heures moins le quart de l'après-midi.
6. Gabrielle et Vincent ont commencé à parler au téléphone à deux heures de l'après-midi.

1. Elle étudie depuis une heure et demie.
2. Elle regarde la télé depuis trois heures.
3. Il écrit une lettre depuis une demi-heure.
4. Ils jouent depuis quatre heures!
5. Il cherche son chien depuis quinze minutes./un quart d'heure
6. Ils parlent au téléphone depuis une heure.

C. Ma journée typique. Answer these questions about a typical weekday.

1. À quelle heure arrivez-vous au lycée d'habitude?
2. À quelle heure est-ce que vous déjeunez?
3. Où est-ce que vous êtes maintenant—dans la salle de classe? à la bibliothèque? chez vous? Depuis combien de temps est-ce que vous êtes là?
4. À quelle heure est-ce que vous rentrez du lycée en général?
5. Quand est-ce que vous faites vos devoirs?
6. À quelle heure allez-vous au lit d'habitude? En général, est-ce que vous dormez assez?

Additional Practice. Students can also use the questions of Activity C to interview another student. Remind them to use **tu** when addressing a classmate.

Présentation

The verbs *boire* and *prendre* and the partitive article. To talk about what we eat or drink, we can use the irregular verbs **boire** (*to drink*) and **prendre** (*to take, to eat or drink*).

boire	
bois	buvons
bois	buvez
boit	boivent

prendre	
prends	prenons
prends	prenez
prend	prennent

Je ne **prends** pas de sucre dans mon café.

*I don't **take** sugar in my coffee.*

Bois-tu beaucoup d'eau quand tu fais du jogging?

*Do you **drink** a lot of water when you jog?*

Suggestion. Remind students that **apprendre** and **comprendre** are conjugated like **prendre**.

When talking about what we eat and drink, we often use the partitive articles **du, de la,** and **de l'**. They are used to express *some* or *any* with singular nouns. The indefinite article **des** is used to express *some* or *any* with plural nouns. Although *some* and *any* are sometimes omitted in English, articles usually cannot be omitted in French.

Veux-tu **du** café?	*Do you want (**some**) coffee?*
Avez-vous **de la** glace?	*Do you have (**any**) ice cream?*
Robert a donné **de l'**argent au garçon.	*Robert gave (**some**) money to the waiter.*
Le garçon a apporté **des** haricots verts.	*The waiter brought (**some**) green beans.*

Partitive articles, like indefinite articles, become **de** after all negative verbs except **être**.

— Bois-tu **du** thé en été?
— Non, je ne bois jamais **de** thé.

— C'est **de l'**eau minérale française?
— Non, ce n'est pas **de l'**eau minérale française.

Office de Tourisme
équilibre 7
74502 Evian Cedex
Tél.: (16) 50 75 04 26

evian
thermalisme et équilibre

Activités

A. Un sondage.   Mireille is answering these questions in a survey concerning school lunches. What does she say?

1. Buvez-vous du lait au déjeuner? (Non / jamais)
2. Prenez-vous souvent de la salade verte? (Oui / tous les jours)
3. Choisissez-vous quelquefois des légumes verts? (Oui / de temps en temps)
4. Est-ce que vos amis prennent souvent du poisson? (Non / jamais)
5. Vous et vos amis, est-ce que vous prenez souvent des œufs? (Oui / une fois par semaine)
6. Et votre boisson aujourd'hui, c'est du jus d'orange? (Non / eau)

B. Les repas.   Using the elements given below and other vocabulary you know, tell what you eat (and do not eat) for breakfast, lunch, and dinner. Make three affirmative and three negative statements.

EXEMPLE   **Pour le petit déjeuner je prends d'habitude...**

de	pain grillé	hamburgers
du	œufs	sandwichs
de la	lait	légumes
de l'	café	gâteau
des	eau	escargots

Présentation

The verb *faire*. We use the verb **faire** to talk about things we *do* or *make*.

faire	
fais	faisons
fais	faites
fait	font

Marc ne **fait** jamais ses devoirs.
Nous **faisons** du ski en décembre.
As-tu déjà **fait** ton lit?

Faire is also used in many expressions.

> faire des courses   *to run errands*
> faire du camping   *to go camping*
> faire la cuisine   *to cook*
> faire la vaisselle   *to do the dishes*
> faire le ménage   *to do housework*
> faire les provisions   *to go grocery shopping*
> faire une promenade   *to go for a walk*

To talk about sports, we use **jouer à** + the definite article if we can "play" the game. Otherwise we use **faire** + the partitive.

Jouez-vous bien **au** basket?
Mes amis ne **font** plus **de** patin à roulettes.

Do you play basketball well?
My friends no longer go roller skating.

Other irregular verbs students have learned are **lire, écrire, sortir,** and **dormir**. Model the conjugation of these verbs for students. Remind students that **partir** is conjugated like **sortir**.

Activités

ST 5

A. **Que fait-on?**   Nicole is having a busy day. Listen to what she is saying, then indicate what she is doing by choosing one of the sentences below. Write the letter of your choice next to the number of the sentence.

MODÈLE   D'abord je vais préparer le gâteau; ensuite je vais commencer la soupe.

   a

a. Elle fait la cuisine.

b. Elle fait des courses.

c. Elle fait du camping.

d. Elle fait une promenade.

e. Elle fait le ménage.

f. Elle fait la vaisselle.

g. Elle fait ses provisions.

1. e **2.** g **3.** b **4.** f **5.** d **6.** c

B. Les sportifs. Hélène is talking about which sports she and her friends play. Using the verbs **jouer** or **faire**, tell what she says.

MODÈLE Natacha/jogging
Natacha fait du jogging.

1. Michel/golf
2. Nous/base-ball
3. Moi, je/patin à glace
4. André/planche à roulettes
5. Suzanne et Barbara/tennis
6. Anne et Paul/ski nautique

1. Michel joue au golf.
2. Nous jouons au base-ball.
3. Moi, je fais du patin à glace.
4. André fait de la planche à roulettes.
5. Suzanne et Barbara jouent au tennis.
6. Anne et Paul font du ski nautique.

Présentation

Remind students that **le Mexique** is masculine, that no article is used with **Israël,** and that a few cities such as **La Nouvelle-Orléans** have an article as part of their name.

Geographical names. When we name a city, we do not use an article. However, articles are used with countries and continents. In general, countries whose names end in **-e** are feminine, and other countries are masculine. A few countries have plural names.

Il faut absolument visiter Paris!	*You must visit Paris!*
La France a une histoire compliquée.	*France has a complicated history.*
Ne quittez pas le Canada sans voir Montréal.	*Don't leave Canada without seeing Montreal.*
Beaucoup de Français visitent les États-Unis chaque année.	*Many French people visit the United States each year.*

When we talk about *going to* or *being in* a city, we use the preposition **à**. To talk about *coming from* a city, we use the preposition **de**. With countries and continents, the choice of preposition depends on whether the name of the country is masculine, feminine, or plural. The prepositions we use with countries are summarized below.

to/in	*from*	*place*
à	**de**	*city*
en	**de**	*feminine name*
au	**du**	*masculine name*
aux	**des**	*plural name*

Yvette est partie **de** Nice hier à cinq heures.	*Yvette left Nice yesterday at five o'clock.*
Va-t-elle arriver **en** Espagne ce soir?	*Is she going to arrive in Spain this evening?*
Roberto n'est pas **du** Portugal.	*Roberto is not from Portugal.*
Jacques habite **aux** États-Unis depuis 1982.	*Jacques has lived in the United States since 1982.*

Remind students that **en** and **de** are used with masculine countries beginning with a vowel: **en Israël.**

Strasbourg, France

Marché aux fleurs dans la Grande Place: Bruxelles, Belgique

Activités

A. Je suis jalouse!
Paulette is complaining that all of her friends are going somewhere for their vacation while she has to stay at home. What does she say?

MODÈLE   Gabrielle / Londres / Angleterre

Gabrielle va à Londres en Angletterre.

1. Étienne / Rome / Italie
2. Mariette et Jeanne / Lisbonne / Portugal
3. Jeannette / Berlin / Allemagne
4. Roger / Acapulco / Mexique
5. Jean-Paul / Montréal / Canada
6. Adrienne et Catherine / New York / États-Unis

1. Étienne va à Rome en Italie.
2. Mariette et Jeanne vont à Lisbonne au Portugal.
3. Jeannette va à Berlin en Allemagne.
4. Roger va à Acapulco au Mexique.
5. Jean-Paul va à Montréal au Canada.
6. Adrienne et Catherine vont à New York aux États-Unis.

B. Un jeu.
Based on their names, try to guess which country each of these people is from.

EXEMPLE   Hans

Hans est peut-être d'Allemagne.

Tomás	Hélène	Giovanni	Janet	Ivan	Komei
Joseph	María	Ali	Li	Gretel	João

Answers will vary.
Tomás/du Mexique.
Joseph/d'Israël.
Hélène/de Grèce.
María/d'Espagne.
Giovanni/d'Italie.
Ali/du Maroc.
Janet/des États-Unis.
Li/de Chine.
Ivan/de Russie.
Gretel/de Hollande.
Komei/du Japon.
João/du Portugal.

C. Un voyage idéal.
As curator of a museum, your job is to travel all over the world looking for art treasures. Which cities and countries will you be visiting on your next tour? Using the suggestions below and ideas of your own, write a short paragraph describing your travel plans.

Je vais quitter les États-Unis...

France

aller
visiter (le)
partir pour
rester
arriver
continuer
passer par
quitter le
voyager
faire le tour de

Le Louvre: Paris, France

RÉVISION 4

Présentation

Le passé composé. The **passé composé** is used to talk about past events. It is composed of a conjugated form of **avoir** or **être** plus a past participle. Most verbs use **avoir** as the auxiliary verb. However, some verbs that express movement take **être**.

J'ai fini mes devoirs.	*I **have finished** my homework.*
À quelle heure **avez**-vous **quitté** la maison?	*At what time **did** you **leave** home?*
Elles n'**ont** pas encore **téléphoné**.	*They **didn't phone** yet.*
Nous **sommes partis** à 8 heures.	*We **left** at 8 o'clock.*
Anne et Sylvie ne **sont** pas encore **rentrées**.	*Anne and Sylvie **haven't come home** yet.*

The past participles of regular verbs are derived from the infinitive.

-er → -é	-ir → -i	-re → -u
parler → parlé	finir → fini	vendre → vendu

— Tu **as fini** le livre?	***Have** you **finished** the book?*
— Le livre? Je l'**ai** déjà **rendu**!	*The book? I'**ve** already **returned** it!*

Many irregular verbs have irregular past participles.

avoir → **eu**	faire → **fait**	prendre → **pris**
boire → **bu**	lire → **lu**	sortir → **sorti**
écrire → **écrit**	pleuvoir → **plu**	vouloir → **voulu**
être → **été**	pouvoir → **pu**	

Il **a plu** ce matin.	*It **rained** this morning.*
Nous ne **sommes** pas **sortis**.	*We **didn't go out**.*

Activités

A. Le cours d'anglais. Albert did not get along very well in his English class last week, and he is explaining the situation to his friend Sabine. Complete his sentences with the correct form of the verb in parentheses.

1. Jeudi dernier, le prof d'anglais ═══ (donner) beaucoup de devoirs à faire.
2. Mais jeudi soir, j' ═══ (jouer) au basket avec mes copains jusqu'à 10 h.
3. Alors vendredi matin, j' ═══ (dormir) jusqu'à 8 h.
4. Je ═══ (ne pas pouvoir) finir mes devoirs.
5. Quand le prof d'anglais ═══ (regarder) mon cahier, il ═══ (décider) de téléphoner à mes parents.
6. Le résultat, c'est que le week-end dernier je ═══ (ne pas aller) au match de basket; je ═══ (rester) à la maison!

ST 6

B. La conversation. Some students are talking in the school cafeteria. Listen to the questions they ask, then choose the best answer from the list below. Write the letter of the answer next to the number of the question.

MODÈLE   Est-ce que Louise a pris son sandwich?
          g

2 **a.** Non, je n'ai pas encore commencé.
5 **b.** Non, nous avons marché.
3 **c.** Oui, mais nous ne l'avons pas compris!
6 **d.** Elle est arrivée avec sa sœur. Elles sont arrivées à 8 h.
1 **e.** Tu l'as déjà bu!
4 **f.** Oui, j'ai envoyé ma lettre hier.
ex **g.** Non, elle l'a oublié chez elle.

C. Tous les détails. Imagine that you are going to take a trip to Quebec and that your partner has just returned from there. Using the suggestions below and ideas of your own, make up six questions to ask your partner about his or her experiences.

EXEMPLE   — **Tu as parlé français tout le temps?**
           — **Oui, j'ai parlé français avec tout le monde!**

1. parler français
2. rencontrer des gens
3. sortir tous les soirs
4. prendre ton passeport
5. manger des repas typiques
6. trouver les Canadiens sympa
7. prendre le train ou l'avion
8. acheter beaucoup de souvenirs
9. lire le journal tous les jours

See Student Response Forms.

1. a donné
2. ai joué
3. ai dormi
4. n'ai pas pu
5. a regardé/a décidé
6. ne suis pas allé/je suis resté

1. e
2. a
3. c
4. f
5. b
6. d

Château Frontenac: Québec, Canada

Présentation

Remind students that **le** and **la** contract to **l'** before a vowel.

Object pronouns. A direct object pronoun can replace a noun that is the direct object of a verb. You have learned the direct object pronouns **le** (*him*, *it*), **la** (*her*, *it*), and **les** (*them*).

Point out that direct object pronouns replace nouns preceded by a definite article, a demonstrative adjective, or a possessive adjective.

Tu manges **le sandwich**?	Tu **le** manges?
Moi, je préfère **la glace**!	Moi, je **la** préfère!
Tu as regardé **cette émission**?	Tu **l'**as regardée?
Je cherche **mes copains**.	Je **les** cherche.

Direct object pronouns are placed immediately before the verb. In the **passé composé,** they are placed immediately before the auxiliary verb. However, if the conjugated verb is followed by an infinitive, the object pronoun precedes the infinitive.

Remind students that past participles agree with preceding direct objects.

Les achetez-vous?	Moi, j'adore **les** préparer.
Elle **l'**a essayé.	Ils n'ont pas voulu **la** porter.

Activités

For a review of emphatic pronouns, see **Chapitre 12, Exploration 4** of **Et vous?**

ST 7

A. De quoi parlent-ils? Listen to some students discussing purchases they recently made or are going to make. Then decide what object they are referring to, and write the letter of your choice next to the number of the sentence.

> MODÈLE Elles sont belles! Où est-ce que tu les as achetées?
>
> **a. les lunettes de soleil**   b. le nouveau pull

Galeries Lafayette: Paris, France

1. a. les chaussures
   b. la robe
	4. a. les billets pour le concert
	   b. l'ordinateur

2. a. les cassettes
   b. le roman
	5. a. la caméra vidéo
	   b. le canoë

3. a. la jupe
   b. le pantalon
	6. a. les cartes postales
	   b. le médicament

1. b
2. a
3. a
4. b
5. a
6. a

B. Télé ou Devoirs? The teacher is asking some students about their television and radio habits. Tell what the students answer. Use an object pronoun in each sentence.

> MODÈLE — Vous avez regardé la météo à la télé hier soir? (Non)
> — **Non, je ne l'ai pas regardée.**

1. Vous regardez souvent la télévision? (Oui)
2. Vous aimez regarder les dessins animés? (Oui)

1. Oui, je la regarde souvent.
2. Oui, j'aime les regarder.

3. Est-ce que vous écoutez les informations à la radio de temps en temps? (Oui) _Stopped, 1st period, Sept. 19_

4. Vous avez entendu le reportage sur le sport en Amérique? (Non)
5. Trouvez-vous les documentaires intéressants? (Oui)
6. Est-ce que vous avez écouté la météo ce matin? (Non)
7. Préférez-vous regarder la météo à la télé? (Oui)
8. Est-ce que vous faites vos devoirs tous les soirs? (Bien sûr)

3. Oui, je les écoute de temps en temps.
4. Non, je ne l'ai pas entendu.
5. Oui, je les trouve intéressants.
6. Non, je ne l'ai pas écoutée.
7. Oui, je préfère la regarder à la télé.
8. Bien sûr, je les fais tous les soirs.

C. **Discussion.** Discuss your favorite kind of music with a classmate. Talk about the musicians, their records, and their concerts. You may use the suggestions below or ideas of your own, and try to use direct object pronouns in your sentences.

EXEMPLE — Tu aimes écouter leur musique?
— **Oui, je l'écoute tout le temps!**
— Tu vas acheter leur nouveau disque?
— **Bien sûr, je vais l'acheter!**

lire	le groupe	
écouter	le concert	d'habitude
acheter	les billets	au mois de…
apprendre	le vidéoclip	la prochaine fois
attendre	les musiciens	le week-end dernier
ne pas pouvoir	les cassettes	pas encore
	le chanteur	
	la chanteuse	

Présentation

Commands. When we give suggestions or commands, we often use an imperative, that is, a present tense verb form without a subject pronoun. When speaking to a friend, use the **tu** form of a verb. To give a formal command or when speaking to more than one person, use the **vous** form of a verb. To express *Let's (do something)*, use the **nous** form of the verb.

Pars tout de suite!   *Leave immediately!*
Ne mangez pas en classe!   *Don't eat during class!*
Allons au cinéma!   *Let's go to the movies!*

With **-er** verbs and with the irregular verb **aller,** the **-s** is dropped from the **tu** form of the imperative. The verb **être** has the irregular imperative forms **sois, soyons,** and **soyez.**

Écoute le professeur!   *Listen to the teacher!*
Sois patiente!   *Be patient!*

Remind students that object pronouns are placed after the verb in an affirmative command but before the verb in a negative command: **Finis-le** (*Finish it*), but **Ne la regarde pas** (*Don't look at her*).

Activités

A. La visite de votre ville. You're on your way home from school when you see two young people looking at a map. You stop to help them, and you discover that they are tourists from France. Give them six suggestions of things to see and do in your town. Use the imperative in your suggestions.

> EXEMPLE **Allez voir l'église.**
> **Mangez de la glace à…**

B. Quelques bonnes idées. Using the suggestions below and ideas of **W** your own, write a list of six do's and dont's for a new exchange student. Also tell where or when each suggestion applies.

> EXEMPLE **Porte un short et un tee-shirt quand il fait chaud!**
> **N'apporte pas ta radio quand tu vas à la bibliothèque!**

porter	travailler
manger	être patient
apporter	être à l'heure
réfléchir	être en retard
être en avance	(ne pas) oublier

C. Des projets de vacances. You and your best friend are planning a trip. Discuss with a partner where you would like to go, what to take, and what you will do when you get there. Use the **nous** form of the imperative to make your suggestions.

> EXEMPLE **Allons au Canada!**
> **Faisons du ski!**

Les Passe-temps

2

In this chapter, you will talk about hobbies and pastimes. You will also learn about the following functions and structures.

1. Des bateaux à voiles: Arcachon, France
2. Des musiciens au Palais de Chaillot: Paris, France
3. Un joueur de tennis, France
4. Une étudiante qui fait du lèche-vitrines au Quartier Latin: Paris, France

Functions

- telling where you come from or what you've just done

- talking about nationalities

- referring to people already mentioned

- combining sentences

Structures

- the verb **venir**

- adjectives and nouns of nationality

- the indirect object pronouns **lui** and **leur**

- using the relative pronouns **qui** and **que**

1.

NTRODUCTION

See Teacher's Preface for reference to Student Response Forms and Teaching Transparencies available for this chapter. Workbooks and other ancillary materials are correlated to this chapter on the corresponding tabbed divider in your Teacher's Resource Binder. The Teacher's Preface contains abbreviated tapescripts of listening activities in the student text.

Le français en contexte

ST 8

Le Monde est petit

Prereading question. What things do Véronique and Alain have in common?

Véronique et Alain, deux <u>étudiants</u>, sont en train de <u>discuter</u> avant d'entrer dans le <u>car</u> pour Montpellier. Ils trouvent qu'ils ont beaucoup <u>en commun</u>.

ALAIN	Il est bien, ton appareil-photo. C'est une <u>marque japonaise</u>?
VÉRONIQUE	Oui, c'est un <u>cadeau</u> de mes parents.
ALAIN	Tu <u>fais de la photo</u> depuis longtemps?
VÉRONIQUE	Oui, depuis trois ou quatre ans. Et toi?
ALAIN	Moi, j'ai commencé assez <u>récemment</u>. Mais je trouve la photographie passionnante. Comme tous les <u>débutants</u>, je prends toujours trop de photos. Le développement coûte cher, et je <u>dépense</u> beaucoup trop d'argent.
VÉRONIQUE	Qu'est-ce que tu aimes photographier?
ALAIN	Je prends surtout des photos de la nature. J'habite au bord de la mer, alors je fais quelquefois de la photographie <u>sous-marine</u>.

university students/to
  talk, to discuss
intercity or tour bus
in common

brand
Japanese
gift
take photos

recently
beginners

spend

underwater

VÉRONIQUE	Quelle <u>chance</u>! Où est-ce que tu habites? Tu n'es pas d'ici?	luck
ALAIN	Non, je suis de Pointe-à-Pitre*, à la Guadeloupe. La Guadeloupe est une <u>île</u> dans <u>la mer des Antilles</u>.	island/Caribbean Sea
VÉRONIQUE	Oui, je sais. J'ai un cousin qui habite à Pointe-à-Pitre!	
ALAIN	<u>Tiens</u>! Quelle coïncidence!	Hey!
VÉRONIQUE	C'est vrai. Le monde est petit, n'est-ce pas?	

Guadeloupe is **un département français d'outre-mer** (*an overseas French department*), and its inhabitants are French citizens.

Compréhension

Complete the following sentences based on **Le monde est petit**.

1. L'appareil-photo de Véronique est de marque…

2. Véronique fait de la photo depuis…

3. Alain a commencé à faire de la photo…

4. Comme tous les débutants, Alain…

5. Alain habite au bord de la mer, alors il fait quelquefois…

6. Véronique a un cousin qui…

1. japonaise
2. trois ou quatre ans
3. récemment
4. prend toujours trop de photos
5. de la photographie sous-marine
6. habite à Pointe-à-Pitre

Les mots et la vie

Comment est-ce que vous passez votre temps libre? Êtes-vous membre d'un club? Faites-vous du sport? Quels autres passe-temps** avez-vous?

Préférez-vous les activités artistiques?

dessiner   faire de la peinture   faire du théâtre   faire de la danse

*Pointe-à-Pitre is the largest town in Guadeloupe.

The noun **le/les passe-temps is invariable, that is, it has the same form in the singular and the plural.

Tell students that expressions with **faire**, such as **faire de la danse**, often imply *to be interested in* or *to study*, as opposed to **danser**, which describes the activity itself.

Savez-vous jouer d'un instrument de musique? Aimez-vous chanter?

jouer de la guitare

jouer du piano

jouer de la batterie

être membre d'un orchestre, d'un groupe ou d'une chorale

Préférez-vous rester à la maison?

faire du bricolage *do-it-yourself*

jouer aux cartes (*f*)

collectionner des timbres-poste* (*m*)

faire du jardinage *garden, yard*

Pour passer son temps libre: deux <u>avis</u> différents

— Quand j'ai du temps libre, je préfère les activités que je peux faire à la maison. J'aime bien faire du jardinage ou du bricolage. J'ai aussi une belle <u>collection</u> de timbres-poste dans un <u>album</u>. Je trouve ces activités intéressantes et <u>reposantes</u>.

— Moi, je suis très <u>sociable</u>. Je préfère passer mon temps libre avec mes copains et mes copines. On va souvent au <u>centre commercial</u> pour faire du <u>lèche-vitrines</u> ou pour <u>faire des achats</u>. Le vendredi soir j'aime aller à <u>une boum</u>, et le samedi nous <u>faisons souvent un tour</u> en voiture ou à bicyclette.

*The noun **un timbre-poste** forms the plural by adding an **s** to the word **timbre** only: **des timbres-poste**.

A. Qui est-ce? Look at these pictures of Nathalie's friends, and then listen to Nathalie's description of each one. Write the name of the friend you hear Nathalie describe.

1. Martine
2. David
3. Béatrice
4. Suzanne
5. Serge
6. Denis

Béatrice

Denis

David

Suzanne

Serge

Martine

B. Les nouveaux élèves. You are talking with some new students at your school. Match the remarks they make with the answers you might give. Use each answer only once.

MODÈLE   Je voudrais faire des achats ce week-end.
  **(h) Est-ce que tu veux aller au centre commercial
      avec moi?**

1. Je fais régulièrement du sport.
2. Nous voulons faire de la danse classique.
3. J'ai un très grand jardin chez moi. J'adore les fleurs!
4. J'adore aller dans les magasins, mais je n'ai jamais d'argent.
5. Je sais jouer de la batterie et je voudrais jouer dans un groupe de rock.
6. Moi, j'aime chanter et je cherche un bon professeur.
7. J'aime sortir le soir et j'aime beaucoup danser.

1. c
2. d
3. e
4. g
5. a
6. f
7. b

a. Quelle chance! Tu peux jouer dans notre groupe!
b. Il y a une boum chez Lucile demain soir.
c. Veux-tu faire partie de notre équipe de tennis?
d. Vous pouvez prendre des leçons de danse.

e. Quelle coïncidence! Moi aussi, je fais du jardinage.
f. Nous avons une chorale, et notre prof est très bien!
g. Fais comme moi! Fais du lèche-vitrines!
h. Est-ce que tu veux aller au centre commercial avec moi?

C. Cet après-midi. Gérard's friends are all busy this afternoon. Tell what they are doing.

> MODÈLE Jérôme/piano
> **Jérôme joue du piano.**

1. Je/photo
2. Ma sœur/piano
3. Annick/jardinage
4. Nous/tour en voiture
5. Georges et Nicole/guitare
6. Christophe et son père/bricolage

D. Conversations. Everyone is talking at once, and you are having trouble hearing everything. Complete the following sentences with what you assume is missing, using the activities listed below. Be sure to use the correct form of the verb. See Student Response Forms.

> MODÈLE Philippe adore chanter. Il **fait partie d'une chorale**.

faire un tour	faire des achats
faire du théâtre	faire du jardinage
aller à une boum	faire de la peinture
jouer aux cartes	faire partie d'une chorale

1. Pourquoi ne pas être membre du club d'art? Tu dessines bien et tu ▭▭▭.
2. Nous ▭▭▭ ce soir; c'est la fête d'Élisabeth.
3. Louise étudie son nouveau rôle. Tu sais, elle adore ▭▭▭.
4. Les parents de Jeanne ont une nouvelle voiture. Alors hier, Jeanne, Marie et Alex ▭▭▭ à la campagne.
5. Vous aimez le bridge? As-tu envie de ▭▭▭ ce soir?
6. J'ai besoin d'acheter des vêtements. Samedi prochain je vais ▭▭▭.
7. Le dimanche, j'aide mon père à faire du bricolage. Quand il fait beau, nous ▭▭▭.

Communication

A. Qu'est-ce que tu fais? How do you spend your time? Make two columns, one under the heading **à l'école,** and the other under **pendant les week-ends.** Write five activities that you do at school and five free-time activities.

EXEMPLE

à l'école	pendant les week-ends
Je suis membre du club de...	Je fais du bricolage.

B. Les copains. You are in charge of writing captions for these photos **W** of friends and classmates for the French Club Bulletin. What might you say about the following people?

Solange

Jean-Jacques

François et Mireille

Alice et Grégoire

Yann

C. Interview. How much do you have in common with your classmates? Ask a partner questions about his or her pastimes, using the suggestions below. Your partner will tell you as much as possible about each pastime.

EXEMPLE   faire du jardinage
—**Moi, j'aime faire du jardinage. Et toi?**
—**Oui, je fais souvent du jardinage. J'aime beaucoup les fleurs.**
(**Non, je ne fais pas de jardinage.**)

1. faire du sport
2. faire de la danse
3. prendre des photos
4. aimer jouer aux cartes
5. sortir souvent avec tes ami(e)s
6. collectionner des timbres-poste
7. jouer d'un instrument de musique
8. ?

Function: *Telling where you come from*
or what you've just done
Structure: *The verb* ***venir***

Présentation

A. The verb **venir** (*to come*) is irregular. Like other verbs that express movement, it uses **être** as the auxiliary verb in the **passé composé**. Here are its forms.

venir	
je **viens**	nous **venons**
tu **viens**	vous **venez**
il/elle/on **vient**	ils/elles **viennent**

Passé composé:
    Je **suis venu**(**e**), etc.

Venez avec moi, si vous avez le temps.	***Come*** *with me, if you have the time.*
Elle n'**est** pas **venue** à la boum hier soir.	*She* ***didn't come*** *to the party last night.*
Je **viens** de Haïti.	*I* ***come*** *from Haiti.*

B. **Revenir** (*to come back*) and **devenir** (*to become*) are conjugated like **venir** and also use **être** as the auxiliary verb.

Elle **est devenue** actrice.	*She* ***became*** *an actress.*
Ils **reviennent** de chez elle.	*They* ***are coming back*** *from her house.*

C. To say that we *just did* or *have just done* something, we use **venir de** + an infinitive. Note that even though **venir** is in the present tense, it refers to the recent past.

Je **viens de** trouver un nouveau timbre.	*I* ***just*** *found a new stamp.*
Nous **venons** d'acheter un appareil-photo.	*We* ***just*** *bought a camera.*
Ils **viennent de** commencer.	*They've* ***just*** *started.*

Je viens de planter vingt-quatre tomates!

Repetition. **1.** Je viens de partir. rentrer/manger/acheter des timbres/faire un tour dans le parc **2.** Elle revient demain. après-demain/la semaine prochaine/en décembre/l'année prochaine

Substitution. **1.** Je viens de Belgique. Mon grand-père/Ma cousine/Mes parents/Vous/Nous/Tu **2.** Nous sommes revenus de Suisse en août. Je/Mon frère/Vous/Tu/Mes parents

Préparation

Transformation. Je viens à la fin du mois → Je suis venu(e) à la fin du mois. Sa tante revient le 15 novembre./Nous venons à l'école à bicyclette./Ce groupe devient célèbre./Ils viennent chez moi mardi soir.

A. Chez la voisine. Listen to what Madame Lenoiret says about herself and her family, and then indicate whether the following statements are **vrai** or **faux**.

Suggestion. Ask students to correct the false statements in Activity A.

MODÈLE Mon frère va bientôt revenir d'Angleterre.

Le frère de Mme Lenoiret est aux États-Unis.(**faux**)

1. Faux. 4. Faux.
2. Vrai. 5. Faux.
3. Vrai. 6. Faux.

1. Les Lenoiret vont bientôt acheter une nouvelle voiture.
2. Les gens qui habitent en face de chez eux sont canadiens.
3. Son fils Philippe a fait un voyage en Italie.
4. La sœur de Mme Lenoiret est pauvre et malade.
5. Caroline n'est pas sortie hier soir.
6. L'amie de Mme Lenoiret va faire un gâteau.

B. Avec qui? Tell who came together to Alain's party last night.

1. Nous sommes venus avec Denis. **2.** Je suis venu(e) avec ma cousine. **3.** Sylvie est venue avec Christine. **4.** Luc est venu avec Denis et Robert. **5.** Laure est venue avec quelques copines. **6.** Vous êtes venu(s) avec Philippe. **7.** Thomas et Étienne sont venus avec Pascale. **8.** Tu es venu(e) avec Jean-Paul.

MODÈLE Thierry/Georges et Alice
Thierry est venu à la boum avec Georges et Alice.

1. Nous/Denis   5. Laure/quelques copines
2. Je/ma cousine   6. Vous/Philippe
3. Sylvie/Christine   7. Thomas et Étienne/Pascale
4. Luc/Denis et Robert 8. Tu/Jean-Paul

C. Qu'est-ce qu'ils viennent de faire? Pascal and his friends meet in a café. What has everyone just been doing prior to their meeting?

Moi, je…

MODÈLE **Moi, je viens de manger.**

1. Élisabeth…   2. Vous…   3. Jacqueline…   4. Elles…

5. Guy…   6. Nous…   7. Tu…

Answers may vary. **1.** vient d'étudier **2.** venez de nager **3.** vient de jouer du piano **4.** viennent de voir un film **5.** vient de faire la vaisselle **6.** venons de faire du lèche-vitrines **7.** vient de faire du jardinage

D. D'où viennent-ils? A group of tourists in France are discussing where they are from. What do they say?

1. viens de Chine **2.** viens de Tunisie **3.** venons de Hollande **4.** viennent d'Israël **5.** vient du Japon **6.** venez des États-Unis **7.** vient d'Allemagne **8.** viennent du Mexique

MODÈLE   Nous/Brésil
            Nous venons du Brésil.

1. Je/Chine
2. Tu/Tunisie
3. Nous/Hollande
4. Elles/Israël
5. Lui, il/Japon
6. Vous/États-Unis
7. Elle/Allemagne
8. Ils/Mexique

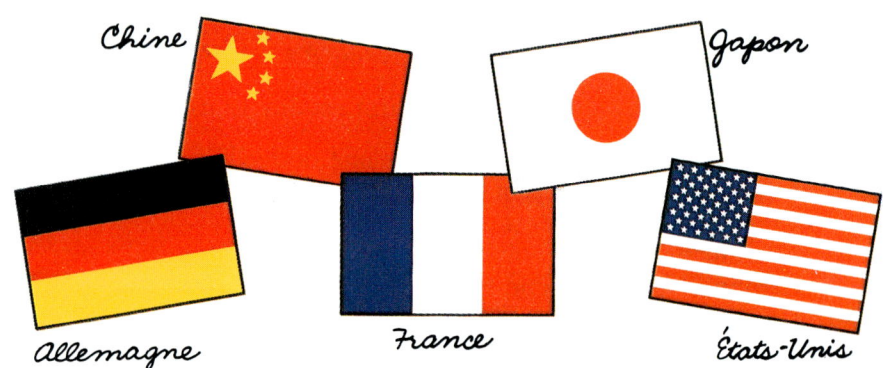

Chine   *Japon*   *Allemagne*   *France*   *États-Unis*

Contexte CULTUREL

Faire des achats ou faire du lèche-vitrines est un des passe-temps préférés de beaucoup de gens, et à Paris les possibilités sont nombreuses. Par exemple, le marché aux puces (*flea market*) est une institution parisienne qui existe depuis 1880! Il y a plus de 2.000 marchands au marché aux puces, et quelquefois on peut trouver un objet d'art de grande valeur. On peut aussi aller explorer le marché aux fleurs ou le marché des oiseaux. Il y a aussi un marché en plein air (*open-air market*) pour les timbres-poste!

Le marché aux puces: Paris, France

→ Do chain together

Communication

A. **Qu'ont-ils fait récemment?** Imagine you run into a group of friends on a Saturday afternoon. Ask a classmate what he or she has just done. Your classmate will make up an answer and then ask another classmate. Continue the chain of questions and answers. Include a variety of activities in your answers.

> EXEMPLE — Salut, David. Qu'est-ce que tu viens de faire?
> — Moi, je viens de voir un bon film. Et toi, Anne, qu'est-ce que tu viens de faire?

B. **Les autres.** Using the suggestions below, and other expressions you know, write six questions to ask your classmates about what they have recently done.

> EXEMPLE — Alice, est-ce que tu viens d'acheter un nouveau pull?

1. acheter quelque chose
2. voir un bon film
3. réussir à un examen
4. perdre quelque chose
5. commencer un nouveau passe-temps
6. rencontrer un nouvel ami
7. dépenser beaucoup d'argent
8. ?

Variation. When several students have answered, call on other students to try to remember what their classmates said: **David vient de voir un film. Et Anne, elle vient de . . .**

Enrichment. Have students, working in small groups, compose a short story that incorporates these expressions and as much vocabulary from this chapter as possible. You might want to give them a general theme for their narrative, for example, **Un week-end bizarre** or **Des vacances à ne pas oublier.**

→ do together

Révision et Expansion

You know three ways to talk about time that allow you to be precise about actions that relate closely to the present. **Venir de** + an infinitive indicates an action that has just occurred. **Être en train de** + an infinitive indicates an action that is occurring right now. **Aller** + an infinitive indicates an action that is going to occur in the immediate future.

The Leduc family is very busy. Describe their activities using one of the three expressions above.

1. Jean… 2. Annette… 3. Mme Leduc…

1. Jean est en train de dessiner. 2. Annette va jouer du piano. 3. Mme Leduc vient d'acheter un nouvel appareil-photo.

EXPLORATION 2

Function: *Talking about nationalities*
Stucture: *Adjectives and nouns of nationality*

Présentation

A. When we talk about nationalities in English, we can use either adjectives (*He is Canadian*) or nouns (*He is a Canadian*). In French also, we can use adjectives or nouns to express nationality.

Adjectives	Nouns
Il est **canadien**.	C'est un **Canadien**.
Gloria est **mexicaine**.	C'est une **Mexicaine**.
Ils sont **anglais**.	Ce sont des **Anglais**.
Elles sont **japonaises**.	Ce sont des **Japonaises**.

Adjectives of nationality are not capitalized in French. However, nouns of nationality are capitalized.

C'est une chanson **française**.   *It's a **French** song.*
Les **Français** aiment voyager.   *The **French** love to travel.*

J'ai un grand-père russe et un autre qui est italien. J'ai une grand-mère française et une autre qui est irlandaise.

Alors, qu'est-ce que je suis? Un Américain!

B. Here are some adjectives of nationality you may find useful.

Les nationalités			
	Masculine	*Feminine*	
Masculine form ends in an e. Feminine form is identical.	belge russe suisse	belge russe suisse	*Belgian* *Russian* *Swiss*
Masculine form ends in a consonant. Feminine form adds an e.	anglais allemand américain chinois espagnol français japonais mexicain marocain portugais sénégalais	anglaise allemande américaine chinoise espagnole française japonaise mexicaine marocaine portugaise sénégalaise	*English* *German* *American* *Chinese* *Spanish* *French* *Japanese* *Mexican* *Moroccan* *Portuguese* *Senegalese*
Masculine form ends in -ien. Feminine form ends in -ienne.	algérien canadien italien tunisien vietnamien	algérienne canadienne italienne tunisienne vietnamienne	*Algerian* *Canadian* *Italian* *Tunisian* *Vietnamese*

Have students practice pronouncing these pairs by repeating them after you: **Il est anglais. Elle est anglaise**.

Other nationalities that might be of interest to students are: **grec (grecque), australien, portoricain, cubain, suédois, écossais, hollandais, irlandais.**

C. To create a noun referring to a person of a particular nationality (*a Canadian, the Russians*) we use the appropriate article and capitalize the adjective.

C'est un **Russe**.   *He is a **Russian**.*
Paul a fait la connaissance d'une   *Paul met an **Italian woman**.*
  Italienne.
Est-ce que les **Tunisiens** parlent   *Do **Tunisians** speak French?*
  français?

D. The name of the language of a country is usually the same as the masculine form of the adjective of nationality. Names of languages are always masculine and are never capitalized. No article is used when the language name is preceded by **en** or a form of **parler**.

L'italien est très joli.   *Italian is very beautiful.*
Je n'ai jamais étudié **l'espagnol**. *I never studied **Spanish**.*
Est-ce que tu parles **japonais**?   *Do you speak **Japanese**?*
Ce film est en **russe**.   *This movie is in **Russian**.*

Substitution. **1.** Les fromages <u>français</u> sont très bons. suisses/italiens/allemands/américains **2.** Les plages <u>américaines</u> sont belles. mexicaines/italiennes/portugaises/françaises **3.** Les villes <u>belges</u> sont très intéressantes. italiennes/russes/ espagnoles/chinoises/tunisiennes

Préparation

Transformation. **1.** Elle est italienne. → Il est italien. Elle est canadienne./Elle est vietnamienne./Elle est tunisienne./Elle est chinoise./Elle est japonaise./Elle est belge. **2.** Il est vietnamien. → C'est un Vietnamien. Elle est portugaise./Ils sont algériens./Elles sont suisses./Il est sénégalais.

A. **L'école internationale.** Listen to some students at an international language school as they talk about their friends. Write **M** if the person being discussed is *male*, write **F** if the person is *female*, and write **?** if you cannot tell from the sentence you hear.

MODÈLE   Dominique est russe.

F: 1,5, and **6.**
M: 2,4, and **8.**
?: 3 and **7.**

1. Oui, il est allemand.
2. Oui, nous sommes russes. **3.** Oui, il est marocain. **4.** Oui, elles sont brésiliennes.
5. Oui, il est algérien. **6.** Oui, ils sont mexicains. **7.** Oui, il est japonais.
8. Oui, je suis américain(e).

B. **À l'auberge de jeunesse.** Students in a youth hostel are asking each other where they are from. Give the appropriate responses.

MODÈLE   Mario et Gino viennent d'Italie?
          Oui, ils sont italiens.

Remind students to make the adjective agree

1. Karl vient d'Allemagne? with the noun.
2. Vous venez de Russie?
3. Ali vient du Maroc?
4. Elles viennent du Brésil?
5. Jean vient d'Algérie?
6. Ils viennent du Mexique?
7. Miko vient du Japon?
8. Tu viens des États-Unis?

ALT. : 1350-1500 m

L'auberge La station

Auberge de Jeunesse
Promenade du Sierroz
73100 AIX LES BAINS
Tél. :79.88.32.88
SAVOIE
A 18 km des pistes, installation neuve avec chambres de 4 lits garantissant calme et indépendance au sein de lieux collectifs (cafétéria, salle de réunion...)
Pour ce qui est de skier :
Ski de fond : 150 km de pistes tracées
Ski alpin : 7 téleskis et 13 pistes (1 noire)

C. **Des gens de partout.** Several students who are attending an international youth festival are talking about their nationalities and what language everyone speaks. Tell what they say.

MODÈLE   Paolo vient de Rome en Italie.
          —**Alors, il parle italien?**
          —**Bien sûr, c'est un Italien!**

1. Toshi vient de Tokyo au Japon.
2. Carlos et María viennent de Madrid en Espagne.
3. Alice vient de Londres en Angleterre.
4. Ivan vient de Moscou en Russie.
5. Sabina et Ana viennent de Lisbonne au Portugal.
6. Li vient de Beijing en Chine.
7. Brigitte vient de Munich en Allemagne.

1. il parle japonais
   c'est un Japonais
2. Ils parlent espagnol
   ce sont des Espagnols
3. elle parle anglais
   c'est une Anglaise
4. il parle russe
   c'est un Russe
5. elles parlent portugais
   ce sont des Portugaises
6. il parle chinois
   c'est un Chinois
7. elle parle allemand
   c'est une Allemande

D. **Quelle est ma nationalité?** Imagine that you overhear some exchange students talking. Based on what they say, guess their nationalities.

MODÈLE   Moi, j'habite à Madrid.
          C'est un Espagnol.

1. Chaque année beaucoup de touristes viennent à Rome, la capitale de mon pays.
2. Je suis étudiante et je fais mes études à Moscou.
3. Si vous avez envie de faire l'ascension du Mont Fuji, venez chez moi.
4. Les touristes viennent dans mon pays pour voir les Alpes.
5. Les touristes visitent toujours Paris, mais il y a beaucoup d'autres régions intéressantes dans mon pays.
6. Chez nous, on aime prendre le thé à quatre heures de l'après-midi.

1. un(e) Italien(ne)
2. une Russe
3. un(e) Japonais(e)
4. un(e) Suisse
5. un(e) Français(e)
6. un(e) Anglais(e)

Contexte CULTUREL

Les Américains ont tendance à oublier que la Belgique est aussi un pays où on parle français. En fait, il y a trois langues officielles en Belgique: le français, l'allemand et le néerlandais (*Dutch*). Au nord de la Belgique on parle néerlandais; au sud on parle français; à l'est, près de la frontière (*border*) allemande, on parle allemand. La Suisse est un autre pays européen où on parle plusieurs langues. Il y a quatre langues officielles en Suisse: l'allemand, le français, l'italien et le romanche. Comme vous pouvez l'imaginer, beaucoup de Belges et de Suisses sont bilingues (*bilingual*).

Bruxelles, Belgique

Communication See Student Response Forms.

A. Le monde. What connections are there between your town and the rest of the world? Indicate what these connections are by completing as many of the sentences below as you can.

> EXEMPLE On vend quelquefois des revues ▬▬▬.
> **On vend quelquefois des revues françaises et des revues allemandes.**

1. On vend des voitures ▬▬▬. *american*
2. On peut trouver des chaussures ▬▬▬. *it*
3. On peut acheter des vêtements ▬▬▬. *belge*
4. Dans ma ville, il y a des restaurants ▬▬▬. *mex*
5. On peut trouver des journaux ▬▬▬. *English*
6. À la radio on peut écouter de la musique ▬▬▬. *jap*
7. On peut acheter du fromage ▬▬▬. *suisse*
8. On peut trouver du chocolat ▬▬▬. *german*

Made in U.S.A.

Hecho en España

Fabriqué en France

Made in England

Feito no Brasil

Fabriqué en Suisse

B. Bonne réputation. Certain countries are known for producing items of very high quality. If money were no problem, what country of origin would you prefer for each of the following items?

> EXEMPLE un appareil-photo
> **Je voudrais un appareil-photo de marque allemande.**

1. un vélo *Chinese*
2. une voiture *marocaine*
3. un ordinateur *algerian*
4. des chaussures *house*
5. un magnétoscope

6. une caméra vidéo *canadien*
7. une chaîne stéréo *portugais*
8. une planche à voile *tunisien*
9. un poste de télévision *german*
10. une guitare électrique *vietnamese*

Produce of Hawaii

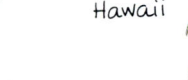

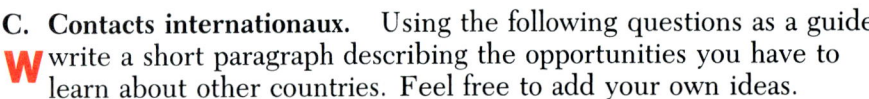

Fabriqué en Belgique

C. Contacts internationaux. Using the following questions as a guide, **W** write a short paragraph describing the opportunities you have to learn about other countries. Feel free to add your own ideas.

1. Est-ce qu'il y a des élèves étrangers dans votre école?
2. Est-ce que vous avez habité ou voyagé dans un pays étranger?
3. Est-ce qu'il y a des étrangers dans votre ville? Savez-vous de quelle(s) nationalité(s) ils sont?
4. Est-ce qu'il y a dans votre école des élèves ou des professeurs qui ont habité dans des pays étrangers? Si oui, dans quels pays?
5. Est-ce qu'il y a beaucoup de livres sur les pays étrangers dans la bibliothèque de votre école?
6. Est-ce qu'on peut voir des films étrangers dans votre ville? Est-ce qu'on peut acheter des journaux étrangers?

Hergestellt in Deutschland

① Mademoiselle Kane est marocaine. Elle est professeur. Elle habite à Casablanca. ② Chantal Clément est belge. Elle est avocate. Elle habite à Bruxelles. ③ M. Renaud est suisse. Il est ingénieur. Il habite à Lausanne. ④ Dr. Djallo est tunisien. Il est dentiste. Il habite à Tunis. ⑤ Docteur Moreau est canadien. Il est pédiatre. Il habite à Montréal.

Révision et Expansion

You have already learned how to describe people's professions, and now you can also talk about nationalities. Below are several **cartes de visite** (*business cards*), which are used by people in many French-speaking areas of the world. What can you tell about each of the people?

EXEMPLE   **Hélène Bonin est française. (C'est une Française).**
Elle est écrivain.
Elle habite à Lyon.

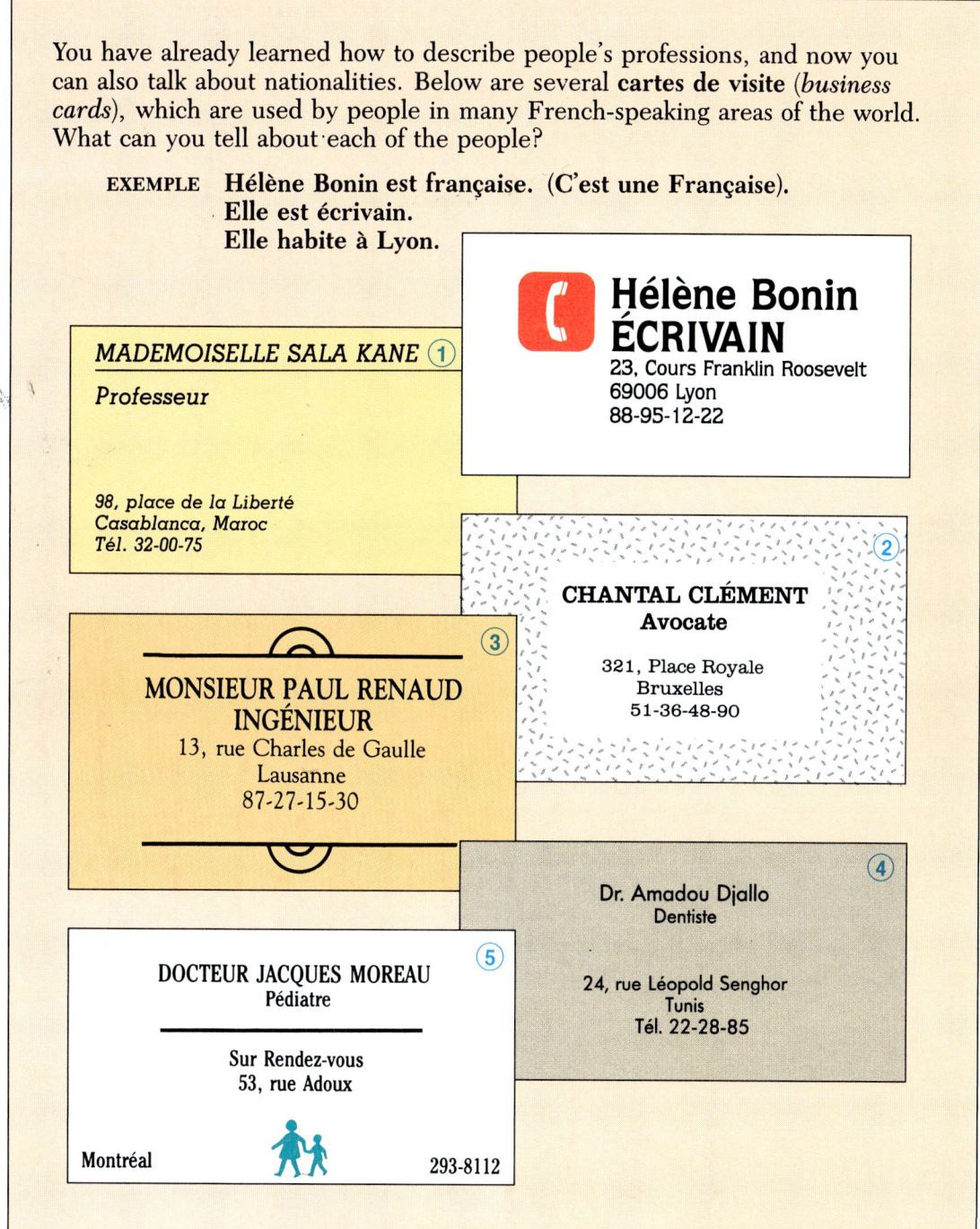

MADEMOISELLE SALA KANE ①

Professeur

98, place de la Liberté
Casablanca, Maroc
Tél. 32-00-75

Hélène Bonin
ÉCRIVAIN
23, Cours Franklin Roosevelt
69006 Lyon
88-95-12-22

CHANTAL CLÉMENT ②
Avocate

321, Place Royale
Bruxelles
51-36-48-90

MONSIEUR PAUL RENAUD ③
INGÉNIEUR
13, rue Charles de Gaulle
Lausanne
87-27-15-30

Dr. Amadou Djallo ④
Dentiste

24, rue Léopold Senghor
Tunis
Tél. 22-28-85

DOCTEUR JACQUES MOREAU ⑤
Pédiatre

Sur Rendez-vous
53, rue Adoux

Montréal   293-8112

Enrichment. Using the list of nationalities on page 41 as a guide, have each student make up a name, nationality, and profession, and have them pretend to be that person. Have them make **cartes de visite,** introduce themselves to at least five people, exchange cards, and write a report (that can also be given orally) about the people they met.

EXPLORATION 3

Function: *Referring to people already mentioned*
Structure: *The indirect object pronouns* **lui** *and* **leur**

Option. Contrast the indirect object pronoun **lui** (*to him* or *to her*) with the emphatic pronoun **lui** (*him*), which is only masculine singular: **chez lui, pour lui, avec lui.** Also, tell students that the indirect object pronoun **leur** is invariable, unlike the possessive adjective **leur**: **Je leur ai rendu leurs devoirs.**

Présentation

Nous lui donnons souvent de l'argent.

Indirect objects tell *to whom* or *for whom* the action of the verb is done.

Patrick parle **à Stéphanie**.   *Patrick is talking **to Stéphanie**.*
Elle a donné un cadeau **aux enfants**.   *She gave a gift **to the children**.*

A. One way you already know to express an indirect object is to use the preposition **à** plus a noun. Another way to express an indirect object is to use an indirect object pronoun. Indirect object pronouns may be used when it is clear to whom we are referring. Two indirect object pronouns are **lui** (*to* or *for him/her*) and **leur** (*to or for them*). Emphasize that **lui** can mean either *to her* or *to him*.

	à + *noun*	*Pronouns*
Singular	Patrick parle **à Stéphanie**.	Patrick **lui** parle. *Patrick is talking **to her**.*
	Sophie téléphone **à Serge**.	Sophie **lui** téléphone. *Sophie is calling **him**.*
Plural	Elle a donné un cadeau **aux enfants**.	Elle **leur** a donné un cadeau. *She gave **them** a gift.*

Oui, mais qu'est-ce qu'on peut acheter avec un dollar?

B. You have already learned to use the direct object pronouns **le** (*him, it*), **la** (*her, it*), and **les** (*them*). Like direct object pronouns, indirect object pronouns are placed in front of the verb.

Present tense	*direct object* *indirect object*	Je **les** finis toujours. Je ne **leur** téléphone jamais.
Passé composé	*direct object* *indirect object*	Est-ce que tu **les** as recontrés? Sabine ne **lui** a pas répondu.
With an infinitive	*direct object* *indirect object*	Je ne veux pas **la** voir. Nous allons **lui** acheter un disque.

Students have already learned that past participles agree in gender and number with a preceding direct object pronoun, as in the third example above. Point out that there is no agreement of past participles with indirect object pronouns.

C. Here are some verbs that can be followed by **à** + a person. Indirect object pronouns are often used with these verbs.

écrire	parler	donner	prêter *(to lend)*
répondre	téléphoner	montrer	rendre

Vas-tu écrire une lettre **à Gilles**?

*Are you going to write a letter **to Gilles**?*

Vas-tu **lui** écrire une lettre?

*Are you going to write **him** a letter?*

Nous avons répondu **au professeur**.

*We answered **the teacher**.*

Nous **lui** avons répondu.

*We answered **her**.*

Suggestion. Remind students that the verbs **regarder, attendre,** and **écouter,** take direct objects in French.

Suggestion. Point out that the verbs *to answer* and *to telephone* take direct objects in English, but that the French equivalents, **répondre** and **téléphoner**, take indirect objects.

Transformation. Je parle à mon ami. → Je lui parle. Je téléphone à mon ami./Je donne des cadeaux à mon ami./Je prête des livres à mon ami./Je rends des disques à mon ami.   **2.** Repeat the above **Transformation** replacing **mon ami** with **mes amis**: Je parle à mes amis. → Je leur parle.   **3.** Je lui parle. → Je ne lui parle pas.

Préparation

ST 12

Nous lui montrons notre maison./Elle leur téléphone souvent./Françoise lui rend ses devoirs./Je leur écris régulièrement./Elle lui répond?   **4.** Nous leur parlons. → Nous leur avons parlé. Tu lui prêtes un roman./Est-ce que Jacques lui montre

A. Générosité. Robert is talking about how nice he is to his sister and two brothers. Listen to what he says, and write the letter of the picture that each sentence describes.

sa moto?/Le professeur leur donne beaucoup de travail./Je ne lui téléphone pas./Nous ne lui achetons pas de cadeau.

1. c	**4.** b
2. e	**5.** f
3. d	

MODÈLE   Je lui prête ma radio.
a

a.

b.

c.

d.

e.   f.

Substitution.   **1.** Je lui parle. téléphoner/donner un cadeau/achèter un disque/prêter un livre   **2.** Nous leur avons écrit une lettre. /montrer des cartes postales/téléphoner/acheter un cadeau   **3.** Je vais lui parler. téléphoner/écrire/montrer mes photos/rendre ses affaires

DEUXIÈME CHAPITRE   *quarante-sept*   **47**

B. Responsabilités. Clément's parents have asked him to take care of some things for them. Clément is reassuring his parents that he'll do everything he's been asked to do. What does Clément say?

> MODÈLE   prêter ce livre à ton oncle
> **Je vais lui prêter ce livre.**

1. écrire une lettre à Jean-Paul
2. donner cette lampe à ta tante
3. rendre ces clés à Marcel
4. envoyer ce chèque à ta sœur
5. rendre visite à tes grands-parents
6. lire cette histoire à ton petit frère

C. Sylvie a déménagé. Françoise and her friends are talking about a friend who recently moved. Complete what they say by adding the correct direct object pronouns (**le, la, l', les**) or indirect object pronoun (**lui, leur**).

FRANÇOISE	As-tu téléphoné à Sylvie récemment?
NICOLE	Oui, je __1__ ai téléphoné la semaine dernière.
GILLES	Comment va-t-elle?
NICOLE	Elle va très bien. Tu peux __2__ téléphoner aussi, Gilles. Ça ne coûte pas très cher!
GILLES	Je __3__ ai écrit une lettre la semaine dernière, mais je __4__ ai perdue.
LAURE	Philippe, tu es allé __5__ voir pendant les vacances, n'est-ce pas? As-tu rencontré ses nouveaux amis?
PHILIPPE	Oui, je __6__ ai rencontrés. Ils sont tous très gentils.
CAROLE	Moi, je vais rendre visite à Sylvie et à son frère dans trois semaines. Je peux __7__ apporter quelques cadeaux si vous voulez.
FRANÇOISE	J'ai des photos que je voudrais __8__ donner. Tu peux __9__ emporter avec toi?

D. C'est déjà fait. Fabienne's mother is trying to find out if she and her brother Pierre have done everything they were supposed to do. How does Fabienne answer her questions?

> MODÈLE   Vous avez donné la lettre à M. Leclerc? (Oui)
> **Oui, nous lui avons donné la lettre.**

1. Fabienne, tu as parlé à ta tante? (Non)
2. Pierre a écrit à ses cousins? (Oui)
3. Vous avez rendu les cassettes aux Dubois? (Non)
4. Tu as rendu visite à ta grand-mère? (Oui)
5. Tu as téléphoné à ton oncle? (Non)
6. Pierre a montré ses notes à Papa? (Oui)

Le jeu de boules est un passetemps très populaire, surtout dans le sud de la France. Pour commencer un jeu, un des joueurs lance le but (*throws the target*), le plus souvent une petite boule en bois (*wood*) qu'on appelle aussi le cochonnet (*little pig*). Ensuite les adversaires lancent des boules en métal pour voir qui peut placer ses boules le plus près possible du but. Chaque boule pèse (*weighs*) entre 600 et 800 grammes (*grams*). Jouer aux boules, ou regarder les autres jouer aux boules, est une façon (*way*) agréable de passer un bel après-midi d'été.

Un jeu de boules au Bois de Boulogne: Paris, France

Additional Practice. Show students pictures of an object and a person, and ask them to create statements about them. They can then substitute indirect object pronouns in their statements. When they see pictures of a book and a boy, they might say **Je donne le livre à Jean**. Then they should say **Je lui donne le livre**. For further practice, have them express their sentences in the past.

Communication

A. **Qui est-ce?**   Have your partner think of a person that he or she knows well. Then ask the following questions about their relationship. After your partner has answered, switch roles.

> EXEMPLE   —**Est-ce que tu lui as téléphoné hier?**
> —**Oui, je lui ai téléphoné hier.**
> (**Non, je ne lui ai pas téléphoné hier.**)

1. Est-ce que tu lui écris des lettres de temps en temps?
2. Est-ce que tu lui as donné un cadeau pour son anniversaire?
3. Est-ce que tu sors souvent avec lui (avec elle)?
4. Vas-tu lui parler aujourd'hui?
5. Est-ce que tu as rendez-vous avec lui (avec elle) aujourd'hui?
6. Est-ce que tu lui as rendu visite récemment?

B. Entre amis? List four people that you like, and tell at least two
W things that you do or have done for each person. Use indirect object
pronouns in your answers.

EXEMPLE

Mon copain André — Je lui téléphone souvent et...

C. Tes amis et toi. Use the following expressions to ask a classmate
questions about how he or she treats friends. Your partner will use
an indirect object pronoun in the answer. Take turns asking and
answering questions.

EXEMPLE   envoyer des cartes postales
—**Est-ce que tu envoies des cartes postales à tes ami(e)s
quand tu es en vacances?**
—**Oui, je leur envoie des cartes postales.**

1. écrire quelquefois
2. prêter tes affaires
3. téléphoner régulièrement
4. donner des conseils
5. parler tous les jours
6. rendre souvent visite

Révision et Expansion

You have now learned four different types of pronouns in French.

> *Subject Pronouns:* je, tu, il/elle/on, nous, vous, ils/elles
> *Emphatic Pronouns:* moi, toi, lui/elle, nous, vous, eux/elles
> *Direct Object Pronouns:* le, la, l', les
> *Indirect Object Pronouns:* lui, leur

Complete the following conversation by adding the appropriate pronouns.

Un cadeau pour Jean-Luc

EXPLORATION 4

Function: *Combining sentences*
Structure: *Using the relative pronouns* **qui** *and* **que**

Présentation

A. You have already learned to recognize the relative pronouns **qui** or **que** when they link two sentences or clauses together. Their meanings are equivalent to *that, which,* or *who.*

Point out to students that both **qui** and **que** can refer to either a person or a thing.

Les acteurs **qui** jouent dans ce film sont excellents.	*The actors **who** are in this movie are excellent.*
Je préfère les timbres-poste **qui** ont beaucoup de couleurs.	*I prefer stamps **that** have a lot of color.*
J'aime bien le cadeau **que** tu lui as acheté.	*I like the present (**that**) you bought her.*
Le garçon **que** tu as rencontré a l'air sympathique.	*The boy (**that**) you met seems nice.*

B. The function of a relative pronoun is to combine into one sentence what would otherwise be two separate sentences.

Suggestion. Show students that relative pronouns help us to avoid repeating a noun.

Nous avons **des amis. Ils** habitent en Suisse.
Nous avons des amis **qui** habitent en Suisse.

Où est **le timbre**? Tu as acheté **le timbre.**
Où est le timbre **que** tu as acheté?

C. To decide whether to use **qui** or **que,** you need to decide if it will be the subject or the direct object of a verb. If it is the subject, use **qui.** If it is the direct object, use **que.**

Point out that **qui** can be either singular or plural, depending on its reference: . . . un jeu qui **est** amusant/. . . des jeux qui **sont** amusants.

Paul a une collection de timbres. **Sa collection** est superbe.
Paul a une collection de timbres **qui** est superbe.

La radio ne marche pas. **La radio** est sur l'étagère.
La radio **qui** est sur l'étagère ne marche pas.

Option. Point out that the relative clause can either be linked to the main clause or embedded in the main clause.

Since agreement of the past participle with the preceding relative pronoun **que** has little communicative value, it need not be emphasized.

Solange va chercher les livres. Vous avez perdu **ces livres**.
Solange va chercher les livres **que** vous avez perdus.

Le chanteur est excellent. J'ai écouté **ce chanteur**.
Le chanteur **que** j'ai écouté est excellent.

D. When the word following **que** starts with a vowel, the **e** is dropped. However, the **i** of **qui** is never dropped.

De quelle année est la voiture **qu'**ils ont achetée?
La voiture **qui** est devant la maison est à mon cousin.

C'est la psychologie qui fait la différence.
ENTRAÎNEUR

Regardez la récompense que j'ai préparée.

Substitution.   **1.** J'aime beaucoup l'ordinateur que tu as acheté. l'affiche/les cassettes/la moto/le gâteau/les tableaux   **2.** Le restaurant qui est près de chez nous n'est pas très bon. Le magasin/Le cinéma/La bibliothèque/La piscine

Préparation
ST 13

🔊 **A. Passe-temps.**   Listen to these students talk about their favorite free-time activities. Based on what they say, choose the corresponding illustration, and write the student's name next to the number of the sentence.

MODÈLE   Le passe-temps que je préfère, c'est le jardinage.
Pierre   **1.** Gisèle   **2.** Isabelle   **3.** Guy   **4.** Raphaël
              5. Yasmine   **6.** Antoine

Pierre

Antoine

Isabelle

Raphaël

Gisèle

Guy

Yasmine

Additional Practice. Play the tape a second time, or repeat the sentences, and have the students repeat or write the sentences in the third person: **Le passe-temps que Pierre préfère, c'est le jardinage.**

B. Ma famille. Marianne is telling a friend what various members of her family do for a living. Tell what she says.

> MODÈLE   un cousin/programmeur
> **J'ai un cousin qui est programmeur.**

1. une cousine/professeur
2. un oncle/médecin
3. une tante/ingénieur
4. des cousins/étudiants
5. des cousines/reporters
6. une tante/vendeuse

1. qui est
2. qui est
3. qui est
4. qui sont
5. qui sont
6. qui est

C. Curiosité. Some students are talking about what they and their friends have done today. Ask the location of the item that they are talking about.

> MODÈLE   J'ai visité un musée extraordinaire.
> **Où est le musée que tu as visité?**

1. Pierre a trouvé un chat.
2. J'ai lu un livre de poèmes.
3. Florence a écrit un poème.
4. Nous avons écouté un disque.
5. J'ai acheté une robe aujourd'hui.
6. Mes amies ont acheté des cassettes.

1. Où est/qu'il a trouvé
2. Où est/que tu as lu
3. Où est/qu'elle a écrit
4. Où est/que vous avez écouté
5. Où est/que tu as achetée
6. Où sont/qu'elles ont achetées

D. Un voyage. Grégoire recently went with his school chorus on a trip to Québec and is showing pictures of the trip to some friends. Look at the beginning of his sentence, and select the ending which correctly completes the sentence.

a: 1, 2, 4, 5, and 6
b: 3

> MODÈLE   Nous sommes restés dans un hôtel qui
> **a.** j'ai beaucoup aimé.   **b. est très vieux.**

1. Voici la photo d'une cathédrale que
   a. nous avons visitée.   **b.** est très célèbre.
2. J'ai rencontré une fille qui
   a. vient de Paris.   **b.** j'ai trouvé intéressante.
3. Nous avons chanté avec des élèves qui
   a. nous avons trouvé gentils.   **b.** sont très forts en musique.
4. J'ai beaucoup discuté avec un jeune Canadien que
   a. j'ai rencontré.   **b.** parle français.
5. Voici une photo des montagnes qui
   a. sont près de Québec.   **b.** nous avons photographiées.
6. Nous avons aimé tous les restaurants que
   a. nous avons essayés.   **b.** sont dans la ville de Québec.

LE CARNAVAL DE QUÉBEC
la plus grande fête populaire hivernale au monde du 4 au 14 février

PROGRAMME PRELIMINAIRE
PRELIMINARY PROGRAM

E. Aidez-moi. Susan, a first-year French student, has asked Claire to look over her letter to a French friend. How does Claire combine the following pairs of sentences, using **qui** or **que**?

MODÈLE   J'ai des amis. Ils sont sympathiques.
J'ai des amis qui sont sympathiques.

1. J'habite dans une ville. Elle est assez petite.

2. Nous allons à une école. J'aime assez cette école.

3. Mon petit ami vient de la Guadeloupe. La Guadeloupe est une île dans la mer des Antilles.

4. Ma mère travaille dans un magasin. Ce magasin est près de chez nous.

5. J'ai un nouvel appareil-photo. Mon père a acheté cet appareil-photo pour moi.

6. J'ai pris des photos. Je vais envoyer ces photos avec ma lettre.

1. qui est assez petite
2. que j'aime assez
3. qui est une île dans la mer des Antilles
4. qui est près de chez nous
5. que mon père a acheté pour moi
6. que je vais envoyer avec ma lettre

Contexte CULTUREL

En France il y a plus d'un demi-million de personnes qui collectionnent les timbres-poste. Les premiers timbres français datent de 1849. Ces timbres sont aujourd'hui extrêmement rares et très chers. En général les timbres français ont beaucoup de couleurs et sont très jolis. Comme aux États-Unis, les nouveaux timbres sont émis (*put in circulation*) à l'occasion d'un événement important ou pour commémorer une personne célèbre. Est-ce que vous avez une collection de timbres français?

Communication

A. Préférences. For each of the following categories, name one thing or celebrity that you really like and one that you don't like.

> EXEMPLE les couleurs
> **Le bleu est une couleur que j'aime beaucoup.**
> **Le jaune est une couleur que je n'aime pas.**

1. les journaux
2. les villes
3. les sports
4. les légumes
5. les actrices
6. les chanteurs
7. les romans
8. les émissions de télé

B. Devinez leur profession. Describe a profession, using a relative pronoun in each description. Your classmates will guess the profession.

> EXEMPLE —**C'est un homme ou une femme qui travaille dans un hôpital.**
> —**C'est un médecin.**

C. C'est ma vie. Use the suggestions below and ideas of your own to make up sentences that describe different aspects of your life. Be sure to use **qui** or **que** in your sentences.

> EXEMPLE **J'ai un chat qui est très amusant.**

- les profs, les amis, les cours, les passe-temps, les voitures, les problèmes, les animaux, les vêtements, la musique, ?
- joli, intéressant, riche, facile, gentil, formidable, heureux, sympathique, embêtant, cher, difficile, rouge, ?

Révision et Expansion

You have learned several ways of connecting ideas in sentences. In addition to **qui** and **que**, you can use **et, mais, pour, parce que,** and **où.** Combine the following sentences with one of the connecting words from the list below.

qui   que   où   et   mais   pour

1. Je suis entré dans un magasin. Je veux acheter un album pour ma collection de timbres.
2. Je suis allé dans un magasin. Ce magasin est dans un centre commercial.
3. J'ai acheté un album. Je mets l'album sur mon étagère.
4. Je suis allé dans un magasin. On vend toutes sortes d'albums.
5. J'ai acheté un bel album. J'ai aussi acheté quelques timbres étrangers.
6. Il y a d'autres timbres extraordinaires. Je ne les ai pas achetés.

1. pour acheter un album   2. qui est dans un centre commercial   3. que je mets sur mon étagère
4. où on vend toutes sortes d'albums   5. et quelques timbres étrangers   6. mais je ne les ai pas achetés

PERSPECTIVES

Lecture

ST 14

Loisirs

Suggestion. Have students locate each country mentioned on the map on p. x–xi.

Prereading question. With which of these young people do you have the most in common?

Voici quelques jeunes qui parlent de leurs passe-temps préférés. Avez-vous des intérêts en commun avec eux?

Salut! Je m'appelle Catherine. J'habite à Lausanne, en Suisse. Il y a quatre langues officielles dans mon pays, mais le français est la langue qu'on parle dans ma région. En été je fais souvent de la planche à voile sur le lac Léman, et en hiver, je fais du ski avec mes amis. Mais le passe-temps que je préfère ces jours-ci, c'est l'informatique. Je passe tout mon temps libre devant l'ordinateur que je viens d'acheter! Je compte faire des études pour devenir programmeuse.

The four official languages of Switzerland are French, German, Italian, and Romansh, a Romance language spoken in areas of Switzerland and adjacent parts of Italy.

Bonjour. Je m'appelle Ahmed. J'habite dans une petite ville qui est située près de Tunis, en Tunisie. Je parle deux langues, le français et l'arabe. Pendant la semaine j'ai beaucoup de devoirs à faire, mais je réussis presque toujours à trouver quelques heures pour le passe-temps que je préfère—le dessin. J'adore dessiner! Plus tard je voudrais faire des études pour devenir dessinateur industriel. Pendant le week-end je vais assez souvent à la plage. Je suis en train d'apprendre à faire de la plongée sous-marine!

Bonjour. Je m'appelle Vincent. Ma famille, qui vient du Viêt-nam, habite maintenant à Montréal, et nous sommes canadiens! Je parle anglais, français et, à la maison, vietnamien. Je suis assez sportif—je fais du jogging tous les jours, même quand il fait très froid. C'est bon pour la santé. Mais ma vraie passion, c'est la danse. Je fais de la danse moderne et cette année je vais suivre un cours de danse classique. Je fais aussi partie d'un groupe de gens qui aiment faire de la danse folklorique vietnamienne.

Mon nom est Penda. J'habite au Sénégal. Il y a plusieurs langues différentes chez moi, mais le français est la langue officielle. Mon passe-temps préféré, c'est la musique. J'apprends à jouer de la flûte. Je fais partie de l'orchestre de l'école et aussi d'une chorale. Mes amies trouvent que j'ai une belle voix. J'ai un petit ami très sympa qui habite dans une autre ville assez loin de chez moi. Lui aussi, il aime la musique. Je lui écris une lettre au moins une fois par semaine et j'espère pouvoir aller lui rendre visite cet été.

Vocabulaire à noter

l'	**arabe** *(m)*	Arabic
	ces jours-ci	these days
	compter	to intend
le	**dessin**	drawing
le	**dessinateur industriel**	draftsman
la	**flûte**	flute
l'	**intérêt** *(m)*	interest
les	**loisirs** *(m)*	leisure, leisure-time activities
le	**nom**	name
	officiel	official
la	**plongée sous-marine**	scuba diving
la	**plupart du temps**	most of the time
la	**voix**	voice

Compréhension

Correct each of the following statements based on **Loisirs**.

1. On parle allemand dans la région de Catherine.
2. Catherine passe tout son temps libre sur la planche à voile qu'elle vient d'acheter.
3. Ahmed habite à Tunis, en Tunisie.
4. Ahmed ne réussit jamais à trouver du temps libre pour son passe-temps préféré.
5. Vincent est d'origine canadienne.
6. Vincent ne fait pas de jogging quand il fait très froid.
7. Cette année Vincent va suivre un cours de dactylographie.
8. Penda chante mal.
9. Penda est allée rendre visite à son petit ami la semaine dernière.

1. français
2. devant l'ordinateur qu'elle vient d'acheter
3. près de Tunis, en Tunisie
4. Il réussit presque toujours à trouver du temps libre.
5. vietnamienne
6. Il fait du jogging même quand il fait très froid.
7. un cours de danse classique.
8. bien.
9. Elle espère lui rendre visite cet été.

Additional practice. Have students tell what country each person is from and what languages he or she speaks.

Communication

A. C'est fini! What have these people just finished doing? Write one
W sentence about each picture using **venir de**.

EXEMPLE **Guy vient de**... *Answers may vary.*

Guy vient de faire du ski.

Hervé vient de jouer du piano.

Daniel et Sophie viennent de faire un gateau.

Daniel et Sophie

Guy

Sylvie

Hervé

Janine

Sylvie vient de faire de la plongée sous-marine.

Janine vient de faire un dessin.

B. Une fête pour Nicole. Grégoire and Thérèse are organizing a party for their friend Nicole. Complete their telephone conversation by playing the role of Thérèse.

THÉRÈSE	Salut, Grégoire. Comment vas-tu?
GRÉGOIRE	Très bien. Et toi?
THÉRÈSE	*(Say you are doing fine.)*
GRÉGOIRE	Écoute, as-tu téléphoné à Geneviève pour l'inviter?
THÉRÈSE	*(Say that you just called her and that she intends to come.)*
GRÉGOIRE	Très bien. As-tu déjà parlé à Alain et à Thomas?
THÉRÈSE	*(Say that you spoke to them yesterday. Alain is coming, but Thomas can't come because it's his sister's birthday.)*
GRÉGOIRE	Est-ce qu'on va avoir de la musique?
THÉRÈSE	*(Say that several friends are going to bring records and that you have a friend who is going to play the guitar.)*
GRÉGOIRE	Qu'est-ce qu'il faut faire d'autre?
THÉRÈSE	*(Tell him that you would like to give her a present.)*
GRÉGOIRE	C'est une bonne idée. Qui va acheter le cadeau?
THÉRÈSE	*(Tell him that you intend to go shopping at the mall tomorrow and that you can buy it.)*
GRÉGOIRE	Parfait! À demain, alors!
THÉRÈSE	À demain!

Anwers may vary.
— Je vais bien, merci.
— Oui, je viens de lui téléphoner, et elle compte venir.
— Oui, je leur ai parlé hier. Alain va venir, mais Thomas ne peut pas venir parce que c'est l'anniversaire de sa sœur.
— Oui, plusieurs amis vont apporter des disques, et j'ai un ami qui va jouer de la guitare.
— Je voudrais lui donner un cadeau.
— Demain, je compte faire des achats au centre commercial et je peux l'acheter.

C. Une année aux États-Unis. Karim, a high school student from Tunisia, is spending a year as an exchange student in the United States. Complete his letter to a friend at home, using the words listed below. Use each word just once.

See Student Response Forms.

italien	viens	qui	lui	boum	peinture
italienne	devenir	que	leur	tour	en commun

Cher Julien,

Je suis à Chicago depuis deux mois maintenant. Je reste chez des gens qui sont vraiment très gentils avec moi. Le soir je __1__ parle pendant des heures de la vie en Tunisie, et le week-end on fait souvent un __2__ en voiture pour visiter la région.

À l'école, j'ai réussi à rencontrer des gens intéressants. Il y a surtout un élève __3__ est très sympa avec moi. Il s'appelle Robert. Nous avons beaucoup d'intérêts __4__ et nous passons beaucoup de temps ensemble. Comme moi, il veut __5__ artiste. Il aime dessiner et faire de la __6__. La semaine dernière je suis sorti avec une fille __7__ j'ai rencontrée dans mon cours d'histoire. Elle est __8__, et ses parents parlent __9__ entre eux. Elle s'appelle Gina. En fait, je __10__ de __11__ téléphoner—on va aller à une __12__ ensemble samedi soir.

Il est déjà dix heures du soir, et j'ai vraiment sommeil. J'espère avoir de tes nouvelles très bientôt.

Amitiés,
Karim

1. leur
2. tour
3. qui
4. en commun
5. devenir
6. peinture
7. que
8. italienne
9. italien
10. viens
11. lui
12. boum

ST 15

D. Au Centre culturel. In Switzerland many young people like to spend their free time in a **Centre culturel**. Listen to the following description, and write the missing words.

See Student Response Forms.

The French equivalent of **un Centre culturel** is **une Maison des jeunes et de la culture**.

Pour les jeunes __1__ qui cherchent quelque chose à faire pendant leur temps libre, il y a le Centre culturel. C'est là __2__ ils __3__ pour parler avec leurs copains et leurs copines, boire un café, __4__, regarder un film ou écouter de la musique. Le soir et pendant le week-end il y a des cours et des activités de toutes sortes. Par exemple, il y a des cours de __5__ et de __6__. Pour les gens __7__ aiment __8__, il y a un groupe de jeunes acteurs et actrices. Dans le Centre culturel, il y a une grande cuisine où les jeunes peuvent apprendre à faire la cuisine. Le week-end dernier ils ont préparé un repas __9__. Une jeune fille __10__ __11__ a montré comment on fait la cuisine en Chine. Si vous allez en __12__ et si vous voulez rencontrer des jeunes, cherchez un Centre culturel.

1. Suisses
2. qu'
3. viennent
4. jouer aux cartes
5. dessin
6. peinture
7. qui
8. faire du théâtre
9. chinois
10. chinoise
11. leur
12. Suisse

E. **Nouvelles du Centre culturel.**   A **Centre culturel** is planning a trip.
L Listen to the announcement about the trip, and then tell whether
the following statements are **vrai** or **faux**. Correct the false
statements to make them true.

1. Les gens qui aiment la photographie vont trouver ce voyage intéressant.
2. Les membres du club de photo vont en Afrique.
3. Ils vont faire le voyage en avion.
4. Le voyage va durer quinze jours.
5. Le voyage coûte plus de 2.000 francs suisses.
6. Si vous avez envie de participer à ce voyage, il faut parler à Véronique.
7. On ne peut pas lui téléphoner.

Prononciation

In English some syllables receive more emphasis than others. In French
all syllables receive equal emphasis except the last syllable of a word,
which is slightly lengthened. Compare the pronunciation of the following English and French cognates.

airport/**aéroport**   *adorable*/**adorable**   *difficult*/**difficile**

Repeat each of the following words. Be careful to stress only the last
syllable of each of these words.

dessinateur   développement   nationalité   médicament   mathématiques

In groups of words, only the last syllable of the group is stressed. Repeat the following groups of words.

faire du bricolage   la plupart du temps   l'ami de mon frère
la danse folklorique   l'orchestre de l'école   une idée géniale

When you pronounce a sentence in French, remember to stress only the
last syllable in each word group. Repeat the following sentences imitat-
ing the stress and intonation patterns you hear.

1. Tu es sorti hier soir?
2. Oui, je suis allé en ville avec mes parents.
3. Et toi? Tu es restée à la maison?
4. Non, je suis allée au cinéma avec Paulette et Gérard.
5. Moi, je suis allé chez André pour jouer aux cartes.

INTÉGRATION

Here is an opportunity to see how well you can use your French in a variety of situations. If you have trouble with any of these items, study the topic and practice the activities again, or ask your teacher for help.

Écoutez bien

ST 18

A. **Qui parle?**   Read the descriptions of these friends, and then listen to what they say. Write the name of the person who is most likely to make each statement.

Claude ne veut pas rester à la maison cet après-midi.

Janine vient de faire un voyage au Mexique.

Dominique est un pianiste excellent.

Alice étudie la peinture.

Anne a téléphoné à une copine pour lui parler d'un garçon qu'elle a rencontré.

1. Janine
2. Anne
3. Claude
4. Alice
5. Dominique

Lisez un peu

A. Chère Julie. Catherine is spending a year studying in Switzerland and has written a letter to her sister, Julie, back in Canada. Read Catherine's letter, and then answer the questions that follow.

Chère Julie,

Je suis à Saint-Moritz, une station de ski dans les Alpes suisses. Je reviens d'une leçon de ski. Je suis très fatiguée, mais contente aussi. Ces vacances sont vraiment formidables. J'ai déjà appris à skier, ou plus exactement je suis déjà une bonne débutante!

J'ai aussi fait la connaissance de beaucoup de jeunes. Il y a des Belges, des Allemands, des Canadiens et même une Algérienne! Il y a aussi un garçon qui vient de la Guadeloupe, dans la mer des Antilles. Il s'appelle Pierre et il est étudiant à Paris. Chez lui, il passe beaucoup de temps à la plage, et la neige est une nouvelle expérience pour lui. Il est amusant de le voir jouer dans la neige comme un enfant. Cet après-midi nous avons pris un café ensemble. Je lui ai parlé de la vie chez nous, et je lui ai même montré les photos que tu as prises l'été dernier. Il les a trouvées très amusantes, tes photos. Il a expliqué qu'à la Guadeloupe, on peut nager toute l'année parce qu'il fait toujours chaud. Je lui ai donné mon adresse et je pense que je vais lui écrire après les vacances.

Et toi, comment ça va? J'espère que tout va bien. Envoie-moi bientôt de tes nouvelles.

À bientôt,

Catherine

1. à Saint-Moritz dans les Alpes suisses
2. d'une leçon de ski   3. de Belgique, d'Allemagne, du Canada, d'Algérie et de la Guadeloupe   4. C'est un garçon qui vient de la Guadeloupe et qui est étudiant à Paris.   5. Il va à la plage.   6. de voir Pierre jouer dans la neige comme un enfant   7. les photos que Julie a prises l'été dernier   8. Elle compte écrire à Pierre après les vacances.

1. Où est Catherine?
2. D'où revient-elle?
3. D'où viennent les jeunes gens qu'elle a déjà rencontrés?
4. Qui est Pierre?
5. Comment est-ce que Pierre passe son temps libre chez lui?
6. Qu'est-ce que Catherine trouve amusant?
7. Qu'est-ce que Catherine lui a montré?
8. Qu'est-ce que Catherine compte faire après les vacances?

GUADELOUPE 1970 1,00 POSTES

Écrivez

A. À l'école internationale. Imagine that you are a student at an international high school in Belgium. You are sending these pictures of your classmates to a friend in Canada. Tell your friend about each picture: where the student comes from and what his or her interests and free-time activities are.

> **EXEMPLE** Voici mon ami Hoa qui vient du Viêt-nam. Il passe tout son temps libre à prendre des photos. Il prend surtout des photos de la nature.

Hoa/Viêt-nam

1. Jack/États-Unis

2. Paulo et João/Portugal

3. Moulay/Maroc

4. Sabine et François/Belgique

5. Jun/Japon

Answers may vary. 1. Voici mon ami Jack qui vient des États-Unis. Il passe tout son temps libre à faire de la danse. 2. Voici mes amis Paulo et João qui viennent du Portugal. Ils aiment bien jouer de la musique. Paulo fait de la batterie, et João joue de la guitare. 3. Voici mon ami Moulay qui vient du Maroc. Son passe-temps préféré est de collectionner des timbres-poste. 4. Voici mes amis Sabine et François qui viennent de Belgique. Ils aiment faire du lèche-vitrines. 5. Voici mon amie Jun qui vient du Japon. Elle passe tout son temps libre à dessiner.

B. Des cadeaux. Select presents for six people you know. Write sentences telling what their interests are and what presents you have chosen for them.

> **EXEMPLE** J'ai un frère qui aime la musique, surtout le rock. Je peux lui acheter un disque pour son anniversaire.

C. Un nouvel élève. Write a note to a friend telling about the new student in your class. He has just arrived in your town from a foreign country and doesn't speak English very well. You are going to show him the school and lend him some books. He plays a musical instrument very well, and he's very good in math. Add other details.

> *Je viens de rencontrer le nouvel élève qui est dans notre classe. Il...*

Parlons ensemble

Work with a partner or partners, and create dialogues using the situations below. Whenever appropriate, switch roles and practice a different part of your dialogue.

Situations

A. Qu'est-ce qu'on va faire? You and a friend are discussing what you are going to do this weekend. You feel like staying at home and working in the garden, drawing, or working on a do-it-yourself project. Your friend has a new camera and wants to go for a drive in order to take photos of the countryside. Can you find a compromise?

B. D'où viens-tu? You have been asked to welcome an exchange student from another country to your school. Your partner will play the role of the exchange student. Ask your partner questions about where he or she is from, what languages are spoken there, and what his or her interests are. Try to find out how much you have in common. Make some suggestions about clubs or activities to help the exchange student have a fun and productive year.

OCABULAIRE

Eng→French

NOUNS RELATED TO HOBBIES AND PASTIMES

- l' **album** (*m*) album
- la **batterie** drums, percussion
- la **boum** party
- le **bricolage** do-it-yourself projects
- le **car** intercity bus, tour bus
- la **chorale** chorus
- la **collection** collection
- la **danse** dance, dancing
- le **débutant**, la **débutante** beginner
- le **dessin** drawing
- le **développement** development (of film)
- la **flûte** flute
- l' **instrument** (*m*) instrument
- le **jardinage** gardening
- les **loisirs** (*m*) leisure, leisure-time activities
- l' **orchestre** (*m*) orchestra
- le **passe-temps** pastime
- la **peinture** painting
- le **piano** piano
- la **plongée sous-marine** scuba diving
- le **temps libre** spare time
- le **théâtre** theater
- le **timbre(-poste)** (*pl.* **timbres-poste**) (postage) stamp

OTHER NOUNS

- l' **avis** (*m*) opinion
- le **cadeau** gift

dictée

- le **centre commercial** shopping center, mall
- la **chance** luck
- la **coïncidence** coincidence
- le **dessinateur industriel**, la **dessinatrice industrielle** draftsman
- l' **étudiant** (*m*), l' **étudiante** (*f*) university student
- l' **île** (*f*) island
- l' **intérêt** (*m*) interest
- la **marque** brand
- la **nationalité** nationality
- le **nom** name
- la **voix** voice

ADJECTIVES

- **artistique** artistic
- **folklorique** folk
- **officiel** official
- **reposant** restful, relaxing
- **sociable** sociable
- **sous-marin** underwater

VERBS AND VERBAL EXPRESSIONS

- **collectionner** to collect
- **compter** to intend
- **dépenser** to spend
- **dessiner** to draw
- **devenir** to become
- **discuter** to talk, to discuss
- **faire de la danse** to study dancing

- **faire de la peinture** to study painting
- **faire de la photographie (photo)** to take photos
- **faire des achats** to go shopping
- **faire du bricolage** to do do-it-yourself projects
- **faire du jardinage** to work in the garden
- **faire du lèche-vitrines** to go window-shopping
- **faire du théâtre** to study acting
- **faire un tour (en voiture, à bicyclette)** to go for a ride (by car, by bike)
- **jouer aux cartes** to play cards
- **jouer (d'un instrument)** to play (an instrument)
- **photographier** to photograph
- **prêter** to lend
- **revenir** to come back
- **venir** to come
- **venir de…** to have just…

OTHER EXPRESSIONS

- **ces jours-ci** these days
- **en commun** in common
- **la plupart des** most of
- **la plupart du temps** most of the time
- **récemment** recently
- **Tiens!** Hey!

Note: For nouns and adjectives of nationality see **Exploration 2.**

Test Nov 21 '95 (Tues)
Scraps Nov 20 (Mon)

2.

La Vie à la campagne

In this chapter, you will talk about life in the country. You will also learn about the following functions and structures.

Functions

- asking for information
- giving more information
- comparing two things or people
- talking about people already mentioned

Structures

- interrogative pronouns
- verbs and prepositions
- the comparative
- object pronouns **me, te, nous, vous**

1. Le Château de Champrent: Vaud, Suisse
2. La moisson au sud de la France
3. Un laboureur à Belle Ile: Bretagne, France
4. Des vignes: Bordeaux, France

1.

4.

3.

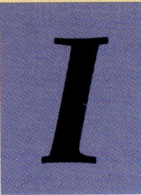

INTRODUCTION

See Teacher's Preface for reference to Student Response Forms available for this chapter. Workbooks and other ancillary materials are correlated to this chapter on the corresponding tabbed divider in your Teacher's Resource Binder. The Teacher's Preface contains abbreviated tapescripts of listening activities in the student text.

Le français en contexte

Prereading question. Why does Colette refuse the invitation?

ST 19   In France and in other European countries, it is more common than in the United States for students to attend a boarding school. Boarders usually stay at school during the week and go home on weekends and during school holidays.

Un Week-end à la ferme

Nicolas, qui vient d'un petit village, est <u>interne</u> au lycée de Mâcon.   boarder
Colette, elle, est seulement <u>demi-pensionnaire</u>. Les deux jeunes parlent   day student
de leurs projets pour le week-end.

COLETTE	Qu'est-ce que tu fais ce week-end, Nicolas?
NICOLAS	Je vais <u>retourner</u> dans mon village <u>comme d'habitude</u>. Je to return/as usual vais aider mes parents <u>à la ferme</u>. on the farm
COLETTE	C'est dommage. Il n'y a pas grand-chose à faire à la campagne.
NICOLAS	Ce n'est pas vrai! Quand je suis chez moi je trouve que je suis toujours très occupé. Pendant la <u>journée</u> je travaille day

Tell students that viticulture is an important part of French agrobusiness. Many young people find temporary jobs harvesting grapes.

	dans les <u>vignes</u> ou bien je <u>donne à manger</u> aux animaux.	vineyards/feed
	Quelquefois l'après-midi je fais un tour à bicyclette ou je	
	<u>fais du cheval</u>.	go horseback riding
COLETTE	Et tu passes <u>sans doute</u> tes <u>soirées</u> devant la télé?	no doubt/evenings
NICOLAS	Mais non! <u>À part</u> les informations, nous regardons	Other than
	rarement la télé. Nous <u>bavardons</u>, ou bien je lis un roman.	chat
	Quelquefois je vais chez des <u>voisins</u>, mais c'est vrai qu'il y	neighbors
	a <u>de moins en moins</u> de jeunes dans mon village. Écoute!	fewer and fewer
	J'ai une idée. Dimanche il va y avoir une <u>fête foraine</u>, et	fair
	tous mes copains vont revenir au village. Viens passer la	
	journée avec nous.	
COLETTE	Non, merci! C'est gentil, mais moi, je préfère les	
	<u>distractions</u> de la ville.	amusements
NICOLAS	Bon, à lundi alors.	
COLETTE	À lundi. Bon week-end.	

Compréhension

Based on **Un week-end à la ferme,** answer the following questions.

1. Où Nicolas passe-t-il ses week-ends d'habitude?
2. Qu'est-ce que Nicolas va faire à la ferme?
3. Que pense Colette de la vie à la campagne?
4. Que fait Nicolas pendant la journée quand il rentre chez lui?
5. Quand il est à la ferme, comment Nicolas passe-t-il ses soirées?
6. Pourquoi Nicolas invite-t-il Colette à venir passer dimanche dans son village?

1. dans son village
2. Il va aider ses parents.
3. Elle pense qu'il n'y a pas grand-chose à faire à la campagne.
4. Il travaille dans les vignes ou bien il donne à manger aux animaux.
5. Il bavarde, ou bien il lit un roman. Quelquefois il va chez des voisins.
6. Parce qu'il va y avoir une fête foraine et tous ses copains vont revenir au village.

Les mots et la vie

Option. Tell students that the names of many fruit trees derive from the names of the fruit: **le bananier, le pommier, l'oranger.**

Comment est la vie et quelles sont les occupations des gens qui habitent à la campagne?

le cultivateur

le tracteur

On cultive les champs.

Dans certaines régions on récolte des céréales comme le blé et le maïs.

Dans d'autres régions on plante des arbres fruitiers et on cueille* des fruits.

*The verb **cueillir** is conjugated as follows: **je cueille, tu cueilles, il/elle/on cueille, nous cueillons, vous cueillez, ils/elles cueillent**. Passé composé: **J'ai cueilli**.

Option. Tell students that **cueillir** is conjugated like an **-er** verb in the present tense but that the past participle is formed like an **-ir** verb.

Dans les fermes on élève aussi des animaux. Pouvez-vous identifier le cri de chaque animal?

The animal sounds are **béé — le mouton; gron! gron! — le cochon; cot, cot, codac — les poules; miaou — le chat; meuh — la vache; hi, hi, hi! — le cheval; coin, coin! — le canard; oua! oua! — le chien.**

La vie à la campagne: le pour et le contre

—Il y a des avantages. On peut respirer l'air pur, on mange des fruits et des légumes frais, et les rapports entre les gens sont chaleureux.

Tell students that the feminine form of **frais** is **fraîche.**

—Mais il y a aussi des désavantages. Le travail est dur, on ne gagne pas beaucoup d'argent, et il y a de moins en moins de jeunes qui choisissent de vivre à la campagne.

The verb **vivre** will only be used in the infinitive.

ST 20

A. Pour ou Contre? Antoine is thinking about spending his vacation at his grandfather's farm. Listen to the statements he makes. Write **pour** if you hear a reason in favor of going to the farm, and write **contre** if you hear a reason against going.

MODÈLE   J'aime donner à manger aux animaux.

1. contre
2. pour
3. pour
4. contre
5. contre
6. pour
7. contre
8. pour

B. Les animaux. Martine is telling her little brother about the animals on the farm. What does she say?

MODÈLE **Dans une ferme on peut voir des poules.**

1.

2.

3.
4.
5.

1. des chevaux
2. des vaches
3. des canards
4. des moutons
5. des cochons

C. Il y a beaucoup à faire. Life in the country is often very busy. What are these people doing?

Annette…

MODÈLE **Annette cueille des pommes.**

1. M. Perrier…

2. Les Merlin…

1. M. Perrier cultive ses champs avec un tracteur.
2. Les Merlin travaillent dans les vignes.

3. Anne-Marie…

4. Georges et Luc…

5. Mme Ricard…

3. Anne-Marie donne à manger aux poules. 4. Georges et Luc vont à une fête foraine. 5. Mme Ricard fait un tour à bicyclette.

D. Chez les Dommier. Denis has written a letter about the week he
W spent at a farm. Complete this paragraph of his letter by adding the
words from the list below.

fête foraine	soirée	moutons	champs	respire
arbres fruitiers	journée	bavarde	à manger	cueillir

Je reviens d'une semaine passée à la ferme du grand-père
d'un copain. J'ai travaillé tous les jours dans les __1__ et j'ai
donné __2__ aux animaux. Les animaux que je préfère sont
les vaches et les __3__. La vie à la campagne est très bonne
pour la santé—on mange des légumes frais et on __4__ de
l'air pur. Pendant la __5__, après le dîner, on __6__ ou bien
on joue aux cartes. Dimanche dernier nous sommes allés à
une __7__ et le lendemain nous avons passé la __8__ à __9__
des pommes. M. et Mme Dommier ont beaucoup d'__10__, et
nous avons travaillé très dur. Après ça, j'ai bien dormi!

1. champs   **7.** fête
2. à manger   foraine
3. moutons   **8.** journée
4. respire   **9.** cueillir
5. soirée   **10.** arbres
6. bavarde   fruitiers

Communication

A. Interview. Find out how much a partner knows about life in the
country, by asking the following questions. Be prepared to tell the
class what you find out.

1. As-tu des amis ou des parents qui ont une ferme? Si oui, qu'est-
ce qu'ils cultivent et quels animaux ont-ils?
2. Est-ce que tu as déjà été dans une ferme? Si oui, peux-tu faire
une description de cette ferme?
3. As-tu déjà fait du cheval?
4. Est-ce que tu as peur des vaches et des chevaux?
5. Est-ce que tu es déjà allé(e) à une fête foraine?
6. Est-ce que tu es déjà monté(e) sur un tracteur?
7. À ton avis, est-ce que la vie à la campagne est bonne pour la
santé? Pourquoi?
8. Est-ce que tu aimes la vie à la campagne? Pourquoi?

B. À la ferme. Imagine that you are going to spend a week at a farm.
Tell four things you want to do and four things you don't want to do.

EXEMPLE   **Je ne veux pas travailler trop dur.**

C. Où voudrais-tu habiter? Where would you like to live—on a farm
W (**dans une ferme**), in a small town (**dans un village**), or in a city
(**dans une grande ville**)? Write a paragraph about your preference,
and provide at least four reasons for your choice.

Je voudrais habiter dans un village parce que...

Enrichment. Have
students write a short
humorous story about
either a farmer who
visited a big city or a
"dude" who visited a
farm.

EXPLORATION 1

Function: *Asking for information*
Structure: *Interrogative pronouns*

Présentation

You have already learned how to ask questions using question words such as **pourquoi, comment,** and **quel.** You have also learned that you usually use **est-ce que** or inversion to ask questions with these words. Interrogative pronouns can also be used to ask questions. They mean *who, whom,* or *what* and can function as subjects, direct objects, or objects of a preposition.

A. The interrogative pronoun used to express *who* or *whom* is **qui.**

Option. Teach students that **qui est-ce qui** may be used in place of **qui** as the subject of a verb.

1. When **qui** is the subject of the verb, the verb is in the third person singular. **Est-ce que** or inversion is not used.

Qui a donné à manger aux animaux?	**Who** *fed the animals?*
Qui préfère la vie à la campagne?	**Who** *prefers life in the country?*

2. When **qui** is the direct object of the verb, **est-ce que** or inversion is necessary to make a question.

Qui est-ce qu'elle a invité?	**Whom** *did she invite?*
Qui as-tu rencontré à la fête foraine?	**Whom** *did you see at the fair?*

3. When **qui** is the object of a preposition, it follows the preposition, and **est-ce que** or inversion must be used to form the question. Notice that the question always begins with the preposition.

À qui est-ce que vous téléphonez?	**Whom** *are you calling?*
Avec qui avez-vous bavardé?	**With whom** *did you chat?*
Pour qui Claire travaille-t-elle?	**For whom** *does Claire work?*

In conversational English, the preposition is often placed at the end of the sentence. Emphasize that in French, the preposition must be placed at the beginning of the sentence.

B. The interrogative pronoun used to express *what* depends on the function of the word in the sentence.

Tell students that the **i** of **Qu'est-ce qui** is not dropped before a vowel sound.

1. When *what* is the subject of the sentence, the pronoun is **qu'est-ce qui**. **Qu'est-ce qui** always takes a third person singular verb.

Qu'est-ce qui ne va pas?	***What's wrong?***
Qu'est-ce qui lui a donné cette idée?	***What** gave her that idea?*

2. When *what* is the object of the verb, the pronoun **que** is used. **Que** is sometimes used with inversion to form short questions but is more often used with **est-ce que**.

Option. Tell students that with the interrogative pronoun **que,** as well as with the question words **quand, où,** and **combien,** inversion is possible with a noun subject: **Que fait ton ami?**

Que veux-tu?	***What** do you want?*
Qu'est-ce que tu fais ce soir?	***What** are you doing tonight?*
Qu'est-ce qu'elle regarde à la télé?	***What** is she watching on TV?*

3. The interrogative pronoun **quoi** is used as the object of a preposition to mean *what*. **Quoi** follows the preposition, and **est-ce que** or inversion is used to form the question. Notice that the question begins with the preposition.

Emphasize again that in French, unlike conversational English, the preposition must be placed at the beginning of the sentence.

De quoi a-t-il besoin?	***What** does he need?*
À quoi est-ce que tu penses?	***What** are you thinking **about**?*

Emphasize that a preposition may be required in French where no preposition is used in English, as in the first example above.

C. Here is a summary of the interrogative pronouns.

Tableau récapitulatif

When the interrogative pronoun ...		
functions as	*and refers to*	*use*
a subject	*a person*	**qui**
	a thing	**qu'est-ce qui**
a direct object	*a person*	**qui** (+ **est-ce que** or inversion)
	a thing	**que** (+ **est-ce que** or inversion)
an object of a preposition	*a person*	preposition + **qui** (+ **est-ce que** or inversion)
	a thing	preposition + **quoi** (+ **est-ce que** or inversion)

Transformation. These follow the sequence of the **Tableau récapitulatif.** **1.** Je préfère la vie en ville. → Qui préfère la vie en ville? Solange préfère la vie à la campagne./Georges déteste travailler dans les champs. **2.** Les disques coûtent très cher. → Qu'est-ce qui coûte très cher? Les cassettes coûtent très cher./Les tracteurs coûtent très cher.

NOUS TOUS

3. J'ai rencontré Gisèle à la fête. → Qui est-ce que vous avez rencontré à la fête? J'ai invité Serge à la fête./J'ai invité Monique à la fête.   4. Je cherche mes clés. → Qu'est-ce que tu cherches? J'écoute un disque compact./ Gérard achète un appareil-photo japonais.   5. Je téléphone à ma grand-mère. → À qui est-ce que tu téléphones? Je pense à mes amis./Georges parle à sa grand-mère. 6. J'ai envie d'une glace. → De quoi est-ce que tu as envie? J'ai envie d'une bicyclette française./Caroline a peur des chiens.

Préparation

ST 21

A. La fête foraine.   Stéphanie spent the evening at the fair with her friends. Her sister couldn't go and wants to know all about it. Listen to her sister's questions, and write the letter of the appropriate answer.

MODÈLE   Qui est allé à la fête foraine?
a. Yvonne et Madeleine.
b. Hier soir.

1. a. Les vignes.
   b. Charles.
2. a. On travaille dur.
   b. Des vacances.
3. a. Des frites.
   b. Les distractions.

4. a. Deux cocas.
   b. Nos voisins.
5. a. Pour toi.
   b. Sans doute.
6. a. J'ai sommeil!
   b. Comme d'habitude.

1. b
2. b
3. a
4. a
5. a
6. a

B. À l'aéroport.   Monsieur and Madame Durand are on the phone explaining to a friend that their son, Jean-Paul, is coming home from college for a visit. The phone connection is very bad, so the friend has to ask them many questions. Ask the friend's questions, replacing the underlined words with the appropriate interrogative pronoun.   The sentences follow the sequence of the **Tableau récapitulatif**.

MODÈLE   Jean-Paul va passer ses vacances à la maison.
Qui va passer ses vacances à la maison?

1. Jean-Paul arrive à 16 h.
2. Son avion arrive à 16 h.
3. Nous allons chercher Jean-Paul à l'aéroport.
4. Après, nous allons chercher ses valises.
5. Nous parlons de notre fils Jean-Paul.
6. Nous parlons de son voyage.

1. Qui arrive?
2. Qu'est-ce qui arrive?
3. Qui allez-vous chercher?/Qui est-ce que vous allez chercher?
4. Qu'allez-vous chercher?/Qu'est-ce que vous allez chercher?
5. De qui parlez-vous?
6. De quoi parlez-vous?

C. Hier soir.   Charles went to the fair last night with some friends, and today his brother is asking questions about the evening. What questions would his brother ask to find out the following information?   These questions follow the sequence of the **Tableau récapitulatif**.

MODÈLE   Who bought the tickets?
Qui a acheté les billets?

1. Who decided to go to the fair?
2. What gave him the idea?
3. Whom did he meet at the fair?
4. What did he buy?
5. To whom did he talk?
6. What did they talk about?

1. Qui a décidé d'aller à la fête foraine?
2. Qu'est-ce qui lui a donné cette idée?
3. Qui a-t-il (Qui est-ce qu'il a) rencontré à la fête foraine?
4. Qu'a-t-il (Qu'est-ce qu'il a) acheté?
5. À qui a-t-il (À qui est-ce qu'il a) parlé?
6. De quoi ont-ils (De quoi est-ce qu'ils ont) parlé?

D. Un voyage à la campagne. Jérôme is asking Michel questions about a trip that Michel took to the country. Complete Jérôme's questions.

See Student Response Forms.

1. — ═══ as-tu voyagé?
   — J'ai voyagé avec mon ami Philippe.
2. — ═══ êtes-vous restés?
   — Nous sommes restés chez ma tante. Elle a une ferme.
3. — ═══ fait le travail à la ferme?
   — Ma tante et mon oncle font le travail.
4. — ═══ avez-vous fait pendant la journée?
   — Nous avons travaillé dans les champs.
5. — ═══ vous avez fait pour passer les soirées?
   — Nous avons bavardé ou bien nous avons joué aux cartes.
6. — ═══ avez-vous parlé?
   — Nous avons parlé de la vie à la campagne.

1. Avec qui
2. Chez qui
3. Qui
4. Qu'
5. Qu'est-ce que
6. De quoi

CULTUREL

Pendant les trente dernières années, beaucoup de jeunes gens ont quitté la campagne pour aller travailler ou étudier en ville. En fait, il y a de moins en moins de Français qui habitent dans des villages. Depuis les années cinquante, la population rurale est passée de 40 à 15 pour cent de la population totale. Aujourd'hui les fermes sont beaucoup plus grandes et beaucoup plus modernes. Mais les Français aiment revenir dans leur région ou dans leur village d'origine pendant les vacances ou même pendant les week-ends.

Communication

A. Une sortie. Ask questions about an outing that a partner had recently. It could be a trip to the country, an evening out, or perhaps a visit with friends. Use the suggestions from the columns below to form your questions, and feel free to add ideas of your own.

EXEMPLE — **Chez qui es-tu allé(e)?**
— **Je suis allé(e) chez des amis qui habitent à la campagne.**

qui	aller
de quoi	faire
avec qui	rester
chez qui	manger
qu'est-ce que	sortir
qu'est-ce qui	parler

Additional Practice. Divide students into teams and have them play a game where the members of one team supply answers and the other team has to come up with appropriate questions.

B. Qu'est-ce qu'ils demandent? Suggest questions to put in each speech bubble of these cartoon frames. Use an interrogative pronoun in each question.

EXEMPLE   **Avec qui sors-tu?**

1.
2.
3.

4.
5.
6.
7.

C. Une interview importante. You have the opportunity to interview your favorite celebrity. Write six questions that you might ask during the interview. Use an interrogative pronoun in each question.

Qui est votre écrivain préféré?

Révision et Expansion

You have now learned many different ways of asking questions: with intonation, with inversion, with question words, and with interrogative pronouns. How many different questions could you ask if a friend made the following statements to you? Use words from the list below to form your questions.

où	qui	quelle	de quoi	combien
quand	que	pourquoi	avec qui	à quelle heure

1. J'ai fait un voyage très intéressant.
2. J'ai un rendez-vous important demain.
3. J'ai téléphoné à mon oncle hier soir.
4. Je vais regarder la télé ce soir.
5. Je ne l'ai pas payé très cher.

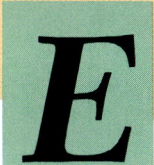# **E**XPLORATION 2

Function: *Giving more information*
Structure: *Verbs and prepositions*

Présentation

There are many verbs in French which can be followed by an infinitive. Some of these verbs are followed directly by the infinitive, while others require the preposition **à** or the preposition **de** before the infinitive.

A. The following verbs are followed directly by an infinitive.

aimer	détester	pouvoir	savoir
aller	espérer	préférer	vouloir

J'aime faire du cheval.   *I like to go horseback riding.*
Marie ne sait pas nager.   *Marie doesn't know how to swim.*
Vas-tu cueillir des fleurs?   *Are you going to pick some flowers?*

B. The following verbs require **à** before an infinitive.

aider à	commencer à	hésiter à
apprendre à	continuer à	réussir à

Elle aide son frère **à** finir ses   *She is helping her brother to*
  devoirs.   *finish his homework.*
As-tu réussi **à** vendre ta chaîne   *Did you succeed in selling your*
  stéréo?   *stereo?*
Je voudrais apprendre **à** faire   *I would like to learn to dance.*
  de la danse.

C. The following verbs require **de** before an infinitive.

choisir de	finir de	rêver de *(to dream of)*
décider de	oublier de	venir de
essayer de	refuser de *(to refuse)*	

Remind students that
venir de plus an infinitive means *to have just
done* the action express-
ed by the infinitive.

Paul rêve **d**'acheter une petite ferme.
N'oublie pas **d**'apporter ta guitare.
Ils viennent **de** finir leur travail.

Paul dreams about buying a small farm.
Don't forget to bring your guitar.
They've just finished their work.

M. CARDOT REFUSE D'ABANDONNER SON RÊVE. CE MATIN IL APPREND À CULTIVER LES CHAMPS.

Préparation

ST 22

Substitution. **1.** J'aime faire du bricolage. aller/détester/savoir/vouloir/espérer **2.** Il commence à jouer de la guitare. apprendre/continuer/réussir/hésiter **3.** Elle décide de faire de la danse. choisir/essayer/venir/rêver

A. Descriptions. Look at the following illustrations, and listen to a series of statements. Write the letter of the illustration that corresponds to each sentence you hear.

MODÈLE   Gilbert choisit de vivre à la campagne.
a

1. d
2. c
3. g
4. e
5. b
6. f

a.

b.

c.

d.

c.

f.

g.

Additional Practice. As a follow up to the listening task, have the students give an oral or written description of the actions illustrated.

B. Le cours de biologie. The science teacher gave a very difficult homework assignment last week, and some students are talking about it. Tell about each person's experience.

MODÈLE   Thomas/ne pas commencer
Thomas n'a pas commencé à le faire.

1. Je/oublier *de*
2. Thierry/essayer *de*
3. Nous/ne pas réussir *à*
4. Julie/aider Éric *à*
5. Anne/ne pas pouvoir
6. Paul et Jean/ne pas finir *de*

C. Une annonce. Danielle is reading an advertisement for drawing lessons. Complete the ad by filling in the prepositions where necessary.

Vous rêvez __1__ *d'* être célèbre? Vous voulez __2__ gagner beaucoup d'argent? Apprenez __3__ *à* dessiner à l'École moderne de dessin! Même si vous ne savez pas __4__ dessiner aujourd'hui, en moins de trois mois vous pouvez __5__ devenir dessinateur ou dessinatrice. Oui, avant la fin de l'été, vous allez __6__ commencer __7__ *à* vendre vos dessins ou vos bandes dessinées. N'hésitez pas __8__ *à* téléphoner au 44-54-33-78. Une nouvelle vie vous attend!

Contexte CULTUREL

En général, dans chaque village il y a un instituteur et une institutrice qui font la classe aux enfants. (C'est souvent un couple.) Plus tard, les jeunes sont obligés d'aller finir leurs études dans un collège d'enseignement général ou dans un lycée. Beaucoup de jeunes qui habitent à la campagne sont obligés d'être internes dans un lycée en ville, c'est-à-dire (*that is*) qu'ils passent les nuits au lycée pendant la semaine. D'autres jeunes sont demi-pensionnaires, c'est-à-dire qu'ils restent au lycée à midi, mais ils prennent l'autobus pour rentrer chez eux le soir.

Communication

A. Activités et habitudes. Find out about a partner's preferences and habits. Ask five questions, using the suggestions below. Try to use a different verb each time.

EXEMPLE **Qu'est-ce que tu aimes faire le samedi?**

vouloir		à l'école
rêver		ce week-end
espérer		le samedi
aimer	faire	l'été prochain
refuser		après tes études
hésiter		à la maison
aller		chaque matin
oublier		ce soir
ne jamais réussir		?
ne pas savoir		
?		

Enrichment. As a diary entry for this chapter, have students expand their answers to their partner's questions into a paragraph about their preferences and habits.

Rochefort-en-Terre

B. Votre semaine. Use an infinitive with each of the following verbs to write a sentence about something that you did this week.

EXEMPLE apprendre **J'ai appris à faire du cheval.**

1. refuser *de*
3. finir *de*
5. oublier *de*
2. essayer *de*
4. réussir *à*
6. commencer *à*

1. refuser **de**
2. essayer **de**
3. finir **de**
4. réussir **à**
5. oublier **de**
6. commencer **à**

C. Je voudrais bien! Choose one verb from each of the following pairs of verbs, and use that verb to tell about your own likes or dislikes. Add another sentence to explain your reaction.

EXEMPLE Je voudrais bien **passer une semaine à la campagne.**
L'air pur est très bon pour la santé.

1. Je rêve…/Je déteste…
2. J'essaie…/Je refuse…
3. Je commence…/J'hésite…
4. Je vais…/Je ne vais pas…
5. Je voudrais bien…/Je ne veux pas…

Révision et Expansion

You have learned many prepositions and how to use them in a variety of contexts. Read the descriptions of the situations pictured below, and fill in the missing prepositions.

avec   de
sous   à

Mon chat est en train de jouer ===== mon chien. Ils sont tous les deux ===== la table, comme d'habitude.

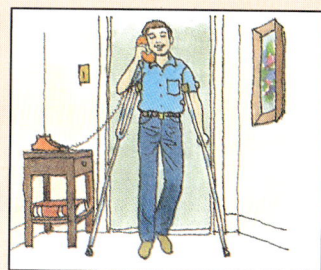

Alain n'a pas oublié ===== téléphoner ===== sa grand-mère.

d'   d'
à coté de   dans

Mon oncle vient ===== acheter la maison qui est ===== l'école.

La vache essaie ===== entrer ===== le jardin.

EXPLORATION 3

Function: *Comparing two things or people*
Structure: *The comparative*

Présentation

A. You have already learned the expressions **plus de** and **moins de**. These expressions, along with **autant de,** are used to compare nouns. Notice that **que** is used to introduce the second half of the comparison.

Thierry gagne **plus d**'argent **que** son frère.	*Thierry earns **more** money **than** his brother does.*
On gagne **moins d**'argent à la campagne **qu**'en ville.	*People earn **less** money in the country **than** in town.*
Les cultivateurs ont **autant de** problèmes **que** les gens qui travaillent en ville.	*Farmers have **as many** problems **as** people who work in town.*

B. To form the comparative of adjectives and adverbs in French, we use **plus...que, moins...que,** or **aussi...que.**

Les fermes américaines sont **plus grandes que** les fermes françaises.	*American farms are **bigger than** French farms.*
Sylvie sort **moins souvent que** sa sœur.	*Sylvie goes out **less often than** her sister.*
Yves est **aussi grand que** son père.	*Yves is **as tall as** his father.*

C. The adjective **bon** (*good*) and the adverb **bien** (*well*) each have an irregular comparative form. In English *better* is the comparative form for both the adjective and the adverb. In French, however, we must distinguish between the two.

		Comparative
Adjective	**bon**	**meilleur(e)(s)**
Adverb	**bien**	**mieux**

La glace au chocolat est **meilleure que** la glace à la vanille.
Tu dessines **mieux que** Pierre.
Solange danse **mieux que** Sophie.

*Chocolate ice cream is **better than** vanilla ice cream.*
*You draw **better than** Pierre does.*
*Solange dances **better than** Sophie.*

D. When a comparative is followed by a pronoun, an emphatic pronoun is used without a verb.

Janine est plus sérieuse que **moi**.
Elles travaillent aussi dur que **toi**.
Tu es moins paresseux que **lui**.

*Janine is more serious than **I am**.*
*They work as hard as **you do**.*
*You aren't as lazy as **he is**.*

Substitution. **1.** Lucie est plus patiente que moi. Hélène et Anne/Roger/Mon frère **2.** Janine est moins grande que toi. Serge/Ma sœur/Ses cousines/Denis et Roger **3.** Cette émission est meilleure que les autres. Ce cours/Ces films/Ce restaurant **4.** Tu travailles mieux que moi. Vous/Les autres/Jean-Luc/Mes amis **5.** Tu as autant de disques que lui. plus de/moins de

Préparation

ST 23

A. Qualité supérieure. Anne-Marie is at the village market and is asking the merchants for advice on what to buy. Listen to what they say, and write the name of the item that each one advises her to buy.

p. T34

MODÈLE   Les fraises ne sont pas aussi belles que les poires aujourd'hui.
les fraises/**les poires**

1. les haricots verts/les carottes
2. le gâteau/les croissants
3. le fromage français/le fromage suisse
4. les tomates/les petits pois
5. le bifteck/le poulet
6. les oranges/les pommes

1. les haricots verts
2. le gâteau
3. le fromage suisse
4. les petits pois
5. le poulet
6. les oranges

1. La viande est meilleure à la campagne.   **2.** Les concerts sont meilleurs dans les grandes villes.   **3.** Les théâtres sont meilleurs dans les grandes villes.   **4.** Le lait est meilleur à la campagne.   **5.** Les tomates sont meilleures à la campagne.   **6.** Les magasins sont meilleurs dans les grandes villes.   **7.** Les légumes sont meilleurs à la campagne.   **8.** Les orchestres sont meilleurs dans les grandes villes.   **9.** Les bibliothèques sont meilleures dans les grandes villes.

B. C'est meilleur!   Madame Bonnefois thinks that all food products are better in the country but that many other things are better in big cities. Tell what she says about each of these items.

> MODÈLE   les fraises
> **Les fraises sont meilleures à la campagne.**
>
> les journaux
> **Les journaux sont meilleurs dans les grandes villes.**

1. la viande   **4.** le lait   **7.** les légumes
2. les concerts   **5.** les tomates   **8.** les orchestres
3. les théâtres   **6.** les magasins   **9.** les bibliothèques

GENEVIÈVE   SIMONE

C. Comment sont-ils?   No two people are alike. Compare the people and things in the following pictures by making as many comparisons as possible, using the expressions provided.

> MODÈLE   être forte
> **Geneviève est plus forte que Simone.**
> **(Simone est moins forte que Geneviève.)**

1. M. Housserel a moins de vaches que M. Laîné. (plus de . . . que)   **2.** Sylvie travaille plus sérieusement qu'Anne. (moins . . . que)   **3.** Sandrine a les cheveux plus longs que Colette. (moins . . . que)

Colette   Sandrine

1. avoir des vaches   **2.** travailler sérieusement   **3.** avoir les cheveux longs

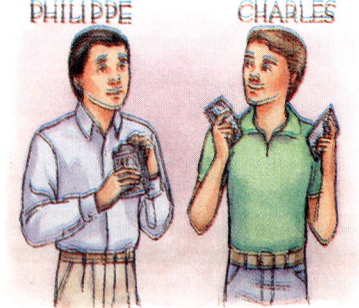

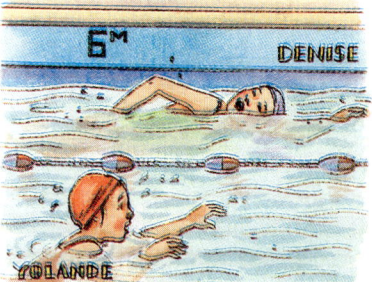

4. avoir de l'argent   **5.** être grand   **6.** nager bien

4. Philippe a plus d'argent que Charles. (moins d'. . .que)   **5.** Gilles est aussi grand que Gilbert.   **6.** Denise nage mieux que Yolande. (moins bien que)

Contexte CULTUREL

Dans beaucoup de villages, il y a des marchands (*merchants*) qui passent deux ou trois fois par semaine en camion (*by truck*) pour vendre de la viande, du poisson, des fruits et des légumes. Ces produits sont d'habitude très frais et de première qualité.

Un marché au sud de la France

Communication

A. Compétition. Think of someone who is very good in each of the categories listed below, and ask a partner if he or she is as good as that person. Your partner might answer modestly or might do some boasting.

Remind students to use an emphatic pronoun in the answer to each question.

EXEMPLE danser *Orally*
— **Est-ce que tu danses aussi bien que Patrick Swayze?**
— **Je danse mieux que lui!**

1. écrire
2. chanter
3. dessiner
4. parler français
5. jouer au tennis
6. jouer de la guitare

B. Ville ou Campagne? Which do you prefer, the country or the city? Express your opinions by comparing the country and the city versions of the following items. Feel free to add comparisons of your own. *Remind students to make the adjectives agree with the nouns.*

Answers will vary.
1. Les écoles sont meilleures
2. Le lait est plus (moins/aussi) frais   3. La vie est plus (moins/ aussi) amusante   4. Les gens sont plus (moins/aussi) pressés
5. Les légumes coûtent plus (moins/aussi) cher   6. La vie est plus (moins/aussi) difficile
7. Les voisins sont plus (moins/ aussi) sympathiques   8. Les

EXEMPLE Le pain/bon
Le pain est meilleur à la campagne.

1. Les écoles/bon
2. Le lait/frais
3. La vie/amusant
4. Les gens/pressé
5. Les légumes/cher
6. La vie/difficile
7. Les voisins/sympathique
8. Les magasins/intéressant
9. Les distractions/nombreux
10. ?

magasins sont plus (moins/aussi) intéressants   9. Les distractions sont plus (moins/aussi) nombreuses

C. Des opinions. What is your opinion about each of the following
W topics? Choose from among the words in parentheses to compare the
following people and things.

> EXEMPLE   **Les voitures américaines sont plus grandes que les
> voitures japonaises.**

1. Les voitures américaines et les voitures japonaises
   (bon, cher, joli, petit, grand, élégant)
2. Deux acteurs (ou deux actrices)
   (jouer bien, être beau/amusant/célèbre)
3. Deux chanteurs (deux chanteuses) de rock
   (chanter bien, être beau/célèbre/amusant/dynamique)
4. Ton copain (ta copine) et toi (passer du temps à la bibliothèque,
   avoir de bonnes notes, être sportif/amusant/optimiste/modeste/
   impatient)
5. Une des équipes de votre école et l'équipe d'une autre école
   (jouer bien, gagner souvent, être bon/dynamique)

Révision et Expansion

In addition to using the comparative, you know other ways of making
comparisons. You know, for example, the words **comme, même,** and
ressembler à.

- Est-ce que la vie dans une grande ville est **comme** la vie dans un petit
  village?
- Est-ce que la vie d'un avocat **ressemble à** la vie d'un cultivateur?
- Est-ce qu'ils ont les **mêmes** problèmes et les **mêmes** distractions?

Using these words or the comparative, make at least three statements
comparing city life with country life.

L'Opéra: Paris, France

Vallée du Rhone, France

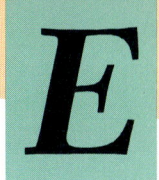

EXPLORATION 4

Function: *Talking about people already mentioned*
Structure: *Object pronouns* **me**, **te**, **nous**, **vous**

Présentation

A. You have already learned to use the third person direct object pronouns **le, la,** and **les,** and the indirect object pronouns **lui** and **leur**. The object pronouns for the first and second persons are **me, te, nous,** and **vous**. These pronouns function both as direct and as indirect objects.

Point out the structure of each of these verbs: **comprendre quelqu'un** and **parler à quelqu'un**.

Direct Object Pronouns	
Il **me** comprend.	He understands **me**.
Il **te** comprend.	He understands **you**.
Il **nous** comprend.	He understands **us**.
Il **vous** comprend.	He understands **you**.

Tell students that like **le** or **la, me** and **te** contract to **m'** and **t'** before a vowel.

Indirect Object Pronouns	
Elle **me** parle souvent.	She speaks **to me** often.
Elle **te** parle souvent.	She speaks **to you** often.
Elle **nous** parle souvent.	She speaks **to us** often.
Elle **vous** parle souvent.	She speaks **to you** often.

Have students repeat these sentences.

B. Like other object pronouns, **me, te, nous,** and **vous** are placed directly before the conjugated verb or before the infinitive.

Affirmative	Elle **m'**aide souvent. Il **nous** achète du pain frais chaque matin.
Negative	Je ne **te** comprends pas. Annick ne **me** téléphone jamais.
Passé composé	Mon père **nous** a acheté ces disques. Je ne **vous** ai pas comprise.
With an infinitive	Est-ce que je peux **te** voir ce soir? Rose ne va pas **nous** aider.

Option. Point out to students that past participles agree with the first and second person object pronouns when they are direct objects, as in the second example under **passé composé,** but not when they are indirect objects, as in the first example.

Substitution. 1. Elle me parle. comprendre/attendre/aider/aimer 2. Il ne te parle pas. attendre/aimer/comprendre/répondre/écouter 3. Elle nous a écoutés. compris/aidés/regardés/attendus 4. Elle ne vous a pas compris. attendre/regardér/aidér/écouter 5. Il va me téléphoner. attendre/parler/aider/répondre 6. Elle ne va pas te comprendre. écouter/aider/répondre/attendre

Préparation

ST 24

A. Le matin à la ferme. Mme Deschamps is trying to get everyone in her family organized for the day. Listen to what she says. If she is talking to her husband Henri, write **son mari** (*her husband*). If she is talking to her two children, Nicole and Patrick, write **ses enfants.**

MODÈLE   Je ne t'ai pas bien entendu.

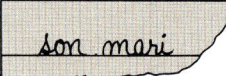
son mari

1. ses enfants
2. son mari
3. son mari
4. ses enfants
5. son mari
6. ses enfants
7. son mari

B. Mais si! Denis is having an argument with his girl friend. With a partner, play the roles of Denis and Janine.

MODÈLE   JANINE   **Tu ne me parles jamais.**
           DENIS   **Mais si, je te parle tout le temps.**

1. DENIS   Tu ne m'écoutes jamais.
2. DENIS   Tu ne m'aides jamais à faire mes devoirs.
3. JANINE   Tu ne m'envoies jamais de fleurs.
4. JANINE   Tu ne me téléphones jamais.
5. DENIS   Tu ne m'écris jamais de poèmes.
6. JANINE   Tu ne m'aimes plus!

Make sure that students say **des fleurs** in answering number 3 and **des poèmes** in number 5. In item 6, remind students that **encore** is the opposite of **ne. . .plus.**

1. JANINE   je t'écoute
2. JANINE   je t'aide
3. DENIS   je t'envoie
4. DENIS   je te téléphone
5. JANINE   je t'écris
6. DENIS   je t'aime encore

C. Retour en Belgique. Gilles is an exchange student who has just returned to Belgium from the United States. His friends are asking him about his experiences. How does Gilles answer their questions?

MODÈLE   — Est-ce que tu vas nous raconter ton voyage?
           — **Oui, je vais vous raconter mon voyage!**

1. Est-ce que tu vas nous montrer tes photos?
2. Est-ce que tu vas nous parler de la vie en Amérique?
3. Est-ce que tu vas nous donner des timbres américains?

1. Je vais vous montrer mes photos.
2. Je vais vous parler
3. Je vais vous donner

4. Est-ce que tu vas nous chanter des chansons américaines?
5. Est-ce que tu vas nous parler de la musique américaine?
6. Est-ce que tu vas nous préparer un repas américain typique?

4. Je vais vous chanter
5. Je vais vous parler
6. Je vais vous préparer

D. Une journée à la ferme. Dominique spent the day at her friend Anne's farm, and they went for a long bicycle ride in the country. She is telling her family about the day. Use the following cues and illustrations to tell what Dominique says.

MODÈLE **Anne m'a montré leurs vignes.**

1. m'a donné
2. m'ont montré
3. m'a aidé
4. m'a encouragé
5. m'a préparé

Anne/montrer leurs vignes

1. Sa mère/donner des fruits et des légumes

2. Elles/montrer leurs champs

3. M. Castaigne/aider à faire du cheval

4. Sa mère/encourager

5. La sœur d'Anne/préparer des sandwichs

Additional Practice. Have students tell the events of the day as though they were Anne.

E. Le prof de français. French class has just started, and Mme Lafitte is talking to her students. Complete what they say with the correct pronouns.

See Student Response Forms.

> MODÈLE — Julie, vous pouvez **me** donner vos devoirs maintenant?
> — Excusez-moi, Madame, je ne les ai pas encore finis.

1. — Daniel, est-ce que Suzanne vous a donné les devoirs d'hier?
— Non, Madame, elle ne ===== a pas donné les devoirs.
2. — Marc et Chantal, est-ce que je vous ai parlé de l'examen?
— Non, vous ne ===== avez pas encore parlé de l'examen.
3. — Yves et Nicole, est-ce que vous me comprenez?
— Oui, nous ===== comprenons, Madame.
4. — Madame, est-ce que je peux ===== aider?
— Merci, Jean-Marc, c'est très gentil.
5. — Philippe, est-ce que je ===== ai rendu votre examen?
— Oui, Madame, vous ===== avez rendu l'examen hier.

1. m'
2. nous
3. vous
4. vous
5. vous / m'

Contexte CULTUREL

Vous voulez savoir si votre petit(e) ami(e) vous aime? C'est facile! Prenez une marguerite (*daisy*) et enlevez (*remove*) les pétales un à un. Répétez les phrases suivantes dans l'ordre indiqué. Le dernier pétale va vous donner la réponse.

Il (Elle) m'aime…

un peu

beaucoup

passionnément

à la folie (*madly*)

pas du tout

Communication

A. **Un service.** You have asked a friend to do you a favor, but your friend is hesitant. Use the following verbs to tell your friend all the things that you will do for him(her) if he(she) agrees.

> EXEMPLE montrer
> **Je vais te montrer ma nouvelle affiche.**

1. acheter
2. préparer
3. donner
4. prêter
5. aider
6. inviter
7. téléphoner
8. ?

B. **Les autres.** Answer the following questions about your relationships with others.

1. Est-ce que vos meilleurs amis vous comprennent toujours?
2. Est-ce que vos parents ou vos amis vous aident de temps en temps à faire vos devoirs?
3. Est-ce que vos professeurs vous donnent trop de devoirs à faire pendant le week-end?
4. Est-ce que vos professeurs vous aident quand vous ne comprenez pas?
5. Est-ce que vos amis vous téléphonent souvent?
6. Est-ce que vos amis vous attendent toujours quand vous arrivez en retard à un rendez-vous?

Variation. Students can also use the questions in Activity B to interview a classmate. In this case, remind students to use the "familiar" form of address.

C. **L'amitié.** How were you treated this week by the people you know? Use at least six of the verbs below, or other verbs that you know, to tell what people did for you (or didn't do for you) this week.

> EXEMPLE téléphoner
> **Ma meilleure amie m'a téléphoné pour m'inviter à une boum.**

1. aider
2. embêter
3. montrer
4. acheter
5. inviter
6. écouter
7. attendre
8. préparer
9. ?

D. **L'ami(e) idéal(e).** Write five sentences describing how you think an ideal friend would treat you. Use object pronouns in your sentences.

> EXEMPLE

Il me parle quand je suis triste.

E. Le grand prix des profs. Your school is offering an Outstanding Teacher award. Discuss with a partner which teacher you would like to nominate, using at least five of the suggested verbs to explain your choice.

> EXEMPLE   écouter
> **Je propose Monsieur Robert. Il nous écoute quand nous lui demandons quelque chose. Il...**

aider   rendre
parler   attendre
répondre   prêter
donner

Révision et Expansion   See Student Response Forms.

You have now learned to use all the object pronouns in French. Note that only in the third person (*him, her, it, them*) are there different pronouns for direct and indirect objects.

Direct Objects	*Indirect Objects*	*Either Direct or Indirect Objects*
le l' la les	lui leur	me nous te vous

Paul and his best friend Antoine are discussing Paul's relationship with Virginie. Complete Paul's answers to Antoine's questions using the appropriate object pronouns.

ANTOINE	Tu aimes Virginie?
PAUL	Oui, ═════. *je l'aime*
ANTOINE	Tu téléphones à Virginie de temps en temps?
PAUL	Oui, ═════. *je lui téléphone*
ANTOINE	Et elle, est-ce qu'elle te téléphone souvent?
PAUL	Non, ═════. *elle ne me téléphone pas souvent*
ANTOINE	Est-ce que tu as parlé à ses parents?
PAUL	Oui, ═════. *je leur ai parlé*
ANTOINE	Tu donnes quelquefois des fleurs à Virginie?
PAUL	Oui, ═════. *je lui donne*
ANTOINE	Et elle, est-ce qu'elle te donne quelquefois des cadeaux?
PAUL	Non, ═════. *elle ne me donne jamais de cadeaux*
ANTOINE	Est-ce que Virginie t'aime?
PAUL	Non, ═════. *elle ne m'aime pas*

PERSPECTIVES

Lecture

ST 25

Différents Points de vue

Prereading question. What are the two points of view?

C'est la fin de l'été. Florence est en train d'aider ses parents dans les champs. C'est la moisson, et tout le monde est obligé de travailler du matin au soir. Il fait chaud, le travail est dur et Florence est fatiguée et mécontente. Elle pense à ses cousines qui habitent à Paris et elle les envie. Florence est certaine que ses cousines sont plus heureuses qu'elle. Elle rêve de pouvoir quitter son village pour aller vivre dans une grande ville.

Florence entend une moto qui avance très lentement dans un nuage de poussière. Elle pense que c'est rare de voir un étranger sur cette petite route. Mais son travail l'attend et elle ne peut pas passer son temps à rêver.

Le jeune homme sur la moto s'appelle Jean-Luc. Il cherche la ferme qu'il appelle* encore la ferme de ses grands-parents. Ils ont été obligés

---

* **Appeler** is a spelling-change verb: **j'appelle, tu appelles, il/elle appelle, nous appelons, vous appelez, ils/elles appellent.** Passé composé: **j'ai appelé.**

de la vendre il y a longtemps pour aller gagner leur vie en ville, et c'est dans la ville que Jean-Luc a grandi. En fait, Jean-Luc n'est même pas très sûr de pouvoir retrouver cette ferme. Ses souvenirs sont des souvenirs d'enfance.

Même si Jean-Luc ne retrouve pas la ferme, il retrouve aujourd'hui la source de ses souvenirs: le paysage tranquille, les champs, l'air pur et les animaux. Jean-Luc travaille dans un bureau et il sait qu'il a une vie agréable. Mais quand il passe sur la petite route, il est quand même un peu jaloux de Florence qui travaille dehors, au soleil, au rythme des saisons. Jean-Luc est certain qu'elle est plus heureuse que lui. Il rêve de pouvoir quitter la grande ville pour aller vivre à la campagne.

Vocabulaire à noter

appeler to call	**jaloux, jalouse** jealous
dehors outside	**mécontent** unhappy
en fait in fact	**la moisson** harvest time
l'enfance (*f*) childhood	**le point de vue** point of view
envier to envy	**la poussière** dust
l'étranger (*m*) stranger	**retrouver** to find again
gagner sa vie to earn one's living	**le rythme** rhythm
grandir to grow up	**la source** source
il y a longtemps a long time ago	**le souvenir** memory

Compréhension

Based on **Différents Points de vue**, correct each of the following statements.

1. Florence travaille dans un bureau.
2. C'est le printemps, et il faut cultiver les champs.
3. Florence est très contente.
4. Florence pense qu'elle est plus heureuse que ses cousines.
5. Elle rêve de pouvoir acheter une petite ferme.
6. Florence entend une voiture qui passe sur la route.
7. Les grands-parents de Jean-Luc vont vendre leur ferme.
8. Jean-Luc pense que Florence n'a pas de chance parce qu'elle est obligée de travailler dehors.

1. Florence travaille dans les champs.
2. C'est la fin de l'été. C'est la moisson.
3. Florence est mécontente.
4. Florence pense que ses cousines sont plus heureuses qu'elle.
5. Elle rêve d'aller vivre dans une grande ville.
6. Florence entend une moto qui avance sur la route.
7. Les grands-parents de Jean-Luc ont vendu leur ferme il y a longtemps.
8. Jean-Luc pense que Florence a de la chance parce qu'elle travaille dehors.

Communication

A. La vie au village. Use the vocabulary and expressions you have been learning to describe this village scene. Make your description colorful by adding as many details as possible.

> EXEMPLE **Il y a un cultivateur sur son tracteur. Il va...**

B. Une journée typique. Imagine you have a cousin who lives on a **W** farm and another cousin who lives in a big city, and both are visiting at your house. Write a dialogue between your two cousins in which they discuss the advantages and disadvantages of life on a farm.

> —Moi, j'ai besoin des distractions de la grande ville.
> —Pas moi! Moi, j'aime bien travailler dehors...

C. Je m'ennuie ici. Georges and his wife Annick are spending the summer helping out on a farm that belongs to Annick's parents. Georges is not thrilled by his introduction to life on a farm. Complete their conversation by adding the missing words. Use each word just once.

See Student Response Forms.

à	mieux	voisins	poussière
de	dehors	moisson	point de vue
plus	journée	bavarder	qu'est-ce qui
quoi	meilleurs	mécontent	pas grand-chose

ANNICK Georges, à __1__ penses-tu? __2__ ne va pas?

GEORGES Je ne sais pas pourquoi tu as décidé __3__ passer l'été ici, Annick! Je déteste cette vie à la campagne! Je passe toute la __4__ à travailler dans les champs, et on passe chaque soirée à __5__ avec les __6__. Même pendant le week-end, il n'y a __7__ à faire. On n'a même pas appris __8__ monter à cheval! À cause de toute la __9__ qu'il y a dans l'air, on ne peut même pas respirer!

ANNICK Mais Georges, tu sais que c'est la fin de l'été et que la __10__ arrive. On va être obligés de travailler encore __11__ dur! Tu n'aimes pas être __12__, au soleil? Nos repas sont __13__ ici que chez nous, et on dort __14__ aussi.

GEORGES Écoute, Annick, on n'a pas le même __15__, c'est tout. Moi, je suis fatigué et __16__. Je veux retourner en ville!

1. quoi
2. Qu'est-ce qui
3. de
4. journée
5. bavarder
6. voisins
7. pas grand-chose
8. à
9. poussière
10. moisson
11. plus
12. dehors
13. meilleurs
14. mieux
15. point de vue
16. mécontent

ST 26

D. Points de vue. Georges and Laurent, who both live in a small farming community, are talking about what they plan to do after high school. Listen to their conversation, and write the missing words.

See Student Response Forms.

LAURENT __1__ tu comptes faire après tes études, Georges?

GEORGES Moi, j'__2__ aller habiter dans une grande ville. Comme toi, j'ai passé mon __3__ ici, et maintenant je __4__ quitter ce __5__ pour les __6__ de la ville. On peut __7__ beaucoup __8__ dans les villes qu'à la campagne. Et toi, Laurent?

LAURENT Moi, je vais __9__ rester ici et devenir __10__.

GEORGES Pourquoi? La vie à la ferme est beaucoup __11__ dure __12__ la vie dans une ville.

LAURENT Je suis d'accord avec toi, mais j'aime bien les __13__ et les __14__.

GEORGES Vraiment, je ne __15__ comprends pas.

LAURENT Tu ne __16__ comprends pas? Écoute, ce n'est pas compliqué. Je ne suis pas __17__ ici. J'aime bien travailler __18__ et j'aime aussi les __19__ entre les __20__.

1. Qu'est-ce que
2. ai décidé d'
3. enfance
4. rêve de
5. village
6. distractions
7. gagner
8. plus d'argent
9. sans doute
10. cultivateur
11. plus
12. que
13. champs
14. vignes
15. te
16. me
17. mécontent
18. dehors
19. rapports chaleureux
20. voisins

E. À l'épicerie. Madame Cardot is at the grocery store. Listen to the conversation she has with Monsieur Tanneur, and then answer the following questions.

1. Pourquoi M. Cardot n'a-t-il pas pu venir à l'épicerie?

2. Qui aide Mme Cardot avec la moisson?

3. Qu'est-ce que Georges compte faire l'année prochaine?

4. Quelle profession a-t-il choisie?

5. Quand est-ce qu'il a fait ce choix?

6. Pourquoi M. Tanneur pense-t-il que c'est dommage?

1. Il est encore malade.
2. son fils, Georges
3. Il compte faire des études à l'université.
4. la profession d'ingénieur
5. il y a longtemps
6. Parce qu'il y a de moins en moins de jeunes qui choisissent de rester à la campagne.

Prononciation

An important part of learning to pronounce French is learning to pronounce the vowels correctly. As you pronounce the following words, keep each vowel short and clipped.

/i/	midi	actif	chimie	Sylvie
/y/	tu	du	sur	lune
/u/	tout	pour	roux	coûte
/o/	dos	eau	faux	lavabo
/ɔ/	dort	bonne	notre	Georges
/ø/	deux	sérieuse	œufs	peu
/œ/	sœur	jeune	feuilleton	meuble
/a/	ami	animal	rare	avoir
/e/	télé	chez	été	décidé
/ɛ/	rêve	mère	aide	espagnol

Suggestion. After practicing these words, review which letters or letter combinations are associated with each vowel sound.

Remind students to imitate intonation as well as pronunciation when repeating the sentences in each **Prononciation** section.

Now repeat the following sentences, paying close attention to the way you pronounce the vowels.

1. Ma sœur adore la vie à la campagne.

2. Elle aime donner à manger aux chevaux.

3. Mais elle préfère les poules et les canards.

4. Elle aime aussi cueillir des fleurs au jardin.

5. Aujourd'hui, elle m'a donné une rose et deux jolies tulipes.

*I*NTÉGRATION

Here is an opportunity to see how well you can use your French in a variety of situations. If you have trouble with any of these items, study the topic and practice the activities again, or ask your teacher for help.

Écoutez bien

ST 29

A. Un point de vue. Jean-Louis is telling about his summer vacation. Listen to what he says, and then answer the following questions.

1. Combien de temps est-ce que Jean-Louis a passé à la campagne cet été?
2. Pourquoi est-ce que ses parents pensent que c'est une bonne idée d'envoyer Jean-Louis à la campagne?
3. Qu'est-ce qui peut être agréable à la campagne?
4. Est-ce que Jean-Louis fait beaucoup d'exercice quand il est à la campagne? Pourquoi?
5. Quels animaux est-ce qu'il préfère? Pourquoi?
6. Qu'est-ce que Jean-Louis va essayer de faire l'an prochain?

1. trois semaines
2. Ils pensent que l'exercice physique et l'air pur son bons pour sa santé.
3. Un pique-nique à la campagne peut être très agréable.
4. Non./Parce qu'il n'y a pas grand-chose à faire.
5. Il préfère les cochons parce qu'ils sont beaucoup plus intelligents que les vaches.
6. Il va essayer d'expliquer son point de vue à ses parents.

Des vignes: Provence, France

La moisson du maïs: Briscous, France

Lisez un peu

A. Une nouvelle vie. Martine, who has just finished her studies to be a veterinarian, is doing an internship in the village of Serviers. Read the letter she wrote to a friend, and then correct each of the sentences that follow.

Chère Délia,

Depuis que je suis ici, j'ai rarement le temps d'écrire des lettres. Mais aujourd'hui je vais profiter d'une heure libre pour te raconter un peu ma nouvelle vie.

Je suis la première vétérinaire à travailler ici dans le village depuis quelques années, et il y a toujours énormément de travail à faire. Mais je commence à aimer ce petit village. Les gens sont très chaleureux, et d'habitude je passe une partie de la soirée à bavarder avec mes voisins. C'est vrai qu'il y a de moins en moins de jeunes dans le village et pas beaucoup de distractions, mais j'apprends à apprécier ce nouveau rythme de vie. C'est une vie moins compliquée que la vie d'une étudiante!

En fait, j'ai rencontré un très gentil garçon qui s'appelle Denis. C'est le fils d'un cultivateur de la région. De temps en temps on fait un tour à bicyclette ensemble.

Et toi, Délia? Comment vont tes études? Qu'est-ce que tu fais pendant les week-ends? Avec qui passes-tu ton temps libre maintenant que je suis partie? J'espère que tu vas m'envoyer de tes nouvelles très bientôt.

> Amitiés,
> Martine

1. Martine a beaucoup de temps libre.
2. Les gens du village ne sont pas très sympathiques.
3. Il y a beaucoup de jeunes dans le village.
4. Martine n'aime pas beaucoup le nouveau rythme de vie.
5. Denis est le fils d'un vétérinaire.
6. De temps en temps, Martine et Denis font du jogging ensemble.

1. Martine a rarement du temps libre.
2. Les gens du village sont très chaleureux.
3. Il y a de moins en moins de jeunes dans le village.
4. Martine apprend à l'apprécier.
5. Denis est le fils d'un cultivateur.
6. Ils font un tour à bicyclette ensemble.

Écrivez

A. La fête foraine.   The fair is coming to town, and Jean-Jacques is hoping to go with a date. He invites Laure, but she refuses. Then he starts to think about Jacqueline. Build the story by inventing an ending to each of the sentences below, and then invent a conclusion of your own. Remember that some verbs require a preposition before a following infinitive.

> EXEMPLE   Jean-Jacques espère…
> **Jean-Jacques espère aller à la fête foraine avec une jeune fille.**

1. Jean-Jacques veut…
2. Mais quand il téléphone à Laure, elle refuse…
3. Jean-Jacques est mécontent. Alors, il commence…
4. En fait, il trouve que Jacqueline est plus gentille que Laure. Mais il hésite…
5. Le lendemain il décide…
6. ?

Answers will vary.
1. inviter Laure
2. d'accepter son invitation
3. à penser à Jacqueline
4. à l'inviter
5. de lui téléphoner

B. Plus ou Moins?   Make two comparisons with each of the following choices.

> EXEMPLE   le football/le base-ball
> **Le football est plus dangereux que le base-ball.**
> **Le base-ball est aussi populaire que le football.**

1. les chats/les chiens
2. les cochons/les vaches
3. le chocolat/le fromage
4. les légumes/les desserts
5. les cultivateurs/les ingénieurs

C. Le progrès. Imagine that you are reassuring your boyfriend or girlfriend that he or she is an improvement over your last flame. Use the following suggestions, and add ideas of your own. Try to use comparative forms and object pronouns in your sentences.

EXEMPLE **Tu me comprends mieux que lui (qu'elle).**

parler
écouter
comprendre
intéressant
romantique
intelligent
gagner de l'argent
trouver beau (belle)

D. Une invitation. You live in the country, and you are trying to convince a cousin who lives in the city to spend a week with you. Write a convincing letter about how much fun he or she would have.

Cher François...

Parlons ensemble

Work with a partner or partners, and create dialogues using the situations below. Whenever appropriate, switch roles and practice a different part of your dialogue.

Situations

A. Une journée ennuyeuse. You are visiting a friend who lives in the country. You and your friend are bored today and are trying to think of something to do. You keep making suggestions, but your friend doesn't want to do anything that you suggest.

B. Un séjour à la campagne. Your partner is a friend who has just spent a week on a farm. Ask your friend questions about the trip. Find out as many details as possible, such as whether your friend enjoyed the experience and why.

VOCABULAIRE

NOUNS RELATED TO FARMS

l' **arbre fruitier** (m)   fruit tree
le **blé**   wheat
le **canard**   duck
les **céréales** (f)   grains
le **champ**   field
le **cheval**   horse
le **cochon**   pig
le **cultivateur**   farmer
la **ferme**   farm
le **maïs**   corn
la **moisson**   harvest
le **mouton**   sheep
la **poule**   hen
le **tracteur**   tractor
la **vache**   cow
les **vignes** (f)   vineyards

OTHER NOUNS

l' **air** (m)   air
l' **avantage** (m)   advantage
le **cri**   cry
le **demi-pensionnaire, la demi-pensionnaire**   day student
le **désavantage**   disadvantage
la **distraction**   amusement
l' **enfance** (f)   childhood
l' **étranger** (m), l'**étrangère** (f)   stranger
la **fête foraine**   fair
l' **interne** (m/f)   boarder
la **journée**   day
l' **occupation** (f)   occupation, activity

le **point de vue**   point of view
la **poussière**   dust
le **rapport**   relationship
le **rythme**   rhythm
la **soirée**   evening
la **source**   source
le **souvenir**   memory
le **voisin**   neighbor

ADJECTIVES

certains   some, certain
chaleureux   warm
frais (m), **fraîche** (f)   fresh
jaloux (m), **jalouse** (f)   jealous
mécontent   unhappy
meilleur   better
occupé   busy
pur   pure
rare   rare

VERBS AND VERBAL EXPRESSIONS

appeler   to call
bavarder   to chat
cueillir   to pick
cultiver   to cultivate, to farm
donner à manger à   to feed
élever   to raise
envier   to envy
faire du cheval   to go horseback riding
gagner de l'argent   to earn money
gagner sa vie   to earn one's living

grandir   to grow up
hésiter (à)   to hesitate
identifier   to identify
planter   to plant
récolter   to harvest
refuser (de)   to refuse
respirer   to breathe
retourner   to return
retrouver   to find again
rêver (de)   to dream (of, about)
vivre   to live

OTHER EXPRESSIONS

à part   other than
aussi...que   as...as
comme d'habitude   as usual
dehors   outside
de moins en moins   less and less, fewer and fewer
en fait   in fact
il y a longtemps   a long time ago
le pour et le contre   pros and cons
mieux   better
moins...que   less...than
plus...que   more...than
sans doute   no doubt

Note: For interrogative pronouns, see **Exploration 1**. For first and second person object pronouns see **Exploration 4**.

Le Bien-être

Gazette

- Use What You Already Know
- Look for Cognates
- Skim to Get the Gist
- Use Context to Derive Meaning
- Scan the Text for Specific Details
- Use Nonlinguistic Information
- Preview for Content and Organization
- Preview for the Author's Purpose
- Set Reading Goals
- Combine Reading Strategies With Note-taking Skills

Reading Hint. Always preview your reading selections before you begin reading. As you look over the text, ask yourself what genre the text belongs to (poetry, prose narrative, news article, advertisement); ask yourself what you know about the topic and what you can expect from the text. Use nonlinguistic clues, such as the layout of the text, colors, charts, photographs, and titles to help you put the selection into context.

LA FORME EN SIX SPORTS

Trois secteurs-clés conditionnent la forme physique: le système coronarien, le souffle, les muscles. Si on s'y livre avec un enthousiasme bien contrôlé, le sport permet de les tenir en bon état. Mais lequel choisir?

Saut à la corde: à partir de 40 ans, ça secoue un peu trop le cœur si on ne s'astreint pas à un rythme régulier, en se ménageant des répits (le souffle et le pouls vous renseigneront). Travaillez en souplesse et non en force (pour le bien des cartilages de vos articulations et pour les oreilles de votre voisin du dessous). Deux minutes à la sauvette, ça ne sert à rien: sautez un quart d'heure trois fois par semaine.

Vélo d'appartement: bon pour les muscles des jambes, le cœur bien sûr et le souffle (il faut apprendre à doser l'effort, il y a des compteurs pour ça sur l'appareil qui vous aideront à vous régler sur votre compteur à vous, le pouls). On peut commencer tard, et petitement, pour atteindre l'objectif raisonnable de trois fois vingt minutes par semaine.

Mouvements de gymnastique: c'est suffisant pour la souplesse, mais trop mou pour les muscles (ou alors il faudrait forcer à en faire trembler la maison). Disons que c'est bon pour le moral: on sait qu'on fait quelque chose pour son corps.

Since the objective of the **Gazettes** is to teach reading skills such as inferring meaning from context and recognizing cognates, unfamiliar words contained in the reading selections do not appear in the **Vocabulaire francais-anglais**.

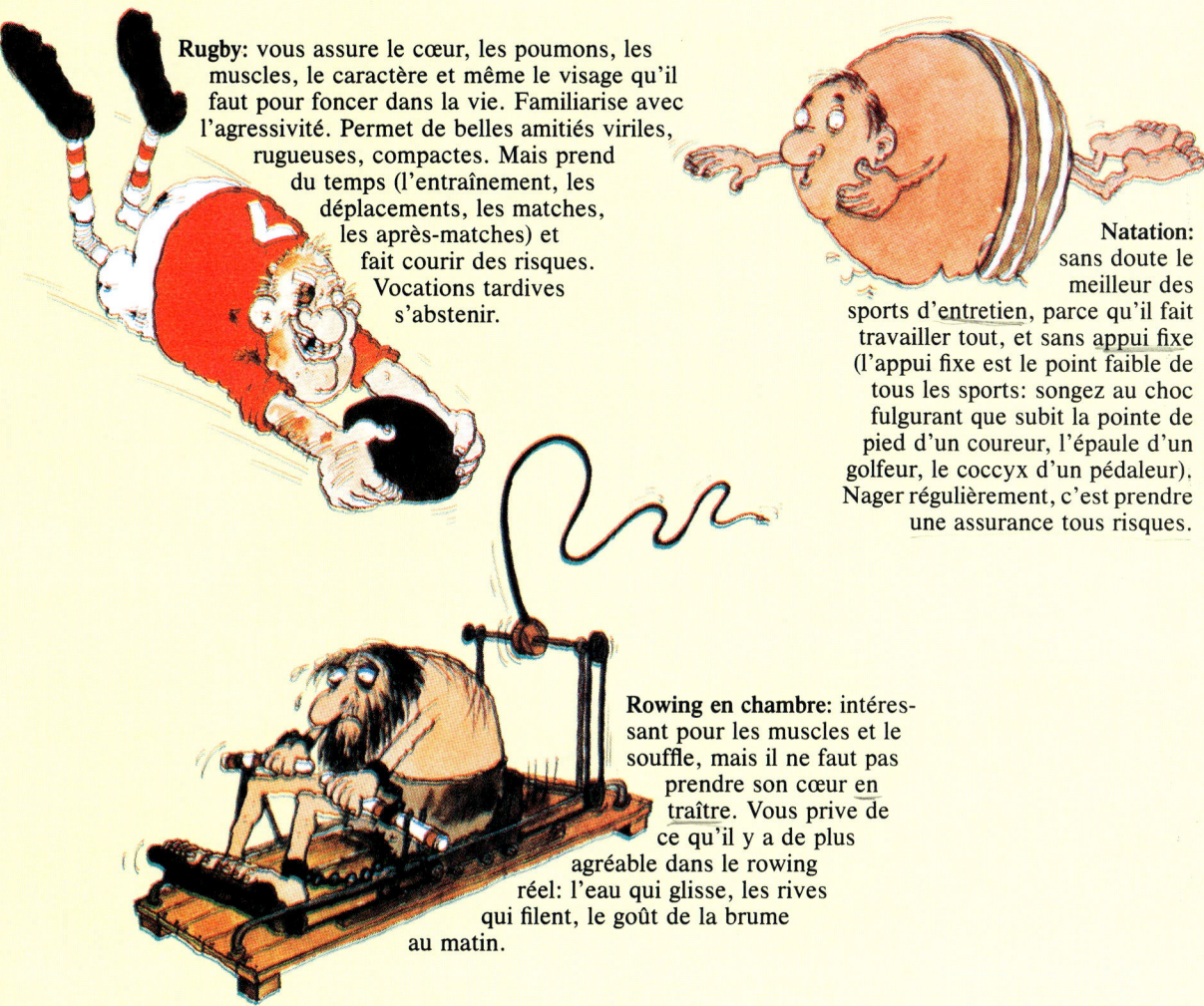

Rugby: vous assure le cœur, les poumons, les muscles, le caractère et même le visage qu'il faut pour foncer dans la vie. Familiarise avec l'agressivité. Permet de belles amitiés viriles, rugueuses, compactes. Mais prend du temps (l'entraînement, les déplacements, les matches, les après-matches) et fait courir des risques. Vocations tardives s'abstenir.

Natation: sans doute le meilleur des sports d'entretien, parce qu'il fait travailler tout, et sans appui fixe (l'appui fixe est le point faible de tous les sports: songez au choc fulgurant que subit la pointe de pied d'un coureur, l'épaule d'un golfeur, le coccyx d'un pédaleur). Nager régulièrement, c'est prendre une assurance tous risques.

Rowing en chambre: intéressant pour les muscles et le souffle, mais il ne faut pas prendre son cœur en traître. Vous prive de ce qu'il y a de plus agréable dans le rowing réel: l'eau qui glisse, les rives qui filent, le goût de la brume au matin.

A. Pour commencer.   Preview the article titled **La Forme en six sports,** using the tips in the Reading Hint above. Then answer the following prereading questions.

1. If a friend asked you what the article is about, what would you tell her or him? Choose a statement from the possibilities below, and provide a reason for it.

   1. b. The article mixes humorous cartoons and serious advice.

   a. You will get detailed scientific facts about physical exercises from this article.
   b. This article will give some suggestions about exercises without boring you.
   c. The illustrations in this article will show you what you'll look like if you don't follow the instructions carefully.
   d. This article will help you to select the right kind of physical exercise when you leave high school.

2. Skim over the selection once or twice, and determine the function of the article. Is it written to convince you? to persuade you to buy something? to give you advice?

2. to give advice

Reading Hint. Before you start reading, always set a goal. Is your purpose to read for general information or specific details? You can scan for facts or answers to specific questions without having to read or understand every word of the text. First decide what kind of information you want and what it might look like (dates, numbers, percentages, names of people or places, etc.). Then target your scanning accordingly.

B. **À quoi ça sert?** Read the descriptions below, then scan the text for the information you need. Write the French name of the corresponding sport next to each number.

1. This exercise is great for leg muscles and for the heart and lungs. You can start off slowly and work up to the reasonable objective of 20 minutes 3 times a week.
2. This exercise is good for flexibility but usually not difficult enough to develop muscles.
3. Have you been looking for the best all-around exercise? To do this sport regularly is like taking out an insurance policy.
4. This sport is a little rough for people over 40. You'll need at least 15 minutes, 3 times a week to benefit.
5. Your muscles and lungs get a fine work out with this exercise. But you really miss out on what could be the best part of the sport.
6. This sport gives you the heart, the lungs, the muscles, the character, and even the face you need to get ahead in life. It also teaches you to be aggressive.

1. Vélo d'appartement
2. Mouvements de gymnastique
3. Natation
4. Saut à la corde
5. Rowing en chambre
6. Rugby

C. **Vrai ou faux?** Read the following four statements about the text you have read, tell whether you agree with them, and why.

1. The irreverent illustrations and humorous descriptions of the exercises are a good combination.
2. The funny cartoons clash with the serious nature of the scientific facts presented in the text.
3. Most of the descriptions of the exercises contain some serious facts about their benefit.
4. The author's tips on how often and how long to do the exercises are completely unreasonable.

Have students support their reasons for agreeing or disagreeing with the statements by explaining their reactions or by citing specific passages.

REFUSEZ LA FATIGUE

LES FRANÇAIS
SONT DES HEROS,
MAIS ILS SONT
FATIGUES.
SELON
LES SPECIALISTES,
30% DES HOMMES
ET 60%
DES FEMMES
SONT HARASSES
A LONGUEUR
D'ANNEE.
POUR
NOUS SECOUER,
GENEVIEVE DOUCET
ET MARIE-FRANÇOISE
PADIOLEAU
ONT EPUISE
LE SUJET DANS
«L'ANTI-FATIGUE».*
GHISLAINE
ANDREANI A LU
LEUR LIVRE.
ELLE A RETENU
DES TRUCS,
DES CONSEILS,
TOUT UN
PROGRAMME.

*Editions Philippe Lebaud

LA FATIGUE AU COUP PAR COUP

Notre corps est en effet réglé comme <u>une</u> horloge, avec des pics et des creux hormonaux très bien situés dans le temps. D'où les variations de notre activité physiologique au cours de la journée. <u>La fatigue de 11 heures du matin</u>: c'est le classique coup d'hypoglycémie... Phénomène très sensible chez nous et dû à la carence quasi générale du petit déjeuner à la française (une tasse de café plus pas grand-chose). Ce coup de pompe de fin de matinée est le responsable numéro un, pour la tranche horaire 11 heures-13 heures, des sous-performances en tous genres et des accidents du travail. Remède logique: un

copieux petit déjeuner... <u>La fatigue post-prandiale</u>: nom savant des somnolences et autres inerties qui surviennent après les repas. Elle est due à la digestion, surtout lorsqu'on a trop ou mal mangé. Le remède est dans la cause même du mal: apprendre à manger juste et léger. <u>La fatigue de 17 heures</u>: hypoglycémie également. Prendre un en-cas, du café décaféiné sucré, ou un thé léger.

A. La fatigue. Preview the excerpts from the article titled **Refusez la fatigue** that appeared in the magazine *Elle*. Use the previewing hint given earlier to help you answer the following prereading questions.

1. What is the article about?
2. What do you already know about the topic?
3. What can you expect from this article?

1. fatigue and how to fight it
2. Answers will vary.
3. Answers will vary.

Reading Hint. Always cut up your reading selection into comfortable chunks. Sometimes the text is divided into sections of a size that will work for you; when it is not, make the divisions yourself. Also, it is good practice to slow down at the beginning of each paragraph since many writers start their paragraph with a main idea and follow it with supporting details.

B. Se relaxer. Skim the article, pausing from time to time to write down your general impression of each section. Proceed until you have skimmed the entire article several times. Next read the questions below, and scan the article to find the answers.

1. Who wrote the article?
2. What are the names of the authors of the book about which the article reports?
3. What percentage of French men and women suffer from chronic fatigue?
4. What remedy is suggested for post-meal-drowsiness?

C. Un devoir. Now read the entire selection closely, and answer the post-reading questions below.

1. If you had an assignment from your health teacher to give a report on basic facts about energy levels in humans, what are the three most important facts you could draw from this article?
2. Is there information in this excerpt that would cause you to change some habit or aspect of your life? Briefly explain your answer.

Reading Hint. Take advantage of cognates and word families. Cognates are words that look similar in French and English and have similar meanings. Also, look for words that belong to the same word family; these are words that have the same root. If you know the meaning of the verb **conduire** and run across the word **conducteur,** you can infer that it is the noun form of the verb **conduire** and means *driver*.

A. En avant! Preview the entire selection titled **Musclez-vous le cerveau** several times. Then decide if the following statements are true or false.

1. The text consists of
   a. word problems and other games for mental training.
   b. suggestions for memorizing and reciting poems.
   c. puzzles and games that test brain waves.
   d. games to play with small children on rainy days.
2. The selection
   a. can help you train your memory to function better.
   b. has something to do with building memory power.
   c. warns you that bad nutrition decreases brain power.
   d. invites you to increase your ability to remember.

Answer column:

1. Ghislaine Andreani
2. Geneviève Doucet and Marie-Françoise Padioleau
3. 30% of men and 60% of women suffer from chronic fatigue.
4. Learn to eat light, healthy meals.

Answers may vary.
1. Many people suffer from fatigue at regular intervals each day. Eating too little or too much can cause fatigue. Onset of fatigue is directly related to the kinds of meals we eat and when we eat them. For instance, a light snack can often reduce fatigue in the late afternoon.
2. Answers will vary.

1. a. True.
   b. False.
   c. False.
   d. False.
2. a. True.
   b. True.
   c. False.
   d. True.

MUSCLEZ-VOUS LE CERVEAU

IL Y AVAIT DEJA LE BODY-BUILDING, VOICI LE «BRAIN-BUILDING» OU CULTURISME DU CERVEAU. EN QUELQUES SEANCES, VIVACITE D'ESPRIT ET MEMOIRE REVIENNENT EN FORCE. GHISLAINE ANDREANI FAIT LE POINT ET VOUS PROPOSE QUELQUES EXERCICES.

1 LES OBJETS CACHÉS

Cet exercice évalue votre mémoire topographique. Demandez à une personne de votre entourage de se procurer quinze objets familiers, par exemple un verre, des lunettes, un livre... qu'elle va disposer en vrac sur une table. Pendant une minute vous les regardez attentivement. Puis la personne retire tous les objets de votre vue. Et c'est à vous de les retrouver de mémoire. Vous avez une minute trente secondes pour énumérer un maximum d'objets.

2 LE RÉCIT

Cet exercice évalue la mémorisation d'un récit, l'aptitude à l'analyse et à la synthèse des données auditives et verbales. Faites-vous lire la petite histoire plusieurs fois. Lorsque la personne aura terminé essayez de la lui répéter. Ensuite écrivez ce dont vous vous souvenez.

« Madame / Perrier / revient / du marché. / Elle rapporte / deux / kilos / de carottes, / un kilo / de tomates, / une dizaine / d'oranges, / trois / belles salades. / Elle est passée à la pâtisserie / pour prendre / six / éclairs / au chocolat. / Elle n'a pas eu le temps / de passer à la librairie / pour acheter un rouleau / de Scotch.»

3 LES MOTS COUPLÉS

Cet exercice évalue les performances de votre mémoire associative. Voici une série de huit couples d'objets familiers. Vous devez essayer de les mémoriser en imaginant un rapport quelconque entre les éléments du couple. Après une première lecture cachez la colonne de gauche et essayez, en regardant la colonne de droite, de retrouver les éléments correspondants. Répétez l'exercice trois fois.

lapin	bateau
pelle	pantalon
maison	pomme
seau	tasse
fleur	avion
fourchette	balance
pince à linge	voiture
livre	feuille

B. À vous de jouer. Skim each of the three sections of the text titled **Musclez-vous le cerveau** several times, stopping only to jot down words that you know. Then, read the following instructions for each activity. In each case, a slight mistake was made. Find the error, and correct it.

1. Ask someone to put fifteen everyday objects on a table; look at the objects for three minutes before your partner removes them. In one minute and thirty seconds recall as many objects as you can.
2. Ask someone to read the short text to you several times. After he or she has read it to you, wait five minutes, then repeat as much as you can back to your partner. Then write it down from memory.
3. Look at the pictures and the words under them. Cover up the right hand column and try to remember which words and pictures were associated with those you see.

1. Look at objects for **one** minute.   2. The instructions do not require one to wait 5 minutes.
3. Cover the **left** hand column.

1.

La Vie dans les grandes villes

4

In this chapter, you will talk about life in big cities. You will also learn about the following functions and structures.

1. La Défense: Paris, France
2. Le Forum des Halles: Paris, France
3. Marrakech, Maroc
4. Antananarivo, Madagascar

Functions

- getting ready for the day

- talking about yourself and what you do

- talking about driving

- expressing *most* and *least*

Structures

- reflexive verbs in the infinitive

- reflexive verbs in the present tense

- the verb **conduire** and related vocabulary

- the superlative

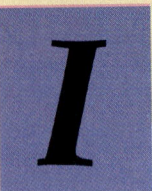

INTRODUCTION

See Teacher's Preface for reference to Student Response Forms available for this chapter. Workbooks and other ancillary materials are correlated to this chapter on the corresponding tabbed divider in your Teacher's Resource Binder. The Teacher's Preface contains abbreviated tapescripts of listening activities in the student text.

Le français en contexte

Le Centre Pompidou

ST 30

À Paris

Prereading question. Why do Céline and Antoine decide not to ask their uncle to drive them?

Céline et Antoine passent leurs vacances chez leur oncle Marcel qui habite dans la <u>banlieue</u> parisienne. Aujourd'hui ils décident d'aller <u>en ville</u>.

suburbs
into town

CÉLINE	Qu'est-ce que tu as envie de faire ce matin?	
ANTOINE	Allons au Centre Pompidou. J'ai lu dans *Pariscope* qu'il y a une <u>exposition</u> de vieilles photos. J'ai envie d'aller la voir.	*weekly schedule of events in Paris* *exhibit*
CÉLINE	Bonne idée. Mais c'est où, le Centre Pompidou? Quelle <u>ligne</u> de <u>métro</u> est-ce qu'il faut prendre?	*subway line*
ANTOINE	Voici un <u>plan</u> de Paris. Le Centre Pompidou est dans le 4e arrondissement, près de l'<u>Hôtel de Ville</u>.	*city hall of Paris*
CÉLINE	Oui, je le <u>vois</u>*. De l'<u>Étoile</u>, on peut prendre la ligne Pont de Neuilly—Château de Vincennes. À l'Hôtel de Ville, on change de ligne et on descend à la première <u>station</u>. De là,	*see/intersection where the* **Arc de Triomphe** *is located* *subway station*

Un plan is a city or subway map. Otherwise use **une carte.**

*The irregular verb **voir** (*to see*) is conjugated as follows: **je vois, tu vois, il/elle/on voit, nous voyons, vous voyez, ils/elles voient**. Passé composé: **j'ai vu.**

The city hall of large cities is called **l'hôtel de ville.** In smaller cities, it is called **la mairie.**

The **Centre Pompidou,** also called the **Musée Beaubourg,** contains the French National Museum of Modern Art.

	on continue à pied. Ce n'est pas loin.	
ANTOINE	Je ne sais pas comment tu <u>arrives</u> à lire ce plan. Je le trouve très compliqué.	succeed, manage
CÉLINE	Moi, je le trouve assez facile à lire! <u>En tout cas</u>, si tu veux, on peut demander à notre oncle de nous <u>emmener</u> en voiture.	In any case to take
ANTOINE	Tu sais bien que <u>la circulation</u> est impossible en ville. Non, le métro est la meilleure solution.	traffic

Compréhension

1. chez leur oncle Marcel 2. dans la banlieue parisienne 3. au Centre Pompidou 4. une exposition de vieilles photos/Il l'a lu dans *Pariscope*. 5. non/Il le trouve très compliqué. 6. parce que la circulation est impossible en ville

Answer these questions, based on **À Paris**.

1. Chez qui est-ce que Céline et Antoine passent leurs vacances?
2. Où est-ce que leur oncle habite?
3. Où est-ce qu'Antoine a envie d'aller aujourd'hui?
4. Qu'est-ce qu'il y a au Centre Pompidou? Comment est-ce qu'Antoine le sait?
5. Est-ce qu'Antoine arrive à lire le plan du métro? Pourquoi?
6. Pourquoi décident-ils de ne pas demander à leur oncle de les emmener en voiture?

Les mots et la vie

Les Champs-Elysées vus de l'Arc de Triomphe

Le centre-ville

Les grandes villes sont très animées. Il y a <u>du monde</u> partout et beaucoup de choses à voir!

a lot of people

un autobus

un taxi

un grand magasin

une boutique

un gratte-ciel*

un immeuble

*The noun **le/les gratte-ciel** is invariable—it has the same form in the singular and in the plural.

Bien sûr, quand on est en voiture, on peut avoir des difficultés.

Il faut trouver une
place pour garer sa
voiture dans un parking.

On est souvent pris dans
des embouteillages (*m*).

Il ne faut pas brûler
les feux rouges.

Il ne faut pas arrêter
sa voiture au milieu
d'un carrefour.

La vie dans les grandes villes: le pour et le contre

—Dans les grandes villes, on trouve toujours quelque chose à faire: il y a des musées, des théâtres et des restaurants. On peut prendre un verre à la terrasse d'un café ou bien on peut marcher dans les rues et faire du lèche-vitrines.

—Par contre, la circulation est souvent impossible, et les conducteurs sont impatients. Il faut faire la queue devant les théâtres et les cinémas ou pour prendre le métro.

ST 31

A. À mon avis.   Listen to several people comment on aspects of life in the big city. If the comment is favorable, write **pour**. If the comment is unfavorable, write **contre**.

MODÈLE   Tout est très cher dans les petites boutiques et même dans les grands magasins.

1. pour   5. contre
2. contre 6. pour
3. contre 7. contre
4. pour   8. pour

contre

B. Le code de la route. Complete the following cartoons by selecting the most appropriate caption for each speech bubble.

1. Enfin, Monsieur, n'arrêtez pas votre voiture au milieu du carrefour!
2. Mais Madame, vous ne pouvez pas garer votre voiture ici. Ce n'est pas un parking, vous savez.
3. Monsieur, vous ne pouvez pas passer. Il y a un embouteillage.
4. Eh bien, vous venez de brûler un feu rouge.
5. La circulation est impossible aujourd'hui.
6. La prochaine fois je vais prendre le métro! L'autobus n'est pas assez rapide.

1. e
2. a
3. c
4. d
5. f
6. b

a.
b.
c.

d.
e.
f.

C. Les grandes villes. Several students who are visiting a large city are talking about their observations and experiences. Complete their sentences with vocabulary you have learned.

See Student Response Forms.

1. Je n'ai pas de voiture, mais ce n'est pas un problème. Quand je veux visiter un musée ou un monument, je peux prendre un ====, un ==== ou le ====.
2. J'aime bien les grands bâtiments qu'on peut voir dans le centre-ville. J'aime regarder les ==== et les ====.
3. Je vais faire des achats ce matin. Je voudrais d'abord regarder les vêtements dans les ==== et dans les ====.
4. Je n'arrive jamais à ==== ma voiture! Je n'ai pas trouvé de ==== dans le ====. Voilà pourquoi je suis en retard.
5. Regardez! Cette voiture va ==== le ==== rouge!
6. Je n'ai pas vu le début du film parce que j'ai fait ==== devant le cinéma pendant trente minutes!

1. autobus/ taxi/métro
2. gratte-ciel/ immeubles
3. boutiques/grands magasins
4. garer/place/parking
5. brûler/feu
6. la queue

Communication

A. À vous de choisir. Would you enjoy city living? To find out, answer the following questions.

> **EXEMPLE** Préférez-vous habiter dans un grand immeuble dans le centre-ville ou dans une petite maison en banlieue?
> **Je préfère habiter dans une petite maison en banlieue parce que...**

1. Pour aller dans le centre-ville, préférez-vous prendre votre voiture ou prendre le métro?

2. Préférez-vous faire du lèche-vitrines dans les centres commerciaux ou aller regarder les vêtements dans les boutiques?

3. Préférez-vous garer votre voiture dans un parking ou chercher une place dans la rue?

4. Pendant votre temps libre, préférez-vous aller voir une exposition au musée ou aller prendre un verre avec des copains à la terrasse d'un café?

5. Quand il y a un embouteillage, est-ce que vous devenez impatient(e)?

6. Quand vous êtes obligé(e) de faire la queue, est-ce que vous êtes patient(e)?

B. Une journée à Paris. Imagine you were visiting a friend who lives in one of the suburbs of Paris. One day you decided to go into Paris to do some sight-seeing. Use the suggestions below to write a short paragraph describing what happened.

> **EXEMPLE** **Nous avons quitté l'appartement...**

quitter l'appartement (à quelle heure?)

prendre le métro

arriver à Paris (à quelle heure?)

avoir tout de suite des problèmes

descendre du métro à la mauvaise station

décider d'aller au musée à pied

faire la queue devant le musée pendant __?__ heures

décider de prendre __?__ la prochaine fois

Une bouche de métro, Paris

EXPLORATION 1

Function: *Getting ready for the day*
Structure: *Using reflexive verbs in the infinitive*

Présentation

To talk about things we do to or for ourselves, like dressing ourselves or combing our hair, we need to use reflexive verbs.

A. Reflexive verbs are verbs that are accompanied by a reflexive pronoun. The reflexive pronoun always refers to the subject of the verb. When a reflexive verb is used in the infinitive form, the reflexive pronoun comes directly before the infinitive.

se préparer	
je vais **me préparer**	nous allons **nous préparer**
tu vas **te préparer**	vous allez **vous préparer**
il/elle/on va **se préparer**	ils/elles vont **se préparer**

Notice that reflexive pronouns are identical to direct object pronouns except in the third person, where **se** is used.

Quelques phrases qu'on n'entend jamais!

Tu peux te coucher quand tu veux.

Tu n'as pas besoin de te lever; tu peux rester au lit jusqu'à midi si tu veux.

B. In most cases, reflexive verbs cannot be translated word-for-word into English. For example, the sentence **Je vais me préparer** is similar in meaning to *I'm going to get ready*. As you learn the following reflexive verbs, pay close attention to their meaning.

Point out that the dictionary listings of reflexive verbs include the pronoun **se**.

se brosser (les dents) *to brush (one's teeth)*	Ellve va **se brosser** les dents après son petit déjeuner.
se coucher *to go to bed*	L'enfant n'a pas envie de **se coucher**.
s'habiller *to get dressed*	Il sont en train de **s'habiller**.
se laver *to wash (oneself)*	Il va **se laver**.
se laver les cheveux *to wash one's hair*	Elle veut **se laver les cheveux**.
se lever *to get up*	À quelle heure est-ce que tu vas **te lever**?
se lever tôt (tard) *to get up early (late)*	Est-ce que vous aimez **vous lever tôt**?
se peigner *to comb one's hair*	Vous avez oublié de **vous peigner**.
se réveiller *to wake up*	J'aime **me réveiller** tard.

Point out that when a reflexive verb is used with a part of the body, the definite article (rather than the possessive adjective) is usually used: **se laver <u>les</u> cheveux, le brosser <u>les</u> dents**.

Option. Tell students that any verb that expresses an action that can be done to oneself can be made reflexive: **Elle va se regarder dans le miroir.**

Some related vocabulary students may be interested in knowing: **un peigne** (*a comb*), **un réveil** (*an alarm clock*), **une brosse à dents** (*a tooth brush*), **une brosse à cheveux** (*a hairbrush*), **le savon** (*soap*), **le shampooing** (*shampoo*), **se raser** (*to shave*), **se maquiller** (*to put on makeup*).

Préparation

Repetition.   Je vais me laver. Tu/Il/Elle, etc.
Substitution.   1. Je vais me coucher. Tu/Il/Vous/Serge/Mon frère   **2.** Henri n'aime pas se lever tôt. Michel et son frère/Nous/Elles/ Tu   **3.** Il préfère se réveiller tard. Elle/Tu/Nous/Vous/Je

A. Mardi Gras.   French children often wear masks and costumes for Mardi Gras in much the same way that American children do for Halloween. Everyone is anxious to know how these French children are going to dress this year. What do they ask?

Additional practice. Teach the verb **se déguiser**, and repeat Activity A for extra practice.

MODÈLE   nous
Comment est-ce que nous allons nous habiller?

1. vas t'habiller   **2.** va s'habiller   **3.** allez vous habiller   **4.** va s'habiller
1. tu   **3.** vous   **5.** je   **5.** vais m'habiller
2. Corinne   **4.** Gérard   **6.** les autres   **6.** vont s'habiller

B. Je suis pressé.   Everyone in Hélène's house is in a hurry this morning. What do they say to each other as they try to get ready.

MODÈLE   vous/se brosser les dents
Vous avez besoin de vous brosser les dents.

1. je/se peigner   **4.** Hélène/se brosser les cheveux
2. tu/se laver   **5.** ton père/se laver les cheveux
3. nous/se préparer   **6.** Christophe/s'habiller

1. J'ai besoin de me peigner.   **2.** Tu as besoin de te laver.   **3.** Nous avons besoin de nous préparer.
4. Hélène a besoin de se brosser les cheveux.   **5.** Ton père a besoin de se laver les cheveux.   **6.** Christophe

a besoin de s'habiller.

1. Je préfère me coucher tôt, tu préfères te coucher tard. 2. me lever tout de suite/te lever plus tard
3. m'habiller tout de suite/t'habiller après ton petit déjeuner 4. me peigner/te brosser les cheveux 5. me laver le soir/te laver le matin
6. me préparer dans la salle de bains/te préparer dans ta chambre

C. Des camarades. Caroline and Émilie are roommates. They are commenting about how different their living habits are. What do they say?

> MODÈLE se réveiller tôt/tard
>
> **Moi, je préfère me réveiller tôt, et toi, tu préfères te réveiller tard.**

1. se coucher tôt/tard
2. se lever tout de suite/plus tard
3. s'habiller tout de suite/après ton petit déjeuner
4. se peigner/se brosser les cheveux
5. se laver le soir/le matin
6. se préparer dans la salle de bains/dans ta chambre

ST 32

D. Une excursion à Paris. Monsieur and Madame Delaunay are visiting Paris with their children, Georges and Mireille. They are planning to visit Versailles, just outside of Paris. Listen to the questions the children ask before the trip, and write the letter of the appropriate answers.

> MODÈLE À quelle heure est-ce que nous sommes obligés de nous lever demain matin, Maman?
>
> **a**

a. Vous allez vous lever à 6 h 30.
b. Non, vous allez vous laver ce soir.
c. Elle est en train de se peigner.
d. Ils sont en train de se brosser les dents.
e. Oui, mais essayez de vous coucher avant 21 heures.
f. Oui, nous avons fini de nous préparer.
g. Oui, tu peux t'habiller comme tu veux.

E. Mon copain Pierre. What kind of person is Pierre? Complete the passage below by adding the appropriate reflexive infinitives from the list. Use each verb only once.

se coucher   se lever   s'habiller
se réveiller   se préparer   se laver

Pierre est étudiant à Genève. Il est très intelligent, mais il est aussi un peu paresseux, comme vous allez le voir...
Pierre n'aime pas ___1___ avant minuit et il déteste ___2___ tôt le matin. Mais pendant la semaine, il est obligé de ___3___ à 6 h 30. Il est obligé de ___4___ très rapidement parce que son bus part à 7 heures. Il fait assez froid à Genève en hiver, et alors Pierre n'a jamais envie de ___5___ le matin—l'eau est trop froide! C'est extraordinaire! Pierre peut ___6___ pour quitter la maison en dix minutes. C'est pas mal, ça!

Les Français sont fiers de Paris, et chaque fois qu'un nouveau monument est planifié (*planned*) pour la capitale, le débat public est presque toujours très animé! Voici quelques exemples.

La Tour Eiffel—Construite (*built*) pour L'Exposition de 1889, en 1910 on parle déjà de la démolir (*tear it down*)!

Le Centre Pompidou—Construit entre 1972 et 1977 dans un très vieux quartier de Paris, l'architecture ultra-moderne de ce bâtiment est encore très critiquée (*criticized*).

Le Louvre—En 1983 a commencé un ambitieux projet de restauration et de réorganisation du musée. La partie la plus critiquée de ce projet est la grande pyramide en verre (*glass*) qui sert d'entrée (*entrance*) au musée.

L' entrée du Louvre: Paris, France

Communication

Tell students to use verbs of preference in their questions and answers, so that the reflexive verbs remain in the infinitive.

A. Habitudes.   Ask a friend about his or her daily life during the school week and on weekends.

> EXEMPLE   — **À quelle heure est-ce que tu es obligé(e) de te réveiller pendant la semaine?**
> — **Pendant la semaine je suis obligé(e) de me réveiller à 6 h, mais je préfère me réveiller à 10 h.**

1. se réveiller
2. se lever
3. se laver
4. se préparer
5. se peigner
6. se coucher

B. La salle de bains. Yvette's father wants to get into the bathroom,
but Yvette is taking her time. Create a short dialogue between
Yvette and her father, using the suggestions below and other
vocabulary you know.

EXEMPLE   PAPA   **Alors, Yvette, tu dors?**
          YVETTE **Mais non, Papa, je suis en train de me laver.**
                      Attends une minute!

Papa	**Yvette**	
dormir	aller	se laver
écrire un livre	essayer de	se peigner
faire le ménage	finir de	se préparer
écouter la radio	commencer à	s'habiller
lire le journal	être en train de	se brosser les
apprendre à	avoir besoin de	dents
nager dans la	vouloir	?
baignoire		
?		

C. Préférences. Using the verbs of preference or habit that you know
and the infinitives below, say when you like or prefer to do the
following things.

EXEMPLE   **J'aime me brosser les cheveux quand je rentre de
l'école.**

se réveiller
se coucher
se lever
s'habiller
se peigner
se brosser les dents

D. Le week-end. Write a paragraph of at least five sentences
describing the way you and others in your family usually arrange
your weekend routine. Use reflexive verbs and the following verbs of
preference or habit in each sentence.

(ne pas) aimer   préférer   détester   vouloir
(ne pas) avoir envie de   (ne pas) être obligé(s) de

EXEMPLE

      Nous préférons nous coucher avant minuit.
      Ma sœur et moi, nous...

Révision et Expansion

The reflexive verbs that you have just learned describe typical daily activities. You also know many nonreflexive verbs for the things you do. All of these verbs can be used with **aller** to describe what you are going to do in the near future.

> Je vais me réveiller tôt.
> Je vais prendre mon petit déjeuner.
> Ensuite, je vais m'habiller et je vais
>   partir à l'école.

Use the illustrations below to tell some of the things that Guy is going to do today.

EXEMPLE   Il va se lever à dix heures.

Additional Practice. Have students suggest other activities that Guy might do.

Remind students of the expression **encore une fois** (*once again*).

1.

2.

3.

4.

5.

6.

1. Guy va se laver.   **2.** Ensuite, il va se peigner.   **3.** Ensuite, il va prendre son petit déjeuner.
4. Aujourd'hui, il va jouer au football.   **5.** Ensuite, il va se laver encore une fois.   **6.** Il va se peigner encore une fois.

EXPLORATION 2

Function: *Talking about yourself and what you do*
Structure: *Using reflexive verbs in the present tense*

Présentation

A. To use reflexive verbs to talk about what you or others do, simply conjugate the verb and use the appropriate reflexive pronoun. Note that the reflexive pronoun occupies the same position as any other object pronoun.

s'habiller	
je **m'**habille	nous **nous** habillons
tu **t'**habilles	vous **vous** habillez
il/elle/on **s'**habille	ils/elles **s'**habillent

Ils **se** couchent tard.	*They go to bed late.*
Je **me** prépare rapidement.	*I get ready quickly.*
Est-ce que tu **te** lèves* tôt?	*Do you get up early?*

B. To form the negative of reflexive verbs, place the **ne** before the reflexive pronoun and the **pas** or **jamais** after the verb.

Je **ne** me réveille **jamais** facilement.	*I never wake up easily.*
Vous **ne** vous couchez **pas** assez tôt.	*You **don't** go to bed early enough.*

C. Like all verbs, reflexives can be used to give orders. As with other imperatives, subject pronouns are not used. In the affirmative imperative, the reflexive pronouns are **toi, nous,** and **vous,** and they are placed after the verb.

Brosse-toi vite les dents!	***Brush** your teeth quickly!*
Préparez-vous tout de suite!	***Get ready** right away!*
Levons-nous plus tôt demain!	***Let's get up** earlier tomorrow.*

*The verb **se lever** is conjugated like **acheter: je me lève, tu te lèves, il/elle/on se lève, nous nous levons, vous vous levez, ils se lèvent**.

In the negative imperative, the reflexive pronouns **te, nous,** and **vous** are placed before the verb. The **ne** is placed before the reflexive pronoun and **pas** or **jamais** after the verb.

Ne **te couche** pas trop tard!   *Don't **go to bed** too late!*
Ne **vous levez** pas trop tôt!   *Don't **get up** too early!*
Ne **nous préparons** pas   *Let's **not get ready** now.*
   maintenant.

D. Here are some other useful reflexive verbs.

s'amuser *to have a good time*	On **s'amuse** bien ici.
s'arrêter *to stop*	**Arrête-toi** à la boulangerie.
se dépêcher *to hurry*	**Dépêche-toi,** nous sommes en retard.
se reposer *to rest*	Tu ne **te reposes** pas assez.

Substitution. 1. Nous nous dépêchons. Tu/Véronique/Henri et Georges/Je/Vous   2. Georges ne se repose pas assez. Je/Les enfants/Tu/Vous/Anne/Nous   3. À quelle heure est-ce que tu te lèves? nous/Jean/vous/ta sœur **Transformation.** 1. Tu te lèves à 5 h. → Lève-toi à 5 h! Tu t'habilles maintenant./Tu te réveilles à 7 h./Tu te couches à 11 h./Vous vous reposez bien./Vous vous arrêtez ici./Vous vous amusez bien.   2. Repeat the above having students give the negative forms of the commands: Tu te lèves à 5 h. → Ne te lève pas à 5 h!

Préparation

A. Bonne nuit! Several friends are telling what time they usually go to bed. What do they say?

MODÈLE   Henri/10 h
           Henri se couche à dix heures.

1. nous/11 h
2. mon frère/9 h 30
3. vous/10 h 30
4. les enfants/9 h
5. tu/minuit
6. je/11 h 15

1. Nous nous couchons à
2. Mon frère se couche
3. Vous vous couchez
4. Les enfants se couchent
5. Tu te couches
6. Je me couche

B. Le matin. Listen to what these people are doing to get ready for school, and write the letter of the illustration that each sentence describes.

MODÈLE   Hélène se réveille.
       a

1. e
2. d
3. b
4. f
5. c

a.

b.

c.

d.

e.

f.

C. Habitudes. Jean-Louis is comparing his typical morning activities during the week to his activities on weekends. Tell what he says.

MODÈLE   se lever tôt
       Pendant la semaine je me lève tôt, mais le week-end je ne me lève pas tôt.

1. se coucher tôt
2. se réveiller à 6 h 30
3. se lever tout de suite
4. se dépêcher de manger
5. se préparer rapidement
6. s'habiller très bien

Variation. Repeat using the third person: **Pendant la semaine il se lève tôt, mais le week-end il ne se lève pas tôt.**

1. je me couche/je ne me couche pas
2. je me réveille/je ne me réveille pas
3. je me lève/je ne me lève pas
4. je me dépêche/je ne me dépêche pas
5. je me prépare/je ne me prépare pas
6. je m'habille/je ne m'habille pas

D. Conseils. Janine is telling some friends what they should and should not do in order to enjoy their vacation in Paris. What does she say?

> MODÈLE s'arrêter pour prendre quelque chose à la terrasse d'un café
>
> **Arrêtez-vous pour prendre quelque chose à la terrasse d'un café.**

1. s'amuser bien

2. ne pas se dépêcher

3. ne pas se coucher trop tard

4. se reposer quand vous êtes fatigués

5. s'arrêter pour regarder les monuments

E. Julien et les touristes. Julien lives and works in Paris. The Mirat family is visiting Paris for their vacation. Compare Julien and the Mirats by adding the correct form of one of the verbs indicated below.

> MODÈLE Julien **se réveille** très tôt le matin. Les Mirat **se réveillent** plus tard parce qu'ils sont en vacances.

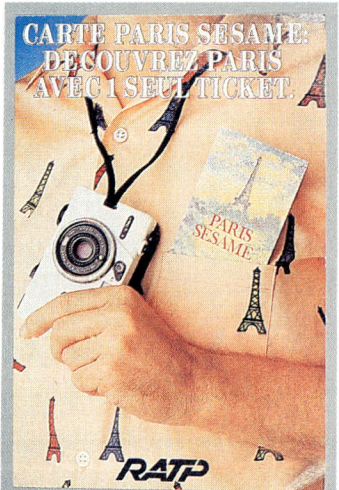

See Student Response Forms.

> (ne pas) s'amuser
> (ne pas) se lever
> (ne pas) s'arrêter
> (ne pas) se reposer
> (ne pas) se dépêcher
> (ne pas) se préparer
> (ne pas) se réveiller

1. Julien ===== vers 6 h pour aller chercher du pain à la boulangerie. Les Mirat ===== vers 8 h 30. Ils prennent leur petit déjeuner dans leur chambre d'hôtel.

2. Julien est pressé. Il ===== pour arriver à l'heure à son travail. Les Mirat =====. Ils aiment faire du lèche-vitrines.

3. Quand il prend sa voiture, Julien ===== toujours aux feux rouges. Les Mirat ===== tout le temps pour prendre des photos.

4. Pendant la semaine, Julien n'a pas le temps de =====. Les Mirat ===== bien!

5. Le soir, Julien préfère =====. Il regarde la télé ou bien il lit un livre. Les Mirat, par contre, ===== pour aller au restaurant ou au théâtre.

CULTUREL

L'Université de Paris, une des plus vieilles universités d'Europe, a été fondée (*was founded*) au 12ᵉ siècle (*century*) sur la rive gauche (*left bank*) de la Seine. Jusqu'à la Révolution en 1789, le latin a été la langue principale des professeurs et des étudiants, et alors, encore aujourd'hui, ce quartier s'appelle le Quartier Latin. Le Quartier Latin reste le quartier préféré des jeunes, et il y a beaucoup de librairies (*bookstores*), de petits restaurants et de cafés. La rue principale du Quartier Latin est le boulevard St-Michel, que les jeunes appellent le Boul' Mich.

La Sorbonne: Paris, France

Communication

A. Jour après jour. At what time do you do the following activities on a typical school day? Use each of the verbs below to describe your typical daily schedule.

> EXEMPLE **En général, je me réveille à six heures et demie.**

1. se réveiller
2. se lever
3. se laver
4. se préparer à partir
5. s'arrêter de travailler
6. se reposer
7. s'amuser
8. se coucher

B. Pour rester en forme.   Thierry wants to go jogging before school every morning, but time is a problem. What does his mother say to him? Make up some suggestions for her to give Thierry.

> EXEMPLE   — J'ai décidé de faire du jogging avant d'aller à l'école.
> — **Alors, lève-toi tôt!**

THIERRY   J'ai fait du jogging pendant une demi-heure! Je suis fatigué!
MAMAN   ▬▬▬
THIERRY   Demain je voudrais faire de l'exercice pendant une heure.
MAMAN   ▬▬▬
THIERRY   Regarde mes cheveux! Je ne peux pas aller à l'école comme ça! Mes copains vont bien s'amuser quand ils vont me voir arriver comme ça!
MAMAN   ▬▬▬
THIERRY   Quelle heure est-il? Il est déjà huit heures moins cinq! Le bus va passer dans cinq minutes!
MAMAN   ▬▬▬

C. Dans ce cas...   What do you do when you find yourself in these situations? Write your answers.

> EXEMPLE   Vous êtes en retard pour votre cours de français.
> **Dans ce cas, je me dépêche!**

1. Vous êtes prêt(e) à traverser la rue quand vous voyez une voiture qui arrive très rapidement.
2. Vous entendez votre téléphone au milieu de la nuit.
3. Vous voulez voir un nouveau film. Le film commence à 8 h, et il est déjà 7 h 55. Vous venez de trouver une place pour garer votre voiture.
4. Vous allez partir pour faire du camping demain matin.
5. Vous allez sortir avec votre petit(e) ami(e) ce soir.
6. Vous avez fait du jardinage pendant une heure.

Révision et Expansion

You have learned some verbs that may be used reflexively or nonreflexively. **Préparer,** for example, is reflexive when the action is done to oneself but not when it is done to someone else or something else.

Je me prépare.   *I'm getting ready.*
Je prépare le dîner.   *I'm preparing the dinner.*

When the subject and object are the same, the verb is called reflexive, and a reflexive pronoun is used. When the subject and object are different, the verb is like other verbs that you already know and may take a direct object or a direct object pronoun.

Describe the actions below using reflexive verbs or verbs with direct objects.

EXEMPLE   **Je me lave.**   **Je lave le chien.
(Je le lave.)**

1. Je me peigne.   2. Je peigne ma petite sœur. (Je la peigne.)   3. Je m'habille.   4. J'habille mon petit frère. (Je l'habille.)   5. Je me couche.   6. Je couche le chien. (Je le couche.)

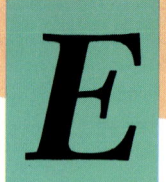

EXPLORATION 3

Function: *Talking about driving*
Structure: *The verb **conduire***

Présentation

A. You already know how to talk about different ways of getting around (**marcher, faire une promenade, voyager en voiture, en avion,** etc.). The irregular verb **conduire** means *to drive* a car. Here are its forms.

Option. Tell students that other verbs conjugated like **conduire** are **se conduire** (*to behave one-self*), **construire** (*to build*), and **produire** (*to produce*).

conduire	
je **conduis**	nous **conduisons**
tu **conduis**	vous **conduisez**
il/elle/on **conduit**	ils/elles **conduisent**

Passé composé:
j'**ai conduit**, etc.

Vous **conduisez** très bien.	*You **drive** very well.*
Je ne **conduis** pas souvent en ville.	*I don't often **drive** in town.*
Qui vous **a conduit** à la gare?	*Who **drove** you to the station?*

B. The verb **conduire** can be combined with many adverbs and adverbial expressions to describe people's driving style and skills.

bien	*well*	à 100 kilomètres à l'heure	*at 100 kilometers an hour*
lentement	*slowly*		
mal	*badly*	comme un fou (une folle)	*like a crazy person*
vite	*fast*		

Elle conduit très **bien**.	*She drives very **well**.*
Je ne conduis pas trop **mal**.	*I don't drive too **badly**.*
Conduisez plus **lentement**.	*Drive more **slowly**.*
Il conduit trop **vite**!	*He drives too **fast**!*
Tu conduis **comme une folle**!	*You drive **like a crazy person**!*
Mes amis français conduisent souvent à **160 kilomètres à l'heure** sur l'autoroute.	*My French friends often drive **at 160 kilometers an hour** on the freeway.*

C. You already know expressions like **brûler un feu rouge, garer la voiture, traverser la rue, tourner à droite (gauche)**, or **aller tout droit**. Here are some other expressions you may find useful when talking about driving.

Tell students that the plural of **le pneu** is **les pneus**.

attraper une contravention	*to get a ticket*
avoir le permis de conduire	*to have one's driver's license*
avoir un pneu crevé	*to have a flat tire*
doubler (une voiture)	*to pass (a car)*
tomber en panne	*to break down*
tomber en panne d'essence	*to run out of gas*

Other vocabulary students may want to know: **un piéton** (*a pedestrian*), **un stop** (*a stop sign*). Some parts of a car are: **le siège, le volant, le pare-brise, la portière, le capot, le pare-chocs, la plaque d'immatriculation, le moteur.**

Substitution. 1. Tu conduis trop vite. Mon ami/Nous/Je/Mes parents/Vous **2.** Il a bien conduit aujourd'hui. Roger/Nous/Mes copains/Vous/Tu/Je **3.** Vous conduisez bien. mal/lentement/ trop vite/comme un fou/comme une folle/à 100 kilomètres à l'heure

Préparation
ST 34

A. Au volant. Look at the following illustrations, and then listen to a series of sentences that describe them. Write the letter of the illustration that corresponds to each sentence.

1. e
2. b
3. g
4. c
5. d
6. f

MODÈLE   Caroline conduit très lentement.
a

a.  **b.**

c.  **d.**  **e.**

f.  **g.**

1. Je conduis **2.** Vous conduisez **3.** Mes sœurs conduisent **4.** Tu conduis **5.** Mon père et moi, nous conduisons **6.** Mon frère conduit

B. Je suis parfait! Stéphane thinks that he drives better than anyone else. Tell what he says.

MODÈLE Pierre/mal **Pierre conduit mal.**

1. Je/très bien
2. Vous/trop lentement
3. Mes sœurs/trop vite
4. Tu/très mal
5. Mon père et moi, nous/bien
6. Mon frère/comme un fou

C. Sur l'Autoroute du Soleil. Some friends are driving back to Paris after their summer vacation on the Côte d'Azur. Tell which portion of the trip each person drove.

MODÈLE Robert/de Nice à Salon.
Robert a conduit de Nice à Salon.

1. Je/de Salon à Avignon
2. Nous/d'Avignon à Valence
3. Tu/de Valence à Lyon
4. Michelle/de Lyon à Châlon
5. Vous/de Châlon à Avallon
6. Les autres/d'Avallon à Paris

RÉPUBLIQUE FRANÇAISE

TAXE PAYÉE SUR ETAT

PERMIS DE CONDUIRE

1. J'ai conduit
2. Nous avons conduit
3. Tu as conduit
4. Michelle a conduit
5. Vous avez conduit
6. Les autres ont conduit

D. Une promenade en voiture. The Martin family is going for a drive. Look at each of the illustrations, and describe what is happening.

MODÈLE **Monsieur Martin conduit trop vite. Il conduit mal. Mme Martin et Amélie ont peur.**

1.

2.

3.

4.

5.

1. Les Martin ont un pneu crevé. **2.** La famille est prise dans un embouteillage. **3.** Mme Martin conduit comme une folle, elle double tout le monde. **4.** Alors, elle attrape une contravention. **5.** Amélie conduit mal aussi. Elle brûle un feu rouge.

CULTUREL

La voiture occupe une place très importante dans la vie des Français. Il y a quatre marques importantes de voitures fabriquées en France: Renault, Peugeot, Citroën et Talbot. Aujourd'hui environ 74% des familles françaises ont une voiture, et 22% ont au moins deux voitures.*

Les Français ont depuis longtemps la réputation de conduire très vite et d'être très impatients avec les autres conducteurs. Mais de récents sondages (*polls*) montrent que cette attitude est en train de changer petit à petit. Aujourd'hui 61% des Français considèrent que conduire est un plaisir!*

*Source: Mermet, Gérard, *Francoscopie* (Larousse, 1986).

Communication

A. J'aime conduire. Answer the following questions about your driving habits and skills.

1. Est-ce que vous savez conduire? Si oui, depuis quand?
2. Est-ce que vous aimez conduire? Est-ce que vous conduisez bien?
3. Est-ce que vous êtes impatient(e) quand il y a beaucoup de circulation?
4. Est-ce que vous êtes déjà tombé(e) en panne d'essence. Est-ce que vous avez eu un pneu crevé?

5. Est-ce que vous avez déjà conduit une voiture dans une grande ville? Et dans les montagnes?
6. Quand vous voyagez avec votre famille, qui conduit?
7. Quelle marque de voiture est-ce que vous préférez conduire? Pourquoi?

B. Qui conduit le mieux? Do you think young people drive as well as older people? Write a short paragraph in which you express your point of view. Tell what each age group does well and what each does badly.

Enrichment. Divide the class into two teams, and ask each team to represent one point of view in a debate.

> À mon avis les jeunes conduisent . . .

Révision et Expansion

You know many ways to tell about how to get from one place to another.

à pied	en train	aller	voyager en avion
à bicyclette	en autobus	conduire	prendre l'autobus
en voiture	à moto	faire un tour	faire une promenade
en avion			

Tell how the following people arrived at their destination.

EXEMPLE **Ils sont venus à pied.** All answers begin with **Ils sont venus**.

1. en train.
2. en avion.
3. en autobus.
4. à moto.
5. en voiture.

EXPLORATION 4

Function: *Expressing* ***most*** *and* ***least***
Structure: *The superlative*

Présentation

You have already learned how to use the comparatives **plus...que** and **moins...que** to express the idea that something is *larger, faster, less important*, and so on.

La voiture verte est **plus jolie que** la voiture bleue.
La voiture verte est **moins vieille que** la voiture bleue.

A. To express the idea of *the most* and *the least*, we use superlatives. In English, superlatives are usually formed by adding **-est** to the adjective (*biggest, happiest*) or by placing *the most* or *the least* before the adjective (*the most beautiful, the least patient*).

Superlatives are formed in French by using the appropriate definite article with **plus** or **moins** before the adjective.

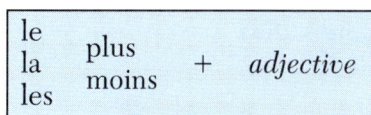

Option. Contrast the comparative **plus. . . que** (**moins. . . que**) with the superlative **le plus. . . de** (**le moins. . . de**).

La voiture rouge est **la plus jolie**. *The red car is the **prettiest***.
La voiture bleue est **la plus vieille**. *The blue car is the **oldest***.
La voiture verte est **la moins chère**. *The green car is the **least expensive***.

Point out that the noun need not be repeated, as in these examples. Sometimes *one* or *ones* is added in English.

Substitution. 1. C'est le plus beau <u>musée</u> de la ville. le cinéma/l'église/le théâtre/la cathédrale   **2.** C'est le <u>livre</u> le plus intéressant. le film/le cours/le roman/l'histoire/l'idée   **3.** C'est <u>Marc</u> qui travaille le mieux. Hélène/ma sœur/mon copain/Roger
4. Voici le meilleur <u>vin.</u> la viande/ la confiture/le dessert/les tartes

B. Adjectives that normally precede the noun also precede in the superlative. Compare the following examples.

C'est **la plus grande** ville.
Où sont **les plus beaux** magasins?

C'est l'élève **le plus sérieux.**
Voilà le bâtiment **le plus intéressant.**

C. The word **de** is used to introduce the category in which a superlative applies. Remember that **de** contracts with the articles **le** and **les** (**du, des**).

Paris est la plus belle ville
  d'Europe.
C'est le gratte-ciel le plus
  moderne **du** monde.

Paris is the most beautiful city
  in Europe.
It's the most modern skyscraper
  in the world.

Point out to students that there are two articles used in this structure: **le gratte-ciel le plus moderne.**

D. The adjective **bon** (*good*) has an irregular superlative (*the best*).

| le **meilleur** magasin | les **meilleurs** choix |
| la **meilleure** boutique | les **meilleures** idées |

Nous sommes **les meilleurs** élèves **de** l'école!
*We are **the best** students **in** the school!*

E. To form the superlative of adverbs, we use **le plus** or **le moins** + an adverb. The article is always **le**.

Janinc conduit **le plus vite** de tous ses amis.
C'est André qui parle **le moins lentement**.

F. Note the irregular superlatives of the adverbs **bien** (**le mieux**) and **beaucoup** (**le plus**).

C'est Isabelle qui conduit **le mieux** de tous mes amis.
Ce sont les étudiants qui travaillent **le plus**.

Préparation

A. Notre quartier. Véronique is showing her neighborhood to her younger cousin. What does she say?

> MODÈLE   une vieille maison
> **C'est la plus vieille maison du quartier.**

1. un grand magasin
2. une belle église
3. un petit restaurant
4. un joli parc
5. une grande rue
6. un vieux monument

1. le plus grand magasin   2. la plus belle église   3. le plus petit restaurant   4. le plus joli parc   5. la plus grande rue   6. le plus vieux monument

B. À la Tour d'Argent. The Tour d'Argent is one of the fanciest restaurants in Paris, and the headwaiter is very proud to work there. Tell what he says.

> MODÈLE   C'est un bon restaurant.
> **En fait, c'est le meilleur restaurant de Paris!**

1. Nous avons un bon choix.
2. Il y a de bonnes viandes.
3. Nous avons aussi de bons légumes.
4. Il y a toujours de bons fromages.
5. Nous avons du bon café.
6. Bien sûr, il y a de bons desserts.

1. le meilleur choix
2. les meilleures viandes
3. les meilleurs légumes
4. les meilleurs fromages
5. le meilleur café
6. les meilleurs desserts

C. À Paris, tout est plus beau. After visiting Paris, Christophe thinks it's the greatest place in the world. What does he tell a friend about the city?

> MODÈLE   écoles (bon)
> **Il y a les meilleures écoles.**
> gens (sympathique)
> **Il y a les gens les plus sympathiques.**

1. rues (beau)
2. parcs (joli)
3. magasins (beau)
4. concerts (amusant)
5. musées (intéressant)
6. expositions (fantastique)

ST 35

Remind students to make the adjectives agree with the nouns.

1. Il y a les plus belles rues.
2. Il y a les plus jolis parcs.
3. Il y a les plus beaux magasins.
4. Il y a les concerts les plus amusants.
5. Il y a les musées les plus intéressants.
6. Il y a les expositions les plus fantastiques.

D. Plus ou Moins? Listen to these students discuss their lives in Paris. Based on what they say, decide which of these statements would be the more likely follow-up sentence. Write the letter of your choice next to the number of the sentence.

1. b   3. a
2. b   4. b

> MODÈLE   Le dimanche je me repose.
> **a. Dimanche est la journée la plus tranquille de la semaine.**
> **b. Dimanche est la journée la moins tranquille de la semaine.**

1. a. C'est le restaurant le plus cher du quartier.
   b. C'est le restaurant le moins cher du quartier.
2. a. C'est le restaurant le moins sympathique du quartier.
   b. C'est le meilleur restaurant du quartier.
3. a. On est plus tranquille en hiver parce qu'il y a moins de monde.
   b. On est moins tranquille en hiver parce qu'il y a plus de monde.
4. a. C'est Robert qui conduit le moins bien.
   b. C'est Robert qui conduit le mieux.

La Tour Eiffel

5. **a.** Il y a le plus souvent des embouteillages dans cette rue.
   b. Il y a le moins souvent des embouteillages dans cette rue.
6. **a.** C'est là qu'on trouve les plus beaux vêtements.
   b. C'est là qu'on trouve les moins beaux vêtements.

5. b
6. a

Contexte CULTUREL

La ville de Paris s'est trouvée face à (*found itself faced with*) un problème difficile: comment construire des gratte-ciel sans bloquer (*blocking*) les perspectives splendides de la vieille capitale? Une solution a été de centraliser les gratte-ciel dans un nouveau quartier un peu en dehors (*outside of*) de Paris. Ce nouveau quartier s'appelle La Défense. Un jour il y aura (*there will be*) plus de 30 gratte-ciel à La Défense!

La Défense

Communication

A. Devinez. Prepare your answer in each of the following categories. Then see if other students can guess your answers.

Variation. Have students do Activity A in teams, with five points awarded for a correct guess and one point deducted for an incorrect guess.

EXEMPLE   Devinez…le dessert que j'aime le mieux.
— **Le dessert que tu aimes le mieux est la glace au chocolat.**
— **Oui, c'est le dessert que j'aime le mieux.**

1. la ville que j'aime le mieux
2. le légume que j'aime le moins
3. le cours où je réussis le mieux
4. le film que j'ai vu le plus souvent
5. le disque que j'écoute le plus souvent
6. la revue que je lis le plus régulièrement
7. l'émission de télévision que je regarde le plus souvent

B. Interview. Complete each of the following questions with an appropriate superlative, and use them to interview a classmate.

See Student Response Forms.

EXEMPLE — Dans notre classe, qui a les cheveux **les plus longs**?
— **Dans notre classe, c'est Geneviève qui a les cheveux les plus longs.**

1. Parmi tes amis, qui a la voiture ═════?
2. Dans ta famille qui se lève ═════?
3. Qui lit ═════ parmi tes amis?
4. Parmi tes amis, qui habite ═════ de l'école?
5. Dans notre classe de français, qui se prépare ═════ pour les examens?
6. À ton avis, qui est le chanteur (la chanteuse) ═════?

C. À mon avis. Write sentences telling who or what in your opinion **W** best fits the following descriptions.

EXEMPLE la plus belle région des États-Unis
À mon avis, l'Ouest est la plus belle région des États-Unis.

1. le meilleur chanteur
2. la meilleure chanteuse
3. le sport le plus fatigant
4. le cours le plus difficile
5. l'acteur le plus amusant
6. l'actrice la plus amusante
7. le meilleur film de l'année
8. le disque le plus intéressant
9. le livre le plus intéressant
10. la plus belle ville des États-Unis

Bienvenue à Washington

Révision et Expansion

You now know several ways of describing, comparing, and making judgments about people and things. They range from using simple adjectives and adverbs to comparatives and superlatives.

EXEMPLE — Qu'est-ce que c'est?
— C'est une grande ville.
C'est une très grande ville.
Cette ville est plus grande que Lyon.
C'est la plus grande ville de France.

— Qu'est-ce que c'est?
— C'est Paris, bien sûr.

Use the example above as a guide to make three similar series of statements about things such as a team, a singer, or an actress. See if other students can guess who or what you are describing.

PERSPECTIVES

Le Centre Pompidou

Lecture

ST 36

Le Centre Pompidou

Chère Brigitte,

Tu arrives dans moins de quinze jours, et je suis en train de faire des projets pour ton séjour chez nous. En fait, j'ai déjà pris la décision la plus importante: le lendemain de ton arrivée, je veux te montrer le Centre Pompidou—le musée le plus amusant de Paris! Le musée est ouvert tous les jours, mais le dimanche est le meilleur jour pour aller dans le centre-ville parce que la circulation est moins difficile et il y a moins d'embouteillages.

Je suis certaine que tu vas aimer le Centre Pompidou autant que moi. Dans le Centre il y a le Musée National d'Art Moderne, une grande bibliothèque, une salle spéciale pour les enfants et un institut de musique. Le Centre Pompidou est situé dans un des plus vieux quartiers de Paris, mais c'est un bâtiment ultra-moderne et d'une architecture assez bizarre. Il y a encore beaucoup de Parisiens qui n'aiment pas cette architecture, mais moi, je la trouve très gaie. Devant le Centre il y a une grande place où les visiteurs peuvent s'amuser à regarder des clowns, des mimes et des musiciens qui viennent de partout dans le monde. Je m'arrête toujours pour regarder ces distractions.

Tell students that in French **huit jours** means *one week* and **quinze jours** means *two weeks:* **moins de quinze jours** is *less than two weeks.*

The full name of the **Centre Pompidou** is the **Centre National d'Art et de Culture Georges-Pompidou**. Georges Pompidou (1911-1974) was President of the French Republic from 1969 to 1974.

Quand on a fini de visiter le musée, on peut aller se reposer au café au 5ᵉ étage. De la terrasse du café, on a la meilleure vue de Paris. C'est superbe! On peut voir la Tour Eiffel, la Cathédrale Notre-Dame et même les gratte-ciel de la Défense. Alors, n'oublie surtout pas ton appareil-photo!

Grosses bises et à bientôt,

Nathalie

La Défense is a district north-west of Paris where many modern skyscrapers are located.

Un clown devant le Centre Pompidou

Vocabulaire à noter

l' **architecture** (*f*)	architecture
l' **arrivée** (*f*)	arrival
le **clown**	clown
gai	cheerful, pleasant
grosses bises	kisses
l' **institut** (*m*)	institute
le **mime**	mime
ouvert	open
la **place**	city square
prendre une décision	to make a decision
la **salle**	room
le **séjour**	stay
situé	situated, located
spécial	special
le **visiteur**	visitor
la **vue**	view

Compréhension

Answer the following questions, based on **Le Centre Pompidou**.

1. Quand Brigitte va-t-elle arriver chez Nathalie?
2. Quels projets est-ce que Nathalie est en train de faire?
3. Quelle décision importante est-ce que Nathalie a déjà prise?
4. Quel est le meilleur jour pour aller dans le centre-ville? Pourquoi?
5. Où est-ce que le Centre Pompidou est situé?
6. Pourquoi est-ce que beaucoup de Parisiens n'aiment pas le bâtiment?
7. Pourquoi est-ce que Nathalie aime s'arrêter sur la place devant le musée?
8. Que peut-on faire quand on a fini de visiter le musée?

1. dans moins de quinze jours
2. des projets pour le séjour de Brigitte chez Nathalie
3. Elle veut lui montrer le Centre Pompidou.
4. le dimanche/Parce que la circulation est moins difficile et il y a moins d'embouteillages.
5. dans un des plus vieux quartiers de Paris
6. C'est un bâtiment ultra-moderne et d'une architecture assez bizarre.
7. pour regarder des clowns, des mimes et des musiciens
8. On peut aller se reposer au café au 5ᵉ étage.

Communication

A. Les panneaux de signalisation. Match the following comments with the corresponding signs.

1. Conduisez moins vite! Il y a des ouvriers qui réparent la route.
2. Arrêtez-vous pour laisser passer les gens.
3. Faites attention! Il y a des enfants qui vont à l'école.
4. On ne peut pas doubler une voiture ici.
5. Ne prenez pas cette rue.
6. Faites attention! Ici on ne peut pas tourner à gauche.

1. e
2. c
3. b
4. f
5. a
6. d

a.    b.    c.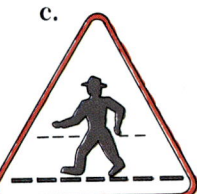

d.    e.    f.

B. Qu'est-ce qui a changé? This small country town has become part of a large, busy city. Look at the illustrations of the way it used to be and the way it is now, and tell how it has changed.

Option. Have students describe the pictures before comparing them.

EXEMPLE   **Maintenant il y a plus de voitures, et l'air est moins pur.**

C. Une journée à Paris. Imagine that you are going to spend your
W first day in Paris, and you have decided to visit the Centre
Pompidou. Using the suggestions below, write a paragraph
describing the day. Feel free to add lots of details to your
description.

EXEMPLE **Je vais me réveiller à 7 heures du matin...**

se réveiller (à quelle heure?)
se préparer (comment?)
prendre le petit déjeuner (où?)
prendre le métro
descendre à une station près du Centre Pompidou
étudier l'architecture du Centre Pompidou (Qu'est-ce que vous
   pensez de ce bâtiment?)
s'arrêter sur la place devant le Centre Pompidou (pourquoi?)
visiter le musée (pendant combien de temps?)
prendre un taxi pour aller dans le centre-ville
aller manger au restaurant
retourner à l'hôtel
se coucher

ST 37

D. Le départ en vacances. Many French people go on vacation in
W August. To find out what often happens, listen to the following
description, and add the missing words.

Vers la fin du mois de juillet, il fait chaud à Paris. Il y a des
touristes __1__: dans __2__, dans __3__ et dans les musées. __4__ est
impossible, et on n'__5__ jamais à trouver __6__ pour __7__ sa
voiture. Il faut faire __8__ pendant vingt minutes dans les __9__.
Dans les __10__ du __11__ et dans les __12__ de la __13__, les Parisiens
sont impatients. Ils ont envie de __14__ et de __15__ un peu. Enfin, le

See Student Response
Forms.
1. partout
2. les stations de métro
3. les rues
4. La circulation
5. arrive
6. une place
7. garer
8. la queue
9. grands magasins
10. gratte-ciel
11. centre-ville
12. immeubles
13. banlieue
14. se reposer
15. s'amuser

1ᵉʳ août arrive. C'est le premier jour des grandes vacances!
Le problème, c'est que tout le monde part en vacances en même
temps. Des milliers de Parisiens quittent la ville __16__ possible. Sur
l'autoroute, ils __17__ __18__ possible pour arriver avant les autres.
Tout le monde veut la __19__ chambre d'hôtel. Vous pouvez
facilement imaginer le résultat: le premier jour des vacances n'est
jamais très __20__ !

16. le plus tôt
17. conduisent
18. le plus vite
19. meilleure
20. gai

ST 38

E. L'arrivée à Paris.   Bernard is a Belgian student who is coming to
spend a year with the Monniers, a French family living in Paris.
When Bernard arrives in Paris, he phones M. Monnier. Listen to
their conversation, and then answer the following questions.

1. Quand est-ce que Bernard est arrivé à Paris?
2. Comment Bernard est-il venu à Paris?
3. Pourquoi est-ce que M. Monnier demande à Bernard de prendre
   le métro?
4. Pourquoi est-ce que M. Monnier préfère ne pas aller chercher
   Bernard en voiture?
5. Qu'est-ce que Bernard peut consulter avant de quitter la station
   de métro?
6. Qu'est-ce que Bernard va faire plus tard?

1. à neuf heures du matin   2. en train   3. Parce que la circulation est impossible à cette heure-ci. C'est
la solution la moins compliquée.   4. Il va sûrement être pris dans des embouteillages.   5. un plan de
métro   6. Il va se reposer.

ST 39

Prononciation

You have already learned and practiced the three nasal vowel sounds in
French. These sounds are /ɛ̃/, /ɔ̃/, and /ɑ̃/. Nasal vowels are pronounced
with air going through the nose as well as through the mouth. In written French, nasal vowels are followed by **n** or **m**. Listen and repeat the
following words.

institut   certain   on   son   plan   centre

Vowels are usually not nasalized if the **n** or **m** is doubled or is followed
directly by another vowel. Listen and repeat the following pairs of words.

bon/bonne   son/sommes   an/année   impossible/immeuble   banque/banane

Listen to the following sentences and repeat them, paying close
attention to the nasal vowels.

1. Anne rend visite à son grand-père une fois par an.
2. Son grand-père est canadien-français.
3. Son grand-père est président d'une grande banque!
4. Il habite dans un grand immeuble à Montréal.
5. Quand Anne va au Canada, elle sort souvent avec ses copines.

Option. Tell students that
for some French speak-
ers there is a fourth nasal
vowel, /œ̃/, such as in
the indefinite article **un,**
and that this symbol is
often used in dictionaries.

I NTÉGRATION

Here is an opportunity to see how well you can use your French in a variety of situations. If you have trouble with any of these items, study the topic and practice the activities again, or ask your teacher for help.

Écoutez bien

ST 40

A. Arrivée en Provence. Gérard and Philippe are going on vacation. Listen to their conversation, and then answer the following questions.

1. Où vont les deux amis? Pour combien de temps?
2. Qui conduit la voiture?
3. Comment est-ce qu'il conduit? Qu'est-ce qu'il risque?
4. Pourquoi est-ce que Philippe a envie de se dépêcher?
5. Est-ce que Gérard est d'accord avec lui? Pourquoi?
6. Qu'est-ce que Philippe veut faire à la fin? Pourquoi?

ST 41

B. L'arrivée à Nice. Now that you are acquainted with Gérard and Philippe, listen to the following comments. Tell who is more likely to have made each statement, **Gérard** the careful driver or **Philippe** the impatient driver.

MODÈLE   J'ai déjà attrapé trois contraventions!
Philippe

1. Philippe   3. Gérard   5. Philippe
2. Gérard   4. Philippe   6. Gérard

Lisez un peu

A. La capitale. Jean-Jacques has left a small town to study in Paris. Read the letter he writes to a friend, and then complete the sentences that follow.

Cher Mathieu,

Après deux mois dans la capitale, je trouve enfin une heure pour t'écrire. Je suis sûr que tu penses que je suis déjà en train d'oublier mes copains, mais ce n'est pas vrai! C'est simplement qu'à Paris, on n'a jamais un moment tranquille.

1. à la plage à Nice/quelques semaines
2. Philippe
3. comme un fou/Il risque d'attraper une contravention.
4. Il veut arriver le plus tôt possible pour pouvoir garer sa voiture et trouver un hôtel.
5. Non./Parce qu'ils sont déjà en vacances et ils ont des réservations d'hôtel.
6. Il veut s'arrêter dans un petit café/pour s'amuser

Des étudiants à la Sorbonne: Paris, France

En fait, je m'amuse bien à Paris. Mes études ne sont pas encore trop difficiles, et alors je profite de mon temps libre pour explorer la ville. Ces jours-ci je me lève assez tôt, je m'habille très vite et je quitte mon appartement. Après mes cours, je prends mon déjeuner dans une cafétéria pas chère. Je consulte un plan de la ville, je choisis un monument, un musée ou un quartier, et je pars à l'aventure. Le soir je me repose un peu à la terrasse d'un café (quand il fait beau) avant de rentrer chez moi pour étudier.

Paris est sûrement la plus belle ville du monde. Chaque jour il y a de nouvelles découvertes à faire. Hier je suis allé voir la Tour Maine-Montparnasse, le plus grand gratte-ciel d'Europe. Cet après-midi j'ai visité le Centre Pompidou. Maintenant je comprends mieux toutes les critiques de son architecture. C'est un bâtiment extraordinaire—assez bizarre, c'est vrai, mais à mon avis très gai et amusant. C'est aussi intéressant de voir les mimes et les musiciens sur la grande place devant le Centre.

L'aspect le plus difficile de la vie à Paris est certainement le nombre d'habitants. Ce n'est vraiment pas comme chez nous. Ici il y a du monde dans les rues toute la journée et toute la nuit! Il faut faire la queue à la banque, à la poste, dans les grands magasins. La circulation est toujours impossible. Il y a beaucoup trop de voitures, pas assez de parkings, et des embouteillages partout. Je n'ai jamais vu autant de voitures de ma vie. Je suis content de pouvoir prendre le métro. Le métro est rapide et pas cher.

Quand est-ce que tu vas venir me rendre visite? Quel plaisir pour moi de pouvoir te montrer cette ville que j'apprends à aimer. Écris-moi bientôt.

Meilleurs souvenirs, Tell students that **Meilleurs souvenirs** corresponds roughly to *Best wishes*.

Jean-Jacques

La Tour Maine-Montparnasse: Paris, France

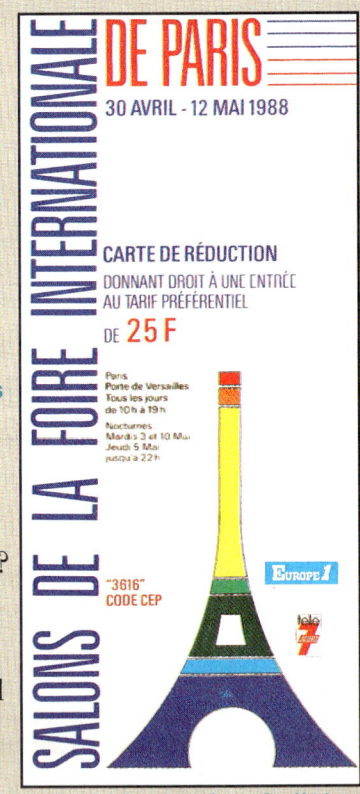

1. Depuis combien de temps est-ce que Jean-Jacques est à Paris?
2. Pourquoi est-ce que Jean-Jacques n'écrit pas beaucoup de lettres à ses copains?
3. Est-ce que Jean-Jacques aime sa vie à Paris?
4. Est-ce que ses études sont très difficiles? Alors, qu'est-ce qu'il fait?
5. Que pense-t-il de Paris?
6. Où est-il allé hier? Et cet après-midi?
7. Qu'est-ce qu'il pense du Centre Pompidou?
8. À son avis, quel est l'aspect le plus difficile de la vie à Paris?

1. depuis deux mois   2. Il n'a jamais un moment tranquille.   3. Oui, il s'amuse bien.   4. pas encore/Il profite de son temps libre pour explorer la ville.   5. C'est la plus belle ville du monde.   6. Il est allé voir la Tour Maine-Montparnasse./Cet après-midi il a visité le Centre Pompidou.   7. Il pense que c'est un bâti-ment très gai et amusant.   8. le nombre d'habitants

Écrivez

A. La grande ville. Look at these illustrations, and write a sentence about each of the people or objects that are numbered.

EXEMPLE

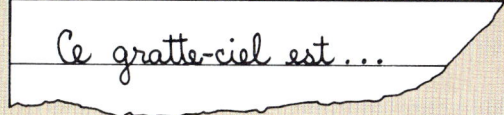

Ce gratte-ciel est ...

B. Activités. Read the descriptions of the following students. Using the vocabulary and structures you have learned, add another sentence to each description.

EXEMPLE Guy porte toujours des vêtements très élégants.
C'est Guy qui s'habille le mieux de tous ses copains.

1. Yvonne n'a jamais une minute à perdre. Elle est toujours pressée.

2. Marcel a déjà attrapé plusieurs contraventions.

3. Nathalie habite dans un appartement au 25e étage.

4. Patrick et Marcel habitent très loin de l'école. Ils sont obligés de prendre l'autobus chaque matin.

5. Sandrine a les cheveux très longs et très beaux.

6. Laurent est très fatigué. Il travaille beaucoup ces jours-ci.

C. La routine habituelle. This time line represents a typical school day in the life of Gilles. Using the verbs you have learned in this chapter and others you know, tell what Gilles does at various times during the day.

EXEMPLE   **Gilles se réveille à 6 h 30.**

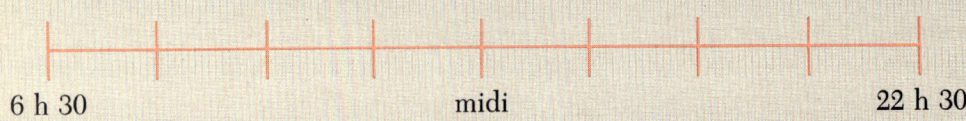

6 h 30   midi   22 h 30

Parlons ensemble

Work with a partner or partners, and create dialogues, using the situations below. Whenever appropriate, switch roles and practice a different part of your dialogue.

Situations

A. **Un seul jour à Paris.** You and a friend have just arrived in Paris, and it is pouring rain! Discuss with your friend some activities that will allow you to enjoy the city without getting too wet. Include discussion of what you want to see and do as well as what means of transportation you will use.

B. **Les grandes villes.** Imagine that you prefer to live in a big city and that you are having a conversation with someone who doesn't like big cities. Point out all the advantages of big-city life and try to convince your partner of your point of view. Your partner will bring up his or her objections to big-city life.

Centre Pompidou: Paris, France

Un bateau-mouche: Paris, France

VOCABULAIRE

NOUNS RELATED TO CITY LIFE

l' **architecture** (f) architecture
l' **arrivée** (f) arrival
l' **autobus** (m) bus
l' **autoroute** (f) freeway
la **banlieue** suburbs
la **boutique** shop
le **carrefour** intersection
le **centre-ville** downtown
la **circulation** traffic
le **clown** clown
le **conducteur** driver
la **contravention** traffic ticket
la **difficulté** difficulty
l' **embouteillage** (m) traffic jam
l' **exposition** (f) exhibit
le **feu** traffic light
le **grand magasin** department store
le **gratte-ciel** skyscraper
l' **immeuble** (m) apartment building
la **ligne** (**de métro**) (subway) line
le **métro** subway
le **mime** mime
le **parking** parking lot
le **permis de conduire** driver's license
la **place** space, place; city square
le **plan** (city) map
le **pneu** (**crevé**) (flat) tire
le **séjour** stay
la **solution** solution
la **station** (**de métro**) (subway) station
le **taxi** taxi
la **terrasse** terrace
le **visiteur** visitor
la **vue** view

REFLEXIVE VERBS

s' **amuser** to have a good time
s' **arrêter** to stop
se **brosser** (**les dents**) to brush (one's teeth)
se **coucher** to go to bed
se **dépêcher** to hurry
s' **habiller** to get dressed
se **laver** to wash (oneself)
se **lever** to get up
se **peigner** to comb
se **préparer** to get ready
se **reposer** to rest
se **réveiller** to wake up

OTHER VERBS AND VERBAL EXPRESSIONS

arrêter to stop
arriver (**à**) to succeed (in)
attraper une contravention to get a traffic ticket
brûler un feu rouge to run a red light
conduire (**comme un fou**) to drive (like a crazy person)
doubler to pass (a car)
emmener to take (someone)
faire la queue to stand in line
garer (**la voiture**) to park (the car)
prendre une décision to make a decision
prendre un verre to have a drink
tomber en panne to break down
tomber en panne d'essence to run out of gas

ADJECTIVES

animé lively
bizarre strange
certain certain
fou (m), **folle** (f) crazy
gai cheerful, pleasant
impossible impossible
ouvert open
parisien (m), **parisienne** (f) Parisian
pris caught
spécial special

OTHER EXPRESSIONS

à 100 kilomètres à l'heure at 100 kilometers an hour
du monde lots of people
en banlieue in the suburbs
en tout cas in any case
en ville in(to) town
le moins… the least…
le plus… the most…
tard late
tôt early
vite quickly

Contrastes

In this chapter, you will talk about rights and responsibilities. You will also learn about the following functions and structures.

Functions

- talking about what we do or feel

- talking about past activities

- talking about what we wear and put on

- describing things and people

Structures

- other reflexive verbs

- reflexive verbs in the **passé composé**

- the verb **mettre**

- adjectives that change meaning

3.

4.

I NTRODUCTION

See Teacher's Preface for reference to Student Response Forms available for this chapter. Workbooks and other ancillary materials are correlated to this chapter on the corresponding tabbed divider in your Teacher's Resource Binder. The Teacher's Preface contains abbreviated tapescripts of listening activities in the student text.

Le français en contexte

Tanger, Maroc

Have students locate Morocco on the map on pages ix-x

ST 42

Diversité culturelle

Prereading question. How does Karim feel about the linguistic diversity in his country?

Susan vient d'arriver au Maroc où son père travaille à l'<u>ambassade</u> des États-Unis à Rabat. Elle <u>pose des questions</u> à Karim, un jeune Marocain de son âge.

embassy

asks questions

SUSAN   Karim, ma première impression de ton pays est que tout le monde ici parle plusieurs langues.

KARIM   C'est vrai que la situation linguistique au Maroc n'est pas simple! La langue officielle est l'<u>arabe</u> classique, mais le français joue aussi un rôle assez important. À la maison, la plupart des gens parlent un dialecte marocain. Dans les différentes régions de mon pays, on rencontre encore d'autres langues et dialectes. Par exemple au Nord, près de l'Espagne, beaucoup de Marocains parlent espagnol.

Arabic

Morocco accepted French protectorate status in 1912. Since 1956 Morocco has been an independent nation. Although Arabic is the official language, French is considered the working language. Berber is one of the predominant dialects, spoken by at least ⅓ of the population.

                NOUS TOUS

SUSAN	Alors, si je comprends bien, la langue que tu parles avec tes copains n'est pas la langue que tu étudies à l'école.	
KARIM	<u>Tu as raison.</u> <u>De plus en plus</u>, les jeunes étudient l'arabe classique et le français à l'école, et quelquefois aussi l'espagnol ou l'anglais. Dans <u>la vie de tous les jours</u>, ils parlent un dialecte marocain.	You're right/More and more everyday life
SUSAN	<u>En effet</u>, tout cela me <u>semble</u> bien compliqué.	Indeed/seems
KARIM	Oui, mais pour nous Marocains, la coexistence de toutes ces langues semble naturelle. Ça fait partie de la diversité et de la richesse de notre identité culturelle. Mais écoute, Susan, avec tous les <u>immigrés</u> aux États-Unis, je suis certain que la situation linguistique chez toi est aussi compliquée que chez moi. Maintenant, c'est ton tour! <u>Explique</u>-moi la situation linguistique aux États-Unis.	immigrants Explain

Compréhension

1. à Karim   **2.** l'arabe classique   **3.** Non, ils parlent un dialecte marocain.
4. au nord du Maroc, près de l'Espagne   **5.** l'arabe classique et le français
6. un dialecte marocain   **7.** Elle est naturelle.   **8.** de lui expliquer la situation linguistique aux États-Unis.

Based on **Diversité culturelle,** answer the following questions.

1. À qui est-ce que Susan pose des questions?
2. Quelle est la langue officielle du Maroc?
3. Est-ce que la plupart des gens parlent français à la maison?
4. Dans quelle région du Maroc est-ce qu'on parle espagnol?
5. Quelles langues est-ce que les jeunes étudient à l'école?
6. Quelle langue est-ce que les jeunes parlent dans la vie de tous les jours?
7. Qu'est-ce que les Marocains pensent de la coexistence de toutes ces langues?
8. Qu'est-ce que Karim demande à Susan de faire?

Marrakech, Maroc

Les mots et la vie

Chaque âge a ses <u>droits</u> et ses responsabilités.
Vous allez bientôt avoir le droit…

Point out that **se marier** is a reflexive verb and that to *to marry some-one* is **se marier avec quelqu'un.**

de voter

de vous marier

d'obtenir* votre permis (m) de conduire

Mais en revanche, vous allez aussi avoir plus de responsabilités. Par exemple, vous allez être obligé(e)…

de gagner votre argent de poche

de prendre des décisions (f) pour l'avenir (m)

de faire votre service (m) militaire

La jeunesse: avantages et <u>inconvénients</u>

— <u>D'une part</u>, c'est bien d'être un jeune <u>adulte</u>. J'ai plus d'<u>indépendance</u> maintenant. Cette indépendance a beaucoup d'<u>importance</u> pour moi. Je ne supporte pas qu'on me pose toujours des questions. Je pense que je suis assez grand pour être responsable de <u>moi-même</u>. Il va y avoir des <u>élections</u> bientôt, et je vais pouvoir voter pour la première fois!

— <u>D'autre part</u>, je trouve que depuis un an ou deux la vie de tous les jours est devenue plus difficile. <u>En réalité</u>, j'ai très peu de temps pour profiter de ma nouvelle indépendance. Depuis longtemps je suis obligé de <u>nettoyer</u>* ma chambre et de <u>repasser</u> mes vêtements. J'ai aussi pris un travail <u>à temps partiel</u> pour gagner mon argent de poche, et tout de suite j'ai eu moins de temps libre!

Suggestion. Remind students of vocabulary related to **repasser** and **nettoyer: faire la vaisselle, faire le ménage, faire le lit, faire la cuisine, faire les provisions.**

*The verb **obtenir** is conjugated like **venir**. The verb **nettoyer** is conjugated like **payer** or **essayer**.

Information about military service, voting rights, and driver's licenses in France is provided in the **Contexte culturel** of the first **Exploration** in this chapter.

A. La vie de tous les jours. Listen to Claire talk about what her friends are doing. Write the letter of the illustration that corresponds to each sentence you hear.

> MODÈLE   Martine travaille pour gagner son argent de poche.
> **a**

a.

b.

c.

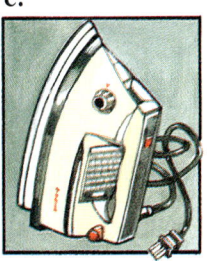

1. f	4. d
2. b	5. c
3. e	6. g

d.

e.

f.

g.

B. La vie à dix-huit ans. Today is Bernard's birthday. Find out what he says about himself by matching each sentence in the left column with a logical follow-up sentence from the right column.

> MODÈLE   C'est aujourd'hui mon anniversaire! J'ai dix-huit ans.
> **J'ai le droit de voter aux prochaines élections.**

1. J'essaie de plus en plus d'aider mes parents à la maison.
2. Je sais conduire une voiture.
3. L'été prochain, je compte chercher un travail à temps partiel.
4. Mes parents trouvent que je suis encore trop jeune. Je suis d'accord avec eux!
5. Il y a quelque chose de sérieux qui m'attend!
6. Mais il y a surtout des avantages à être adulte!

a. J'ai obtenu mon permis de conduire il y a deux ans.
b. Je vais être obligé de faire mon service militaire.
c. Je ne veux pas me marier tout de suite.
d. Maintenant, je nettoie ma chambre et je repasse mes chemises moi-même.
e. J'ai envie d'avoir un peu d'argent de poche.
f. J'ai plus d'indépendance et je peux prendre des décisions moi-même.

1. d	4. c
2. a	5. b
3. e	6. f

C. Les copains. All of Virginie's friends are busy this weekend. Tell what each one is doing by completing the following sentences with words from the list below.

voter   avenir   obtenir son permis de conduire
repasser   nettoyer   gagner un peu d'argent de poche

1. Joseph est allé chercher un travail pour ════.
2. Christelle a acheté une nouvelle robe et maintenant, elle va la ════.
3. C'est le jour de l'élection, et Nadine est allée ════.
4. Jean-Jacques est très content. Il a déjà appris à conduire et aujourd'hui, il va ════.
5. Thomas ne sait pas s'il va aller à l'université ou chercher un travail tout de suite après son bac. Il réfléchit à son ════.
6. Sylvie est obligée de rester à la maison pour ════ sa chambre.

1. gagner un peu d'argent de poche   2. repasser   3. voter   4. obtenir son permis de conduire   5. avenir   6. nettoyer

Casablanca, Maroc

Communication

A. À votre avis. Do you have more rights and responsibilities now than you did a few years ago? Do you expect to see changes in the next few years? Using the vocabulary you have been learning in this chapter and other expressions that you know, describe five changes that you have either experienced or expect to experience in the future.

> EXEMPLE   **À la maison j'ai beaucoup plus d'indépendance. Je peux…**

B. Avantages et Inconvénients. Using your answers to Activity A and those suggested by your classmates, try to match the advantages of being a young adult with the disadvantages.

> EXEMPLE   **D'une part, j'ai beaucoup plus d'indépendance. Mais d'autre part, j'ai aussi plus de responsabilités.**

C. Un ami au Maroc. Imagine that you have received the name and **W** address of a new pen pal in Morocco. Write a short letter telling your pen pal about your life and asking about his or hers. Use the following suggestions, but feel free to add other topics of interest to you.

> EXEMPLE   *Cher Karim,*

aider à la maison   faire le service militaire
gagner de l'argent   obtenir un permis de conduire
avoir le droit de voter   étudier/parler plusieurs langues
avoir le droit de se marier prendre des décisions pour l'avenir

Variation. Have students write their answers first. Then, working in small groups, students can discuss and compare their rights and responsibilities along with the advantages and disadvantages involved.

Remind students of other expressions of contrast they know, for example **par contre** and **mais**.

You might suggest students use the name Karim if they write to a male pen pal or Karima if they write to a female pen pal.

EXPLORATION 1

Function: *Talking about what we do or feel*
Structure: *Other reflexive verbs*

Présentation

Enrichment. Ask students to locate pictures that illustrate these verbs and/or others used in this chapter. Have them show their pictures to the class and make a True/False statement about the picture. The other students will either agree or disagree. You might encourage them to organize the pictures into a story, which they can write and then tell to the class.

A. You already know reflexive verbs like **se laver** and **s'amuser.** Here are some reflexive verbs that you can use to talk about yourself and your feelings.

se disputer *to quarrel*	Ils **se disputent** tout le temps.
s'entendre (avec) *to get along (with)*	Je **m'entends** bien **avec** ma sœur.
s'excuser (de) *to apologize (for)*	Je **m'excuse d'**être en retard.
se fâcher (contre) *to get angry (at)*	Est-ce qu'elle **se fâche** souvent contre toi?
s'intéresser à *to be interested in*	Est-ce que vous **vous intéressez aux** élections?
se moquer de *to laugh at*	Luc et Sophie **se moquent de** leur petit frère.
s'occuper de *to take care of*	Georges **s'occupe de** son petit cousin.
se sentir* *to feel*	Je **me sens** mal.
se tromper (de) *to make a mistake*	On peut toujours **se tromper.**

Option. Tell students that while **s'excuser** is frequently used in everyday French, the verb is used nonreflexively in formal French: **Excusez-moi.**

Point out that **bien** and **mal** are used with the verb **se sentir: Il se sent bien.**

B. The verbs **se passer** and **se trouver** are very useful. The expression **Qu'est-ce qui se passe?** means *What's happening?* The verb **se trouver** means <u>*to be*</u> or <u>*to be located*</u>.

Qu'est-ce qui se passe devant ce magasin?
Notre école **se trouve** au nord de la ville.
Nous **nous trouvons** dans une situation compliquée.

*The verb <u>se sentir</u> is conjugated like **sortir**.

Repetition. **1.** Je me sens triste, Tu te sens triste, etc. **2.** Je ne me fâche pas souvent, Tu ne te fâches pas souvent, etc. **3.** Je m'intéresse à l'histoire, Tu t'intéresses à l'histoire, etc.

C. Reflexive pronouns can also be used with some verbs to express the equivalent of *each other* in English.

Annick et Denis **s'aiment** beaucoup.

Pourquoi est-ce qu'ils **se regardent**?

Mes cousins **se ressemblent**.

Nous **nous téléphonons** tous les soirs.

Vous **vous parlez** souvent, n'est-ce pas?

Annick et Denis love each other very much.

Why are they looking at each other?

My cousins resemble each other.

We call each other every evening.

You talk to each other often, don't you?

Substitution. **1.** Anne se trompe rarement. Je/Tu/Mon frère/Ils/Nous/Vous **2.** Je ne m'entends pas bien avec Georges. Nous/Tu/Philippe/Vous/Anne et Paul **3.** Lucie s'occupe de sa sœur. s'entend bien avec/se fâche contre/se moque de/s'intéresse à

Ils se téléphonent tous les jours!

Ils se parlent tout le temps!

Nous nous aimons à la folie!

Préparation

ST 44

A. **Logique?** Listen to a series of statements made by teachers and students, and decide which of the sentences below logically follows the statement you hear. Write the letter of your choice next to the number of the sentence you hear.

MODÈLE   Il se fâche quand il perd.
         a

a. Il veut toujours gagner ses matchs.
b. Il veut acheter un album pour sa collection.
c. Ils s'aiment beaucoup.
d. Chaque fois que je refuse, il se fâche.
e. C'est vrai! Ils se disputent tout le temps.
f. Elle a pris un comprimé d'aspirine il y a une demi-heure.
g. Il y a une course d'automobiles.

Transformation. Elle se sent fatiguée. → Elle ne se sent pas fatiguée. Cet hôtel se trouve en ville./Ils s'aiment beaucoup./Nous nous intéressons au cinéma./Vous vous disputez souvent.

1. f   4. g
2. c   5. e
3. b   6. d

B. Nos copains.   Paul and his sister Martine are talking to some friends. Using the elements provided, complete each of these descriptions. Be sure to make the reflexive verb agree with the subject.

> MODÈLE   Alain est très gentil. (s'entendre bien avec tout le monde)
> **Il s'entend bien avec tout le monde.**

1. Janine ne peut pas sortir le samedi matin. (s'occuper de ses frères et sœurs)
2. Henri et Gisèle aiment bien parler avec Karim. (s'intéresser à la vie au Maroc)
3. Isabelle et Ariane, vous n'êtes jamais d'accord sur le choix d'un film. (se disputer chaque fois que vous allez au cinéma)
4. Philippe et moi, nous sommes très forts en maths. (se tromper rarement)
5. Julie est allée chez le médecin la semaine dernière. (se sentir mieux cette semaine)
6. Martine, tu veux toujours gagner tes matchs de tennis. (se fâcher toujours quand tu perds)

Marrakech, Maroc

1. Elle s'occupe
2. Ils s'intéressent
3. Vous vous disputez
4. Nous nous trompons
5. Elle se sent
6. Tu te fâches

C. Conclusions.   Read these short descriptions of various students and situations. Then complete the description by adding a sentence, using the reflexive verb provided. Use each verb only once.

> MODÈLE   Geneviève est très gentille.
> **Elle s'entend bien avec tout le monde.**

se tromper   se fâcher contre Dominique
se sentir malade   s'intéresser à la photographie
s'excuser tous les jours   s'entendre bien avec tout le monde
se parler tout le temps

1. Stéphanie n'est pas contente quand sa sœur porte ses vêtements.
2. Tous les jours, Gilbert arrive en retard à son cours d'histoire.
3. Richard pense que c'est aujourd'hui le 6 novembre, mais en réalité c'est le 5 novembre!
4. Véronique n'a pas pris de petit déjeuner et n'a pas mangé à midi, mais cet après-midi elle a mangé beaucoup de gâteau au chocolat.
5. Fabienne a un très bel appareil-photo.
6. Tous les matins, Pierre téléphone à Sylvie; tous les après-midi, Sylvie téléphone à Pierre; et tous les soirs, Pierre téléphone à Sylvie.

1. Elle se fâche contre Dominique.
2. Il s'excuse tous les jours.
3. Il se trompe.
4. Elle se sent malade.
5. Il s'intéresse à la photographie.
6. Ils se parlent tout le temps.

Les jeunes en France atteignent leur majorité (*reach legal age*) à 18 ans. C'est-à-dire qu'à 18 ans ils peuvent se marier, créer une entreprise et voter. Entre 18 et 22 ans, les jeunes Français (mais pas les jeunes Françaises) sont appelés au service militaire qui dure 12 mois.

À 14 ans, les jeunes ont déjà le droit de conduire un vélomoteur, mais pour obtenir le permis de conduire il faut avoir 18 ans. En plus (*Moreover*), les Français sont obligés de passer par une "auto-école" pour obtenir le permis. Ces écoles sont difficiles et coûtent assez cher. La vitesse est limitée à 90 km à l'heure pendant un an pour les nouveaux conducteurs.

Maximum speed limit in France is 130 kilometers per hour on certain freeways.

Communication

A. Descriptions.  Using the reflexive verbs you have learned, write a description of each of these pictures.

1. M. Bensusan se fâche contre les élèves.
2. Hervé se sent malade.
3. Marc et Laure s'aiment.
4. Roger et Vincent se disputent.
5. Sabine se peigne les cheveux.

EXEMPLE La Tour Eiffel…
La Tour Eiffel se trouve à Paris.

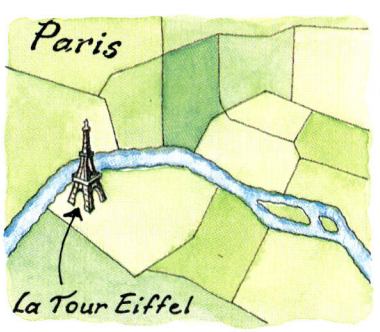

La Tour Eiffel…

1. M. Bensusan…

2. Hervé…

3. Marc et Laure…

4. Roger et Vincent…

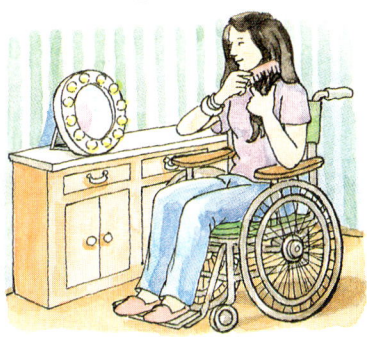

5. Sabine…

B. Ma vie. Write a short letter to a student in Morocco. Explain your daily routine to your new friend (what time you get up in the morning, go to bed at night, etc.). Also give information about who you get along with (or don't get along with) and what you are interested in. Use as many reflexive verbs as possible in your description.

EXEMPLE

Ma maison se trouve assez loin de l'école, alors, je suis obligé de me lever à 6 heures du matin!

C. Mes amis.   Give some general information about yourself, your family, and your friends by combining elements from the columns below. Describe at least six different people. Feel free to add other people and other reflexive verbs to the lists.

EXEMPLE   **Mon frère s'intéresse à la photographie.**

Moi, je		se fâcher
Ma mère		se tromper
Mon père		s'habiller
Ma sœur	(ne...pas)	s'occuper de
Mon frère	(ne...jamais)	se ressembler
Mon oncle		s'intéresser à
Mes cousins		se coucher tard
Mon copain		se réveiller tôt
Ma copine		s'amuser tout le temps
?		s'entendre avec tout le monde
		?

D. Nouveaux amis.   Exchange information about yourself with a partner. Alternate asking and answering questions. Use the suggested verbs below, but feel free to add other verbs and expressions you know.

Additional practice. Have students working in pairs organize their questions and answers into a dialogue that they can present to the class.

EXEMPLE   — **Est-ce que tu t'entends bien avec tout le monde?**
          — **Oui, je...**

se disputer	se fâcher	s'entendre	se ressembler
se sentir	se tromper	se marier	?

Révision et Expansion   See Student Response Forms.

You have now learned to use many reflexive verbs. Complete the following sentences with a reflexive verb that you have learned, paying close attention to the form of the verb.

1. Mon frère achète souvent de nouveaux vêtements. Je pense qu'il ═══ très bien!
2. Mes parents sont très gentils avec moi. Nous ═══ bien.
3. Mon frère ═══ quand j'oublie de lui rendre ses disques.
4. Ma sœur ═══ les cheveux une fois par semaine.
5. ═══, Paul! Tu vas être en retard.
6. J'aime bien cet acteur. Comment ═══ ? Je ne sais pas son nom.

1. s'habille   2. nous entendons   3. se fâche contre moi   4. se lave   5. Dépêche-toi   6. s'appelle-t-il

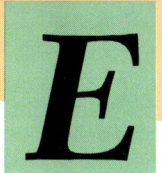

EXPLORATION 2

Function: *Talking about past activities*
Structure: *Reflexive verbs in the passé composé*

Présentation

A. You already know that we use the **passé composé** to talk about past activities. The **passé composé** of reflexive verbs requires **être** as the auxiliary verb.

se préparer	
je me **suis** préparé(e)	nous nous **sommes** préparé(e)s
tu t'**es** préparé(e)	vous vous **êtes** préparé(e)(s)
il s'**est** préparé	ils se **sont** préparés
elle s'**est** préparée	elles se **sont** préparées

Emphasize that all reflexives take **être** as the auxiliary.

Mes amis **se sont mariés**.
Elle **s'est réveillée** très tard.
À quelle heure est-ce que tu **t'es couché**?

*My friends **got married**.*
*She **woke up** very late.*
*What time **did** you **go to bed**?*

B. In the **passé composé,** the past participle agrees with the reflexive pronoun when that pronoun is the direct object of the verb. You have already learned that the reflexive pronoun has the same number and gender as the subject of the verb.

Nous nous sommes disputés.
Les deux amies se sont cherch**ées** devant la gare.

The agreement of the past participle is presented here for recognition only. Since this agreement has little communicative value, it need not be emphasized at this time.

C. There is no agreement of the past participle when there is a direct object following the verb or when the reflexive pronoun is the indirect object of the verb. Compare the following examples.

vous/Roger/tes amis/
Annette   **3.** Nous ne
nous sommes pas
dépêchés. Vous/Je/
Mes amis/Tu/Mon frère
4. Il ne s'est pas levé tôt.
Jacques/Martine/Vous/
Nous/Je/Tu

     Elle s'est **lavée.** (**se** *is the direct object*)
     Elle s'est **lavé** les mains. (**les mains** *is the direct object*)

     Nous nous sommes **regardés.** (**nous** *is the direct object*)
     Les professeurs se sont **parlé.** (**se** *is the indirect object*)

Transformation. Je me lève à cinq heures. → Je me suis levé à cinq heures. Nous nous amusons./Marc se dépêche de déjeuner./Elles se fâchent./Vous vous trompez.

Préparation

ST 45

A. De qui parlent-ils?   Nathalie is discussing some friends and acquaintances. Listen to what she says. Write **présent** if she is talking about something that is happening now, and write **passé** if she is talking about something that happened in the past.

1. passé   4. passé
2. présent   5. passé
3. présent   6. présent

     MODÈLE   Il s'est fâché contre son frère.

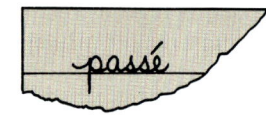

passé

B. Qui dit mieux?   Some students are bragging about how early they got up yesterday morning to study for their exam. Tell what they say.

1. Tu t'es levé
2. Vous vous êtes levés
3. Nous nous sommes levés
4. Alice s'est levée
5. Je me suis levé(e)
6. Les autres se sont levés

     MODÈLE   Je / 5 h 30
              Je me suis levé à 5 heures et demie du matin.

1. Tu / 6 h   4. Alice / 7 h 15
2. Vous / 7 h   5. Je / avant 8 h
3. Nous / 6 h 30   6. Les autres / après 8 h

C. Une mauvaise journée.   Sandrine had a bad day. Her mother is complaining to a neighbor about the things that she did wrong. Tell what her mother says.

1. Elle ne s'est pas couchée assez tôt.
2. Elle ne s'est pas réveillée assez tôt.
3. Elle ne s'est pas levée tout de suite.
4. Elle ne s'est pas préparée assez rapidement.
5. Elle ne s'est pas occupée de ses petits frères.
6. Elle ne s'est pas dépêchée pour aller à l'école.

     MODÈLE   ne pas se reposer
              Elle ne s'est pas reposée.

1. ne pas se coucher assez tôt
2. ne pas se réveiller assez tôt
3. ne pas se lever tout de suite
4. ne pas se préparer assez rapidement
5. ne pas s'occuper de ses petits frères
6. ne pas se dépêcher pour aller à l'école

D. Histoire d'amour. Using the elements provided below, tell how this love story evolved last week. Use the **passé composé** in each sentence.

MODÈLE lundi/Monique/se moquer de la chemise de Pierre
Lundi Monique s'est moquée de la chemise de Pierre.

1. mardi / Monique et Pierre / se disputer
2. mercredi / ils / se téléphoner
3. jeudi / ils / se parler pendant longtemps
4. vendredi / s'excuser
5. samedi / se marier

1. Mardi, Monique et Pierre se sont disputés.
2. Mercredi, ils se sont téléphoné.
3. Jeudi, ils se sont parlé pendant longtemps.
4. Vendredi, ils se sont excusés.
5. Samedi, ils se sont mariés.

See Student Response Forms.

E. Des messages. M. Clerc has confiscated some notes that his **W** students passed to each other during class, and many of the notes were torn. Reconstruct the notes by adding the verb.

MODÈLE Pourquoi est-ce que tu ===== lui? (se moquer de)
Pourquoi est-ce que tu t'es moqué de lui?

1. Vous ===== contre elle! (se fâcher)
2. À quelle heure est-ce que vous ===== hier soir? (se téléphoner)
3. Tu ===== au tableau? (se tromper)
4. Qu'est-ce qui ===== hier après-midi? (se passer)
5. Sébastien et Tatiana ===== samedi soir! (se disputer)
6. Julie et Édouard ===== hier. (ne pas se parler)

1. vous êtes fâchés
2. vous êtes téléphoné
3. t'es trompé
4. s'est passé
5. se sont disputés
6. ne se sont pas parlé

Contexte CULTUREL

Le mot **maghreb** en arabe veut dire **ouest,** et le Maghreb est le nom donné à la partie ouest de l'Afrique du Nord—le Maroc, l'Algérie et la Tunisie. Ces trois pays ont tous été colonisés (*colonized*) par la France au dix-neuvième siècle (*century*). Le Maroc et la Tunisie ont gagné leur indépendance en 1956, et l'Algérie a gagné son indépendance en 1962! Ces trois pays du Maghreb ont beaucoup en commun: malgré leurs systèmes politiques différents, ces pays partagent la même religion, c'est-à-dire (*that is*) l'Islam, une histoire commune et la même culture bilingue.

Une mosquée: Tunisie

Communication

A. Activités. Using the phrases below, make up questions to ask another student about what he or she did yesterday and today.

Variation. Have students do Activity in pairs.

> EXEMPLE   s'amuser bien hier soir
> **Est-ce que tu t'es bien amusé(e) hier soir?**

1. se coucher très tard hier soir
2. se réveiller tôt ce matin
3. bien se reposer
4. se lever tout de suite ce matin
5. s'arrêter chez des amis après l'école hier après-midi

6. bien s'amuser à l'école aujourd'hui

7. se fâcher contre un(e) ami(e) hier

8. ?

B. Charades. Working in small groups, students will act out a situation that illustrates one of the verbs listed below. The others will try to come up with the correct description of the situation, using the **passé composé**.

Variation. Write several reflexive verbs that students have already learned on little pieces of paper. Then, have students draw from a hat the verbs they will be acting out. Include ones not listed in this activity.

  EXEMPLE   **Il s'est moqué(e) de..., n'est-ce pas?**

1. se moquer

2. s'amuser

3. se trouver

4. se dépêcher

5. s'intéresser

6. se téléphoner

7. se fâcher

8. s'entendre bien avec

Révision et Expansion

You now know how to use reflexive verbs in the present tense and in the **passé composé**. You also know that many verbs are sometimes used reflexively and sometimes nonreflexively. Compare the following sentences.

Je **prépare** le repas.   Je **me prépare** pour sortir.

J'**ai préparé** le repas.   Je **me suis préparé**.

Remember that reflexive verbs always use **être** as the auxiliary verb in the **passé composé**. Some nonreflexive verbs of motion also take **être** as the auxiliary verb. However, most nonreflexive verbs use **avoir** as the auxiliary verb. Put each of these sentences into the **passé composé,** paying close attention to the choice of auxiliary verb.

1. Il se fâche trop facilement.

2. Ils partent à 10 h du soir.

3. Je trouve mes clés près de la porte.

4. Nous ne nous occupons pas de la voiture.

5. Tu vas au Maroc, n'est-ce pas?

6. Nous lavons la voiture.

7. Je me trouve dans une situation difficile.

8. Elle se moque de tout le monde.

9. Elle habille sa petite sœur.

10. Vous vous excusez, n'est-ce pas?

1. Il s'est fâché trop facilement.   **2.** Ils sont partis à 10 h du soir.   **3.** J'ai trouvé mes clés près de la porte.   **4.** Nous ne nous sommes pas occupés de la voiture.   **5.** Tu es allé au Maroc, n'est-ce pas?   **6.** Nous avons lavé la voiture.   **7.** Je me suis trouvé dans une situation difficile.   **8.** Elle s'est moquée de tout le monde.   **9.** Elle a habillé sa petite sœur.   **10.** Vous vous êtes excusés, n'est-ce pas?

EXPLORATION 3

Function: *Talking about what we wear and put on*
Structure: *The verb mettre and related expressions*

Présentation

A. You have already used the verb **porter** to say that you *wear* an item of clothing. **Porter** also means *to carry*.

Il **porte** toujours un jean et un tee-shirt.	*He always **wears** jeans and a T-shirt.*
Ils **portent** leurs nouveaux vêtements.	*They **are wearing** their new clothes.*
Je ne peux pas **porter** ta valise.	*I can't **carry** your suitcase.*

B. The irregular verb **mettre** is also used to say that we *put on* or *wear* an item of clothing.

mettre	
je **mets**	nous **mettons**
tu **mets**	vous **mettez**
il/elle/on **met**	ils/elles **mettent**

Passé composé:
j'**ai mis**, etc.

Il **met** ses chaussures.	*He **is putting on** his shoes.*
Mettez votre blouson; il fait froid ce matin.	***Put on** your jacket; it's cold this morning.*
Je **mets** mes chaussures noires pour aller à l'église.	*I **wear** my black shoes to go to church.*

Here are some additional items of clothing and accessories.

le chapeau *hat*	la cravate *tie*
le gant *glove*	l'imperméable (*m*) *raincoat*
le maillot de bain *swimsuit*	le manteau *coat*
le parapluie *umbrella*	le pyjama *pajamas*

Other items of clothing: **une ceinture** (*a belt*), **un complet** (*a man's suit*), **un tailleur** (*a woman's suit*), **un ensemble** (*an outfit*).

C. Mettre also means *to put* and is used in some idiomatic expressions as well.

Il **a mis** ses livres sur la table.
Mets la radio, s'il te plaît.
Qui va **mettre** la table?

*He **put** his books on the table.*
*Please **turn on** the radio.*
*Who is going to **set** the table?*

The verb used for *to turn off* (*the radio*) is ~~éteindre~~.

Éteinds

D. Se mettre à is a reflexive verb meaning *to begin* or *to start*.

Elles **se sont mises à** travailler.
Alain **se met à** apprendre l'allemand.

*They **started** working.*
*Alain **is beginning** to learn German.*

E. Other verbs that are conjugated like **mettre** are **permettre** (*to permit, to allow*) and **promettre** (*to promise*). Note that both verbs are followed by prepositions: **permettre** *à une personne de* faire quelque chose and **promettre** *à une personne de* faire quelque chose.

Qui **a permis** aux enfants d'entrer?
Promettez-moi de ne pas être en retard.
Je vous **promets** d'être gentil.

*Who **allowed** the children to come in?*
Promise me that you won't be late.
*I **promise** you that I'll be nice.*

Option. Point out that **demander à quelqu'un de faire quelque chose** has the same structure as **permettre** and **promettre.**

Suggestion. Point out that both parts of the negative precede an infinitive, as in the second example.

Point out the use of indirect object pronouns with these verbs, as in the last two examples above.

Repetition. **1.** Je mets une veste, Tu mets une veste, etc. **2.** J'ai mis mes chaussures noires, Tu as mis tes chaussures noires, etc.
Substitution. **1.** Je mets une cravate. Nous/Tu/Les élèves/Vous/ Valérie **2.** Tu promets d'arriver à l'heure. Les enfants/Vous/Nous/Michel/Je **3.** Ils ont mis les timbres sur l'étagère. Maman/Tu/ Nous/Vous/Je **4.** Quel manteau est-ce que tu mets? veste/ pantalon/chemise/ chaussures/pull/ chaussettes/pyjama/ cravate.

Préparation

ST 46

A. Père et fils. Listen to the following sentences, and decide whether each one is more likely to have been said by Paul or by his father. Write **Paul** or **son père** next to the number of the sentence.

MODÈLE   Je vais me mettre à chercher un travail pour gagner un peu d'argent de poche.

Paul

1. son père **2.** Paul **3.** son père **4.** son père **5.** son père **6.** Paul

B. Qu'est-ce qu'on va mettre? Caroline is going to a concert and wants to know what her friends are wearing. Using the information below, tell what each friend is wearing.

MODÈLE   Henri / une chemise bleue et une cravate verte
          Henri met une chemise bleue et une cravate verte.

1. Vous / votre nouvelle jupe grise
2. Simon / la veste qu'il a achetée l'hiver dernier
3. Tu / la robe blanche et noire que ta sœur t'a donnée
4. Je / mon pantalon gris et mon chemisier noir
5. Jacqueline et moi, nous / un pull parce qu'il fait froid
6. Les autres / un manteau ou un imperméable

C. Mauvaise mémoire. Monsieur and Madame Cintas are leaving on vacation and can't find the things they want to pack for themselves and their family. Tell what they say.

MODÈLE   Je…   **Je ne sais pas où j'ai mis mon chapeau!**

1. Vous mettez
2. Simon met
3. Tu mets
4. Je mets
5. mettons
6. Les autres mettent

1. Nous ne savons pas où nous avons mis nos gants.
2. Tu ne sais pas où tu as mis ta veste.
3. Valérie ne sait pas où elle a mis sa jupe.
4. Les enfants ne savent pas où ils ont mis leurs imperméables.
5. Serge ne sait pas où il a mis son pyjama.
6. Je ne sais pas où j'ai mis mon maillot de bain.
7. Raymond ne sait pas où il a mis sa cravate.
8. Tu ne sais pas où tu as mis ton parapluie.

Je…

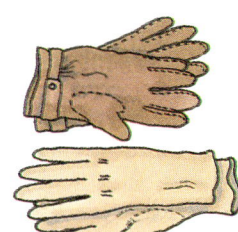
1. Nous…

2. Tu…

3. Valérie…

4. Les enfants…

5. Serge…

6. Je…

7. Raymond…

8. Tu…

D. C'est le premier jour qui compte. It's the first day of school for a group of elementary school children, and they all want to do well. Tell what they say, using the verb **promettre**.

> MODÈLE Nous/bien obéir
> **Nous promettons de bien obéir.**

1. Je/être gentil
2. Vous/bien écouter
3. Nous/apprendre nos leçons
4. Tu/répondre aux questions
5. Tout le monde/bien travailler
6. Les petits/bien s'amuser

E. Conversations. Some students are talking about themselves and their friends. Complete what they say by adding one of the following verbs to each sentence.

See Student Response Forms.

> MODÈLE La pluie ne nous **permet** pas de jouer au tennis cet après-midi.

mettre   se mettre   promettre   permettre

1. Mon amie ===== toujours à ses parents de nettoyer sa chambre, mais elle le fait rarement.
2. Ne ===== plus cette chemise! Tu la ===== tous les jours!
3. Mon frère ===== toujours la radio quand il fait ses devoirs.
4. Mes copains me ===== d'emprunter leurs disques si je ===== de les rendre.
5. Chaque année au mois de juin, nous ===== à faire du ski nautique.
6. Tu sais bien que les professeurs ne nous ===== pas de bavarder en classe.

1. promet
2. mets/mets
3. met
4. permettent/promets
5. nous mettons
6. permettent

Contexte
CULTUREL

Le tiers (*third*) de tous les étrangers en France sont de l'Afrique du Nord. À cause de la colonisation, il y a beaucoup de Marocains, d'Algériens et de Tunisiens qui ont émigré en France à la recherche d'un travail. Les Maghrébins ont souvent beaucoup de problèmes à s'adapter au mode de vie (*life-style*) français à cause des différences de religion, de traditions et de culture. En plus, les Maghrébins ne sont pas toujours acceptés dans la société française. Mais aujourd'hui il y a presque un million d'Algériens qui habitent en France.

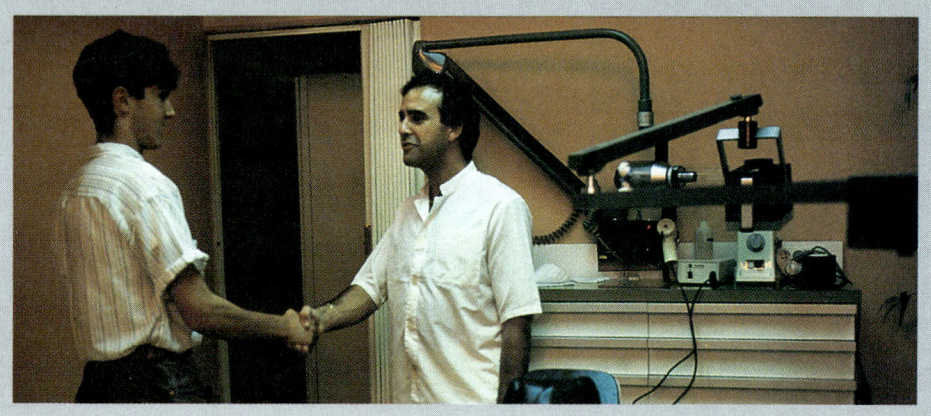

Communication

A. Qu'est-ce que je mets?   Say what you wear in each of the following situations or when you go to the following places.

> **EXEMPLE**   quand il fait chaud
> **Quand il fait chaud, je mets un short et un tee-shirt.**

1. à l'école
2. à la plage
3. à une boum
4. à un concert de rock
5. quand il pleut
6. quand il fait très chaud
7. quand il fait très froid
8. pour chercher du travail

B. C'est permis? Tell who allows you to do (or not to do) some of the following things. Feel free to add other topics of your own.

> EXEMPLE **Mon père ne me permet pas de conduire sa voiture.**
> **Ma mère me permet de m'habiller comme je veux.**

	rentrer quand je veux
	sortir seul(e) le soir
Mes parents	me coucher tard
Mon père	m'habiller comme je veux
Ma mère	dormir en classe
Mes amis	oublier de faire mes devoirs
Mes professeurs	prendre sa voiture
?	acheter beaucoup de vêtements
	faire du camping avec mes amis
	aller à des concerts de rock
	?

Additional practice. Have students, working in pairs, write and then present to the class a conversation between a parent and a teenager, using **mettre, permettre,** and **promettre** as much as possible.

C. Les bonnes résolutions. Sometimes you want to turn over a new
W leaf and promise to do better—even if it's not New Year's Eve! Write five promises you want to make. You can be serious, or you can make up silly resolutions.

> EXEMPLE **Je promets à mes parents de les aider à faire le ménage.**

Variation. Have students write up to six promises they have made and kept in the past three years.

Révision et Expansion

Enrichment. Have students share their promises, and then ask them to pick the five best or most original.

You have already learned that we can use the verb **prendre** to say that we *take* something *along*. The verb **porter** means *to wear* something and also *to carry* something, and the verb **mettre** is used to say that we *put on* or *wear* an article of clothing. **Porter** and **mettre** are often used interchangeably. Use these three verbs to complete the following sentences. Pay close attention to the choice of verb tense. See Student Response Forms.

1. Il se met à pleuvoir! ===== ton imperméable et ===== ton parapluie!
2. Les enfants ne ===== pas de chaussures en été quand il fait chaud.
3. Si vous voulez manger dans ce restaurant, ===== une cravate!
4. Jérémie s'habille très mal! Pour aller à la boum vendredi dernier, il ===== un pantalon orange et une chemise noire.
5. Jacqueline a beaucoup de vêtements! Elle ===== une jupe ou une robe différente tous les jours.
6. Quand Suzanne est allée chercher du travail, elle ===== sa nouvelle robe.

1. Mets/prends   2. portent (mettent)   3. mettez   4. a mis (a porté)   5. met (porte)   6. a mis (a porté)

EXPLORATION 4

Function: *Describing things and people*
Structure: *Adjectives that change meaning*

Présentation

A. You have learned that most adjectives in French follow the noun they modify, although there is a small group of adjectives, such as **beau, mauvais,** and **jeune,** that precede the noun. There are also some adjectives in French that are usually placed after the noun but can be placed in front of the noun to express a different meaning.

Tell students that these adjectives usually have their literal meaning when they follow the noun and a figurative meaning when they precede the noun.

	Before the noun	*After the noun*
ancien, ancienne	*former*	*ancient, old*
certain(e)	*some*	*definite*
cher, chère	*dear*	*expensive*
curieux, curieuse	*odd, strange*	*curious*
grand(e)	*great, big, large*	*tall*
pauvre	*unfortunate*	*poor*
propre	*own*	*clean*
seul(e)	*only, single*	*alone, lonely*

Study the follow examples.

mon **ancien** professeur	*my former professor*
un château **ancien**	*an ancient castle*
certains pays	*some countries*
une réponse **certaine**	*a definite answer*
une **chère** amie	*a dear friend*
une cassette **chère**	*an expensive cassette*
un **curieux** garçon	*a strange boy*
un garçon **curieux**	*a curious boy*
un **grand** homme	*a great man*
une femme **grande**	*a tall woman*
ces **pauvres** gens	*those unfortunate people*
un pays **pauvre**	*a poor country*

When **grand** modifies a noun referring to a person, it means *great* when placed before the noun and *tall* when placed after the noun. Remind students that when the **d** of **grand** is pronounced in liaison with a following vowel sound, it is pronounced like a **t**: **un grand homme.**

ma **propre** chambre	*my **own** room*
ma chambre **propre**	*my **clean** room*
la **seule** femme	*the **only** woman*
une femme **seule**	*a **lonely** woman*

4. C'est une <u>maison</u> très ancienne. restaurant/voiture/train 5. J'ai vu un seul <u>copain</u>. fleur/chapeau/parapluie 6. J'ai rencontré un <u>copain</u> seul. chien/garçon/amie

B. When these adjectives are used with the verb **être**, their meaning is the same as when they follow a noun.

M. Moreau est très **grand**.	*Mr. Moreau is very **tall**.*
Ma voiture est **propre** aujourd'hui.	*My car is **clean** today.*

Préparation

ST 47

A. Au lycée. Look at these illustrations of people and objects, and listen to two statements about each one. Write the letter of the statement that best describes each illustration.

MODÈLE **a. C'est un pauvre garçon!**
b. C'est un garçon pauvre!

1. b	4. a
2. a	5. b
3. b	6. a

1.

2. 3.

4.

5. 6.

Additional practice. After doing the listening task, have students describe aloud each illustration.

See Student Response Forms.

B. Conversations. As Victor is riding on the bus, he hears bits of conversations. Tell what he hears by adding the correct form of the adjective provided. Be sure to put the adjective in the right position.

1. Le ===== homme ===== (pauvre)! Sa *cher* ===== femme ===== (cher) l'a quitté la semaine dernière. Maintenant, c'est un ===== homme ===== (seul).
2. ===== jeunes ===== (certain) pensent qu'ils ont trop de responsabilités. D'autres veulent avoir plus de responsabilités.
3. Je fais le ménage tous les jours. Alors, j'ai une ===== maison ===== (propre).
4. C'est un ===== acteur ===== (grand), mais c'est aussi un ===== monsieur ===== (curieux). Il ne dort pas pendant la nuit et il met toujours un imperméable quand il sort de chez lui.
5. Notre équipe est meilleure que l'autre. Ça va être une ===== victoire ===== (certain).
6. Ah, mes ===== amis ===== (cher). Je suis très contente de vous voir.

1. pauvre homme/ chère femme/ homme seul
2. Certains jeunes
3. maison propre
4. grand acteur/ curieux monsieur
5. victoire certaine
6. chers amis

C. Continuez la conversation. Match each comment in the left-hand column with the statement in the right-hand column that most logically follows it.

1. c
2. e
3. a
4. g
5. d
6. f
7. b

MODÈLE   Ce n'est pas un restaurant très cher.
          Mais la cuisine est excellente.

1. Voilà un ancien lycée.
2. Je suis assez indépendante.
3. Quel curieux professeur!
4. Je suis sortie avec un certain jeune homme.
5. C'est un très grand écrivain.
6. Élisabeth ne se sent jamais seule.
7. Tu n'as pas de chemises propres.

a. Il met toujours la même cravate.
b. Qu'est-ce que tu vas mettre alors?
c. Maintenant, c'est un bureau.
d. Il a écrit beaucoup de romans.
e. Je prépare mes propres repas.
f. Elle a beaucoup d'amis.
g. Est-ce qu'il est gentil?

CULTUREL

Vous savez que le français joue un rôle assez important dans le Maghreb, mais est-ce que vous savez que le français est aussi important dans d'autres pays d'Afrique? Par exemple, le français est la langue officielle du Sénégal et le premier président du Sénégal était un très grand poète de la langue française.

Léopold Sédar Senghor était un grand intellectuel, un poète important et président de son pays. Dans ses poèmes, il célèbre l'Afrique et la race noire et il s'oppose à l'exploitation, aux injustices et aux inégalités.

Léopold S. Senghor

Communication

A. Interview. Interview another student about the following things. In each case, use the suggested adjective in your question. Also, be sure to use the appropriate form of the adjective. Your partner will answer the questions.

> EXEMPLE   enfant (seul)
> — **Est-ce que tu es le seul enfant dans ta famille?**
> — **Oui, je suis le seul enfant.**

1. restaurant (cher)
2. chambre (propre)
3. livres (ancien)
4. chat ou chien (curieux)
5. victoire en basket (certain)
6. voiture (cher)

B. Un jeu. See if other students can guess the person or the item you are thinking about. Use the adjectives you have learned in this chapter and other adjectives you know in your descriptions.

> EXEMPLE   — **Je pense à un grand homme français. Qui est-ce?**
> — **C'est Charles de Gaulle!**
> — **Je pense à une marque de voiture française. Qu'est-ce que c'est?**
> — **C'est une Renault!**

Variation. Divide the class into two teams. The team that is guessing starts with 10 points. Each time they guess incorrectly, a point is subtracted and the other team adds another adjective to the description. The guessing team has only 10 chances to guess the person or item.

C. À l'université. A friend has gone away to college. Write a
W paragraph in which you discuss the advantages and disadvantages
he or she finds in living away from home. Use the suggestions below,
and feel free to add ideas of your own.

> EXEMPLE **Maintenant, il (elle) a beaucoup plus d'indépendance.**
> **Par exemple,…**

1. having one's own room
2. preparing one's own meals
3. having enough clean clothes
4. choosing one's own courses
5. being lonely from time to time
6. buying expensive books for one's courses

1. ma propre chambre
2. mes propres repas
3. assez de vêtements propres
4. mes propres courses
5. Je me sens seul(e)
6. des livres chers

Révision et Expansion

Enrichment. Have students interview someone who has gone away to college and then prepare a written report of the interview.

You have now learned to use many different adjectives to describe people and things. Look at the following illustrations and their captions. Add an appropriate adjective of your choice to each caption.

1. Ce sont des filles.

2. Les Noiret ont acheté une maison.

3. Pauline porte une robe.

4. Michel est un garçon.

5. Ce sont mes voisins.

6. M. Lebœuf porte des chaussures.

Answers may vary.

1. Ce sont des filles heureuses. 2. Les Noiret ont acheté une maison ancienne. 3. Pauline porte une belle robe. 4. Michel est un garçon grand. 5. Ce sont mes vieux voisins. 6. M. Lebœuf porte des chaussures vertes.

Communication

Explanations will vary.
1. Un jeune Américain.
2. Un jeune Mauritanien.
3. Un jeune Mauritanien.
4. Un jeune Américain.
5. Un jeune Américain.
6. Un jeune Mauritanien.

A. L'individu.   Who do you think is more likely to have made each of
these statements, **un jeune Mauritanien** or **un jeune Américain**.
Write your reasons for each answer.

> EXEMPLE   Je suis très individualiste.
>   **Un jeune Américain. En Mauritanie, c'est la société qui
>   donne à l'individu son identité.**

1. Je mets toujours mes affaires dans ma propre chambre!
2. Chez moi, on peut se trouver seul, mais on ne se sent jamais
   seul.
3. Chez nous, les enfants participent à la vie et au travail de la
   famille dès qu'ils peuvent marcher.
4. Je suis obligé de m'occuper de mes petits frères et sœurs tous les
   samedis matin, et ce n'est pas très amusant. Je n'ai pas assez de
   temps libre pour moi!
5. Mes frères et sœurs n'ont pas beaucoup de droits, mais en
   revanche ils n'ont presque pas de responsabilités.
6. Mes parents me consultent quand ils prennent une décision
   importante.

Enrichment. As a diary
entry for this chapter,
have students write
about the rights and
responsibilities they
have recently acquired
and the ones they look
forward to having in
the future. Have them
include how they feel
about becoming more
independent. Students
may also choose to
describe what they
expect their life will be
like when they live away
from home: what they
will or will not be able to
do, what they will have
to do, etc.

B. Curiosité.   You are going to meet an exchange student from
Mauritania, and you are curious about his or her life. Prepare at
least six questions that you want to ask about the rights and
responsibilities of young people in Mauritania.

> EXEMPLE   **Est-ce que tu as déjà ton permis de conduire?
>   À quel âge est-ce qu'on a le droit de se marier?**

C. Un jeune Mauritanien. Imagine that you have just met the exchange student from Activity B. Explain to your new friend what your life is like in America. Emphasize those things that you think he or she will find surprising.

> EXEMPLE   **Je n'aime pas m'occuper de mon petit frère. Je trouve que…**

D. Qu'est-ce qui se passe? Look at this cartoon, and tell what is happening. Do you think this is a typical scene in an American household? Explain why or why not.

> EXEMPLE   **Le jeune garçon est dans le fauteuil.**

ST 49   See Student Response Forms.

E. Un programme d'échange. Bocar is applying to be an exchange student in the United States. He has made a cassette to tell a little about himself and his interests. Listen to what he says, and write the missing words.

Bonjour! Je m'appelle Bocar. Je suis de Nouakchott, qui __1__ sur __2__ ouest de la Mauritanie. Je parle __3__ et français, comme la plupart de mes copains. Je n'ai pas beaucoup de temps libre parce que j'ai beaucoup de __4__ à la maison. Par exemple, après l'école je __5__ mes frères et sœurs. D'habitude, __6__ bien, mais ce matin je __7__ contre mon frère parce qu'il __8__ de moi. Je __9__ l'informatique et je voudrais acheter mon __10__ ordinateur un jour. Mais les meilleurs ordinateurs sont __11__, et je n'ai pas assez d'argent. Mes parents ne me __12__ pas de travailler pour gagner __13__.

1. se trouve   **2.** la côte   **3.** arabe   **4.** responsabilités   **5.** m'occupe de   **6.** nous nous entendons
7. me suis fâché   **8.** s'est moqué   **9.** m'intéresse à   **10.** propre   **11.** chers   **12.** permettent
13. de l'argent de poche

F. **Une lettre.** Sophie wrote a short note to her friend Annette. Listen
L to the note as it is read aloud, and then answer the questions below.

1. Pourquoi Sophie a-t-elle écrit cette lettre?

2. Qu'est-ce que Sophie a fait après son dîner vendredi soir?

3. Quelle jupe a-t-elle mise?

4. Qu'est-ce qu'elle a fait avec son chemisier noir?

5. Qu'est-ce que sa petite sœur s'est mise à faire?

6. Qu'est-ce que Sophie ne supporte pas?

7. Pourquoi Sophie n'est-elle pas allée à la fête?

8. Qu'est-ce que Sophie a été obligée de faire?

1. pour expliquer pourquoi elle n'a pas pu aller à la boum d'Annette
2. Elle a commencé tout de suite à se préparer pour la fête.
3. sa jolie jupe blanche
4. Elle l'a repassé.
5. Elle s'est mise à lui poser des questions.
6. qu'elle lui pose beaucoup de questions
7. Sa mère ne lui a pas permis de sortir.
8. de rester à la maison et de nettoyer sa chambre

Prononciation

Syllables in French can have only one main vowel sound. When there is
a combination of pronounced vowels in the same syllable, the first vowel
is shortened to become a transition sound.

When the sound /y/ is followed by another vowel, it is shortened to the
sound /ɥ/ as in the word **lui**. Listen and repeat these words.

huit   minuit   pluie   conduire   nuage   continuez

Likewise, the sound /u/ is shortened before another vowel to /w/ as in
the word **oui**. Listen and repeat these words.

oui   échouez   jouer   ouest   Louis

Note that the spelling **oi** is pronounced /wa/ as in the following words.

noir   oiseau   moisson   loisirs   histoire

Now listen and repeat these sentences.

1. Ce soir, je vais sortir avec Louis.

2. Louis va conduire sa nouvelle voiture.

3. C'est la troisième fois que je sors avec lui.

4. Je l'attends depuis une heure et j'ai froid
   à cause de la pluie.

5. Il est enfin huit heures, et voici Louis!

I NTÉGRATION

Here is an opportunity to see how well you can use your French in a variety of situations. If you have trouble with any of these items, study the topic and practice the activities again, or ask you teacher for help.

Écoutez bien

ST 52

A. Serge donne son avis. Serge has written an important letter to his cousin André. Listen to the letter as it is read aloud, and then answer the following questions based on the letter.

1. Qu'est-ce qu'André veut faire?
2. Pourquoi Serge lui écrit-il cette lettre?
3. Pourquoi pense-t-il qu'Anne-Marie est un bon choix?
4. Qu'est-ce qu'André n'a pas encore fait?
5. Qu'est-ce qu'André va être obligé de faire?
6. Quel conseil Serge donne-t-il à son cousin?

1. Il veut se marier avec Anne-Marie.
2. pour lui parler un peu et lui donner son avis
3. Serge et Anne-Marie s'entendent très bien et ils sortent ensemble depuis déjà quelques années.
4. Il n'a pas encore fini ses études.
5. son service militaire
6. de ne pas se marier en ce moment

Lisez un peu

A. Chère Brigitte. Brigitte is a columnist who gives personal advice in a magazine for teens. Read the letters she received today, and then read the notes that Brigitte took as she read the letters. Decide which notes pertain to each letter.

Chère Brigitte,
Je m'intéresse beaucoup à une fille que j'ai rencontrée à mon cours d'anglais. Mais chaque fois que nous nous parlons, elle se moque de moi. Je me sens vraiment triste. Que suggérez-vous?
Nicolas

Chère Brigitte,
Vendredi dernier j'ai obtenu mon permis de conduire. Samedi soir j'ai pris la voiture de mon père pour sortir avec ma petite amie. Mais la voiture est tombée en panne, et nous sommes rentrés très tard. Mon père s'est fâché. Il ne me permet plus de prendre sa voiture. Qu'est-ce que je peux faire?

Jean-Claude

Chère Brigitte,

J'ai 16 ans et mon frère a 18 ans. Moi, je m'occupe bien de mes affaires: je nettoie ma propre chambre; je lave et je repasse mes propres vêtements. Enfin, je trouve que je suis assez responsable. Mais malgré ça, mes parents ne me permettent pas de sortir avec mes amies pendant la semaine. Par contre, mon frère n'a presque pas de responsabilités à la maison et il a le droit de sortir quand il veut. Ce n'est pas juste!

Stéphanie

Chère Brigitte,

André et moi, nous nous aimons beaucoup et nous voulons nous marier. André a 19 ans, et moi, j'ai 18 ans. Nous pensons que nous avons le droit de prendre nos propres décisions pour l'avenir. Mais nos parents ne sont pas d'accord avec nous. Ils pensent que nous sommes trop jeunes pour nous marier. Nous leur avons promis d'attendre un an, mais nous sommes très malheureux.

Juliette

Point out to students that the personal pronoun **elle** is used in numbers 3, 5, and 8 because the reference is **une personne**. The use of **elle** does not give away the answer.

1. Cette personne veut se marier tout de suite.

2. Cette personne pense que la réaction de son père n'est pas justifiée.

3. Cette personne pense qu'elle a trop de responsabilités et pas assez de droits.

4. Cette personne est peut-être très timide.

5. Cette personne pense qu'elle n'est pas responsable de ce qui s'est passé.

6. Ces jeunes gens pensent qu'ils ont le droit de prendre leurs propres décisions.

7. Peut-être que cette personne se trompe. Peut-être que la jeune fille ne se moque pas de ce garçon.

8. Cette personne semble accepter ses responsabilités, alors elle veut avoir plus d'indépendance.

1. Juliette
2. Jean-Claude
3. Stéphanie
4. Nicolas
5. Jean-Claude
6. Juliette
7. Nicolas
8. Stéphanie

A. **Réponses.** Play the role of the columnist Brigitte, and write a brief answer to each of the letters in the previous activity.

EXEMPLE

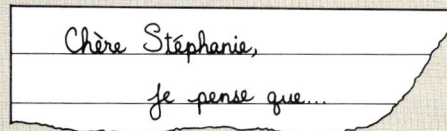

Chère Stéphanie,

Je pense que...

B. Qu'est-ce qui va se passer?   A friend is going to start high school in the fall and wants to know what it will be like. Write sentences telling him or her what usually happens in the following situations.

> EXEMPLE   si tu oublies de faire tes devoirs
> **Si tu oublies de faire tes devoirs, le prof risque de se fâcher, et tu vas avoir une mauvaise note.**

1. si tu arrives en retard en classe
2. si tu t'habilles très bien ou très mal
3. si tu te sens mal au milieu d'un cours
4. si tu ne sais pas où se trouve la bibliothèque
5. si tu t'amuses avec tes copains pendant le cours
6. si tu te trompes quand le professeur te pose une question

C. La vie aux États-Unis.   You are an exchange student in a French high school. You have been asked to give a talk about the role of young people in American society. Write a summary of what you are going to say. You may wish to discuss the following topics.

> EXEMPLE   **Aux États-Unis les jeunes...**

voter	l'argent de poche
se marier	le permis de conduire
les droits	la vie de tous les jours
les responsabilités	la situation linguistique
le service militaire	des décisions pour l'avenir

Parlons ensemble

Work with a partner or partners, and create dialogues, using the situations below. Whenever appropriate, switch roles and practice a different part of your dialogue.

Situations

A. Contrastes.   Discuss with your partner the rights and responsibilities of young people. One of you will take the point of view of someone who is quite satisfied with the situation and will give some examples to support that point of view. Your partner will represent the point of view of someone who is very dissatisfied. Try to convince your partner of your point of view.

B. La voiture.   Take the role of a teenager who wants to borrow the family car. Your partner will play the role of a parent who is hesitant to lend the car. Try to offer convincing arguments in favor of your borrowing the car, while your partner expresses his or her concerns.

Variation. Divide the class into two teams and have them debate the two viewpoints. At the end of the discussion, a poll could be conducted to decide if the specific rights and responsibilities discussed should be changed in any way.

VOCABULAIRE

NOUNS RELATED TO CLOTHING

le **chapeau** hat
la **cravate** tie
le **gant** glove
l' **imperméable** (m) raincoat
le **maillot de bain** swimsuit
le **manteau** coat
le **parapluie** umbrella
le **pyjama** pajamas

OTHER NOUNS

l' **adulte** (m/f) adult
l' **arabe** (m) Arabic
l' **argent de poche** (m) pocket
    money
la **conséquence** consequence
le **contraste** contrast
la **côte** coast
la **culture** culture
la **décision** decision
la **différence** difference
la **diversité** diversity
le **droit** right
l' **élection** (f) election
l' **identité** (f) identity
l' **importance** (f) importance
l' **impression** (f) impression
l' **inconvénient** (m)
    disadvantage
l' **indépendance** (f)
    independence
l' **individu** (m) individual
la **personne** person
la **responsabilité** responsibility
la **richesse** wealth, riches
le **service militaire** military
    service
la **situation** situation

la **société** society
la **vie de tous les**
    jours everyday life

ADJECTIVES

ancien (m), **ancienne** (f) former,
    ancient, old
certain some, definite
culturel (m), **culturelle** (f)
    cultural
curieux (m), **curieuse** (f) odd,
    strange, curious
francophone French-speaking
grand great, big, large, tall
individualiste individualistic
mauritanien (m), **mauritanienne**
    (f) Mauritanian
musulman Moslem
pauvre unfortunate, poor
propre own, clean
seul only, single, alone, lonely

VERBS AND VERBAL EXPRESSIONS

avoir de l'importance to
    be important
avoir raison to be right
compter to count
dire to say, to tell
se **disputer** to quarrel
s' **entendre (avec)** to get
    along (with)
s' **excuser (de)** to apologize
    (for)
expliquer to explain
se **fâcher (contre)** to get
    angry (at)

s' **intéresser à** to be interested
    in
se **marier** to get married
mettre to put (on), to wear,
    to turn on (radio), to set
    (table)
se **mettre à** to begin, to start
se **moquer de** to laugh at
nettoyer to clean
obtenir to obtain
s' **occuper de** to take care of
se **passer** to happen, to take
    place
permettre (à...de) to permit,
    to allow
porter to wear, to carry
poser des questions to ask
    questions
promettre (à...de) to promise
repasser to iron
sembler to seem
se **sentir (bien, mal)** to feel
    (good, bad)
se **tromper (de)** to make a
    mistake
se **trouver** to be (located)
voter to vote

OTHER EXPRESSIONS

à temps partiel part-time
de plus en plus more and more
dès que as soon as
d'une part...d'autre part on the
    one hand...on the other hand
en effet indeed, in fact
en réalité in fact, in reality
en revanche on the other hand
moi-même myself
Qu'est-ce qui se passe? What's
    happening?

6

Les Fêtes

In this chapter, you will talk about holidays and other celebrations. You will also learn about the following functions and structures.

Functions

- talking about giving and receiving

- talking about the past

- looking at the past in two different ways

- talking about people and places with which you are familiar

Structures

- **recevoir** and verbs like **offrir**

- the **imparfait**

- the **imparfait** versus the **passé composé**

- the verb **connaître**

1. Tradition régionale, Les Landes, sud-ouest de la France
2. La fête du travail (le 1er mai): Cagnes, France
3. Le défilé de la St-Jean (le 24 juin), Canada
4. Le Carnaval, Les Gilles: Binche, Belgique

2.

3.

4.

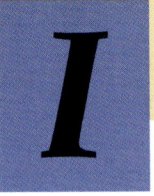NTRODUCTION

Le français en contexte

Boulevard des Italiens: Paris, France

ST 53

Joyeux Noël!

Daniel, un jeune Américain, va passer les vacances de Noël dans la famille de Laure et de sa sœur Alice. Laure et Alice lui parlent de la fête de <u>Noël</u> en France.

ALICE	Nous passons toujours Noël en famille. Pour moi, Noël est la plus belle fête de l'année. Hier, Laure et moi, nous <u>avons décoré</u> le <u>sapin de Noël</u>.
DANIEL	Et la <u>veille</u> de Noël, est-ce qu'on fait quelque chose de spécial en France?
ALICE	La veille de Noël, nous mettons nos chaussures autour du sapin ou devant la cheminée. Le lendemain, les enfants se réveillent très tôt pour <u>ouvrir</u> leurs cadeaux. Dans les chaussures ils trouvent, par exemple, une orange et des <u>bonbons</u> au chocolat.
LAURE	Le soir, <u>vers</u> onze heures, nous allons à l'église. À minuit, tout le monde sort de l'église. On <u>se souhaite</u> un <u>Joyeux Noël</u>, et ensuite on rentre à la maison pour le réveillon.
DANIEL	Qu'est-ce que c'est que "le réveillon"?
ALICE	Le réveillon de Noël est un grand dîner traditionnel. Tu vas voir. C'est <u>incroyable</u>.
LAURE	Et <u>puis</u> il y a un autre réveillon la veille du <u>Jour de l'An</u>.

Prereading activity.
Have students identify the two holiday celebrations discussed (**Noël, le Jour de l'An**).

Christmas

decorated/
Christmas tree

day before, eve

to open

candies

at about
wish each other / Merry Christmas

holiday meal

unbelievable
then/New Year's Day

DANIEL   <u>Sans blague!</u>   No kidding!

ALICE   À minuit, on se souhaite <u>une bonne année</u>. On aime aussi   Happy New Year
         <u>offrir</u> quelques petits cadeaux à ses parents ou à ses amis.   to offer, to give
         Souvent on donne un peu d'argent aux enfants. On appelle ça
         "les étrennes" du Jour de l'An.

DANIEL   Je vois qu'on va bien s'amuser!

Compréhension

Based on **Joyeux Noël!**, indicate whether these statements apply to the way Christmas and New Year's are celebrated in the U.S. (**aux États-Unis**), in France (**en France**), or in both countries (**dans les deux pays**).

1. On décore un sapin de Noël.
2. Les enfants se réveillent très tôt pour ouvrir leurs cadeaux.
3. On trouve quelques petits cadeaux dans ses chaussettes.
4. On fait un grand repas traditionnel après minuit.
5. À minuit, on se souhaite une bonne année.
6. On donne de l'argent aux enfants.

celebrate
days off work/celebrate

Les mots et la vie

Est-ce que vous <u>fêtez</u> Noël ou Hanukkah ou une autre fête religieuse?
Voici d'autres fêtes et <u>jours fériés</u> qu'on <u>célèbre</u> dans le monde
francophone.

un déguisement

se déguiser

le carnaval du Mardi Gras

un feu d'artifice

un drapeau

un défilé

le 14 juillet

la fête nationale

le premier mai

cueillir
du
muguet

la fête du travail

un poisson
d'avril

le premier avril

le premier novembre

aller au
cimetière

la Toussaint

Il y a d'autres occasions importantes qu'on célèbre, surtout en famille ou entre amis. Voici des souhaits typiques pour chacune de ces occasions.

Tell students that **Félicitations!** (*Congratulations!*) is the general expression used to congratulate someone.

la naissance d'un enfant   un anniversaire   un mariage

La fête de Noël: deux points de vue

— Moi, je trouve que la fête de Noël est beaucoup trop commercialisée! On se sent obligé d'envoyer des cartes et d'acheter des cadeaux. Et puis, je trouve que ce n'est pas bon de parler aux enfants du Père Noël. C'est un mensonge, et il faut dire la vérité aux enfants!

— Moi, j'adore Noël. Chaque année j'attends Noël avec impatience. J'aime bien chercher le cadeau parfait pour mes amis et pour les membres de ma famille. Et puis, les enfants ne sont pas bêtes! Ils peuvent facilement comprendre que le Père Noël représente l'esprit de Noël, c'est-à-dire le plaisir de donner!

French people generally exchange cards for New Year's Day rather than for Christmas.

Enrichment. Divide students into two groups to debate whether gift-giving at Christmas should be continued or abolished. Allow students to prepare several reasons to support their group's point of view. For each new reason presented, the group will earn a point. At the end, the group that has the most points will win.

A. C'est bientôt Noël.   Chang, a student from China, has just arrived in France for a year of study. He is asking about the dates on which various holidays will occur. Write the answers to his questions.

MODÈLE   C'est quand, Noël?
            Noël, c'est le 25 décembre.

1. Quand est-ce qu'on célèbre la fête du travail?
2. Quelle est la date de la veille du Jour de l'An?
3. Et la date du Jour de l'An?
4. Et la fête de la Toussaint, c'est quand?
5. Quelle est la date de la veille de Noël?
6. Quelle est la date de la fête nationale en France?

1. C'est le 1er mai.
2. C'est le 31 décembre.
3. C'est le 1er janvier.
4. C'est le 1er novembre.
5. C'est le 24 décembre.
6. C'est le 14 juillet.

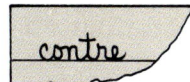

B. Pour ou Contre?   Listen to André and his friends talk about some of the pros and cons of the holiday season. Write **pour** if the statement reflects a positive attitude toward the holidays, and write **contre** if the statement reflects a negative attitude.

1. pour
2. contre
3. contre
4. pour
5. contre
6. pour

MODÈLE   Il faut toujours faire la queue pour acheter des cadeaux.

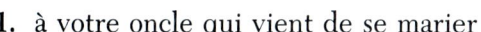

contre

C. Toutes mes félicitations!   What would you say to people in the following situations?

MODÈLE   à une amie qui vient de gagner dix mille dollars
Félicitations!

1. Meilleurs Vœux de bonheur!
2. Félicitations pour la naissance de votre enfant!
3. Joyeux Noël!
4. Bonne Année!
5. Poisson d'avril!
6. Bon Anniversaire!

1. à votre oncle qui vient de se marier
2. à des voisins qui viennent d'avoir un enfant
3. à votre père ou votre mère le matin de Noël
4. à votre meilleur ami le Jour de l'An
5. à un copain le premier avril
6. à une amie qui fête son anniversaire

Communication

A. Il faut deviner!   Tell about something typical that you did on a holiday. Your classmates will guess the holiday you have in mind. You may wish to use some of the expressions listed below.

EXEMPLE   — À cette occasion, j'ai acheté un petit cadeau.
— Tu penses à Noël?
— Non.
— Tu penses à un anniversaire?
— Oui!

Activity A can be done in pairs or small groups.

envoyer une carte   préparer un grand repas
regarder un défilé   porter un déguisement
aller au cimetière   ?

B. Quelles sont les différences?   Imagine you have just returned from a year in Paris. You are describing to your French class how certain holidays in France differ from those in the U.S. Using the vocabulary you have learned, write four sentences about these differences.

EXEMPLE

En France, la Toussaint est un jour férié.

EXPLORATION 1

Function: *Talking about giving and receiving*
Structure: *recevoir and verbs like offrir*

Présentation

A. To talk about gifts, we often use the verbs **offrir** (*to offer, to give*) and **ouvrir** (*to open*). These verbs along with **découvrir,** are conjugated as follows.

offrir	
j' offre	nous offrons
tu offres	vous offrez
il/elle/on offre	ils/elles offrent

Passé composé:
j'ai offert, etc.

Tell students that it is preferable to use **offrir** rather than **donner** when talking about giving gifts.

Point out the irregular past participle of **offrir**.

Point out that **offrir** is followed by **de** before an infinitive.

Point out that **offrir** can be used reflexively to mean *to give (something) to each other* or *to exchange (gifts).*

On **offre** des cadeaux à Noël. *People* **give** *gifts at Christmas.*

Philippe **a offert de** m'aider à faire mes devoirs. *Philippe* **offered** *to help me do my homework.*

Est-ce qu'on va **s'offrir** des cadeaux cette année? *Are we going* **to exchange** *gifts this year?*

Dépêche-toi! **Ouvre** tes cadeaux! *Hurry!* **Open** *your presents.*

Savez-vous qui **a découvert** l'Amérique? *Do you know who* **discovered** *America?*

B. To talk about receiving gifts and receiving or welcoming guests, we use the verb **recevoir** (*to receive*).

recevoir	
je **reçois**	nous **recevons**
tu **reçois**	vous **recevez**
il/elle/on **reçoit**	ils/elles **reçoivent**

Passé composé:
j'ai reçu, etc.

Qu'est-ce que tu **as reçu** pour
 ton anniversaire?
Moi, je ne **reçois** pas beaucoup
 de lettres.
Nous allons **recevoir** des invités.

What **did** you **receive** for
 your birthday?
I don't **receive** many
 letters.
We are going **to receive**
 (**to have**) guests.

C. Here is some vocabulary that is useful when talking about giving or receiving gifts.

> le bijou   *a piece of jewelry*
> le bouquet de fleurs   *bouquet of flowers*
> la carte d'anniversaire   *birthday card*
> la carte de Noël   *Christmas card*
> le jouet   *toy*
> la montre   *watch*
> la poupée   *doll*

Tell students that the plural of **bijou** is **bijoux**.

Repetition. **1.** Je reçois souvent des cadeaux. Tu/Il/ Elle, etc. **2.** Je lui offre des fleurs. Tu/Il/Elle, etc. **3.** J'ai découvert la vérité. Tu/ Il/Elle, etc.
Substitution. **1.** Ouvre la porte. ton cadeau/la bouteille/cette lettre/la carte **2.** Monique ne lui a pas offert de cadeaux. Je/ Nous/Éric/ Mes parents/Tu **3.** Mon petit frère a reçu une montre. jouet/bonbons/ cadeau/carte

Préparation

ST 55

a.

A. L'année dernière. Guillaume is telling a friend about Christmas Day at his house last year. Listen to what he says, and write the letter of the illustration that matches each sentence.

   MODÈLE   Ma petite sœur Marie a offert un cadeau à Papa.
      a

b.

c.

d.

1. c
2. b
3. e
4. d
5. g
6. f

e.

f.

g.

B. C'est toujours la même chose!   Marie-France is telling her parents about things people receive every Christmas at her house.

> MODÈLE   Papa et toi, vous / cartes
> **Papa et toi, vous recevez toujours des cartes.**

Une bûche de Noël

1. Mon grand frère/argent
2. Mes petites sœurs/poupée
3. Nous les enfants, nous/bonbons
4. Moi, je/robe
5. Maman, tu/bijoux
6. Toi, Papa, tu/montre

Point out that **bijoux** in Item 5 is plural.

C. Pour changer.   The Delacroix family tends to be very unimaginative about the presents they exchange year after year. Finally they decide to make a change. Tell what they decide they will no longer give each other as presents.

> MODÈLE   Maman/cravates/Papa
> **Maman n'offre plus de cravates à Papa.**

1. Mes grands-parents/jouets/ma sœur
2. Je/chemises/mon père
3. Oncle François/bijoux/Tante Claire
4. Tu/montres/Grand-père
5. Nous/poupées/la petite Sylvie
6. Suzanne et Françoise, vous/fleurs/Grand-mère

1. n'offrent plus de jouets à ma sœur
2. n'offre plus de chemises à mon père
3. n'offre plus de bijoux à Tante Claire
4. n'offres plus de montres à Grand-père
5. n'offrons plus de poupées à la petite Sylvie
6. n'offrez plus de fleurs à Grand-mère

D. Les fêtes.   Véronique is discussing holidays with some friends.
W Complete her sentences using **recevoir, offrir, ouvrir,** or **découvrir.**

> MODÈLE   Moi, je **reçois** toujours des vêtements pour mon anniversaire.

1. L'année dernière, mon frère ══ tous ses cadeaux tout de suite!
2. Chaque année, nos grands-parents nous ══ des bonbons à Noël.
3. La veille de Noël, nous ══ beaucoup d'invités.
4. Le premier mai, j' ══ du muguet à ma mère.
5. Est-ce que tu ══ un cadeau à Jacqueline pour son anniversaire l'année dernière?
6. Quand j'ai discuté avec son frère, j' ══ que David a son anniversaire le même jour que moi.
7. Mon petit frère ══ beaucoup de jouets chaque année.
8. Tous les ans, mes cousins ══ où leurs parents ont mis leurs cadeaux.

See Student Response Forms.

Tell students that not all verbs will be in the present tense. Recommend that they watch for clues in order to know which tense to use.

1. a ouvert
2. offrent
3. recevons
4. offre
5. as offert
6. ai découvert
7. reçoit
8. découvrent

Noël est la fête préférée des enfants. La veille de Noël, les petits Français déposent leurs chaussures autour du sapin pour que le Père Noël les remplisse de (*will fill them with*) cadeaux. Ils décorent le sapin avec des boules et des étoiles. Dans la crèche (*Nativity scene*), ils mettent des petits personnages (*figures*) en terre cuite peinte (*painted clay*), appelés "santons."

Une crèche et des santons

On fête Noël en famille. Traditionnellement, on va à l'église et après on mange de la dinde (*turkey*) et de la bûche glacée, un délicieux gâteau. La veille de Noël, les enfants n'arrivent pas à dormir: ils espèrent rencontrer le Père Noël avec sa barbe blanche et sa hotte (*basket*) pleine de jouets.

Communication

A. Les cadeaux. Use the following questions to ask classmates about their experiences with gifts. Have them give you as much detail as possible.

EXEMPLE   As-tu déjà offert des fleurs à un(e) ami(e)? À qui? À quelle occasion?
Oui, une fois j'ai offert un bouquet de fleurs à une amie pour son anniversaire.

1. Reçois-tu quelquefois des cadeaux que tu n'aimes pas?
2. À qui as-tu offert un cadeau récemment?
3. Préfères-tu offrir des cadeaux ou recevoir des cadeaux?
4. Parmi les différents cadeaux que tu as reçus l'année dernière, quel est le cadeau que tu as le plus aimé?

Enrichment. As a diary entry for this chapter, have students write about one of the best holidays or birthdays they ever had. Have them describe what they did, where they were, what gifts they got or gave, what made this time very special, etc.

5. Aimes-tu recevoir de l'argent comme cadeau?
6. Ouvres-tu tes cadeaux tout de suite ou attends-tu d'être seul(e) pour le faire?

B. **Aux États-Unis.** Your French pen pal has asked you to talk about
W gift giving in the United States. Write a short letter explaining on what occasions people give gifts in the United States and what kinds of gifts they generally give.

Enrichment. Have students imagine that they had a daydream in which they received all the gifts they wanted for their birthday. They can tell the class what they received: **J'ai reçu une voiture de sport italienne.**

EXEMPLE

Aux États-Unis on offre souvent...

Révision et Expansion

You have learned that there are several patterns of conjugation for **-ir** verbs.

- Regular **-ir** verbs are conjugated like **finir**. Other verbs in this group are **choisir, obéir, désobéir, réfléchir,** and **réussir.**
- Another group is composed of verbs conjugated like **sortir**. These verbs have one stem in the singular forms and another stem in the plural forms. Other verbs conjugated like **sortir** are **partir** and **dormir.**
- A third group of **-ir** verbs is composed of those conjugated like **offrir**. These verbs are conjugated in the present tense just like **-er** verbs. Other verbs in this group are **ouvrir, découvrir,** and **cueillir.**

Remind students that the **m** of **dormir** only appears in the plural forms.

Marianne is looking forward to the winter vacation that is coming up. To find out why, complete the following sentences with the correct form of one of the following verbs. See Student Response Forms.

finir	choisir	sortir	ouvrir
partir	réfléchir	dormir	réussir

1. En général, Marianne ===== de faire ses devoirs le soir, après le dîner.
2. La plupart du temps, elle ===== à les finir avant onze heures.
3. Mais de temps en temps, elle les ===== après minuit et alors, elle est très fatiguée.
4. Le lendemain, elle ===== jusqu'à sept heures et quart. Elle ===== les yeux difficilement et elle ===== lentement de son lit.
5. Mais comme son bus ===== à huit heures moins le quart, elle est obligée de se dépêcher!
6. Ces jours-là, Marianne ===== beaucoup aux vacances d'hiver qui arrivent dans quelques semaines. Vive les vacances!

1. choisit 2. réussit 3. finit 4. dort/ouvre/sort 5. part 6. réfléchit

EXPLORATION 2

Function: *Talking about the past*
Structure: *The imparfait*

Présentation

You have used the **passé composé** to talk about past events or actions that occurred at a specific time (**J'ai fini mes devoirs à 9 heures; Je suis sorti vendredi soir**). Another tense we use to talk about the past is the **imparfait,** or *imperfect tense*. This tense is used to talk about what we *were doing* over a period of time in the past.

A. To form the **imparfait,** drop the **-ons** from the **nous** form of the present tense and add the imperfect endings.

nous **parlons**	→ **parl-**	
nous **avons**	→ **av-**	+ imperfect endings
nous **finissons**	→ **finiss-**	

parler	
je parlais	nous parlions
tu parlais	vous parliez
il/elle/on parlait	ils/elles parlaient

Have students note that all the singular forms and the **ils/elles** form are pronounced the same: /ɛ/.

Nous **parlions** quand le professeur est entré.

We were talking when the teacher came in.

B. **Être** is the only verb with an irregular stem in the imperfect tense: **ét-.** The endings, however, are regular. **Être** is used in the imperfect to describe the way things *were*.

être	
j' étais	nous étions
tu étais	vous étiez
il/elle/on était	ils/elles étaient

Point out that verbs ending in **-ger,** like **manger, nager,** and **voyager,** add an **e** before the endings **-ais, -ait,** and **-aient** in order to retain the soft **g** sound: **je mangeais.** Unlike the present tense, the extra **e** is not necessary in the **nous** form: **nous mangions.** Also compare **commençais** and **commencions.** Point out also that the double **i** in **étudiions** is correct. By deriving the imperfect stem from the **nous** form of the present tense, students will avoid problems with spelling-change verbs: **je payais, je buvais, j'achetais,** etc. Only **il pleuvait** and **il fallait** cannot be derived in this way.

C. In addition to describing the way things *were* or what people *were doing*, the **imparfait** is also used to describe what a person *used to do* or *habitually did*. The **imparfait** differs from the **passé composé** in that we use the **imparfait** to describe actions or conditions that extended over an indefinite period of time in the past.

Pourquoi toutes ces mauvaises notes? Les questions étaient trop difficiles?

Quand tu **étais** petit, tu **avais** un vélo rouge.	When you **were** little, you **used to have** a red bike.
Je **me levais** plus tôt que maintenant.	I **used to get up** earlier than I do now.
Nous **regardions** le feu d'artifice.	We **were watching** the fireworks.

Non, monsieur. Ce sont les réponses qui étaient difficiles!

Substitution. 1. J'allais souvent en Suisse. Georges/Tu/Mes parents/Nous/Vous
2. Tu étais content. Ton père/Tes amis/Je/Nous/Vous
3. Elle choisissait un beau sapin. Mes parents/Je/Nous/Tu/Vous

Préparation

ST 56

A. Avant ou Maintenant? Madame Renaud recently went back to work. Listen as she tells a neighbor about some of the changes in her family's routine. Write **maintenant** if she is talking about the present, or write **avant** if she is talking about the period before she went to work.

MODÈLE   Je n'ai pas beaucoup de temps libre.

> maintenant

1. avant
2. maintenant
3. avant
4. avant
5. avant
6. maintenant
7. maintenant
8. avant

B. Sans blague? Chantal tried to call her best friend all day last Saturday, but she got no answer. What does Chantal ask in order to find out where her friend was, and what does her friend tell her she was doing?

MODÈLE   faire des courses/7 h 30
— **Sans blague? Tu faisais vraiment des courses à sept heures et demie?**
— **Mais oui, je faisais des courses!**

1. finir tes devoirs/9 h 30
2. être chez le médecin/11 h
3. jouer au tennis/1 h 15
4. travailler dans le jardin/5 h 15
5. se laver les cheveux/6 h
6. dormir/8 h 30

1. tu finissais/je finissais
2. tu étais/j'étais
3. tu jouais/je jouais
4. tu travaillais/je travaillais
5. tu te lavais/je me lavais
6. tu dormais/je dormais

C. Autrefois. Isabelle is asking an elderly neighbor about what his life was like when he was her age. What does she ask?

MODÈLE   habiter à la campagne
Est-ce que vous habitiez à la campagne?

1. avoir une télévision
2. conduire une voiture
3. se lever très tôt
4. être content
5. sortir souvent
6. avoir beaucoup d'amis
7. travailler bien à l'école
8. aller quelquefois au cinéma

1. vous aviez
2. vous conduisiez
3. vous vous leviez
4. vous étiez
5. vous sortiez
6. vous aviez
7. vous travailliez
8. vous alliez

1. nous envoyions des cartes   2. on choisissait le sapin de Noël   3. nous mangions le repas du réveillon   4. on chantait des chansons de Noël   5. on ouvrait les cadeaux   6. nous faisions du ski

D. Les Noëls de mon enfance.   Paul is telling how he and his family used to spend Christmas in Canada. Based on the pictures, tell what he says.

MODÈLE   nous/aller
Nous allions chez ma grand-mère.

1. mon frère et moi/envoyer

2. on/choisir

3. nous/manger

4. on/chanter

5. on/ouvrir

6. nous/faire

E. Le Jour de l'An.   Serge's father is describing how he and his family **W** used to spend New Year's Eve and New Year's Day in France. Find out what he says by adding the correct form of one of the following verbs.

See Student Response Forms.

MODÈLE   Nous ===== ce jour avec impatience.
Nous **attendions** ce jour avec impatience.

attendre	faire	être
s'amuser	rendre	recevoir
se souhaiter	danser	se coucher

1. Les gens ===== dans les rues.
2. Les enfants ===== des étrennes.
3. Nous ===== le réveillon en famille.
4. Je ===== beaucoup.
5. Tout le monde ===== très gai.
6. Nous ===== très tard.
7. Mes parents ===== visite à tous leurs amis.
8. Tout le monde ===== une bonne et heureuse année.

1. dansaient
2. recevaient
3. faisions
4. m'amusais
5. était
6. nous couchions
7. rendaient
8. se souhaitait

CULTUREL

En France, nouvelle année est inséparable de gastronomie (*good eating*). En effet, il est de tradition, pendant la nuit du 31 décembre, de prendre un délicieux repas. On mange d'excellents plats, comme du foie gras (*goose liver pâté*), des huîtres (*oysters*) et du saumon fumé (*smoked salmon*), et on boit du champagne. À minuit, tout le monde s'embrasse sous le gui (*mistletoe*). On se souhaite une bonne année et une bonne santé. On danse, on chante, on lance des confettis pour célébrer l'année qui finit et l'année qui commence. Le 1er janvier, on envoie des cartes de vœux à ses parents et à ses amis.

Le réveillon du 31 décembre

Communication

A. La rentrée. Do the following statements describe your first week of school this year? If not, reword them so that they are true for you.

> EXEMPLE   Il y avait beaucoup de nouveaux élèves.
> **C'est vrai. Il y avait beaucoup de nouveaux élèves.**
> **(Non, il n'y avait pas beaucoup de nouveaux élèves,**
> **mais il y avait quelques nouveaux professeurs.)**

1. Il pleuvait et il faisait assez frais.
2. J'attendais le premier jour avec impatience pour retrouver mes amis.
3. Tous mes amis étaient là.
4. Tout le monde était enthousiaste.

Variation. Have students use the statements as a basis for a short composition describing their first week of school. They can later present their compositions to the class.

5. Les nouveaux professeurs avaient l'air sympathiques.

6. Mes amis avaient les mêmes cours que moi.

7. Les nouveaux élèves avaient peur de poser des questions.

B. Une enquête. Imagine you are a detective conducting an investigation, and you want to know what everyone was doing at nine o'clock last night. Work with a partner, and ask questions such as where various people were, who they were with, and what they were doing. Your partner will invent an alibi for each person.

EXEMPLE   Vous   **Où étiez-vous hier soir à huit heures?**

Il/Elle   **J'étais chez moi.**

Vous   **Avec qui…**

C. Souvenirs. Write a short paragraph about someone or something that was important to you as a child. Include at least five sentences in your paragraph .

EXEMPLE

Dans notre quartier, il y avait un voisin que tout le monde appelait…

Révision et Expansion

You have already learned that very often French cannot be translated word-for-word into English. You learned, for example, that the present tense in French can be expressed three different ways in English (**J'étudie**–*I am studying, I do study, I study*). You also know that the imperfect has several translations (**J'étu-diais**–*I was studying, I studied, I used to study*). The idea of *used to* (a repeated action) can sometimes be expressed in English by *would*, for example, *When I was a child, we would often go to the beach.* In French this is still represented by the imperfect tense.

Imagine a Swiss friend wants you to help him translate the following sentences into English.

Answers will vary.

1. Mes parents nous emmenaient toujours voir nos grands-parents.

2. Ils habitaient près de Lausanne.

3. Nous prenions souvent le train pour aller leur rendre visite.

4. Le dimanche nous allions ensemble à l'église.

5. Il y avait beaucoup de monde dans l'église.

6. Ma grand-mère préparait un bon repas pour toute la famille.

7. Pendant ce temps, mes cousins et moi, nous jouions dehors.

8. Tout le monde s'amusait bien et était content d'être ensemble.

1. My parents always used to take us to see our grandparents. **2.** They lived close to Lausanne. **3.** We would often take the train to go visit them. **4.** On Sundays, we would go to church together.

5. There were many people in the church. **6.** My grandmother would prepare a good meal for the whole family. **7.** During this time, my cousins and I would play outside. **8.** Everybody had a good time and was happy to

EXPLORATION 3

Function: *Looking at the past in two different ways*
Structure: *The imparfait versus the passé composé*

Présentation

A. Now that you know both the **imparfait** and the **passé composé**, you need to learn to choose the correct tense when speaking or writing about the past. The basic difference is in the way we look at the past.

Passé composé	Imparfait
Do you view it as a single event or as a succession of events that happened at a specific time in the past? • Nous **avons fait** une promenade. • Ils **se sont** bien **reposés**. • J'**ai appris** à conduire. • Il **s'est levé**, il **a bu** son café et il **est parti**.	Do you view it as a description of a condition or a state of mind in the past, or as something that was in the process of taking place? • Il **faisait** beau. • Elle n'**était** pas contente. • Nous **étions** en train de jouer. • Mon père **regardait** la télé. Was it a repeated action or something that occurred regularly in the past? • Chaque matin, j'**allais** à la boulangerie. • Nous **nous arrêtions** souvent chez des amis. • Ils me **donnaient** toujours des bonbons.

B. The **passé composé** and the **imparfait** can both be used in the same sentence, for example when a continuing action or condition (**imparfait**) is interrupted by a specific event (**passé composé**).

Nous **finissions** notre dîner quand Pierre **est arrivé**.

C. The **imparfait** is often used to describe a feeling, a state of mind, or some other background information which led to an action expressed in the **passé composé**.

J'étais furieux et alors je n'**ai** pas **répondu** à ses questions.
Nous **avons décidé** de rester à la maison parce qu'il **pleuvait**.

Dís, Maman. Tu étais forte en maths quand tu allais à l'école?

Préparation
ST 57

1. une fois
2. une fois
3. régulièrement
4. régulièrement
5. une fois
6. une fois
7. régulièrement
8. régulièrement

A. **Habitudes et événements.** Last year Anne-Marie lived with a French family in Lyon. This year she is back home talking about the holidays she celebrated there. Listen to her remarks, and write **régulièrement** if the activity mentioned was done regularly, or write **une fois** if the activity was done on just one particular occasion.

MODÈLE   Nous allions à l'église tous les dimanches.

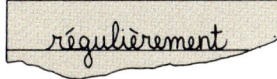

régulièrement

Oui, j'étais la première de la classe.

B. **Une fois n'est pas coutume.** Jean Delaroutine usually follows the same schedule, but one day he did not. Tell what he says.

MODÈLE   D'habitude, je me levais à 5 heures.
Ce jour-là, je ne me suis pas levé à cinq heures.

1. D'habitude, je prenais mon petit déjeuner chez moi.
2. Je lisais le journal tous les jours.
3. La plupart du temps, je prenais le métro pour aller à mon travail.
4. D'habitude, j'arrivais à mon bureau à huit heures.
5. Je travaillais jusqu'à 5 h 30.
6. Je rentrais presque toujours à 6 heures.
7. D'habitude, je me couchais tôt.

Alors, je ne comprends pas. Tu m'as dit que tu allais me donner cinquante francs et tu m'as donné seulement dix francs.

1. je n'ai pas pris
2. je n'ai pas lu
3. je n'ai pas pris
4. je ne suis pas arrivé
5. je n'ai pas travaillé
6. je ne suis pas rentré
7. je ne me suis pas couché

C. **Quel chahut!** Some students in Monsieur Germain's class were acting up while he was out of the room. Tell what they were doing when he came back into the room.

MODÈLE   Louise/chanter
Louise chantait quand le professeur est entré.

1. Je/danser avec Dominique
2. Tu/lire une bande dessinée
3. René et moi, nous/s'amuser
4. Robert/composer une chanson
5. Simone et Élisabeth, vous/parler des vacances
6. Michelle et Marcel/faire des dessins au tableau

1. Je dansais
2. Tu lisais
3. Nous nous amusions
4. Robert composait
5. vous parliez
6. Michelle et Marcel faisaient

D. Trop de questions! Jérôme wants to know the reason for everything. How do his friends answer the questions he asks them?

> MODÈLE — Janine, pourquoi est-ce que tu t'es dépêchée? (avoir beaucoup à faire)
> — **J'avais beaucoup à faire.**

1. Pourquoi est-ce que Madeleine est allée chez le médecin? (avoir mal à la gorge)
2. Pourquoi est-ce que Jean est rentré si tard? (s'amuser bien)
3. Pourquoi avez-vous vendu votre voiture? (ne pas marcher bien)
4. Maman, pourquoi est-ce que tu t'es couchée tôt? (être fatiguée)
5. Pourquoi est-ce que Serge n'est pas venu à l'école? (être malade)
6. Pourquoi est-ce que tu n'as pas fait tes devoirs? (vouloir sortir)
7. Pourquoi est-ce que Lynne et Serge sont allés faire des achats? (avoir besoin de nouveaux vêtements)

1. Elle avait mal à la gorge.
2. Il s'amusait bien.
3. Elle ne marchait pas bien.
4. J'étais fatiguée.
5. Il était malade.
6. Je voulais sortir.
7. Ils avaient besoin de nouveaux vêtements.

E. Hier. Jean-Luc is talking about what he was doing when various things happened to him yesterday. What does he say?

> MODÈLE manger/Jean/téléphoner
> **Je mangeais quand Jean a téléphoné.**

1. faire mauvais/je/sortir

2. attendre l'autobus/ Pierre/arriver

3. lire le journal/mon frère/ mettre la télé

4. aller à l'école/je/rencontrer /Suzanne

5. dormir/mes parents /rentrer

1. Il faisait mauvais quand je suis sorti. 2. J'attendais l'autobus quand Pierre est arrivé. 3. Je lisais le journal quand mon frère a mis la télé. 4. J'allais à l'école quand j'ai rencontré Suzanne. 5. Je dormais quand mes parents sont rentrés.

CULTUREL

Le 14 juillet 1789, les révolutionnaires de Paris ont pris la Bastille, une prison royale. En souvenir de cette journée de révolte contre le pouvoir du roi (*king*), le 14 juillet est devenu la fête nationale en France.

À Paris, sur les Champs-Élysées, on peut regarder le traditionnel défilé de l'armée française devant le Président de la République. Dans toutes les villes de France, on décore les bâtiments officiels avec des drapeaux tricolores bleu-blanc-rouge. La nuit, on éclaire (*light up*) les principaux monuments et on organise des feux d'artifice. Tout le monde danse et s'amuse pendant une bonne partie de la nuit. C'est la fête!

Défilé du 14 juillet sur les Champs-Élysées: Paris, France

Communication

A. **À minuit!** Answer the following questions about New Year's Day, or use them to interview another student.

1. Où avez-vous passé la veille du Jour de l'An cette année?
2. Qui était avec vous?
3. Quel temps faisait-il?
4. Qu'est-ce que vous faisiez à minuit? Et les autres personnes?
5. Et le Jour de l'An, qu'est-ce que vous avez fait?
6. Est-ce que vous étiez content(e) de commencer une nouvelle année?
7. Qu'est-ce que vous avez promis de faire ou de ne pas faire cette année?

B. Pourquoi? People often try to rationalize what they have or have
W not done. Use some of the suggestions given below or ideas of your
own to write six excuses.

> EXEMPLE faire vos devoirs hier soir
> **Je n'ai pas fait mes devoirs hier soir parce que j'ai
> oublié.**
> **(Je n'ai pas fait mes devoirs hier soir parce que j'étais
> obligé(e) d'aller chez ma grand-mère.)**

Activités		**Excuses**
rester à la maison		oublier
sortir avec vos amis		vouloir
nettoyer votre chambre		s'amuser bien
aller à la bibliothèque	parce que	avoir le temps
rentrer tôt à la maison		être obligé(e) de
faire vos devoirs hier soir		être fatigué(e),
?		malade, fâché(e)…
		?

Révision et Expansion

Certain "time words" are cues that help you determine which tense to use. For example, **aujourd'hui** and **maintenant** are often used to indicate the present tense, while expressions like **demain, la semaine prochaine,** and **ce week-end** refer to the future. Similarly, **hier, la semaine dernière,** and **le mois dernier** often indicate the **passé composé,** whereas **en ce temps-là** (*in those days*), **d'habitude, tous les étés,** and **autrefois** (*formerly*) can indicate the **imparfait.**

Use these "time words" and the illustrations below to tell how Daniel Poulin might compare his family's activities during different Bastille Day celebrations.

1. Maintenant, nous…
2. L'année dernière, nous…
3. Autrefois, nous…
4. L'année prochaine, nous…

EXPLORATION 4

Function: *Talking about people and places with which you are familiar*
Structure: *The verb* ***connaître***

Présentation

A. The verb **connaître** means *to know* in the sense of *to be acquainted with* or *to be familiar with*. **Connaître** always takes a direct object. It is an irregular verb.

connaître		
Je connais	nous connaissons	Passé composé:
tu connais	vous connaissez	j'ai connu, etc.
il/elle/on connaît	ils/elles connaissent	

Est-ce que tu **connais** Yves?	*Do you **know** Yves?*
Est-ce que vous **connaissez** cette région?	*Are you **familiar with** that region?*
Je n'**ai** jamais **connu** mes grands-parents.	*I never **knew** my grandparents.*

B. The **imparfait** of **connaître** follows the regular pattern.

C'était une personne que je **connaissais** bien.	*It was a person I **knew** well.*
Nous ne **connaissions** pas bien Londres.	*We **did** not **know** (our way around) London very well.*

Tell students that **un je-sais-tout** is *a know-it-all*.

Students have a tendency to translate the English past tense *knew* by the **passé composé**. Point out that *knew* is more often represented by the **imparfait** in French, since it refers to a condition that existed in the past. The **passé composé** of **connaître** often means *met*. This point will be presented in the **Révision et Expansion** of this **Exploration**.

C. You have already learned the verb **savoir** which also means *to know*. Note that **connaître** and **savoir** are not used in the same way. **Savoir** is used to indicate that we know specific facts or that we know how to do something. **Connaître** is used to indicate that we know a person or are familiar with something (a town, a region, etc.). Remember also that **connaître** should always have a direct object and that it can be used reflexively.

Option. Have students review the conjugation of **savoir** found in the verb charts at the end of the book.

Point out that **savoir** can take a direct object but that **connaître** must have a direct object.

Savez-vous qu'il est malade?	*Do you **know** that he is sick?*
Papa **sait** faire la cuisine.	*Dad **knows how** to cook.*
Je **connais** bien le Sud de la France.	*I **know** the South of France very well.*
Nicole et Michel **se connaissent** depuis plusieurs années.	*Nicole et Michel **have known each other** for several years.*

Substitution.   1. Je connais cet homme. cette femme/ta sœur/son cousin   **2.** Est-ce que vous connaissez Lyon? Genève/Dakar/Québec/Paris/Alger   **3.** Nous connaissons ces gens. Tu/Je/Vous/Georges/Mes parents

Transformation. Je connais ces gens. → Je connaissais ces gens. Je connais bien cette région./Elle connaît tes amies./Nous connaissons cette personne./Est-ce que vous connaissez les grands musées de Paris?

Préparation

A. La Suisse. Several people are talking about parts of Switzerland they know well. Tell what they say.

MODÈLE Robert/Lausanne
Robert connaît bien Lausanne.

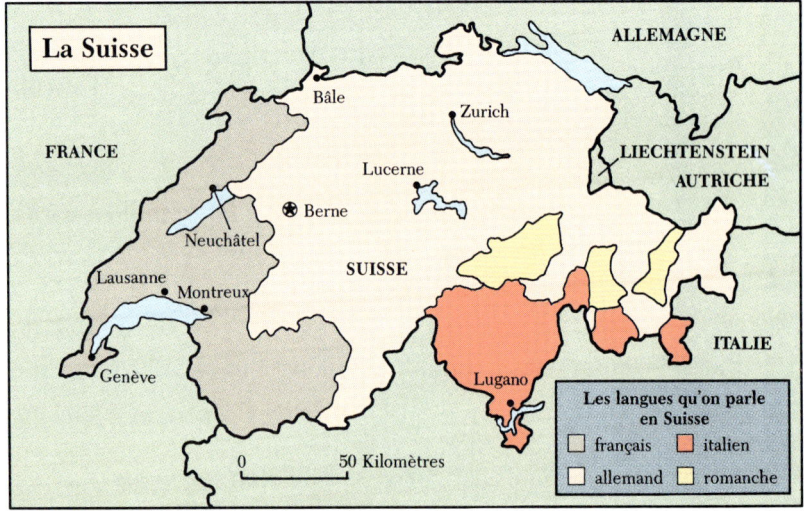

1. Nous/Genève
2. Tu/Zurich
3. Mes amis/Berne
4. Vous/Lucerne
5. Ma sœur/Montreux
6. Je/Neuchâtel

1. Nous connaissons   **2.** Tu connais   **3.** Mes amis connaissent   **4.** Vous connaissez   **5.** Ma sœur connaît   **6.** Je connais

ST 58

B. Quelqu'un d'intéressant. Listen to the following conversation between Lucile and Béatrice, and then answer these questions.

Have students locate these cities on the map.

1. Est-ce que Lucile sait comment s'appelle le garçon qu'elle a rencontré?
2. Est-ce que Béatrice savait qu'il y avait une boum chez André?
3. Pourquoi est-ce qu'André n'a pas invité Béatrice à sa boum?
4. Si Lucile a rencontré ce garçon, pourquoi est-ce qu'elle ne peut pas dire qu'elle le connaît?
5. À votre avis, est-ce que Lucile et Béatrice se connaissent bien?

1. Non.   **2.** Non.   **3.** Parce qu'il ne connaît pas Béatrice.   **4.** Parce que ce garçon parle anglais, et Lucile ne sait pas parler anglais.   **5.** Answers may vary.

C. Savoir ou Connaître? Pierre and Marc are thinking about possible new members for the school ski club. Complete their dialogue with the correct form of either **savoir** or **connaître**.

See Student Response Forms.

PIERRE Marc, est-ce que tu __1__ Jean-Claude, le nouvel élève?

MARC Oui, je le __2__ assez bien. Pourquoi?

PIERRE Est-ce qu'il __3__ faire du ski?

MARC Oui, bien sûr, il est très fort. Il a même gagné des compétitions.

PIERRE Sans blague! Je ne __4__ pas ça. S'il aime faire du ski, il __5__ sûrement les meilleures stations de ski.

MARC Et encore mieux, il __6__ sans doute quels sont les meilleurs endroits où on peut s'amuser après le ski.

PIERRE C'est décidé alors. Nous __7__ que c'est un bon candidat. Invitons-le à être membre du club.

1. connais **2.** connais **3.** sait **4.** savais **5.** connaît **6.** sait **7.** savons

LA FÊTE NATIONALE DU QUÉBEC

Contexte CULTUREL

Les Québécois célèbre leur fête nationale le 24 juin, c'est-à-dire la fête de St Jean. Cette journée est particulièrement appréciée par les jeunes, parce qu'elle marque aussi le dernier jour de l'année scolaire!

À Québec, comme dans tout le Canada français, on bloque les rues pour organiser des défilés et des jeux. On fait cuire (*cook*) du maïs (*corn*) dans de grandes marmites (*pots*) installées dans les rues. Les gens dansent toute la nuit dehors, sous les feux d'artifice. Les Québécois sont connus pour leur sens de la fête, et dans certaines villes cette fête dure plusieurs jours!

Défilé de la St-Jean: Québec, Canada

Communication

A. Depuis longtemps. Choose three people you have known for a long
W time. Write sentences telling how long you have known each of
them. Also write something that each of them knows how to do well.

EXEMPLE

*Je connais Barbara depuis cinq ans. Elle sait
bien jouer de la guitare.*

B. Interview. Using **savoir** and **connaître** appropriately, make five
questions to ask another student. You may use the suggestions
below, or add ideas of your own.

EXEMPLE   jouer de la guitare
       — **Est-ce que tu sais jouer de la guitare?**
       — **Non, mais je sais jouer du piano.**

1. nager   3. conduire   5. jouer au tennis
2. le Canada   4. ma famille   6. la date de mon anniversaire

Tell students that the verb **rencontrer** means *to meet* in the sense of *to run into* or *to happen upon,*
while **faire la connaissance de** means *to meet* in the sense of *to make someone's acquaintance.*

Révision et Expansion

You have learned that the verb **connaître** means *to know*. When used in the **passé
composé, connaître** often takes on the new meaning of *met*. Other verbs you know
that have the meaning *to meet* are **faire la connaissance de** and **rencontrer**. When
the verb **connaître** is used in the **passé composé,** it is usually limited to talking
about meeting someone in the distant past.

Je l'ai connu quand j'habitais à Lyon.	*I met him when I lived in Lyon.*
J'ai fait sa connaissance quand j'avais dix ans.	*I met him when I was ten years old.*
J'espère que tu vas le rencontrer.	*I hope you will meet him.*

You and a classmate are talking about a teacher who has just gotten married.
Fill in the blanks with the appropriate form and tense of the expressions you
have just studied.   See Student Response Forms.

— Est-ce que ____1____ (*you know*) le fiancé de Mme Leblanc?
— Non, ____2____ (*I met him*) hier, mais je n'ai pas eu l'occasion de lui parler.
— Moi, par contre, ____3____ (*I ran into him*) l'autre jour au supermarché.
    Il est vraiment très gentil.
—Le monde est petit, tu sais. ____4____ (*My father met him*) il y a dix ans.

1. tu connais   2. j'ai fait sa connaissance   3. je l'ai rencontré   4. Mon père l'a connu

PERSPECTIVES

La Grande Mosquée: Kairoùan, Tunisie

ST 59

Des Fêtes en Afrique du Nord

Dans le monde francophone, il y a beaucoup de cultures différentes et, bien sûr, chaque culture a des fêtes différentes. Voici la description de deux fêtes qu'on célèbre dans les pays d'Afrique du Nord.

Le Ramadan et la fête de l'Aïd-Es-Seghir en Algérie
L'Aïd-Es-Seghir is pronounced /aid ɛs segiʁ/.

Bonjour! Je m'appelle Ali. J'habite à Alger, en Algérie, et j'ai dix ans. C'était aujourd'hui la fête de l'Aïd-Es-Seghir dans tout le monde musulman, et pour nous, les enfants, c'était une journée fantastique. Laissez-moi vous décrire cette fête.

Le Ramadan est un mois du calendrier musulman, et pendant ce mois, on ne prend pas de nourriture du lever du soleil au coucher du soleil. Chaque jour on attend avec impatience le coucher du soleil parce qu'alors on mange toujours un bon repas composé de plats traditionnels. L'Aïd-Es-Seghir célèbre la fin du mois de Ramadan.

Ramadan is a month during which Moslems fast from sunrise to sunset. This is done to experience hunger and to encourage people to be more understanding and compassionate. Practicing Moslems buy food for poor people or invite them to their table for the evening meal.

L'Aïd-Es-Seghir est la fête préférée des enfants. Aujourd'hui, comme tous les ans, ma petite sœur Leïla et moi, nous avons reçu de nouveaux vêtements. Maman nous a préparé des gâteaux aux amandes. Papa est allé à la mosquée et, pour la première fois, il m'a demandé de l'accompagner—j'étais très fier! Après ça, nous sommes rentrés à la maison où nous nous sommes embrassés et souhaité une bonne fête. Papa nous a emmenés, Leïla et moi, chez des parents. Nos oncles et tantes nous ont offert des gâteaux délicieux, nous ont complimentés sur nos beaux vêtements, et surtout nous ont donné de l'argent! Avec cet argent nous avons acheté des bonbons et du chewing-gum. Ce soir nous sommes très fatigués, mais quelle bonne journée! Je me demande si vous avez chez vous une fête qui ressemble à l'Aïd-Es-Seghir.

Remind students that **les parents** means both *parents* and *relatives*.

La fête du mouton en Tunisie: l'Aïd-El-Kbir

L'Aïd-El-Kbir is pronounced /aid ɛl kbiʀ/.

Je m'appelle Roger et je suis américain. J'ai eu la chance d'habiter pendant plusieurs années en Tunisie où mes parents travaillaient pour une grande compagnie tunisienne. C'était pour moi une expérience très intéressante! Je voudrais vous décrire une grande fête qu'on célèbre en Tunisie—la fête du mouton, appelée en arabe l'Aïd-El-Kbir.

Les musulmans célèbrent l'Aïd-El-Kbir quarante jours après la fin du mois de Ramadan. Le matin de la fête, après la prière, tous les membres de la famille se souhaitent une bonne fête. À l'heure du déjeuner, chaque famille fait un barbecue de mouton. Ensuite, par tradition, les hommes rendent visite aux autres membres de la famille, et ce sont toujours les plus jeunes qui vont voir leurs parents plus âgés.

Comme vous voyez, l'Aïd-El-Kbir est non seulement une fête religieuse, mais aussi une fête familiale. D'ailleurs, c'est une chose que j'ai souvent remarquée en Tunisie—la vie de famille est très importante.

Vocabulaire à noter

l' **amande** (*f*) almond	**laisser** to allow
le **calendrier** calendar	le **lever du soleil** sunrise
complimenter to pay a compliment	la **mosquée** mosque
le **coucher du soleil** sunset	la **nourriture** food
d'ailleurs moreover	la **prière** prayer
décrire to describe	**religieux** religious
se **demander** to wonder	**remarquer** to notice
s' **embrasser** to kiss	
familial family	

Compréhension

Based on **Des Fêtes en Afrique du Nord,** indicate whether these statements are **vrai** or **faux**. Correct false statements to make them true.

L'Aïd-Es-Seghir

1. Pendant le mois de Ramadan, les musulmans ne prennent pas de nourriture du lever au coucher du soleil.
2. L'Aïd-Es-Seghir célèbre le début du mois de Ramadan.
3. La maman d'Ali et de Leïla leur a acheté des bonbons.
4. Les enfants mettent de nouveaux vêtements pour l'occasion.

L'Aïd-El-Kbir

5. Les musulmans célèbrent la fête du mouton pendant le mois de Ramadan.
6. Ce sont les plus âgés qui rendent visite aux plus jeunes.
7. Par tradition, tout le monde fait un barbecue de bœuf.
8. La vie de famille n'a pas beaucoup d'importance en Tunisie.

1. Vrai.
2. Faux. Il célèbre la fin du mois de Ramadan.
3. Faux. Elle leur a préparé des gâteaux.
4. Vrai.
5. Faux. 40 jours après la fin du mois de Ramadan
6. Faux. Les plus jeunes rendent visite aux plus âgés.
7. Faux. un barbecue de mouton
8. Faux. La vie de famille est très importante.

Communication

A. Traditions. Describe something typical that happens on one of these holidays. Try not to repeat a fellow student's answer.

EXEMPLE   le premier avril
En France, on met un poisson dans le dos d'un ami.

1. Noël
2. la fête nationale
3. la fête du travail
4. la fête de l'Aïd-El-Kbir
5. la fête de l'Aïd-Es-Seghir
6. la veille du Jour de l'An

B. Est-ce que vous savez? Imagine a friend makes these comments while talking to you. Add a follow-up statement or question, using **connaître** or **savoir.**

EXEMPLE   Le Maroc est un pays d'Afrique du Nord.
Est-ce que tu sais quelles langues on parle au Maroc?

1. Je ne suis pas sûr de la date de la fête nationale.
2. Mon frère veut apprendre le français.
3. Je vais faire un gâteau aux amandes pour mes amis.
4. Je pense que la fête du mouton est une fête musulmane.
5. En France les enfants reçoivent des étrennes le Jour de l'An.
6. Je vais passer l'Aïd-Es-Seghir en Tunisie cette année.

C. Autrefois et Aujourd'hui. Compare these celebrations of New Year's Eve. What differences do you notice? Which elements in each of the drawings do you prefer?

EXEMPLE   **Il y a longtemps les gens restaient chez eux...**

Autrefois   Aujourd'hui

ST 60

D. Les fêtes. There are some differences in the holidays people celebrate from country to country, but some similarities as well. Listen to the following description, and write the missing words.

Si vous avez eu __1__ de vivre ou de voyager dans d'autres pays, vous __2__ qu'on ne __3__ pas les mêmes fêtes partout dans le monde. Il y a d'abord les différentes fêtes __4__, comme __5__, mais il y a encore d'autres différences. Dans le monde __6__, par exemple, le calendrier n'est pas le même que chez nous, et alors les gens ne __7__ pas __8__ à la même date que nous.

Quand j'__9__ petite, j'__10__ en Algérie, où j'ai appris quelque chose de très important. Si les fêtes sont différentes dans les différentes parties du monde, l'esprit des fêtes est partout le même. Tout le monde aime __11__ et __12__ des __13__, et partout on __14__ __15__.

See Student Response Forms.

1. la chance
2. avez remarqué
3. célèbre
4. religieuses
5. Noël
6. musulman
7. fêtent
8. le Jour de l'An
9. étais
10. habitais
11. offrir
12. recevoir
13. cadeaux
14. se souhaite
15. bon anniversaire

ST 61

E. Une surprise. Today is Saturday, two weeks before Claude's birthday, and Claude's friends, Brigitte and Luc, surprise him. Listen to their conversation, and complete the sentences below.

1. Brigitte souhaite à Claude un ▬▬▬.
2. Le cadeau que ses amis lui apportent est ▬▬▬.
3. Claude essaie d'expliquer à ses amis que ▬▬▬.
4. Brigitte est bien contente parce qu'elle a toujours eu envie d'être invitée à ▬▬▬.
5. Claude veut savoir qui ▬▬▬ Brigitte et Luc chez lui.
6. Quand Claude ouvre sa carte, il trouve ▬▬▬.

See Student Response Forms.

1. bon anniversaire   2. un gâteau aux amandes   3. ce n'est pas son anniversaire   4. une fête chez Claude
5. a invité   6. un poisson en papier

Prononciation

You have already learned to pronounce the /j/ sound in words containing the letters **il, ille,** and **y.** Repeat the following words.

famille   soleil   sommeil   veille   billet   voyage

The /j/ sound is also represented by the letter **i** next to another vowel. Repeat the following words.

bien   vieux   mariage   national   viande   férié

Another place this sound occurs is in the **nous**/**vous** forms of verbs in the imperfect tense. Here the /j/ sound serves as the only distinction between the present tense and the imperfect tense. Compare the following sounds.

fêtez/fêtiez   chantons/chantions   connaissons/connaissions

Now listen and repeat these sentences.

1. Quand nous étions petits, nous allions chez mes grands-parents pour fêter Noël.
2. Toute la famille arrivait la veille de Noël.
3. Didier, Fabienne et moi, nous préparions le repas du réveillon.
4. Nous chantions de vieilles chansons.
5. Le lendemain matin nous avions bien sommeil.

SIXIÈME CHAPITRE

I NTÉGRATION

Here is an opportunity to see how well you can use your French in a variety of situations. If you have trouble with any of these items, study the topic and practice the activities again, or ask your teacher for help.

Écoutez bien

ST 63

 A. **Les Noëls d'hier et d'aujourd'hui.** Listen to Robert's grandfather talk about Christmas, and write **dans sa jeunesse** when he is reminiscing about a typical Christmas of his youth, or **l'année dernière** when he is referring specifically to last year's Christmas.

1. l'année dernière
2. dans sa jeunesse
3. dans sa jeunesse
4. l'année dernière
5. dans sa jeunesse
6. l'année dernière

> **MODÈLE** Nous nous levions très tôt la veille de Noël pour faire les préparations.
>
> *dans sa jeunesse*

ST 64

B. **La nouvelle.** Sarah is talking to her Canadian friend Michel about her first days at a new school in Brussels, Belgium. Listen to their conversation, then answer these questions.

1. Les premiers jours au lycée, Sarah se sentait
   a. seule.
   b. heureuse.
   c. dynamique.
2. Au début, Sarah
   a. était très élégante.
   b. bavardait beaucoup.
   c. avait peu d'amis.
3. Au début, elle parlait peu parce qu'elle
   a. était trop occupée.
   b. ne trouvait pas l'occasion de le faire.
   c. avait l'air bête.
4. Au lycée on parlait
   a. anglais.
   b. français.
   c. hollandais.
5. Sarah n'a pas parlé de ses difficultés à ses professeurs parce qu'
   a. elle ne connaissait pas bien le français et qu'elle était timide.
   b. elle n'avait pas assez de temps avant ou après ses cours.
   c. ils parlaient seulement hollandais.

1. a
2. c
3. b
4. b
5. a

Lisez un peu

A. La montée à l'alpage. Paul and François are two students who spent some time living in a Swiss alpine village. In the late spring they witnessed a special event in the village. Read this passage from a composition they wrote when they got home, and answer the questions that follow.

La montée à l'alpage refers to moving the cows to the high mountain pastures of the Alps for the summer season.

Montée à l'alpage en Suisse

D'habitude, tout était très calme au village. Il n'y avait jamais beaucoup de monde, et nous connaissions déjà tous les gens du village. C'était incroyable, mais il y avait seulement cinquante ou soixante habitants.

En général, nous nous réveillions assez tard. Mais un jour, très tôt le matin, nous avons entendu quelque chose de bizarre qui venait de la rue à côté de la maison. Je me suis levé pour regarder, et il y avait beaucoup de vaches qui passaient dans la rue! Ces vaches étaient toutes décorées de fleurs. Derrière elles, marchaient quelques hommes, et derrière ces hommes, venaient les autres gens du village. Ça faisait un très beau spectacle! Nous nous sommes habillés le plus vite possible et nous sommes sortis dans la rue. Ils allaient vers la montagne.

— Où allez-vous? ai-je demandé à un garçon que je connaissais.

— Mais vous ne savez pas? Les vaches vont passer tout l'été dans la montagne, et ces hommes les accompagnent. Ils vont passer l'été à s'occuper de leurs vaches et à faire du fromage. On fait ça chaque année en cette saison.

Option. Tell students that in written French, subject-verb inversion is used to tell who said a direct quotation: **ai-je demandé**. This does not make the sentence interrogative.

1. D'habitude, est-ce qu'on rencontrait beaucoup de monde dans les rues du village?
2. Combien d'habitants y avait-il?
3. Qu'est-ce que Paul et François ont entendu un jour, très tôt le matin.
4. Qu'est-ce qui se passait?
5. Pendant combien de temps est-ce que les vaches allaient rester dans la montagne?
6. Qu'est-ce que les hommes allaient faire?

1. Non.
2. cinquante ou soixante habitants
3. quelque chose de bizarre
4. Il y avait beaucoup de vaches décorées qui passaient dans la rue.
5. tout l'été
6. Ils allaient s'occuper de leurs vaches et faire du fromage.

Écrivez Have students create a few other things that happened to Danielle and write about them.

A. Danielle était en retard. Everything went wrong this morning for Danielle. She phones her friend Mireille after school and tells her all about it. Tell what she says using the **imparfait** and the **passé composé** appropriately.

> MODÈLE être déjà 7 heures/se réveiller
> **Il était déjà 7 heures quand je me suis réveillée.**

1. se laver les cheveux/tomber
2. finir de me préparer/voir que j'étais en retard
3. prendre mon petit déjeuner/découvrir un insecte dans mes céréales
4. quitter la maison/penser à mon chien qui avait faim
5. donner à manger à mon chien/entendre le bus qui arrivait
6. être à la porte de la maison/comprendre que c'était trop tard

1. Je me lavais les cheveux quand je suis tombée.
2. Je finissais de me préparer quand j'ai vu que j'étais en retard.
3. Je prenais mon petit déjeuner quand j'ai découvert un insecte dans mes céréales.
4. Je quittais la maison quand j'ai pensé à mon chien qui avait faim.
5. Je donnais à manger à mon chien quand j'ai entendu le bus qui arrivait.
6. J'étais à la porte de la maison quand j'ai compris que c'était trop tard.

B. Qui sont les coupables? Monsieur Rabat-Joie is trying to find out who put all the Christmas presents in front of his house last night. He asks each of the students pictured: **Qu'est-ce que vous faisiez hier soir à huit heures?** Based on the illustrations, write an alibi for the innocent students and a confession for the guilty ones.

Explain to students that **un rabat-joie** is a *killjoy*.

> EXEMPLE Didier et Nathalie
> **À 8 heures Didier et Nathalie faisaient leurs devoirs.**

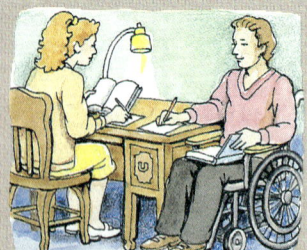
Didier et Nathalie

1. Charlotte et Philippe

2. Rose-Marie et Claudine

1. Charlotte et Philippe mangeaient au restaurant.
2. Rose-Marie et Claudine écoutaient des disques.

3. Victor, Elizabeth et René étaient dans une fête. **4.** Alain et Christophe faisaient du bricolage. **5.** Gérard, Jérôme et Pierre mettaient des cadeaux chez Monsieur Rabat-Joie.

3. Victor, Elizabeth et René **4.** Alain et Christophe **5.** Gérard, Jérôme et Pierre

C. Un voyage à l'étranger. You have just met a French student who recently spent a year in a French-speaking country of North Africa. Prepare questions to find out the following information.

You want to find out
1. what country he visited.
2. if he knew some people from that country.
3. if there were some interesting traditions or holidays.
4. what happened on New Year's Eve.
5. if many people knew French or English.
6. what he used to do for fun.

Parlons ensemble

Work with a partner or partners, and create dialogues, using the situations below. Whenever appropriate, switch roles and practice a different part of your dialogue.

Situations

A. Qu'est-ce qu'on va faire? You have been studying at the Lycée Domidier in Fribourg, Switzerland, for just one week. One of your classmates phones to invite you to see a movie. You accept, and you begin to make arrangements. Your partner will ask if you know where the movie theater is, if you know how to drive, if you know French or German, and if you are familiar with the movie. Make detailed plans.

B. Dans soixante ans. Imagine that sixty years have passed. You are sitting in your rocking chair, talking about what life was like when you were in high school. Your grandchild (played by a classmate) is asking you questions. Talk about what the town was like, what you were allowed to do, what was not permitted, how you spent your leisure time, what holidays you preferred, and how you celebrated them.

VOCABULAIRE

NOUNS RELATED TO HOLIDAYS

l' **amande** (f) almond
le **bijou** piece of jewelry
le **bonbon** candy
le **bouquet** bouquet
la **carte** card
le **défilé** parade
le **déguisement** costume
le **drapeau** flag
les **étrennes** (f) New Year's
  Day gifts
le **feu d'artifice** fireworks
le **jouet** toy
le **jour férié** day off work
le **mariage** marriage
la **mosquée** mosque
le **muguet** lily of the valley
la **naissance** birth
le **Père Noël** Santa Claus
le **plaisir** pleasure
la **poupée** doll
la **prière** prayer
le **réveillon** Christmas or
  New Year's Eve meal
le **sapin de Noël** Christmas
  tree
le **souhait** wish
la **tradition** tradition
la **veille** day before, eve

OTHER NOUNS

le **cimetière** cemetery
la **compagnie** company
le **coucher du soleil** sunset
la **description** description

le **lever du soleil** sunrise
le **mensonge** lie
la **montre** watch
la **nourriture** food
l' **occasion** (f) occasion
la **vérité** truth

VERBS AND VERBAL EXPRESSIONS

accompagner to accompany
célébrer to celebrate
connaître to be familiar,
  (acquainted) with
décorer to decorate
découvrir to discover
décrire to describe
se **déguiser** to wear a
  costume
se **demander** to wonder
(s') **embrasser** to kiss (each
  other)
fêter to celebrate
laisser to allow
(s') **offrir** to offer, to give
  (each other)
ouvrir to open
recevoir to receive
remarquer to notice
représenter to represent
(se) **souhaiter** to wish (each
  other)

ADJECTIVES

âgé old
commercialisé commercialized

délicieux (m), **délicieuse** (f)
  delicious
familial family
incroyable unbelievable
religieux (m), **religieuse** (f)
  religious
traditionnel (m), **traditionnelle** (f)
  traditional

HOLIDAYS

le **carnaval du Mardi
  Gras** Mardi Gras
la **Fête du Travail** Labor Day
la **Fête Nationale** national
  holiday
le **Hanukkah** Hanukkah
le **Jour de l'An** New Year's Day
le **Noël** Christmas
le **Ramadan** Ramadan
la **Toussaint** All Saints' Day

OTHER EXPRESSIONS

avec impatience eagerly
Bonne Année! Happy New Year!
d'ailleurs moreover
Félicitations! Congratulations!
Joyeux Noël! Merry Christmas!
**Meilleurs Vœux de
  Bonheur!** Best Wishes!
Poisson d'avril! April Fool!
puis then
Sans blague! No kidding!
vers at about, toward

Gazette

A. Pour commencer. Preview the article titled "**CD Jarre,**" paying close attention to clues that may help you predict its topic and its content. Then answer the following prereading questions.

1. In which of the following publications do you think this article appeared: *Auberges de Jeunesse, Télé 7 Jours, Rock & Folk, Le Monde.*
2. Look at the titles of the articles below. Which ones do you think probably did not appear in the same magazine as "**CD Jarre**"?
   a. "Accessoires: les grandes voitures de luxe"
   b. "Controverse scientifique: Ce qu'on fait aux animaux"
   c. "Les Grands Prix de la musique"

1. Rock & Folk
2. a, b

A **DX7** is a kind of synthesizer.

CD JARRE

Mine de rien, on l'a, notre star internationale! Il est français, vend des millions de disques dans le monde entier et attire, généralement, un million de spectateurs à ses concerts... C'est—et ça ne peut être que—Jean-Michel Jarre. Décrié par certains et adulé par d'autres, le musicien lyonnais aura déjà eu le mérite de populariser la musique synthétique à une époque où le DX7 n'était pas encore à la mode, d'imposer une musique universelle au-delà des langues et des cultures et de permettre de tester des millions de chaînes hifi à travers le monde... Si une musique est faite pour le disque laser, c'est bien celle de Jean-Michel Jarre d'où cette édition en tirage limité de l'«intégrale» de son œuvre. Ce coffret de huit compacts exclut les premiers disques de Jarre (passés inaperçus à l'époque), ses génériques de film («Les Granges Brûlées») et de télé ainsi que, bien entendu, son album «Musique pour Supermarchés» sorti en 83 à... un seul exemplaire. Cette compilation débute en 76 avec le fameux «Oxygène» jusqu'au «Cities In Concert», version revue (remixée digitalement) et augmentée (versions intégrales des morceaux plus quelques bonus, soit, au total, 72 mn de musique!) du «En Concert - Houston/Lyon» paru récemment, en passant par l'étonnant «Les Concerts en Chine» et l'excellent «Zoolook».

B. Mots-clés. Skim the article on Jean-Michel Jarre, and write down ten key words from the article. Based on your list of key words, tell what you think this article is about.

The article is about Jarre's new compact disc set.

C. Encore un pas. Skim the article once again, then decide which two of the following words are not key words in the article.

généralement, quelques

| star | disque laser | chaînes hifi | concert |
| spectateurs | généralement | synthétique | quelques |

D. CD Jarre. Now read the article closely. Use your list of key words and the list given above to find out more about the article. Then answer the following questions.

1. What kind of music would you expect to hear if you listened to one of Jarre's albums?
2. Why does the writer call Jean-Michel Jarre "**CD Jarre**"?
3. What has been omitted from this collection of Jarre's music?
4. If you decided to buy Jarre's new edition, what would you expect to get, and what selections would it include?

1. electronic music
2. because his music is perfectly suited for CD's
3. Jarre's early music, his film and TV music, and his album *Musique pour Supermarchés*
4. a set of 8 CD's including selections like *Oxigène*, *Cities in Concert*, *En Concert — Houston/Lyon*, *Les Concerts en Chine*, and *Zoolook*

Reading Hint. It is not necessary to read and understand every word in order to get the gist of a reading selection. Some words and phrases are more important than others in conveying the primary meaning of a text. As you skim a reading selection, focus on the main subjects and actions within each paragraph. Try to sort out the topics that are covered and the direction the author has taken.

A. Les catégories. Preview the article titled "**Stéphanie**" on the following page, and then answer these prereading questions.

1. Based on nonlinguistic clues, such as pictures and the way the article looks on the page, this selection is most probably
   a. a news article.   **c.** an interview.
   b. a biography.   **d.** a statistical report.

1. c
2. c

2. Now skim the title and the lead-in, looking for key words that might reveal what the article is about.

   The article most likely will inform us about
   a. Stéphanie's life as Princess of Monaco.
   b. Stéphanie's career as a model and actress.
   c. Stéphanie's career as a singer.

STEPHANIE

Elle sait qu'elle joue gros avec la sortie de son premier album. Mais quel que soit le verdict, elle continuera à chanter. Stéphanie a la musique dans la peau.

Stéphanie. Un phénomène. Naturel. Princesse de son état, mais aussi ex-fiancée de Paul Belmondo, d'Anthony Delon, etc., ex-stagiaire chez Dior, ex-mannequin. Aujourd'hui, Stéphanie mène la vie d'une apprentie star du show-biz, de promotions en interviews, de télés en studios, entourée de sa cour: manager, photographe, coiffeur, secrétaire, gardes du corps.

Vous aviez envie de chanter depuis longtemps?
Quand j'étais petite, on m'a toujours dit que j'avais une voix de casserole. Je n'imaginais pas chanter un jour. Et puis, ça s'est fait par hasard. On me l'a proposé. J'ai fait des tests de voix. Ça a marché. Et voilà, je continue.

ROCK-STAR

«Mon rocker préféré, c'est Elvis. Surtout quand il chante «Jail House Rock».

Enfant, vous aimiez la musique? Vous jouiez d'un instrument?
J'ai appris le piano, mais il ne m'en reste pas grand-chose. Ce que je sais, c'est que j'avais beaucoup d'oreille. Maman avait dit à papa que je finirais dans une carrière artistique.

Votre chanteur préféré?
Sinatra. On fredonnait toutes ses chansons, avec ma mère.

Chanteuse, vous l'êtes maintenant? C'est votre vrai métier à présent?
C'est toute ma vie. On ne peut pas rigoler avec ça. J'ai énormément changé depuis

que je chante. Ce qu'il y a de très important, c'est que je me respecte. Parce que j'ai réalisé quelque chose par moi-même. C'est moi qui chante. Quand je ne suis pas en studio, je suis malade.

On dit que vous êtes exigeante, perfectionniste.
C'est vrai, quand ça ne me convient pas, j'arrête tout. J'ai toujours voulu faire le mieux possible. Je ne laisse rien passer.

Et vous travaillez 15 heures par jour.
Je suis comme ça, je ne peux pas rester sans rien faire. J'aime ce que je fais et les gens avec qui je travaille.

Concrètement, votre succès, ça se mesure comment?
Aux gens qui m'écrivent, surtout les 13/17 ans (ils m'envoient des lettres adorables, des mots d'amour, des cadeaux). A ceux qui m'arrêtent dans la rue pour me demander un autographe. Ça me fait plaisir.

Le cinéma, vous y pensez?
Bien sûr. Mais pas tout de suite. Mais c'est sûr qu'un jour, on verra Stéphanie au cinéma.

Par Michèle Fitoussi

B. La chanteuse. Read the article closely, then indicate whether the following statements are **vrai** or **faux**. Rewrite the false statements to make them true.

1. Stéphanie now leads a lonely life as an apprentice "show-biz" star.
2. Stéphanie always knew she was going to be a singer.
3. As a child, Stéphanie knew she had a good ear for music.
4. She used to hum Elvis Presley's songs along with her mother.
5. She only works 15 hours a week because she does not like to deal with a lot of people and she needs to rest.
6. Singing has given Stéphanie greater self-respect because her accomplishments are completely her own.
7. Stéphanie is eager to start a career in movies as soon as possible.

Enrichment. Have students write a short summary of this article.

> **Reading Hint.** A good way to improve understanding of a text is to organize the information into categories such as who? what? where? when? how? Before you begin to read, make columns with these question words as headings. As you skim and scan, write key words and general information in the appropriate columns.

A. L'idée principale. Before carefully reading the article about Jean-Jacques Goldman on the following page, briefly skim the text to determine its main topic and the author's purpose in writing this article. Then complete the following statement.

The author's purpose is to
1. inform readers about Jean-Jacques Goldman's life and his success.
2. entertain readers with gossip about Goldman's lifestyle and musical ventures.
3. persuade readers to buy some of Goldman's new record albums.

B. Sa vie. Now read the article carefully. Using the suggestion in the reading hint above, write down key words and phrases under the headings who? what? when? and where?

1. Answer questions **a** through **g** by using your notes and by scanning the text for information.
   a. Who is Jean-Jacques Goldman?
   b. Where does he live?
   c. What did Goldman study?

1. Faux. She is surrounded by her "court": her manager, photographer, hairdresser, secretary, bodyguards.
2. Faux. She never imagined she would become a singer.
3. Vrai.
4. Faux. They hummed Sinatra's songs.
5. Faux. She works 15 hours a day. She likes her work and the people with whom she works.
6. Vrai.
7. Faux. She wants a career in films but not immediately.

A. 1

a. a famous French singer
b. in Montrouge, a suburb of Paris, in a brick house close to his parents' home and to his father's sports store
c. business and sociology

Jean-Jacques Goldman:
la gloire en douceur

Jean-Jacques Goldman, c'est le ton d'une génération. Tendre, discret et rassurant, le numéro un de la chanson française cultive les bons sentiments.

Certains s'étonnent de la place prépondérante qu'il a prise dans les variétés françaises. Voix haut perchée, musiques inspirées des années 70-75, paroles parfois prosaïques, Goldman a transformé ce mélange anodin en cocktail détonant. Et il a su gagner à sa cause aussi bien les «mamies» que les «ados»: pas un sondage qui ne le classe en tête de leurs chanteurs préférés. *«Ses chansons nous apportent l'espoir!»* expliquent les 13-18 ans. Lequel? *«Celui d'un monde sans frontières, sans violence, sans injustice.»*

Ce statut de star, Goldman le récuse. Au boulevard brillamment illuminé de la gloire, il préfère les sentiers de la morale et de la discrétion bourgeoises: *«Je ne gagne vraiment de l'argent que depuis quatre ans. J'en profite pour vivre bien. Le luxe m'est indifférent.»*

Et c'est vrai! Son existence quotidienne en témoigne. Il habite, avec femme et enfants, à Montrouge, dans un strict pavillon de brique, à quelques pas de celui de ses parents, à quelques mètres du magasin de sports fondé par son père, un ancien poseur de rails. Sa voiture est un banal modèle de série. Il lui arrive aussi de prendre le métro. Et c'est en jean et en baskets qu'il part en tournée. JJG est resté ce qu'il était. Aucun changement entre l'ancien Goldman, qui

---

d. At what school did he study?

e. What are the names of two groups in which Goldman played?

f. Who are Thai and Khanh?

g. What instruments can Goldman play?

2. Now match the following events with their corresponding dates.

1981   1974   1984   1951   1983   1985   1965

a. Goldman's concert at the Olympia takes place.

b. Jean-Jacques decides to abandon the violin, which he started playing when he was five.

c. This is the year of Jean-Jacques Goldman's birth.

d. Goldman and his crew of sixty people set up for a concert at the Zenith.

e. By this date, Goldman has finished his military service and decides to help his brother at the sports store.

f. A succession of tours and recording sessions begins.

g. Thousands of Goldman's record titled *Il suffira d'un signe* are sold in only a few weeks.

d. **L'Ecole supérieure de commerce** in Lille

e. Red Mountain Gospellers and Tai Phong

f. two brothers who founded the group Tai Phong

g. violin, guitar, and organ

a. 1984
b. 1965
c. 1951
d. 1985
e. 1974
f. 1983
g. 1981

vendait des raquettes de tennis, et le nouveau, qui fabrique en série des tubes néoromantiques.

Cette histoire commence-t-elle vraiment le 11 octobre 1951, date de sa naissance à Paris? Dans la biographie que lui consacre sa maison de disques, on peut lire qu'il est «*le troisième des quatre enfants d'Alter Mojze Goldman, né à Lublin (Pologne), et de Ruth Ambrunn, née à Munich (Allemagne)*».

Une enfance consternante, s'il faut en croire Goldman. Et dans laquelle il serait vain de chercher la moindre velléité de rébellion.

En 1965, il fait pourtant acte d'insubordination en délaissant, pour la guitare, le violon classique qu'il étudiait depuis l'âge de 5 ans. Envoûté par la voix d'Aretha Franklin, Jean-Jacques, à son tour, est saisi par les rythmes anglo-saxons. Il entre, comme organiste, dans un petit groupe qui gravite autour de la paroisse de Montrouge, les Red Mountain gospellers...

Mai 1968. Comme d'autres lycéens, il rebâtit le monde. Comme d'autres, il rentre dans le rang lorsque tombent les barricades. Il se retrouve à l'Ecole supérieure de commerce de Lille. Trois ans d'études sans accrocs. La routine! Goldman s'en accommode, en poète.

Diplômé, Goldman regagne Paris, suit des cours de sociologie, part pour le service militaire et, en 1974, accepte de seconder son frère dans la boutique de sports.

Mais le rock va le rattraper. Il a le visage de deux frères, Thai et Khanh, qui ont fondé un petit groupe, Tai Phong, «grand vent» en vietnamien. Ils engagent Goldman comme guitariste et chanteur. Edité par Warner, leur premier album, «Sister Jane», recevra un accueil chaleureux des critiques et des médias... Mais l'album passe à peu près inaperçu. Et provoque la dispersion du groupe: «*J'avais envie d'une musique plus ouverte à l'émotion qu'aux prouesses techniques*», raconte Jean-Jacques.

Retour donc, à 27 ans, à la case départ, au magasin de sports. Mais l'épisode Tai Phong n'aura pas été inutile. Goldman décroche un contrat chez Warner et sort trois 45-tours sous son propre nom. Fin 1981, «Il suffira d'un signe» devient le titre d'un 33-tours qui, en quelques semaines, franchit le cap des 700.000 exemplaires.

En 1983, le cycle infernal tournées-enregistrements commence. En 1984, il donne son premier show à l'Olympia. Débuts prometteurs. En décembre 1985, le cirque Goldman (soixante personnes en tout) s'installe au Zénith.

Et l'avenir? Il y a trois ans, il déclarait au *Point*: «*Si un jour je dois retomber dans l'anonymat, je réintégrerai le magasin de sports. Mes enfants en seront très heureux.*»

ROBERT MALLAT

C. Son succées. Read the article again, this time concentrating on information dealing with Goldman's music and success. Then answer the following questions.

1. What is the author talking about when he mentions **les mamies** and **les ados**?
   a. They are Goldman's partners.
   b. They are the titles of Goldman's new records.
   c. Goldman has won the hearts of both grandmothers and adolescents.

2. Why is Jean-Jacques Goldman one of France's favorite singers? According to the article, which of the following statements are reasons for his popularity?
   a. Goldman's music promotes hope for a better world.
   b. The tone of his music is reassuring and tender.
   c. Goldman sings about a world of violence and injustice.

3. Has Goldman's success changed his lifestyle? Would he greatly suffer if he suddenly lost his popularity? Give three examples describing how **Jean-Jacques's lifestyle reflects his reaction to success.**

1.

2.

L'Avenir, c'est demain

In this chapter, you will talk about the future. You will also learn about the following functions and structures.

3.

Functions

- talking about the future

- talking about the future

- referring to things already mentioned

- combining ideas in complex sentences

Structures

- the future tense

- irregular verbs in the future tense

- the pronoun **en**

- **ce qui** and **ce que**

1. Des TGV (Trains à grande vitesse)
2. Une centrale nucléaire: le Bugey, France
3. La fusée "Ariane 4"
4. Un four solaire dans les Pyrénées, France

4.

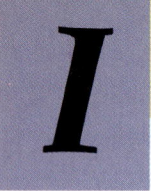NTRODUCTION

Le français en contexte

ST 65   La bibliothèque municipale: Aix-en-Provence, France

Prereading question.
Why does Christophe's mother suggest that he walk to the library?

Une Suggestion géniale

Christophe a l'air d'<u>avoir des soucis</u> quand il rentre de l'école, et sa mère veut savoir pourquoi.

MME BLANCHARD	Tu n'as pas l'air très content, Christophe. Tu as eu une mauvaise note en biologie aujourd'hui?	
CHRISTOPHE	Non, c'est parce que le prof nous a demandé de faire <u>un devoir</u> sur la protection de l'<u>environnement</u>, et le sujet ne m'inspire pas.	assignment environment
MME BLANCHARD	Mais, Christophe, il y a beaucoup de choses à dire. D'ailleurs, l'<u>écologie</u> est un sujet très important.	ecology
CHRISTOPHE	Oui, je sais, mais les problèmes de pollution ne me passionnent pas. Je ne suis pas <u>écologiste</u>, moi.	environmentalist
MME BLANCHARD	Et la protection des animaux, ça ne t'intéresse pas? Pourquoi ne pas écrire quelque chose sur les	

to be worried

espèces <u>en voie d'extinction</u>? Tu as beaucoup <u>apprécié</u> l'émission que nous avons vue la semaine dernière sur les <u>baleines</u>.

CHRISTOPHE Il y avait aussi un article dans <u>Phosphore</u> sur les éléphants en Afrique. C'est une idée géniale, Maman! Je vais commencer tout de suite. Tu peux m'emmener à la bibliothèque ce soir?

MME BLANCHARD Écoute, j'ai une idée encore plus géniale. Tu peux aller à la bibliothèque à pied. Comme ça, la voiture ne va pas <u>polluer</u> l'atmosphère et tu vas participer à la protection de l'environnement!

species / endangered
appreciated, liked
whales
French magazine for teens

to pollute

Beginning with this chapter, instructions for all activities are in French. You may wish to present formally some words and expressions that will appear frequently, such as **les renseignements, la phrase, (le mot) qui convient, la remarque, d'après, ajouter, exprimer, ci-dessous, en employant, décrire, corriger,** and **manquer.** The first several occurrences of unfamiliar words are glossed for students.

Compréhension

Indiquez si chaque phrase (*sentence*) suivante est **vraie** ou **fausse** d'après (*according to*) les renseignements (*the information*) donnés dans **Une Suggestion géniale**.

1. Christophe a eu une mauvaise note aujourd'hui.
2. Il a un devoir à faire pour son cours de biologie.
3. Christophe s'intéresse beaucoup à l'écologie.
4. Il n'a pas beaucoup aimé l'émission qu'il a vue sur les espèces en voie d'extinction.
5. Il a lu un article sur les éléphants en Afrique.
6. Christophe aime bien le sujet que sa mère lui suggère.
7. Sa mère veut bien l'emmener à la bibliothèque en voiture.

1. Faux.
2. Vrai.
3. Faux.
4. Faux.
5. Vrai.
6. Vrai.
7. Faux.

Have students correct the false statements.

Les mots et la vie

Pouvez-vous imaginer la <u>Terre</u> dans cent ans? À votre avis, qu'est-ce qu'il va y avoir?

Earth

une fusée spatiale
une soucoupe volante

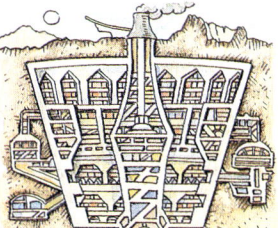

de nouveaux moyens (*m*) de transport

des villes sur d'autres planètes (*f*)

des villes au fond de la mer

des bâtiments souterrains

Est-ce que notre environnement va être différent? Est-ce que nous allons voir des changements?

un climat plus chaud ou plus froid

moins de pollution ou plus de pollution

de nouvelles sources d'énergie (solaire, nucléaire)

Quels changements vont avoir lieu dans votre vie de tous les jours? Allez-vous…

to take place

avoir un robot pour faire le ménage, la cuisine et la vaisselle?

voyager régulièrement en fusée ou en soucoupe volante?

rencontrer des habitants (m) d'autres planètes et avoir des amis extra-terrestres?

Additional vocabulary students may want to know: **la navette spatiale, l'essence**.

236 *deux cent trente-six*

NOUS TOUS

L'avenir: point de vue optimiste et point de vue pessimiste

—Personnellement, je pense que l'avenir va être fantastique. Nous allons pouvoir utiliser les sciences pour trouver des solutions aux problèmes du monde actuel. Nous allons pouvoir faire beaucoup de choses que nous ne pouvons pas faire aujourd'hui. Moi, j'ai confiance en l'avenir. Pour moi, l'avenir est un beau rêve.

—Moi, je suis moins optimiste. À mon avis, les problèmes de pollution que nous avons maintenant vont être encore plus graves dans cent ans. Je pense qu'il faut prendre des mesures sérieuses pour protéger l'environnement. Par exemple, il ne faut plus gaspiller nos ressources, il faut recycler autant que possible et il faut sauver les espèces en voie d'extinction. Autrement, l'avenir va être un cauchemar!

ST 66

A. Le parti écologiste. Les membres du parti écologiste sont en train de discuter avec des gens. Écoutez les phrases suivantes. Écrivez **oui** si une phrase représente le point de vue d'un écologiste et **non** si une phrase ne représente pas le point de vue d'un écologiste.

> MODÈLE   Les problèmes de pollution vont devenir de plus en plus graves.

oui

B. L'avenir. Gisèle et ses copains parlent du présent et de l'avenir. Lisez les problèmes dans la colonne (*column*) de gauche et puis trouvez dans la colonne de droite la solution qui correspond.

1. Je suis fatiguée de faire mon lit, de faire la vaisselle, de faire le ménage!
2. Moi, je suis curieuse de connaître des habitants d'autres planètes.
3. Je suis sûr qu'il va faire plus chaud ou plus froid dans l'avenir.
4. Je pense qu'il va y avoir trop de bâtiments, trop de centres commerciaux et trop de parkings. Il ne va plus y avoir assez de place pour les gens!
5. Moi, je pense qu'il va y avoir des problèmes difficiles parce que nous n'allons pas avoir assez d'énergie.
6. Je pense que dans l'avenir il va y avoir de moins en moins d'animaux.

a. Tu vas pouvoir vivre dans une maison au fond de la mer où le climat ne change jamais!
b. Tu vas pouvoir acheter un robot pour t'aider!
c. Nous allons pouvoir sauver les espèces qui sont en voie d'extinction. Il va y avoir assez de place sur la planète pour toutes les espèces.
d. Nous allons faire des bâtiments souterrains!
e. Tu vas pouvoir voyager en fusée ou en soucoupe volante pour rencontrer des amis extra-terrestres.
f. Nous allons certainement développer de nouvelles sources d'énergie, par exemple l'énergie solaire.

C. Le rêve de Jérôme. Jérôme est en train de raconter le rêve qu'il a fait la nuit dernière. Dans son rêve il a voyagé dans l'avenir. Employez les images et les mots indiqués pour raconter le rêve de Jérôme.

   MODÈLE   J'ai fait un voyage…
              J'ai fait un voyage en fusée.

1. Nous sommes arrivés…

2. Il y avait…

3. Nous habitions dans une maison…

4. Mon père a acheté…

5. J'avais des copains…

6. En fait, ce n'était pas un beau rêve! C'était…

1. dans une autre planète   **2.** beaucoup de robots   **3.** souterraine   **4.** une soucoupe volante   **5.** extra-terrestres   **6.** un cauchemar

Communication

A. Les possibilités de demain. Est-ce que ces possibilités vous intéressent? Expliquez votre réponse.

   EXEMPLE   visiter une autre planète
              Je voudrais visiter une autre planète parce que je suis assez curieuse et je n'ai pas peur de…

1. étudier la vie des baleines
2. avoir une maison souterraine

3. avoir des amis extra-terrestres
4. faire partie d'un groupe d'écologistes
5. recycler les bouteilles et les journaux
6. habiter dans une ville au fond de la mer
7. essayer de sauver les espèces en voie d'extinction
8. faire un voyage interplanétaire en fusée ou en soucoupe volante

B. Comment protéger l'environnement. Faites une liste de six choses qu'il faut faire (ou ne pas faire) pour protéger notre environnement. Utilisez les verbes de la liste suivante, ou d'autres verbes que vous avez appris.

Variation. Have students write a list of six things they will try to do from now on to help protect the environment.

EXEMPLE   **Il faut protéger nos ressources naturelles.**

gaspiller	changer	lutter	continuer	planter	sauver
apprendre	protéger	arrêter	s'intéresser	nettoyer	refuser

C. Un voyage dans le temps. Imaginez que vous avez fait un voyage dans le temps jusqu'à l'an 3000. Décrivez ce monde de l'avenir.

Variation. Have each student write one sentence describing the world in the year 3000. Then students will pass the descriptions around. Each student will add a new sentence to the descriptions. When the students receive their original description, have them add a conclusion. The compositions can be read to the rest of the class.

EXEMPLE   **Notre planète a beaucoup changé! Maintenant il y a...**

Function: *Talking about the future*
Structure: *The future tense*

Présentation

A. You have already learned to talk about future events using **aller** + an infinitive. There is also a future tense that we can use to talk about future events. The future tense in English uses *will* plus the verb, for example, *They **will be** here tomorrow.* In French, however, the future tense is indicated by a single verb form.

B. All verbs take the endings shown below to form the future tense. For most verbs, these endings are added to the infinitive. When the infinitive ends in **-re,** the **e** is dropped before adding the future endings. Note that these endings resemble the present tense forms of **avoir**.

sauver	
je sauver**ai**	nous sauver**ons**
tu sauver**as**	vous sauver**ez**
il / elle / on sauver**a**	ils / elles sauver**ont**

finir	
je finir**ai**	nous finir**ons**
tu finir**as**	vous finir**ez**
il / elle / on finir**a**	ils / elles finir**ont**

attendre	
j' attendr**ai**	nous attendr**ons**
tu attendr**as**	vous attendr**ez**
il / elle / on attendr**a**	ils / elles attendr**ont**

Je **parlerai** à Jacqueline.
Quand est-ce que vous **partirez**?
Ils ne **perdront** pas leur temps.
On **étudiera** l'écologie.
Nous **nous amuserons** bien.

I will speak to Jacqueline.
When will you leave?
They will not be wasting their time.
We will study ecology.
We'll have a good time.

Préparation

ST 67

A. Un repas chez Gilles. Tous les membres de la famille de Gilles sont en train de parler en même temps. Écoutez les phrases suivantes et écrivez **passé** si la phrase exprime le passé ou **futur** si la phrase exprime le futur.

> MODÈLE Je ne comprenais pas bien le problème. *passé*
> Je répondrai bientôt à sa lettre. *futur*

1. passé
2. futur
3. futur
4. futur
5. passé
6. passé
7. futur
8. passé

B. Un voyage scolaire. Patricia va faire un voyage à la Martinique avec les autres filles de sa classe. Elles attendent le voyage avec impatience et elles sont en train de parler de leurs projets. Décrivez leurs projets. Mettez les verbes au futur.

> MODÈLE parler français
> **Nous parlerons français.**

1. passer une semaine à Fort-de-France
2. visiter un lycée
3. habiter dans des familles
4. prendre nos repas à l'école
5. rencontrer des jeunes
6. sortir ensemble
7. visiter toute l'île
8. s'amuser pendant le séjour

1. Nous passerons 2. Nous visiterons 3. Nous habiterons
4. Nous prendrons 5. Nous rencontrerons 6. Nous sortirons
7. Nous visiterons 8. Nous nous amuserons

Fort-de-France, Martinique

SEPTIÈME CHAPITRE *deux cent quarante et un* 241

Mount Pelée erupted in 1902, destroying the city of Saint Pierre and killing more than 30,000 people. Since then, the volcano periodically gives signs of activity.

C. Une montagne dangereuse.   À la Martinique, Patricia et ses amies demandent aux Martiniquais ce qu'ils comptent faire si le volcan mont Pelée fait éruption (*erupts*). Qu'est-ce que les gens répondent?

> MODÈLE   se dépêcher de partir
> **Je me dépêcherai de partir.**

1. abandonner tout
2. partir tout de suite
3. ne pas risquer ma vie
4. quitter l'île
5. attendre que ça passe
6. rester pour aider les autres

1. J'abandonnerai
2. Je partirai
3. Je ne risquerai pas
4. Je quitterai
5. J'attendrai
6. Je resterai

Mont Pelée, Martinique

D. Les parents parlent.   Ce soir, Monsieur et Madame Godeau vont au cinéma. Avant de sortir, ils font quelques recommandations à Jeannette et à sa sœur. Qu'est-ce qu'ils disent (*What do they say*) de faire ou de ne pas faire?

Option. Point out that the future tense can be used to give commands.

> MODÈLE   regarder la télé jusqu'à minuit
> **Vous ne regarderez pas la télé jusqu'à minuit.**
> s'occuper du chien
> **Vous vous occuperez du chien**

1. se coucher avant onze heures
2. oublier de faire vos devoirs
3. téléphoner à toutes vos amies
4. rester à la maison
5. inviter vos amies
6. ouvrir la porte à des gens que vous ne connaissez pas

1. Vous vous coucherez
2. Vous n'oublierez pas
3. Vous ne téléphonerez pas
4. Vous resterez
5. Vous n'inviterez pas
6. Vous n'ouvrirez pas

E. La nature.   Marc et sa classe de biologie vont faire une étude sur l'environnement. Marc explique à ses parents ce qu'ils vont faire. Qu'est-ce qu'il dit (*What does he say*)?

> MODÈLE   Nous / étudier l'environnement
> **Nous étudierons l'environnement.**

1. Jean / prendre des photos
2. Certains étudiants / attraper des insectes
3. Moi, je / chercher des plantes rares
4. Nous / passer la nuit dans un camping
5. Le lendemain, nous / finir le travail
6. Tout le monde / retourner à l'école en bus
7. La semaine prochaine, nous / étudier les résultats
8. Le prof / expliquer les conséquences de la pollution

1. Jean prendra
2. Certains étudiants attraperont
3. Moi, je chercherai
4. Nous passerons
5. nous finirons
6. Tout le monde retournera
7. nous étudierons
8. Le prof expliquera

Le TGV

Les Français sont très fiers de leur TGV, ou "train à grande vitesse" (*speed*). La vitesse maximale de ce train en service commercial est de 270 kilomètres à l'heure! Tout dans le TGV fait penser à un avion, surtout sa forme aérodynamique. Avec le TGV on peut faire Paris-Lyon en deux heures, ou Lyon-Lille en cinq heures. Le TGV a tellement de (*so much*) succès qu'il est obligatoire de réserver sa place, mais le prix du billet est le même que pour un train normal.

Communication

A. Après le lycée. Qu'est-ce que vous comptez faire après vos études au lycée? Décrivez vos projets et les projets de vos ami(e)s.

EXEMPLE   Moi, je voyagerai beaucoup.

	voyager beaucoup
	prendre un appartement
	chercher du travail
Moi, je	quitter cette ville
Mes ami(e)s	choisir une bonne université
Un de mes amis	acheter une nouvelle voiture
Une de mes amies	se marier
Mes ami(e)s et moi, nous	sortir tous les soirs
	se lever tard tous les matins
	se reposer
	écrire un roman
	?

B. L'été prochain. Pensez-vous déjà à l'été prochain? Comment passerez-vous votre temps libre? Les activités suivantes sont peut-être des possibilités.

These cues can also be used for whole-class or small-group interviews: **Est-ce que tu joueras au tennis?**

> EXEMPLE jouer au tennis
> **Je ne jouerai pas au tennis.**

1. lire des romans
2. dormir jusqu'à midi
3. se reposer beaucoup
4. sortir avec des amis
5. se coucher très tard
6. s'amuser avec des copains
7. rendre visite à des parents
8. apprendre à conduire une voiture

Encourage students to add other activities they will possibly do during the summer.

C. Les bonnes résolutions. Vous avez décidé de changer certaines
W choses dans votre vie. Employez au moins six des verbes suivants pour faire une liste des résolutions que vous avez prises.

> EXEMPLE aider
> **J'aiderai mes parents plus régulièrement à la maison.**

aider	sortir	manger	lire
étudier	se coucher	écouter	écrire
s'amuser	travailler	marcher	se lever

Révision et Expansion

You have now learned how to use four verb tenses in French: the imperfect, the **passé composé,** the present, and the future. Invent a conclusion to each of the following sentences, using the correct form and tense of the verb.

See Student Response Forms.

> EXEMPLE Les livres
> Quand j'étais plus jeune, **je ne lisais pas beaucoup.**
> L'an dernier, **j'ai lu plusieurs romans intéressants.**
> Cette année, **je lis surtout des revues.**
> L'an prochain, **je lirai des revues françaises!**

1. La musique
   Quand j'avais dix ans, je =====.
   Une fois, je =====.
   Maintenant, je =====.
   Dans cinq ans, je =====.
2. Les sports
   Quand j'étais plus jeune, je =====.
   L'été dernier, je =====.
   Cette année, je =====.
   L'été prochain, je =====.
3. Les émissions de télé
   Quand j'étais plus jeune, je =====.
   Le week-end dernier, je =====.
   Maintenant, je =====.
   Le week-end prochain, je =====.
4. Les repas
   Quand j'avais dix ans, je =====.
   Une fois, je =====.
   D'habitude, je =====.
   Demain, je =====.

EXPLORATION 2

Function: *Talking about the future*
Structure: *Irregular verbs in the future tense*

Présentation **Repetition.** Have students give the forms of these irregular verbs in the future tense.

A. Some of the irregular verbs that you have learned have irregular future stems. Note that these verbs use the same endings as regular verbs to form the future.

Et tes devoirs?
Je les ferai demain.

Verb	Future Stem	
aller	**ir-**	Je n'**irai** pas à la campagne.
avoir	**aur-**	Est-ce qu'elle **aura** le temps de finir?
envoyer	**enverr-**	Elle **enverra** la carte demain matin.
être	**ser-**	Nous **serons** ici à six heures.
faire	**fer-**	Est-ce que vous **ferez** du ski cet hiver?
pouvoir	**pourr-**	Nous ne **pourrons** pas venir demain.
recevoir	**recevr-**	Tu **recevras** un cadeau.
savoir	**saur-**	Tu ne **sauras** jamais la vérité.
venir	**viendr-**	Quand **viendras**-tu?
voir	**verr-**	Quand **verrez**-vous vos cousins?
vouloir	**voudr-**	Qu'est-ce qu'ils **voudront** faire?

Point out that **envoyer** is conjugated like **voir** in the future tense: **j'enverrai**, etc.

B. The following spelling-change verbs you have learned show the spelling change throughout the future tense.

acheter	**j'achèterai**, etc.	se lever	**je me lèverai**, etc.
appeler	**j'appellerai**, etc.	nettoyer	**je nettoierai**, etc.
essayer	**j'essaierai**, etc.	payer	**je paierai**, etc.

Have students write the forms of these spelling-change verbs.

Et le ménage?
J'aurai peut-être le temps de le faire demain.

C. The future tense of **il y a** is **il y aura**. The future of **il faut** is **il faudra**. The future of **il pleut** is **il pleuvra**.

Il y **aura** moins de pollution.
Il **pleuvra** avant le week-end.
Il **faudra** protéger ces animaux.

There will be less pollution.
It will rain before the weekend.
It will be necessary to protect these animals.

Et les amis, quand est-ce que tu iras les voir?
Ce soir!

Substitution. 1. <u>Nous</u> ferons un grand voyage. Tu/Tes parents/Vous/Je/Marcel 2. <u>Tu</u> auras un travail intéressant. Je/Ma sœur/Mes amis/Vous/Nous 3. <u>Vous</u> viendrez demain. Je/Nous/Mes cousins/Son oncle/Tu

Substitution. 1. Je voudrai faire du ski. Ma cousine/Mes amis/Tu/Vous/Nous   **2.** Nous pourrons comprendre. Ses
amis/Tu/Je/Robert/Vous   **3.** Tu seras célèbre un jour. Ce groupe/Ces acteurs/Je/Vous/Nous   **4.** Je saurai toutes
les réponses. Les étudiants/Cet étudiant/
Nous/Vous/Tu   **5.** Nous irons au Canada.
Mes copains/Je/Vous/Tu/Micheline

Préparation

ST 68

A. Qu'est-ce qu'on deviendra? Karine parle de l'avenir de ses
amis. Écoutez ce qu'elle dit (*what she says*) et désignez par
une lettre l'image qui correspond à chaque phrase.

a.

MODÈLE   Tu auras beaucoup d'enfants.
a

1. e	**4.** g
2. d	**5.** c
3. f	**6.** b

b.

c.

d.

e.

f.

g.

B. Reproches. Les élèves n'ont pas bien travaillé en classe
aujourd'hui, et le prof n'est pas content. Alors, ses élèves lui
promettent de mieux faire demain. Qu'est-ce qu'ils disent (*say*)?

MODÈLE   — Suzanne, vous n'avez pas fait vos devoirs!
         — **Je ferai mes devoirs demain.**

1. Robert, vous êtes toujours en retard!
2. Martine, vous n'avez pas votre cahier aujourd'hui!
3. Voyons, vous ne faites jamais attention!
4. Alice, vous ne savez pas la réponse à cette question?

Tell students that **Voyons**
in Item 3 means *Come on*.

1. Je ne serai pas en
   retard demain.
2. J'aurai mon cahier
   demain.
3. Nous ferons attention
   demain.
4. Je saurai la réponse
   demain.

5. Michelle et Gérard, vous n'êtes pas venus en classe hier!
6. Paul, vous ne travaillez pas assez rapidement! Vous ne finirez jamais votre devoir!
7. Christine, vous n'avez pas votre livre de géographie?
8. Julie et Marcel, vous ne pouvez pas répondre à ces questions?

5. Nous viendrons en classe demain.
6. Je travaillerai plus rapidement! Je finirai mon devoir.
7. J'aurai mon livre de géographie demain.
8. Nous pourrons répondre à ces questions demain.

See Student Response Forms.

C. **Comment imaginez-vous l'avenir?** Béatrice a fait un devoir sur son idée de l'avenir. Utilisez le futur des verbes suivants pour compléter ses prédictions.

MODÈLE Des robots **feront** tout le travail.

faire	voir	avoir	aller
venir	être	savoir	pouvoir

1. Nous ===== plus de temps pour nous amuser.
2. Des gens ===== passer leurs vacances sur la lune.
3. Les gens ===== tous leurs achats par ordinateur.
4. On ===== plus heureux.
5. Des habitants d'une autre planète ===== visiter la Terre.
6. Nous aussi, nous ===== d'autres planètes.
7. Nous ===== comment protéger notre environnement.
8. Nous ===== sauver les plantes et les animaux qui sont en voie d'extinction.

1. aurons
2. iront
3. feront
4. sera
5. viendront
6. verrons
7. saurons
8. pourrons

Contexte CULTUREL

Il y a environ 15.000 ans, des hommes et des femmes habitaient déjà en France. Pour vivre, ils pêchaient (*fished*), cueillaient des fruits et des racines (*roots*) et chassaient (*hunted*) le mammouth avec des armes en silex (*flint*) ou en os (*bone*). Nous admirons encore aujourd'hui les superbes et mystérieuses peintures qu'ils ont faites dans la grotte (*cave*) de Lascaux en Dordogne, dans le sud-ouest de la France.

Des peintures dans la grotte de Lascaux: Dordogne, France

Communication

A. Choix d'une profession. Est-ce que vous pouvez deviner la profession future de vos camarades de classe? Choisissez cinq camarades et dites (*tell*) quelle sera, à votre avis, leur profession dans quelques années et pourquoi vous avez cette impression.

> EXEMPLE   **Je pense qu'Alice sera professeur. Elle est très intelligente et elle aime bien aider les autres.**

B. Interview. Employez les expressions suivantes pour poser des questions à un(e) camarade de classe sur ses projets d'avenir.

> EXEMPLE   aller à l'université
> **Est-ce que tu iras à l'université?**

1. se marier
2. être riche
3. devenir célèbre
4. avoir des enfants
5. visiter d'autres pays
6. avoir une maison de campagne

C. Un jour. Employez les suggestions suivantes pour faire une description de vos activités futures. Écrivez six phrases.

> EXEMPLE   **Un jour, j'aurai un bon travail...**

Verbes à utiliser: être, faire, pouvoir, avoir, aller, savoir, devenir

Sujets à mentionner: votre profession, votre famille, votre maison, vos activités, vos responsabilités, vos possessions

Enrichment. As a diary entry for this chapter, have students describe their life twenty years in the future. Students can use Activity C as a basis on which to build. Encourage them to describe in detail their profession, their family, and the environment they will be living in.

Révision et Expansion

You have now learned to express future ideas with both regular and irregular verbs. Remember that both types of verbs take the same future endings.

Tell whether or not you will do the following things next summer. Then add a sentence to express your own ideas about your summer plans.

> EXEMPLE   partir en vacances
> **Non, je ne partirai pas en vacances.**

1. me lever tôt
2. faire du sport
3. lire des romans
4. avoir un travail intéressant
5. aller en classe tous les jours
6. passer quelques semaines chez mes cousins
7. rendre souvent visite à mes amis
8. ?

*E*XPLORATION 3

Function: *Referring to things already mentioned*
Structure: *The pronoun* **en**

Présentation

A. When you have already used a partitive construction or any other construction with **de, du, de la, de l',** or **des,** you can avoid repeating that construction by using the pronoun **en.** Like other pronouns, it is placed before the verb.

Nous avons **des soucis.** → Nous **en** avons.

Elle ne parlera pas **de ses vacances.** → Elle n'**en** parlera pas.

Nous avons mangé **de la glace.** → Nous **en** avons mangé.

J'ai envie d'acheter **des œufs.** → J'ai envie d'**en** acheter.

Point out that just like other object pronouns, **en** can precede the infinitive of which it is the object, as in the last example.

B. When **en** replaces a noun preceded by a partitive or by a plural indefinite article, its meaning is similar to *some* or *any.*

Nous en avons laissé un peu pour toi, papa.

Nous allons acheter **des disques.** → Nous allons **en** acheter.
*We are going to buy **some**.*

Elle ne veut pas **de dessert.** → Elle n'**en** veut pas.
*She doesn't wany **any**.*

C. **En** also replaces a noun preceded by a number or by an expression of quantity. In this case, its meaning is similar to *of it* or *of them.* Notice that the number or expression of quantity must remain in the sentence.

Option. If you have presented agreement of past participles with preceding direct objects, emphasize that no agreement is made with **en.**

Elle a trois **livres sur l'écologie.** → Elle **en** a trois.
*She has three **of them**.*

Elle a aussi une **collection de photos.** → Elle **en** a une aussi.
*She has one **of them** also.*

Repetition. Have students repeat the models.

Je voudrais un kilo **de bonbons.** → J'**en** voudrais un kilo.
*I would like a kilo **of it**.*

Point out that when **en** is used to replace a noun preceded by **un** or **une,** these are retained in the sentence as any other numbers would be. See the second example above.

SEPTIÈME CHAPITRE   *deux cent quarante-neuf*   **249**

Transformation.   **1.** Nous avons des cahiers. → Nous en avons. Nous avons des amis. des disques/du travail/ de la chance   **2.** Ils ont acheté trois cassettes. → Ils en ont acheté trois. Ils ont acheté deux affiches. cinq timbres/dix oranges/deux pantalons   **3.** Est-ce que vous avez beaucoup de travail? → Est-ce que vous en avez beaucoup? Est-ce que vous avez assez d'argent? trop de travail/ beaucoup de problèmes/ plusieurs livres

D. When **en** replaces a prepositional phrase with **de**, its meaning is similar to *of it/them*, *about it/them*, or *from it/them*.

Ils reviennent **de la fête**. → Ils **en** reviennent.
They are returning from it.

Tu as parlé **de tes projets**. → Tu **en** as parlé.
You spoke about them.

Préparation

ST 69

A. Les provisions.   Monsieur Roussel fait ses provisions à l'épicerie de Madame Rose. Écoutez bien leur conversation et complétez chaque phrase.

MODÈLE   Monsieur Roussel veut un kilo de carottes,
a. mais Madame Rose n'en a pas.
b. mais Madame Rose n'en vend pas.

1. Monsieur Roussel veut des oranges
   a. et Madame Rose en a qui sont très chères.
   b. et Madame Rose en a qui sont très belles.
2. Alors pour les oranges, Monsieur Roussel décide
   a. d'en prendre deux kilos.
   b. d'en prendre demain ou après-demain.
3. Monsieur Roussel a aussi besoin de lait.
   a. Alors il en prend un litre.
   b. Mais Madame Rose n'en a pas.
4. Monsieur Roussel pense à des allumettes. Il
   a. n'en aura pas besoin ce soir.
   b. en a besoin pour faire un barbecue.
5. Il ne prend pas de salade parce qu'
   a. il en a encore deux.
   b. il en a une à la maison.

1. b
2. a
3. a
4. b
5. b

Une épicerie dans les Pyrénées: Arles-sur-Tech, France

B. Je suis au régime.   Cette semaine Martine a décidé de faire un régime. Elle ne mange pas de viande, mais elle mange beaucoup de légumes. Elle boit seulement de l'eau et des jus de fruit. Répondez aux questions qu'une copine lui pose au sujet de son régime.

MODÈLE   Bois-tu de l'eau?
Oui, j'en bois.

1. As-tu pris du thé?
2. As-tu bu du lait aujourd'hui?
3. Vas-tu manger du rôti ce soir?
4. As-tu bu du jus d'orange ce matin?
5. Est-ce que tu manges beaucoup de légumes?
6. As-tu mangé des bonbons après le déjeuner?

1. Non, je n'en ai pas pris.
2. Non, je n'en ai pas bu.
3. Non, je ne vais pas en manger ce soir.
4. Oui, j'en ai bu ce matin.
5. Oui, j'en mange beaucoup.
6. Non, je n'en ai pas mangé après le déjeuner.

C. **Un week-end dans la nature.**   Marie vient de passer le week-end près du lac Saint-Jean, au Québec, avec sa classe de biologie. Sa copine Sarah lui pose des questions sur son week-end. Utilisez les mots indiqués et le pronom **en** pour compléter leur conversation.

MODÈLE   SARAH   Tu as pris des photos?
            MARIE   (beaucoup) **Oui, j'en ai pris beaucoup.**

SARAH   Tu as vu des oiseaux?
MARIE   (des milliers)
SARAH   Est-ce qu'il y avait aussi des canards?
MARIE   (beaucoup)
SARAH   Est-ce qu'il y avait des fleurs?
MARIE   (partout)
SARAH   Est-ce que le prof a trouvé des insectes intéressants?
MARIE   (deux ou trois)
SARAH   Tu as cueilli quelques fleurs pour ta collection?
MARIE   (Non…) Ce n'est pas permis!

J'en ai vu des milliers.
Il y en avait beaucoup.
Il y en avait partout.
Il en a trouvé deux ou trois.
Non, je n'en ai pas cueilli.

Contexte CULTUREL

Le 31 juillet 1973, les Européens ont décidé de construire leur propre fusée pour pouvoir lancer (*launch*) des satellites de télé-communications: c'était le début du projet Ariane.

Le premier tir (*launch*) d'Ariane a eu lieu le 24 décembre 1979. Comme tous les tirs qui allaient suivre (*follow*), il a été fait depuis le centre spatial de Kourou en Guyane, dans l'Amérique du Sud. La fusée mesure 47,4 mètres de haut et possède trois étages.

Depuis 1979, Ariane a lancé avec succès de nombreux satel-lites sur orbite pour plusieurs pays.

"Ariane 4"

Communication

A. Tu en as combien?   Utilisez les suggestions suivantes pour poser des questions à vos camarades de classe, qui répondront en utilisant le pronom **en**.

> EXEMPLE   des oncles, des tantes
> — Combien d'oncles as-tu?
> — **J'en ai trois.**

1. des frères, des sœurs
2. des cousins, des cousines
3. des chats, des chiens, des oiseaux
4. des postes de télévision, des postes de radio
5. des amis qui habitent dans une autre ville
6. des disques, des cassettes, des disques compacts

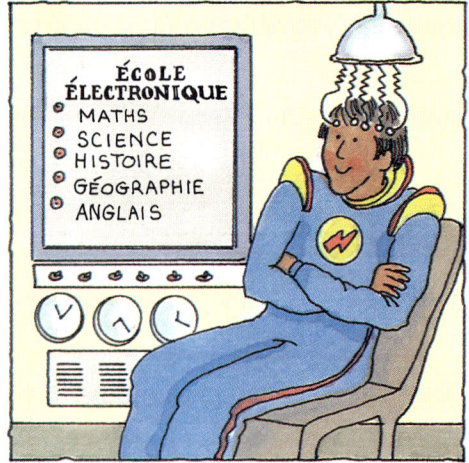

B. Les villes de demain.   Comment imaginez-vous les villes de l'avenir? **W** Écrivez vos réponses aux questions suivantes en employant **en** dans chaque réponse. Ajoutez (*Add*) aussi une autre phrase pour expliquer votre réponse.

> EXEMPLE   Est-ce qu'il y aura des voitures?
> **Non, il n'y en aura pas. Les voitures gaspillent trop d'énergie. Nous aurons des soucoupes volantes!**

1. Est-ce qu'il y aura des écoles?
2. Est-ce qu'il y aura des arbres et des fleurs?
3. Est-ce qu'il y aura des médecins et des hôpitaux?
4. Est-ce qu'il y aura encore des avions?
5. Est-ce qu'il y aura beaucoup de pollution?
6. Est-ce qu'il y aura un métro dans toutes les villes?

Additional Practice.
Have students interview each other, using the questions from Activity B and others they might choose to ask.

C. L'année dernière.   Vous avez passé l'année dernière dans un autre lycée qui était très différent de votre lycée cette année. Un(e) camarade de classe vous pose les questions suivantes sur ce lycée. Pour vous amuser, essayez de décrire une situation complètement différente de votre expérience cette année.

Variation. Activity C can also be done in pairs, with one student asking the question.

> EXEMPLE   — Ton professeur donnait beaucoup de bonnes notes?
> — **Non, il n'en donnait presque jamais!**

1. Combien de cours avais-tu?
2. Ton professeur donnait des devoirs tous les soirs?
3. Combien d'élèves y avait-il dans ce lycée?
4. Avais-tu assez de temps pour tout faire?
5. Y avait-il des ordinateurs?
6. Est-ce que vous aviez une équipe de basket?

Révision et Expansion

You now know how to use two types of pronouns to replace direct objects. **Le, la, l',** and **les** replace nouns preceded by a definite article, a possessive adjective, or a demonstrative adjective. **En** replaces a noun preceded by a partitive or an indefinite article, a number or an expression of quantity, or by the preposition **de**.

Answer the following questions about your likes and dislikes using **le, la, l', les,** or **en**.

> EXEMPLE   Est-ce que vous aimez les animaux?
> **Oui, je les aime.**
> Est-ce que vous avez des chats?
> **Oui, j'en ai deux.**

1. Est-ce que vous aimez le poisson?
2. Est-ce que vous mangez souvent du poisson?
3. Achetez-vous beaucoup de vêtements?
4. Qui choisit vos vêtements?
5. Est-ce que vous collectionnez les timbres-poste? Si oui, combien de timbres avez-vous dans votre collection?
6. Est-ce que vous lisez souvent le journal de votre ville?
7. Est-ce que vous avez déjà lu des revues françaises?

1. le poisson — le (l')   2. du poisson — en   3. de vêtements — en   4. vos vêtements — les   5. les timbres-poste — les/de timbres — en   6. le journal — le   7. des revues françaises — en

EXPLORATION 4

Function: *Combining ideas in complex sentences*
Structure: *ce qui and ce que*

Présentation

You have already learned to use the relative pronouns **qui** and **que** to link two clauses in order to express more complicated ideas.

You may wish to review the relative pronouns **qui** and **que** on pp. 51-52.

L'écologie est un sujet **qui** m'intéresse beaucoup.
Le commandant Cousteau est un homme **qui** a beaucoup contribué
à l'étude de l'environnement.
Regarde le joli timbre **que** j'ai reçu.
Le monsieur **que** nous avons rencontré est très gentil.

A. Sometimes the words that link the clauses together do not refer to a definite person or thing but to a general idea. In this case **ce qui** and **ce que** are used. The meaning of both is similar to *that which* or *what*. **Tout ce qui** and **tout ce que** mean *everything that*.

B. Like **qui, ce qui** is used as the subject of a verb. **Ce qui** can refer only to things or ideas, never to people. It is sometimes used when answering the question **Qu'est-ce qui...?**

Point out that **Tout ce qui** is the subject of the verb.

Point out to students the structure of the second example: **Ce qui...c'est de...**

Je ne sais pas **ce qui** s'est passé.	*I don't know **what** happened.*
Ce qui m'intéresse, c'est de savoir la vérité.	*What interests me is to to know the truth.*
Tout ce qui pollue l'environnement est mauvais!	*Everything that pollutes the environment is bad.*

Hier j'avais un yo-yo. Et maintenant tout ce que j'ai, c'est un yo.

C. Like **que, ce que** is used as the object of a verb. **Ce que** can refer only to things or ideas, never to people. It is sometimes used in answering the question **Qu'est-ce que...?**

Je n'ai pas compris **ce que** Paul voulait.	*I didn't understand **what** Paul wanted.*
Nous avons fait **tout ce** qu'il a demandé.	*We did **everything that** he asked.*

Point out that **tout ce que** is the direct object of the verb.

You may wish to teach the proverbs **Tout ce qui n'est pas clair n'est pas français,** and **Tout ce qui brille n'est pas or** (*Everything that glitters isn't gold*).

Substitution.   **1.** Nous ne savons pas ce qu'il <u>fera</u>. portera/ achètera/étudiera/lira/mangera   **2.** Raconte-
moi ce que tu as <u>lu</u>. fait/appris/trouvé/acheté/choisi   **3.** Je n'aime pas ce qui est <u>difficile</u>. embêtant/
fatigant/triste/facile   **4.** Ce qui est <u>bizarre</u>, c'est
sa réponse. intéressant/embêtant/amusant/curieux

Préparation

ST 70

A. Au cours d'histoire.   Madame Tourbet est en train de donner son
cours d'histoire. Écrivez si vous entendez **ce qui** ou **ce que** dans ses
phrases.

> MODÈLE   Savez-vous ce que Denis Papin a inventé?

1. ce que
2. ce qui
3. ce que
4. ce qui
5. Ce qui
6. ce que

Denis Papin was a
seventeenth-century
French physicist who
designed the piston
steam engine.

B. Elle aime tout.   Liliane parle des choses qu'elle aime. Qu'est-ce
qu'elle dit (*What does she say*)?

> MODÈLE   vieux / maisons
> **J'aime tout ce qui est vieux, par exemple les vieilles
>   maisons.**
> amusant / jeux
> **J'aime tout ce qui est amusant, par exemple les jeux
>   amusants.**

Point out to students that
the second adjective in
each sentence must
agree with the noun it
modifies.

1. beau / paysages
2. intéressant / tableaux
3. bizarre / vêtements
4. folklorique / chansons
5. grand / villes
6. nouveau / idées

1. tout ce qui est
   beau/les beaux
   paysages
2. tout ce qui est intéres-
   sant/les tableaux
   intéressants
3. tout ce qui est bizarre/
   les vêtements bizarres
4. tout ce qui est folk-
   lorique/les chansons
   folkloriques
5. tout ce qui est grand/
   les grandes villes
6. tout ce qui est nou-
   veau/les nouvelles
   idées

C. Un accident de vélo.   Luc est tombé de son vélo. Il ne se souvient pas
de (*doesn't remember*) l'accident. Qu'est-ce qu'il dit (*What does he
say*)?

See Student Response
Forms.

> MODÈLE   Je ne sais pas **ce qui** s'est passé.

1. Je n'ai pas vu ▬▬▬ a provoqué l'accident.
2. Je ne sais pas ▬▬▬ les gens me racontaient après l'accident.
3. Je ne sais pas ▬▬▬ je leur ai répondu.
4. Tout ▬▬▬ je sais, c'est que j'ai très mal à la tête!
5. Je peux continuer. C'est tout ▬▬▬ compte.
6. ▬▬▬ est embêtant, c'est que je ne vais pas pouvoir aller
   danser ce soir!

1. ce qui
2. ce que
3. ce que
4. ce que
5. ce qui
6. Ce qui

SEPTIÈME CHAPITRE   *deux cent cinquante-cinq*   **255**

D. Je ne sais pas!   La petite sœur de Stéphanie est toujours en train de lui poser des questions sur l'avenir, et Stéphanie ne veut plus répondre à ses questions. Qu'est-ce que Stéphanie répond à sa sœur?

MODÈLE — Qu'est-ce qui se passera dans l'avenir?
— **Je ne sais pas ce qui se passera dans l'avenir!**
— Qu'est-ce que les gens feront pour s'amuser?
— **Je ne sais pas ce que les gens feront pour s'amuser!**

1. Qu'est-ce que les gens feront pour arrêter la pollution?
2. Qu'est-ce qui aidera les animaux qui sont en voie d'extinction?
3. Qu'est-ce que les gens porteront en l'an 2000?
4. Qu'est-ce que les gens feront pour gagner leur vie?
5. Qu'est-ce qui permettra aux gens de vivre plus longtemps?
6. Qu'est-ce qui coûtera plus cher ou moins cher?

1. ce que les gens feront
2. ce qui aidera
3. ce que les gens porteront
4. ce que les gens feront
5. ce qui permettra aux gens
6. ce qui coûtera

Contexte CULTUREL

Un four solaire (*solar furnace*) se compose d'un énorme miroir parabolique, fait d'un ensemble de petits miroirs. Ces miroirs concentrent l'énergie solaire. Cette énergie est utilisée dans des expériences (*experiments*) industrielles et chimiques, ou pour produire de l'électricité.

Le plus puissant (*powerful*) four solaire du monde se trouve en France, dans les Pyrénées. Il a été installé en 1968 et se compose d'un grand miroir de 2.000 m². La température au centre est 3.800 °C et sa puissance thermique est de 1.000 kilowatts.

Un four solaire: Odeillo, France

Communication

A. Préférences. Indiquez ce que vous aimez ou n'aimez pas. Ajoutez ensuite une autre phrase pour expliquer votre réaction.

> EXEMPLE   facile
> **En général, je n'aime pas ce qui est trop facile. Au lycée, par exemple, je préfère les matières comme...**

1. différent
2. amusant
3. difficile
4. fatigant
5. vieux
6. beau
7. naturel
8. triste

B. Au lycée. Répondez aux questions suivantes au sujet de vos différents cours.

> EXEMPLE   Qu'est-ce que vous trouvez difficile?
> **Ce qui est difficile pour moi, c'est l'histoire.**

1. Qu'est-ce que vous trouvez facile?

2. Qu'est-ce que vous trouvez intéressant?

3. Qu'est-ce qui est compliqué pour vous?

4. Qu'est-ce qui est embêtant pour vous?

5. Qu'est-ce que vous trouvez fatigant?

6. Qu'est-ce qui est agréable pour vous?

C. Interview. Posez les questions suivantes à un(e) camarade de classe. Ensuite votre partenaire vous posera les mêmes questions.

1. Est-ce que tu sais ce qui se passe dans le monde? Comment est-ce que tu le sais?

2. En général, est-ce que tu aimes ce qu'on montre à la télé? Comment est-ce que tu choisis les émissions que tu regardes?

3. D'habitude, est-ce que tu veux finir tout ce que tu commences ou est-ce que tu acceptes d'abandonner ce qui est trop difficile?

4. Est-ce que tu achètes tout ce que tu veux ou est-ce que tu es souvent obligé(é) de prendre des décisions difficiles?

5. Quand tu vas au restaurant, est-ce que tu aimes essayer ce qui est nouveau ou différent pour toi, ou bien est-ce que tu choisis ce que tu connais bien?

6. Quand le professeur donne un devoir à faire à la maison, est-ce tu comprends toujours ce qu'il faut faire? Qu'est-ce que tu fais quand tu ne comprends pas?

D. Et vous? Complétez les phrases suivantes pour
W indiquer vos habitudes (*habits*) et préférences.

EXEMPLE J'ai envie de savoir ce que (ce qui)…
J'ai envie de savoir ce que mes amis ont fait hier.

1. Je ne comprends jamais ce que (ce qui)…
2. Je ne sais pas ce qui (ce que)…
3. J'aime tout ce qui (ce que)…
4. Je suis curieux (curieuse) de savoir ce qui (ce que)…
5. Je refuse de manger ce qui (ce que)…
6. D'habitude, je fais tout ce que (ce qui)…

Révision et Expansion

You now know two ways to form sentences by combining two clauses into a complex sentence. **Qui** and **que** are used to introduce clauses that refer back to a noun. These clauses are therefore much like adjectives.

Ce qui and **ce que** also combine clauses, but they refer to an indefinite idea.

See Student Response Forms.

Anne and Jacques are discussing an assignment they have for their biology course. Complete their conversation by filling in the blanks in the following sentences with **qui, que, ce qui,** or **ce que.**

1. ▨▨▨ je ne comprends pas, c'est pourquoi tu ne veux pas faire ton devoir sur la protection de la nature.
2. La protection de la nature est un sujet ▨▨▨ t'intéresse beaucoup.
3. Par exemple, quel est l'animal ▨▨▨ tu préfères?
4. L'animal ▨▨▨ je préfère est la baleine.
5. Je suis contre tout ▨▨▨ met les baleines en danger.
6. ▨▨▨ tu peux faire alors, c'est écrire ton devoir sur la protection des baleines!

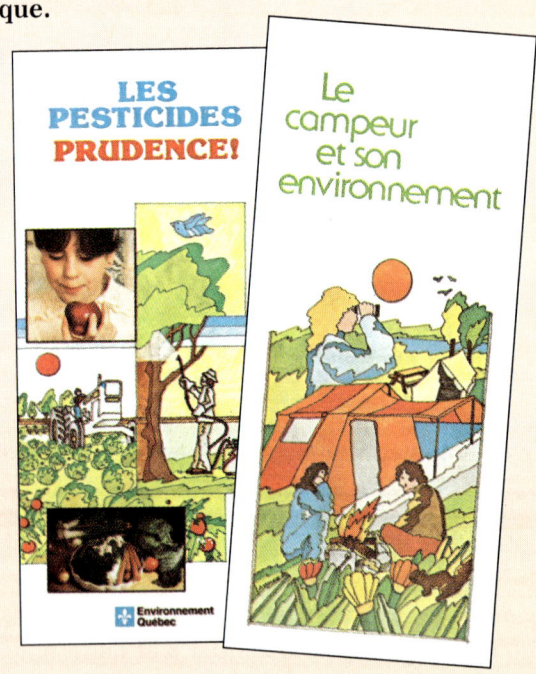

1. Ce que   2. qui   3. que   4. que   5. ce qui   6. Ce que

Lecture

La pollution sur la Côte d'Azur: Contes, France

ST 71

L'Avenir, c'est aujourd'hui!

Est-ce que vous réfléchissez de temps en temps à l'avenir de notre planète? Est-ce que ça vous donne de beaux rêves ou des cauchemars? Ce
qui est certain, c'est que le monde de demain dépendra de ce que nous
faisons aujourd'hui. Les choix sont évidents, même si les solutions sont
difficiles. Laisserons-nous mourir nos lacs et nos rivières? Continuerons-
nous à polluer l'air que nous respirons et les produits que nous mangeons? Pourrons-nous continuer à gaspiller l'énergie? Faudra-t-il construire d'autres centrales nucléaires ou est-ce que nous aurons des
centres d'énergie solaire? Quel sera l'avenir de notre planète si nous ne
faisons pas quelque chose aujourd'hui? En fin de compte, la santé de la
troisième planète du système solaire est la mesure de la santé de ses

In this chapter **mourir** is
only used in the infinitive.

In 1984, nuclear power
plants produced approxi-
mately 60% of France's
total electricity. This figure is expected to rise to
approximately 80% by
the year 2000. In 1990
there were 57 nuclear
reactors in France.

habitants. Arriverons-nous à créer un monde propre et sain? Qu'est-ce que nous pouvons faire pour protéger notre environnement? Voici quelques conseils des écologistes.

- Tu protégeras les plantes et les animaux.
- Chaque fois que tu pourras, tu marcheras ou tu prendras ton vélo au lieu de prendre ta voiture ou ta moto.
- Tu utiliseras des produits naturels.
- Tu feras très attention dans les endroits où tu risques de causer un feu de forêt.
- Tu ne fumeras pas et tu ne prendras pas de drogues.
- Tu ne feras pas trop de bruit.

Point out to students that the future tense, sometimes communicates an imperative, as in these pieces of advice.

Vocabulaire à noter

au lieu de	instead of
le bruit	noise
causer	to cause
la centrale nucléaire	nuclear power plant
construire	to build
créer	to create
dépendre (de)	to depend (on)
en fin de compte	all things considered
évident	obvious
le feu de forêt	forest fire
fumer	to smoke
mourir	to die
le produit	product
sain	healthy

MAÎTRISE DE L'ÉNERGIE, PAS SI BÊTE.

AGENCE FRANÇAISE POUR LA MAÎTRISE DE L'ÉNERGIE.

Compréhension

Les phrases suivantes sont contraires (*opposite*) aux conseils des écologistes. Corrigez chaque phrase pour en faire un bon conseil écologique.

1. Tu prendras ta voiture ou ta moto le plus souvent possible au lieu de marcher.
2. Tu feras autant de bruit que possible.
3. Chaque personne a le droit de faire un feu de camp où et quand elle veut.
4. Tu n'utiliseras pas de produits naturels.
5. Tu ne t'occuperas pas des animaux et des plantes.
6. En fin de compte, la santé de notre planète ne dépend pas de moi!

1. Tu marcheras le plus souvent possible au lieu de prendre ta voiture ou ta moto.
2. Tu ne feras pas trop de bruit.
3. Chaque personne fera très attention dans les endroits où on risque de causer un feu de forêt.
4. Tu utiliseras des produits naturels.
5. Tu protégeras les plantes et les animaux.
6. En fin de compte, la santé de notre planète dépend de nous.

Communication

A. Prédictions. Madame Clairvoyante voit dans l'avenir. Êtes-vous d'accord avec ce qu'elle voit?

> EXEMPLE   Il y aura des villes au fond de la mer.
> **Je suis d'accord! Il y en aura.**
> **(Je ne suis pas d'accord! Il n'y en aura pas.)**

1. On construira de nouvelles centrales nucléaires.
2. L'environnement sera plus sain.
3. Les gens ne fumeront plus.
4. La musique ne ressemblera pas à la musique actuelle.
5. Tout le monde parlera la même langue.
6. On créera de nouveaux sports.
7. On pourra voyager de New York à Paris en quelques minutes.
8. Des habitants d'autres planètes viendront nous rendre visite.

B. La planète de vos rêves. Prenez quelques minutes pour imaginer la planète de vos rêves. Ensuite, répondez aux questions suivantes.

1. Quel sera le nom de votre planète?
2. Combien d'habitants y aura-t-il sur cette planète? Est-ce qu'il y aura des pays et des villes?
3. Comment seront les écoles? Qu'est-ce qu'on apprendra dans les écoles?
4. Comment les habitants voyageront-ils?
5. Comment sera le paysage? Y aura-t-il des mers? des montagnes? des forêts?
6. Est-ce qu'il y aura de la pollution? du bruit? des drogues? Est-ce que les habitants mangeront des produits sains et respireront de l'air pur?
7. Est-ce qu'il y aura des centrales nucléaires ou des centres d'énergie solaire?
8. Y aura-t-il beaucoup d'espèces d'animaux? de plantes?
9. Quelles sortes de travail les habitants feront-ils? Combien d'heures par semaine est-ce qu'ils travailleront?
10. En fin de compte, est-ce que ce sera un endroit agréable?

Variation. Have students divide into groups, make up one ideal planet per group, and then report their ideas back to the class.

ST 72

C. La maison idéale en l'an 2500. C'est l'an 2500. Georges et Nicole, deux habitants de la planète Terre, ont décidé d'acheter une maison. Écoutez leur conversation. Répondez ensuite aux questions suivantes.

1. Depuis combien de temps est-ce que Georges et Nicole sont mariés?
2. Pourquoi est-ce que Georges veut prendre le temps de bien choisir leur maison?

1. depuis cinq ans
2. parce qu'ils habiteront longtemps dans cette maison

3. de trouver un endroit tranquille   4. dans une de ces nouvelles villes au fond de la mer   5. parce que ce serait très tranquille   6. dans un village sur la lune   7. Il y aura beaucoup moins de pollution et ce sera plus tranquille,

3. Qu'est-ce qui est important pour Georges dans ce choix?
4. Où est-ce que Nicole suggère qu'ils cherchent une maison?
5. Pourquoi est-ce une bonne idée?
6. Où est-ce que Georges préfère acheter une maison?
7. Pouvez-vous donner un avantage et un inconvénient de ce choix?
8. Au lieu d'acheter une deuxième soucoupe, qu'est-ce que Nicole pourra faire?

mais ils seront obligés d'acheter une deuxième soucoupe.
8. Elle pourra quitter son travail pour commencer sa propre compagnie d'informatique.

D. La ville de demain.   Voici une illustration assez pessimiste d'une ville de l'avenir. D'après cet artiste, qu'est-ce qu'il y aura (ou n'aura pas) dans les villes de l'avenir?

Option. Ask students questions about what is or is not currently in this city, and have them answer using **en: Est-ce qu'il y a des voitures?**

EXEMPLE   **Il n'y aura plus de voitures, mais…**

ST 73

E. Le Club des écologistes.   Dominique est Présidente du Club des écologistes de son école. Écoutez le discours (*speech*) qu'elle a fait à une réunion publique et ajoutez (*add*) les mots qui manquent (*are missing*).

See Student Response Forms.

Mes amis, notre avenir __1__ nous. Nous sommes en train de __2__ le monde de demain. __3__, si nous ne prenons pas des __4__

1. dépend de
2. créer
3. En fin de compte
4. mesures

sérieuses aujourd'hui, qui peut dire __5__ __6__ dans l'avenir? Aujourd'hui, il y a encore beaucoup d'arbres, de fleurs et d'animaux dans notre région. Mais est-ce qu'il y __7__ __8__ autant dans cent ans si nous continuons à __9__ notre __10__ ? Ce n'est pas __11__ ! Nous avons maintenant trop de mauvaises habitudes: nous ne __12__ pas assez et nous __13__ nos __14__ naturelles. J'ai peur pour notre __15__. Il __16__ commencer immédiatement si nous voulons la __17__. Pour savoir __18__ vous pouvez faire pour arrêter la __19__, parlez à un membre du Club des __20__ ou téléphonez-nous au 54-44-78-65.

Prononciation

ST 74

The letter **e** (without accent marks) is usually pronounced /ə/. Repeat the following words.

me   de   que   venir   cheval   René   demander   retourner

The letter **e** is not always pronounced, however. For example, it is not pronounced at the end of a word. Repeat the following words.

monde   système   écologie   espèce   soucoupe

The letter **e** is also not pronounced when it is preceded by only one consonant sound. Repeat the following words.

samedi   seulement   acheter   mademoiselle   batterie

In the future tense, the letter **e** is pronounced /ə/ when it is immediately preceded by two consonant sounds but is not pronounced when it is immediately preceded by only one consonant sound. Repeat the following pairs.

ils sᵉront / ils porteront

on se lèvᵉra / on supportera

tu fᵉras / tu consulteras

Now repeat the following sentences.

1. Jacqueline pense que l'avenir sera certainement fantastique.
2. Les gens arriveront à prendre des mesures sérieuses.
3. Notre planète sera plus propre et plus belle.
4. Catherine pense que Jacqueline se trompe.
5. L'avenir dépend de ce que nous faisons maintenant.

INTÉGRATION

Here is an opportunity to see how well you can use your French in a variety of situations. If you have trouble with any of these items, study the topic and practice the activities again, or ask your teacher for help.

Écoutez bien

ST 75

A. Les informations.   Michel écoute les informations à la radio. Écoutez-les avec lui et ensuite indiquez si les phrases suivantes sont **vraies** ou **fausses**. Corrigez les phrases qui sont fausses.

L'Élysée: Paris, France

1. Les présidents de cinq pays se rencontreront la semaine prochaine.
2. Ils parleront surtout de la pollution de l'atmosphère.
3. Le Président de la République va visiter les États-Unis cette semaine.
4. Avant la fin du mois, des trois endroits proposés pour le nouveau centre d'énergie solaire, le Président en choisira un.
5. Le Président fêtera son soixantième anniversaire ce week-end.
6. Le Grand Prix de Monaco va commencer demain.
7. Marcel Rouvet est assez pessimiste.
8. Ce soir il fera très beau et chaud sur la côte atlantique.

ST 76

B. De quoi parlent-elles?   Pascale et sa copine Caroline sont en train de bavarder au téléphone. Écoutez les commentaires de Pascale, et indiquez si elle parle du **passé**, du **présent** ou de l'**avenir**.

1. présent
2. avenir
3. présent
4. avenir
5. passé
6. passé
7. présent
8. avenir
9. passé

MODÈLE   Oui, j'ai déjà fini de faire le devoir sur la protection de l'environnement.

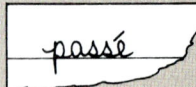
passé

Lisez un peu

A. Le rêve de Geneviève.   Un jour Geneviève a écrit dans son journal une description de la vie de ses rêves. Lisez sa description et ensuite répondez aux questions.

Je voudrais vivre loin du bruit et de la pollution des villes. Quand je serai plus vieille, j'habiterai à la campagne où je pourrai respirer l'air pur. J'aurai une sorte de réserve où j'emmènerai tous les animaux qui sont malades, en danger ou en voie d'extinction. J'en aurai de toutes les espèces! Je saurai leur parler, et ils me comprendront. Je m'occuperai d'eux, et ils seront mes meilleurs amis. Je leur permettrai de faire ce qu'ils voudront, et nous nous entendrons très bien. Nous nous réveillerons au lever du soleil, et pour nous, tous les jours seront des vacances. Le soir, je ferai un grand feu de camp et je leur chanterai des chansons, ou bien nous regarderons les étoiles, et je leur raconterai des histoires. Je n'aurai pas de voiture parce que je n'en aurai pas besoin. Je n'aurai pas non plus d'électricité. Le soir, la lune sera ma lampe, et le jour, il y aura le soleil. Je mangerai seulement des produits naturels, et comme boisson, j'aurai l'eau de la rivière. Voilà la vie que je voudrais avoir, mais je sais que c'est seulement un beau rêve!

1. à la campagne
2. pour les animaux qui sont malades, en danger ou en voie d'extinction
3. Elle saura leur parler.
4. parce qu'elle leur permettra de faire ce qu'ils voudront
5. au lever du soleil
6. Elle fera un grand feu de camp et elle leur chantera des chansons, ou bien elle leur racontera des histoires.
7. parce qu'elle n'en aura pas besoin
8. Elle mangera des produits naturels, et comme boisson, elle prendra de l'eau.

1. Où habitera-t-elle?
2. Pour qui est-ce qu'elle aura une réserve?
3. Qu'est-ce qu'elle saura faire?
4. Pourquoi est-ce qu'ils s'entendront bien?
5. À quelle heure est-ce qu'elle se réveillera tous les jours?
6. Que fera-t-elle le soir?
7. Pourquoi est-ce qu'elle n'aura pas de voiture?
8. Que mangera-t-elle? Qu'est-ce qu'elle prendra comme boisson?

Écrivez

A. Une capsule-témoin. Vous avez la possibilité de mettre huit objets dans une capsule-témoin (*time capsule*) destinée aux lycéens de l'avenir. Quels objets allez-vous mettre dans la capsule? Expliquez l'importance de chaque objet.

> **EXEMPLE** **Je mettrai des bandes dessinées dans la capsule. Comme ça, ils sauront ce qui nous amusait.**

B. Les vacances idéales. Imaginez que vous pouvez prendre les vacances de vos rêves. Décrivez où vous irez et tout ce que vous ferez pendant ces vacances. Employez le futur dans votre description.

> **EXEMPLE**
>
> *J'irai passer mes vacances...*

Variation. Assign each student to bring an object they would like to contribute to a time capsule for next year's French class. Have each student explain the importance of the object they brought.

C. Les temps vont changer. Votre grand-père est en train de vous parler de sa vie quand il était jeune. Dites-lui (*Tell him*) ce que vous pensez de l'avenir.

> EXEMPLE — Quand j'étais jeune, il y avait beaucoup de pollution.
> **— Quand je serai vieux (vieille), il n'y en aura plus.**
> **(Quand je serai vieux (vieille), il y en aura autant.)**

1. Quand j'étais jeune, il y avait très peu d'espèces en voie d'extinction.
2. Quand j'étais jeune, les gens étaient obligés de faire beaucoup de travail à la maison—le ménage, la cuisine, la vaisselle.
3. Quand j'étais jeune, il n'y avait pas d'ordinateurs.
4. Quand j'étais jeune, il avait beaucoup de baleines, beaucoup d'éléphants, beaucoup de pandas.
5. Quand j'étais jeune, les gens ne pouvaient pas visiter d'autres planètes.
6. Quand j'étais jeune, il n'y avait pas de gratte-ciel.

D. Un robot à tout faire. Dans l'avenir, les gens auront des robots pour faire leur travail. Décrivez votre robot et expliquez ce que le robot fera pour vous.

> EXEMPLE **Mon robot aura quatre mains et deux têtes. Il fera le ménage pour moi; il préparera les repas...**

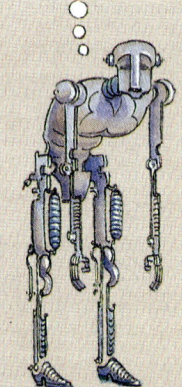

Si seulement j'étais un être humain...

Parlons Ensemble

Work with a partner or partners, and create dialogues, using the situations below. Whenever appropriate, switch roles and practice a different part of your dialogue.

Situations

A. Le rôle de la technologie. You are having a conversation with a classmate about science and technology and its role in the future. You are an optimist who believes that the future will be wonderful. Your classmate is a pessimist who believes that it will be dismal. Try to persuade your classmate.

B. À l'avenir. Imagine that you have come into contact with a person from the 25th century. Ask the person what life on earth will be like then. He or she will answer your questions.

VOCABULAIRE

NOUNS RELATED TO SCIENCE AND THE ENVIRONMENT

l' **atmosphère** (f) atmosphere
la **baleine** whale
le **bruit** noise
la **centrale nucléaire** nuclear power plant
le **climat** climate
l' **écologie** (f) ecology
l' **écologiste** (m/f) environmentalist
l' **éléphant** (m) elephant
l' **énergie** (f) energy
l' **environnement** (m) environment
l' **espèce** (f) species
le **feu de forêt** forest fire
la **forêt** forest
la **fusée (spatiale)** rocket
l' **habitant** (m), l'**habitante** (f) inhabitant
le **moyen (de transport)** means (of transportation)
la **planète** planet
la **pollution** pollution
la **protection** protection
la **ressource** resource
la **rivière** river

le **robot** robot
la **soucoupe volante** flying saucer
le **système** system
la **terre** earth

OTHER NOUNS

le **cauchemar** nightmare
le **devoir** assignment
la **drogue** drug
la **mesure** measure
le **produit** product
le **rêve** dream
le **sujet** subject

ADJECTIVES

actuel present
évident obvious
extra-terrestre extraterrestrial
nucléaire nuclear
sain healthy
solaire solar
souterrain subterranean
spatial (m, pl. **spatiaux**) space

VERBS AND VERBAL EXPRESSIONS

apprécier to appreciate
avoir confiance en to have confidence in

avoir des soucis to be worried
avoir lieu to take place, to happen
causer to cause
construire to build
créer to create
dépendre (de) to depend (on)
fumer to smoke
gaspiller to waste
inspirer to inspire
mourir to die
passionner to fascinate
polluer to pollute
recycler to recycle
sauver to save
utiliser to make use of, to use

OTHER EXPRESSIONS

au fond de (la mer) at the bottom of (the sea)
au lieu de instead of
autant que possible as much as possible
en fin de compte all things considered
en voie d'extinction endangered
le monde actuel the present-day world
personnellement personally

One day I will work on another planet + will save the species.

1.

2.

Pour un meilleur monde...

8

In this chapter, you will talk about world problems and accomplishments. You will also learn about the following functions and structures.

Functions

- expressing what would happen

- saying what you would do if…

- talking about places already mentioned

- talking about things you say or tell to others

Structures

- the conditional tense

- **si** clauses and the conditional tense

- the pronoun **y**

- the verb **dire**

3.

4.

269

INTRODUCTION

See Teacher's Preface for reference to Student Response Forms available for this chapter. Workbooks and other ancillary materials are correlated to this chapter on the corresponding tabbed divider in your Teacher's Resource Binder. The Teacher's Preface contains abbreviated tapescripts of listening activities in the student text.

Le français en contexte

Prereading question. What problem do Nathalie, Charles, and François decide to work on?

ST 77

Un Problème important

Le professeur a demandé à ses élèves de suggérer quelques solutions possibles au problème qu'ils trouvent le plus sérieux. Nathalie, Charles et François sont en train de choisir un sujet.

NATHALIE	Alors, de quoi va-t-on parler?
FRANÇOIS	On peut consulter le journal pour voir ce qui se passe dans le monde en ce moment.
CHARLES	C'est toujours la même histoire. Une personne en <u>a tué</u> une autre, les prix <u>ont augmenté</u>, il y a eu vingt personnes tuées dans des accidents de voiture.
NATHALIE	C'est vrai. Toujours de mauvaises nouvelles. Je suis <u>déprimée</u> chaque fois que je regarde les informations.
FRANÇOIS	Arrêtez, vous deux. On a du travail à faire et des solutions à trouver. Moi, je pense que le <u>chômage</u> est un problème très sérieux dans notre ville.
NATHALIE	Oui, c'est vrai. Mon oncle est <u>au chômage</u>, et une de mes cousines aussi.
CHARLES	Personnellement, le problème qui me concerne le plus, c'est l'inflation. Chaque fois que je trouve un jean parfait, il est trop cher.
FRANÇOIS	Tu exagères, Charles! Je pense qu'il y a des problèmes plus importants que le <u>prix</u> d'un jean.
CHARLES	Comme quoi, par exemple?

Margin glosses:
killed
increased
depressed
unemployment
unemployed
price

NATHALIE	Les pays du <u>Tiers-Monde</u> ont beaucoup de problèmes <u>actuellement</u>.	Third World currently
FRANÇOIS	C'est vrai! <u>D'après</u> le journal d'hier, la famine continue en Éthiopie.	According to
CHARLES	Ah oui! Travaillons sur le problème de la faim. Ça, c'est un problème très grave qui <u>touche</u> des millions de gens.	affects
FRANÇOIS	Je veux bien en parler, mais trouver des solutions, ça ne va pas être facile.	
NATHALIE	D'accord! Mais on peut au moins essayer.	
CHARLES	Écoutez, allons demain à la bibliothèque pour faire des <u>recherches</u> et <u>réunissons-nous</u> demain soir pour en discuter.	research/let's get together

Compréhension

D'après les renseignements (*information*) donnés dans le texte **Un Problème important,** répondez aux questions suivantes.

1. Pourquoi les trois élèves se réunissent-ils ce soir?
2. D'après Nathalie, quelles sortes de nouvelles trouve-t-on dans les journaux?
3. Comment se sent-elle quand elle regarde les informations?
4. D'après François, qu'est-ce qui est un problème très sérieux dans leur ville?
5. Quel problème concerne le plus Charles?
6. D'après François, où est-ce qu'il y a une famine actuellement?
7. De quel problème décident-ils de parler? Pourquoi?
8. Quand vont-ils se réunir une autre fois? Pourquoi?

1. Ils sont en train de choisir un sujet pour leur devoir.
2. de mauvaises nouvelles
3. Elle se sent déprimée.
4. le chômage
5. l'inflation
6. en Éthiopie
7. de la faim/C'est un problème très grave qui touche des millions de gens.
8. demain soir/pour en discuter

Les mots et la vie

Chaque jour, il y a beaucoup de choses qui se passent dans le monde. Même quand c'est très loin de chez nous, nous sommes tous concernés.

Il y a des <u>événements</u> (*m*) politiques...

events

On vote aux élections.

On fait la grève.

On participe à des manifestations (*f*).

On signe des accords (*m*) de paix (*f*).

Il y a des catastrophes (*f*) naturelles comme...

des inondations (*f*)

des tremblements (*m*) de terre

des orages (*m*)

des sécheresses (*f*)

Il y a des problèmes comme...

le chômage

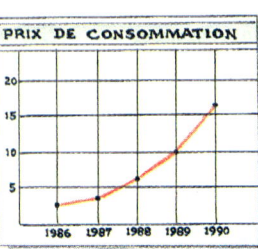

l'inflation (*f*)

la violence et le crime

la guerre

Et il y a des accomplissements (*m*) comme...

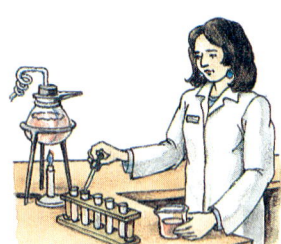

des découvertes et des inventions (*f*)

de nouveaux remèdes (*m*) contre les maladies

des créations (*f*) artistiques

des exploits (*m*) sportifs

Comment va notre monde?

— Je me sens <u>découragé</u> quand je vois tous les problèmes qu'il y a dans le monde: la guerre, la faim, la drogue. Il y a <u>tellement</u> à faire. Il faut augmenter le <u>nombre</u> d'emplois, <u>réduire</u>* l'inflation et <u>éliminer</u> la faim et la guerre. Je me demande comment nous allons arriver à changer la situation actuelle.

*The verb **réduire** is conjugated like the verb **conduire**.

— Je sais bien que le monde d'aujourd'hui n'est pas un monde <u>idéal</u>. Mais on oublie quelquefois de remarquer les bonnes nouvelles. Il y a tous les jours des <u>progrès technologiques</u> et <u>scientifiques</u>. Et on trouve partout des hommes et des femmes qui luttent pour leurs idées. Moi, je pense qu'il est possible d'<u>améliorer</u> notre monde.

A. Les nouvelles. Voici quelques titres d'articles du journal *La Presse*. Employez le vocabulaire de cette leçon pour indiquer le sujet de chaque article.

> **MODÈLE** Tout est de plus en plus cher.
> **C'est un article qui parle de l'inflation.**

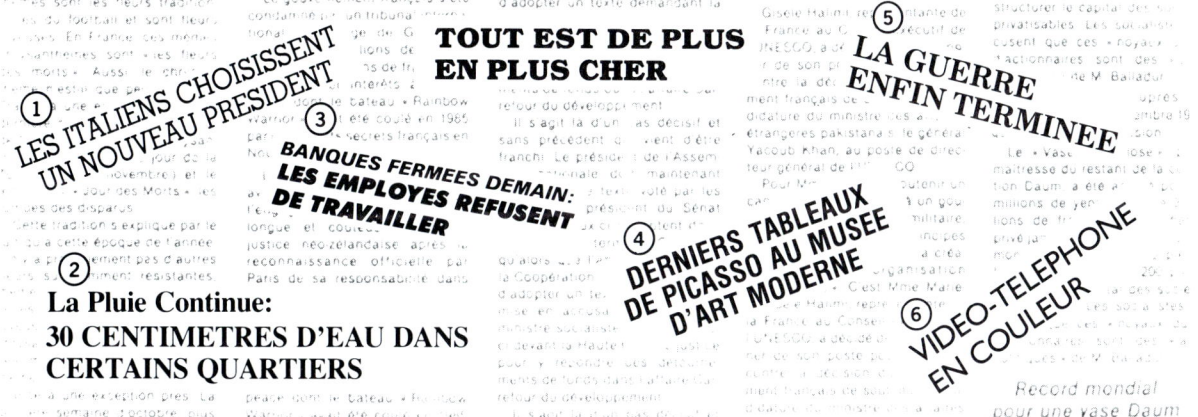

B. Une interprète. Mireille discute de quelques problèmes actuels avec Sandra, une jeune Anglaise qui lui rend visite. Comme Sandra ne comprend pas très bien le français, Mireille est obligée de lui expliquer certains mots français. Trouvez dans la liste suivante le mot qui correspond à chaque explication.

> **MODÈLE** C'est quand il pleut beaucoup et il fait beaucoup de vent.
> **un orage**

la sécheresse	un accord de paix	le progrès scientifique
le chômage	une inondation	la faim
un orage	l'inflation	un exploit sportif

1. C'est quand on gagne une compétition d'athlétisme.
2. C'est quand il n'a pas plu depuis longtemps.
3. C'est quand deux pays sont d'accord pour arrêter une guerre.
4. C'est quand les rivières sont dangereuses parce qu'il a trop plu.
5. C'est quand on n'a pas assez à manger.
6. C'est quand un homme ou une femme n'a pas de travail.
7. C'est quand les prix augmentent.
8. C'est quand on découvre ou invente quelque chose.

C. Bonnes ou mauvaises nouvelles? Marie-Thérèse essaie d'écouter les informations à la radio. Mais la radio ne marche pas bien, et elle entend seulement des fragments de l'émission. Indiquez si les fragments qu'elle entend représentent de **bonnes** nouvelles ou de **mauvaises** nouvelles.

1. bonnes
2. bonnes
3. mauvaises
4. bonnes
5. mauvaises
6. bonnes
7. mauvaises
8. bonnes
9. mauvaises

MODÈLE   La guerre continue en Afrique.

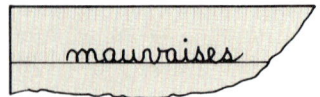

Communication

A. Pour un meilleur monde. Qu'est-ce qu'il faut faire pour améliorer le monde? Avec les éléments suivants, faites des phrases qui expriment (*express*) vos opinions sur les problèmes actuels les plus importants.

EXEMPLE   **Il faut réduire l'inflation.**

	augmenter	inflation
	éliminer	découvertes et inventions
	lutter contre	accords de paix
Il faut	arrêter	pollution
	signer	chômage
	réduire	nombre d'emplois
	faire	faim
	?	?

Une grève contre la SNCF (Société nationale des chemins de fer): Paris, France

B. Vos priorités. Est-ce que vous pensez souvent aux problèmes du monde? Faites une liste de trois problèmes qui vous concernent et suggérez une solution possible pour chaque problème.

EXEMPLE

Have students use an infinitive with **il faut** to avoid the subjunctive.

C. Une lettre importante. Vous avez décidé de participer aux élections. Écrivez une lettre à envoyer à un(e) candidat(e). Donnez-lui vos opinions.

EXEMPLE

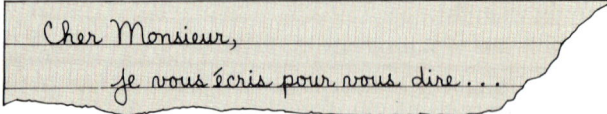

Variation. Have students, working in small groups, imagine that they are a committee that must present possible solutions to particular problems.

Tell students that if they are writing to a female candidate, they should begin their letter with **Chère Madame**. A typical closing for a formal letter in French is **Veuillez agréer, Monsieur (Madame), l'expression de mes sentiments les plus distingués.** After this sentence, the writer just signs the letter.

EXPLORATION 1

Function: *Expressing what would happen*
Structure: *The conditional tense*

Présentation

A. In English, a conditional idea is expressed with the word *would* + a verb. We say, for example, *I would go camping, if I were free,* or *In your place, I wouldn't do that.* In French, the conditional tense is formed by adding the imperfect endings to the future stem of the verb.

Suggestion. Review the formation and use of the future tense before presenting the conditional.

aimer	
j' aime**rais**	nous aime**rions**
tu aime**rais**	vous aime**riez**
il / elle / on aime**rait**	ils / elles aime**raient**

avoir	
j' au**rais**	nous au**rions**
tu au**rais**	vous au**riez**
il / elle / on au**rait**	ils / elles au**raient**

Nous **aimerions** changer la situation.	We **would like** to change the situation.
Moi, je ne **ferais** pas ça.	I **wouldn't do that**.
Je savais que tu **trouverais** une solution.	I knew that you **would find** a solution.

B. The conditional is used frequently with the phrases **à ta place** (*in your place*) and **dans ce cas-là** (*in that case*).

Dans ce cas-là, nous **pourrions** partir ensemble.	**In that case,** we **would be able** to leave together.
À ta place, je ne **partirais** pas maintenant.	**In your place,** I **wouldn't leave** now.

C. The conditional tense of **pouvoir** and **vouloir** is often used to make polite requests or to ask questions in a polite way.

Pourriez-vous me prêter de l'argent?

Je **voudrais** un kilo de tomates, s'il vous plaît.

Could you lend me some money?

I would like one kilo of tomatoes, *please*.

À ta place, je choisirais un autre sport.

Préparation

ST 79

A. Pourrions-nous… Michel pose beaucoup de questions aujourd'hui. Écoutez ce qu'il demande et décidez si les réponses sont logiques. Écrivez **oui** si la réponse est logique ou **non** si la réponse n'est pas logique.

> MODÈLE — Voudrais-tu lire quelque chose?
> — Ah oui, j'ai très faim.

non

1. Oui.
2. Non.
3. Non.
4. Oui.
5. Non.
6. Oui.
7. Non.

B. Leurs rêves. Colette et ses copines parlent des choses qu'elles aimeraient accomplir (*accomplish*). Qu'est-ce qu'elles espèrent faire?

> MODÈLE Mireille / participer à un marathon
> **Mireille voudrait participer à un marathon.**

1. Nous / faire le tour du monde
2. Vous / travailler dans le Tiers-Monde
3. Tu / étudier les conséquences du chômage
4. Je / inventer quelque chose

Tell students to use the verb **vouloir** in all the items.

1. Nous voudrions
2. Vous voudriez
3. Tu voudrais
4. Je voudrais

5. Josette et Julie voudraient **6.** Sophie voudrait **7.** Nicole voudrait

5. Josette et Julie / faire des recherches sur les catastrophes naturelles
6. Sophie / découvrir une planète
7. Nicole / lutter contre le crime

C. Un monde idéal. Julie imagine un monde idéal. Qu'est-ce qu'elle dit?

> MODÈLE
> éliminer la famine
> **Dans un monde idéal, on éliminerait la famine.**
> être découragé
> **Dans un monde idéal, on ne serait pas découragé.**

1. avoir froid
2. être déprimé
3. avoir des problèmes
4. pouvoir se comprendre
5. être au chômage
6. s'entendre avec les autres
7. faire la guerre
8. être malade
9. éliminer la guerre
10. tuer les autres

1. on n'aurait jamais froid
2. on ne serait pas déprimé
3. il n'y aurait pas de problèmes
4. on pourrait se comprendre
5. on ne serait jamais au chômage
6. on s'entendrait avec les autres
7. on ne ferait pas la guerre
8. on ne serait jamais malade
9. on éliminerait la guerre
10. on ne tuerait pas les autres

D. Si on allait au Canada. La classe de français de Régine voudrait faire un voyage au Canada. Ils réfléchissent à tout ce qu'ils feraient pendant ce voyage, mais chaque élève a une idée différente. Qu'est-ce qu'ils disent?

> MODÈLE
> acheter
> **Moi, j'achèterais des souvenirs.**

1. visiter

2. aller

3. faire

4. écrire

5. rencontrer

6. apprendre

1. Je visiterais des monuments. 2. J'irais au cinéma. 3. Je ferais du ski.
4. J'écrirais des cartes postales. 5. Je rencontrerais des gens. 6. J'apprendrais à faire du patin à glace.

CULTUREL

Avez-vous déjà visité un musée situé dans une gare? Le Musée d'Orsay à Paris, ouvert depuis 1986, occupe les bâtiments rénovés de l'ancienne gare d'Orsay. Cette gare a été construite vers 1900 sur la rive gauche de la Seine. Le musée reçoit des milliers de visiteurs chaque semaine, attirés (*attracted*) par la qualité de ses œuvres (*works*) et par l'originalité de son architecture. Sa superbe collection représente de nombreuses formes d'art: la peinture, la sculpture, l'architecture, la photographie et les arts décoratifs.

Le Musée d'Orsay: Paris, France

Communication

A. La politesse. Imaginez que vous êtes dans les situations suivantes. Qu'est-ce que vous demanderiez?

Tell students to use the conditional of **vouloir** or **pouvoir** in these requests.

> EXEMPLE Vous avez beaucoup de difficultés avec vos devoirs de maths, mais votre copine est très forte en maths.
> **Pourrais-tu m'aider à faire mes devoirs de maths?**

1. Vous êtes au café et vous voulez quelque chose à manger.
2. Vous avez envie de sortir avec un garçon ou une fille que vous ne connaissez pas très bien.
3. Vos parents sont en train de regarder les informations, et vous voulez regarder un match de basket.
4. Vous êtes sorti(e) avec vos amis pour acheter une glace, mais vous découvrez que vous n'avez pas d'argent sur vous.
5. Vous bavardez avec un(e) ami(e) à une boum et vous avez envie de danser avec lui (elle).

Additional Practice. Using some of the sentences from Activity A, have students, working in pairs, develop a situation and a short dialogue.

B. Ce week-end. Vos amis discutent de ce qu'ils vont faire ce week-end. Quels conseils pouvez-vous leur donner?

> EXEMPLE   Annick a envie de nager
> **À sa place, j'irais à la piscine ou à la plage.**

1. Marc a envie de voir un film.
2. Tu as besoin de faire de recherches sur l'écologie.
3. Vous avez envie de faire du camping.
4. Danielle a envie de participer à une compétition sportive.
5. Gilbert a besoin de nettoyer sa chambre.
6. J'ai envie de voir la manifestation.

C. Un autre monde. Pouvez-vous imaginer un monde sans problèmes?
W Comment serait ce monde? Écrivez des phrases qui décrivent (*describe*) ce monde idéal.

Take a class survey to find out the most frequent answers.

> EXEMPLE

> *Dans ce monde idéal, il n'y aurait plus de...*

Révision et Expansion

You have now learned the future, imperfect, and conditional tenses. They look and sound somewhat alike but have very different functions. The future is used to talk about what you *will do;* the imperfect is used to describe the way things *were* or what you *were doing* or *used to do;* and the conditional is used to talk about what you *would do* or to make polite requests.

Complete the following conversation with the future, the imperfect, or the conditional of the verb indicated. See Student Response Forms.

CHRISTOPHE J'__1__ (aimer) acheter une nouvelle bicyclette.
CÉLINE Mais pourquoi? Je pensais que tu __2__ (être) content de cette bicyclette. Et elle __3__ (marcher) très bien quand tu es venu chez moi la semaine dernière.
CHRISTOPHE C'est vrai, mais j'en ai vu une autre au centre commercial que je __4__ (vouloir) acheter.
CÉLINE À ta place, je ne __5__ (faire) pas ça, Christophe. Avec l'inflation, les bicyclettes sont très chères en ce moment.
CHRISTOPHE Oui, mais si ça continue, elles __6__ (être) encore plus chères l'année prochaine.
CÉLINE C'est vrai! Si tu veux, j'__7__ (aller) avec toi au centre commercial.

1. aimerais 2. étais 3. marchait 4. voudrais 5. ferais 6. seront 7. irai

EXPLORATION 2

Function: *Saying what you would do if…*
Structure: *si clauses and the conditional tense*

Présentation

A. The conditional is often used in "if…then" sentences to indicate what would happen if certain conditions existed. In these sentences, the imperfect is used in the **si** (*if*) clause and the conditional is used to tell the result.

Tell students that the word *then* (**alors**) is not usually expressed in French.

Si c'**était** possible, j'**arrêterais** toutes les guerres.

If it were possible, I would stop all wars.

Si je **pouvais,** je **signerais** un accord de paix avec tous les pays du monde.

If I could, I would sign a peace agreement with all the countries of the world.

B. In "if…then" clauses, either clause may come first.

Emphasize that the conditional cannot be used in the "if" clause.

Si nous **avions** plus de temps, nous **ne partirions pas** si vite.

If we had more time, we wouldn't leave so quickly.

Nous **ne partirions pas** si vite si nous **avions** plus de temps.

We wouldn't leave so quickly if we had more time.

Option. Teach students the following expression, which is used to indicate that something is an impossible dream: **Avec des «si», on mettrait Paris dans une bouteille.**

S'il y avait des marathons pour nous, c'est moi qui gagnerais.

Préparation

ST 80

A. Au téléphone.   Chantal parle au téléphone. Lisez la première partie de chaque phrase et écoutez deux continuations possibles. Écrivez la lettre de la continuation la plus logique.

1. b
2. a
3. a
4. b
5. a
6. a
7. a

> MODÈLE   Si tu étais libre aujourd'hui,…
> **a. nous pourrions parler des élections**.
> b. il ferait très froid.

1. S'il ne pleuvait pas,…

2. Si les routes étaient meilleures,…

3. Si on créait plus d'emplois,…

4. Si les gens s'entendaient mieux,…

5. Si j'avais plus d'argent,…

6. Si vous vous intéressiez à l'histoire,…

7. Si Michel finissait ses devoirs,…

B. S'il n'y avait pas de cours…   Quelques élèves imaginent ce qu'ils feraient s'il n'y avait pas de cours aujourd'hui. Qu'est-ce qu'ils disent?

Option. Teach the students the expression **faire la grasse matinée** (*to sleep in*).

> MODÈLE   **S'il n'y avait pas de cours aujourd'hui, je dormirais jusqu'à midi.**

1.
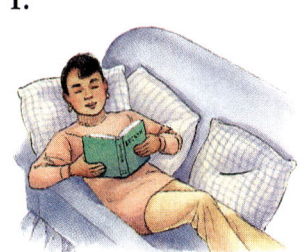
2.

3.

4.

5.

6.

7.

1. je lirais un roman   **2.** je jouerais au basket   **3.** je nagerais   **4.** je ferais du lèche-vitrines
5. je prendrais des photos   **6.** je ferais du jardinage   **7.** je ferais du cheval

C. Si seulement... Jérôme et ses copains parlent de tout ce qui serait possible si leurs conditions de vie étaient différentes. Employez l'imparfait ou le conditionnel des verbes suivants pour compléter leurs phrases.

See Student Response Forms.

MODÈLE   Si j'avais plus de temps libre, je **lirais** plus.

lire	être	boire	recevoir
sortir	avoir	réussir	se coucher

1. Si tu travaillais plus, tu ===== de meilleures notes.
2. Je serais en meilleure santé si je ===== plus de jus d'orange.
3. Si Marc savait conduire, il ===== plus indépendant.
4. Paul et Thomas ===== plus tôt le soir s'ils étaient moins occupés.
5. Si on ===== plus souvent, on s'amuserait bien.
6. Je serais très heureux si je ===== à tous mes examens.
7. Si c'était mon anniversaire, je ===== beaucoup de cadeaux.

1. aurais
2. buvais
3. serait
4. se coucheraient
5. sortait
6. réussissais
7. recevrais

Contexte CULTUREL

Un grand nombre de Français ont fait des contributions importantes dans les domaines de la science et de la technologie.

Le renommé (*renowned*) Louis Pasteur (1822-1895) a découvert que des micro-organismes sont responsables des maladies humaines. Il a développé un processus de purification de liquides qu'on a nommé la pasteurisation. Son travail a révolutionné le monde de la médecine.

Marie Curie (1867-1934) et son mari Pierre (1859-1906) ont reçu le Prix Nobel pour leurs recherches sur la radioactivité. Après la mort de son mari, Marie Curie a continué à étudier les applications de la radioactivité au traitement des maladies.

Louis Pasteur

Marie et Pierre Curie

Communication

A. Interview. Posez les questions ci-dessous (*below*) pour savoir ce qu'un(e) camarade de classe ferait dans les situations suivantes.

Additional Practice. Other questions students could respond to: **Que ferais-tu si tu étais riche? Que ferais-tu si tu n'avais pas de cours cet après-midi?**

> EXEMPLE   si tu gagnais mille dollars
> — **Qu'est-ce que tu ferais si tu gagnais mille dollars?**
> — **J'achèterais des vêtements.**

Qu'est-ce que tu ferais

1. si tu n'avais pas de cours aujourd'hui?
2. si tu étais président(e) des États-Unis?
3. si tu devenais célèbre?
4. si tu avais plus de temps libre?
5. si tu faisais la connaissance d'une personne célèbre?
6. si tu visitais une ferme?
7. si des élèves de ton école organisaient une manifestation?
8. si un de tes amis était déprimé?

B. Les âges de la vie. Pouvez-vous imaginer votre avenir? Comment serait votre vie si vous aviez l'âge indiqué? Écrivez une phrase pour chaque âge.

> EXEMPLE   seize ans
> **Si j'avais seize ans, j'aurais mon permis de conduire.**

1. dix-huit ans
2. vingt et un ans
3. trente ans
4. quarante ans
5. soixante-cinq ans
6. cent ans

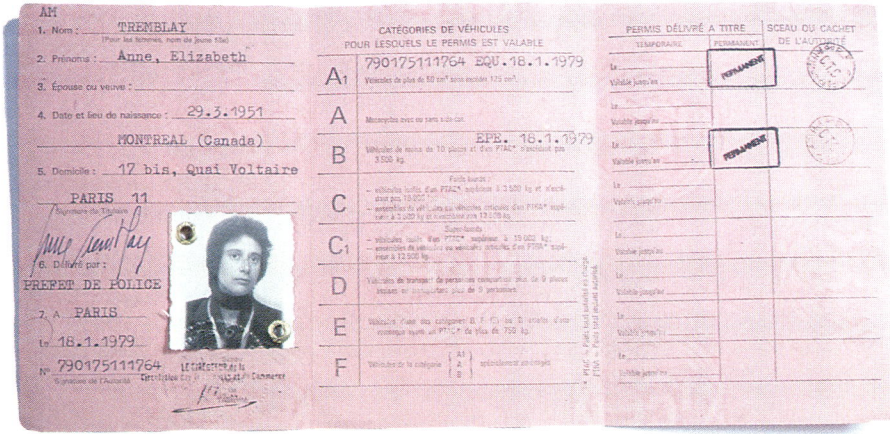

C. Comment seriez-vous? Complétez les phrases suivantes pour donner votre réaction à ces situations.

EXEMPLE   Je serais très content(e) si…
           Je serais très content(e) si je recevais une lettre aujourd'hui.

1. Je serais très triste si…
2. Mes parents seraient furieux si…
3. Si mes cours étaient plus faciles,…
4. La vie serait plus simple si…
5. Si j'étais très riche,…
6. J'aurais très peur si…

Remind students to use the imperfect in the "if" clause and the conditional in the "then" clause.

D. Avec si, tout est possible. Si vous pouviez changer le monde, en quoi serait-il différent? Écrivez cinq phrases.

EXEMPLE

Si on conduisait moins vite, il y aurait moins d'accidents.

Enrichment. As a diary entry for this chapter, have students first decide what they would like to be (a doctor? a teacher?). Then have them write what they would do to help solve some of the world's problems if they were in that profession.

Révision et Expansion

In addition to **si** clauses in the imperfect tense, you have also seen and used **si** clauses in the present tense. When the **si** clause is in the present tense, the verb in the other clause can be present, imperative, or future.

Si tu es fatigué,
→ tu peux rester à la maison.
→ repose-toi.
→ je ferai la vaisselle.

See Student Response Forms.

Complete the following sentences to make suggestions you might give to a friend.

1. Si tu as mal à la tête, ═══.
2. S'il fait mauvais demain, ═══.
3. Téléphone-moi si ═══.
4. Si tu ne te sens pas bien, ═══.
5. Je t'aiderai si ═══.
6. Si tu as besoin d'argent, ═══.
7. Tu peux venir chez moi si ═══.
8. Si tu as trop de travail, ═══.

EXPLORATION 3

Function: *Talking about places already mentioned*
Structure: *The pronoun* ***y***

Présentation

A. The pronoun **y** may be used to replace a prepositional phrase indicating location. Its English equivalent in this case is *there*. Note that the pronoun **y** is placed in the same position as other object pronouns in French.

Option. Teach the expressions **On y va?** (*Shall we go?*) and **On y va!** (*Let's go!*)

— Vous allez **à Québec**
   cette année?   *Are you going* ***to Quebec*** *this*
                            year?
— Oui, nous **y** allons en mai.   *Yes, we're going* ***there*** *in May.*

— Ils sont restés longtemps
   en Suisse?   *Did they stay a long time* ***in***
                         Switzerland?
— Non, ils n'**y** sont pas restés   *No, they didn't stay* ***there***
   longtemps.   *a long time.*

When a place is preceded by the preposition **de**, it is replaced by the pronoun **en**. However, this use of **en** is infrequent and has little communicative value.

— Vas-tu aller **chez les Dumont**
   demain?   *Are you going* ***to the Dumonts'***
                         tomorrow?
— Oui, j'**y** serai.   *Yes, I'll be* ***there***.

B. You have learned to use the indirect object pronouns **lui** and **leur** to replace **à** + a person. The pronoun **y** is used to replace **à** + a thing. When used in this way, it usually means *it, to it,* or *about it,* depending on the verb.

— As-tu écrit **à Denise**?   *Did you write* ***to Denise***?
— Oui, je **lui** ai écrit.   *Yes, I wrote* ***to her***.
— Est-ce que Denise a   *Did Denise answer* ***your letter***?
   répondu **à ta lettre**?
— Non, elle n'**y** a pas répondu.   *No, she didn't answer* ***it***.

C. With the verb **penser** + the preposition **à**, emphatic pronouns are used to refer to people and **y** is used to refer to things.

<table>
<tr><td>— Tu penses à ton examen?</td><td>Are you thinking about your exam?</td></tr>
<tr><td>— Oui, j'y pense.</td><td>Yes, I'm thinking about it.</td></tr>
<tr><td>— Et tu penses à ton prof aussi?</td><td>And are you thinking about your teacher, too?</td></tr>
<tr><td>— Oui, je pense à elle.</td><td>Yes, I'm thinking about her.</td></tr>
<tr><td>— Et vous, vous pensez à vos vacances ou à vos amis?</td><td>And you, are you thinking about your vacation or about your friends?</td></tr>
<tr><td>— Nous pensons à eux, bien sûr!</td><td>We're thinking about them, of course!</td></tr>
</table>

Emphasize that the use of emphatic pronouns after **penser à** is an exception. Indirect object pronouns are usually used to replace **à** + a person.

Substitution. 1. J'y vais bientôt. Tu/Gilles/Nous/Vous/Mes cousins 2. Je vais y retourner demain soir. Nous/Jean/Mes parents/Tu/Vous/Dominique 3. J'y suis déjà allé. Elle/Tu/Mes copains/Nous/Vous

Est-ce que tu es allée chez le coiffeur?

Oui, j'y suis allée.

Transformation. 1. Martine va au théâtre. → Martine y va. Tu vas à la banque./Je vais en ville./Les Dubonnet vont au Mexique./On va chez Marie./Vous allez à l'école./Nous allons à la campagne. 2. Nous y restons. → Nous n'y restons pas. J'y vais./Elle y habite./Vous y attendez./Mes copines y vont./Tu y vas. 3. Il pense à son examen de chimie. → Il y pense. à ses cours/à ses problèmes/à la pollution/ au match de base-ball/à la revue qu'il lit

Préparation

ST 81

A. Des décisions difficiles. Le cousin de Philippe est au chômage et pense aller chercher du travail à Paris. Il discute de ses projets avec Philippe avant d'en parler à ses parents. Écoutez ses observations et indiquez chaque fois s'il parle de **Paris** ou de **ses parents**.

4. Je pense à M. Leblanc. → Je pense à lui. Mme Leblanc/mes cousins/ mes cousines/mon ami Christophe/Élisabeth

MODÈLE   Je pourrais y trouver un emploi.

Paris

1. Paris
2. ses parents
3. ses parents
4. Paris
5. ses parents
6. Paris
7. Paris

B. Le pauvre Gérard. Gérard a été malade le week-end dernier et n'a pas pu sortir. Aujourd'hui, il veut savoir ce que ses copains ont fait sans lui. D'après les images et les sujets donnés, posez les questions de Gérard et donnez les réponses de ses copains.

MODÈLE   Laurent (Non)
— **Laurent est allé au match de base-ball?**
— **Non, il n'y est pas allé.**

Variation. Have students do this exercise in pairs.

1. Vous êtes allés au centre commercial? Oui, nous y sommes allés.
2. Tu es allé à la campagne? Oui, j'y suis allé.
3. Patricia et André sont allés au cinéma? Non, ils n'y sont pas allés.
4. René et Étienne sont allés à la fête foraine? Non, ils n'y sont pas allés.
5. Vous êtes allés au restaurant? Oui, nous y sommes allés.
6. Patricia et Monique sont allées au musée? Oui, elles y sont allées.
7. Martine est allée à la plage? Non, elle n'y est pas allée.

1. Vous (Oui)   **2.** Tu (Oui)   **3.** Patricia et André (Non)

4. René et Étienne (Non)   **5.** Vous (Oui)   **6.** Patricia et Monique (Oui)   **7.** Martine (Non)

C. Des copines. Véronique téléphone à sa copine Nicole pour lui poser quelques questions. Imaginez les réponses de Nicole en employant (*using*) le pronom *y* et les éléments indiqués.

MODÈLE   À quelle heure vas-tu chez Carole demain soir? (à sept heures)
J'y vais à sept heures.

Variation. Have students do this exercise in pairs, taking turns asking and answering the questions.

1. À quelle heure es-tu arrivée à l'école ce matin? (à 8 heures)
2. Toi et Marc, vous êtes restés longtemps en ville aujourd'hui? (non)
3. Quand est-ce que tes parents vont aller chez ton oncle? (ce week-end)
4. Toi et ta sœur, vous allez à la bibliothèque ce soir? (non)
5. Est-ce que tu aimerais aller au centre commercial avec moi? (oui)
6. Avec qui vas-tu à la boum samedi? (avec Charles)
7. Tu vas rester à la maison vendredi soir? (non)
8. Ton copain Paul va aussi au cinéma? (oui)

1. J'y suis arrivée à huit heures ce matin.
2. Non, nous n'y sommes pas restés longtemps.
3. Ils vont y aller ce week-end.
4. Non, nous n'y allons pas ce soir.
5. Oui, j'aimerais y aller avec toi.
6. J'y vais avec Charles.
7. Non, je ne vais pas y rester vendredi soir.
8. Oui, il y va aussi.

D. À quoi pense-t-elle? Colette a l'air de rêver, et sa copine essaie de découvrir à quoi elle pense. La vérité, c'est que Colette pense à son examen de maths. Comment répond-elle aux questions de sa copine?

MODÈLE   Penses-tu à ton frère?
         Non, je ne pense pas à lui.

1. Penses-tu à ton devoir de français?
2. Penses-tu à ton oncle qui est au chômage?
3. Penses-tu aux nouvelles que tu as lues dans le journal?
4. Penses-tu aux problèmes du monde?
5. Penses-tu à ton grand-père qui est déprimé?
6. Penses-tu à l'élection qui arrive?
7. Penses-tu au tremblement de terre de l'année dernière?
8. Penses-tu à ton examen de maths?

1. Non, je n'y pense pas.
2. Non, je ne pense pas à lui.
3. Non, je n'y pense pas.
4. Non, je n'y pense pas.
5. Non, je ne pense pas à lui.
6. Non, je n'y pense pas.
7. Non, je n'y pense pas.
8. Oui, j'y pense.

Contexte
CULTUREL

Depuis plus d'un siècle (*century*), la France et l'Angleterre rêvent de trouver un moyen rapide et économique de traverser la Manche (*English Channel*). Si tout va bien, leur rêve sera bientôt réalisé. En 1986, on a commencé la construction d'un tunnel qui passera au-dessous de (*underneath*) la Manche. Quand l'Eurotunnel sera terminé, plus de 4.000 véhicules par heure pourront traverser la Manche sur des trains-navettes (*shuttles*) spécialement construits pour ce voyage. Le projet Eurotunnel contribue déjà à l'économie européenne. Plus de 10.000 personnes ont été engagées pour travailler à ce projet qui représente actuellement le plus grand chantier de construction (*construction site*) d'Europe.

Le chantier de construction de l'Eurotunnel

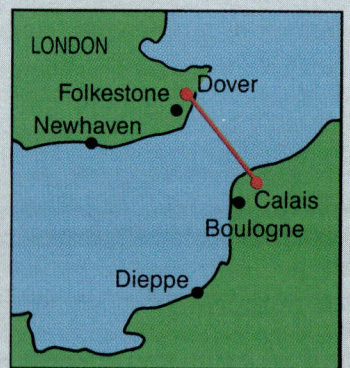

Communication

Variation. Have students use the scale to ask how often a partner thinks about various world problems: — **Penses-tu souvent au chômage? — Non, je n'y pense pas souvent.**

A. Habitudes. Écrivez des phrases pour indiquer si vous allez à ces
endroits souvent, quelquefois, rarement ou jamais. Ensuite,
expliquez votre réponse.

> EXEMPLE   au cinéma
> **Je n'y vais jamais. C'est trop cher.**

jamais   rarement   quelquefois   souvent

1. à la bibliothèque
2. au théâtre
3. au stade
4. à la piscine
5. à la plage
6. à la montagne
7. à la campagne
8. au centre commercial

Enrichment. Have students, in small groups, talk about somewhere they like to go. Have them describe the place, how often they go there, why they like it, and what they do there.

B. Le week-end dernier?   Racontez à un(e) camarade de classe où vous
êtes allé(e) le week-end dernier. Demandez si votre partenaire a fait
la même chose.

> EXEMPLE   — **Je suis allé(e) au concert
>   du groupe U-2. Et toi?**
>   — **Moi aussi, j'y suis allé(e).**

C. J'ai envie de voyager.   Indiquez si vous
avez envie d'aller dans les pays suivants
et donnez une raison pour votre réponse.

> EXEMPLE   en France
>   **J'ai envie d'y aller parce
>   que j'aimerais rencontrer
>   des Français.**

1. au Mexique
2. en Suisse
3. au Canada
4. en Belgique
5. au Maroc
6. en Espagne

Additional Practice.
Have students name a
city or country that they
have visited and ask
another student if he or
she has gone there: **Moi,
je suis allé(e) à New York.
Et toi, est-ce que tu y es
allé(e)?**

D. À quoi pense-t-on?   Pensez à une personne ou à une chose qui est dans la salle de classe. Votre partenaire vous posera des questions pour savoir à qui ou à quoi vous pensez.

EXEMPLE   — Penses-tu à la porte?

— Non, je n'y pense pas.

— Penses-tu au professeur?

— Non, je ne pense pas à lui.

Option. Activity D can be done in the form of a game where each person starts with 10 points. With each question, a point is subtracted. At the end, the person who has the most points wins. Have students write what they are thinking about before the guessing game starts.

Révision et Expansion

You have now learned to use the pronouns **y** and **en**. They can both replace nouns, but their uses are very different.

y { replaces a preposition + a place
replaces the preposition **à** + a thing

en { replaces the preposition **de** + a thing or place
replaces a partitive article + a noun
replaces a noun preceded by a number or expression of quantity

Martine's French Club is putting on a benefit dinner for UNICEF tonight. Martine has just arrived and is checking with her classmates to see how everything is going. Complete their answers with either **y** or **en**. See Student Response Forms.

MARTINE	Est-ce que Paul est allé en ville pour chercher les desserts?
JACQUES	Non, il n'__1__ est pas encore allé.
MARTINE	Est-ce qu'il y a assez de nourriture?
LUC	Oui, je pense qu'il y __2__ a assez.
MARTINE	Est-ce qu'on a pensé au problème des boissons?
KARIMA	Oui, on __3__ a pensé. On va servir des jus de fruits.
MARTINE	Avons-nous besoin de chaises?
VINCENT	Non, je pense que nous __4__ avons assez.
MARTINE	Est-ce qu'on va mettre quelque chose de joli sur les tables?
MARIE-FRANCE	Oui, on va __5__ mettre des fleurs.
MARTINE	Avez-vous acheté du pain?
DENISE	Non, nous n'__6__ avons pas encore acheté.
MARTINE	Est-ce que je peux aller à la boulangerie?
DENISE	Oui, vas-__7__, s'il te plaît.

1. y   **2.** en   **3.** y   **4.** en   **5.** y   **6.** en   **7.** y

EXPLORATION 4

Function: *Talking about things you say or tell to others*
Structure: *The verb dire*

Présentation

A. The verb **dire** (*to say, to tell*) is irregular. Here are its forms:

dire	
je **dis**	nous **disons**
tu **dis**	vous **dites**
il / elle / on **dit**	ils / elles **disent**

Passé composé: j'**ai dit,** etc.
Futur: je **dirai**, etc.

Option. Tell students that **vous dites, vous faites,** and **vous êtes** are the only verbs that do not take the **-ez** ending in the **vous** form.

Je vous **dirai** tout. — *I **will tell** you everything.*
Qu'est-ce que vous **avez dit**? — *What **did you say**?*
Dites-lui ce qui s'est passé. — ***Tell** her what happened.*

B. **Dire** can be used with an indirect object and an infinitive to say that someone is being told to do something (**dire à une personne de faire quelque chose**).

Emphasize that **de** is required before the infinitive.

Je vais dire **à** Diane
  de me téléphoner demain. — *I am going to tell Diane to call me tomorrow.*
Mes parents **m**'ont dit
  de ne pas rentrer tard. — *My parents told me not to come home late.*

Note that in order to make an infinitive negative, both parts of the negative are placed before the infinitive.

C. **Dire** is also used in several common expressions:

dire des mots doux	*to whisper sweet nothings*
dire la vérité	*to tell the truth*
dire un mensonge	*to tell a lie*
vouloir dire	*to mean*

Option. Teach students the expression **dire des gros mots** (*to say bad words*).

Qu'est-ce que tu **veux dire**? — *What do you **mean**?*
Tu m'as **dit un mensonge**. — *You **told** me **a lie**.*

Substitution.   1. <u>Je dis</u> toujours la vérité. Jean/Tu/Nous/Mes amis/Vous   2. Elle m'a <u>dit</u> un mensonge. Tu/
Vous/Le professeur/Mes parents   3. <u>Je</u> ne le <u>dirai</u> pas. Nous/Tu/Charles/Mes sœurs/Vous   4. Ma mère
m'a dit de <u>travailler</u>. manger/me dépêcher/me lever/écouter/ne pas sortir

Préparation

ST 82

A. Je t'écoute!   Marie-Claire aime écouter les conversations des autres élèves. Écoutez leurs conversations et indiquez si vous entendez **le présent, le futur** ou **le passé composé** du verbe **dire** dans chaque phrase.

MODÈLE   Tu lui diras bonjour?   *le futur*

1. le passé composé
2. le présent
3. le futur
4. le futur
5. le passé composé
6. le présent
7. le passé composé
8. le présent

B. Qu'est-ce qu'on dit?   Qu'est-ce qu'on dit habituellement dans les circonstances suivantes? Utilisez la forme correcte du verbe **dire** et une expression choisie dans la colonne de droite pour compléter chacune des phrases suivantes.

MODÈLE   Quand on se quitte, on… «Au revoir!»
          Quand on se quitte, on dit «Au revoir!»

1. À Noël, nous…   «Écoutez et répétez.»
2. Quand on arrive en retard, on…   «Je ne sais pas.»
3. Chaque matin, ma mère me…   «Joyeux Noël!»
4. Quand tu n'as pas la réponse, tu…   «Bonne nuit!»
5. Avant de vous coucher, vous…   «Excusez-moi.»
6. Le prof de français…   «Merci!»
7. Quand je reçois un cadeau, je…   «Lève-toi! Vite!»

C. Les obligations.   Virginie se plaint (*is complaining*) parce que tout le monde lui a donné des ordres. Comment se plaint-elle? (*How does she complain?*)

MODÈLE   le prof de maths / bien étudier
          Le prof de maths m'a dit de bien étudier.

1. Luc / me dépêcher
2. Mes parents / ne pas sortir
3. Tu / t'emmener en ville
4. Sylvie / lui téléphoner ce soir
5. Mes copines / les attendre
6. Nathalie / passer chez elle tout de suite

1. nous disons «Joyeux Noël.»
2. on dit «Excusez-moi.»
3. ma mère me dit «Lève-toi! Vite!»
4. tu dis «Je ne sais pas.»
5. vous dites «Bonne nuit!»
6. le prof dit «Écoutez et répétez.»
7. je dis «Merci!»

1. Luc m'a dit de
2. Mes parents m'ont dit de
3. Tu m'as dit de
4. Sylvie m'a dit de
5. Mes copines m'ont dit de
6. Nathalie m'a dit de

D. Une grosse erreur.   Georges a une nouvelle à annoncer à sa sœur. Complétez leur conversation par une forme du verbe **dire**. Faites attention au choix du temps.

See Student Response Forms.

GEORGES	Bernadette, je vais te __1__ un secret.
BERNADETTE	Vite, alors! __2__-moi.
GEORGES	Tu promets que tu ne le __3__ pas à Papa?
BERNADETTE	Bien sûr! Alors?
GEORGES	Tu vois cette voiture rouge et noire dans la rue? Je viens

1. dire
2. Dis
3. diras

	de l'acheter. Le vendeur m'___4___ que c'est une voiture fantastique.	4. a dit
		5. disent
BERNADETTE	Tu sais, les vendeurs ne ___5___ pas toujours la vérité. Tu n'as pas encore ___6___ à Papa que tu l'as achetée?	6. dit
		7. dirais
GEORGES	Non, je compte lui montrer la voiture ce soir.	8. a dit
BERNADETTE	À ta place, je ne le ___7___ pas à Papa. Je retournerais très vite chez le vendeur et je lui expliquerais que mon père m'___8___ de rendre la voiture.	

La Croix Rouge (*Red Cross*), est connue dans le monde entier. Cette organisation internationale a été fondée par un Suisse, Henri Dunant, en 1859. La fonction originale de La Croix Rouge était de venir en aide aux victimes de guerre en Europe. Actuellement, la Croix Rouge prête assistance aux victimes de guerre et de catastrophes naturelles partout dans le monde et organise de nombreux projets pour réduire la souffrance humaine.

Des employés de la Croix Rouge française

Communication

A. **Interview.** Posez les questions suivantes à un(e) camarade de classe. Ensuite votre partenaire vous posera les mêmes questions.

1. Est-ce que tu dis toujours la vérité?
2. Est-ce que tu dis toujours ce que tu penses?
3. Est-ce que tu préfères les amis qui disent toujours ce qu'ils pensent?
4. Sais-tu dire «au revoir» dans une autre langue?
5. Quel est le premier mot que tu as dit ce matin?
6. Quels sont les mots que ton professeur dit le plus souvent?

B. Le mot juste.   Qu'est-ce que vous diriez dans les situations suivantes?

Additional Practice. Have each student make up a situation. Then select two students, and have them respond to each other's situations. Do this until all students have had a chance to present a situation and to respond.

> EXEMPLE   Vous êtes dans la bibliothèque et vous rencontrez un de vos professeurs.
> **Je dirais «Bonjour, Monsieur.»**

1. Vous avez pris du gâteau, de la glace et trois cocas cet après-midi. Maintenant, un copain vous invite à aller au restaurant.
2. Vous avez passé la soirée avec des amis et maintenant, vous allez rentrer.
3. Il est sept heures et demie, et votre mère essaie de vous réveiller. Mais vous êtes très fatigué(e) et vous ne voulez pas vous lever.
4. Une copine a deux billets pour un concert de musique classique. Elle vous demande si vous voulez l'accompagner.
5. Dans l'autobus, vous marchez sur les pieds d'une vieille personne.
6. Vous voyez un petit garçon qui va traverser la rue au feu rouge. Il y a beaucoup de circulation.

C. Si je rencontrais…   Qu'est-ce que vous diriez si vous faisiez la connaissance d'une personne célèbre? Choisissez cinq personnes célèbres et écrivez ce que vous leur diriez.

> EXEMPLE
>
> *Si je pouvais parler avec Billy Joel, je lui dirais . . .*

Révision et Expansion

You now know several verbs that relate to the idea of talking.

> dire   *to tell, to say*
> parler   *to talk, to speak*
> raconter   *to tell (a story), to tell about*

Using the words and phrases given below and the verbs **dire, parler,** or **raconter,** make up sentences about yourself or people you know.

> EXEMPLE   tout le temps
> **Mon frère parle tout le temps à ses amis.**

1. la vérité
2. avec mes amis
3. des mots doux
4. tous les jours
5. ce que je pense
6. des mensonges
7. des histoires amusantes
8. au téléphone

PERSPECTIVES

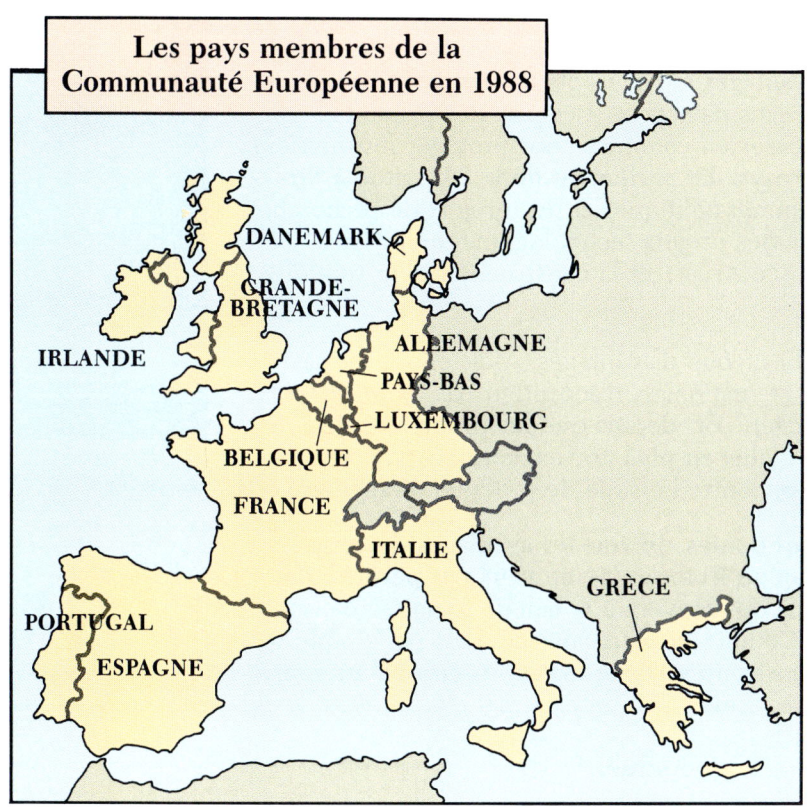

Les pays membres de la Communauté Européenne en 1988

DANEMARK
GRANDE-BRETAGNE
IRLANDE
ALLEMAGNE
PAYS-BAS
LUXEMBOURG
BELGIQUE
FRANCE
ITALIE
GRÈCE
PORTUGAL
ESPAGNE

Lecture

ST 83

Un Projet ambitieux

Prereading question. What are some of the objections to the EEC?

Suggestion. Tell students that the **Communauté Européenne** or **CE** is known in English as the European Economic Community or the EEC.

François, un jeune Français, et Robert, son cousin canadien, s'écrivent régulièrement. Voici une lettre que François a écrite au sujet de la Communauté Européenne (la CE).

Option. Tell students that the term Common Market is also used to refer to the **Communauté Européenne (CE)**, but that this term refers specifically to its economic structure and is used less and less frequently.

Cher Robert,

Comme tu m'as dit que tu t'intéresses à la politique européenne, je vais te parler de la Communauté Européenne, ou ce qu'on appelle le Marché commun.

Point out to students that *politics* is used in the singular in French (**la politique**).

Après la deuxième guerre mondiale, les pays européens ont décidé de s'unir. On pensait qu'avec ses 320 millions d'habitants, l'Europe deviendrait une puissance importante et qu'on pourrait ainsi lutter plus facilement pour améliorer la vie de tous les Européens. On se disait également qu'il n'y aurait plus de guerres en Europe si les pays européens étaient vraiment unis.

Le résultat de cette décision, c'est la CE, une union économique et politique qui offre beaucoup d'avantages aux Européens. On peut voyager librement d'un pays à l'autre sans passeport. Les prix des produits agricoles et industriels y sont décidés en commun pour protéger les ouvriers et les cultivateurs de chaque pays. Le parlement de la CE, situé à Strasbourg, développe des programmes politiques et des projets de recherche scientifique. Et on participe à des projets technologiques ambitieux, comme la production de la fusée Ariane et la construction d'un tunnel sous la Manche.

Comme tu vois, la CE offre beaucoup d'avantages. Mais elle n'est pas sans problèmes. Les parlements nationaux n'acceptent pas toujours les décisions du parlement européen. Et, depuis que les problèmes de chômage et d'inflation sont de plus en plus graves, certains pays voudraient protéger leurs frontières contre l'entrée de produits étrangers.

Moi aussi, j'ai quelquefois mes doutes. Je vois les avantages de cette union, mais, comme beaucoup de Français, je ne veux pas perdre mon identité française. Et qu'est-ce qui arrivera à la langue française dans une Europe sans frontières? Comme tu peux voir, ce n'est pas simple. Arriverons-nous à éliminer nos frontières nationales? Y aura-t-il un jour un président de l'Europe unie? L'avenir le dira.

Amitiés,

François

Le siège de la CE: Bruxelles, Belgique

Vocabulaire à noter

agricole agricultural		**le Marché commun** common market
ainsi thus		**mondial** world (*adjective*)
arriver to happen		l' **ouvrier** (*m*), l'**ouvrière** (*f*) worker
également also		**la politique** politics
l' **entrée** (*f*) entry		**la puissance** power
européen European		**uni** united
la frontière border		**s'unir** to unite
la Manche English Channel		

1. Faux. C'est après la deuxième guerre mondiale.   2. Vrai.   3. Faux. Ils peuvent y voyager librement sans passeport.   4. Faux. à Strasbourg   5. Faux. sous la Manche   6. Vrai.   7. Faux. ont découragé   8. Vrai.

Compréhension

D'après les renseignements (*information*) donnés dans **Un Projet ambi-tieux,** indiquez si chaque phrase est **vraie** ou **fausse**. Si la phrase est fausse, corrigez-la (*correct it*).

1. C'est après la première guerre mondiale qu'on a décidé de créer une communauté européenne.
2. Par cette union, on espérait éliminer la guerre en Europe.
3. Les Français ont besoin d'un passeport pour voyager en Europe.
4. Le parlement européen se réunit en Angleterre.
5. La CE participe à la construction d'un tunnel sous les Pyrénées.
6. Certains pays européens hésitent à accepter les décisions du parlement européen.
7. L'inflation et le chômage ont encouragé les pays européens à accepter la CE.
8. Beaucoup de Français ont peur de perdre leur identité nationale.

AFS VIVRE SANS FRONTIERE

Communication

A. **Le Marché commun.** Robert explique à un copain ce qu'il a appris sur la CE. Complétez son explication par une expression de la liste suivante.

See Student Response Forms.

mondiale	produits	améliorer	ouvriers	dira
économique	la Manche	parlement	s'unir	union

FRÉDÉRIC Alors, qu'est-ce que c'est, cette CE?
ROBERT C'est une sorte d'__1__ politique et __2__. On décide ensemble des prix des __3__ industriels et agricoles pour protéger les __4__ et les cultivateurs. Et les Européens n'ont même pas besoin de passeport pour passer d'un pays à l'autre. Il y a aussi un __5__ européen qui se réunit à Strasbourg et qui a développé beaucoup de programmes. Par exemple, la CE aide avec la construction d'un tunnel sous __6__.
FRÉDÉRIC La CE existe depuis longtemps?
ROBERT On a commencé à en parler après la deuxième guerre __7__. On voulait éliminer la guerre et __8__ la vie de tous les habitants d'Europe.
FRÉDÉRIC Hmm, c'est un projet ambitieux. Ton cousin François, pense-t-il que les Européens arriveront à __9__?
ROBERT Je ne sais pas. L'avenir le __10__.

1. union
2. économique
3. produits
4. ouvriers
5. parlement
6. la Manche
7. mondiale
8. améliorer
9. s'unir
10. dira

B. Les manifestations. Regardez le dessin et imaginez ce que les différentes personnes disent.

> EXEMPLE Les ouvriers disent qu'il faut créer plus d'emplois.

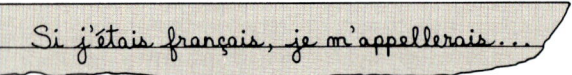

C. Si vous étiez français(e)... Comment serait votre vie si vous étiez français(e)? Employez les sujets suivants comme guide et écrivez au moins huit phrases.

> EXEMPLE *Si j'étais français, je m'appellerais...*

votre nom   votre famille   vos études   vos amis   vos passe-temps

Tell female students to adapt the chart to read **française**.

Variation. Do this activity with other French-speaking countries.

D. Si j'étais riche... Une action en entraîne (*brings about*) souvent une autre. Reconstruisez la chaîne de circonstances en utilisant les éléments suggérés ci-dessous (*below*).

> EXEMPLE gagner dix mille dollars / être riche
> **Si je gagnais dix mille dollars, je serais riche.**
> **Si j'étais riche,...**

1. être riche
2. avoir besoin de travailler

Point out to students that this is to be one long chain of events.

Option. Have students take turns continuing the story.

3. prendre tout le temps des vacances
4. pouvoir voyager beaucoup
5. aller dans des pays étrangers
6. apprendre les langues de ces pays
7. comprendre les gens de ces pays
8. ?

ST 84

E. Le rêve de Pascale. Pascale rêve du monde idéal. Écoutez ce qu'elle dit et écrivez les mots qui manquent (*are missing*) pour compléter le paragraphe.

See Student Response Forms.

Si c'__1__ le meilleur des mondes possibles, des __2__ naturelles __3__ plus. Tout le monde __4__. Il n'y __5__ plus de __6__. On __7__ pour éliminer __8__. Nous nous __9__ avec nos voisins; alors, il n'y aurait plus de __10__. Par contre, il y aurait beaucoup de __11__ et de __12__. Ce __13__ un monde formidable. Les gens __14__ seraient heureux et tout le monde __15__ que la vie est belle.

1. était
2. catastrophes
3. n'arriveraient
4. travaillerait
5. aurait
6. chômage
7. s'unirait
8. la famine
9. entendrions
10. guerres
11. découvertes scientifiques
12. créations artistiques
13. serait
14. y
15. dirait

ST 85

F. Bulletin d'informations. Écoutez ce reportage sur la grève des employés de la Poste et choisissez la meilleure réponse à chaque question.

1. Les employés de la Poste font la grève parce qu'
   a. il y a trop de travail.
   b. ils ne gagnent pas assez d'argent.
   c. ils voudraient retourner au travail.

2. Si les conditions ne changent pas, ils vont
   a. accepter la situation.
   b. dépenser plus d'argent.
   c. continuer la grève.

3. La jeune employée qu'on interviewe
   a. n'aime pas travailler.
   b. a des soucis.
   c. est contre la grève.

4. M. Bédier
   a. fait la grève aussi.
   b. n'est pas d'accord avec la grève.
   c. est au chômage.

5. M. Bédier pense que
   a. les problèmes de ces employés ne sont pas très graves.
   b. ces employés sont très courageux.
   c. la grève est une très bonne idée.

1. b
2. c
3. b
4. b
5. a

Prononciation

In French, the consonant sounds /p/, /t/, and /k/ are not followed by a puff of air as they are in English. Compare the pronunciation of the following English and French words.

cool/**cahier**   *port*/**porter**   *top*/**ton**

Now repeat the following groups of words. Try to pronounce the /p/, /t/, and /k/ sounds without making a puff of air. One way to check your pronunciation is to hold a piece of paper up to your lips as you pronounce each word. If you are pronouncing the French sounds correctly, the piece of paper will not move.

car	cadeau	marque	mécontent
vite	tôt	théâtre	tremblement
paix	politique	grippe	accomplissement

Now listen and repeat the following sentences.

1. Thierry et Tatiana vont aller au théâtre mercredi soir.
2. Tatiana va porter une jupe qu'elle a achetée en octobre.
3. Thierry va porter un pantalon que son cousin lui a prêté.
4. Après la pièce, ils vont prendre quelque chose dans un petit café.
5. S'ils rentrent trop tard, leurs parents ne vont pas être contents.

Henri IV au Théâtre du soleil

*I*NTÉGRATION

Here is an opportunity to see how well you can use your French in a variety of situations. If you have trouble with any of these items, study the topic and practice the activities again, or ask your teacher for help.

Écoutez bien

ST 87

A. Les informations. Écoutez les informations d'aujourd'hui. Trouvez ensuite l'erreur dans chacune des phrases suivantes.

1. Il y a eu un tremblement de terre en Amérique du Sud.
2. En France, il n'y a pas de grèves actuellement, mais c'est un accident.
3. Un grand exploit sportif! Yannick Noah a gagné son match de golf!
4. La longue guerre entre l'Iran et l'Iraq continue.
5. En ce qui concerne la météo, mauvaise nouvelle! Il n'y a toujours pas de pluie. La sécheresse continue.

1. en Asie
2. Il y a une grève des transports.
3. son match de tennis
4. L'Iran et l'Iraq ont signé un accord de paix.
5. Il n'y a pas de sécheresse; il y aura des pluies abondantes et des orages.

Lisez un peu   Suggestion. Have students select and defend one of these points of view.

A. Qu'est-ce qui est important?   Au cours d'histoire, le prof a demandé aux élèves d'écrire quelques idées sur l'avenir du monde et les façons (*ways*) de l'améliorer. Lisez les réponses de certains élèves et indiquez qui exprimerait (*would express*) les idées qui se trouvent à la fin: Jean-Luc, Chantal, Roger ou Aurélie.

> À mon avis, la chose la plus importante, c'est l'environnement. Si nous faisions plus attention aux conditions écologiques de notre planète, nous pourrions créer un meilleur monde. Je rêve d'un avenir sans pollution. Je voudrais pouvoir respirer de l'air pur et boire de l'eau fraîche toute ma vie.
>
> Jean-Luc, 16 ans

Moi, je pense que les sciences sont vraiment importantes. La technologie, c'est la clé de l'avenir. Que ferions-nous sans les découvertes et les inventions de ces dernières années? Où serions-nous sans le progès technologique réalisé par des gens qui essaient d'améliorer notre monde? Imaginez un monde sans médicaments, sans ordinateurs. Moi, je ne voudrais pas y vivre.

Aurélie, 15 ans

Pour moi, les arts sont la clé de l'avenir. L'art aide la créativité. Le progrès vient de cette créativité parce qu'avant de créer quelque chose de nouveau, il faut pouvoir l'imaginer. L'art, c'est une langue universelle. Et les créations artistiques sont éternelles. L'artiste crée quelque chose de beau pour l'avenir.

Roger, 17 ans

Moi, je dirais que les écoles sont extrêmement importantes. C'est dans les écoles qu'on apprend à vivre en communauté. Il faut communiquer à nous les jeunes tout ce que les générations précédentes ont appris. Ce sont nous qui allons déterminer l'avenir. Sans livres, on continuerait à répéter les erreurs du passé sans faire de progrès. Pour assurer le progrès du monde, il faut développer un bon système d'enseignement.

Chantal, 14 ans

1. Moi, j'aime beaucoup aller aux musées d'art moderne.
2. Si on veut réussir dans la vie, il faut apprendre à lire et à écrire.
3. Il faut protéger les mers et les rivières.
4. Louis Pasteur et Marie Curie ont beaucoup aidé notre monde.
5. C'est pour ça que je vais devenir institutrice.
6. Ce sont les ingénieurs qui améliorent le plus le monde.

1. Roger
2. Chantal
3. Jean-Luc
4. Aurélie
5. Chantal
6. Aurélie

Enrichment. Have students write their own paragraphs on this question.

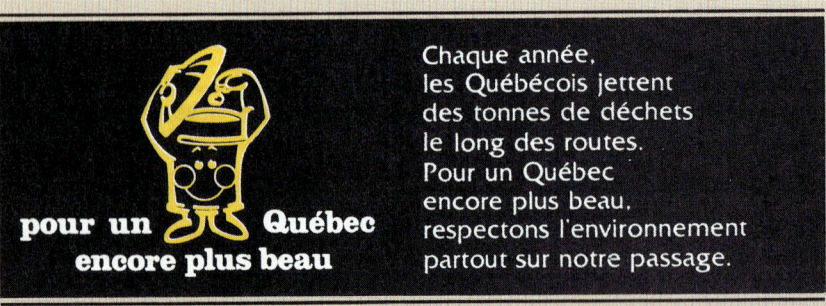

pour un **Québec** encore plus beau

Chaque année, les Québécois jettent des tonnes de déchets le long des routes. Pour un Québec encore plus beau, respectons l'environnement partout sur notre passage.

Écrivez

A. Soyons snobs! Imaginez que vous aimez seulement les choses et les activités les plus chères. Alors, que feriez-vous dans les situations suivantes.

> EXEMPLE acheter une montre
>> **Si j'achetais une montre, je choisirais une marque suisse.**

1. aller au restaurant
2. partir en vacances
3. sortir le soir
4. préparer un repas
5. acheter des vêtements
6. ?

B. Si vous changiez de rôle...
Qu'est-ce que vous feriez si vous aviez les rôles suivants?

> EXEMPLE **Si j'étais professeur, je serais gentil avec tous mes élèves.**

1. professeur
2. médecin
3. le (la) président(e)
4. un chanteur ou une chanteuse célèbre
5. un(e) étudiant(e) à l'université
6. un père ou une mère

C. Les millionnaires. Si vous gagniez un million de dollars, qu'est-ce que vous en feriez? Écrivez au moins huit phrases.

> EXEMPLE
>> *Si je gagnais un million de dollars, je donnerais...*

D. Des élections. Vous voulez être Président(e) du Club Français. Écrivez le discours (*speech*) que vous allez faire devant les membres du club.

Tell male students to adapt the chart to read **Président**.

> EXEMPLE
>> *Si j'étais votre Présidente, je ...*

Option. Ask students to vote for the speech that would most likely win the presidency.

E. Votre vie. Répondez aux questions suivantes sur votre vie. Employez le pronom **y** dans vos réponses.

1. Combien de fois par mois allez-vous au cinéma?
2. Pensez-vous souvent à l'avenir?
3. Êtes-vous déjà allé au Canada?
4. Est-ce que vous réfléchissez souvent aux problèmes du monde?
5. Avez-vous réussi au dernier examen de français?
6. À quelle heure allez-vous à l'école d'habitude?
7. Est-ce que vous aimeriez habiter à Paris?
8. Si vous alliez en Afrique, quels pays est-ce que vous **y** visiteriez?

Additional Practice. Have students use these questions to interview each other. You may have students expand on the questions and answers.

Une publicité de la campagne présidentielle de François Mitterrand: Paris, France

Parlons ensemble

Work with a partner or partners, and create dialogues, using the situations below. Whenever appropriate, switch roles and practice a different part of your dialogue.

Situations

A. Les élections présidentielles. You are a presidential candidate. Your partner is a reporter trying to find out what you would do to improve the country if you were elected. Answer your partner's questions about your plans.

B. Un projet utile. You have been asked to meet with a community leader to ask him or her to donate money for a worthwhile project that your class is sponsoring. Your partner is the community leader, who happens to be quite wealthy but very reluctant to spend any money. Try to persuade him or her to make a generous contribution to your cause.

VOCABULAIRE

NOUNS RELATED TO WORLD EVENTS

l' **accomplissement** (*m*) accomplishment
l' **accord** (*m*) (**de paix**) (peace) agreement
la **catastrophe** catastrophe
le **chômage** unemployment
le **crime** crime
la **découverte** discovery
l' **emploi** (*m*) job
l' **entrée** (*f*) entry
l' **événement** (*m*) event
la **famine** famine
la **frontière** border
la **grève** strike
la **guerre** war
l' **inflation** (*f*) inflation
l' **inondation** (*f*) flood
l' **invention** (*f*) invention
la **manifestation** demonstration
l' **ouvrier** (*m*), l'**ouvrière** (*f*) worker
le **parlement** parliament
la **politique** politics
le **président**, la **présidente** president
la **production** production
le **progrès** progress
la **puissance** power
la **recherche** research
le **remède** remedy
la **sécheresse** drought
le **Tiers-Monde** Third World
le **tremblement de terre** earthquake
l' **union** (*f*) union
la **violence** violence

OTHER NOUNS

l' **accident** (*m*) (**de voiture**) (car) accident
la **construction** construction, building
la **création** creation
l' **exploit** (*m*) feat
la **Manche** English Channel
le **moment** moment
le **nombre** number
l' **orage** (*m*) thunderstorm
le **prix** price
le **tunnel** tunnel

VERBS AND VERBAL EXPRESSIONS

améliorer to improve
arriver to happen
augmenter to increase
concerner to concern
dire to say, to tell
dire des mots doux to whisper sweet nothings
dire la vérité to tell the truth
dire un mensonge to tell a lie
éliminer to eliminate
être au chômage to be unemployed
faire la grève to strike
réduire to reduce
se réunir to get together
signer to sign
toucher to affect
tuer to kill
s'unir to unite
vouloir dire to mean

ADJECTIVES

agricole agricultural
découragé discouraged
déprimé depressed
européen European
idéal ideal
industriel industrial
mondial world, worldwide
politique political
scientifique scientific
technologique technological
uni united

OTHER EXPRESSIONS

actuellement currently
ainsi thus
à ma (ta, etc.) place in my (your, etc.) place
dans ce cas-là in that case
d'après according to
également also
tellement so much

1.

2.

3.

D'Autres Mondes à notre porte

DO NOT DO

In this chapter, you will talk about French-speaking communities in North America. You will also learn about the following functions and structures.

Functions

- telling what you have to do, what you want, or how you feel

- indicating the absence of people or things

- telling others what to do

- talking about where and how you live

Structures

- the subjunctive of regular verbs

- negative expressions

- object pronouns in commands

- the verb **vivre**

1. Le quartier français: La Nouvelle-Orléans, Louisiane
2. Montréal, Canada
3. La fête des cuisiniers, Guadeloupe
4. Québec, Canada

4.

Québec

vous souhaite la bienvenue | welcomes you

I NTRODUCTION

See Teacher's Preface for reference to Student Response Forms available for this chapter. Workbooks and other ancillary materials are correlated to this chapter on the corresponding tabbed divider in your Teacher's Resource Binder. The Teacher's Preface contains abbreviated tapescripts of listening activities in the student text.

Le français en contexte

ST 88

Nos Ancêtres français

Prereading question. Find two things that François learns during this conversation.

François Rivoire vient d'arriver aux États-Unis où il rend visite aux Duval de Manchester, dans le New Hampshire. C'est aujourd'hui le 24 juin, et François et Nicole Duval vont à la célébration annuelle de la Saint-Jean.

FRANÇOIS	Est-ce que tu sais quelle est l'origine de cette fête?	
NICOLE	J'ai lu <u>quelque part</u> que tous les éléments de la célébration moderne—la musique, la danse et surtout le grand <u>feu de joie</u>—sont très anciens.	somewhere bonfire
FRANÇOIS	Pourquoi est-ce qu'on célèbre cette fête aux États-Unis?	
NICOLE	Ce sont nos <u>ancêtres</u> français qui l'ont d'abord apportée avec eux au Canada, et elle est ensuite arrivée aux États-Unis avec les immigrants venus du Québec. Dans ma ville, on célèbre la Saint-Jean chaque année depuis 1868!	ancestors

FRANÇOIS   Mais dis, il y a vraiment beaucoup de gens ici qui parlent français! Moi, je pensais que la Louisiane était le seul endroit en Amérique où on parlait encore français!

NICOLE   Mes <u>arrière-grands-parents</u> sont venus travailler dans les <u>usines</u> de la <u>Nouvelle-Angleterre</u> il y a un <u>siècle</u>. D'ailleurs François, est-ce que tu sais que ton <u>nom de famille</u> est aussi le nom d'un des grands patriotes américains?

great-grandparents
factories / New England /
century / last name

FRANÇOIS   De qui parles-tu?

NICOLE   De Paul Revere, descendant de la famille des Rivoire!

Compréhension

Répondez aux questions suivantes d'après les renseignements donnés dans **Nos Ancêtres français.**

1. À quelle date est-ce que cette conversation a lieu?
2. Où vont François Rivoire et Nicole Duval?
3. Quels sont les éléments principaux de la célébration de la Saint-Jean?
4. Comment cette fête est-elle arriveé aux États-Unis?
5. Depuis quand est-ce qu'on célèbre la Saint-Jean à Manchester?
6. Qu'est-ce que François pensait avant de visiter la Nouvelle-Angleterre?
7. Quand est-ce que les ancêtres de Nicole sont venus en Nouvelle-Angleterre?

1. le 24 juin
2. à la célébration annuelle de la Saint-Jean (à Manchester, dans le New Hampshire)
3. la musique, la danse et le grand feu de joie
4. Les ancêtres français l'ont apportée avec eux au Canada, et elle est ensuite arrivée aux États-Unis avec les immigrants qui sont venus du Québec.
5. depuis 1868
6. que la Louisiane était le seul endroit en Amérique où on parlait encore français
7. il y a un siècle

Les mots et la vie

Pourquoi aller vivre dans un autre pays? <u>Parfois</u> c'est pour...

Sometimes

être avec des parents qui sont déjà dans ce pays

améliorer sa situation économique

Qu'est-ce qu'il faut faire quand on arrive dans un autre pays? Il faut…

se faire de nouveaux amis

s'habituer aux coutumes du pays

Comment les immigrants se sentent-ils? Au début, il est tout à fait normal de…

se sentir mal à l'aise

avoir le mal du pays

Qu'est-ce qu'il ne faut pas faire? Il ne faut surtout pas…

rester isolé

se décourager

L'immigration: deux points de vue

— Moi, il me semble que les immigrants ont de la chance. Souvent ils veulent échapper à l'oppression religieuse ou politique ou bien ils choisissent de partir pour mieux gagner leur vie dans un autre pays. Dans leur nouveau pays, ils trouvent une <u>liberté d'expression</u> et une liberté économique qu'ils n'avaient pas dans leur pays d'origine.

— Moi, je pense que ce n'est pas si simple. Souvent les immigrants préféreraient ne pas quitter leur pays d'origine, mais ils sont obligés de partir. Quand ils arrivent dans leur nouveau pays, ils sont obligés d'apprendre à <u>se débrouiller</u> dans une langue étrangère et ils ont peur de perdre leur <u>héritage</u> culturel. Il faut longtemps pour être tout à fait <u>à l'aise</u> dans son nouveau pays.

ST 89

A. Est-ce logique? Odile et sa famille viennent d'immigrer aux États-Unis. Écoutez ce qu'ils font pour s'adapter à leur nouvelle vie et indiquez si ce qu'ils font est **logique** ou **illogique**.

> **MODÈLE** Ses parents ne veulent pas rester isolés. Alors, ils ne cherchent pas à rencontrer des Américains.

1. logique
2. illogique
3. logique
4. logique
5. illogique
6. logique

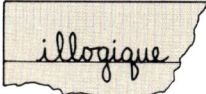
illogique

B. Qu'est-ce qui se passe? Jean-Marc est en train de réfléchir à ses premiers jours aux États-Unis. Faites une phrase pour décrire chaque dessin. Utilisez une des expressions suivantes dans chacune de vos phrases.

se décourager
avoir le mal du pays
se sentir mal à l'aise

se faire de nouveaux amis
s'habituer à la vie américaine
apprendre à se débrouiller en anglais

Suggested Answers.
1. Il se sent mal à l'aise.
2. Il se décourage.
3. Il apprend à se débrouiller en anglais.
4. Il se fait de nouveaux amis.
5. Il a le mal du pays.
6. Il s'habitue à la vie américaine.

1.

2.

3.

4.

5.

6.

Communication

A. Et vous?   Aimeriez-vous vivre dans un autre pays? Répondez aux questions suivantes.

1. À votre avis, est-ce qu'il serait facile de vous habituer à la vie dans un autre pays? Est-ce que vous auriez le mal du pays?
2. Comment vous sentiriez-vous si vous alliez vivre dans un autre pays?
3. Quelles difficultés est-ce que vous pourriez avoir?
4. Qu'est-ce qui serait le plus difficile pour vous? Est-ce que ce serait de vous habituer à une nouvelle nourriture, d'apprendre à vous débrouiller dans une nouvelle langue ou de vous faire de nouveaux amis?
5. À votre avis, qu'est-ce qui est difficile pour un étranger qui vient vivre aux États-Unis?
6. Est-ce que vous comprenez mieux la situation des immigrants aux États-Unis maintenant que vous avez étudié une langue et une culture étrangère?

Additional Practice. Have students, working in pairs, prepare and present to the class an interview based on these questions. One student could play the role of reporter, the other the role of an immigration officer in this country.

B. Une étrangère.   Imaginez qu'il y a dans votre cours de biologie une élève récemment arrivée d'un pays francophone. Un jour cette élève vous fait les remarques suivantes. Quels conseils pouvez-vous lui donner?

1. Je me sens un peu découragée. Je ne me débrouille pas très bien en anglais. Je suis mal à l'aise quand j'essaie de parler anglais.
2. J'ai le mal du pays de temps en temps.
3. Je n'arrive pas à m'habituer tout à fait à la nourriture américaine.
4. J'ai peur d'oublier les coutumes de mon pays.
5. Je me sens un peu isolée. J'ai des difficultés à me faire de nouveaux amis.
6. Je ne sais pas si je vais pouvoir m'habituer aux coutumes américaines.

Enrichment. If possible, have students conduct an interview with real immigrants from a French-speaking country. Students can prepare questions about the new and old countries, problems adjusting to the new culture and language, and what the immigrants have done to preserve the language and culture of their country of origin.

C. Une lettre.   Imaginez que vous êtes un immigrant récemment arrivé aux États-Unis. Écrivez une lettre à un cousin qui est resté dans votre pays d'origine. Décrivez votre nouvelle vie. Parlez de votre situation et donnez vos impressions de la vie en Amérique.

EXEMPLE

Cher Arnaud,
    Je suis maintenant aux États-Unis depuis...

EXPLORATION 1

Function: *Telling what you have to do, what you want, or how you feel*
Structure: *The subjunctive of regular verbs*

Présentation

You already know a number of ways to express what you have to do, what you want, or how you feel.

Il faudra apprendre les coutumes du pays.
J'ai peur de perdre mon héritage culturel.
Je voudrais trouver un travail dans cette usine.

These are the verbs and expressions that will be used with the subjunctive in this chapter. Other uses of the subjunctive are presented in subsequent chapters.

A. Verbs and expressions such as these are sometimes followed by **que,** a subject, and a verb. In this case, the verb in the **que** clause must be in the subjunctive.

Il faut
Il faudra
Il faudrait
Il n'est pas nécessaire
$\Big\}$ que j'arrive avant eux.

Elle préfère
Elle voudrait
Elle aimerait
$\Big\}$ que tu finisses ton travail.

J'ai peur
Je regrette
Je suis content
$\Big\}$ qu'il ne mange pas de viande.

B. The subjunctive of regular **-er, -ir,** and **-re** verbs is formed by adding the endings to the appropriate stem. The stem is obtained by dropping the **-ent** from the **ils/elles** form of the present tense. The endings are **-e, -es, -e, -ions, -iez, -ent**.

These are the verbs and expressions that will be used with the subjunctive in this chapter. Other uses of the subjunctive are presented in subsequent chapters.

Explain to students that while **il faut** means *it is necessary* or *one has to,* **il ne faut pas** means *one must not.* The opposite of **il faut** is **il n'est pas nécessaire: Il faut mettre un pull!** (*It is necessary/You have to wear a sweater!*); **Il n'est pas nécessaire de mettre un pull.** (*It isn't necessary/You don't have to wear a sweater.*); **Il ne faut pas mettre un pull!** (*One/You must not wear a sweater!*).

Students need not be told the difference between a mood and a tense.

parler	finir	répondre
que je parle	que je finisse	que je réponde
que tu parles	que tu finisses	que tu répondes
qu'il/elle/on parle	qu'il/elle/on finisse	qu'il/elle/on réponde
que nous parlions	que nous finissions	que nous répondions
que vous parliez	que vous finissiez	que vous répondiez
qu'ils/elles parlent	qu'ils/elles finissent	qu'ils/elles répondent

C. Many otherwise irregular verbs are regular in the subjunctive.

connaître	que je connaisse	**lire**	que je lise
dire	que je dise	**mettre**	que je mette
dormir	que je dorme	**partir**	que je parte
écrire	que j'écrive		

Point out that the **nous** and **vous** forms of **étudier** and **oublier** are regular: **que nous étudiions, que vous oubliiez**.

Ma mère préfère que je **mette** mon nouveau jean.	*My mother prefers that I **wear** my new jeans.*
Il faut que tu me **dises** son nom de famille.	*You have **to tell** me his last name.*
J'aimerais que mon amie m'**écrive** une lettre.	*I would like my friend **to write** me a letter.*

Point out that the subjunctive can express both present and future actions. Also emphasize that sentences in which the subjunctive is used in French are often equivalent to sentences in which an infinitive is used in English, as in the third example.

D. If the subject of both verbs is the same, we use an infinitive instead of a **que** clause.

Two different subjects	*One subject*
Elle voudrait que **tu mettes** tes nouvelles chaussures.	**Elle voudrait mettre** ses nouvelles chaussures.
Je suis content qu'**ils partent**.	**Je suis** content de **partir**.

Point out that **de** is used before an infinitive after **avoir peur, être content, regretter,** and **il (n') est (pas) nécessaire**.

Préparation

ST 90

A. Projets.   Marcelle et Lisette sont en train de préparer un dîner pour leurs amis. Écoutez ce qu'elles se disent. Pour chacune de leurs phrases, indiquez si **oui** ou **non** il y a un verbe au subjonctif.

MODÈLE   Il faudra que nous invitions mon frère.
Nous allons inviter tous nos amis.

1. Non.
2. Oui.
3. Oui.
4. Oui.
5. Non.
6. Non.

Oui	Non
✓	
	✓

B. C'est moi qui commande!   Hervé s'occupe de son petit frère ce soir. Qu'est-ce qu'il dit à son frère?

MODÈLE   Écoute!
Je veux que tu écoutes.

1. Attends un peu!
2. Reste tranquille!
3. Mets ton pyjama!
4. Lave-toi!
5. Choisis un livre!
6. Couche-toi!

1. que tu attendes
2. que tu restes
3. que tu mettes
4. que tu te laves
5. que tu choisisses
6. que tu te couches

C. Conseils du professeur.   Le professeur de français donne des conseils à la classe. Qu'est-ce qu'il dit qu'il **faut** ou qu'il **ne faut pas** faire?

MODÈLE   répondre à toutes les questions
Il faut que vous répondiez à toutes les questions.
oublier de faire vos devoirs
Il ne faut pas que vous oubliiez de faire vos devoirs.

1. finir vos devoirs chez vous
2. parler avec vos amis pendant le cours
3. vous décourager
4. lire les explications
5. perdre votre temps
6. écrire les réponses à toutes les questions
7. regarder tout le temps par la fenêtre
8. vous reposer pendant les week-ends

1. Il faut que vous finissiez
2. Il ne faut pas que vous parliez
3. Il ne faut pas que vous vous découragiez
4. Il faut que vous lisiez
5. Il ne faut pas que vous perdiez
6. Il faut que vous écriviez
7. Il ne faut pas que vous regardiez
8. Il faut que vous vous reposiez

D. Des amis difficiles.   Sébastien pense que ses amis sont trop exigeants (*demanding*). Qu'est-ce qu'il dit? Faites six phrases.

MODÈLE   **Ils voudraient que je les aide à faire leurs devoirs.**

	aider à faire leurs devoirs
vouloir	oublier leur anniversaire
aimer	les attendre après l'école
préférer	organiser souvent des boums
regretter	leur téléphoner tous les soirs
avoir peur	sortir avec eux tous les week-ends
	leur prêter mes nouveaux disques

NEUVIÈME CHAPITRE   *trois cent quinze*   **315**

Panneau de l'autoroute IH 10: Louisiane, États-Unis

Est-ce qu'on peut visiter Paris sans quitter les États-Unis? Certainement! En fait, il y a plus de quatorze "Paris" aux États-Unis. Il y a un Paris au Texas, un Paris en Virginie, un Paris en Pennsylvanie… Beaucoup de villes des États-Unis ont un nom donné par les colons (*colonists*) ou trappeurs français. L'origine française de Baton Rouge est assez évidente, mais est-ce que vous saviez que Detroit dérive du mot français **détroit** (*straits*) ou que Boise dérive de **boisé** (*wooded*)? Certains de ces noms français sont très éloquents, comme Coeur d'Alene dans l'Idaho et Malheur Lake dans l'Oregon. Est-ce qu'il y a des noms français dans votre région des États-Unis?

Enrichment. Have students research the French origin of the names of several American cities. In addition to finding out and reporting the original French name, you might also want them to report on the history of the city, telling briefly how the city came to have its name.

Communication

A. La protection de notre héritage. Utilisez les éléments suivants pour dire ce qu'**il faut** faire, ce qu'**il ne faut pas** faire ou ce qu'**il n'est pas nécessaire** de faire pour préserver notre héritage culturel et notre environnement.

> EXEMPLE   sauver les espèces en voie d'extinction
> **Il faut que nous sauvions les espèces en voie d'extinction.**
> continuer à polluer nos lacs
> **Il ne faut pas que nous continuions à polluer nos lacs.**

1. fumer
2. gaspiller l'énergie
3. connaître notre passé
4. conduire plus lentement
5. gaspiller nos ressources
6. restaurer les vieux bâtiments
7. utiliser des produits naturels
8. oublier notre passé et nos coutumes
9. recycler tous les produits possibles
10. chercher de nouvelles sources d'énergie

1. Il ne faut pas que nous fumions.
2. Il ne faut pas que nous gaspillions l'énergie.
3. Il faut que nous connaissions notre passé.
4. Il faut que nous conduisions plus lentement.
5. Il ne faut pas que nous gaspillions nos ressources.
6. Il faut que nous restaurions les vieux bâtiments.
7. Il faut que nous utilisions des produits naturels.

8. Il ne faut pas que nous oubliions notre passé et nos coutumes.   9. Il faut que nous recyclions tous les produits possibles.   10. Il faut que nous cherchions de nouvelles sources d'énergie.

B. Conseils. Vous allez recevoir un groupe de nouveaux élèves. Faites
W une liste de six conseils que vous pourrez donner à ces élèves pour
les aider à bien commencer leurs études dans votre lycée. Vous
pouvez utiliser les suggestions suivantes, mais ajoutez au moins un
conseil personnel. Commencez vos phrases par une des expressions
ci-dessous.

Additional Practice.
Have students write this
advice from different
points of view, for exam-
ple as though they were
writing to a close friend
(using **tu**) or in the third
person: **Il faut toujours
qu'il (elle) écoute**.

> EXEMPLE   **Il faut toujours que vous écoutiez les explications du
> professeur.**

Il faut	Il n'est pas nécessaire
Il faudra	Les professeurs veulent (aimeraient/préfèrent)
Il ne faut pas	Les élèves préfèrent (regrettent/sont contents)

1. dormir en classe
2. déjeuner au lycée
3. bien préparer vos examens
4. partir avant la fin du cours
5. connaître tous les professeurs
6. passer tout votre temps à lire
7. arriver à l'heure pour le cours
8. oublier vos devoirs à la maison
9. finir vos devoirs avant le cours
10. dire toujours ce que vous pensez
11. écouter les explications du professeur
12. se dépêcher pour aller d'un cours à l'autre

Révision et Expansion

As you have just learned, the subjunctive is used in **que** clauses after certain verbs. In all of these instances, the subject of the **que** clause is different from the subject of the first verb. Otherwise, an infinitive can be used. Compare these pairs of sentences.

Je regrette de le **dire**.
Je regrette **que tu** le **dises**.

Je veux **sortir** avec Maurice.
Je voudrais **que Maurice sorte** avec toi.

Give the French equivalents of the following sentences.

1. I want to tell the truth.
2. I am happy he is telling the truth.
3. David is afraid he will forget my birthday.
4. David is afraid that we will forget his birthday.
5. My parents don't want to leave.
6. My parents don't want me to leave.
7. It is necessary to finish.
8. We have to finish this test.
9. We don't have to finish right away.

1. Je veux dire la vérité.
2. Je suis content qu'il dise la vérité.
3. David a peur d'oublier mon anniversaire.
4. David a peur que nous oubliions son anniversaire.
5. Mes parents ne veulent pas partir.
6. Mes parents ne veulent pas que je parte.
7. Il faut finir.
8. Il faut que nous finissions cet examen.
9. Il n'est pas nécessaire que nous finissions tout de suite.

Suggestion. Have students work on these sentences in small groups. Have them first express the sentences in French, then convert them to questions, and finally, ask and answer the questions.

EXPLORATION 2

Function: *Indicating the absence of people or things*
Structure: *Negative expressions*

Présentation

You have already learned the negative expressions **ne…pas, ne…jamais,**
and **ne…plus**. There are several other negative expressions in French.

A. To indicate the absence of people or things, **personne** (*no one*) and
rien (*nothing*) are used. These expressions may be the subject or the
object of the verb, or they may be used after prepositions. When
they are used as subjects, they are followed by **ne**.

As a subject	
Rien n'est simple.	*Nothing is easy.*
Rien ne s'est passé.	*Nothing happened.*
Personne ne sait.	*Nobody knows.*
Personne n'est venu.	*Nobody came.*
As an object	
Je n'achète **rien** ici.	*I don't buy anything here.*
Je n'ai **rien** entendu.	*I didn't hear anything.*
Nous **ne** connaissons **personne**.	*We don't know anyone.*
Je n'ai entendu **personne**.	*I didn't hear anyone.*
After a preposition	
Je **ne** pense à **rien**.	*I'm not thinking about anything.*
Il n'a besoin de **rien**.	*He doesn't need anything.*
Elle **ne** sort avec **personne**.	*She doesn't go out with anyone.*
Je n'ai parlé à **personne**.	*I didn't speak to anyone.*

Note that when **rien** and **personne** are used as objects of a verb in
the **passé composé, rien** precedes the past participle but **personne**
follows it: **Il n'a rien vu. Elle n'a vu personne.**

Point out that although
the noun **une personne** is
feminine, there is no
agreement of the past
participle with **personne**
in the negative construc-
tion: **Personne n'est
venu.**

Emphasize that **pas** is
not used in these con-
structions.

Option. Point out that
rien and **personne** can be
combined with negatives
other than **pas: Il n'y a
jamais rien à faire! Per-
sonne n'a jamais rien dit.**

Option. You may want to
teach expressions such
as **rien d'intéressant** and
personne d'intéressant,
on the model of **quelque
chose d'intéressant,**
which students already
know.

B. The construction **ne...ni...ni...** is used to express *neither...nor....* The word **ne** is placed before the verb, and **ni** is placed immediately before the word it qualifies.

Elle **n'**a vu **ni** la célébration
ni le feu de joie.

*She didn't see **either** the
celebration **or** the bonfire.*

Il **n'**a acheté **ni** viande, **ni**
légumes, **ni** boisson.

*He bought **neither** meat **nor**
vegetables **nor** beverages.*

Ni Alice **ni** Linda
n'ont le permis de conduire.

*Neither Alice **nor**
Linda has a driver's license.*

Notice that partitive and indefinite articles are omitted after **ni**, as in the second example. The definite article, however, is retained.

C. The expression **ne...que** is used to express *only.* The word **que** is placed before the word it qualifies. **Un, une,** and **des** are not reduced to **de (d')** after **ne...que**.

Je **n'**ai **que** des amis étrangers.
Olivier **n'**a fini **que** le
premier exercice.

*I have **only** foreign friends.*
*Olivier finished **only** the
first exercise.*

Point out that the nouns following **ni** can be the subject of the verb, as in the third example. The verb is normally plural.

Remind students that **un, une,** and **des** become **de (d')** after all negative verbs except **être**. However, this does not occur with **ne...que,** an expression which limits rather than negates.

Préparation

ST 91

A. Qu'est-ce qui se passe? Viviane a l'air très contente aujourd'hui, et sa sœur Valérie est curieuse de savoir pourquoi. Écoutez chaque question de Valérie et choisissez la réponse de Viviane.

MODÈLE   Qui est-ce que tu as vu aujourd'hui?   **a**

a. Je n'ai vu personne!
b. Je n'ai rien acheté!
c. Personne ne m'a aidé!
d. Personne ne m'a invitée!
e. Je n'ai rencontré personne!
f. Rien ne s'est passé!
g. Je n'ai rien fait!

Substitution.   1. Je n'ai rien acheté. voir/entendre/ comprendre/ chercher/ demander   2. Je ne comprends rien. acheter/ entendre/voir /chercher/ demander   3. Personne n'a compris cette histoire. entendre/lire

1. g
2. c
3. f
4. d
5. e
6. b

B. De mauvaise humeur. Martine et sa sœur sont en train de se disputer. Donnez les réponses de Martine aux questions de sa sœur. Utilisez **rien** ou **personne** dans chacune des réponses.

MODÈLE   — Qui a utilisé mon appareil-photo?
— **Personne n'a utilisé ton appareil-photo.**

— Alors, qu'est-ce que tu as emprunté?
— **Je n'ai rien emprunté.**

1. Qui est entré dans ma chambre?
2. Qui a emprunté mon pull préféré?
3. Alors, qu'est-ce que tu as pris dans ma chambre?
4. Qui a mis mes clés de voiture sous mon lit?
5. Qu'est-ce que tu as cherché dans ma chambre?

1. Personne n'est entré
2. Personne n'a emprunté
3. Je n'ai rien pris
4. Personne n'a mis tes clés
5. Je n'ai rien cherché

Transformation.   1. Je ne fais rien. → Je n'ai rien fait. Je n'apprends rien./Rien ne se passe./Rien ne change.   2. Personne ne vient. → Personne n'est venu. Personne ne parle./Personne n'habite dans cette maison./Vous n'oubliez personne.

C. C'était la bonne vie. Karim et sa famille viennent d'immigrer en France. Karim parle des différences entre la vie dans son pays d'origine et sa nouvelle vie en France. Qu'est-ce qu'il dit?

> MODÈLE   Nous connaissions tout le monde.
> **Maintenant, nous ne connaissons personne.**
>
> Tout le monde nous connaissait.
> **Maintenant, personne ne nous connaît.**

1. Nous invitions tout le monde.
2. Tout le monde nous invitait.
3. Nous parlions à tout le monde.
4. Tout le monde nous parlait.
5. Nous aidions tout le monde.
6. Tout le monde nous aidait.

1. Nous n'invitons personne.
2. Personne ne nous invite.
3. Nous ne parlons à personne.
4. Personne ne nous parle.
5. Nous n'aidons personne.
6. Personne ne nous aide.

Imprimerie arabe: Paris, France

D. Un voyage. La sœur de Joseph lui pose des questions sur le voyage qu'il vient de faire à Paris avec son ami Serge. Comment Joseph répond-il aux questions de sa sœur? Utilisez **ne...que** ou **ne...ni...ni** dans vos réponses.

> MODÈLE   — Vous avez regardé des films français? (oui)
> — **Oui, nous n'avons regardé que des films français.**
> — Vous avez rencontré des Américains ou des Canadiens? (non)
> — **Non, nous n'avons rencontré ni Américains ni Canadiens.**

1. Avez-vous écouté des chanteurs français? (oui)
2. Avez-vous acheté des disques américains ou des disques anglais? (non)
3. Avez-vous visité des musées intéressants? (oui)
4. Avez-vous vu des tableaux célèbres? (oui)
5. Avez-vous lu des journaux américains ou des journaux canadiens? (non)
6. Avez-vous envoyé des lettres ou des cartes postales? (non)

1. Oui, nous n'avons écouté que
2. Non, nous n'avons acheté ni...ni
3. Oui, nous n'avons visité que
4. Oui, nous n'avons vu que
5. Non, nous n'avons lu ni...ni
6. Non, nous n'avons envoyé ni...ni

CULTUREL

Montréal, dans la province de Québec, est la deuxième plus grande ville de langue française au monde. L'arrivée des premiers Français au Canada date du XVIème siècle, avec Jacques Cartier, mais la colonie française s'est développée surtout à partir du (*beginning in the*) XVIIème siècle, avec l'arrivée des colons (*colonists*) de l'ouest de la France. La communauté de langue française compte aujourd'hui un tiers (*third*) de la population du Canada et se situe principalement au Québec.

Montréal, Canada

Communication

A. Un interrogatoire. Il y a eu un crime, et un détective vous pose des questions. Mais vous n'avez rien vu! Répondez aux questions du détective par une phrase négative. Utilisez **rien, personne, ne…que,** or **ne…ni…ni** dans chaque réponse.

> **EXEMPLE** — Qui est-ce que vous avez vu hier soir?
> — **Je n'ai vu personne hier soir!**

1. Qu'est-ce que vous faisiez hier soir à huit heures?
2. Est-ce que vous avez entendu un bruit bizarre entre huit heures et neuf heures?
3. Avec qui avez-vous passé la soirée?
4. Qui vous a téléphoné à huit heures et demie?
5. Combien d'argent avez-vous dans votre portefeuille?
6. Est-ce que vous avez un revolver, un chien et une voiture de sport très rapide?

1. Je ne faisais rien
2. Je n'ai rien entendu
3. Je n'ai passé la soirée avec personne!
4. Personne ne m'a téléphoné
5. Je n'ai que
6. Je n'ai ni revolver, ni chien, ni voiture de sport.

B. Ça ne se fait pas. Dans tous les lycées, il y a des choses que personne ne fait. Indiquez quelques activités que personne ne fait (ou n'aime faire) dans votre lycée.

> EXEMPLE **Personne ne porte une cravate pour aller à un match de basket.**

C. Rien ne va plus. Il y a des jours où tout va mal. Imaginez que c'est **W** le cas et faites une liste de six choses qui vont mal. Utilisez **ne...rien, ne...personne, ne...que** ou **ne...ni...ni** dans vos phrases.

> EXEMPLE

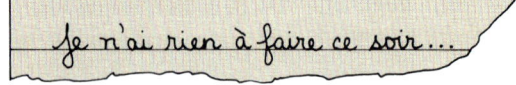

Je n'ai rien à faire ce soir...

Enrichment. As a diary entry for this chapter, have students use Activity C as a starting point to describe a very bad day or period in their lives. Encourage them to use the negatives learned in this **Exploration**.

Révision et Expansion

You have now learned many ways to express negative ideas.

ne...pas	Je n'ai pas assez de temps libre.
ne...jamais	Je ne sors jamais.
ne...rien	Il n'y a rien à la télé ce soir. Rien ne se passe ici.
ne...personne	Personne ne m'a attendu. Je ne connais personne.
ne...que	Il n'y a que vingt élèves dans notre classe.
ne...ni...ni	Elle n'a ni expérience ni influence.

Do you tend to see the negative side of things? Are you sometimes unhappy or disappointed? Using the negatives you know, make a list of six things that you or your friends sometimes complain about.

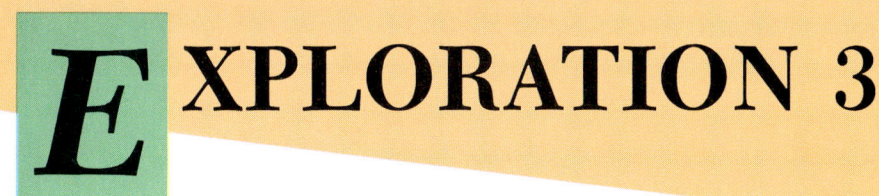

EXPLORATION 3

Function: *Telling others what to do*
Structure: *Object pronouns in commands*

Présentation **Option.** Review direct and indirect object pronouns with your students.

You already know how to use object pronouns in statements and questions.

Nous avons parlé **à ce monsieur**. → Nous **lui** avons parlé.
Il a quitté **son pays**. → Il **l'**a quitté.
Il est allé **dans un autre pays**. → Il **y** est allé.
Maintenant, il a beaucoup **d'amis**. → Maintenant, il **en** a beaucoup.

Object pronouns can also be used with imperatives.

A. In affirmative commands, object pronouns are placed after the verb and are joined to the verb by a hyphen. The pronoun **me** becomes **moi** after an affirmative command, just as **te** becomes **toi**.

Additional Practice. Have students repeat the model sentences.

Statement	Imperative
Pierre va **me** téléphoner ce soir.	Pierre, téléphone-**moi** ce soir!
Vous **nous** montrez vos photos.	Montrez-**nous** vos photos!
Tu **le** fais rapidement.	Fais-**le** tout de suite!
Voilà ta veste. Tu **la** mets souvent.	Mets-**la** ce matin!
Vous **les** aidez.	Aidez-**les,** si vous pouvez!
Vous **lui** donnez de l'eau.	Donnez-**lui** de l'eau!
Vous **leur** dites la vérité.	Dites-**leur** la vérité!
Tu **y** vas tous les jours.	Vas-**y** cet après-midi!
Vous **y** allez souvent.	Allez-**y** sans nous!
Vous **en** prenez.	Prenez-**en** un peu!
Tu **en** manges régulièrement.	Manges-**en** plus!

Notice that the final **s** of the **tu** form of **-er** verbs is not dropped when the imperative is followed by **y** or **en: Vas-y! Manges-en!**

Substitution.　**1.** Donnez-<u>lui</u> ce livre. moi/leur/nous　**2.** Montrez-<u>moi</u> vos photos. nous/lui/leur　**3.** Ne <u>me</u> téléphonez pas! lui/leur/ nous　**4.** Ne <u>lui</u> parle pas! me/nous/leur

B. In negative commands, the object pronouns are identical to those used in statements and questions. They are placed in their regular position in front of the verb.

Ne **m'**attendez pas!	*Don't wait for **me**!*
Ne **le** répétez à personne!	*Don't repeat **it** to anyone!*
Ne **lui** posez pas de questions!	*Don't ask **him** any questions!*
N'**y** va pas; c'est dangereux!	*Don't go **there**; it's dangerous!*
N'**en** mangez pas trop!	*Don't eat too much **of it**!*

Explique-lui que ce n'est pas comme ça qu'on travaille chez nous.

Transformation.　**1.** Donnez ce livre à Alain. → Donnez-lui ce livre. Donnez cette clé à Monique./Donne ces gants à Sabine et à Bernard.　**2.** Donnez ce livre à Monique. → Donnez-le à Monique. Donnez cette clé à Thomas./Donnez ces gants à Sabine et à Bernard.　**3.** Mange de la glace. → Manges-en. Mange des petits pois./Mange du poisson./Mangez de la tarte./Bois de l'eau./Buvez du coca.　**4.** Va à la banque. → Vas-y. Va au tableau./Va au concert. Allez à la campagne./Allez au concert sans moi.

Préparation

ST 92

A. Conseils.　Voici des suggestions pour des touristes qui visitent la France. Regardez les dessins ci-dessous. Écoutez les suggestions et choisissez le dessin qui correspond à chaque suggestion.

MODÈLE　Prenez-en!　**a**

a.　　b.　　c.　　d.

e.　　f.　　g.

1. g
2. b
3. c
4. d
5. f
6. e

Transformation. Faites-le maintenant. → Ne le faites pas maintenant. Allez-y./Écoutez-les./Dites-moi ce que vous pensez./Prenez-en./Obéissez-leur./Téléphonez-lui./Regardez-moi./Achetez-la.

B. Mais si! Janine et Yolande ne sont jamais d'accord. Qu'est-ce que Janine répond quand Yolande suggère qu'elles invitent leurs amis Gilbert et Christian ce soir?

> MODÈLE — Téléphonons à Gilbert et à Christian.
> — **Mais non! Ne leur téléphonons pas.**

1. Invitons-les ce soir.
2. Parlons-leur de nos projets.
3. Prêtons-leur ce nouveau disque compact.
4. Aidons-les à faire leurs devoirs.
5. Demandons-leur d'apporter une pizza.
6. Ou alors, demandons-leur de nous inviter quelque part!

1. Ne les invitons pas
2. Ne leur parlons pas
3. Ne leur prêtons pas
4. Ne les aidons pas
5. Ne leur demandons pas
6. Ne leur demandons pas

C. Indécision. Alain et Serge ne savent pas ce qu'ils ont envie de faire cet après-midi. Suzanne les encourage à prendre une décision. Qu'est-ce que Suzanne leur dit?

> MODÈLE Alain a envie d'aller à la piscine.
> **Eh bien, Alain, vas-y!**
>
> Serge n'a pas envie d'aller à la bibliothèque.
> **Eh bien, Serge, n'y va pas!**

1. Alain n'a pas envie d'aller au stade ce soir.
2. Serge a envie de rester à la maison.
3. Alain n'a pas envie de rester à la maison.
4. Alain a envie d'aller au cinéma.
5. Serge n'a pas envie d'aller au cinéma.
6. Serge ne se sent pas bien et il a envie d'aller se coucher.

1. n'y va pas
2. restes-y
3. n'y reste pas
4. vas-y
5. n'y va pas
6. vas-y

D. Une année en France! Arlette va aller étudier un an en France. Sa mère lui donne des conseils avant son départ, et sa petite sœur répète (*repeats*) chaque conseil. Qu'est-ce que sa petite sœur lui dit?

> MODÈLE Étudie le plan de Paris avant d'y aller.
> **Oui, étudie-le avant d'y aller!**

1. Mets la clé de ta valise dans ton portefeuille.
2. Essaie de nouveaux plats quand tu déjeunes dans un restaurant.
3. Pose beaucoup de questions à tes amis sur la vie en France.
4. Achète de beaux souvenirs.
5. Va au cinéma de temps en temps.
6. Mais ne va pas au cinéma trop souvent.
7. Écris une lettre à ta grand-mère une fois par mois.
8. Lis parfois des journaux français.

Remind students of the need to include an **s** at the end of the **tu** form imperatives when they are followed by **en** or **y**.

1. Oui, mets-la
2. Oui, essaies-en
3. Oui, pose-leur
4. Oui, achètes-en
5. Oui, vas-y
6. Oui, n'y va pas
7. Oui, écris-lui
8. Oui, lis-en

Contexte CULTUREL

Connaissez-vous les grands explorateurs français qui, au XVIème siècle, sont partis découvrir le mystérieux continent américain?

● Jacques Cartier est le plus célèbre d'entre eux. Il a pris possession du Canada au nom du roi François 1er en 1534. Malgré tous les dangers, il a fait plusieurs voyages au Canada et a remonté le Saint-Laurent en 1535.

● Samuel de Champlain a visité la Nouvelle France en 1603 et a convaincu (*convinced*) Henri IV d'y créer une colonie. Il a fondé Québec en 1608.

Samuel de Champlain: Québec, Canada

● Robert de La Salle a donné la Louisiane à la France en 1682, sous Louis XIV. Il est, avec Pierre le Moyne, l'un des fondateurs de la colonie française de Louisiane.

Communication

A. **Oui ou Non?**   Vous avez eu la grippe la semaine dernière et vous avez manqué (*missed*) quelques jours au lycée. Quand vous revenez au lycée, un(e) ami(e) vous pose les questions suivantes. Répondez en utilisant (*using*) un impératif et un pronom dans chaque réponse.

> EXEMPLE   Est-ce que tu veux que je te téléphone ce soir?
> **Oui, téléphone-moi ce soir. J'ai envie de te parler.**
> **(Non, ne me téléphone pas ce soir. J'ai envie de me coucher tôt.)**

1. Tu veux que je te donne des nouvelles de la classe?
2. Est-ce que tu veux que je t'aide à faire tes devoirs?

Tell students not to use two object pronouns in their answers.

3. Est-ce que je peux t'inviter à sortir ce soir?
4. Veux-tu que je te passe mon cahier pour le cours d'histoire?
5. Est-ce que tu veux que je t'explique la leçon de maths?
6. Est-ce que tu veux que je te prête mes nouveaux disques?

B. Un nouvel élève.   Imaginez qu'il y a un nouvel élève dans votre classe. Avec votre meilleur(e) ami(e), vous êtes en train de décider comment vous pourriez aider ce nouvel élève. Dites ce que vous pensez des idées suivantes.

> EXEMPLE   On pourrait lui montrer la ville ce week-end.
> **Oui, montrons-lui la ville ce week-end. C'est une bonne idée.**
> **(Non, ne lui montrons pas la ville ce week-end. Ce n'est pas la peine.)**

1. On pourrait lui téléphoner de temps en temps.
2. On pourrait l'inviter à la boum chez Jean-Michel.
3. On pourrait aller chez lui pour lui rendre visite.
4. On pourrait lui demander s'il veut devenir membre de notre club.
5. On pourrait lui expliquer ce qu'il faut faire pour réussir dans notre lycée.
6. On pourrait parler de tous ces projets avec les autres copains.

C. Il est amoureux!   Votre ami Georges est amoureux de (*is in love*
W *with*) Claire, mais il ne sait pas si Claire l'aime aussi. Vous voulez encourager votre ami qui est un peu timide. Quels conseils donnez-vous à Georges? Complétez le dialogue en écrivant (*by writing*) vos conseils.

See Student Response Forms.

> EXEMPLE   GEORGES   J'ai envie de téléphoner à Claire.
> VOUS   **Eh bien, vas-y! Téléphone-lui!**

GEORGES   Je voudrais l'inviter à sortir avec moi de temps en temps.
VOUS   ═══
GEORGES   J'ai envie de lui écrire une lettre.
VOUS   ═══
GEORGES   Je vais peut-être parler de tout ça avec sa sœur Christine.
VOUS   ═══
GEORGES   Je pourrais peut-être l'attendre après les cours.
VOUS   ═══
GEORGES   Je pense que samedi après-midi je vais aller au magasin où elle travaille.
VOUS   ═══
GEORGES   Je ne suis pas assez courageux! Je vais abandonner tous ces projets!
VOUS   ═══

Suggestion. Have pairs of students work on this activity, first writing the missing sentences, then practicing the dialogues orally. Encourage them to expand the dialogue to include as many imperatives and pronouns as possible.

Carnaval à Port-au-Prince, Haïti

Révision et Expansion   Review pronouns as needed.

You now know how to use many pronouns in French. All pronouns are "shortcuts" in the sense that they allow us to avoid repeating the same nouns over and over.

Subject Pronouns		Emphatic Pronouns		Direct Object Pronouns		Indirect Object Pronouns		Other Object Pronouns
je	nous	moi	nous	me	nous	me	nous	y
tu	vous	toi	vous	te	vous	te	vous	en
il	ils	lui	eux	le		lui	leur	
elle	elles	elle	elles	la	les			

Denise is talking to Anne and Christine, who are members of the **Club des Amis de Haïti**. Complete their conversation by filling in the blanks with the appropriate pronouns.

CHRISTINE   Nous, nous sommes de Haïti. Et toi?
  DENISE   Mes parents sont haïtiens, mais __1__, je n'y suis jamais allée. J'ai peur de perdre mon héritage culturel.
  ANNE   Est-ce que tu veux que je __2__ invite à une réunion du Club?
  DENISE   C'est une bonne idée. Invite-__3__ à une de vos réunions. Comme ça je vais voir ce qui se passe et je vais rencontrer d'autres Haïtiens.
CHRISTINE   J'ai envie d'acheter un disque de musique haïtienne.
  DENISE   Eh bien, allons-__4__ ensemble! Si tu __5__ achètes un, j'espère que tu vas __6__ prêter à tes amies!

See Student Response Forms.   **1.** moi   **2.** t'   **3.** moi   **4.** y   **5.** en   **6.** le

EXPLORATION 4

Function: *Talking about where and how you live*
Structure: *The verb vivre*

Présentation

You already know the verb **habiter,** which means *to live (in a place)* and which is similar to the English verb *to inhabit.* A more general verb in French for *to live* is **vivre.**

A. The verb **vivre** is irregular. Its forms are as follows.

vivre	
je **vis**	nous **vivons**
tu **vis**	vous **vivez**
il / elle / on **vit**	ils / elles **vivent**

Passé composé: j'**ai vécu,** etc.
Futur: je **vivrai,** etc.

Pendant combien de temps **avez**-vous **vécu** au Maroc?
Est-ce que beaucoup de Marocains **vivent** aux États-Unis?
Est-ce que tes grands-parents **vivaient** encore quand ta famille a immigré aux États-Unis?

B. Two other verbs that are associated with **vivre** are **naître** (*to be born*) and **mourir** (*to die*). These verbs are most often used in the **passé composé.** Notice that these verbs have irregular past participles and that **être** is used as the auxiliary verb.

Louis XIV **est né** en 1638.   *Louis XIV **was born** in 1638.*
Il **est mort** en 1715.   *He **died** in 1715.*
Jeanne d'Arc **est née** en 1412   *Joan of Arc **was born** in 1412*
  et elle **est morte** en 1431.   *and she **died** in 1431.*

C. To tell how long ago something happened, we combine the **passé composé** or the **imparfait** of the appropriate verb with **il y a** + an expression of time.

Louis XIV est né **il y a** plus de   *Louis XIV was born more than*
  trois siècles.   *three centuries **ago**.*

Repetition.   1. Il a vécu il y a longtemps. Elle a vécu/Ils ont vécu/Elles ont vécu   2. Il est mort il y a longtemps. Ils sont morts/Elle est morte/Elles sont mortes   3. Il est né il y a longtemps. Ils sont nés/Elle est
née/Elles sont nées

> Jeanne d'Arc a vécu **il y
> a plus de cinq cents ans.**
> Où est-ce que tu vivais **il y a**
> dix ans?

> *Joan of Arc lived more than
> five hundred years **ago**.
> Where did you live ten
> years **ago**?*

Préparation

ST 93

A. Où vivaient-ils?   Lisez les descriptions ci-dessous et ensuite écoutez
des questions sur chaque personne. Écrivez les réponses à ces
questions.

1. Paris
2. Bordeaux
3. Pascale
4. Jean
5. 1964
6. Jean
7. La Nouvelle-Orléans
   (aux États-Unis)
8. Annick

MODÈLE   Qui vivait au Maroc en 1987?
Où vivait Jean Poirier en 1979?

Pascale
Québec

Jean Poirier
né: 1959   Montréal, Canada
1960-1980 Québec, Canada
1981-1985 Casablanca, Maroc
1986-1987 Nouméa, Nouvelle-
        Calédonie
1988-   Québec, Canada

Philippe Jarret
né: 1959   Bordeaux, France
1960-1985 Bordeaux, France
1986-1987 Montréal, Canada
1988-   La Nouvelle-Orléans,
        États-Unis

Annick Lacoste
née: 1940 Liège, Belgique
1941-1981 Bruxelles, Belgique
1982-1986 Paris, France
1987-   Genève, Suisse

Pascale Bouvette
née: 1964 Paris, France
1979-1983 Lausanne, Suisse
1984-1987 Casablanca, Maroc
1988-   N'Djamena, Tchad

B. Une famille internationale.   Fabienne explique où habitent tous les
membres de sa famille. Qu'est-ce qu'elle dit?

MODÈLE   Mon oncle / Canada
Mon oncle vit au Canada.

1. vis en Suisse
2. vivez au Maroc
3. vivons aux États-Unis
4. vit au Sénégal
5. vit en Belgique
6. vivent en France

1. Tu / Suisse   4. Ma tante / Sénégal
2. Vous / Maroc   5. Ma cousine / Belgique
3. Nous / États-Unis   6. Mes grands-parents / France

C. Où vivaient-ils?   Plusieurs familles françaises en Louisiane parlent
de leur vie aux États-Unis. Qu'est-ce qu'ils disent?

MODÈLE   Nous / Louisbourg / François / naître
Nous vivions à Louisbourg quand François est né.

1. Ils / Baton Rouge / Monique / naître   1. vivaient/est née
2. Tu / La Nouvelle-Orléans / Serge / mourir   2. vivais/est mort

Substitution.   1. Ils vivent en Louisiane. Je/Robert/Nous/Tu/Mes amis   2. Nous vivons à Montréal. Cécile/
Ses parents/Je/Vous/Tu   **Transformation.** Ils vivaient en France. → Ils ont vécu en France. Elle vivait aux
États-Unis./Nous vivions au Canada./Je vivais au Sénégal./
Tu vivais au Mexique.

3. Nous / Saint Martinville / mes sœurs / naître
4. Vous / Lafayette / Hélène / mourir
5. Elle / Grand Pré / Isabelle / naître
6. Je / Napoléonville / Grand-mère / mourir

3. vivions/sont nées
4. viviez/est morte
5. vivait/est née
6. vivais/est morte

D. Cours d'histoire. Quand est-ce que ces personnages historiques ont
W vécu?

> MODÈLE   Napoléon (1769-1821) / plus d'un siècle
> **Napoléon a vécu il y a plus d'un sicle. Il est né**
> **en 1769 et il est mort en 1821.**

1. René Descartes (1596-1650)
2. Marie-Antoinette (1755-1793)
3. Jules César (101-44 avant notre ère)
4. Marie Curie (1867-1934)
5. Jeanne d'Arc (1412-1431)
6. Charlemagne (742-814)

a. moins d'un siècle
b. 2 siècles
c. 5 siècles
d. 11 siècles
e. 21 siècles
f. 3 siècles

1. f   **2.** b   **3.** e   **4.** a   **5.** c   **6.** d

René Descartes, philosophe et scientifique qui a dit "cogito, ergo sum" (I think, therefore I am)

Contexte CULTUREL

Église St-Martin de Tours: St Martinville, Louisiane

Le 6 avril 1682, Robert Cavelier, Sieur de La Salle, plante une croix (*cross*) dans le sol (*soil*) du Nouveau Monde, déclare la région française et l'appelle Louisiane en l'honneur du roi Louis XIV. Ainsi (*Thus*) débute l'histoire française de la Louisiane. La première colonie établie par La Salle disparaît rapidement. Treize ans plus tard, Pierre Le Moyne fonde une nouvelle colonie. La vie y est très difficile, et la France fait venir de force (*brings by force*) les premiers immigrants. La Louisiane est administrée par de nombreux gouverneurs français jusqu'en 1762. Elle devient alors espagnole et le reste jusqu'en 1800, où elle est reprise par la France. Trois ans plus tard, Bonaparte vend la Louisiane aux États-Unis pour soixante millions de francs!

Communication

Remind students to use the **tu** form of the verbs if they use these questions to interview a classmate.

A. Une interview. Répondez aux questions suivantes ou bien utilisez ces questions pour interviewer un(e) camarade de classe.

The verb **interviewer** is pronounced /ɛ̃tɛʀvjuve/.

Additional Practice. Have students select one or more of these items for a writing assignment. This will give them practice writing short essays.

1. Est-ce que vous avez toujours vécu aux États-Unis? Et vos parents, est-ce qu'ils ont vécu dans un pays étranger?
2. Que pensez-vous de l'immigration? Connaissez-vous des immigrants? Où vivaient-ils avant de venir aux États-Unis? Pourquoi sont-ils venus aux États-Unis?
3. Est-ce que vous aimeriez vivre dans un autre pays? Si oui, quel pays choisiriez-vous? Est-ce que vous auriez le mal du pays?
4. Si vous aviez le choix, où vivriez-vous aux États-Unis? Pourquoi?
5. Où est-ce que vous viviez quand vous aviez cinq ans?
6. En quelle année êtes-vous né(e)?

B. Il y a longtemps. Faites des phrases pour expliquer ce que vous faisiez ou bien comment vous étiez à différents moments du passé.

> EXEMPLE 5 ans
> **Il y a cinq ans, j'étais plus timide que maintenant.**

1. 1 an **2.** 2 ans **3.** 3 ans **4.** 4 ans **5.** 5 ans **6.** 10 ans

Révision et Expansion

You have now learned several important ways of expressing time relationships.

Ils vivent à Paris depuis un an.	*They've been living in Paris for a year.*
Ils ont vécu à Bruxelles pendant deux ans.	*They lived in Brussels for two years.*
Ils vivaient à Dakar il y a dix ans.	*They were living in Dakar ten years ago.*

Complete the following letter by adding **depuis, pendant,** or **il y a**.

Chère Monique,
Nous sommes arrivés aux États-Unis __1__ cinq ans. Mon père travaille pour une compagnie internationale __2__ son arrivée. Nous avons vécu dans plusieurs villes différentes: à Boston __3__ un an et à Dallas __4__ deux ans. Nous vivons à San Francisco __5__ deux ans maintenant. Ma mère a commencé à travailler pour un journal américain __6__ dix-huit mois. Je suis élève dans un lycée américain __7__ un an mais je retourne en Belgique __8__ un mois chaque été pour voir mes grands-parents.

See Student Response Forms. **1.** il y a **2.** depuis **3.** pendant **4.** pendant **5.** depuis
6. il y a **7.** depuis **8.** pendant

PERSPECTIVES

Lecture

ST 94   Village acadien: Lafayette, Louisiane

Les Acadiens   Prereading question. Where did the Acadians live before coming to Louisiana?

D'après le dictionnaire, le mot **cajun** dérive du mot **acadien** et décrit les populations francophones de la Louisiane. Mais où se trouve l'Acadie? Et qui sont ces Cajuns?

Il y a plus de deux siècles, en 1713, après une guerre difficile, la France et l'Angleterre ont signé un accord de paix. Par cet accord la France a abandonné l'Acadie à l'Angleterre. Les Acadiens étaient des Français qui vivaient dans cette partie de l'est du Canada depuis plus d'un siècle.

En 1755, le Gouverneur Charles Lawrence a donné l'ordre de déporter les Acadiens qui vivaient dans cette colonie maintenant anglaise. Certains sont retournés en France, d'autres sont allés aux Antilles et en 1765, après dix longues années de voyage, un groupe est finalement arrivé en Louisiane. Les Acadiens se sont installés dans le sud de la Louisiane où ils ont réussi à créer une identité culturelle à la fois française et américaine.

Some students will have read Longfellow's "Evangeline" which tells the story of the Acadians.

L'Acadie was located in eastern Canada in what is today the provinces of New Brunswick and Nova Scotia.

Au début du vingtième siècle, la culture et la langue française étaient en voie de disparition. Parler français était considéré comme une marque d'ignorance. Après les années quarante, le climat social et économique a commencé à changer, et les francophones de la Louisiane ont commencé à réaffirmer leur identité culturelle et linguistique.

> Ma culture n'est pas meilleure que la culture de quelqu'un d'autre. Mon peuple n'est pas meilleur qu'un autre. Mais je ne peux pas l'accepter comme une culture inférieure. C'est ma culture. C'est la meilleure culture pour moi.
>
> Dewey Balfa

Dewey Balfa is a fiddle player and an important person in the movement to preserve the traditional culture of the Cajuns.

Vocabulaire à noter

l' **Acadie**	Acadia	la **disparition**	disappearing
à la fois	at the same time	l' **ignorance** (*f*)	ignorance
les **Antilles**	West Indies	**s'installer**	to settle
la **colonie**	colony	la **marque**	mark
déporter	to deport	**quelqu'un**	somebody
dériver	to derive	**réaffirmer**	to reaffirm
le **dictionnaire**	dictionary		

Compréhension

Répondez aux questions suivantes d'après ce que vous venez de lire dans **Les Acadiens**.

1. Qui sont les Cajuns?

2. Quand est-ce que la France a signé l'accord de paix qui a abandonné l'Acadie à l'Angleterre?

3. Qui étaient les Acadiens?

4. Quand est-ce que le gouverneur anglais a donné l'ordre de déporter les Acadiens?

5. Où sont-ils allés?

6. Qu'est-ce que les Acadiens ont réussi à créer en Louisiane?

7. Au début de ce siècle, est-ce que les Cajuns étaient fiers de parler français?

8. Et aujourd'hui? Est-ce que la situation a changé?

Lafayette Louisiana:

Cuisine et amusement en Français!

1. les populations francophones de la Louisiane **2.** en 1713 **3.** des Français qui vivaient en Acadie depuis plus d'un siècle **4.** en 1755 **5.** en France, aux Antilles et en Louisiane **6.** une identité culturelle à la fois française et américaine **7.** non **8.** oui

Communication

See Student Response Forms.

A. Projets de vacances. Jean et Lise discutent de leurs projets de vacances. Complétez leur conversation en y ajoutant (*by adding*) la forme correcte du verbe entre parenthèses.

JEAN   Cette année, il faut que nous __1__ (partir) très loin! J'aimerais que nous nous __2__ (échapper) et que nous __3__ (connaître) enfin l'Aventure, la vraie. Tiens! Je voudrais qu'on __4__ (descendre) l'Amazone.

LISE   Ça ne va pas, non? L'Amazone? Avec tous les moustiques? Non merci! Moi, je préférerais que nous __5__ (choisir) un endroit plus tranquille. Il faut que je __6__ (se reposer) un peu cette année. Tu ne voudrais pas qu'on __7__ (écrire) à ma grand-mère en Normandie? J'aime beaucoup __8__ (vivre) au milieu de la nature et __9__ (regarder) les verts paysages et les belles vaches normandes.

JEAN   Oh la la!!! La Normandie! Tu parles d'une aventure! Il ne faudra pas que j'__10__ (oublier) mon appareil-photo! Comme ça, je pourrai prendre des photos des vaches! Mais enfin, si tu préfères que nous __11__ (vivre) de calmes aventures en Normandie, nous irons voir ta grand-mère.

1. partions
2. échappions
3. connaissions
4. descende
5. choisissions
6. me repose
7. écrive
8. vivre
9. regarder
10. oublie
11. vivions

Have students locate Normandie on the map on page ix.

B. Une chanteuse de rock. Complétez cette interview d'une chanteuse de rock avec les mots de la liste ci-dessous.

See Student Response Forms.

rien…ne	ne…personne	ne…que
ne…rien	personne…ne	ni…ni…ne

LE REPORTER   Alors Christelle, quels sont vos projets?

CHRISTELLE   Parlons tout d'abord des vacances. Je __1__ ai __2__ deux semaines de libre et je __3__ ferai absolument __4__ pendant ces quinze jours. Ensuite, j'aimerais avoir un rôle important dans une comédie: __5__ __6__ pense à moi pour ce genre de film! En automne, je vais chanter en Europe: __7__ la Grèce, __8__ le Portugal __9__ m'ont encore entendue chanter.

LE REPORTER   Et l'amour dans tout ça?

CHRISTELLE   Ah, __10__ le répétez à __11__; __12__ __13__ est encore officiel. Philippe et moi, nous ne voulons pas que les journaux en parlent. Mais j'aimerais que nous nous mariions bientôt.

1. n'
2. que
3. ne
4. rien
5. personne
6. ne
7. ni
8. ni
9. ne
10. ne
11. personne
12. rien
13. n'

C. Une page de notre histoire. Regardez ces images et racontez l'histoire qu'elles suggèrent. Inventez tous les détails, par exemple le nom et la personnalité des gens et leur raison de quitter leur pays d'origine.

ST 95

D. La visite de Québec. Nous sommes à Québec, dans la vieille ville. Écoutez ce guide qui parle à des touristes. Regardez le plan de Québec et écrivez dans l'ordre les visites que les touristes feront.

1. la terrasse Dufferin
2. l'Université Laval
3. la Basilique Notre-Dame
4. la Citadelle

EXEMPLE

Château Frontenac

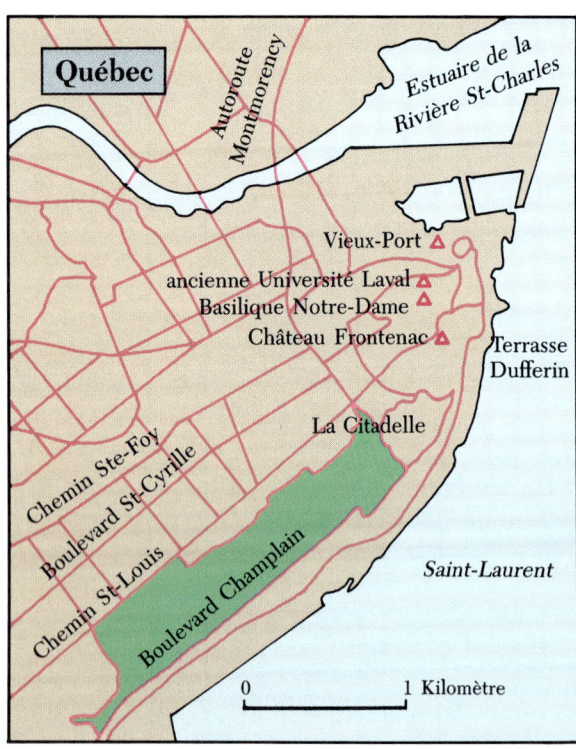

Château Frontenac, Rivière St-Laurent: Québec, Canada

E. Le mal du pays. Écoutez le texte qui suit et complétez-le en y
W ajoutant (*by adding*) les mots qui manquent (*missing*).

See Student Response Forms.

Il y a longtemps, les Européens venaient __1__ en Amérique pour
__2__ à l'oppression __3__ et __4__ en Europe ou pour __5__ leur
situation __6__. De nos jours, les Européens qui viennent aux USA y
viennent surtout en vacances. Ils visitent les beaux paysages de
l'Amérique du Nord, ou bien ils rendent visite à des parents qui
__7__ ici __8__. __9__ les jeunes restent un an ou deux pour faire des
études. C'est le cas de Pierre, qui est étudiant en informatique.

— Pierre, comment __10__ au début?
— Moi, au début, j'étais très __11__. Je ne __12__ pas bien en anglais
et j'avais __13__. J'étais triste d'être si loin de ma famille et de mes
amis. C'est alors que mon seul ami américain m'a dit, «Pierre, il ne
faut pas que tu __14__! Tu verras, tu vas __15__.» Mon ami avait
raison et maintenant, ça va très bien. J'ai compris qu'être Français
avait ses avantages. Les Américains aiment beaucoup que je leur
parle à cause de mon accent français!

1. s'installer
2. échapper
3. religieuse
4. politique
5. améliorer
6. économique
7. ont immigré
8. il y a des années
9. Parfois
10. se sent-on
11. mal à l'aise
12. me débrouillais
13. le mal du pays
14. te décourages
15. te faire des amis

Prononciation

In French the consonant **l**, as in **étoile**, is produced in the front of the
mouth with the tip of the tongue firmly pressed against the upper teeth.
When the **l** is at the end of a word, make sure you do not move your
tongue back as you do in English.

Listen and compare the pronunciation of the **l** in these French and English words.

bell / **belle**   sell / **sel**   commercial / **commercial**   cultural / **culturel**

Now listen and repeat these words.

seul   mal   liberté   colonie   maladie   poulet   lit

Now repeat the following sentences, paying close
attention to the pronunciation of the **l**.

1. Chantal et moi, nous avons voulu aller
   en Nouvelle-Angleterre l'année dernière.
2. Nous voulions y aller pour célébrer la Saint-Jean.
3. Quelle est l'origine de cette célébration?
4. Chantal a lu un livre sur la fête.
5. D'après ce qu'elle a lu, les éléments de la célébration
   sont très anciens.

INTÉGRATION

Here is an opportunity to see how well you can use your French in a variety of situations. If you have trouble with any of these items, study the topic and practice the activities again, or ask your teacher for help.

Écoutez bien

ST 98

A. Qui parle? Écoutez une série de phrases et décidez qui a probablement prononcé chaque phrase, **un immigrant récent** ou **un Cajun**.

> MODÈLE   Il y a cinquante ans, parler français était considéré comme une marque d'ignorance, mais ce n'est plus le cas aujourd'hui.
> **un Cajun**

1. un immigrant récent
2. un immigrant récent
3. un Cajun
4. un immigrant récent
5. un Cajun
6. un Cajun

ST 99

B. Une conversation. Écrivez une phrase qui pourrait suivre logiquement chacune des phrases que vous allez entendre. Essayez d'utiliser les structures que vous avez étudiées dans ce chapitre (impératif, négations, subjonctif).

> EXEMPLE   Jean-Claude veut te parler tout de suite.
> Qui va venir ce soir?

> *Dis-lui que je suis occupé.*
> *Personne ne va venir.*

Suggested answers.
1. Dis-lui qu'elle commence à huit heures.
2. Oui, donne-lui le dictionnaire.
3. Donne-lui quelque chose à boire!
4. Il faut que tu leur téléphones tout de suite.
5. Demande-leur pourquoi elles n'ont pas envie de venir.
6. Je suis content qu'ils arrivent ce soir.

Lisez un peu

A. Parler français! Lisez l'histoire suivante et ensuite répondez aux questions qui la suivent.

Un jeune Cajun a quitté son village pour aller à l'université et quand il est revenu chez lui, il a expliqué à ses parents qu'il ne savait plus parler français. Ses parents étaient un peu surpris de voir qu'il avait perdu si rapidement sa langue maternelle. Pour être certain que ses parents le croient (*believe*), le jeune homme s'est mis à demander le nom de différents objets en français. "What's that?" demandait-il. "Une chaise," répondait son père. "And what's that?" "Une table." "And that?" "Une porte."

Ses parents ne trouvaient pas ce jeu très amusant, mais le jeune homme continuait à se montrer incapable de parler français. Ils ont passé la première soirée comme ça et puis ils sont allés se coucher.

Le lendemain, ses parents étaient déjà en train de travailler dans le jardin quand le jeune homme s'est réveillé. Et il a recommencé tout de suite à montrer sa nouvelle ignorance du français. Il était encore en train de demander, "What's that?" quand il a marché sur les dents d'un rateau (*a garden rake*) et le manche (*handle*) l'a frappé sur la tête. "Aïe!!! Zut alors!!! Qui c'est qui l'a laissé là, ce rateau?" a-t-il crié dans sa douleur (*pain*).

"Tiens," a remarqué son père avec un sourire (*smile*), "je vois que ton français commence à te revenir!"

1. Où est-ce que le jeune homme est allé?
2. Quand il est revenu, qu'est-ce qu'il a dit à ses parents?
3. À votre avis, pourquoi est-ce que le jeune homme a dit ça?
4. Qu'est-ce qu'il s'est mis à faire?
5. Quelle a été la réaction de ses parents?
6. Qu'est-ce qui s'est passé le lendemain matin?
7. Quelle en est la conséquence?
8. À votre avis, quelle est la signification (*meaning*) de cette histoire?

Le tombeau d'Évangeline Labiche à l'église St-Martin de Tours: St-Martinville, Louisiane

1. à l'université
2. qu'il ne savait plus parler français
3. **Answers will vary.**
4. à demander le nom de différents objets en français
5. Ses parents ne trouvaient pas ce jeu très intéressant.
6. Il a marché sur les dents d'un rateau et le manche l'a frappé sur la tête.
7. Dans sa douleur, il a commencé à crier en français.
8. **Answers will vary.**

Écrivez

A. Points de vue. Est-ce que vous avez toujours le même point de vue que vos parents? Pour chaque suggestion de la liste ci-dessous, écrivez une phrase qui explique ce que vous préférez et ce que vos parents préfèrent

> EXEMPLE   sortir pendant la semaine
>
> **Moi, j'aime bien sortir pendant la semaine, mais mes parents ne veulent pas que je sorte pendant la semaine.**

1. déjeuner au lycée
2. voyager seul(e)
3. aider à la maison
4. s'amuser tout le temps
5. réussir dans les études
6. travailler pour gagner de l'argent
7. prêter mes affaires à des copines (copains)
8. rentrer à la maison avant onze heures du soir

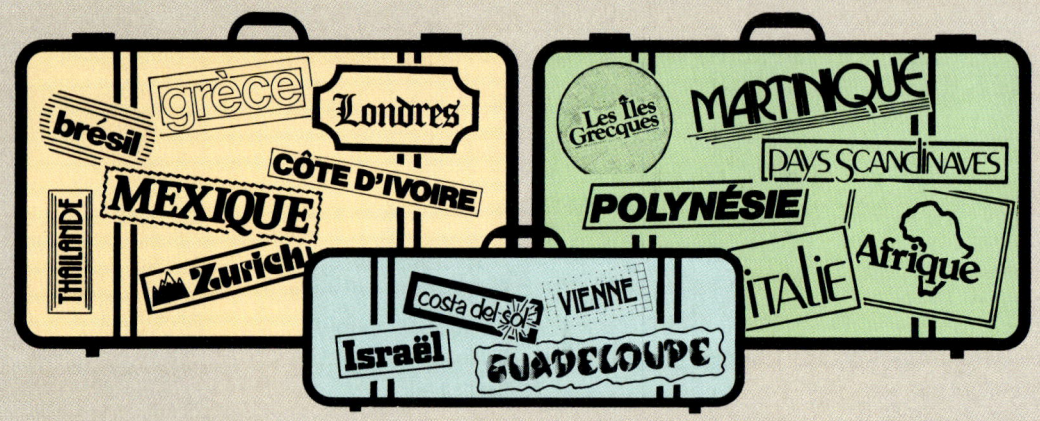

B. Les préparatifs de voyage. Monsieur et Madame Dutourd partent en Chine. Ils réfléchissent à ce qui reste à faire avant leur départ. Écrivez des réponses aux questions suivantes en utilisant **il faut** dans chaque réponse.

> MODÈLE — Est-ce une bonne idée d'écrire au bureau de tourisme?
> — **Oui, il faut que tu écrives au bureau de tourisme.**

1. On a besoin de demander un visa?
2. Qui va choisir les dates du voyage?
3. On va téléphoner à l'agence de voyages?
4. Nous sommes obligés de réserver des chambres d'hôtel?
5. Est-ce nécessaire de lire ce guide avant de partir?
6. Est-ce que tu as déjà acheté nos billets d'avion?

C. Dans un nouvel appartement. Votre famille s'installe dans un nouvel appartement, et vos amis Gilles et Luc sont en train de vous aider. Écrivez des phrases pour leur dire ce qu'il faut faire.

> EXEMPLE — Qu'est-ce que je fais de cette valise?
> — **Mets-la dans ma chambre.**

1. Où veux-tu que nous mettions la table?
2. Est-ce que tu veux qu'on apporte le frigo?
3. Il y a du coca ici, et nous avons soif.
4. Est-ce que nous laissons la radio ici?
5. Est-ce qu'il y a encore des affaires dans la voiture?
6. Je suis fatigué! On peut s'arrêter un peu?

D. Une île déserte. Vous êtes seul(e) sur une île déserte. Faites six phrases pour décrire (*describe*) votre situation. Utilisez les expressions et le vocabulaire de ce chapitre dans vos phrases.

> EXEMPLE **Personne ne me rend visite!**

E. La vie à l'étranger. Est-ce que vous aimeriez vivre à l'étranger? Pourquoi ou pourquoi pas? Écrivez un paragraphe de six phrases pour répondre à cette question.

EXEMPLE

Je voudrais vivre dans un pays étranger parce que...

Femmes arabes, Place de la comédie: Montpellier, France

Parlons ensemble

Work with a partner or partners, and create dialogues, using the situations below. Whenever appropriate, switch roles and practice a different part of your dialogue.

Situations

A. Il vient d'arriver. You have just met an immigrant to the United States. This young person is having trouble adjusting to life in the States. Ask questions and make suggestions to help this person get off to a good start in your city.

B. Des étrangers. Monsieur and Madame Dutel, French tourists, have just arrived in New York. They speak no English. They are from a small town in France and have never been outside France. Needless to say, they find America and its customs quite strange. You meet them on their first day in America. Ask them for their impressions of America, and answer their questions.

VOCABULAIRE

NOUNS RELATED TO FRENCH IN THE NEW WORLD

l' **ancêtre** (*m/f*) ancestor
les **Antilles** (*f*) West Indies
les **arrière-grands-parents** (*m*) great-grandparents
la **colonie** colony
la **coutume** custom
l' **héritage** (*m*) heritage
l' **immigrant** (*m*), l' **immigrante** (*f*) immigrant
l' **immigration** (*f*) immigration
la **Nouvelle-Angleterre** New England
l' **origine** (*f*) origin
le/la **patriote** patriot

OTHER NOUNS

la **célébration** celebration
le **dictionnaire** dictionary
la **disparition** disappearing
l' **élément** (*m*) element
l' **expression** (*f*) expression
le **feu de joie** bonfire
l' **ignorance** (*f*) ignorance
la **liberté** liberty
la **marque** mark

le **nom de famille** last name
l' **oppression** (*f*) oppression
le **peuple** people
le **siècle** century
l' **usine** (*f*) factory

VERBS AND EXPRESSIONS

avoir le mal du pays to be homesick
se **débrouiller** to get along, to manage
se **décourager** to get discouraged
déporter to deport
dériver to derive
échapper to escape
se **faire des amis** to make friends
s' **habituer** (**à**) to get accustomed (to)
s' **installer** to settle
naître to be born
vivre to live

ADJECTIVES

acadien Acadian
annuel annual
considéré considered
économique economic

inférieur inferior
isolé isolated
mort dead
né(e) born
normal normal

OTHER WORDS AND EXPRESSIONS

à la fois at the same time
à l'aise (**mal à l'aise**) (un)comfortable
au début at first, in the beginning
finalement finally
il y a + *time expression* ...ago
parfois sometimes
quelque part somewhere
quelqu'un somebody
quelqu'un d'autre somebody else
tout à fait perfectly, completely

NEGATIVES

ne...ni...ni neither...nor...
ne...personne nobody
ne...que only
ne...rien nothing

Gazette

La Bilingue Electronique

Le fin du fin : une traductrice de poche. C'est ce que nous offre la Bilingue électronique Larousse. A la fois traductrice et calculatrice, cette «bilingue» française-anglaise vous permettra de trouver ce mot que vous aviez sur le bout de la langue, ce verbe irrégulier dont vous ignorez subitement toutes les formes. 4.000 mots sur commande... et vous pouvez même «stocker» les mots particulièrement récalcitrants.

La R.a.t.p. is **La régie autonome des transports parisiens,** the organization in charge of public transportation in Paris.

CIRCULATION

Ce bus remplacera-t-il les tramways?

Après Superbus, l'autobus articulé qui circule régulièrement entre Paris et Orly (ligne 183) et sur certains axes parisiens, la R.a.t.p. met en service un nouveau mastodonte : Mégabus. Doté de deux remorques et de deux soufflets, il atteint 25 mètres de longueur et peut transporter jusqu'à 220 passagers. Après des essais à Paris, la R.a.t.p. testera le Mégabus à Nancy, Nice et Grenoble. Son efficacité est comparable à celle des tramways. Si ces Mégabus passent toutes les trois minutes quarante-cinq, a calculé la R.a.t.p., ils peuvent transporter près de 3.000 personnes à l'heure.

VIDÉO AUTOMOBILE

Non, vous n'aurez pas, tout de suite, la télévision à bord de votre voiture. Mais un magnétoscope et un système complet de vidéo. La société Blaupunkt lance un modèle spécial pour passagers des places arrière fonctionnant sur les 12 volts de la prise de l'allume-cigares. Il résiste aux vibrations et aux tensions dues aux accélérations. Un écran de 12 centimètres s'installe entre les deux sièges avant.

CHAT ALORS!

Même les chats, il faut bien les nourrir lorsque l'on est en voyage. La voisine? Elle aussi a droit à ses week-ends, après tout. La solution, alors, s'appelle Crocmatic, un distributeur automatique d'aliments secs, doté d'une mémoire qui vous - pardon, «lui» - programme l'heure des repas deux fois par jour, en même temps que la quantité d'aliments à déposer dans la mangeoire. Il peut fonctionner pendant deux semaines. Parfait pour le manger. Mais le boire, dans tout cela?

BAGUETTE   **Un Jambon-beurre** is a *ham and butter sandwich* on a piece of French bread, a very popular snack in France.

Le premier sandwich à garniture surgelée

Sept cents millions de «jambon-beurre» consommés chaque année en France! Pour changer un peu, une toute jeune société a imaginé des garnitures surgelées, conditionnées sous plastique. Au menu : bœuf-carottes, gratin de crabe, jambon-céleri, salade de légumes, etc. Il suffit de dégeler ou de réchauffer la «cartouche» au four à micro-ondes avant de l'introduire dans un morceau de baguette fraîche.

Bag'Max est vendu dans les cafés, cafétérias et boulangeries de la région parisienne (de 10 à 20 F le sandwich complet) ; il sera très prochainement commercialisé dans les grandes surfaces.

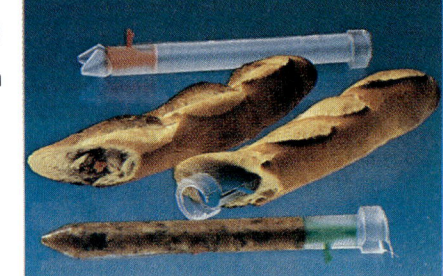

Tell students that the sections entitled **Flash-conseil** will contain reminders of reading strategies covered in previous **Gazettes**. Teach students the terms **parcourir** (*skim, read for the gist*) and **chercher un renseignement** (*scan, read for specific details*), which will be used in this **Gazette**.

> **Flash-conseil.** Avant de commencer à lire, n'oubliez pas de regarder toute la partie non-linguistique du texte: photos, couleurs, etc. L'information que vous y trouverez vous aidera à définir le sujet et facilitera la lecture.

Suggestion. As students look over the pictures, have them describe what they see before moving on to Activity A.

A. À la découverte. Avant de lire les textes, répondez à ces questions qui portent sur la partie non-linguistique des articles.

1. Regardez bien les photos. Qu'est-ce que ces objets ont en commun? Identifiez quelque chose que tous ces objets ont en commun.

Suggested answers. Ce sont des inventions récentes; ils sont utiles; ils peuvent simplifier la vie.
Option. Allow students to discuss and explain their answers.

2. D'après les photos et les titres, quel genre d'information pensez-vous trouver dans ces articles?   c
   a. des observations scientifiques
   b. des opinions sur l'économie
   c. des renseignements sur quelques nouvelles créations
   d. des proverbes qui s'appliquent à la société contemporaine

> **Flash-conseil.** Parcourez toujours un texte une ou deux fois avant de le lire plus attentivement. Cet exercice vous permettra d'en définir le sujet avec plus de précision.

B. Les solutions. Après avoir parcouru ces articles, lisez les remarques suivantes. Essayez de déterminer à quel article chaque remarque se réfère.

1. b
2. c
3. e
4. d
5. a

a. le Crocmatic   c. le Bag'Max   e. le Mégabus
b. la Vidéo automobile   d. la Bilingue électronique

1. "Quand on part en vacances, le voyage en voiture est long et fatigant. Je vais acheter ça pour passer le temps pendant que mon père conduit la voiture."

2. "C'est une excellente solution! Comme ça, j'ai toujours au frigo ce qu'il faut pour préparer un bon sandwich."

3. "Ça, on le trouvera seulement dans les rues des grandes villes. C'est vraiment trop grand pour les villages."

4. "Voilà ce qu'il me faut! Avec ça, je peux visiter les États-Unis même si je ne parle pas bien anglais."

5. "Il faut l'acheter avant de partir en vacances cet été. Nos voisins n'aiment pas les animaux, et je ne peux plus leur demander de s'occuper de nos chats."

C. C'est faux. Maintenant, lisez attentivement les articles. Les phrases suivantes sont fausses. Corrigez-les en vous référant aux articles.

1. Si les Mégabus passent toutes les trois à quatre minutes, ils peuvent transporter jusqu'à 220 passagers à l'heure.
2. Avec le Crocmatic, on peut laisser son chat seul à la maison pendant deux jours.
3. Pour dégeler ou pour réchauffer les garnitures Bag'Max, il suffit de les mettre au soleil.
4. Cette traductrice de poche a une seule fonction—de traduire.
5. Tous les passagers peuvent regarder le film.

D. Une affaire d'opinion. Imaginez que vous faites partie d'un comité qui doit décider si vous allez importer ces produits aux États-Unis. Êtes-vous pour ou contre l'importation de ces objets? Comment est-ce que vous allez voter dans chaque cas? Justifiez votre opinion.

1. Il peuvent transporter près de 3.000 passagers à l'heure.
2. On peut le laisser jusqu'à deux semaines.
3. Il faut les mettre au four à micro-ondes.
4. Elle a deux fonctions. Elle est traductrice et calculatrice.
5. Les passagers des places arrière peuvent regarder le film.

Option. Have students, working in small groups, discuss the pros and cons of each product and write their opinion. At the end of the activity, a poll could be conducted.

Yves Klein : le vide et la vertu

«Les tableaux sont les cendres de mon art», disait Yves Klein, figure mythique de l'art moderne, mort en 1962, à 34 ans.

Le père et la mère d'Yves Klein étaient des peintres très lancés dans le milieu parisien. Leur fils n'embrasse pas la même carrière. Il est à la recherche d'une morale qui justifierait l'engagement artistique.

La méditation orientale le dispose à radicaliser les situations. Après quelques tentatives, vers 1955, sa trajectoire météorique commence. Il élimine du tableau tout ce qui lui semble inutile : la composition, la ligne, la forme. Il ne garde que la couleur, une seule par toile : le bleu avant tout. L'œuvre est une parcelle sensible de la mer, du ciel, de l'immensité. Yves Klein, à chaque manifestation, présente des éléments fondamentaux : la couleur pure, le vide, le feu, l'empreinte.

Refusant un art de la confidence, de l'exaltation du «moi», Yves Klein a exploré le domaine de l'émotion pure. Avec une simplicité qui est celle du désert, des pyramides - et non sans humour - ses œuvres ont la splendeur des notions fondamentales: l'immensité, la pureté, l'intensité.

Souliers de collection

Les souliers de Roger Vivier sont des objets d'art. D'ailleurs, ses créations entrent de son vivant au musée des Arts de la mode. Inconnu du grand public, Roger Vivier est le plus grand bottier contemporain. Il a commencé à dessiner des chaussures dès 1937, dans un petit atelier, rue Royale. Cinquante ans plus tard, il continue de vendre ses collections aux plus grands magasins américains, de Bloomingdale à Saks, court exposer au Japon et surveille ses quatre usines italiennes de Vigevano.

Flash-conseil. Essayez toujours de définir un objectif avant de lire un texte. Cet objectif vous permettra de mieux organiser l'information que vous trouverez dans le texte.

A. Pour commencer. Parcourez les articles à la page précédente et précisez le sujet de chacun. Ensuite, décidez si les mots suivants s'appliquent à Yves Klein ou à Roger Vivier.

1. bottier	**3.** mer	**5.** usines	**7.** émotion
2. méditation	**4.** Italie	**6.** tableaux	**8.** Saks

1. R. Vivier
2. Y. Klein
3. Y. Klein
4. R. Vivier
5. R. Vivier
6. Y. Klein
7. Y. Klein
8. R. Vivier

B. Vrai ou Faux? Lisez attentivement les articles et ensuite lisez les phrases ci-dessous. Décidez si chaque phrase est **vraie** ou **fausse**.

1. Roger Vivier était un bottier royal.
2. Les créations de Roger Vivier sont exposées partout, mais il ne les vend jamais.
3. L'art d'Yves Klein est très classique.
4. Les tableaux d'Yves Klein sont en général très compliqués.
5. Le rouge est la couleur préférée d'Yves Klein.

1. Faux.
2. Faux.
3. Faux.
4. Faux.
5. Faux.

Suggestion. Have students correct the false statments.

C. L'art. Relisez les articles encore une fois. Votre objectif cette fois-ci est de faire attention à la philosophie de chaque artiste et aux détails concernant la nature de son art.

1. Pourquoi Roger Vivier peut-il exposer ses chaussures dans des musées?
2. Qu'est-ce qu'Yves Klein a éliminé de ses œuvres et pourquoi?
3. Faites une liste de cinq éléments qu'on peut trouver dans l'art d'Yves Klein.
4. À votre avis, est-ce que l'art d'Yves Klein est comparable à celui de Roger Vivier? Expliquez votre réponse.

1. Parce que ce sont des objets d'art.
2. Il a éliminé la composition, la ligne et la forme. D'après lui, ces éléments sont inutiles.
3. la couleur pure, le vide, le feu, l'empreinte, la simplicité, et des notions fondamentales comme l'immensité, la pureté et l'intensité
4. **Answers will vary.**

Flash-conseil. Avant de lire un texte attentivement, réfléchissez à ce que vous savez déjà du sujet. Profitez de vos connaissances et de votre expérience pour mieux lire.

CE QUE J'AI VU AU FOND DES MERS

Une interview de Xavier Le Pichon, le capitaine Nemo du XXᵉ siècle

Il est actuellement l'homme le plus profond sous les mers. Xavier Le Pichon, 49 ans, membre de l'Académie des Sciences et de l'Institut, était le responsable de l'expédition française Kaiko dans les fosses sous-marines du Japon. Comme le capitaine Nemo avait son «Nautilus», Xavier Le Pichon avait le «Nautile», un extraordinaire sous-marin français, capable de descendre à 6.000 mètres.

Paris Match. Vous êtes le grand explorateur français du fond des mers, le Cousteau des abîmes. Vos travaux suscitent une extraordinaire curiosité. On a l'impression de mieux connaître le paysage de la Lune que celui du fond des mers. Pourquoi est-il resté si longtemps inconnu?

Xavier le Pichon. La lune on la voit. Elle a toujours passionné aussi bien les poètes que les scientifiques. C'est une tentation irrésistible d'aller l'observer de plus près. Le fond des océans est nettement plus difficile à montrer. Dès deux cents mètres de profondeur, c'est la nuit complète. Le fond des mers, on commence seulement de l'explorer. Quand j'ai commencé mes études d'ingénieur géophysicien, les profondeurs de l'océan étaient encore in-accessibles.

P.M. Vous avez collaboré à la conception du «Nautile»?

X.L.P. Les scientifiques français ont été au départ de la demande. Une fois nos besoins définis, les ingénieurs d'Ifremer se sont surpassés.

P.M. On ne peut pas trouver mieux, actuellement?

X.L.P. Le «Nautile» est unique! Il est donc forcément le plus perfectionné des sous-marins de recherche.

P.M. Le «Nautile» s'est d'ailleurs auto-baptisé avant sa première plongée?

X.L.P. Pour ses deux bras, ça n'était pas du tout un problème d'ouvrir une bouteille de champagne!

P.M. Comment êtes-vous in-stallés, à l'intérieur du sous-marin?

X.L.P. Il peut contenir deux hommes, allongés sur des couchettes, et un pilote. J'emporte toujours un bonnet de laine pour me protéger du froid car la sphère prend la température de l'eau.

P.M. Combien de temps peut-on supporter de telles conditions?

X.L.P. Dix heures, c'est déjà bien. Il faut compter une heure et demie pour descendre ; la même chose pour le retour. Quand on travaille en continu sur le fond six heures d'affilée, c'est un maximum. L'intensité des recherches, le manque d'espace, la tension… c'est fatigant. La résistance humaine a une limite.

P.M. Vous n'avez jamais eu peur d'un accident, d'une défaillance?

X.L.P. Je fais entièrement confiance au «Nautile». Sinon, je ne plongerais pas! Mais cela ne m'a pas empêché d'avoir peur. Une tempête effroyable s'est levée lors de la première exploration, quand nous étions au large de l'île de Shimizu. En une heure, le vent s'est mis à souffler à plus de 100 km/h. Des vagues de huit mètres de haut déferlaient sur le «Nautile». C'était infernal.

P.M. Quel est le moment le plus impressionnant quand vous plongez avec le «Nautile»?

X.L.P. Quand on entre dans la sphère, qu'on s'installe et que quelqu'un de l'extérieur referme une trappe au-dessus de vous. D'un seul coup, toute la vie autour de vous s'arrête. On passe dans l'autre monde. La descente commence! Après, l'obscurité s'installe rapidement et, à moins d'avoir l'imagination qui travaille, on ne voit pas grand-chose.

A. Introduction. Avez-vous déjà entendu parler du capitaine Némo et de son "Nautilus"? Connaissez-vous le capitaine Le Pichon et son Nautile? Parcourez l'introduction, la première question et sa réponse et ensuite, répondez aux questions suivantes.

1. Qu'est-ce que Xavier Le Pichon a en commun avec le capitaine Némo?
2. Pourquoi pensez-vous qu'on appelle Xavier Le Pichon "le Cousteau des abîmes"?
3. D'après l'article, qu'est-ce qui est le mieux connu, les paysages de la lune ou les paysages du fond des mers?

1. Lui aussi, il est capitaine d'un sous-marin. Les noms des sous-marins se ressemblent.
2. **Answers may vary.** Les deux sont explorateurs des mers.
3. les paysages de la lune

B. Le Nautile. Maintenant, lisez tout le texte. Votre objectif en lisant est de vous informer sur le "Nautile." Après avoir lu l'article, décidez si les phrases suivantes sont **vraies** ou **fausses**. Corrigez les phrases qui sont fausses.

1. Xavier Le Pichon a construit le "Nautile."
2. Le "Nautile" s'est baptisé tout seul avec une bouteille de champagne en utilisant ses deux bras.
3. Trois personnes peuvent rentrer dans le "Nautile."
4. Les conditions dans le "Nautile" sont très confortables.

1. Faux. Des ingénieurs et scientifiques français ont construit le "Nautile."
2. Vrai.
3. Vrai.
4. Faux. Il y manque d'espace et il fait froid.

C. L'expédition. Lisez tout l'article attentivement et ensuite essayez d'inventer une conclusion logique à chacune des phrase suivantes.

1. Ce qui m'impressionne toujours au fond de l'océan, c'est...
2. Le fond des mers, c'est la nouvelle frontière. Quand j'étais étudiant,...
3. Il y a une limite physique et psychologique au temps que je peux rester dans le Nautile. Dix heures...
4. Je fais entièrement confiance au Nautile, mais quand même, de temps en temps,...

D. Les explorateurs. Est-ce que vous avez les qualités nécessaires pour être explorateur ou exploratrice? Maintenant que vous avez lu l'article sur Xavier Le Pichon, répondez aux questions suivantes.

1. Est-ce que vous aimeriez être explorateur ou exploratrice comme Xavier Le Pichon? Expliquez pourquoi.
2. D'après vous, est-ce que l'exploration de l'espace est plus intéressante ou plus importante que l'exploration du fond des océans? Pourquoi est-ce qu'on connaît mieux la lune que le fond de l'océan?

Option. Encourage students to discuss their answers to Activity D.

1.

3.

Le Monde des animaux

In this chapter, you will talk about different kinds of animals. You will also learn about the following functions and structures.

1. Un flamant rose
2. Un singe
3. Une jument et son poulain: La Camargue, France
4. Un léopard

Functions

- talking about what you see and believe

- expressing desires and emotions

- expressing other emotions and desires

- expressing two related actions

Structures

- the verbs **voir** and **croire**

- the subjunctive of several irregular verbs

- the subjunctive of other irregular verbs

- present participles

INTRODUCTION

Le français en contexte

ST 100

Un berger allemand

Prereading question. Why does the father suggest getting a goldfish?

Un Choix difficile

Xavier et sa petite sœur ont persuadé leurs parents d'acheter un <u>animal domestique</u>. Mais maintenant, ils n'arrivent pas à prendre une décision.

MAMAN	Personnellement, je voudrais qu'on achète un oiseau. Ils ne demandent pas beaucoup de <u>soins</u>. On leur donne à manger, on nettoie leur cage et c'est tout.	care
CHRISTELLE	Mais Maman, on ne peut pas s'amuser avec un oiseau. Achetons un chat, un petit chat noir. Ils sont si <u>mignons</u>, les chats. Et j'adore les <u>caresser</u>.	cute to pet
XAVIER	J'aimerais mieux que nous achetions un chien, un <u>berger allemand</u>, par exemple. Il pourrait <u>courir</u>* avec moi quand je fais du jogging.	German shepherd to run
PAPA	Ah oui! Les chiens sont faciles à <u>dresser</u>. On peut leur <u>apprendre</u> à aller chercher le journal, à <u>sauter</u>, à protéger la maison.	to train to teach / to jump
MAMAN	Non, Pierre, les chiens posent trop de problèmes. Il faut <u>constamment</u> s'en occuper. Et ils prennent souvent de mauvaises <u>habitudes</u>.	constantly habits

*The verb **courir** is an irregular verb. It is conjugated as follows: **je cours, tu cours, il/elle/on court, nous courons, vous courez, ils/elles courent**. Passé composé: **j'ai couru**.

Tell students that **gros** rather than **grand** is used to refer to large animals.

Tell students that the feminine of **gros** is **grosse** and that the feminine of **mignon** is **mignonne**.

CHRISTELLE   Surtout pas un berger allemand. Je n'aime pas les <u>gros</u> chiens. Ils me <u>font peur</u>.

big
frighten
goldfish

PAPA   Écoutez. J'ai une solution. On va acheter un <u>poisson rouge</u>. Tout le monde est d'accord?

LES AUTRES   Ah non, Papa!

Related vocabulary items students may want to know include: **aboyer** (*to bark*), **donner la patte** (*to give its paw*), **miauler** (*to meow*), **ronronner** (*to purr*), **remuer la queue** (*to wag its tail*), **la perruche** (*parakeet*), **le cobaye**/**le cochon d'Inde** (*guinea pig*), and **le hamster**.

Compréhension

Répondez aux questions suivantes d'après les renseignements donnés dans **Un Choix difficile**.

1. Quel est l'avantage des oiseaux, d'après Maman?
2. Quelle sorte de chat est-ce que Christelle préfère?
3. Qu'est-ce que Xavier aimerait avoir? Pourquoi?
4. Pourquoi est-ce que Papa est d'accord avec Xavier?
5. Pourquoi est-ce que Maman ne veut pas acheter de chien?
6. Quelle solution est-ce que Papa suggère?

1. Ils ne demandent pas beaucoup de soins.
2. un petit chat noir
3. un berger allemand/Il pourrait courir avec lui quand il fait du jogging.
4. Il dit que les chiens sont faciles à dresser.
5. Elle dit que les chiens posent trop de problèmes et qu'il faut constamment s'en occuper.
6. Il suggère d'acheter un poisson rouge.

Les mots et la vie

Aimeriez-vous observer les animaux <u>sauvages</u> <u>en liberté</u>? Alors, faites comme beaucoup de gens, et allez les voir dans une réserve où les animaux peuvent vivre en semi-liberté.   Point out to students that the noun **girafe** is feminine.

wild / free

une girafe   un gorille   un éléphant   un ours

un lion   un tigre   un zèbre   un singe

Other animal names students might want to know include: **le crocodile, le loup** (*wolf*), **le requin** (*shark*), **le bison** (*buffalo*), **le hibou** (*owl*), **le putois** (*skunk*), **la panthère, le rhinocéros,** and **l'antilope**.

Il y a aussi des animaux et des oiseaux plus communs qu'on peut voir en ville. Avez-vous déjà vu ces animaux?

un écureuil   un raton laveur   un rouge-gorge   un moineau

Quand on se promène à la campagne ou dans les <u>bois</u>, on a quelquefois   woods
l'occasion de voir des animaux qui sont très timides.

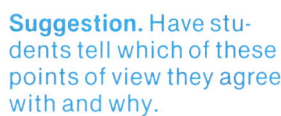

un renard   un lapin   un serpent   un cerf

Où aller pour voir des animaux?

— Moi, j'adore aller au <u>zoo</u>. On peut y observer toutes sortes d'animaux de très près, même des animaux <u>féroces</u>. Au zoo, il y a des animaux du monde <u>entier</u>, des animaux qu'on n'aurait pas l'<u>occasion</u> de voir autrement. Et on voit bien que les animaux ne <u>souffrent</u>* pas. On s'occupe bien d'eux.

— Moi, je n'aime pas les zoos. Je pense que c'est cruel de <u>garder</u> les animaux en cage. Et puis, il y a des gens qui <u>taquinent</u> les animaux. Moi, je préfère aller les <u>observer</u> dans la nature—dans des parcs nationaux, par exemple, où on peut voir beaucoup d'espèces différentes.

ST 101

A. Deux voyages. La semaine dernière, Mireille est allée dans une réserve pour voir des animaux sauvages. Sa copine Julie a fait du camping dans un parc national. Elles parlent aujourd'hui de ce qu'elles ont vu. Indiquez laquelle (*which one*) ferait les commentaires (*comments*) suivants, **Julie** ou **Mireille**.

     MODÈLE   Un serpent est entré dans notre tente.

*The verb **souffrir** is conjugated like the verb **offrir**.

Suggestion. Have students tell which of these points of view they agree with and why.

1. Mireille
2. Mireille
3. Julie
4. Julie
5. Mireille
6. Julie

B. Les photos. Stéphane adore prendre des photos, surtout des photos d'animaux. Pouvez-vous identifier les animaux et les oiseaux qu'il a photographiés?

MODÈLE   C'est un gorille.

1. C'est un rouge-gorge.   2. C'est un renard.   3. C'est un cerf.   4. C'est un éléphant.   5. C'est un ours.   6. C'est un zèbre.   7. C'est un moineau.

1.   2.   3.

4.   5.   6.   7.

C. Identification. Connaissez-vous bien les animaux? Choisissez dans la liste suivante l'animal qui correspond à la description donnée.

MODÈLE   Il lave sa nourriture avant de la manger.

le raton laveur

écureuil   gorille   lion   lapin   girafe

raton laveur   serpent   zèbre   rouge-gorge

1. le zèbre
2. le lapin
3. le rouge-gorge
4. le gorille
5. la girafe
6. l'écureuil
7. le serpent
8. le lion

1. Il ressemble à un cheval.
2. Il est petit et il aime beaucoup la salade verte.
3. Il est brun et rouge et il aime chanter dans les bois.
4. Il aime jouer dans les arbres et manger des bananes.
5. Elle est aussi grande qu'un arbre, mais elle n'est pas dangereuse.
6. Il aime courir et sauter dans les arbres. On en voit quelquefois en ville.
7. Il ne peut pas marcher, mais beaucoup de gens ont peur de lui.
8. Si vous habitiez en Afrique, vous auriez peur de ce gros animal.

Additional Practice. Have students mime or imitate the sounds of animals they have learned, and have the others guess in French which animal is being represented.

Communication

A. Interview. Posez les questions suivantes à un(e) camarade de classe pour connaître ses opinions sur les animaux. Pour chaque réponse, posez une deuxième question.

> EXEMPLE — **Quel animal aimerais-tu voir?**
>
> — **J'aimerais voir un ours.**
>
> — **Pourquoi?**
>
> — **Parce que j'adore les animaux sauvages.**

1. Préfères-tu les chiens ou les chats?
2. Y a-t-il un animal que tu n'aimerais pas caresser?
3. As-tu un animal domestique?
4. Préfères-tu les gros animaux ou les petits animaux?
5. Si tu étais un animal, quel animal aimerais-tu être?
6. Préfères-tu voir les animaux dans un zoo ou dans la nature?
7. As-tu déjà vu un serpent?
8. Connais-tu les oiseaux de la région?

Enrichment. Have students prepare and give a presentation to the class about the pets they own or wish to own. Encourage them to bring photos. You might also ask them to expand Item 5 and give reasons for their choice.

Suggestion. This activity can be done in small groups. Students could write the answers to the questions and then compare their opinions.

B. À votre avis. À votre avis, quel animal correspond aux définitions suivantes?

> EXEMPLE l'animal le plus gros
> **L'animal le plus gros est l'éléphant.**

1. l'animal le plus féroce
2. l'animal le plus intelligent
3. l'animal le plus rapide
4. l'animal le plus fort
5. l'animal le plus dangereux
6. l'animal le plus courageux
7. l'animal le plus timide
8. l'animal le plus mignon

C. Où vivent-ils? Savez-vous où habitent les différentes espèces d'animaux? Écrivez des phrases pour indiquer quels animaux on trouve dans les endroits suivants.

> EXEMPLE dans votre quartier
> **Dans mon quartier, il y a des chiens, des chats et des écureuils.**

1. dans les bois
2. en Afrique
3. en ville
4. dans la mer
5. à la campagne
6. à la montagne

EXPLORATION 1

Function: *Talking about what you see and believe*
Structure: *The verbs voir and croire*

Présentation

A. You have already used the verb **voir** to talk about what you see. Its forms are as follows.

voir	
je **vois**	nous **voyons**
tu **vois**	vous **voyez**
il / elle / on **voit**	ils / elles **voient**

Passé composé: j'**ai vu,** etc.
Futur: je **verrai,** etc.

Tu **vois** ce que je veux dire?   *Do you see what I mean?*
Je la **verrai** demain.   *I will see her tomorrow.*

B. The verb **croire** (*to believe, to think*) is conjugated like **voir**. Note however, that its future stem is unlike the future stem of **voir**.

croire	
je **crois**	nous **croyons**
tu **crois**	vous **croyez**
il / elle / on **croit**	ils / elles **croient**

Passé composé: j'**ai cru,** etc.
Futur: je **croirai,** etc.

Croyez-vous qu'il réussira?   *Do you think that he'll succeed?*
Personne n'**a cru** son histoire.   *Nobody believed his story.*

C. The verb **croire** is similar in meaning to the verb **penser**. It is often used with the expressions **avoir raison** (*to be right*) and **avoir tort** (*to be wrong*) and in the expression **croire à…** (*to believe in…*). *To believe in God, meaning to have faith in God, is* **croire en Dieu.**

Je **crois** que vous avez raison.   *I think you're right.*
Ils **croient** que j'ai eu tort de faire ça.   *They think I was wrong to do that.*
Croyez-vous **au** Père Noël?   *Do you believe in Santa Claus?*

Option. Tell students that when **penser** and **croire** are used in the interrogative, both the subjunctive and the indicative are acceptable. In general, the subjunctive is used in more formal speech and conveys a greater degree of doubt.

D. When **croire** and **penser** are used negatively, they are generally followed by the subjunctive. They are sometimes followed by the subjunctive when they are used interrogatively. But they are never followed by the subjunctive when they are used affirmatively.

Il ne **croit** pas que nous l'**aimions**.	*He doesn't **believe** we **like** him.*
Pensez-vous que Paul nous **dise** la vérité?	*Do you **think** that Paul **is telling** us the truth?*
Je **crois** qu'il **va** faire beau demain.	*I **think** it **will be** nice tomorrow.*

Les échanges culturels sont une bonne idée, mais je crois que nous sommes allés trop loin.

Repetition. Je crois que c'est bizarre. c'est vrai/c'est faux/vous avez tort/ils ont raison
Substitution. **1.** Je ne vois pas bien. Valérie/Les autres/Nous/Tu/Jean-Luc **2.** Est-ce que tu as cru cette histoire? vous/les professeurs/tes amis/son père
3. Monique n'a rien vu. Nous/Je/Vous/Tu/Paul/Les gens **4.** On ne le croira pas. Mes parents/Le professeur/Vous/Nous/Monique/Tu/Je

Préparation

ST 102

A. Le zoo. Danielle va aller au zoo ce week-end. Sa copine Suzanne y est allée le week-end dernier et s'est beaucoup amusée. Indiquez qui ferait les remarques suivantes, **Danielle** ou **Suzanne**.

> MODÈLE   Tu crois que nous verrons des poissons rouges?
> On a vu des gorilles amusants.

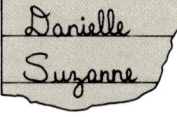

Danielle
Suzanne

1. Danielle
2. Suzanne
3. Danielle
4. Suzanne
5. Danielle
6. Suzanne

B. Où est Victor? Le petit frère de Richard a perdu son serpent. Tous les membres de la famille l'aident à le chercher. Où est-ce que chaque personne croit trouver le serpent?

1. Nous croyons que
2. Yvette croit que
3. Je crois que
4. Vous croyez que
5. Tu crois que
6. Ils croient que

MODÈLE   Marc cherche dans sa chambre.
Marc croit que le serpent est dans sa chambre.

1. Nous regardons sous le canapé.
2. Yvette regarde dans la cuisine.
3. Je cherche dans le placard.
4. Vous regardez dans la salle de bains.
5. Tu cherches derrière le frigo.
6. Maman et Papa regardent dans le jardin.

C. Une promenade dans la nature. La classe de biologie est allée dans un parc national pour observer les animaux et les oiseaux. Ils racontent ce qu'ils ont vu. Qu'est-ce qu'ils disent?

MODÈLE   Paul et moi, nous…
Paul et moi, nous avons vu un raton laveur.

1. Moi, je…

2. Le professeur…

3. Est-ce que vous…

4. Hélène…

5. Est-ce que tu…

6. Nous…

7. Les autres…

1. Moi, j'ai vu un rouge-gorge.   2. Le professeur a vu un renard.   3. Est-ce que vous avez vu un serpent?
4. Hélène a vu un lapin.   5. Est-ce que tu as vu des moineaux?   6. Nous avons vu des écureuils.
7. Les autres ont vu des cerfs.

Contexte CULTUREL

Les saint-bernards sont des chiens d'origine suisse qui sont dressés spécialement pour faire des sauvetages (*rescues*) en montagne. Ces gros chiens sont très intelligents. Leur nom vient du col (*pass*) du Grand-Saint-Bernard qui se trouve dans les Alpes, où depuis le dix-septième siècle on élève cette race de chien pour aider les voyageurs en péril. De nos jours, on emploie aussi de plus en plus souvent les bergers allemands pour les sauvetages en montagne.

Un saint-bernard

Communication

A. As-tu vu…?   Posez des questions à un(e) camarade de classe pour savoir si votre partenaire a déjà vu certains animaux. Ensuite, posez une deuxième question pour avoir plus de détails.

> EXEMPLE   — **As-tu déjà vu un lion?**
> — **Oui, j'ai vu un lion au zoo.**
> — **Quand es-tu allé(e) au zoo?**

B. Opinions.   Avez-vous un point de vue déterminé en ce qui concerne **W** les animaux et l'écologie? Écrivez au moins six phrases en employant (*using*) le verbe **croire** pour exprimer vos opinions et les opinions des personnes que vous connaissez bien.

Remind students that the subjunctive will be used after **croire** in the negative.

> EXEMPLE
>
> *Moi, je crois qu'il est important de recycler les journaux et les bouteilles.*

C. Un voyage intéressant. Avez-vous visité un zoo? un musée? une
W ville dans un autre état (*state*)? Racontez une excursion ou un
voyage que vous avez fait et tout ce que vous y avez vu.

Enrichment. As a diary entry for this chapter, have students describe an interesting or unusual experience with a pet or an animal seen in a zoo or in the wild.

EXEMPLE

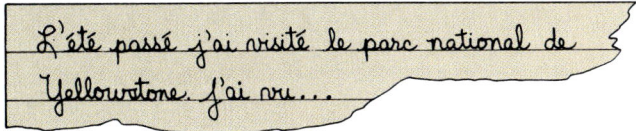

*L'été passé j'ai visité le parc national de
Yellowstone. J'ai vu...*

D. Qui est d'accord? Donnez votre avis sur les sujets suivants. Un(e)
camarade de classe dira s'il (ou elle) a la même opinion.

EXEMPLE   les renards
— **Moi, je crois que les renards sont très intelligents.**
— **C'est vrai, mais je crois que les éléphants sont plus
intelligents que les renards.**

1. un film
2. une équipe de base-ball
3. une marque de voiture
4. un cours
5. les déjeuners à l'école
6. une revue
7. un chanteur (une chanteuse)
8. le jogging

Révision et Expansion

You now know several ways to express an opinion.

Je (ne) pense (pas) que...
À mon avis,...

Je (ne) crois (pas) que...
Personnellement,...

Some friends have made the following
statements about animals. Use one of the
expressions above to give your
opinion about what they have said.

1. Les animaux sont plus intelligents que nous.
2. Les chats sont plus intéressants que les chiens.
3. Les animaux domestiques sont plus
   heureux que les animaux sauvages.
4. Il n'est pas important de s'occuper
   des espèces d'animaux en voie d'extinction.
5. Les oiseaux sont intéressants à observer.
6. Il faut créer plus de parcs nationaux.

Now give an opinion of your own about animals, and find out your classmates'
reactions.

Additional Practice. Have students choose one of the statements and present their opinions to the class or to a group of students. They should give reasons and use examples to support their points of view. Encourage them to use the phrases listed in this activity when they express their opinions.

Function: *Expressing desires and emotions*
Structure: *The subjunctive of several irregular verbs*

Présentation

A. The verbs **faire, pouvoir, savoir,** and **aller** have irregular stems in the subjunctive. However, the endings of these verbs are regular.

faire	
que je **fasse**	que nous **fassions**
que tu **fasses**	que vous **fassiez**
qu'il/elle/on **fasse**	qu'ils/elles **fassent**

pouvoir	
que je **puisse**	que nous **puissions**
que tu **puisses**	que vous **puissiez**
qu'il/elle/on **puisse**	qu'ils/elles **puissent**

savoir	
que je **sache**	que nous **sachions**
que tu **saches**	que vous **sachiez**
qu'il/elle/on **sache**	qu'ils/elles **sachent**

aller	
que j' **aille**	que nous **allions**
que tu **ailles**	que vous **alliez**
qu'il/elle/on **aille**	qu'ils/elles **aillent**

Je suis contente qu'ils **puissent** nous aider.

*I'm glad that they **can** help us.*

Pourquoi est-ce que les profs veulent que nous **sachions** tout?

*Why do the teachers want us to **know** everything?*

Point out to students that the verb **aller** has two stems.

B. The verbs **avoir** and **être** have irregular stems and irregular endings.

être	
que je **sois**	que nous **soyons**
que tu **sois**	que vous **soyez**
qu'il/elle/on **soit**	qu'ils/elles **soient**

avoir	
que j' **aie**	que nous **ayons**
que tu **aies**	que vous **ayez**
qu'il/elle/on **ait**	qu'ils/elles **aient**

Je ne veux pas que vous **ayez** froid.   *I don't want you to **be** cold.*
Ils veulent que vous **soyez** ici à midi.   *They want you to **be** here at noon.*

Option. Teach the subjunctive of the verb **vouloir: que je veuille, tu veuilles, il/elle/on veuille, nous voulions, vous vouliez, ils/elles veuillent.**

Maman, j'ai trouvé Papa! Qu'est-ce que tu veux que je fasse maintenant?

les enfants/nous/Claude   **4.** Ils veulent que je fasse la vaisselle. tu/les autres/nous/Catherine   **5.** Elle voudrait que vous alliez à la poste. tu/nous/Jean-Pierre et Monique/Charles/je   **6.** J'ai peur que tu ne puisses pas comprendre. vous/mes amis/mon oncle   **7.** Ils ont peur que vous ne le fassiez pas. tu/je/les autres/nous/Christine

Préparation

ST 103

A. Il est responsable.   Les parents d'Édouard vont partir pour une semaine, et Édouard va s'occuper de sa petite sœur. Avant de partir, ses parents lui donnent quelques instructions. Vous entendez seulement le début de chaque phrase. Choisissez l'expression qui complète logiquement chaque phrase.

> **MODÈLE**   Il faut que tu sois
> **a. gentil avec elle.**
> b. notre adresse.

1. **a.** sérieux.
    b. de la patience avec elle.
2. **a.** constamment chez Marie.
    b. ses devoirs tous les soirs.
3. **a.** ses repas.
    b. au parc avec elle.
4. **a.** comment nous téléphoner.
    b. des provisions.

5. **a.** notre adresse.
    b. sortir avec tes copains ce week-end.
6. **a.** méchant avec elle.
    b. trop de travail.
7. **a.** nous accompagner.
    b. à la maison.

1. b
2. b
3. b
4. a
5. b
6. a
7. a

B. De mauvaise humeur.   Josette est de mauvaise humeur (*in a bad mood*) aujourd'hui et elle a des idées négatives sur tout. Comment répond-elle aux questions de ses copines?

> **MODÈLE**   Marie-France peut le finir?
> **Je ne crois pas que Marie-France puisse le finir.**

1. Jacques est sympathique?
2. Tu as assez de temps?
3. Nous faisons trop de travail?
4. Ils savent le faire?
5. On peut sortir ce soir?
6. Vous allez au cinéma demain?

1. que Jacques soit sympathique
2. que tu aies assez de temps
3. que nous fassions trop de travail
4. qu'ils sachent le faire
5. qu'on puisse sortir ce soir
6. que vous alliez au cinéma demain

C. Le chien idéal. La famille Martin va acheter un chien. Tous les membres de la famille donnent leurs idées. Choisissez le meilleur verbe pour compléter chaque phrase.

MODÈLE   Il ne faut pas qu'il **soit** méchant. (faire/être)

1. Je suis contente que nous ===== enfin acheter un chien. (pouvoir/être)
2. Je voudrais que nous ===== l'acheter aujourd'hui. (aller/savoir)
3. Il faudra que nous ===== ce que nous voulons. (être/savoir)
4. Il faudra que vous ===== gentils avec lui. (faire/être)
5. Il faut qu'il ===== aller chercher le journal. (avoir/savoir)
6. J'aimerais qu'il ===== les yeux bleus. (avoir/aller)
7. Je voudrais qu'il ===== avec moi à l'école. (aller/faire)
8. Je ne crois pas que tu ===== l'emmener à l'école. (faire/pouvoir)

See Student Response Forms.

1. puissions
2. allions
3. sachions
4. soyez
5. sache
6. ait
7. aille
8. puisses

Additional Practice. Have students add one or two more sentences describing what they would look for in an ideal dog. Have them use similar sentences with expressions such as **Il faudra que, J'aimerais que, Je voudrais que,** etc.

Contexte CULTUREL

La Camargue est une région très pittoresque dans le sud de la France. C'est une région marécageuse (*swampy*) située dans le delta du Rhône. On y élève des chevaux et des taureaux (*bulls*). Les gardians—c'est-à-dire, les "cowboys" de la Camargue—s'occupent des troupeaux (*herds*). Dans le Parc Naturel Régional de la Camargue, on trouve des chevaux sauvages et de nombreuses espèces d'oiseaux, comme des canards, des hérons et surtout des flamants (*flamingos*) roses. La Camargue est en effet le seul endroit en France où l'on peut voir des flamants roses en liberté.

Des flamants: La Camargue, France

Communication

A. Je voudrais que... Employez un élément de chaque colonne pour exprimer vos opinions personnelles. Écrivez au moins huit phrases.

EXEMPLE **J'aimerais que les élèves aient plus de vacances.**

J'aimerais que	mon professeur	être
J'ai peur que	les élèves	aller
Je voudrais que	mes amis	avoir
Je ne veux pas que	mon ami(e)...	faire
Je ne crois pas que	mes parents	pouvoir
Je suis content que	?	savoir

B. Des conseils. Quels conseils donneriez-vous pour résoudre (*resolve*) les problèmes suivants? Employez un des verbes suivants dans votre réponse.

EXEMPLE **Ma copine voudrait apprendre l'espagnol.**
Il faudrait qu'elle aille en Espagne ou au Mexique.

être   avoir   faire

aller   pouvoir   savoir

1. Mes parents veulent être en bonne santé.
2. Mon copain voudrait être acteur.
3. Je veux acheter une moto.
4. Ma sœur voudrait acheter un petit chat.
5. Nous voudrions avoir une bonne note en maths.
6. Je voudrais trouver un travail pour l'été.

C. Interview. Posez ces questions au sujet de votre cours de français à un(e) camarade de classe.

1. As-tu peur que nous ayons un examen demain?
2. Aimerais-tu que la classe de français aille à Québec?
3. Est-ce qu'il faut que tu fasses des devoirs tous les jours?
4. Regrettes-tu que nous soyons ici aujourd'hui?
5. Es-tu content(e) que nous sachions parler français?
6. Crois-tu que nous puissions réussir au prochain examen de français?

Suggestion. Have students compare the advice they would give in these situations.

Remind students to use the indicative if they answer affirmatively to Item 6.

D. Des décisions.   Qu'est-ce que les personnes suivantes devraient (*should*) ou ne devraient pas faire. Employez **il faut que** ou **il ne faut pas que** dans votre réponse.

> EXEMPLE   Colette a beaucoup de travail.
> **Alors, il ne faut pas qu'elle aille au cinéma.**
> J'ai des recherches à faire.
> **Alors, il faut que j'aille à la bibliothèque.**

1. Tu as un examen demain.
2. Nous avons des provisions à acheter.
3. Vous avez besoin de pain.
4. Hélène et Christine ne s'intéressent pas aux animaux sauvages.
5. Guy voudrait faire des achats.
6. J'ai des lettres à envoyer.
7. Micheline est très malade aujourd'hui.

Révision et Expansion

See Student Response Forms.

You now know the subjunctive of regular verbs and many irregular verbs. Fabien works as an assistant veterinarian at the Quebec Zoo and has invited a friend to help him at work today. Using the subjunctive of the verbs indicated, tell what he says about his work.

> EXEMPLE   Il faut que nous ═══ (s'occuper) des animaux.
> **Il faut que nous nous occupions des animaux.**

1. M. Legrand veut que nous ═══ (être) ici très tôt.
2. Je regrette que les animaux n' ═══ (avoir) pas plus de liberté.
3. On ne veut pas que les visiteurs ═══ (pouvoir) caresser les animaux.
4. Il faut maintenant que nous ═══ (finir) de laver les cages.
5. Je suis content que les animaux ═══ (faire) régulièrement de l'exercice.
6. Il ne faut pas que je ═══ (perdre) les clés des cages.

1. soyons   2. aient   3. puissent   4. finissions   5. fassent   6. perde

JARDIN ZOOLOGIQUE DU QUÉBEC

VISITEZ UN MUSÉE vivant!

Québec

EXPLORATION 3

Function: *Expressing other desires and emotions*
Structure: *The subjunctive of other irregular verbs*

Présentation

You have already learned that many irregular verbs form their subjunctive like regular verbs. You have also learned a few verbs like **faire** that have irregular stems.

A. There are a few irregular verbs that have two stems in the subjunctive, one for the **nous** and **vous** forms and one for the other forms. The stem for **nous** and **vous** comes from the **nous** form of the present tense. The other stem comes from the **ils/elles** form of the present tense. The endings are the same as the subjunctive endings of regular verbs. Verbs that form the subjunctive in this way include **boire, prendre, venir,** and **voir.**

boire		
nous buvons	→ **buv-**	→ que nous **buvions**
ils/elles boivent	→ **boiv-**	→ que tu **boives**
prendre		
nous prenons	→ **pren-**	→ que vous **preniez**
ils/elles prennent	→ **prenn-**	→ qu'elle **prenne**
venir		
nous venons	→ **ven-**	→ que nous **venions**
ils/elles viennent	→ **vienn-**	→ que je **vienne**
voir		
nous voyons	→ **voy-**	→ que vous **voyiez**
ils/elles voient	→ **voi-**	→ qu'ils **voient**

Il faut que tu **boives** quelque chose de chaud.

*You must **drink** something hot.*

À quelle heure voulez-vous que nous **venions** chez vous?

*What time do you want us to **come** to your house?*

Option. Point out to students that the **nous** and **vous** subjunctive forms of these verbs are identical to the imperfect forms.

Option. Teach the students the subjunctive of the verb **recevoir,** which also follows this pattern: **que je reçoive, tu reçoives, il/elle/on reçoive, nous recevions, vous receviez, ils/elles reçoivent**.

B. Verbs conjugated like **prendre, venir,** and **voir** follow the same pattern in the subjunctive.

- **prendre: apprendre, comprendre**

Je suis content que vous **appreniez** à aimer les animaux.

I am glad that you are learning to like animals.

- **venir: devenir, obtenir, revenir**

Ma mère ne veut pas que je **devienne** médecin.

My mother doesn't want me to become a doctor.

- **voir: croire**

Il faut que tu me **croies**.

You must believe me.

Substitution. **1.** Elle voudrait que je boive du jus d'orange. ses enfants/tu/ma sœur et moi/son fils/vous **2.** Je ne crois pas que tu prennes trop de temps. vous/les élèves/nous/Marcel **3.** Je suis content que Fabienne vienne me rendre visite. vous/tu/mes cousins/Grégoire **4.** Je regrette que tu ne voies pas ce que je veux dire. Sabine/tes parents/vous/tout le monde

Préparation

ST 104

A. Au parc national. La classe d'écologie de Denis va passer la journée dans un parc. Écoutez les commentaires des élèves et choisissez l'image qui correspond à chaque commentaire.

MODÈLE   Il faut qu'on fasse des provisions.
a   **1.** f **2.** c **3.** d **4.** e **5.** b **6.** g

a.

b.

c.

d.

e.

f.

g.

B. On va à la campagne. Sylvie et ses amis vont passer la journée à la campagne. Ils préparent leur voyage. D'après ce qu'ils disent et la liste ci-dessous, indiquez ce qu'il faudra qu'ils prennent.

> MODÈLE Chantal a toujours faim.
> **Il faudra que Chantal prenne des provisions.**

son appareil-photo   un pull   des provisions   un parapluie
des boissons   beaucoup d'argent   la voiture de son père

1. Vous avez souvent soif.
2. Didier sait conduire.
3. Tu crois qu'il va pleuvoir.
4. Roger ne veut pas avoir froid.
5. Nous adorons acheter des souvenirs.
6. Marc adore prendre des photos.

1. Il faudra que vous preniez des boissons.
2. Il faudra qu'il prenne la voiture de son père.
3. Il faudra que je prenne un parapluie.
4. Il faudra qu'il prenne un pull.
5. Il faudra que nous prenions beaucoup d'argent.
6. Il faudra qu'il prenne son appareil-photo.

C. Une vie de chien. Le frère de Laure vient de recevoir un petit chien comme cadeau. Il est en train d'expliquer au chien ce qu'il faut faire et ce qu'il ne faut pas faire. Qu'est-ce qu'il lui dit?

> MODÈLE nous comprendre
> **Il faut que tu nous comprennes.**
> être féroce
> **Il ne faut pas que tu sois féroce.**

1. apprendre à protéger la maison
2. être difficile à dresser
3. prendre mes chaussures
4. boire mon coca
5. venir quand nous t'appelons
6. prendre de mauvaises habitudes

1. Il faut que tu apprennes à protéger la maison.
2. Il ne faut pas que tu sois difficile à dresser.
3. Il ne faut pas que tu prennes mes chaussures.
4. Il ne faut pas que tu boives mon coca.
5. Il faut que tu viennes quand nous t'appelons.
6. Il ne faut pas que tu prennes de mauvaises habitudes.

D. Le déjeuner au zoo. Marina et quelques amis passent la journée au zoo. Ils sont en train de déjeuner. Choisissez un des verbes suivants pour compléter ce qu'ils disent.

See Student Response Forms.

MODÈLE   Mireille, il faut que tu **voies** les singes.

venir   voir   prendre   revenir   apprendre   boire   croire

1. Il faudrait que j' ══════ à faire de la photographie.
2. Je suis contente que Marc ══════ beaucoup de photos.
3. Dominique, il faut que tu ══════ ton coca.
4. J'ai peur que nous ne ══════ pas d'ours.
5. Je regrette qu'on ne ══════ pas encore une fois le week-end prochain.
6. Martine et Alice, je voudrais que vous ══════ avec moi pour regarder les tigres.
7. Roger, il faut que tu me ══════! Les animaux ne sont pas malheureux.

1. apprenne
2. prenne
3. boives
4. voyions
5. revienne
6. veniez
7. croies

Contexte CULTUREL

Le Cameroun, un pays francophone sur la côte ouest de l'Afrique, a six parcs nationaux. Les plus connus de ces parcs sont ceux (*those*) de Waza et de Bénoué, qui se trouvent dans le nord du Cameroun. On peut y voir une grande variété d'espèces d'animaux et d'oiseaux sauvages, comme des éléphants, des girafes, des rhinocéros, des antilopes et même de géantes autruches (*ostriches*). Des touristes de toutes nationalités viennent admirer ces parcs en participant à des safaris-photos.

Communication

A. À l'école. Quelles sont vos impressions de l'école? Complétez les phrases suivantes par le verbe **comprendre** ou **apprendre** et une continuation appropriée (*appropriate*).

> EXEMPLE   Le professeur de français veut que nous…
> **Le professeur de français veut que nous comprenions le français.**

1. Il faut que j(e)…
2. J'aimerais que nous…
3. J'ai peur que nous…
4. Les professeurs voudraient que nous…
5. Nous voudrions que les professeurs…
6. Je suis content(e) que nous…

B. La santé. Quels conseils donneriez-vous à quelqu'un qui veut être **W** en très bonne santé? Employez les verbes suivants et d'autres verbes que vous connaissez dans vos conseils. Écrivez au moins six phrases.

> EXEMPLE   **Il faut que tu boives beaucoup d'eau.**

faire   prendre   apprendre   être   boire   ?

Variation. Have students give advice on how best to succeed in school. You might ask students to decide which advice is most helpful and then to write that advice for future classes.

Révision et Expansion

You now know how to form the subjunctive of all verbs that you have studied.

- The subjunctive stem is usually obtained by dropping the **-ent** ending from the **ils / elles** form of the present tense: **que je dise**.
- A few verbs have an irregular stem: **que je fasse**.
- Other verbs have two stems: **que je vienne, que nous venions**.

Using verbs you know, make a list of six things that you have to do today.

> EXEMPLE   **Il faut que je fasse mes devoirs.**

EXPLORATION 4

Function: *Expressing two related actions*
Structure: *Present participles*

Présentation

A. Present participles are used to express an action that is closely related to the action of the main verb. In English, present participles end in **-ing** (*speaking, writing, doing*). In French, present participles end in **-ant**. They are formed by adding **-ant** to the stem of the **nous** form of the present tense.

Suggestion. Point out to students that, unlike the tenses they have learned, the present participle does not vary with the subject. The **-ant** ending is used for all persons.

nous **parl**ons	→ **parlant**	nous **choisiss**ons	→ **choisissant**
nous **attend**ons	→ **attendant**	nous **faisons**	→ **faisant**
nous **mange**ons	→ **mangeant**	nous **commenç**ons	→ **commençant**

Ne parlez pas en **mangeant**!	*Don't talk while **eating**!*
Voyant qu'il n'y avait pas d'autre solution, elle a pris l'autobus.	***Seeing** that there was no other solution, she took the bus.*
On apprend beaucoup en **observant** les animaux.	*One learns a lot by **observing** animals.*

Remind students of the spelling changes that occur in **-ger** verbs (**g** → **ge**) and **-cer** verbs (**c** → **ç**) in the **nous** form of the present and in the present participle.

B. There are three verbs in French that have irregular present participles—**avoir**, **être**, and **savoir**.

avoir → **ayant**	être → **étant**	savoir → **sachant**

Ayant très sommeil, elle s'est couchée tout de suite.	***Being** very sleepy, she went to bed right away.*
Sachant que j'étais en retard, je me suis dépêché.	***Knowing** that I was late, I hurried.*
Ce n'est pas en **étant** méchant que tu te feras des amis.	*You won't make friends by **being** mean.*

Point out to students the useful structure **Ce n'est pas en** + present participle, used in the last example. This structure can also be used affirmatively: **C'est en travaillant dur qu'il a réussi** (*He succeeded by working hard*).

C. In French, the present participle is often preceded by the preposition **en**. **En** + the present participle is used to express an action that is taking place at the same time as the main action in the sentence. In this use, **en** can mean *while* or *upon*, but this is not always expressed in English. Note that pronouns are placed between **en** and the present participle.

J'ai appris la bonne nouvelle **en** lui **parlant**.	*I found out the good news **while talking** to him.*
En sortant de la maison, Lise a remarqué qu'il pleuvait.	***Upon leaving** the house, Lise noticed that it was raining.*

D. Another use of the present participle with **en** is to indicate how something is done. In this use, **en** is equivalent to *by* in English.

C'est **en prenan**t des risques qu'on apprend.	*You learn **by taking** risks.*
Répondez à la question **en employant** le futur.	*Answer the question **using** the future.*
On apprend beaucoup **en écoutant** les autres.	*You learn a lot **listening** to others.*

The negative particles are placed around the present participle: **en n'écoutant pas**. However, this structure need not be presented because of its low communicative value.

On les a achetés en passant par la France.

Repetition. **1.** On apprend en travaillant. en essayant/en observant les gens/en écoutant bien/en étudiant **2.** J'ai vu ce petit chien en rentrant. en partant/en sortant de la maison/en revenant du marché/en allant à la poste/en faisant mes courses

Transformation. **1.** marcher → en marchant réfléchir/attendre/venir/partir/prendre/se reposer/être/avoir/faire/aller/changer/savoir **2.** J'étudie et je mange → J'étudie en mangeant. Je me prépare et j'étudie./Je finis mon petit déjeuner et je me prépare./J'étudie et je regarde la télé./J'étudie et j'écoute la radio.

Préparation

ST 105

A. Des habitudes. Jean-Paul raconte ses habitudes à une copine. Écoutez ce qu'il dit et indiquez chaque fois s'il parle d'une **bonne** ou d'une **mauvaise** habitude.

1. bonne
2. mauvaise
3. mauvaise
4. bonne
5. mauvaise
6. bonne

MODÈLE   Je conduis en faisant très attention.
Je sors de la maison en finissant mon petit déjeuner.

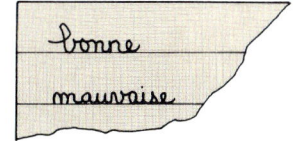

B. Comment l'avez-vous appris? Frédéric et ses amis ont appris qu'un groupe de rock va faire un concert dans leur ville. Ils expliquent comment ou quand ils ont appris la nouvelle. Qu'est-ce qu'ils disent?

MODÈLE   Je lisais le journal.
                   Je l'ai appris en lisant le journal.

1. Je parlais avec des amis.   4. Je faisais mes courses.
2. J'écoutais la radio.   5. Je rentrais chez moi.
3. Je regardais la télé.   6. J'allais à l'école.

1. en parlant avec des amis
2. en écoutant la radio
3. en regardant la télé
4. en faisant mes courses
5. en rentrant chez moi
6. en allant à l'école

C. Comment étudient-ils? Patricia et ses copains font toujours d'autres choses en même temps qu'ils étudient. Regardez les images et dites ce qu'ils font pendant qu'ils étudient.

MODÈLE   Patricia **étudie en faisant la vaisselle.**

1. étudions en buvant des cocas
2. étudie en regardant la télé
3. étudie en faisant une promenade
4. étudie en écoutant la radio
5. étudient en mangeant
6. étudient en parlant au téléphone

1. Nous…

2. Je…

3. Laurent…

4. Antoinette…

5. Olivier et Gérard…

6. Gilles et Christine…

D. Le secret de la réussite. Madame Beaulieu explique comment elle a réussi dans sa profession. Qu'est-ce qu'elle dit?

MODÈLE   travailler beaucoup
                   C'est en travaillant beaucoup que j'ai réussi.
                   être paresseuse
                   Ce n'est pas en étant paresseuse que j'ai réussi.

1. avoir de la patience   5. finir tout ce que j'ai commencé
2. être très sérieuse   6. se réveiller très tard
3. prendre des risques   7. avoir confiance en moi
4. être facilement découragée   8. sortir tous les soirs

1. C'est en ayant de la patience
2. C'est en étant très sérieuse
3. C'est en prenant/Ce n'est pas en prenant des risques
4. Ce n'est pas en étant facilement découragée
5. C'est en finissant tout ce que j'ai commencé
6. Ce n'est pas en me réveillant très tard

7. C'est en ayant confiance en moi   8. Ce n'est pas en sortant tous les soirs

En français, il existe beaucoup d'expressions qui comparent les qualités et les défauts (*faults*) d'une personne à certains aspects du caractère d'un animal. Y a-t-il des expressions équivalentes en anglais?

Elle court comme un lapin.
Je mène (*lead*) une vie de chien.
Tu marches comme un escargot.
J'ai une faim de loup (*wolf*).
Elle a une mémoire d'éléphant.
Tu as la grâce d'un éléphant.
Tu es têtu (*stubborn*) comme un âne.
Il est malin (*clever*) comme un singe.
Elle a un chat dans la gorge.
Tu es bête comme une oie (*goose*).
Il est fort comme un bœuf (*ox*).
Il est rusé (*wily*) comme un renard.

Communication

A. **Les habitudes.** Indiquez si vous faites quelquefois les activités suivantes en même temps.

> EXEMPLE   étudier et regarder la télé
> **Je n'étudie pas en regardant la télé.**

1. faire du jogging et écouter la radio
2. lire et manger
3. faire la cuisine et parler au téléphone
4. me reposer et lire un livre
5. apprendre et m'amuser
6. écouter le prof et penser à autre chose
7. rêver et travailler

B. Qu'est-ce qui s'est passé? Choisissez cinq des activités suivantes et
W indiquez par écrit quelque chose que vous avez fait hier pendant
que vous faisiez cette activité.

> EXEMPLE   aller à l'école
> **En allant à l'école, j'ai vu un petit chien.**

rentrer chez moi	parler avec mes amis	étudier
me promener	manger mon repas	faire des courses
aller à l'école	faire du sport	?

C. Des conseils. Vous voulez donner des conseils à votre petite sœur.
Dites-lui comment on réussit à faire les choses suivantes.

> EXEMPLE   apprendre à parler français
> **On apprend à parler français en étudiant.**

1. apprendre à jouer du piano
2. se faire des amis
3. recevoir de bonnes notes
4. rester en bonne santé
5. devenir riche
6. réussir dans la vie

Révision et Expansion

See Student Response Forms.

You have already used the prepositions **en** and **pour** in many ways. Note how they can be used with a verb.

To talk about a goal or a purpose, we use **pour** + an infinitive.

> Pour voir des animaux il faut aller au zoo.

To talk about how or when something is done, we use **en** + a present participle.

> En sortant de chez lui, Jérôme a trouvé un petit oiseau.

Complete the following story about a skiing accident using **pour** or **en** and the appropriate form of the verb given in parentheses.

Trois jeunes skieurs étaient à Villars __1__ (faire) du ski. Il faisait mauvais, ils n'avaient pas beaucoup d'expérience et ils ont eu un accident __2__ (faire) du ski. Heureusement, un habitant du village a vu l'accident __3__ (revenir) au village. Très vite, il est rentré chez lui __4__ (prendre) des provisions et __5__ (chercher) son chien, un beau saint-bernard appelé Émile. Il neigeait beaucoup mais __6__ (travailler) ensemble, l'homme et le chien ont réussi à sauver la vie de ces skieurs.   **1. pour faire   2. en faisant   3. en revenant 4. pour prendre   5. pour chercher   6. en travaillant**

PERSPECTIVES

Lecture

ST 106

Les Chevaux de l'Île de Sable

Prereading question. What are the two theories about the origin of the horses on l'Île de Sable?

Avez-vous déjà vu un cheval sauvage? Sur l'Île de Sable, située à 180 kilomètres de la côte de la Nouvelle-Écosse, on en voit beaucoup. En fait, les seuls habitants de cette île sont des chevaux sauvages.

Suggestion. Tell students that wild horses can also be found in the **Camargue** in southern France. See the **Contexte culturel** on the **Camargue** in this chapter.

La vie n'est pas facile sur l'Île de Sable. En hiver, il faut que les chevaux soient très forts pour résister au froid et à la faim, car l'île est couverte d'une couche de neige. En été, il fait moins froid, mais il y a des orages terribles et il fait souvent du brouillard.

Les chevaux vivent en petits troupeaux. En général, c'est une jument qui commande le troupeau. Les juments ont leurs poulains en mai. Les

Adapté d'un article de *Hibou*.

poulains restent avec leur mère pendant trois ans. Ensuite, ils choisissent un autre troupeau formant ainsi leur propre famille.

Comment ces chevaux sont-ils arrivés dans l'île? Certains croient qu'ils sont venus sur un bateau espagnol qui a fait naufrage sur les côtes de l'île en essayant d'y trouver refuge contre un orage. En fait, au moins 400 bateaux y ont fait naufrage! D'autres croient que des habitants de Boston, fatigués de la ville, ont essayé d'habiter cette île à la fin du dix-huitième siècle. Mais, voyant à quel point les hivers étaient difficiles, ils ont décidé de rentrer à Boston. Ils ont quitté l'île, abandonnant leurs troupeaux. Et depuis deux siècles, ces chevaux sont les seuls maîtres de l'île.

Option. Show the students the film **Crin blanc,** which is about the wild horses of the Camargue.

Vocabulaire à noter

à quel point	to what extent	**la jument**	mare
car	because, as	**le maître**	master
certains	some people	**la Nouvelle-Écosse**	Nova Scotia
la couche	layer	**le poulain**	foal
couvert	covered	**le sable**	sand
faire du brouillard	to be foggy	**le troupeau**	herd
faire naufrage	to be shipwrecked		

Compréhension

Répondez aux questions suivantes d'après **Les Chevaux de l'Île de Sable**.

1. Où se trouve l'Île de Sable?
2. Qui habite sur cette île?
3. Quel temps y fait-il en hiver? et en été?
4. Combien de temps les poulains restent-ils avec leur mère?
5. Comment ces chevaux sont-ils arrivés dans l'île?

1. à 180 kilomètres de la côte de la Nouvelle-Écosse
2. personne/des chevaux sauvages
3. Il fait froid et il y a de la neige./Il fait moins froid, mais il y a des orages terribles.
4. Ils restent avec leur mère pendant trois ans.
5. Certains croient qu'ils sont arrivés sur un bateau espagnol qui a fait naufrage; d'autres croient qu'ils sont venus avec des gens qui ont essayé d'habiter cette île.

Communication

A. **Safari-photo.** Vous avez gagné un voyage en safari en Afrique. Qu'est-ce qu'il faudra que vous fassiez pour vous y préparer?

   EXEMPLE **Il faudra que j'achète mon billet d'avion.**

Option. The entire class can participate in deciding what preparations are needed. Then you might have students decide in what order the preparations should be done: **Il faut d'abord que...; Ensuite, il faut que..., etc.**

B. Quel désastre. Jacinthe et ses parents ont passé le week-end dans un camping près d'un lac. Malheureusement, ils ont eu toutes sortes de mésaventures (*mishaps*). Pour raconter ce week-end, trouvez la continuation la plus logique à chaque début de phrase. Attention— vous pouvez employer chaque continuation une seule fois.

Tell students to use the present participle of the second verb.

EXEMPLE   Nous avons appris qu'il allait pleuvoir/écouter la radio
Nous avons appris qu'il allait pleuvoir en écoutant la radio.

1. Je suis tombée dans l'eau
2. J'ai vu un serpent
3. Ma mère s'est fâchée
4. Mon père a perdu son portefeuille
5. Nous avons eu un accident de voiture
6. Nous n'avons pas pu trouver les clés

rentrer en ville
voir mon maillot de bain
arriver à la maison
faire du ski nautique
marcher dans les bois
faire des achats en ville

C. Conseils pour un animal domestique. Imaginez les conseils que le vieux chien donne au jeune qui vient d'arriver dans la famille.

EXEMPLE   **Il ne faudra pas que tu fasses trop de bruit.**

D. Président(e). Vous allez parler à un groupe d'élèves pour demander des contributions pour la protection des animaux en voie d'extinction. Écrivez votre discours (*speech*). Employez dans votre discours au moins un participe présent, quatre verbes au subjonctif et le verbe **croire**.

EXEMPLE

Mes chers amis...

Variation. Students could prepare a speech on a specific plan to save and protect the animals.

ST 107

E. Au parc-safari. Marcel et sa famille passent la journée dans un parc-safari près de Paris. Le guide est en train de leur expliquer ce qu'ils vont voir. Écoutez le guide et complétez son discours par les mots qui manquent (*are missing*).

See Student Response Forms.

Vous allez bientôt avoir l'aventure de votre vie. __1__ dans le parc, vous allez d'abord passer par __2__ des animaux __3__. Vous y verrez des __4__, des gorilles, __5__ d'éléphants et beaucoup d'autres animaux. Faites très attention __6__ des photos. Il faut absolument que vous les __7__ de la voiture. Si vous sortez de votre voiture, vous risquez de __8__ aux animaux.

Ensuite, vous allez voir des animaux plus communs, comme des __9__ et des __10__. __11__ que vous __12__ prendre des photos de ces

1. En entrant
2. la réserve
3. sauvages
4. singes
5. un troupeau
6. en prenant
7. preniez
8. faire peur
9. cerfs
10. lapins
11. Je ne crois pas
12. puissiez

animaux; ils sont très timides. Mais vous pouvez toujours essayer. __13__, vous pourrez vous arrêter dans notre zoo pour enfants. Là, vous trouverez des __14__. Vos enfants pourront les voir de très près et les __15__, s'ils en ont envie. Il y a même __16__ avec son __17__. Faites attention, et amusez-vous bien.

ST 108

F. **Une découverte mystérieuse.** Daniel et sa sœur Liliane sont en train de faire une promenade dans la forêt quand ils font une découverte qui leur pose un problème. Écoutez leur conversation et choisissez la meilleure réponse aux questions suivantes.

L

1. Ils ont trouvé
   a. un gros chat.
   b. un petit chat.
   c. un petit lapin.
2. Ils pensent que c'est bizarre parce qu(e)
   a. il n'y a pas de maisons près de cet endroit.
   b. l'animal n'a pas l'air malade.
   c. on ne permet pas aux gens d'emmener leurs animaux domestiques dans cette forêt.
3. Liliane veut le prendre parce qu'elle
   a. sait que ses parents ne veulent pas de serpent.
   b. aime bien les rouges-gorges.
   c. croit que le chat va mourir dans la forêt.
4. Daniel veut le laisser dans la forêt parce qu'
   a. il n'aime pas les caresser.
   b. il a peur que l'animal soit trop féroce.
   c. il ne veut pas lui faire peur.
5. Ils ne peuvent pas garder cet animal parce qu(e)
   a. ils ont déjà plusieurs chats.
   b. leurs parents détestent les singes.
   c. ils ont un chien jaloux.
6. Ils prennent la décision d'essayer de
   a. trouver l'ancienne famille du chat.
   b. garder l'animal.
   c. lui trouver une nouvelle famille.

13. En revenant
14. animaux domestiques
15. caresser
16. une jument
17. poulain

Tell students that the term **minou** is a term of endearment used with cats.

1. b   4. c
2. a   5. a
3. c   6. c

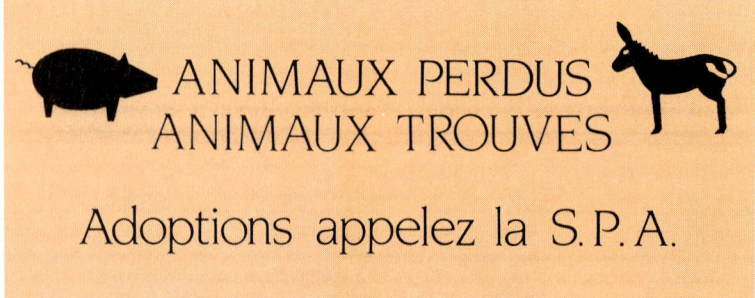

ANIMAUX PERDUS
ANIMAUX TROUVES

Adoptions appelez la S.P.A.

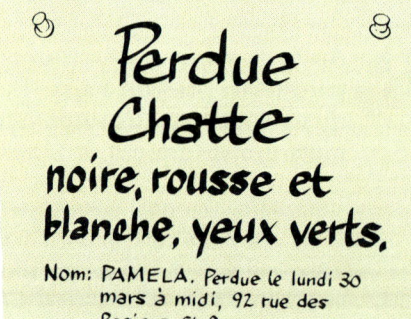

Perdue Chatte
noire, rousse et
blanche, yeux verts.

Nom: PAMELA. Perdue le lundi 30 mars à midi, 92 rue des Rosiers, St. Ouen.
— Récompense —
200 F à qui me la fera retrouver
Pour tous renseignements téléphonez la journée au 34 98 77 65.

Tell students that **S.P.A.** stands for the **Société Protectrice des Animaux,** the French equivalent of the Humane Society.

Prononciation

ST 109

In French there are cases where one has to make a liaison between two words, other cases where it is optional, and still other cases where liaisons are forbidden. Listen to these descriptions of cases where liaisons are necessary and repeat the examples.

Liaisons are always made:

• after a definite or indefinite article or a number

les animaux   un éléphant   deux écureuils   un autre ours

• after a possessive or demonstrative adjective

ces étudiants   mon amie   leurs amies   son ancien professeur

• between an adjective and a following noun

un grand* artiste   les petits enfants   un bon ami   quelques îles

• after a short adverb

très intelligente   plus amusants   moins artistique

• between a pronoun and a verb

nous aimons   elle nous a écoutés   vous oubliez

• between a verb and an inverted pronoun

vont-ils?   comprend-elle?   attend-on?   viennent-ils?

• after a preposition

dans un magasin   chez eux   en hiver   sans argent

Now repeat the following sentences, making all necessary liaisons.

1. Ma famille et moi, nous avons rendu visite à nos amis en Espagne.

2. Nous avons passé plusieurs jours chez eux.

3. Ces amis nous ont montré quelques vieilles églises.

4. Nous avons passé une nuit dans un grand hôtel.

5. Nos souvenirs de l'Espagne sont très agréables.

*Note that **d** sounds like **t** in liaison.

INTÉGRATION

Here is an opportunity to see how well you can use your French in a variety of situations. If you have trouble with any of these items, study the topic and practice the activities again, or ask your teacher for help.

Écoutez bien

ST 110

A. Un raton laveur apprivoisé? Yvette vient de trouver un jeune raton laveur. Écoutez ce qu'elle dit à ses parents, puis indiquez si les phrases suivantes sont **vraies** ou **fausses**.

1. Yvette a trouvé le raton laveur en rentrant de l'école.
2. Elle veut le garder dans le jardin.
3. M. Dubois pense que c'est une excellente idée.
4. Il a peur que le raton laveur devienne dangereux.
5. Yvette pense que le raton laveur sera heureux chez elle.
6. M. et Mme Dubois refusent de permettre à Yvette de garder le raton laveur.

1. Vrai.   **2.** Faux. Elle veut le garder dans sa chambre.
3. Faux. Il ne croit pas que ce soit une bonne idée.
4. Vrai.   **5.** Vrai.   **6.** Faux. Ils lui permettent de le garder quelques jours pour voir comment ça marche.

Lisez un peu

A. Les lémurs de Madagascar. Lisez le texte suivant et répondez aux questions qui le suivent.

Le lémur est un animal rare qui vit à Madagascar, une île qui se trouve dans l'Océan Indien. On dit que les premiers lémurs y sont arrivés il y a 40 millions d'années. Les scientifiques croient qu'ils sont venus de la côte africaine en flottant sur des troncs d'arbre.

Avant l'arrivée de l'homme, plus de 40 espèces différentes de lémurs habitaient l'île de Madagascar; certains de ces lémurs étaient énormes, aussi gros qu'un saint-bernard. Aujourd'hui, il n'y a plus que 28 espèces de lémurs sur l'île, et les zoologistes croient que plusieurs de ces espèces n'existeront plus dans quelques années. Les lémurs dépendent de la forêt, et à Madagascar, la forêt est en train de disparaître. Les habitants ont besoin de place pour leurs champs. Alors, ils se sentent obligés de mettre le feu à la forêt pour avoir plus de terre à cultiver.

Les officiels du gouvernement actuel voient qu'il y a des avantages économiques et écologiques à préserver la forêt. Ils commencent alors à prendre des mesures pour sauver la forêt et les lémurs. Ils proposent, par exemple, de créer une grande réserve où les lémurs seront protégés et où les zoologistes pourront les observer constamment. Avec tous ces efforts pour protéger les lémurs, on peut espérer qu'ils continueront à vivre tranquillement dans leur habitat naturel.

1. Quand est-ce que les premiers lémurs sont arrivés à Madagascar?
2. Comment y sont-ils arrivés?
3. Pourquoi est-ce qu'il y a de moins en moins de lémurs?
4. Pourquoi est-ce que les cultivateurs mettent le feu à la forêt?
5. Pourquoi est-ce que le gouvernement actuel veut protéger les forêts?
6. Qu'est-ce que le gouvernement propose de faire pour protéger les lémurs?

1. On dit qu'ils y sont arrivés il y a 40 millions d'années.
2. On croit qu'ils sont arrivés en flottant sur des troncs d'arbre.
3. Parce que la forêt est en train de disparaître.
4. Pour avoir plus de terre à cultiver.
5. Il voit qu'il y a des avantages économiques et écologiques à préserver la forêt.
6. Il propose de créer une grande réserve où les lémurs seront protégés.

Écrivez

A. **Que faire?** Qu'est-ce qu'il faut faire dans les situations suivantes? Employez **il faut que je...** dans vos réponses.

> EXEMPLE   Vous vous promenez dans la forêt et vous découvrez un chat.
> **Il faut que je cherche la maison où il habite.**

1. Vous êtes au zoo et vous voyez un enfant qui donne à manger aux animaux.
2. Vous trouvez un petit moineau qui est tombé d'un arbre.
3. Vous vous promenez dans la nature et vous voyez un gros serpent devant vous.
4. Vous vous occupez de l'animal domestique d'un copain, et cet animal commence à avoir l'air malade.
5. Vous ouvrez votre porte et découvrez un chien qui veut entrer dans la maison.
6. Vous voyez un enfant qui taquine un chien.

B. La sagesse. La grand-mère de Paul aime lui donner des conseils chaque fois qu'il vient la voir. Quels conseils lui donne-t-elle aujourd'hui?

> MODÈLE   manger bien/rester en bonne santé
> **C'est en mangeant bien qu'on reste en bonne santé.**
> ne pas regarder la télé/apprendre à vivre
> **Ce n'est pas en regardant la télé qu'on apprend à vivre.**

1. nager tous les jours/apprendre à bien nager
2. ne pas sortir tous les soirs/avoir de bonnes notes
3. nettoyer souvent/avoir une maison propre
4. voyager/comprendre les autres cultures
5. ne pas être impoli/se faire des amis
6. finir les études/trouver un bon emploi

C. La poésie facile. Est-ce que vous êtes poète sans le savoir? Écrivez un poème original en employant la formule suivante.

- Choisissez un animal.
- Choisissez un adjectif pour décrire cet animal.
- Choisissez deux verbes qui décrivent ses actions.
- Écrivez une phrase sur cet animal.
- Ajoutez un autre mot de votre choix qui le décrit.

EXEMPLE   **Lion.**
Gros.
Il court, il saute.
Il aime la liberté.
Féroce.

Parlons ensemble

Work with a partner or partners, and create dialogues, using the situations below. Whenever appropriate, switch roles and practice a different part of your dialogue.

Situations

A. Un chien perdu. You and a friend have found a dog who appears to be lost. He looks hungry and tired, and you don't know what to do. You want to take him home, but your friend thinks that you should leave him where he is.

B. Un serpent n'est pas toujours le bienvenu! You have promised a friend that you will take care of his pet snake during the summer vacation. Your partner is one of your parents. Try to persuade him or her to let you keep the snake for the summer. Use the subjunctive wherever possible.

VOCABULAIRE

NOUNS RELATED TO ANIMALS

l' **animal** (*m*) **domestique** pet
le **berger allemand** German shepherd
la **cage** cage
le **cerf** deer
l' **écureuil** (*m*) squirrel
la **girafe** giraffe
le **gorille** gorilla
la **jument** mare
le **lapin** rabbit
le **lion** lion
le **moineau** sparrow
l' **ours** (*m*) bear
le **poisson rouge** goldfish
le **poulain** foal
le **raton laveur** raccoon
le **renard** fox
la **réserve** reserve
le **rouge-gorge** robin
le **serpent** snake
le **singe** monkey
le **tigre** tiger
le **troupeau** herd
le **zèbre** zebra
le **zoo** zoo

OTHER NOUNS

le **bois** woods
la **couche** layer
l' **habitude** (*f*) habit
le **maître** master
l' **occasion** (*f*) opportunity
le **refuge** refuge, shelter
le **sable** sand
les **soins** (*m*) care, attention

VERBS AND VERBAL EXPRESSIONS

apprendre to teach
avoir tort to be wrong
caresser to pet
courir to run
croire to believe
dresser to train
faire du brouillard to be foggy
faire peur (à) to frighten
former to form
garder to keep
observer to observe
résister to resist
sauter to jump
souffrir to suffer
taquiner to tease

ADJECTIVES

commun common
couvert covered
entier entire
féroce fierce, ferocious
gros (*m*), **grosse** (*f*) big, fat
mignon (*m*), **mignonne** (*f*) cute

OTHER EXPRESSIONS

à quel point to what extent
car because, as
certains some people
constamment constantly
en liberté free

1.

2.

Nous et les autres

In this chapter, you will talk about your relationships with others. You will also learn about the following functions and structures.

Functions

- expressing emotions and doubt

- expressing opinions and making judgments

- indicating which one

- talking about what you have to do

Structures

- the subjunctive after expressions of emotion or doubt

- the subjunctive after expressions of judgment

- demonstrative pronouns

- the verb **devoir**

1. Un basque français et sa fille
2. Des nouveaux mariés, France
3. Des villageoises, Mali
4. Des petits amis dans un parc: Paris, France

3.

4.

*I*NTRODUCTION

See Teacher's Preface for reference to Student Response Forms available for this chapter. Workbooks and other ancillary materials are correlated to this chapter on the corresponding tabbed divider in your Teacher's Resource Binder. The Teacher's Preface contains abbreviated tapescripts of listening activities in the student text.

Le français en contexte

ST 111

Le Coup de foudre

Prereading question. Why are Barbara and Marc angry at Jean and Catherine?

Barbara attend son amie Catherine au café. Elle voit Marc qui passe devant le café.

BARBARA	Tiens! Salut, Marc. Comment ça va?
MARC	Ça va bien. Mais qu'est-ce qu'il y a? Tu n'as pas l'air très contente.
BARBARA	C'est que j'attends Catherine depuis vingt minutes. On avait rendez-vous à trois heures, mais elle n'est pas encore arrivée.
MARC	Je me demande si elle n'est pas avec Jean. J'avais rendez-vous avec lui à deux heures et demie, et il n'est pas venu! Tu sais, ce n'est pas la première fois que ça arrive depuis la <u>fête</u> de samedi dernier.
BARBARA	Oui, je crois que ça a été <u>le coup de foudre</u>. Ils ont dansé ensemble toute la soirée.
MARC	<u>Franchement</u>, je suis un peu surpris qu'ils sortent ensemble. Ils sont <u>tellement</u> différents.
BARBARA	C'est vrai. Catherine est <u>si</u> sérieuse, mais son nouveau <u>petit ami</u> ne l'est pas du tout.
MARC	<u>De toute façon</u>, ce n'est pas parce qu'on est <u>amoureux</u> qu'il faut oublier les copains. <u>L'amitié</u>, ça compte aussi! Et je ne suis pas content quand on me <u>traite de cette façon</u>.

Glossary (right margin):
- party
- love at first sight
- Frankly
- so
- so/boyfriend
- Anyway/in love
- Friendship
- treat in this way

Suggestion. Point out to students the idiomatic construction **Ce n'est pas parce que...qu'il faut....**

BARBARA	Moi aussi, ça me fait de la peine, mais il faut qu'on essaie d'être compréhensif. Après tout, ce n'est pas tous les jours qu'on tombe amoureux!
MARC	Tu as peut-être raison. En fait, je me demande si je ne suis pas un peu jaloux.
BARBARA	Tiens, regarde en face, devant le cinéma. Les voilà!

hurts my feelings
understanding
falls in love

Compréhension

Répondez aux questions suivantes d'après les renseignements donnés dans **Le Coup de foudre**.

1. Qui est-ce que Barbara voit devant le café?
2. Pourquoi Barbara n'est-elle pas contente?
3. Depuis quand est-ce que Catherine et Jean sortent ensemble?
4. D'après Barbara, en quoi Catherine et Jean sont-ils différents?
5. Pourquoi est-ce que Marc n'est pas très content de Catherine et de Jean?
6. D'après Barbara, qu'est-ce qu'il faudrait essayer de faire? Pourquoi?

1. Marc
2. Elle attend Catherine depuis vingt minutes.
3. depuis la fête de samedi dernier
4. Catherine est sérieuse, mais Jean ne l'est pas du tout.
5. Ils oublient leurs amis parce qu'ils sont amoureux. Marc est peut-être un peu jaloux.
6. Il faut essayer d'être compréhensif./Ce n'est pas tous les jours qu'on tombe amoureux!

Les mots et la vie

La famille et nos rapports avec les autres sont un aspect important de notre vie.

La famille

Quelle est votre situation familiale? Venez-vous d'une famille nombreuse? Voici la famille de Vincent.

Suggestion. Review family vocabulary taught in Chapter 3 of **Et vous?**

Suggestion. Have students describe their own families or create a fictitious family, using this vocabulary.

Point out that **beau-frère** can mean either *brother-in-law* or *stepbrother* and **belle-sœur** can mean either *sister-in-law* or *stepsister*.

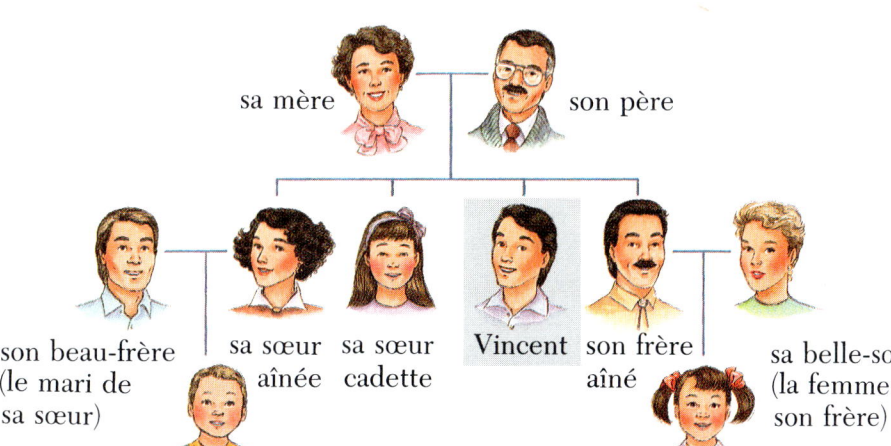

sa mère — son père

son beau-frère (le mari de sa sœur)

sa sœur aînée — sa sœur cadette — Vincent — son frère aîné — sa belle-sœur (la femme de son frère)

son neveu

sa nièce

Related vocabulary items students may want to know include: **le petit-fils** (*grandson*), **la petite-fille** (*granddaughter*), **les petits-enfants** (*grandchildren*), **le beau-père** (*stepfather, father-in-law*), **la belle-mère** (*stepmother, mother-in-law*), **le bébé, célibataire** (*single*), **le divorce, divorcé(e), divorcer.**

Option. Introduce **avoir bon/mauvais caractère** (*to be easy/hard to get along with*).

Les amis

Comment sont vos amis? Quelle est leur personnalité? Voici les amis de Laure.

Option. Tell students that the adjectives **marrant** and **rigolo** are slang equivalents of **drôle** (*funny*).

Son copain Michel est <u>drôle</u> et très sociable. Mais il est parfois un peu égoïste.

funny

Son amie Marie-France est individualiste et très <u>originale</u>. Elle dit toujours ce qu'elle pense.

creative

Son ami Yves est charmant. Il a toujours un mot gentil à dire à tout le monde. Ses amis savent qu'ils peuvent compter sur lui.

Sa copine Anne est <u>sensible</u> et assez réservée. Mais elle est très généreuse et elle ferait <u>n'importe quoi</u> pour <u>faire plaisir</u> à ses amis.

sensitive

anything

please

Point out to students that **sensible** (*sensitive*) is a false cognate. The English word *sensible* is equivalent to **sensé** or **raisonnable** in French.

La famille nombreuse: deux points de vue

Related adjectives students have already learned include: **agréable, amusant, courageux, dynamique, enthousiaste, gentil, honnête, impulsif, intéressant, optimiste, patient, pessimiste, sincère, sportif, sympathique, timide.**

— Moi, je suis <u>fils unique</u>, mais j'aimerais bien avoir des frères et des sœurs. Dans ma famille, il n'y a que mon père et ma <u>belle-mère</u>. D'une part, c'est très bien parce que j'ai l'occasion de faire beaucoup de choses intéressantes avec eux. Mais parfois, je me sens assez <u>isolé</u>.

— Moi, je viens d'une famille nombreuse. Nous sommes sept—mon père, ma mère, mes deux sœurs, mon petit frère et mon grand-père. On ne s'ennuie jamais chez nous! Mais quelquefois, j'aimerais bien avoir un peu plus de place et de paix. Il est difficile de trouver un <u>coin</u> tranquille dans la maison.

ST 112

A. La famille de Joëlle. Joëlle est en train de montrer son arbre généalogique à un copain. Écoutez ce qu'elle dit et identifiez les membres de sa famille.

MODÈLE Ici, c'est ma tante.
C'est Jacqueline Leblanc.

Additional Practice. Have students, working in pairs, prepare and present to the class a discussion of these two points of view. One student can represent an only child who would prefer to have brothers and sisters; the other can pretend to be a child from a large family.

Have students situate Joëlle in the family tree and study her family relationships before doing the activity.

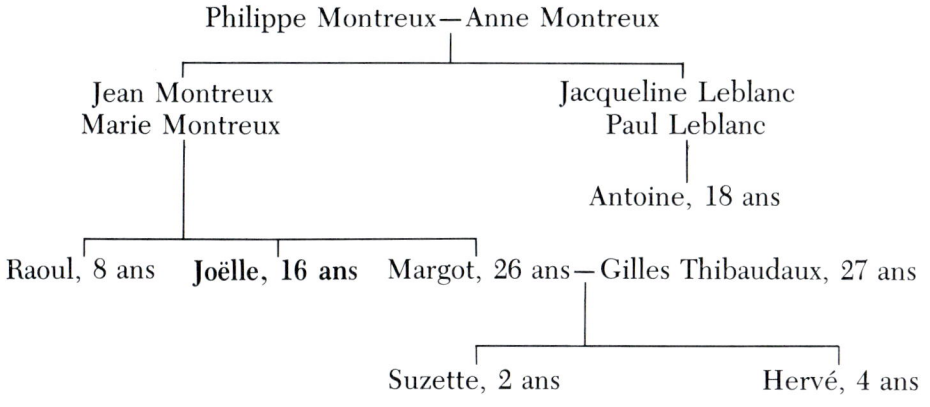

Philippe Montreux—Anne Montreux

Jean Montreux
Marie Montreux

Jacqueline Leblanc
Paul Leblanc

Antoine, 18 ans

Raoul, 8 ans   **Joëlle, 16 ans**   Margot, 26 ans—Gilles Thibaudaux, 27 ans

Suzette, 2 ans   Hervé, 4 ans

B. Les parents.   Véronique est membre d'une famille nombreuse.
Pouvez-vous identifier tous les membres de sa famille?

MODÈLE   La sœur de sa mère
         C'est sa tante.

1. Ce sont ses neveux.
2. C'est sa belle-sœur.
3. C'est sa tante.

1. Les fils de sa sœur   4. Le mari de sa sœur
2. La femme de son frère   5. Les frères de sa mère
3. La mère de son cousin   6. La fille de son frère

4. C'est son beau-frère.   5. Ce sont ses oncles.   6. C'est sa nièce.

C. Les descriptions.   Regardez les descriptions des amis de Paul et
complétez chaque description par la forme correcte d'un des
adjectifs suivants. Employez chaque adjectif une seule fois.

drôle   unique   sociable   cadet
égoïste   réservé   individualiste aîné

Be sure that students make adjectives agree with the nouns they modify.

1. Michelle est plus jeune que ses frères et ses sœurs. C'est leur
   sœur ====.
2. Pour Antoine, il est très important d'avoir beaucoup d'amis. Il
   est très ====.
3. M. et Mme Vaujour n'ont qu'une fille, et elle s'appelle Sophie.
   Sophie est fille ====.
4. Suzanne n'aime pas s'habiller comme les autres. Elle est très
   ====.
5. Jean-Pierre n'est pas à l'aise quand il y a beaucoup de monde. Il
   préfère être avec un petit groupe d'amis. Il est un peu ====.
6. Véronique pense seulement à ce qu'elle veut. Elle n'essaie jamais
   de faire plaisir aux autres. C'est une fille ====.
7. Daniel raconte toujours des histoires amusantes. Tout le monde
   s'amuse avec lui. C'est un garçon ====.
8. Il y a quatre enfants dans sa famille, et Marc est l'enfant le plus
   âgé. C'est le frère ====.

See Student Response
Forms.

1. cadette   2. sociable   3. unique   4. individualiste/originale   5. réservé   6. égoïste   7. drôle
8. aîné

Communication

A. L'amitié. Quelles qualités cherchez-vous chez un(e) ami(e) ou chez un(e) petit(e) ami(e)? Quels sont les traits les plus importants de sa personnalité? Complétez les phrases suivantes.

> EXEMPLE   Je voudrais que…
> **Je voudrais qu'il soit compréhensif.**
> (**Je voudrais qu'elle soit compréhensive.**)

1. Il faut que…
2. Il ne faut pas que…
3. Il n'est pas nécessaire que…

4. J'aimerais que…
5. Je n'aimerais pas que…
6. ?

Enrichment. Using this activity or Activity C as a starting point for a diary entry, have students write about the ideal friend — someone they would like to have as a best friend.

B. Interview. Utilisez ces questions pour interviewer un(e) camarade de classe. Si votre partenaire préfère ne pas répondre à une question, il (elle) vous demandera de lui poser une autre question.

1. Est-ce que les amis sont importants dans la vie? Pourquoi?
2. As-tu des frères et des sœurs? Sont-ils plus âgés ou plus jeunes que toi? Est-ce que vous vous entendez bien?
3. Connais-tu bien tes cousins? Où habitent-ils?
4. As-tu des nièces ou des neveux? Quel âge ont-ils?
5. Es-tu déjà tombé(e) amoureux(se) de quelqu'un?
6. As-tu un petit ami (une petite amie) actuellement? Comment est-il (elle)?
7. Serais-tu jaloux (jalouse) si ton petit(e) ami(e) sortait avec quelqu'un d'autre?
8. Veux-tu te marier un jour? Pourquoi ou pourquoi pas? À ton avis, quel est l'âge idéal pour se marier?

Additional Practice. Have students choose one of these questions and write their answers in the form of a short essay.

Make sure that students use the feminine form of adjectives when talking about a female friend.

C. Votre meilleur(e) ami(e). Décrivez un(e) ami(e) et vos rapports avec lui ou elle. Écrivez un paragraphe de huit à dix phrases. Vous pouvez utiliser les verbes et les adjectifs suggérés.

> EXEMPLE
>
> *J'ai une amie qui s'appelle Anne. Elle …*

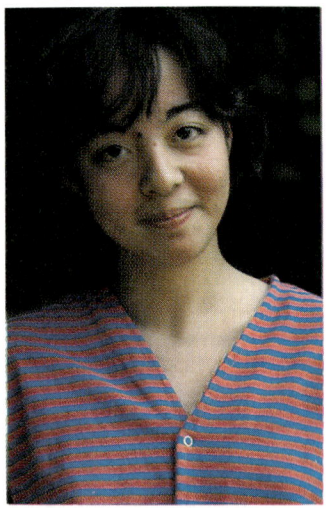

Verbes:
voir, inviter, s'amuser, écouter, se disputer, aider, rencontrer, sortir, prêter, s'entendre bien avec, compter sur, faire de la peine, traiter

Adjectifs:
original, compréhensif, charmant, gentil, individualiste, timide, sociable, égoïste, réservé, généreux, sensible

Additional Practice. Ask students to describe a friend or family member. Other students can ask questions to expand the description.

EXPLORATION 1

Function: *Expressing emotions and doubt*
Structure: *The subjunctive after expressions of emotion or doubt*

Présentation

A. The subjunctive is generally used when a verb or an adjective of emotion is followed by **que** and a clause. You have already learned to use the subjunctive with the verbs **regretter** and **avoir peur**. Here are some adjectives of emotion that require the subjunctive.

content	désolé	étonné (*astonished*)	fâché
furieux	heureux	surpris (*surprised*)	triste

Je suis **désolée** que Monique
 ne **puisse** pas venir à la fête.

Il est **furieux** que vous
 préfériez sortir avec eux.

Mes parents sont **étonnés**
 que je **conduise** si bien.

Je ne suis pas **surprise**
 qu'ils **soient** amoureux.

I'm **sorry** that Monique **can't**
 come to the party.

He is **furious** that you
 prefer to go out with them.

My parents are **astonished**
 that I **drive** so well.

I'm not **surprised**
 that they **are** in love.

Deux yeux, deux oreilles, deux jambes, un nez et une bouche. Je doute que cette créature puisse exister.

B. The verb **espérer** is not followed by the subjunctive.

J'**espère** qu'il n'**est** pas malade.   *I **hope** that he **is** not sick.*
Ils **espèrent** que nous les   *They **are hoping** that we **will**
  inviterons.   ***invite** them.*

C. You have already learned to use the subjunctive after the negative and interrogative forms of **croire** and **penser**. The subjunctive is also used after other expressions of doubt. These include the verb **douter** (*to doubt*) and the negative and interrogative forms of **être certain** and **être sûr**.

Je **ne suis pas sûre** que   *I'm **not sure** that Nicole
  Nicole **se sente** mieux.   **feels** better.*
Es-tu **certain** qu'il la   *Are you **certain** that he **knows**
  connaisse?   her?*
Je **doute** qu'elle **dorme** déjà.   *I **doubt** that she **is** already
                              sleeping.*

ST 113

Option. Tell students that when the verb **douter** is used negatively, implying certainty, it tends to be followed by the indicative.

Repetition. **1.** Nous sommes <u>contents</u> qu'il soit ici. heureux/surpris/ étonnés/furieux/fâchés **2.** Elle <u>ne croit pas</u> que tu puisses le faire. n'est pas sûre/n'est pas certaine/ne pense pas/doute

Substitution. **1.** Je suis heureux que <u>tu sois d'accord</u>. Jérôme/vous/mes amis/nous/Colette **2.** Je regrette que <u>Paul ne réponde pas</u>. vous/Hélène/tu/nous/tes amis **3.** Marie doute qu'<u>ils partent</u> bientôt. tu/nous/vous/je/les autres/Daniel

Préparation

A. La vie est compliquée. Voici des remarques faites par quelques jeunes. Lisez chaque remarque, puis écoutez deux interprétations et choisissez l'interprétation la plus logique.

MODÈLE   Quoi? Trois cents francs pour des chaussures de
              tennis? Ça alors! C'est vraiment trop cher!
       a. Il est content que les chaussures ne coûtent
              que 300 francs.
       b. Il est surpris que les chaussures soient si chères.

1. J'aimerais bien y aller, mais je suis certaine que mes parents ne seront pas d'accord.

2. Quoi? Nous avons un examen aujourd'hui? Mais, je croyais que c'était pour demain!

3. Je vais inviter Marianne! Mais, elle refusera de sortir avec moi, c'est sûr!

4. Quoi? Stéphanie—réservée? Je ne suis pas d'accord! Là, je crois que tu te trompes.

5. Tu vas au concert avec Bernard? Ça, c'est fantastique! Il est très sympa.

6. Ah, tu es malade? Quel dommage! Est-ce que je peux faire quelque chose pour toi?

1. b
2. a
3. b
4. b
5. a
6. b

1. Je suis content que tu finisses   **2.** Je suis désolé que tu fasses   **3.** Je suis content que tu répondes   **4.** Je suis désolé que tu ne lises pas   **5.** Je suis content que tu ne perdes pas ton temps

B. Quel bon élève!   Charles explique à son grand-père ce qu'il fait au lycée, et son grand-père répond à chaque remarque. Qu'est-ce qu'ils disent?

6. Je suis désolé que tu ne sois pas

> MODÈLE — Je comprends tout.
> **— Je suis content que tu comprennes tout!**
> — Je ne réussis pas bien à l'école.
> **— Je suis désolé que tu ne réussisses pas bien à l'école!**

1. Je finis toujours mes devoirs de français.
2. Je fais rarement attention en classe.
3. Je réponds toujours aux questions des profs.
4. Je ne lis pas mes livres.
5. Je ne perds pas mon temps.
6. Je ne suis pas très fort en anglais.

C. Une visite.   Valérie parle au téléphone avec sa meilleure amie. Donnez les réactions de son amie en choisissant l'expression la plus logique.

> MODÈLE — J'ai beaucoup de travail à faire ce week-end.
> (Je suis désolée que / Je suis heureuse que)
> **— Je suis désolée que tu aies beaucoup de travail à faire ce week-end.**

1. Charles et moi, nous ne pouvons pas sortir ce week-end. (Je regrette que / Je suis contente que)
2. Je suis obligée de rester à la maison ce soir. (Je suis désolée que / Je suis heureuse que)
3. Mes parents ont confiance en moi. (Je suis furieuse que / Je suis contente que)
4. On se verra samedi matin. (Je regrette que / Je suis contente que)
5. Marielle est encore malade. (Je suis heureuse que / Je suis triste que)
6. Mon cousin André me fait de la peine. (Je suis surprise que / Je suis contente que)

1. Je regrette que vous ne puissiez pas
2. Je suis désolée que tu sois obligée de rester
3. Je suis contente que tes parents aient confiance
4. Je suis contente qu'on se voie
5. Je suis triste que Marielle soit
6. Je suis surprise que ton cousin André te fasse

Make sure that students use the indicative in Items 4 and 7.

D. Une mauvaise nouvelle.   Le prof d'histoire va peut-être rendre le dernier examen, qui était très difficile. Les élèves ont des réactions variées. Décrivez leurs réactions.

> MODÈLE   Je / être surpris
> **Je suis surpris qu'il rende les examens aujourd'hui.**

1. Nous / être tristes
2. Marguerite / regretter
3. Je / ne pas être sûr
4. Tu / espérer
5. Pierre et Bernard / douter
6. Je / être désolé
7. Michel / être certain
8. Anne et Nicole, vous / être heureuses

1. Nous sommes tristes qu'il rende
2. Marguerite regrette qu'il rende
3. Je ne suis pas sûr qu'il rende
4. Tu espères qu'il rendra   **5.** Pierre et Bernard doutent qu'il rende   **6.** Je suis désolé qu'il rende
7. Michel est certain qu'il rendra   **8.** Anne et Nicole, vous êtes heureuses qu'il rende

Bien que (*although*) le nombre de mariages en France soit en train de diminuer, la France reste l'un des pays européens où l'on se marie le plus. Si les Français se marient en grands nombres, ils le font assez tard. Actuellement, l'âge moyen (*average*) de se marier en France est 25 ans.

Les Français sont obligés de se marier dans une cérémonie civile qui a lieu à la mairie (*city hall*). Le couple qui désire avoir un mariage religieux se marie à l'église après le mariage civil.

Communication

A. Qu'est-ce que vous en pensez? Croyez-vous que les choses suivantes arriveront un jour? Donnez votre réaction en employant **je crois que** ou **je doute que**.

> EXEMPLE   Il y aura des villes sous les mers.
> **Je crois qu'un jour il y aura des villes sous les mers.**
> (**Je doute qu'un jour il y ait des villes sous les mers.**)

1. Il y aura moins de gens sur notre planète.
2. Tout le monde sera heureux.
3. Tout le monde utilisera l'énergie solaire.
4. On pourra passer des vacances sur d'autres planètes.
5. Tout le monde vivra jusqu'à 150 ans.
6. Les gens se comprendront mieux.
7. Les jeunes n'auront plus besoin d'aller à l'école.
8. On pourra apprendre en dormant.

Remind students that they will use the subjunctive after **je doute que**, but not after **je crois que**. Remind them also that the subjunctive can refer to the future as well as to the present.

B. Opinions. Savez-vous ce que les autres pensent et les comprenez-
W vous? Complétez les phrases suivantes concernant les émotions des
personnes que vous connaissez bien. Écrivez une dernière phrase
pour parler de quelqu'un de votre choix.

See Student Response
Forms.

1. Mes parents doutent que je ====.
2. Le professeur regrette que nous ====.
3. Les élèves sont tristes que les professeurs ====.
4. Mes amis sont heureux que je ====.
5. Je regrette que mes amis ====.
6. Mon meilleur ami n'est pas content que ses cours ====.
7. Ma meilleure amie a peur que je ====.
8. ?

Révision et Expansion

The subjunctive is used after expressions of emotion when the subject of the first verb is different from the subject of the second verb. However, when the subject of both verbs is the same, **de** + an infinitive is used instead of **que** + the subjunctive.

Elle est contente d'être ici.
Elle est contente que vous soyez ici.

Je regrette de ne pas pouvoir vous aider.
Je regrette que vous ne puissiez pas
  m'aider.

Nous sommes surpris de pouvoir
  comprendre.
Nous sommes surpris que vous
  puissiez comprendre.

Use expressions of emotion to make up eight sentences about yourself and others.

EXEMPLE **Je suis contente d'avoir des vacances.**
           Je suis triste que mon ami soit malade.

Point out to students that **ne** is often omitted from negatives in spoken French, as in **Il est pas possible ce TGV**. This is presented in the **Prononciation** section of **Chapitre 12**.

EXPLORATION 2

Function: *Expressing opinions and making judgments*
Structure: *The subjunctive after expressions of judgment*

Présentation

A. The subjunctive is used after judgments and opinions expressed with **il est** + an adjective, such as **Il est bizarre que...**. Some other adjectives used to express judgments include **bon, nécessaire, essentiel** (*essential*), **étonnant** (*astonishing*), and **injuste** (*unjust*). In conversational French, **c'est** is often used instead of **il est** when expressing opinions with adjectives.

Remind students of other adjectives they know that can be used to make judgments: **amusant, bête, embêtant, incroyable, intéressant, naturel, possible, stupide, triste.**

Option. Tell students that if there is just one subject, an infinitive is used instead of the subjunctive. Show students these model sentences: **C'est facile! C'est facile à faire! Il est facile de faire des amis!**

Il n'est pas **nécessaire**
que tu **sois** là.

*It's not **necessary** for you
to be there.*

C'est **dommage** que vous **ne
puissiez pas** nous accompagner.

*It's too bad that you
can't accompany us.*

Il est **essentiel** que tu le
fasses tout de suite.

*It's **essential** that you
do it right away.*

B. You have already learned to use the subjunctive after **il faut que** (**il faudra que,** etc.). There are other similar expressions that are also followed by the subjunctive.

Il vaut mieux que	*It is better*
Il vaudrait mieux que	*It would be better*
Il se peut que	*It is possible*

Il vaudrait mieux
que tu l'**attendes**.

*It would be better
for you to wait for him.*

Il se peut que Marie
soit un peu en retard.

*It is possible that Marie
will be a little late.*

C. Adjectives used to express certainty, such as **certain, évident,** and **vrai,** are not followed by the subjunctive.

Il est **certain** qu'elle
    arrivera avant nous.

*It is **certain** that she*
    ***will arrive** before we do.*

C'est **vrai** que nous
    sommes de bons amis.

*It's **true** that we **are***
    good friends.

Il est **évident** qu'ils
    ne **sortent** plus ensemble.

*It's **obvious** that they **are***
    *no longer **going out***
    together.

> Il vaudrait mieux que nous achetions un dictionnaire.

Préparation

ST 114

A. Une conversation difficile. Gisèle est en train de discuter avec sa grand-mère qui n'entend pas très bien. Écoutez ce que Gisèle dit et les réponses de sa grand-mère. Indiquez si chaque réponse est **logique** ou **illogique**.

    MODÈLE   — J'aime beaucoup mon cours de biologie.
               — Très bien. Il est important que tu
                  apprennes une langue étrangère.

illogique

1. illogique
2. logique
3. logique
4. illogique
5. logique
6. illogique

B. Une dispute. Annie s'est disputée avec son petit ami Luc, et maintenant ils veulent rompre (*break up*). Robert essaie de les persuader de ne pas le faire. Qu'est-ce qu'il leur dit?

    MODÈLE   Voyons, il faut que vous **soyez** (être) raisonnables.

1. Luc, il faut que tu ===== (être) plus compréhensif.

2. Il vaudrait mieux que vous ===== (parler) de vos problèmes.

3. Il est évident que vous ne vous ===== (entendre) pas bien depuis quelques jours.

4. Mais Annie, il est essentiel que tu ===== (avoir) plus de patience avec Luc.

5. Et toi Luc, c'est dommage que tu ne ===== (pouvoir) pas comprendre le point de vue d'Annie.

6. Il n'est pas nécessaire que vous vous ===== (quitter).

7. Luc, il est important que tu ===== (réfléchir) avant de parler.

8. À mon avis, il est certain que vous ===== (être) encore amoureux.

See Student Response Forms.

Tell students that not all the sentences will require the subjunctive.
1. sois **2.** parliez **3.** entendez **4.** aies **5.** puisses **6.** quittiez **7.** réfléchisses **8.** êtes

C. Le marathon. Gilles et Jacqueline vont participer à une course demain, et leur entraîneur (*trainer*) leur donne quelques conseils. Qu'est-ce qu'il leur dit de faire ou de ne pas faire?

MODÈLE   faire tout ce que je vous dis de faire
Il vaut mieux que vous fassiez tout ce que je vous dis de faire.
avoir peur de cette course
Il vaut mieux que vous n'ayez pas peur de cette course.

1. boire assez d'eau
2. sortir très tard ce soir
3. dormir bien ce soir
4. arriver en retard
5. trop manger avant la course
6. aller trop vite au début de la course
7. prendre un bon petit déjeuner demain matin

1. que vous buviez
2. que vous ne sortiez pas
3. que vous dormiez bien
4. que vous n'arriviez pas
5. que vous ne mangiez pas trop
6. que vous n'alliez pas trop vite
7. que vous preniez

D. Le babysitting. Karine va faire du babysitting pour ses neveux. Son frère et sa belle-sœur lui font quelques recommandations. Indiquez ce qu'ils lui disent en employant un verbe choisi de la liste suivante.

See Student Response Forms.

MODÈLE   Il vaudrait mieux que tu leur **racontes** des histoires.

ouvrir	sortir	être	rentrer
pouvoir	raconter	donner	se coucher

1. Il est essentiel qu'ils ===== avant neuf heures.
2. Il vaut mieux que tu ne ===== pas de la maison.
3. Il se peut que nous ===== avant onze heures.
4. Il n'est pas nécessaire que tu leur ===== quelque chose à manger.
5. Il est certain que tu ===== nous contacter au restaurant entre huit heures et dix heures.
6. Il ne faut pas que tu ===== la porte avant notre arrivée.
7. Il est évident qu'ils ne ===== pas contents.

1. se couchent
2. sortes
3. rentrions
4. donnes
5. peux
6. ouvres
7. sont/seront

En France, la famille est une institution de grande importance. Cette attitude est reflétée dans les lois (*laws*) qui concernent la vie familiale. Par exemple, toute femme a droit à un congé de maternité (*maternity leave*) à la naissance (*birth*) d'un enfant. Ce congé peut durer jusqu'à seize semaines. La mère (ou le père) qui travaille pour une grande entreprise a aussi le droit de quitter son travail pendant deux ans pour élever son bébé. En plus de ces droits, l'État paie tous les mois une somme d'argent, appelée l'allocation familiale, à toutes les familles qui ont des enfants. Il est évident que ces mesures sont destinées à encourager les couples français à avoir une famille.

Communication

A. C'est comme ça! La vie n'est pas toujours parfaite. Écrivez six
W phrases qui expriment vos regrets concernant certains aspects de la vie en général ou de votre vie en particulier.

> EXEMPLE
>
> *Il vaudrait mieux qu'il y ait quatre samedis par semaine.*

B. À votre avis. Les rapports entre les gens ne sont pas toujours faciles. Employez les expressions suivantes pour donner votre opinion sur ce sujet.

> EXEMPLE   C'est dommage que…
>
> **C'est dommage que tout le monde ne s'entend pas bien.**

1. Il est important que…
2. Il ne faut pas que…
3. Il vaudrait mieux…
4. Il est étonnant que…
5. Il se peut que…
6. C'est bizarre que…
7. Il est injuste que…
8. Il est certain que…

Variation. This activity can be done as a mix and match game. Have students write the opening phrases on one sheet of paper and possible conclusions (in a random order) on a second sheet of paper. Have one student read an opening phrase and a second student find an appropriate conclusion for that phrase.

C. Des conseils. Vos amis viennent toujours vous demander des conseils. Quels conseils donneriez-vous à ces amis?

> EXEMPLE Je viens de trouver cent dollars dans la rue.
> **Il vaut mieux que tu ailles à la police.**

1. J'aimerais offrir un très beau cadeau à ma petite amie, mais je n'ai pas beaucoup d'argent.
2. Geneviève et moi, nous voulons nous marier cet été.
3. Marc et moi, nous nous sommes disputés hier soir. Maintenant, il refuse de me parler.
4. Mes parents n'ont pas confiance en moi. Ils ne comprennent pas que je suis vraiment responsable.
5. Je ne sais pas du tout ce que je vais faire après mon bac.
6. J'ai promis d'aider un copain, puis j'ai oublié. Maintenant, il est furieux.

Additional Practice. Have students, working in pairs, write appropriate responses to these comments, and then practice them orally.

Révision et Expansion

You have now learned many ways to use the subjunctive. You have learned to use it to express

what you want:
Je ne veux pas que tu me téléphones ce soir.
J'aimerais bien qu'ils viennent chez nous.

how you feel:
Je suis désolé que tu sois mécontente.
Je suis très heureuse que tu aies ton permis de conduire.

what you think:
Il est important que nous arrêtions la pollution.
Il ne faut pas que nous soyons en retard.

Using the subjunctive, give your reaction to a friend who has made the following comments. Use a different expression in each reaction.

> EXEMPLE Je ne me sens pas bien aujourd'hui.
> **Je regrette que tu ne te sentes pas bien aujourd'hui.**

1. J'ai trop de travail en ce moment.
2. Je ne peux pas aller avec toi à la boum.
3. Je peux t'aider, si tu veux.
4. J'ai envie d'abandonner mes études.
5. Je voudrais être médecin.
6. Je suis amoureuse.

EXPLORATION 3

Function: *Indicating which one*
Structure: *Demonstrative pronouns*

Présentation

You already know how to use demonstrative adjectives such as in **ce film**, **cette rivière**, or **ces problèmes**.

A. A noun that is modified by a demonstrative adjective can be replaced by a demonstrative pronoun: **Je préfère cette radio-ci.** → **Je préfère celle-ci.** This pronoun must agree in number and in gender with the noun it replaces. Here are the forms of the demonstrative pronoun.

Suggestion. Review the use of demonstrative adjectives from **Chapitre 7** of **Et vous?** before discussing demonstrative pronouns.

	Singular	Plural
Masculine	celui	ceux
Feminine	celle	celles

B. Demonstrative pronouns cannot stand alone. They are often followed by prepositions, especially **de**. A demonstrative pronoun + **de** can be used to express possession.

Ce tee-shirt a coûté moins cher que **celui d'**Élise.	*This T-shirt cost less than Elise's.*
Les maisons de l'avenir ne seront pas comme **celles d'**aujourd'hui.	*The houses of the future won't be like those of today.*

C. Demonstrative pronouns are frequently followed by **qui** or **que** clauses.

Je préfère ce vélo à **celui que** Vincent a acheté.	*I prefer this bicycle to the one that Vincent bought.*
Je répéterai la question pour **ceux qui** n'ont pas compris.	*I will repeat the question for those who didn't understand.*

D. By adding **-ci** and **-là** to demonstrative pronouns, we can distinguish between *this one* and *that one* or between *these* and *those*.

Regarde ces tableaux! Est-ce que tu préfères **celui-ci** ou **celui-là**?

Je ne vais pas acheter de chemise. **Celles-ci** sont trop grandes et **celles-là** sont trop petites.

*Look at these paintings! Do you prefer **this one** or **that one**?*

*I'm not going to buy a shirt. **These** are too big and **those** are too small.*

Transformation. **1.** Je préfère ce bâtiment-ci. → Je préfère celui-ci. Je préfère cette revue-ci./Je préfère ce disque-là./Je préfère ces fleurs-ci./Je préfère ces cahiers-là. **2.** C'est le vélo de Paul. → C'est celui de Paul. C'est la radio d'Élisabeth./C'est le livre du professeur./Ce sont les chaussures de Georges./Ce sont les enfants de mes voisins. **3.** Voilà le roman que j'ai lu. → Voilà celui que j'ai lu. Voilà la rivière que nous avons traversée./Voilà l'appareil-photo que j'aimerais avoir./Voilà les lunettes que j'ai achetées./Voilà les médicaments que tu cherchais.

Préparation

ST 115

A. Une journée en ville. Colette et sa cousine Danielle passent la journée en ville à faire des achats. Écoutez leur conversation et indiquez de quoi elles parlent.

MODÈLE   Celles-là sont très jolies.
              a. des pulls   **b. des chaussures**   **c.** une jupe

1. a. des fraises   **b.** des bonbons   **c.** un chemisier
2. a. une cassette   **b.** des revues   **c.** un disque compact
3. a. des tartes   **b.** un gâteau   **c.** des journaux
4. a. une boutique   **b.** un disque   **c.** des pâtisseries
5. a. un jouet   **b.** une montre   **c.** des poupées
6. a. des bijoux   **b.** des fleurs   **c.** une robe
7. a. une cathédrale   **b.** des cafés   **c.** un magasin

1. b
2. a
3. c
4. a
5. a
6. b
7. c

B. Objets trouvés. C'est la fin de l'année, et le prof de biologie essaie de trouver les propriétaires (*owners*) des affaires qui sont dans la boîte d'objets trouvés (*lost and found box*). Qu'est-ce que les élèves lui disent?

MODÈLE —Ce sont les livres de Pauline? (Non / Gilbert)
—**Non, ce sont ceux de Gilbert.**

1. Ce sont les lunettes de Pierre? (Non / Victor)
2. C'est la revue de Jean-Paul? (Non / Colette)
3. C'est le roman de Valérie? (Non / Marcel)
4. Ce sont les crayons de Janine? (Non / Juliette)
5. Ce sont les vieilles chaussettes de Luc? (Non / Bernard)
6. Ce sont les bandes dessinées de Thierry? (Non / Lucie)
7. C'est l'affiche de Mireille? (Non / Gérard)
8. Ce sont les disques de Julien? (Non / Lucien)

1. celles
2. celle
3. celui
4. ceux
5. celles
6. celles
7. celle
8. ceux

C. On n'est pas d'accord. Robert et Guy sont au centre commercial. Robert est de bonne humeur (*in a good mood*) et il aime tout ce qu'il voit. Guy est de mauvaise humeur et il n'est jamais d'accord avec Robert. Avec un(e) camarade de classe, jouez les rôles de Robert et de Guy.

MODÈLE ROBERT **J'aime bien ce chapeau-ci.**
GUY **Moi, je préfère celui-là.**

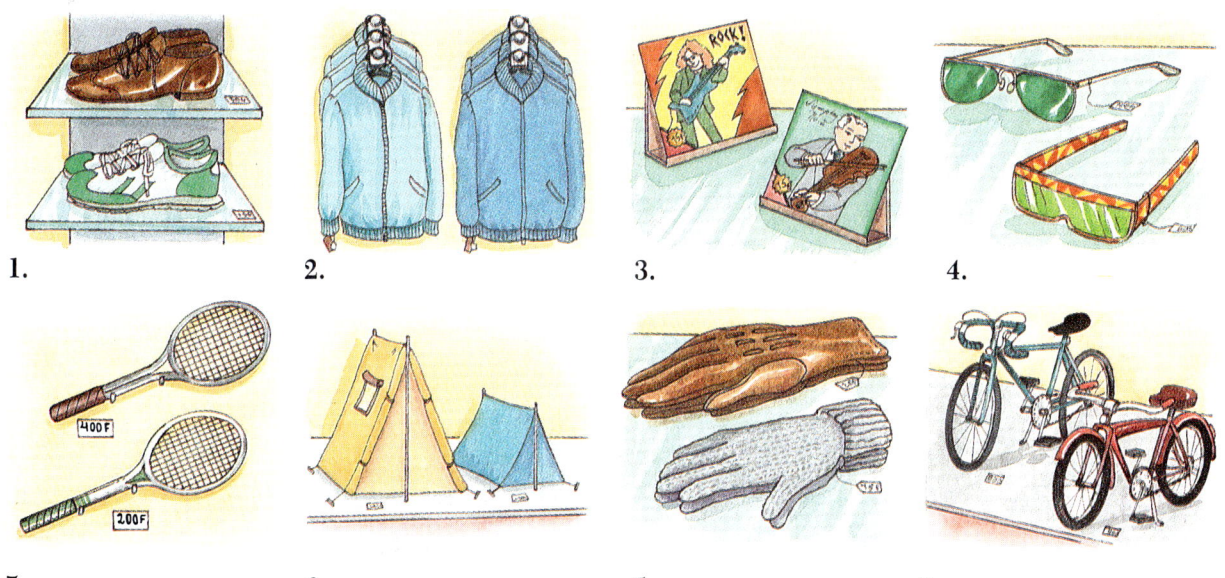

1.   2.   3.   4.

5.   6.   7.   8.

1. ces chaussures-ci/celles-là 2. ces blousons-ci/ceux-là 3. ce disque-ci/celui-là 4. ces lunettes de soleil-ci/celles-là 5. cette raquette de tennis-ci/celle-là 6. cette tente-ci/celle-là 7. ces gants-ci/ceux-là 8. ce vélo-ci/celui-là

Saviez-vous que les femmes françaises n'ont obtenu le droit de voter qu'en 1945? Et que c'est seulement en 1965 qu'elles ont eu le droit de travailler sans l'accord de leur mari? Heureusement, la situation de la femme a beaucoup évolué en France pendant ces dernières années. La Française d'aujourd'hui a beaucoup plus d'indépendance que celle des années cinquante ou soixante. Actuellement, plus de cinquante pour cent de la population féminine française travaille hors de (*outside of*) la maison. On trouve des femmes dans toutes les professions, mais surtout dans les professions libérales comme la médecine, l'enseignement (*teaching*) et la magistrature (*law*).

Une avocate

Communication

A. Préférences. Complétez les questions suivantes et ensuite posez-les à un(e) camarade de classe. Ajoutez une dernière question que vous voulez poser à votre partenaire.

> **EXEMPLE**   Quelle sorte de romans est-ce que tu préfères? Ceux qui **racontent une aventure** ou ceux qui **racontent une histoire d'amour**?

1. Quelle école est-ce que tu préfères? Celle où…ou celle où…?
2. Quels cours préfères-tu? Ceux qui…ou ceux qui…?

3. À votre avis, quelles sont les meilleures voitures? Celles qui…ou celles qui…?
4. Quels films aimes-tu? Ceux de…ou ceux de…?
5. Quelle sorte de vêtements est-ce que tu préfères? Ceux que…ou ceux que…?
6. ?

B. Des comparaisons. Écrivez des comparaisons en employant les éléments suggérés. Employez un pronom démonstratif dans chaque comparaison. Ajoutez une dernière comparaison pour exprimer une idée personnelle.

EXEMPLE   votre famille et la famille d'un(e) ami(e) (grand)
Ma famille est plus grande que celle de mon amie Jacqueline.
(Ma famille est moins grande que celle de mon amie Jacqueline.)

1. la circulation en ville et la circulation à la campagne (mauvais)
2. les devoirs que vous faites dans ce cours et les devoirs que vous faites dans un autre cours (facile)
3. vos vêtements et les vêtements d'un de vos parents (élégant)
4. l'équipe de basket de votre école et l'équipe d'une autre école (fort)
5. la vie d'un élève et la vie d'un professeur (intéressant)
6. ?

Point out to students that demonstrative pronouns are often used in the second half of a comparison, as in this activity.

Variation. Encourage students to come up with other adjectives to use in these comparisons.

Révision et Expansion

See Student Response Forms.

You now know several ways of telling to whom an object belongs.

C'est le livre de Chantal.   C'est son livre.   C'est celui de Chantal.

Christian has found a notebook on the floor, and he and his classmates are trying to figure out to whom it belongs. Complete their conversation.

CHRISTIAN	C'est le cahier de Marc?	
NATHALIE	Non, ce n'est pas __1__ cahier.	**1.** son **4.** mon
ANNIE	Je crois que c'est le cahier __2__ Geneviève.	**2.** de **5.** celui
DOMINIQUE	Mais non, c'est __3__ de Philippe.	**3.** celui **6.** mon
PHILIPPE	Non, ce n'est pas __4__ cahier.	
BÉATRICE	Alors c'est peut-être __5__ de Paulette.	
PAULETTE	Ah, vous avez trouvé __6__ cahier! C'est gentil!	

EXPLORATION 4

Function: *Talking about what you have to do*
Structure: *The verb devoir*

Présentation

A. The verb **devoir** (*to have to, to owe*) can be used with an infinitive to talk about what one has to do or to express probability. When **devoir** is used with a direct object, it means *to owe*.

Point out to students that **devoir** has two stems in the subjunctive.

devoir	
je **dois**	nous **devons**
tu **dois**	vous **devez**
il / elle / on **doit**	ils / elles **doivent**

Passé composé: j'**ai dû,** etc.
Futur: je **devrai,** etc.
Subjonctif: que je **doive**
que nous **devions**

Option. Point out to students that **je dois** + an infinitive is equivalent to **il faut que je** + the subjunctive: **Je dois partir** = **Il faut que je parte.**

Elle me **doit** de l'argent.
Je regrette qu'ils **doivent** rentrer si tôt.

*She **owes** me some money.*
*I'm sorry that they **have to** go home so early.*

Suggestion. Tell students that the **passé composé** is used to talk about a past obligation that was carried out. The imperfect is used when it is not clear whether the action was actually carried out.

B. When **devoir** is followed by an infinitive, its meaning changes slightly depending on the tense used.

1. The present tense is equivalent to *must* or *to have to*.

   Je **dois** partir.   *I **have to** leave.*

2. The conditional tense has a meaning similar to *should* and is used frequently in making requests or in giving advice.

   Vous **devriez** l'essayer.   *You **should** try it.*

3. The **passé composé** is used to talk about something you had to do or to express probability.

   J'**ai dû** travailler hier.   *I **had to** work yesterday.*
   Ils **ont dû** oublier.   *They **must have** forgotten.*

4. The imperfect conveys *was supposed to*.

   Elles **devaient** le faire.   *They **were supposed to** do it.*

Je crois que je devrais nettoyer ma chambre.

Substitution. 1. <u>Je dois</u> sortir. Tu/Mes amis/Stéphanie/Vous/Nous 2. <u>Vous devriez vous</u> dépêcher. Je/Tu/Nous/Les enfants 3. Je regrette qu'<u>elle doive</u> travailler. tu/nous/vous/Laure/mes copains 4. <u>Tu devais</u> lui téléphoner. Je/Nous/Monique/Vous/Les autres 5. <u>Je dois</u> de l'argent à Charlotte. Nous/Tu/Michel/Vous/Anne et Virginie

Transformation. 1. Il faut que nous partions. → Nous devons partir. Il faut que je travaille./Il faut que nous soyons prêts./Il faut que tu partes./Il faut que tes amis rentrent. 2. *Repeat* **Transformation** *1 using the future:* Il faudra que nous partions. → Nous devrons partir.

A. Obligations. Marianne parle avec sa copine Annette dans un café. **L** Lisez ce que Marianne dit et écoutez deux réponses possibles d'Annette. Écrivez la lettre qui correspond à la réponse la plus logique.

MODÈLE Mes parents ne sont pas là ce week-end, et j'ai peur de rester seule à la maison.
    a. Tu dois être malade.
    b. Tu devrais venir chez nous.

1. Pourquoi n'es-tu pas sortie avec nous hier soir?
2. René n'est pas venu à l'école aujourd'hui. Je me demande ce qui se passe.
3. Tu sais, je crois que nous devenons de plus en plus paresseuses.
4. Pourquoi est-ce que ton petit ami n'est pas content?
5. Pourquoi est-ce que tu cherches Solange?
6. Alors, qu'est-ce qu'on va faire maintenant?

1. a   4. a
2. b   5. a
3. b   6. a

B. C'est samedi! Françoise aimerait sortir samedi après-midi, mais tous ses amis sont occupés. Qu'est-ce qu'ils doivent faire?

MODÈLE Danielle…
Danielle doit faire les provisions.

1. Nous…

2. Je…

3. Hélène et Pascale…

4. Tu…

5. Vous…

6. Raphaël…

1. Nous devons aller à la bibliothèque. 2. Je dois nettoyer ma chambre. 3. Hélène et Pascale doivent faire le ménage. 4. Tu dois repasser tes vêtements. 5. Vous devez laver la voiture. 6. Raphaël doit faire du babysitting.

C. Conseils. Thierry a tendance à donner des conseils à tout le monde. Jouez le rôle de Thierry en employant le conditionnel du verbe **devoir**.

> MODÈLE Martine / être plus responsable
> **Martine devrait être plus responsable.**
>
> Tu / dire des mensonges
> **Tu ne devrais pas dire des mensonges.**

1. Anne-Marie / être moins égoïste
2. Vous / penser seulement à ce que vous voulez
3. Nous / dépenser moins d'argent
4. Gilles / se fâcher si facilement
5. Tu / conduire moins vite
6. Thérèse et Christophe / être plus polis
7. Nous / être cruels avec les animaux
8. Je / me réveiller plus tôt

1. devrait
2. ne devriez pas
3. devrions
4. ne devrait pas
5. devrais
6. devraient
7. ne devrions pas
8. devrais

Contexte

CULTUREL

Que font les jeunes Français après leurs cours? Ils ont en général beaucoup de devoirs et peuvent rarement s'amuser en dehors des week-ends et des vacances. Ils aiment alors retrouver leurs copains et sortir en ville. À la différence des jeunes Américains, les jeunes Français sortent rarement en couple, mais plutôt en groupe. Pendant la journée, ils se promènent en ville, vont au cinéma ou se donnent rendez-

vous dans leur café favori où ils discutent pendant des heures. Le soir, si leurs parents le permettent, ils vont danser ou ils vont à une boum organisée par des amis. Plus rarement, ils assistent (*attend*) à des concerts de rock.

Communication

A. Comment améliorer le lycée? Quelles suggestions pouvez-vous faire pour améliorer votre lycée? Utilisez le verbe **devoir** pour formuler six suggestions.

> EXEMPLE **Les profs devraient nous donner moins de devoirs, surtout le week-end.**

B. Interview. Nous avons tous des obligations. Posez les questions suivantes à un(e) camarade de classe sur ses obligations.

1. À quelle heure est-ce que tu dois te lever?
2. Qu'est-ce que tu dois faire à la maison?
3. Est-ce que tu as dû étudier le week-end dernier?
4. Est-ce que je te dois de l'argent?
5. Quand devrons-nous passer le prochain examen dans ce cours?
6. Est-ce que tu dois rentrer tout de suite après les cours aujourd'hui?

C. Examen de conscience. Personne n'est parfait.
W Indiquez par écrit trois choses que vous deviez faire, mais que vous n'avez pas encore faites.

> EXEMPLE
>
> *Je devais écrire une lettre à ...*

VOUS COMPTEZ SUR UN DIPLÔME ?
CHOISISSEZ LE DIPLÔME QUI COMPTE

Expert comptable :
• Une formation valorisante
• Un marché en pleine expansion
• Des débouchés variés :
  en profession libérale
  en entreprise
• Un métier de communication
  et de rigueur

NUMÉRO VERT
05. 06. 91. 36

UN BON CONSEIL :
L'EXPERTISE COMPTABLE

Révision et Expansion

> You have learned various ways of talking about things you have to do or should do: **il faut que** + subjunctive, **être obligé de** + infinitive, and **devoir** + infinitive. Complete the following sentences about your obligations.
>
> 1. Hier, j'ai été obligé(e) de...
> 2. Récemment, j'ai dû...
> 3. L'année prochaine, il faudra que je...
> 4. Pour être heureux(se) dans la vie, il faut...
> 5. Chaque matin, je dois...
> 6. Je devrais...
> 7. Je suis souvent obligé(e) de...
> 8. Je n'aime pas quand je dois...

PERSPECTIVES

Lecture

ST 117

L'Esprit de famille   Prereading question. Who are the two families that Amélie describes?

Amélie, une jeune Canadienne, passe l'année chez une famille française.
Voici une lettre qu'elle a récemment envoyée à sa famille.

Chers tous,

Je vous imagine tous réunis autour de la table et je me sens
triste de ne pas pouvoir être parmi vous. J'ai trouvé ici, chez les
Gourin, une famille extraordinaire, mais elle ne peut certainement pas remplacer ma propre famille.

Laissez-moi vous parler de la vie familiale en France. L'esprit
de famille est très fort chez les Français. Les Gourin, par
exemple, se réunissent pour prendre les repas ensemble et
pour passer les heures de loisirs. Pendant le week-end, on va
assez régulièrement rendre visite à la sœur de Mme Gourin, qui
habite à 60 kilomètres d'ici. Comme je vous l'ai déjà dit, pour les
fêtes, il est absolument essentiel que toute la famille soit réunie.
À Noël, nous devions être 20 à table! Et puis, j'ai été surprise
de voir que Pierre, le fils aîné de la famille, habite encore chez
ses parents. Comme vous savez, il a vingt-quatre ans et il est

célibataire. Mais je ne pense pas que la situation de Pierre soit exceptionnelle. J'ai l'impression que les jeunes Français se marient assez tard et restent plus longtemps sous le toit familial.

D'autre part, c'est vrai que toutes les familles françaises ne passent pas autant de temps ensemble que les Gourin. Je pense, par exemple, aux Sabatier, leurs voisines. Mme Sabatier est avocate, divorcée depuis plusieurs années, et mère de deux filles. Chez elles, c'est très différent de chez les Gourin! Nadine et sa sœur sont relativement indépendantes, elles vont et viennent comme elles veulent, et elles ne passent pas beaucoup de temps à la maison. Mais il y a une chose que j'ai remarquée— quand les Sabatier sont toutes les trois ensemble, il est évident qu'elles ont beaucoup de plaisir à être ensemble. Elles semblent avoir un mélange spécial d'amour, d'amitié et de respect.

Il faut maintenant que je vous quitte. On va bientôt dîner, et comme vous devez comprendre maintenant, le dîner en famille est très important!

Grosses bises,

Amélie

Tell students that **Grosses bises** corresponds to *kisses*.

Vocabulaire à noter

célibataire single		**remplacer** to replace	
divorcé divorced		**le respect** respect	
exceptionnel unusual		**réuni** gathered	
le mélange mixture		**le toit** roof	

Compréhension

Corrigez les phrases suivantes d'après les renseignements donnés dans **L'Esprit de famille**.

1. Amélie imagine les membres de sa famille tous partis en vacances.
2. D'après Amélie, l'esprit de famille est exceptionnel chez les Français.
3. Les Gourin, par exemple, se réunissent rarement.
4. Amélie est surprise que Pierre Gourin soit célibataire.
5. Mme Sabatier est la belle-sœur de Pierre Gourin.
6. Quand les Sabatier sont ensemble, il est évident qu'elles sont fâchées.

1. tous réunis autour de la table
2. est très fort chez les Français
3. pour prendre les repas ensemble et pour passer les heures de loisirs
4. habite encore chez ses parents
5. avocate, divorcée depuis plusieurs années et mère de deux filles
6. elles ont beaucoup de plaisir à être ensemble

Communication

A. La famille américaine. Vous avez une copine française qui vous demande de décrire la vie familiale aux États-Unis. Écrivez une lettre à votre copine pour lui donner vos impressions de la famille américaine.

EXEMPLE  Chère...

B. La vie de famille. Employez les expressions suggérées pour décrire vos responsabilités à la maison ou vos réactions à ces responsabilités.

EXEMPLE   Je dois…

Je dois nettoyer ma chambre tous les week-ends.

1. Je devrais…
2. Il faut que…
3. C'est dommage que…
4. Il est injuste que…
5. Il est essentiel que…
6. Il est important que…
7. La semaine dernière j'ai dû…
8. ?

CHÈRE Julie

Vague à l'âme ? Bleus au coeur ? Vous vous sentez seule et abandonnée ? Plus maintenant ! Jeune et Jolie est là pour répondre à vos problèmes. Écrivez à Jeune et Jolie, 63 Champs-Élysées, 75008 Paris.

C. Nicole a un problème. Nicole a un problème et elle a décidé d'en parler à sa tante. Complétez ce qu'elle dit en choisissant une expression de la liste suivante.

celles	prenne	sorte	conduit	charmant
conduise	étonnée	devrais	essentiel	individualiste

Mes parents ne sont pas contents que je __1__ avec Bernard, mon nouveau petit ami. Ils trouvent que Bernard est beaucoup trop __2__. En plus, il vient d'avoir son permis de conduire, et mes parents ont peur qu'il ne __3__ pas bien. C'est vrai qu'il __4__ assez vite, mais il fait toujours très attention.

Moi, je trouve que Bernard est très __5__ et je suis vraiment __6__ que mes parents ne l'apprécient pas. Notre famille est très unie, mais je trouve qu'il est <u>7</u> qu'ils aient confiance en moi. Et, à mon avis, il est important que je <u>8</u> mes propres décisions au lieu d'accepter <u>9</u> de mes parents. À ton avis, qu'est-ce que je <u>10</u> faire?

7. essentiel
8. prenne
9. celles
10. devrais

D. Une famille amusante. Mathieu a essayé de prendre une photo à la dernière réunion de sa famille. Malheureusement, ça n'a pas été très facile. Voici le résultat de ses efforts. Imaginez qui sont les différents membres de sa famille et décrivez ce qu'ils font.

> EXEMPLE **Voilà le petit cousin de Mathieu. Il a cinq ans. Ici il est en train de jouer avec le chien.**

ST 118

E. La famille de Grégoire. Grégoire est en train de décrire sa famille à un copain. Écoutez sa description et écrivez les mots qui manquent (*are missing*).

See Student Response Forms.

Nous sommes cinq dans ma famille. Mes parents sont <u>1</u> et très <u>2</u>. Ils invitent souvent leurs amis chez nous. Véronique, ma sœur <u>3</u>, a quatorze ans. Elle est très <u>4</u> et <u>5</u>. Jean-Marc, mon frère <u>6</u>, a dix ans de plus que moi. Il est marié depuis cinq ans. Il a déjà deux enfants: mon <u>7</u>, qui a trois ans, et ma <u>8</u>, qui <u>9</u> avoir treize mois maintenant. Je suis très content que Jean-Marc <u>10</u> des enfants. À l'âge de seize ans, je suis déjà oncle! Récemment, j'ai été <u>11</u> d'apprendre que ma <u>12</u> va avoir un troisième enfant. L'esprit de famille et la vie <u>13</u> sont très importants pour mon frère. Pour lui, il est <u>14</u> que nous nous <u>15</u> chaque dimanche. En effet, pour nous tous, le dimanche en famille est très important.

1. compréhensifs
2. sociables
3. cadette
4. individualiste
5. originale
6. aîné
7. neveu
8. nièce
9. doit
10. ait
11. étonné
12. belle-sœur
13. familiale
14. essentiel
15. voyions

F. **Ils se disputent.** Yves et Manon, qui sont mariés depuis un an, sont en train de se disputer. Écoutez ce qu'ils disent, ensuite répondez aux questions suivantes.

1. Qu'est-ce que Manon veut faire demain soir?
2. Qu'est-ce qu'Yves doit faire ce soir-là?
3. D'après Manon, pourquoi faut-il qu'ils aillent chez ses parents?
4. D'après Yves, pourquoi est-ce qu'il faut qu'il joue aux cartes?
5. Qu'est-ce qu'Yves décide de faire?
6. Qu'est-ce que Manon lui promet?

1. aller dîner chez ses parents
2. jouer aux cartes
3. Ils sont invités, et elle a déjà accepté.
4. Ils ne sont que trois. Les autres ne peuvent pas jouer sans lui.
5. d'accompagner Manon chez ses parents
6. qu'elle demandera son avis la prochaine fois

Prononciation

You have learned to identify cases where liaisons must always be made. There are also some situations where we never make a liaison. Listen to the descriptions of these situations and repeat the examples.

Liaisons are not made:

- between a noun subject and a verb

  Les enfants / arrivent.   Jean / a dû oublier.
  Mon frère cadet / a 8 ans.   François / est très drôle.

- between a singular noun and a following adjective

  un garçon / amoureux   un enfant / adorable

- after the word **et**

  une tante et / un oncle   sociable et / original
  un homme et / une femme   il va et / il vient

- before an aspirate **h**

  un / hamburger   des / haricots verts

- after the inverted pronouns **ils** and **elles**

  Vont-ils / entrer?   Sont-elles / ici?   Ont-ils / accepté?

Now repeat the following sentences.

1. Tes cousins Jean et Alain sont-ils encore en Hollande?
2. Jean est parti, mais Alain y est encore.
3. Jean est allé au Canada pour voir des matchs de hockey.
4. Ah bon? C'est un garçon original.
5. Oui! Et il doit être très riche!

Tell students that those liaisons not presented as forbidden or obligatory are optional and that fewer optional liaisons are made in conversational French than in formal French.

Suggestion. To emphasize the difference between **et** and **est,** contrast the logical "**Un homme et une femme**" with the illogical "**Un homme est une femme.**"

INTÉGRATION

Here is an opportunity to see how well you can use your French in a variety of situations. If you have trouble with any of these items, study the topic and practice the activities again, or ask your teacher for help.

Écoutez bien

ST 121

A. Rencontres. Écoutez cette publicité pour l'agence matrimoniale *Rencontres* et indiquez si les phrases suivantes sont **vraies** ou **fausses**.

1. Sylvie est très sociable.
2. Elle a rencontré quelqu'un qui lui ressemble.
3. Elle est déjà mariée avec Olivier.
4. Bertrand est très modeste.
5. Il ne comprend pas pourquoi il n'a pas de petite amie.
6. Il cherche une femme très sensible.
7. La sœur de Mimi a connu son mari à l'agence *Rencontres*.
8. La sœur de Mimi est sortie avec Richard pendant longtemps avant de se marier.
9. Mimi doute qu'on puisse lui trouver un bon mari.

1. Faux.
2. Vrai.
3. Faux.
4. Faux.
5. Vrai.
6. Faux.
7. Vrai.
8. Faux.
9. Faux.

Have students correct the false statements.

Lisez un peu

A. Une réunion de famille. Monsieur et Madame Renaud auront bientôt une réunion de famille chez eux. Madame Renaud et ses deux filles essaient de déterminer combien de personnes il y aura à la réunion.

MME RENAUD	Alors, dites-moi encore qui va venir.
LAURENCE	Eh bien, il y aura Jacqueline et moi, les maris et les enfants, ça fait dix.
JACQUELINE	Et puis il va y avoir Laurent, sa femme, et nos trois nièces.
LAURENCE	D'accord. Et il y a aussi ta sœur, Maman, et son mari, Yves. Ça fait dix-sept, et puis leur fille Jacinthe et son petit ami. Et Grégoire, bien sûr.
MME RENAUD	Jacinthe? Elle a un petit ami? Depuis quand?
JACQUELINE	Mais oui! Tu ne savais pas? Il s'appelle Étienne. Son père est le nouvel instituteur. Ils se sont connus il y a deux mois. Ça a été le coup de foudre! Ils sont très amoureux!
MME RENAUD	Et ce Grégoire, qui c'est? Je ne crois pas que je le connaisse.
LAURENCE	Mais si! Tu le connais! Grégoire, c'est le frère cadet d'Henri!
MME RENAUD	Et Henri, c'est qui?
JACQUELINE	Henri, c'est celui qui sortait avec Jacinthe avant Étienne.
MME RENAUD	Alors, si je comprends bien, Grégoire est le frère cadet de l'ancien petit ami de Jacinthe? Mais pourquoi est-ce qu'on l'invite?
LAURENCE	Il est tellement charmant et original que tout le monde l'adore. Il fait presque partie de la famille maintenant.
MME RENAUD	Bon, d'accord pour Grégoire, on l'invite. Alors, on est combien maintenant?

1. Qui est Laurent?
2. Combien d'enfants a-t-il?
3. Comment s'appelle l'oncle de Jacqueline et de Laurence?
4. Comment s'appelle leur cousine?
5. Qui est Étienne?
6. Qui est Grégoire?
7. Comment s'appelle l'ancien petit ami de Jacinthe?
8. Pourquoi a-t-on invité Grégoire?
9. En fin de compte, combien d'invités y aura-t-il?

1. le frère de Laurence et de Jacqueline
2. trois filles
3. Yves
4. Jacinthe
5. le petit ami de Jacinthe
6. le frère cadet de l'ancien petit ami de Jacinthe
7. Henri
8. Il est tellement charmant et original que tout le monde l'adore. Il fait presque partie de la famille.
9. vingt

Additional Practice. Have students draw the family tree of the Renaud family, inventing names and ages for the children.

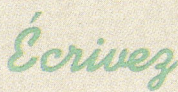

Écrivez

A. Conversations. Vous êtes à l'école, et vos amis vous font les remarques suivantes. Écrivez une réponse à chaque remarque en employant le verbe **devoir**.

> **EXEMPLE** — Je n'ai pas bien dormi hier soir.
> — **Tu dois être fatigué(e).**

1. J'ai reçu une mauvaise note en chimie aujourd'hui.
2. As-tu prêté de l'argent à Karima?
3. Pourquoi n'es-tu pas venu avec nous hier soir?
4. J'aimerais faire quelque chose de spécial ce week-end.
5. Est-ce que tu peux venir chez moi ce soir?
6. Je ne peux pas trouver mes clés.

Des amis du lycée Montpellier: Paris, France

B. Une rencontre. Guillaume et Marina viennent de se rencontrer à une boum. Guillaume voudrait inviter Marina à sortir, mais il est assez timide. Marina a envie de sortir avec Guillaume, mais elle est timide aussi. Écrivez leur conversation.

> **EXEMPLE**
>
> Guillaume: Euh, Marina, quelle sorte de films aimes-tu?
> Marina:

C. Réactions. Écrivez vos réactions aux questions suivantes sur l'avenir. Expliquez vos réponses.

> **EXEMPLE** Sera-t-il important que les garçons apprennent à faire la cuisine?
> **Oui, il sera très important que les garçons apprennent à faire la cuisine. Il est injuste que les filles fassent toujours la cuisine.**

1. Sera-t-il essentiel que tout le monde fasse des études universitaires?
2. Est-ce qu'il sera nécessaire qu'un des parents reste à la maison pour s'occuper des enfants?
3. Est-il possible que nous éliminions la guerre un jour?
4. Est-ce que tout le monde devra faire son service militaire?
5. Pensez-vous que les jeunes soient encore obligés d'aller à l'école?
6. La vie de demain, sera-t-elle plus difficile que celle d'aujourd'hui?

D. L'amitié. Comment réussit-on à être un bon ami? Faites une liste de six suggestions en employant des expressions que vous avez apprises dans ce chapitre.

EXEMPLE

> *Pour être un bon ami, on doit...*

E. Un concert. Nicolas et Pascale sont en train de discuter avant de sortir. Complétez leur conversation d'après les suggestions indiquées.

PASCALE	Et en fait, qu'est-ce que ça va être comme concert?
NICOLAS	*(It's the one you wanted to see.)*
PASCAL	Ah oui! Le concert de musique africaine! Ça va être un concert fantastique!
NICOLAS	*(I'm glad that you can come with me.)*
PASCALE	Moi aussi. Qui va venir avec nous?
NICOLAS	*(Marie and her boyfriend, André.)*
PASCALE	Je les aime bien.
NICOLAS	*(Me too. They are so funny!)*
PASCALE	Quelle voiture prend-on?
NICOLAS	*(We're going to take my brother's.)*
PASCALE	À quelle heure est-ce qu'on part?
NICOLAS	*(We should be there before 7:30 to get our tickets. You know, we have to hurry.)*
PASCALE	Dépêchons-nous!

Parlons ensemble

Work with a partner or partners, and create dialogues, using the situations below. Whenever appropriate, switch roles and practice a different part of your dialogue.

Situations

A. Interview. You are a talk-show host interviewing a well-known person. You know that your television audience is keenly interested in the interviewee's personal life, so you must focus on questions concerning family, romantic relationships, etc. Your partner is the celebrity.

B. Un conflit. You want to go on a skiing trip with a group of friends. Your partner is a relative who doesn't want to let you go. You are trying to convince your relative that the trip will be safe and that you will be responsible.

Les Pyrénées, France

VOCABULAIRE

NOUNS RELATED TO RELATIONSHIPS

l' **amitié** (*f*) friendship
le **beau-frère** brother-in-law, stepbrother
la **belle-mère** mother-in-law, stepmother
la **belle-sœur** sister-in-law, stepsister
le **célibataire**, la **célibataire** single man, single woman
le **coup de foudre** love at first sight
la **femme** wife
la **fille unique** only daughter
le **fils unique** only son
le **mari** husband
le **neveu** nephew
la **nièce** niece
le **petit ami**, la **petite amie** boyfriend, girlfriend

OTHER NOUNS

l' **aspect** (*m*) aspect
le **coin** corner
la **façon** way
la **fête** party

le **mélange** mixture
la **personnalité** personality
le **respect** respect
le **toit** roof

ADJECTIVES

aîné older
amoureux (*m*), **amoureuse** (*f*) in love
cadet (*m*), **cadette** (*f*) younger
célibataire single
charmant charming
compréhensif (*m*), **compréhensive** (*f*) understanding
divorcé divorced
drôle funny
essentiel essential
étonnant astonishing
étonné astonished
exceptionnel unusual, exceptional
généreux (*m*), **généreuse** (*f*) generous
indépendant independent
injuste unfair
original creative
réservé reserved
réuni gathered
sensible sensitive

surpris surprised

VERBS AND VERBAL EXPRESSIONS

devoir to have to, to owe
douter to doubt
s' **ennuyer** to be bored
faire de la peine à quelqu'un to hurt someone's feelings
faire plaisir à to please
tomber amoureux to fall in love
traiter to treat

OTHER WORDS AND EXPRESSIONS

de cette façon in this (that) way
de toute façon anyway
franchement frankly
Il se peut que It is possible
Il vaudrait mieux que It would be better
Il vaut mieux que It is better
n'importe quoi anything, just anything
relativement relatively
si so

1.

3.

Les Arts et la vie

12

In this chapter, you will talk about art and architecture. You will also learn about the following functions and structures.

Functions

- referring to more than one person or thing

- expanding descriptions

- indicating purpose or restrictions

- talking about what is done

Structures

- double object pronouns

- relative pronouns with prepositions

- the subjunctive with conjunctions

- the passive voice

1. Un artisan: Paris, France
2. Un jeune artiste: Paris, France
3. Une peinture murale: Paris, France
4. Le Ballet du XXe siècle, la troupe de Maurice Béjart

INTRODUCTION

Musée D'Orsay: Paris, France

See Teacher's Preface for reference to Student Response Forms available for this chapter. Workbooks and other ancillary materials are correlated to this chapter on the corresponding tabbed divider in your Teacher's Resource Binder. The Teacher's Preface contains abbreviated tapescripts of listening activities in the student text.

Le français en contexte

ST 122

Au Musée d'Orsay

Prereading question. What conclusion does Charlotte draw from her visit to the museum with Yann?

Yann est en train de se demander ce qu'il va faire cet après-midi quand il reçoit un <u>coup de téléphone</u> de sa copine Charlotte.   phone call

CHARLOTTE	Allô, Yann. C'est Charlotte <u>à l'appareil</u>. Je vais visiter le Musée d'Orsay cet après-midi. Est-ce que ça t'intéresse?	calling
YANN	Je ne sais pas. Je n'aime pas trop la peinture.	
CHARLOTTE	Mais il y a aussi d'autres genres d'art. Et j'ai <u>entendu dire</u> qu'il y a une exposition de photographie très originale en ce moment.	heard
YANN	Bon, d'accord. Pourquoi pas?	
CHARLOTTE	Fantastique! Je viendrai te chercher dans une heure. [*Plus tard, au musée*]	A photo of one of Degas's paintings can be found on page 456.
CHARLOTTE	Regarde ce tableau de Degas. J'adore ses tableaux de <u>danseuses</u>! Pas toi?	dancers
YANN	Franchement, <u>ça ne me dit pas grand-chose</u>.	it doesn't appeal to me
CHARLOTTE	Et regarde ce paysage de Monet! C'est fascinant!	
YANN	Bof! Tu sais, les paysages, je ne les aime pas trop.	
CHARLOTTE	Tiens! Regarde ce tableau <u>abstrait</u>! Comme c'est bizarre! Je me demande ce que ça représente!	abstract
YANN	Mais ça ne représente rien! C'est fantastique! Ça, c'est un <u>chef-d'œuvre</u>.	masterpiece
CHARLOTTE	Tu sais, Yann, je pense que nous n'avons pas du tout les mêmes goûts <u>en ce qui concerne</u> la peinture.	concerning

Compréhension

Répondez aux questions suivantes d'après les renseignements donnés dans **Au Musée d'Orsay**.

1. Pourquoi est-ce que Charlotte téléphone à Yann?
2. Pourquoi Yann hésite-t-il à accompagner Charlotte?
3. D'après Charlotte, quelle sorte d'exposition y a-t-il actuellement au Musée d'Orsay?
4. Que pense Charlotte des tableaux de Degas?
5. Est-ce que Yann aime le tableau de Degas?
6. Comment Charlotte trouve-t-elle le tableau abstrait?
7. Que pense Yann du même tableau?
8. Est-ce que Yann et Charlotte ont le même goût en ce qui concerne la peinture?

Les mots et la vie

Aimez-vous la peinture? Quelle sorte de tableaux préférez-vous?

un paysage

une nature morte

un portrait

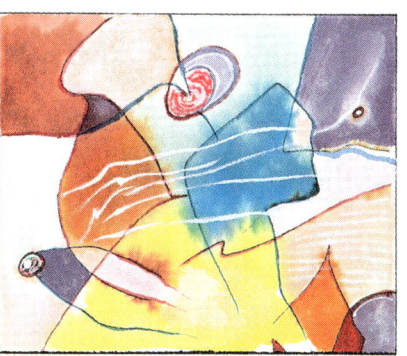

une peinture abstraite

Les artistes ont besoin de <u>matériel</u> pour créer leurs <u>œuvres</u>: supplies / works

de la peinture

un pinceau

des crayons de couleur

une toile

Avez-vous un talent artistique? Il y a beaucoup de professions que vous pourriez choisir.

Un peintre fait des tableaux.

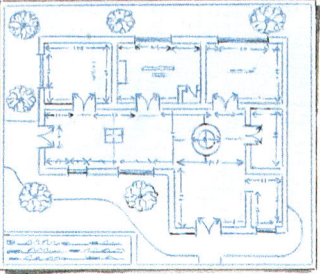
L'architecte dessine des plans de bâtiments.

Un sculpteur fait des sculptures (*f*).

Un metteur en scène tourne des films.

Un compositeur compose des morceaux de musique.

Teach students the feminine form **compositrice**. The nouns **architecte, sculpteur,** and **metteur en scène** are always masculine, but **peintre** and **photographe** can be either masculine or feminine, depending on the person being designated.

Des acteurs jouent dans des pièces de théâtre ou dans des films.

Un photographe fait de la photographie.

Un dessinateur fait des dessins et des bandes dessinées.

Students have also learned the professions **un écrivain, un musicien (une musicienne),** and **un chanteur (une chanteuse).**

Students have already learned the feminine forms **actrice** and **dessinatrice.**

Les arts sont-ils importants dans la vie de tous les jours?

— À mon avis, l'art ne joue pas un grand rôle dans la vie. Nous avons quelques tableaux dans notre salle de séjour et nous allons au musée quand des amis ou des parents viennent nous rendre visite. <u>À part cela</u>, l'art n'a pas beaucoup de place dans ma vie.

— Moi, je crois que l'art est une partie essentielle de la vie. Apprécier l'art, ce n'est pas seulement visiter des musées. Quand on prend le temps de regarder, on comprend qu'il y a partout des <u>formes</u>, des <u>lignes</u> et des couleurs! On ne peut pas vivre sans art—l'essentiel est d'apprendre à l'apprécier.

ST 123

A. Mais non, vous vous trompez! Deux enfants sont en train de parler de l'art, mais ils n'ont pas toujours raison. Indiquez si ce qu'ils disent est **vrai** ou **faux**.

MODÈLE   Certains artistes utilisent des crayons de couleur.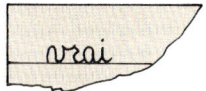

1. Faux.
2. Vrai.
3. Faux.
4. Vrai.
5. Faux.
6. Vrai.
7. Faux.

B. Choix d'une profession. Pierre a beaucoup de talents artistiques, mais il n'a pas encore choisi sa profession. Il est en train de penser aux différentes professions artistiques. Qu'est-ce qu'il dit?

MODÈLE   **Je pourrais être musicien.**

1. peintre
2. danseur
3. architecte
4. metteur en scène
5. sculpteur
6. acteur
7. photographe

1.

2.

3.

4.

5.

6.

7.

C. Les arts. Martine a emmené sa nièce au musée. Après la visite, elle est obligée d'expliquer certaines choses à la petite fille, qui lui pose beaucoup de questions. Complétez ses explications.

See Student Response Forms.

MODÈLE   Un homme qui fait de la photographie est un **photographe**.

1. Une ===== est un tableau qui représente des fruits et d'autres objets sur une table.
2. Une ===== fait de la danse.
3. Un ===== dessine des plans de bâtiments.
4. Un tableau qui représente la campagne ou les bois s'appelle un =====.
5. Un sculpteur fait des =====.
6. Un ===== écrit des morceaux de musique.
7. Un ===== est un homme qui tourne des films.

1. nature morte
2. danseuse
3. architecte
4. paysage
5. sculptures
6. compositeur
7. metteur en scène

Answers may vary.   1. il faut savoir peindre   2. il faut avoir une toile, de la peinture et des pinceaux
3. il faut savoir dessiner   4. il faut savoir jouer d'un instrument
5. il faut savoir écrire   6. il faut avoir un appareil-photo

Communication

A. Que faut-il avoir? Quel matériel ou talents faut-il avoir pour faire les activités suivantes? Écrivez une phrase pour chaque suggestion.

Remind students of the structure **savoir** + infinitive, meaning *to know how to*.

EXEMPLE   Pour tourner un film vidéo,…
       Pour tourner un film vidéo, il faut avoir une caméra vidéo.
       Pour être chanteur,…
       Pour être chanteur, il faut savoir chanter.

1. Pour être peintre,…
2. Pour faire un tableau,…
3. Pour être dessinateur,…
4. Pour être musicien,…
5. Pour être écrivain,…
6. Pour faire de la photographie,…

Enrichment. As a diary entry or as practice in writing short essays, have students expand one of these questions by writing about a musical or artistic experience they have had.

B. Es-tu artiste? Posez les questions suivantes à un(e) camarade de classe. Ensuite, posez une deuxième question basée (*based*) sur la réponse que vous recevez.

Encourage students to expand on their answers.

EXEMPLE   — **As-tu déjà joué dans une pièce?**
       — **Non, je n'ai jamais joué dans une pièce.**
       — **Aimerais-tu le faire?**

1. Quelles activités artistiques pratiques-tu?
2. Quelle sorte de musique aimes-tu?
3. As-tu déjà visité un musée d'art?
4. Est-ce que tu joues d'un instrument de musique?
5. Es-tu déjà allé à un concert de musique classique?
6. Quelle sorte de danse aimes-tu?
7. Si tu étais photographe, quelles sortes de photos prendrais-tu?
8. Aimes-tu dessiner?

EXPLORATION 1

Function: *Referring to more than one person or thing*
Structure: *Double object pronouns*

Présentation

You have learned to use direct and indirect object pronouns, the pronoun **y,** and the pronoun **en**.

Où sont mes crayons? Est-ce que tu **les** as vus?

Si tu ne vois pas Pierre cette semaine, il faudra que tu **lui** écrives.

Je ne connais pas du tout le Louvre. Je n'**y** suis jamais allé.

Nous avons vu de jolies affiches. Je voudrais **en** acheter une.

A. Two object pronouns may sometimes occur in the same sentence. The following chart shows which pronoun comes first in these combinations.

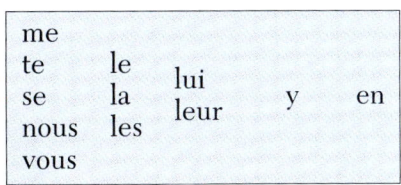

Ce devoir? Le professeur **nous** l'a rendu hier.

That assignment? The teacher returned it to us yesterday.

Des bonbons? Je voudrais bien **t'en** donner.

Candy? I'll gladly give you some.

Ma radio? Je ne **la lui** prêterais jamais.

My radio? I would never lend it to her.

Les provisions? Je crois que Xavier et Camille **s'en** occupent.

The groceries? I think that Xavier and Camille are taking care of them.

Suggestion. Review the uses and position of object pronouns before beginning this lesson.

Some students may find it easier to learn pronoun combinations by frequently repeating sentences using these combinations.

B. In negative commands, combinations of pronouns follow the same pattern.

Ne **me le** donne pas.   *Don't give **it to me**.*
Ne **nous les** apportez pas.   *Don't bring **them to us**.*

C. A slightly different order is used in affirmative commands. The pronouns follow the verb in the order shown in the chart below.

J'ai fait mon premier tableau. Tu veux que je te le montre?

Oui, montre-le-moi!

le la les	moi toi nous vous lui leur	y	en	

Suggestion. Point out that the only difference in the order for affirmative commands is that **le, la,** and **les** always come first.

Explique-**le-moi**.   *Explain **it to me**.*
Montrez-**les-nous**.   *Show **them to us**.*

Transformation.   1. Janine va me prêter sa radio. → Janine va me la prêter. ses disques/son appareil-photo/sa moto/ses cassettes/son cahier d'histoire
2. Je leur ai montré mes photos. → Je les leur ai montrées. mes disques/mon nouveau veston/mon petit chat/ma bicyclette/mes timbres français   3. Il me la prêtera. → Il ne me la prêtera pas. Je te les donnerai./Elle nous en donnera./

Préparation

ST 124

Je le lui ai demandé./Le professeur nous l'a expliqué.
4. Donne-la-leur. → Ne la leur donne pas. Apportons-les-lui./Prêtez-lui-en./Rendez-le-nous./Montre-la-moi./Offrez-nous-en.

A. En classe. Monsieur Jarret a dû quitter la classe un moment. Les élèves bavardent entre eux pendant son absence. Lisez ce qu'ils disent et écoutez deux réponses possibles. Écrivez la lettre de la réponse la plus logique.

     MODÈLE   As-tu parlé de tes notes à M. Jarret?
                    a. Non, je ne peux pas te les donner.
                    b. Non, je ne lui en ai pas encore parlé.

1. Anne, as-tu du papier?
2. Je ne comprends pas ce qu'il faut faire.
3. J'ai quelque chose de très intéressant à te raconter.
4. Qui m'a envoyé cette lettre?
5. Je ne peux rien faire. J'ai prêté mon crayon à Georges.
6. Est-ce que le prof a aimé ton dessin?

1. a   4. a
2. b   5. a
3. b   6. a

B. Elle n'est pas timide. Mireille, la petite voisine d'Amélie, a décidé de rendre visite à Amélie. Mireille est une fille qui n'a pas peur de dire ce qu'elle pense. Lisez ses remarques et employez les verbes suggérés et des pronoms pour formuler ses questions.

     MODÈLE   Je n'ai jamais vu ta chambre. (montrer)
                    Tu veux bien me la montrer?

1. J'aime bien cette affiche. (donner)
2. Quelle jolie montre! (prêter)
3. J'adore ton blouson. (vendre)
4. On m'a dit que tu as une collection de timbres. (montrer)
5. Je ne comprends pas ce tableau. (expliquer)
6. J'ai envie de manger des bonbons. (acheter)

Tell students to begin each question with **Tu veux bien...?**

1. me la donner?   2. me la prêter?   3. me le vendre?   4. me la montrer?   5. me l'expliquer?   6. m'en acheter?

C. Un week-end bien rempli. Les parents de Gérard et Suzanne ont passé le week-end dans leur maison de campagne. En rentrant, ils veulent savoir si Gérard et Suzanne ont réussi à faire tout ce qu'ils comptaient faire ce week-end. Comment est-ce que Gérard et Suzanne leur répondent?

> MODÈLE   Gérard, as-tu prêté ton livre d'art à tes cousins? (oui)
> **Oui, je le leur ai prêté.**

1. Avez-vous rendu les disques à Bertrand? (oui)
2. Gérard, as-tu montré ton dessin à Suzanne? (non)
3. Suzanne, as-tu emmené ta cousine à l'exposition d'art chinois? (oui)
4. Est-ce que vous avez offert des fleurs à Mme Dublanc? (non)
5. Gérard, as-tu envoyé ta lettre à Philippe? (non)
6. Est-ce que vous vous êtes occupés du jardin? (oui)
7. Suzanne, as-tu mis tes nouvelles affiches dans ta chambre? (oui)
8. Est-ce que vous nous avez préparé le dîner? (oui)

1. Oui, je les lui ai rendus.
2. Non, je ne le lui ai pas montré.
3. Oui, je l'y ai emmenée.
4. Non, je ne lui en ai pas offert.
5. Non, je ne la lui ai pas envoyée.
6. Oui, nous nous en sommes occupés.
7. Oui, je les y ai mises.
8. Oui, nous vous l'avons préparé.

Contexte CULTUREL

Le tableau de Monet intitulé «Impression, soleil levant», est à l'origine du mot «impressionniste». Cette œuvre, exposée en 1874, a scandalisé le public parisien. En effet, le mouvement impressionniste représentait une véritable révolution artistique. Pour la première fois, les artistes laissaient visibles les coups (*strokes*) de pinceaux en cherchant a recréer une impression d'une image changeante. Aujourd'hui, les œuvres de Degas, Manet, Monet, Renoir, Sisley et Pissarro sont appréciées dans le monde entier.

"Impression, soleil levant" de Claude Monet

Communication

A. Comment réagir? Qu'est-ce que vous diriez dans les situations suivantes? Trouvez une réaction possible pour chaque situation en employant deux pronoms et un verbe de la liste suivante.

> EXEMPLE Un copain vous dit qu'il vient d'apprendre un secret.
> **Dis-le-moi! Je te promets que je ne le répéterai pas!**
> **(Ne me le dis pas! Je ne peux pas garder un secret!)**

dire   montrer   expliquer   rendre   donner   prêter

1. Votre frère a emprunté votre raquette de tennis et ne veut pas vous la rendre.
2. Un copain vous dit qu'il a pris des photos fantastiques pendant un voyage qu'il a fait.
3. Vous avez prêté votre vélo à une copine, mais vous en aurez besoin demain.
4. Vous allez au cinéma ce soir, et vos parents vous demandent combien d'argent vous voudriez avoir.
5. Vous ne comprenez pas un problème de maths et vous avez décidé d'en parler à votre prof.

B. Les rapports avec les autres. Répondez aux questions suivantes qui concernent vos rapports avec les autres. Employez autant de pronoms que possible.

> EXEMPLE Offrez-vous des cadeaux à vos professeurs?
> **Oui, je leur en offre quelquefois.**
> **(Non, je ne leur en offre jamais.)**

1. Aimez-vous prêter vos affaires à vos ami(e)s?
2. Montrez-vous toujours vos notes à vos parents?
3. Est-ce que vos parents vous donnent de l'argent de poche?
4. Est-ce que vous dites toujours la vérité à vos ami(e)s?
5. Quand vous voyagez, envoyez-vous des cartes postales à vos ami(e)s?
6. Est-ce que vos amis vous donnent quelquefois des conseils?
7. Quand vous empruntez quelque chose à un(e) ami(e), est-ce que vous le lui rendez tout de suite?
8. Est-ce que le professeur vous a parlé des œuvres de Simone de Beauvoir?

Simone de Beauvoir

C. Que feriez-vous?   Imaginez que vous vous trouvez dans les situations suivantes. Employez les verbes indiqués pour expliquer ce que vous feriez dans chaque cas.

> EXEMPLE   Vous êtes au supermarché. Vous voyez que le portefeuille de la personne devant vous est tombé. (rendre)
> **Je le lui rendrais.**

1. Vous venez d'acheter une bicyclette très chère. Une amie vous demande si elle peut l'emprunter. (prêter)
2. Un cousin vous a envoyé des chocolats suisses qui sont délicieux et très chers. Votre petite sœur adore ces bonbons. (offrir)
3. Vous avez écrit un poème. Vos parents vous demandent s'ils peuvent le lire. (montrer)
4. Vos devoirs de maths sont très difficiles, mais vous avez enfin réussi à trouver la solution. Un copain vous téléphone en vous demandant de lui expliquer la solution. (expliquer)
5. Vous mangez une glace dans le parc. Il y a devant vous un petit chien qui a l'air de vouloir manger un peu de votre glace. (donner)

Answers will vary.
1. Je ne la lui prêterais pas.
2. Je lui en offrirais.
3. Je le leur montrerais.
4. Je la lui expliquerais.
5. Je lui en donnerais un peu.

Révision et Expansion

See Student Response Forms.

In addition to object pronouns, you have also learned to use emphatic or stressed pronouns. Unlike object pronouns, stressed pronouns are not placed in front of the verb. Study the following examples, which contain both an object pronoun and a stressed pronoun.

Je **les** ai faits pour **toi**.   Nous l'avons perdu à cause d'**elle**.
Nous ne pourrions pas **le** finir sans **vous**.   **Moi**, je **le** trouve très original.

Lise is talking to her friend Olivier on the telephone. Give Olivier's answers, using pronouns wherever possible.

LISE	Olivier, est-ce que le prof t'a rendu ton examen?
OLIVIER	═══
LISE	Est-ce que je t'ai dit ce que j'ai fait aujourd'hui?
OLIVIER	═══
LISE	Vas-tu faire tes devoirs avec Antoine cet après-midi?
OLIVIER	═══
LISE	Pourrais-tu me prêter ta moto demain?
OLIVIER	═══
LISE	Je ne peux pas aller au cinéma ce soir. Veux-tu y aller sans moi?
OLIVIER	═══

EXPLORATION 2

Function: *Expanding descriptions*
Structure: *Relative pronouns with prepositions*

Présentation

You have learned to use the relative pronouns **qui** and **que** in clauses that describe people and things. Remember that **qui** functions as the subject of a verb and **que** functions as the object. Both **qui** and **que** can refer to people or things.

C'est une fille **qui** a beaucoup de talent.
Hier, j'ai lu un article **qui** n'était pas très intéressant.
J'ai beaucoup aimé les gens **que** j'ai rencontrés à la fête.
La pièce **que** nous avons vue était fantastique.

A. Relative pronouns can also be used as the object of a preposition. When a relative pronoun is the object of the preposition **de**, the pronoun **dont** is used. The relative pronoun **dont** (*of whom, of which*) is used to refer to both people and things.

Comment s'appelle le peintre **dont** tu as parlé?
What's the name of the painter of whom you spoke?

Je n'ai pas pu trouver la couleur **dont** j'avais besoin.
I couldn't find the color that I needed.

Suggestion. Remind students of the following verbs and expressions which end in **de** and which will be used with **dont: avoir besoin de, avoir envie de, avoir peur de, parler de**.

Point out to students that sentences containing a preposition + a relative pronoun cannot always be translated word for word.

B. When the relative pronoun is the object of a preposition other than **de**, the word used in French depends on whether we are referring to a person or to a thing.

1. When we are referring to a person, we use the preposition + **qui**.

Je ne connais pas la fille **à qui** tu parlais.
I don't know the girl that you were speaking to.

Les gens **avec qui** j'ai passé le week-end étaient très sympathiques.
The people with whom I spent the weekend were very nice.

Emphasize that the preposition accompanying a relative pronoun always comes before the relative pronoun, never at the end of the sentence.

Option. Tell students that the forms of **lequel** are sometimes used with people as well.

434 *quatre cent trente-quatre*

NOUS TOUS

2. When we are referring to a thing or to an idea, we use a form of **lequel** (*which*). The form of **lequel** depends on the gender and number of the object being described.

Singular	Plural
le pinceau avec **lequel**	**les** pinceaux avec **lesquels**
la couleur avec **laquelle**	**les** couleurs avec **lesquelles**

J'ai perdu le cahier **dans lequel** j'ai laissé mes devoirs.

*I lost the notebook **in which** I left my homework.*

Voici les peintures **avec lesquelles** tu travaillais.

*Here are the paints **with which** you were working.*

J'ai trouvé les peintures dont tu avais besoin.

C. When a form of **lequel** is preceded by **à** or by a preposition ending in **de**, such as **à côté de** or **près de**, it contracts with **à** or **de**.

	with **à**	with ...**de**
masculine singular	**auquel**	près **duquel**
feminine singular	**à laquelle**	près **de laquelle**
masculine plural	**auxquels**	près **desquels**
feminine plural	**auxquelles**	près **desquelles**

Le restaurant **à côté duquel** nous habitons va bientôt fermer.

*The restaurant **beside which** we live is going to soon.*

Les examens **auxquels** il a réussi étaient très difficiles.

*The exams **that** he passed were very difficult.*

Suggestion. Tell students that **de** alone + a relative pronoun becomes **dont: Voilà les peintures dont j'ai besoin.** When **de** would be the final element of a compound preposition, such as **à côté de** or **près de, de** + **lequel** is used: **Voilà l'école près de laquelle j'habite.**

Suggestion. Remind students of verbs that take **à**, including **penser, réfléchir, faire attention,** and **réussir.**

Suggestion. Point out to students that the feminine singular is the only form that does not contract with **à** and **de**.

Préparation

ST 125

A.　Des fournitures d'art.　　Thomas va dans un magasin spécialisé pour acheter des fournitures (*supplies*). Lisez ce qu'il dit et écoutez les réponses qu'on lui donne. Ecrivez le pronom relatif que vous entendez dans chaque réponse.

> MODÈLE　　　— Bonjour! J'ai besoin de matériel pour faire des tableaux. Pourriez-vous m'aider?
> 　　　　　　　— Attendez, s'il vous plaît. Je vais chercher la personne à qui vous devriez parler.

1. D'abord, j'ai besoin de peintures.
2. Vous n'avez pas de peinture noire?
3. J'ai besoin d'un pinceau pour faire un portrait.
4. J'aimerais aussi acheter quelques crayons de couleur.
5. J'ai entendu dire que vous avez l'affiche de l'exposition actuelle au Musée d'Orsay. Est-ce que je peux la voir?
6. J'aimerais aussi acheter un livre sur la peinture abstraite.

qui

1. dont
2. qui
3. lequel
4. dont
5. laquelle
6. lesquels

L'Île des Pins, Nouvelle-Calédonie

B.　Les diapositives.　　Claude a fait un voyage en Nouvelle-Calédonie. Il est en train de montrer à ses amis des diapositives (*slides*) de son voyage. Complétez ses commentaires par les mots qui manquent.

See Student Response Forms.

1. Voici les gens chez ===== j'ai passé deux semaines en Nouvelle-Calédonie.
2. Ici ce sont les copains de Raoul avec ===== nous avons fait du bateau à voiles presque tous les jours.
3. Voilà tout le matériel ===== on avait besoin pour faire de la plongée sous-marine.
4. Voilà le bateau sur ===== nous sommes allés jusqu'à l'Île des Pins.
5. Et voilà une photo d'un serpent que j'ai vu devant la maison et ===== j'ai eu très peur!
6. Voici une fille ===== j'ai fait la connaissance et à ===== je continue à écrire.

1. qui
2. qui
3. dont
4. lequel
5. dont
6. dont/qui

C. **Une excursion.** La classe de peinture de Mme Florence va aller à la campagne pour peindre (*paint*) des paysages. Avant de partir, Mme Florence dit aux élèves ce qu'il faut faire. Formulez ses conseils en mettant les deux phrases ensemble.

MODÈLE   N'oubliez pas tout le matériel. Vous aurez besoin de ce matériel.

N'oubliez pas tout le matériel dont vous aurez besoin.

1. Le cultivateur s'appelle M. Charpentier. Nous allons chez ce cultivateur.
2. Essayez d'utiliser les différentes techniques. Je vous ai parlé de ces techniques.
3. Ne gaspillez pas les peintures. Vous travaillez avec ces peintures.
4. Montrez votre œuvre à un autre élève. Vous vous sentez à l'aise avec cet élève.
5. Choisissez un sujet. Vous vous intéressez beaucoup à ce sujet.
6. Il y a des détails. Vous devrez faire attention à ces détails.

1. Le cultivateur chez qui nous allons s'appelle M. Charpentier.
2. Essayez d'utiliser les différentes techniques dont je vous ai parlé.
3. Ne gaspillez pas les peintures avec lesquelles vous travaillez.
4. Montrez votre œuvre à un élève avec qui vous vous sentez à l'aise.
5. Choisissez un sujet auquel vous vous intéressez beaucoup.
6. Il y a des détails auxquels vous devrez faire attention.

Contexte CULTUREL

Depuis la création d'un Centre d'Art d'Haïti, la peinture joue un rôle très important dans la vie culturelle d'Haïti. Ce Centre encourage les jeunes artistes d'Haïti à s'exprimer par leur art. Actuellement les deux tendances principales parmi les jeunes peintres sont la représentation de thèmes religieux et la représentation de scènes de la vie rurale. Les deux peintres haïtiens les plus célèbres sont sans doute Philomé Obin et Hector Hyppolite. Leurs tableaux sont faits avec des couleurs très vives (*vivid*) et de nombreux détails.

"Coumbite" de Gérard Valcin (peintre haïtien)

Communication

A. Et vous? Est-ce que vous pouvez donner un exemple personnel
W dans chacune des catégories suivantes?

> EXEMPLE   un animal dont vous avez peur
> **Le serpent est un animal dont j'ai peur.**

1. un(e) ami(e) avec qui vous parlez tous les jours
2. un sujet auquel vous vous intéressez beaucoup
3. une personne dont vous parlez souvent
4. un magasin dans lequel vous allez souvent
5. une personne avec qui vous pouvez parler de vos soucis
6. le cours pour lequel vous travaillez le plus

B. Préférences. Demandez à un(e) camarade de classe ce qu'il (elle) préfère. Votre partenaire vous posera ensuite les mêmes questions.

1. Qu'est-ce que tu préfères—les films dans lesquels il y a beaucoup d'aventures ou les films plus intellectuels?
2. Préfères-tu les revues dans lesquelles il y a des articles sur la musique ou les revues dans lesquelles on parle de sport?
3. Préfères-tu les ami(e)s avec qui tu t'amuses bien ou les ami(e)s avec qui tu parles sérieusement?
4. Préfères-tu les restaurants dans lesquels on prend un repas très élégant ou les restaurants dans lesquels on se sent plus à l'aise?
5. Préfères-tu les cours pour lesquels tu as peu de travail ou les cours pour lesquels tu as beaucoup de travail?

Révision et Expansion

See Student Response Forms.

> You have now learned to use many different relative pronouns. In addition to **qui, que, dont,** and **lequel,** you have also learned the relative pronouns **ce qui** and **ce que,** which are used to refer to a general idea. These are equivalent to *what* or *that which* in English.
>
> Use a relative pronoun to complete the following comments that Gabriel and Céline overheard at their art class.
>
> 1. J'ai beaucoup aimé le dessin ===== tu as fait.
> 2. ===== je voudrais faire, c'est dessiner un paysage.
> 3. Le garçon à ===== je viens de parler a beaucoup de talent.
> 4. Voici un tableau ===== est vraiment original.
> 5. Je ne sais pas ===== m'intéresse le plus—la sculpture ou la peinture.
> 6. Je n'arrive pas à trouver les crayons ===== j'ai besoin.
>
> 1. que
> 2. Ce que
> 3. qui
> 4. qui
> 5. ce qui
> 6. dont

EXPLORATION 3

Function: *Indicating purpose or restrictions*
Structure: *The subjunctive with conjunctions*

Présentation

A. You have already learned to use the prepositions **avant, pour,** and **sans** with nouns and pronouns. These prepositions can also be used with infinitives. Compare the following examples.

Elle est arrivée **avant** moi.
Je suis sortie **sans** mes gants.
Je l'ai fait **pour** vous.

Nous avons dîné **avant de** sortir.
Il est parti **sans** me parler.
Je l'ai fait **pour** vous aider.

Point out to students that **avant** must be followed by **de** before an infinitive.

Tell students that when there is no change of subject, the infinitive is used.

B. The prepositions **avant, pour,** and **sans** can also be followed by a clause with a subject and a verb in the subjunctive.

Je voudrais te voir **avant que** tu **partes**.
On m'a prêté de l'argent **pour que** je **puisse** faire ce voyage.
Je suis parti **sans qu'**elle me **voie**.

I would like to see you ***before*** *you* ***leave***.
They lent me money ***so that*** *I* ***could*** *make this trip*.
I left ***without*** *her* ***seeing*** *me*.

Option. Tell students that **avant que** and **à moins que** are sometimes accompanied by the word **ne,** particularly in formal style. Called the *expletive* **ne,** this **ne** does not make the sentence negative and is not expressed in English.

C. **Avant que, pour que,** and **sans que** are conjunctions. Other conjunctions requiring the subjunctive include:

à condition que *on the condition that*	bien que *although*
	jusqu'à ce que *until*
afin que *in order that, so that*	pourvu que *provided that*
à moins que *unless*	quoique *although*

Option. Tell students that **pourvu que** is often used in exclamations expressing a wish: **Pourvu qu'il ne pleuve pas!**

Je t'aiderai **afin que** tu **puisses** le finir avant cinq heures.
Bien qu'il **fasse** froid, je vais faire une promenade.
J'attendrai ici **jusqu'à ce que** vous **soyez** prêts.

I will help you ***so that*** *you* ***can*** *finish it before five o'clock*.
Although *it* ***is*** *cold out, I'm going to take a walk*.
I will wait here ***until*** *you* ***are*** *ready*.

Point out that **afin que** and **pour que** are synonyms, as are **bien que** and **quoique**. **À condition que** and **pourvu que** are also very close in meaning.

Option. Tell students that **jusqu'à** can be used with an object (**jusqu'à demain**) and **afin de** can be used with an infinitive: **Il s'est dépêché afin d'arriver à l'heure.**

Repetition. **1.** Elle travaillera <u>pourvu que</u> nous sortions plus tard. à moins que/quoique/à condition que/jusqu'à ce que/bien que **2.** Nous sortirons <u>pourvu qu'il fasse beau</u>. à moins qu'il fasse mauvais/quoiqu'il soit tard/bien que tu ne puisses pas nous accompagner/à condition que tu conduises **3.** Je t'aiderai <u>afin que tu aies une bonne note</u>. sans que tu me le demandes/jusqu'à ce que tu le comprennes/bien que je sois occupé/avant que nous sortions/pour que tu le finisses plus tôt

Préparation

ST 126

A. Qu'est-ce qu'ils deviendront? Annette et ses copains discutent de ce qu'ils aimeraient faire après leurs études au lycée. Écoutez ce qu'ils disent et indiquez si les phrases suivantes sont **vraies** ou **fausses**.

MODÈLE Je deviendrai architecte, pourvu que j'aie de bonnes notes en maths. 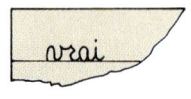 *vrai*

Marlyse aimerait devenir architecte, mais ça dépend de ses notes en maths.

1. Jacques deviendra musicien parce qu'il croit que les musiciens gagnent beaucoup d'argent.

2. Claude préfère avoir beaucoup de liberté.

3. Jean-Pierre étudiera la physique à l'université, même si les cours sont très difficiles.

4. Marielle aimerait être actrice, mais elle est sûre que ses parents ne lui permettent pas d'aller à Hollywood.

5. Dominique voudrait être danseuse parce que c'est une vie facile.

6. René fera d'abord ses études à l'université et ensuite il choisira une profession.

1. Faux.
2. Vrai.
3. Faux.
4. Faux.
5. Faux.
6. Vrai.

B. Un cours en dessin. Mme Larousse, le prof de dessin, explique aux élèves ce qu'il faut faire pour compléter le projet d'aujourd'hui. Complétez ce qu'elle dit par la forme correcte du subjonctif ou par l'infinitif.

See Student Response Forms.

MODÈLE Je crois que vous pourrez le terminer aujourd'hui à condition que vous ne **perdiez** pas de temps. (perdre)

1. Ne commencez pas avant que je vous ═══ tout ce qu'il faut faire. (dire)

2. Quoique ce ═══ un projet assez facile, je voudrais que vous fassiez très attention. (être)

3. Réfléchissez bien avant de ═══. (commencer)

4. Appelez-moi si vous avez des problèmes, pour que je ═══ vous donner quelques conseils. (pouvoir)

5. Je vais rester avec vous jusqu'à ce que vous ═══ ce qu'il faut faire. (comprendre)

6. Tournez l'objet que vous allez dessiner pour l' ═══ en détail. (étudier)

1. dise
2. soit
3. commencer
4. puisse
5. compreniez
6. étudier

C. Le week-end. Thierry et ses copains font des projets pour le week-end. Complétez ce qu'ils disent par une expression de la liste suivante. Employez chaque expression une seule fois.

See Student Response Forms.

sans   à moins que   pourvu que   jusqu'à ce que
à condition que   pour   bien que   afin que

1. Je vais faire du cheval ===== ça ne soit pas trop cher.
2. Je vais sortir ===== j'aie beaucoup de travail.
3. Je dois m'occuper de mon frère ===== mes parents rentrent.
4. Nous allons à la campagne ===== rendre visite à notre oncle.
5. Je vais m'occuper de mon frère ===== mes parents puissent sortir.
6. ===== il fasse mauvais, je vais emmener mes petits cousins au zoo.
7. Je vais aller au restaurant avec des amis ===== nous ayons assez d'argent.
8. Je ne veux pas que vous sortiez samedi ===== me téléphoner.

1. à condition que/ pourvu que
2. à moins que/bien que
3. jusqu'à ce que
4. pour
5. afin que
6. À moins qu'/Bien qu'
7. à condition que/ pourvu que
8. sans

Contexte CULTUREL

Dans certaines cathédrales et églises en France, on peut voir de splendides vitraux (*stained-glass windows*), dont beaucoup datent du seizième siècle. Bien que ces vitraux servent actuellement une fonction décorative, à l'époque de leur création ils avaient un rôle éducatif important. Les images présentées dans ces vitraux servaient à enseigner (*teach*) les dogmes de la religion chrétienne à la population illettrée (*uneducated*). C'étaient de véritables «livres d'images» de verre coloré, créés par des artisans (*craftsmen*) qui mettaient parfois plus de vingt ans à terminer leur travail.

La Sainte-Chapelle: Paris, France

Communication

A. L'avenir. Écrivez des phrases pour expliquer sous quelles
W conditions vous ferez un jour les choses suivantes.

> EXEMPLE   se marier
> **Je me marierai à condition que je trouve quelqu'un de
> spécial.**

1. voyager en Europe
2. acheter une maison
3. aller à l'université
4. vivre dans un pays étranger
5. faire un voyage dans la lune
6. ?

Suggestion. Try to have students use a variety of conjunctions in their answers.

B. La vie quotidienne.   Décrivez votre vie de tous les jours en
complétant les phrases suivantes.

> EXEMPLE   Mes parents me donnent de l'argent afin que…
> **Mes parents me donnent de l'argent afin que je puisse
> m'acheter des vêtements.**

1. Je sortirai ce week-end à moins que…
2. J'essaie d'avoir de bonnes notes pour que…
3. J'étudierai ce soir pourvu que…
4. Je réussis assez bien à mes examens bien que…
5. Mes parents me permettent de sortir à condition que…
6. J'aime bien mes amis quoique…

C. Situations.   Étudiez les situations suivantes et imaginez ce que les
différentes personnes sont en train de dire. Employez les mots
suggérés dans chaque cas.

Make sure that students use a different subject in the second clause for Items 1 and 2 and an infinitive for Item 3.

1. pourvu que

2. quoique

3. avant de

LES ATELIERS DES MUSÉES

Révision et Expansion

See Student Response Forms.

You have now learned many uses of the subjunctive. You have seen that in each case the subjunctive clause is preceded by **que**. However, there are also many cases where **que** is not followed by the subjunctive—for example, in relative clauses, after **je crois** or **je pense,** after expressions of certainty, after the conjunction **parce que,** and after verbs that merely report facts.

Je crois que tu as beaucoup de talent.
Je suis certain qu'il sera musicien.
J'aime ce tableau parce que les couleurs sont très belles.
C'est un compositeur que j'apprécie beaucoup.
Il m'a dit qu'il ne connaissait pas cet architecte.

Simone's parents are discussing whether to let her attend a special high school for the fine arts. Complete their conversation by filling in either the present or the subjunctive of the suggested verb.

M. LECLERC	Je crois qu'elle __1__ (avoir) raison de vouloir aller à cette école.
MME LECLERC	C'est vrai qu'elle __2__ (avoir) beaucoup de talent pour la peinture. Mais il faut qu'elle __3__ (faire) aussi attention à ses autres cours.
M. LECLERC	Nous savons que c(e) __4__ (être) une très bonne école. Je suis sûr qu'elle __5__ (pouvoir) y étudier toutes les matières.
MME LECLERC	J'ai peur que nous ne la __6__ (voir) pas souvent.
M. LECLERC	Ce n'est pas parce que nous __7__ (avoir) peur de ne plus la voir tous les jours qu'il faut lui dire non.
MME LECLERC	Bon, je suis d'accord, pourvu qu'elle nous __8__ (écrire) régulièrement.

1. a **2.** a **3.** fasse **4.** 'est **5.** peut **6.** voyions **7.** avons **8.** écrive

EXPLORATION 4

Function: *Talking about what is done*
Structure: *The passive voice*

Présentation

You have learned to use active sentences to talk about what people do. In active sentences the subject of the verb is the person or thing that performs the action.

J'ai vu une exposition de peinture que **j'**ai beaucoup aimée.
Thomas ne prend jamais l'autobus.
Veux-**tu** aller au musée avec moi?
Les livres sont tombés en faisant beaucoup de bruit.

A. We can also talk about things that *are done* to someone or something, by using the passive voice. The passive voice is composed of a conjugated form of **être** and a past participle. In the passive voice, the subject of the verb is the person or thing that receives the action. However, a phrase beginning with **par** (*by*) may be added to tell who or what performed the action.

Active	Passive
On **annoncera** les résultats. *They **will announce** the results.*	Les résultats **seront annoncés**. *The results **will be announced**.*
Jean **a écrit** cette chanson. *Jean **wrote** this song.*	Cette chanson **a été écrite** par Jean. *This song **was written** by Jean.*
Un Italien **a inventé** la radio. *An Italian **invented** the radio.*	La radio **a été inventée** par un Italien. *The radio **was invented** by an Italian.*

B. Notice that **être** can be used in a variety of tenses and that the past participle agrees in gender and number with the subject of the verb.

Ces romans **sont étudiés** *These novels **are studied***
   dans tous les lycées français.   *in all French high schools.*

Suggestion. Point out to students the position of pronouns and negatives in these examples.

Ce cadeau leur **a été offert** par Julie.

La lettre **ne sera pas finie** avant lundi.

*This present **was given** to them by Julie.*

*The letter **won't be finished** before Monday.*

L'artiste a été inspiré par son chien.

C. The passive voice is not used as often in French as it is in English. When the performer of the action is not known or is not important, an active sentence using **on** as the subject is often used rather than the passive voice.

Ici **on parle** français.

On a demandé à Philippe d'apporter un gâteau.

*French **is spoken** here.*

*Philippe **was asked** to bring a cake.*

Substitution. **1.** Ce croissant a été fait ce matin. Ce repas/Ce pain/ Cette tarte/Cette pâtis-serie/Ces gâteaux/Ces tartes **2.** Mes dessins seront vendus mardi. Sa sculpture/Sa peinture/Son chef-d'œuvre/Ses tableaux **Transformation** **1.** Un peintre célèbre a fait ce tableau. → Ce tableau a été fait par un peintre célèbre. Marie a fait ce dessin./Plusieurs élèves ont fait cette sculpture./Un compositeur célèbre a écrit cette chanson./ Jean-Pierre a pris cette photo. **2.** Le vélo a été vendu. → On a vendu le vélo. Le magasin a été fermé./Le film a été tourné./Des photos ont été prises. **3.** Repeat **Transformation 2,** using the future tense. Le vélo sera vendu. → On vendra le vélo.

Préparation

ST 127

A. Les nouvelles. Roland raconte les nouvelles de la journée à son père. Écoutez ce qu'il lui dit et indiquez s'il parle de quelque chose qui est **déjà** arrivé ou de quelque chose qui n'est **pas encore** arrivé.

> MODÈLE   Un nouveau musée d'art moderne sera ouvert à Lyon.

pas encore

1. déjà **2.** déjà **3.** pas encore **4.** déjà **5.** pas encore **6.** déjà

B. Au musée. Martine et Sylvestre visitent un musée. Mettez les remarques de leur guide au passif.

> MODÈLE   On offrira des cours de dessin le mois prochain.
> **Des cours de dessin seront offerts le mois prochain.**

1. Un artiste belge a fait ce tableau.
2. Un architecte japonais a dessiné ce bâtiment.
3. On vend des cartes postales dans notre boutique.
4. Un très jeune sculpteur arabe a fait ces sculptures.
5. On fait ce genre de dessin avec des crayons de couleur.

1. Ce tableau a été fait par un artiste belge. **2.** Ce bâtiment a été dessiné par un architecte japonais. **3.** Des cartes postales sont vendues dans notre boutique. **4.** Ces sculptures ont été faites par un très jeune sculpteur. **5.** Ce genre de dessin est fait avec des crayons de couleur.

C. Une famille d'artistes. La famille de Thérèse est très artistique. Quand une copine vient la voir, elle lui parle des accomplissements des différents membres de sa famille. Mettez ce qu'elle dit à la voix active.

> MODÈLE   Cette sculpture a été faite par mon cousin.
> **Mon cousin a fait cette sculpture.**

1. Le plan de notre maison a été dessiné par mon oncle.
2. Plusieurs livres ont été écrits par ma grand-mère.
3. Une pièce de théâtre célèbre a été écrite par mon frère aîné.
4. Quelques films sur l'art abstrait ont été tournés par ma mère.
5. Mon portrait a été dessiné par une de mes cousines.
6. Cette nature morte a été faite par mon père.

1. Mon oncle a dessiné le plan de notre maison. **2.** Ma grand-mère a écrit plusieurs livres. **3.** Mon frère aîné a écrit une pièce de théâtre célèbre. **4.** Ma mère a tourné quelques films sur l'art abstrait. **5.** Une de mes cousines a dessiné mon portrait. **6.** Mon père a fait cette nature morte.

CULTUREL

Le Louvre, ancien palais des rois (*kings*) de France, est un des plus célèbres musées du monde. Chaque année des millions de visiteurs y viennent pour admirer le célèbre sourire (*smile*) de la Joconde (*Mona Lisa*) et l'harmonie de La Victoire de Samothrace (*Winged Victory*). Depuis 1988, pour entrer dans le musée, les visiteurs passent par une immense pyramide en verre dessinée par l'architecte sino-américain I. M. Pei. Ce musée immense contient déjà plus d'un million d'œuvres.

La Pyramide du Louvre: Paris, France

Communication

A. Des opinions. Exprimez vos opinions en complétant les phrases suivantes.

> EXEMPLE   La musique classique est très appréciée par **les gens qui achètent leurs disques dans ce magasin**.

1. On fait les meilleurs hamburgers…
2. La revue qui est lue par le plus grand nombre de jeunes est…
3. On trouve les vêtements les moins chers…
4. On vend la meilleure glace…
5. Les meilleures voitures sont faites…
6. Le genre de musique le plus apprécié par les jeunes est…

B. Vos affaires. Savez-vous où vos affaires ont été fabriquées (*made*)? Faites une liste de six de vos possessions et devinez dans quel pays chacune a été faite.

Option. Have students try to verify their guesses.

> EXEMPLE
>
> Mon stylo a été fait aux États-Unis.

C. Qu'est-ce qui se passe? Regardez les illustrations ci-dessous et inventez une phrase passive pour décrire chaque scène.

Encourage students to be imaginative in their answers.

EXEMPLE **Cette sculpture est appréciée par beaucoup de gens.**

 1.

 2.

3.

 4.

 5.

Answers may vary. **1.** Ce dessin a été fait par un petit enfant. **2.** Ce bâtiment n'est pas encore fini. **3.** La petite fille a été sauvée par son chien. **4.** La voiture sera bientôt lavée. **5.** Le chat a été trouvé par un voisin.

Révision et Expansion

You have learned to use past participles to form the **passé composé** and to form a passive sentence. Past participles can also be used as adjectives. A number of adjectives that you already know come from past participles. See Student Response Forms.

J'adore le pain **grillé**. Excusez-moi, je suis **désolée**.
Mon frère aîné est déjà **marié**. C'est une fille très **occupée**.

Laure works on weekends in an art musuem. Complete what she says about her job using one of the adjectives below.

fatiguée   apprécié   obligée   écrit
occupée   préféré   faites   compliqué

1. En général, j'aime bien mon travail, mais je suis quelquefois ═══ de faire des choses embêtantes.
2. Cet artiste est très ═══ en ce moment.
3. Nous venons de recevoir quelques nouvelles peintures ═══ par un artiste français.
4. Quand je ne suis pas très ═══, je lis un roman ═══ par mon écrivain ═══.
5. Après le travail, je suis toujours ═══. Alors, je me couche très tôt.

1. obligée **2.** apprécié **3.** faites **4.** occupée/écrit/préféré **5.** fatiguée

PERSPECTIVES

La place des Vosges: Paris, France

Le Pont du Gard

Lecture

ST 128

À La Découverte du passé

Prereading question. In what region of France can one see many examples of Roman ruins?

Le touriste qui visite la France pour la première fois sera étonné de voir la grande variété de styles architecturaux qui s'y trouvent. La longue histoire de la France est reflétée dans son architecture. Dans chaque région de France, on découvre le passé en visitant les bâtiments.

La ville de Paris est un véritable musée d'architecture: on y trouve des exemples de toutes les époques. On peut mentionner par exemple les ruines romaines du Quartier Latin; le Louvre, qui a été construit au seizième siècle et agrandi plusieurs fois depuis sa construction; les magnifiques maisons de la place des Vosges, construites au dix-septième siècle; la tour Eiffel, qui date de l'Exposition internationale de 1889; et, bien sûr, les gratte-ciel de verre dans le quartier de la Défense.

Suggestion. Remind students that the verb **construire,** which is conjugated like **conduire,** means to build.

Bien que Paris offre déjà beaucoup à voir, il ne faut pas oublier les chefs-d'œuvre architecturaux à visiter dans chaque région de France. Les châteaux de la Loire, par exemple, ont été construits comme résidences des nobles à l'époque de la Renaissance. Ils sont connus dans le monde entier pour leur beauté et leur élégance. En Normandie, il faut voir le Mont-Saint-Michel, une abbaye construite pendant le Moyen Âge sur une île. Dans le Midi, on trouve beaucoup de superbes exemples de ruines romaines, comme le Pont du Gard, un ancien aqueduc, ou l'amphithéâtre de la ville de Nîmes. Quand on contemple ces ruines, il est difficile de croire qu'elles existent depuis presque deux mille ans.

N'oublions pas les magnifiques cathédrales gothiques qu'on trouve dans le nord de la France, dont les plus connues sont sans doute celles de Paris, de Chartres et de Reims. Avec leurs façades ornées de sculptures, leurs vitraux aux brillantes couleurs et leurs flèches majestueuses, les cathédrales gothiques attirent des visiteurs du monde entier.

Le Château d'Azay-le-Rideau

La Cathédrale de Chartres

Vocabulaire à noter

l' **abbaye** (*f*)	abbey	la **flèche**	spire
agrandir	to enlarge	**majestueux**	majestic
attirer	to attract	le **Moyen Âge**	the Middle Ages
le **château**	castle	**orné**	decorated
la **Défense**	business district of Paris	**romain**	Roman
		véritable	real
l' **époque** (*f*)	era	le **verre**	glass
la **façade**	front	le **vitrail**	stained-glass window

Compréhension

D'après les renseignements présentés dans **À La Découverte du passé**, identifiez les bâtiments suivants.

1. Ce sont de grandes églises avec des flèches majestueuses et de très beaux vitraux.
2. C'est une abbaye ancienne construite sur une île.
3. Ce sont des maisons élégantes construites à Paris au dix-septième siècle.
4. C'est un aqueduc romain dans le sud de la France.
5. C'est une tour construite au dix-neuvième siècle à l'occasion d'une exposition internationale.
6. C'étaient des résidences pendant la Renaissance.

1. les cathédrales gothiques
2. le Mont Saint-Michel
3. les maisons de la place des Vosges
4. le Pont du Gard
5. la tour Eiffel
6. Les châteaux de la Loire

Communication

A. C'est vous le critique. Voici quelques œuvres d'art françaises bien connues. Regardez-les et donnez vos réactions.

> EXEMPLE **Ce tableau-ci ne me dit pas grand-chose. Je trouve que...**

Suggestion. Have students discuss their reactions in pairs or small groups. Encourage them to develop elaborate and precise reactions.

L'église de Ronchamp de Le Corbusier

"La Tristesse du Roi" de Matisse

"Le Penseur" de Rodin

B. Comment se renseigner. Vous êtes touriste à Paris. Demandez les renseignements dont vous avez besoin en employant le verbe suggéré et deux pronoms dans chaque question.

> EXEMPLE Je ne sais pas où se trouve le Louvre. (dire)
> **Pourriez-vous me le dire, s'il vous plaît?**

1. Je vois que vous avez une carte. (prêter)
2. Je ne sais pas à quelle station de métro je dois descendre. (dire)
3. J'ai des difficultés à comprendre ce plan de Paris. (expliquer)
4. Je voudrais consulter ce livre qui est à côté de vous. (prêter)
5. J'aimerais savoir combien coûte ce guide de Paris. (dire)
6. Je ne sais pas où se trouve la rue Royale. (montrer)

C. Un voyage en France. Émilie, qui est étudiante en architecture
W dans une université marocaine, est en train de visiter la France. Elle écrit une lettre à son professeur d'architecture pour décrire les bâtiments qu'elle a visités et ses impressions de ce qu'elle a vu. Imaginez sa lettre.

> EXEMPLE

> Chère Mme Tabti,
> J'ai vu beaucoup de bâtiments superbes depuis mon arrivée en France...

D. Un séjour artistique. Vous avez fait un séjour à Paris. Décrivez six choses que vous avez vues en utilisant un verbe au passif dans chaque phrase.

> EXEMPLE **J'ai vu une église qui a été construite au dix-septième siècle.**

ST 129

E. Une occasion à ne pas manquer. Le professeur d'art est en train de
L parler aux élèves d'un voyage organisé pour des lycéens. Écoutez ce qu'elle dit et ajoutez les mots qui manquent.

L'agence de voyages ITF organise actuellement un voyage __1__ vous devriez tous participer. C'est un voyage pour les jeunes qui s'intéressent à l'art et à __2__. On emmènera les participants dans les différentes régions de France. L'agence a choisi des villes dans __3__ on trouve des musées et des exemples importants de l'architecture française. Les guides seront des professeurs d'art __4__ vous pourrez poser toutes vos questions. Vous allez voir des __5__ dans le Sud de la France et des cathédrales __6__ dans le Nord. Vous aurez aussi la possibilité de passer une semaine de plus à Paris

See Student Response Forms.

1. auquel
2. l'architecture
3. lesquelles
4. à qui
5. ruines romaines
6. gothiques

où des cours de peinture __7__. Et vous recevrez un prix spécial __8__ vous achetiez votre billet avant le 15 juin. L'ITF est une agence en __9__ vous pouvez avoir confiance. Pour que vous __10__ y participer, il faut que vos parents donnent leur accord. Alors, parlez __11__ tout de suite.

7. seront organisés **8.** pourvu que **9.** laquelle **10.** puissiez **11.** -leur-en

ST 130

F. Le Centre Pompidou. Vous connaissez déjà le Centre Pompidou à Paris. Écoutez l'histoire de sa création et choisissez la meilleure réponse à chaque question.

1. L'idée de créer le Centre Pompidou est venu
   a. d'un groupe international d'architectes.
   b. du Président Georges Pompidou.
   c. du Président actuel de la France.

2. Le Président Pompidou a commencé ce projet parce qu'
   a. il pensait qu'il n'y avait pas de bons musées à Paris.
   b. il voulait créer un musée spécialement pour les Parisiens.
   c. il pensait qu'un centre culturel serait apprécié par tous les Français.

3. Pour choisir le dessin du Centre, on
   a. a organisé une compétition d'architectes.
   b. a choisi les meilleurs architectes de France.
   c. est venu aux États-Unis.

4. Le musée a été dessiné par
   a. deux Français.
   b. deux Italiens.
   c. un Anglais et un Italien.

5. Au début, le dessin du musée était
   a. trop moderne pour beaucoup de Français.
   b. très apprécié par tout le monde.
   c. considéré trop traditionnel.

6. Le musée est ouvert depuis
   a. 1973.
   b. 1977.
   c. 1987.

7. On peut dire que le Centre Pompidou
   a. n'intéresse pas les visiteurs étrangers.
   b. est extrêmement populaire.
   c. devient de moins en moins populaire.

1. b
2. c
3. a
4. c
5. a
6. b
7. b

Le Centre Pompidou: Paris, France

Prononciation

French, like English, sounds somewhat different depending on the country or region where it is spoken and on the social occasion during which the conversation takes place. The French spoken by friends engaged in a fast and lively conversation doesn't sound the same as the French you might hear in a classroom or on television.

Here are some kinds of changes that may take place in rapid conversations in French. Study and repeat each example.

1. The sound /ə/ is often dropped.

   Je ne l'aime pas.   Elle te le donnera.

   Il me le demande.

2. The word **ne** is often completely dropped.

   Je ne sais pas.   Tu ne veux pas venir?

   Je n'y comprends rien.

3. The pronoun **je** is sometimes pronounced with the sound /ʃ/ as in the word **cheval**. In fact, **je ne** is sometimes reduced to /ʃ/.

   Je dois partir.   Je ne peux pas le faire.

   Je fais mes devoirs.

4. The l of a few common words including **il, ils, celui,** and **plus** may drop.

   Ils ne sont pas là.   Il ne veut pas venir.

   Il n'y a plus rien.

5. The /y/ of the word **tu** may be dropped before another vowel.

   Tu as fini ton travail?   Tu es encore là?

   Tu as trouvé Frédéric?

Now repeat the following sentences overheard at a museum.

1. Celui-là, je ne l'aime pas beaucoup.
2. Je ne le comprends pas.
3. Qu'est-ce que tu en penses?
4. Ils ne sont pas encore arrivés.
5. Je ne connais pas ce peintre.

Here is an opportunity to see how well you can use your French in a variety of situations. If you have trouble with any of these items, study the topic and practice the activities again, or ask your teacher for help.

ST 132

Écoutez bien

A. Un jeune artiste. François est élève à **L'École des Beaux-Arts** de Grenoble. Il montre l'école à un copain qui lui rend visite. Écoutez ce qu'il lui dit et écrivez la lettre de l'image qui correspond à chaque phrase. **1.** e **2.** f **3.** a **4.** d **5.** g **6.** c **7.** b

a.   b.   c.

d.   e.   f.   g.

Lisez un peu

A. Les arts en France. Lisez ce texte sur les arts en France et répondez ensuite aux questions qui le suivent *(follow)*.

En général, on attache une grande importance à l'art en France. Par exemple, il existe un Ministère de la Culture qui protège et développe la culture et les arts. Le gouvernement contribue financièrement aux centres culturels, aux musées et aux théâtres.

En été, on organise de nombreux festivals culturels qui attirent des spectateurs français et étrangers. Il y a, par exemple, le festival de musique d'Aix-en-Provence, le festival de théâtre d'Avignon et le festival de cinéma de Cannes, qui est connu dans le monde entier.

Dans toutes les villes de France, il y a une vie culturelle très active. Si vous visitiez une petite ville, vous auriez sans doute la possibilité de voir des musées d'art et d'histoire ou bien d'aller à un concert ou à une pièce jouée par des acteurs et actrices de la région.

Mais c'est Paris qui est le vrai centre culturel du pays. Paris a des centaines de musées—des musées d'art, de science, d'histoire et de technologie. Le théâtre est également une partie intégrale de la vie culturelle à Paris. On peut aller à la Comédie Française pour voir des pièces classiques, ou bien on peut choisir un petit théâtre du Quartier Latin pour voir des pièces d'avant-garde. Mais ce n'est pas seulement dans les musées et les théâtres qu'on peut apprécier la vie artistique. À Paris l'art se trouve même dans les rues. Des artistes qui font des portraits aux superbes exemples d'architecture, il y a partout des œuvres d'art à apprécier.

1. **Il protège et développe la culture et les arts.**
2. **en été**
3. **à Cannes**
4. **La vie culturelle dans les petites villes est très active; on peut trouver des musées d'art et d'histoire, des concerts et des pièces de théâtre.**
5. **d'art, de science, d'histoire et de technologie**
6. **à la Comédie Française**

1. Que fait le Ministère de la Culture?
2. En quelle saison est-ce qu'on organise beaucoup de festivals culturels en France?
3. Où est-ce qu'on organise un festival de cinéma très célèbre?
4. Décrivez la vie culturelle dans les petites villes françaises.
5. Quelles sortes de musées trouve-t-on à Paris?
6. Où iriez-vous pour voir une pièce classique à Paris?

JEAN DEWASNE

FESTIVAL D'AIX EN PROVENCE
8/31 JUILLET 1987

Écrivez

A. Des chefs-d'œuvre.   Connaissez-vous les grandes œuvres d'art françaises? Essayez d'identifier quel artiste a fait chaque œuvre mentionnée dans la première colonne. Employez le passif de **faire, composer, dessiner,** ou **écrire** dans votre réponse.

> **EXEMPLE**   **La Tour Eiffel a été dessinée par l'architecte Alexandre Gustave Eiffel.**

"Fin d'arabesque" par Edgar Degas

1. le roman *Les Misérables*	le peintre Renoir
2. la peinture *La Leçon de danse*	l'écrivain Albert Camus
3. la peinture *Le Moulin de la Galette*	le sculpteur Auguste Rodin
4. le roman *L'Étranger*	l'écrivain Colette
5. la pièce *Rhinocéros*	le compositeur Debussy
6. la composition musicale *La Mer*	le peintre Edgar Degas
7. la sculpture *Le Penseur*	l'écrivain Eugène Ionesco
8. le roman *Gigi*	l'écrivain Victor Hugo

B. Le talent.   Nous avons tous un talent. Pensez à quelque chose que vous savez faire et imaginez que vous expliquez à un(e) ami(e) comment le faire. Écrivez votre explication en mentionnant le matériel dont on a besoin et tout ce qu'il faut faire. Vous pouvez choisir une des suggestions ci-dessous si vous voulez.

> **EXEMPLE**   faire une peinture

Pour faire une peinture, il faut d'abord...

faire une peinture	faire un gâteau
organiser une boum	jouer au football américain
faire une sculpture	dessiner le plan d'une maison

C. Les jeunes artistes.   Françoise passe l'été dans une colonie de vacances pour les jeunes qui s'intéressent aux arts. Voici une partie de la dernière lettre qu'elle a écrite à ses parents. Complétez sa lettre en y ajoutant les expressions de la liste suivante.

avec qui	pourvu que	paysages	talent	auquel
sculpteur	dont	me les	danseuse	avons été

Le professeur __1__ je vous ai parlé est très sympa, et c'est son cours de dessin que j'aime le mieux. Tout le monde ici a beaucoup de __2__. J'ai découvert que la fille __3__ je partage ma chambre est une excellente __4__. Et il y a un jeune peintre dans mon cours de peinture qui fait de très beaux __5__.

Il y a un petit cinéma dans le village __6__ nous allons une fois par semaine. Et samedi dernier, nous __7__ reçus chez un __8__ du village pour voir ses dernières œuvres. Ça a été fascinant. Samedi prochain, je vais aller voir une pièce de théâtre __9__ il y ait encore des billets pas trop chers.

J'ai trouvé ici les pinceaux que je cherchais. Alors, il n'est plus nécessaire de __10__ envoyer. Je vous écrirai mardi prochain.

6. auquel
7. avons été
8. sculpteur
9. pourvu qu'
10. me les

D. Interview d'un artiste. Olivier Leblanc est un jeune artiste déjà très célèbre. Complétez cette interview de lui en utilisant les réponses suggérées.

Suggestion. Have students do this activity in pairs or small groups.

LE REPORTER	À quel âge avez-vous commencé à faire de la peinture?
OLIVIER	*(When I was eight, I asked my parents for paints. They gave some to me, and I made my first painting.)*
LE REPORTER	Où avez-vous trouvé l'idée de votre dernier paysage?
OLIVIER	*(This painting was done during my last trip to Spain.)*
LE REPORTER	Quels sujets vous intéressent actuellement?
OLIVIER	*(I very much like the forms and ideas which are found in the country.)*
LE REPORTER	Avez-vous un tableau préféré?
OLIVIER	*(I like the painting that I'm working on now.)*
LE REPORTER	Qu'est-ce que c'est?
OLIVIER	*(It's an abstract still life. I can show it to you if you like.)*
LE REPORTER	D'accord. J'aimerais bien la voir.

À l'âge de huit ans, j'ai demandé des peintures à mes parents. Ils m'en ont donné et j'ai fait ma première peinture.
Cette peinture a été faite pendant mon dernier voyage en Espagne.
J'aime beaucoup les formes et les idées qu'on trouve à la campagne.
J'aime beaucoup le tableau sur lequel je travaille en ce moment. C'est une nature morte abstraite. Je peux vous la montrer si vous voulez.

Parlons ensemble

Work with a partner or partners, and create dialogues, using the situations below. Whenever appropriate, switch roles and practice a different part of your dialogue.

Situations

A. La discrétion. Your partner is a friend who has done his or her first painting and is now asking you to react to various aspects of the painting. You don't think it's very good, but you're trying to be as encouraging as possible.

B. Toi, l'artiste. You would like to learn to do some kind of artistic activity, but you don't have any ideas, and you don't think you're very talented. Your partner is a friend or relative who is trying to give you some ideas.

VOCABULAIRE

NOUNS RELATED TO ART AND ARCHITECTURE

l' **architecte** (*m*) architect
le **chef-d'œuvre** (*pl.* les chefs-d'œuvre) masterpiece
le **compositeur**, la **compositrice** composer
le **crayon de couleur** colored pencil
le **danseur**, la **danseuse** dancer
le **dessinateur**, la **dessinatrice** cartoonist
la **façade** front (of a building)
la **forme** form
la **ligne** line
le **matériel** supplies, materials, equipment
le **metteur en scène** film director
le **morceau** (de musique) piece (of music)
la **nature morte** still life
l' **œuvre** (*f*) (art) work
le **paysage** landscape painting
le **peintre** painter
la **peinture** paint, painting
le **photographe** photographer
la **pièce de théâtre** play
le **pinceau** paintbrush
le **plan** plan, draft
le **portrait** portrait
le **sculpteur** sculptor
la **sculpture** sculpture
le **talent** talent
la **toile** canvas
la **tour** tower
le **vitrail** (*pl.* les vitraux) stained-glass window

OTHER NOUNS

le **coup de téléphone** telephone call
l' **époque** (*f*) era
le **Moyen Âge** the Middle Ages
le **passé** past
les **ruines** (*f*) ruins
le **verre** glass

VERBS AND VERBAL EXPRESSIONS

agrandir to enlarge
annoncer to announce
attirer to attract
entendre dire que to hear that

ADJECTIVES

abstrait abstract
fascinant fascinating
gothique gothic
reflété reflected
romain Roman

CONJUNCTIONS

à condition que on the condition that
afin que so that, in order that
à moins que unless
avant que before
bien que although
jusqu'à ce que until
pour que so that, in order that
pourvu que provided that
quoique although
sans que without

OTHER EXPRESSIONS

Allô Hello (on the phone)
à l'appareil calling
à part cela other than that
Ça ne me dit pas grand-chose. It doesn't appeal to me.
dont of which, of whom
en ce qui concerne concerning
lequel, laquelle, lesquels, lesquelles which

La Littérature

Nº 4

Gazette

POUR FAIRE LE PORTRAIT D'UN OISEAU

A Else Henriquez

Peindre d'abord une cage
avec une porte ouverte
peindre ensuite
quelque chose de joli
quelque chose de simple
quelque chose de beau
quelque chose d'utile
pour l'oiseau
placer ensuite la toile contre un arbre
dans un jardin
dans un bois
ou dans une forêt
se cacher derrière l'arbre
sans rien dire
sans bouger...
Parfois l'oiseau arrive vite
mais il peut aussi bien mettre de longues années
avant de se décider
Ne pas se décourager
attendre
attendre s'il le faut pendant des années
la vitesse ou la lenteur de l'arrivée de l'oiseau
n'ayant aucun rapport
avec la réussite du tableau

Quand l'oiseau arrive
s'il arrive
observer le plus profond silence
attendre que l'oiseau entre dans la cage
et quand il est entré
fermer doucement la porte avec le pinceau
puis
effacer un à un tous les barreaux
en ayant soin de ne toucher aucune des plumes de l'oiseau
Faire ensuite le portrait de l'arbre
en choisissant la plus belle de ses branches
pour l'oiseau
peindre aussi le vert feuillage et la fraîcheur du vent
la poussière du soleil
et le bruit des bêtes de l'herbe dans la chaleur de l'été
et puis attendre que l'oiseau se décide à chanter
Si l'oiseau ne chante pas
c'est mauvais signe
signe que le tableau est mauvais
mais s'il chante c'est bon signe
signe que vous pouvez signer
Alors vous arrachez tout doucement
une des plumes de l'oiseau
et vous écrivez votre nom dans un coin du tableau.

Jacques Prévert

A. Premier niveau. D'abord, parcourez ce poème de Jacques Prévert. Essayez de préciser le sujet et le ton du texte.

1. Répondez aux questions suivantes.
   a. Quel est le sujet du poème?
   b. Y a-t-il une histoire dans ce poème? Expliquez votre réponse.
   c. Quel est le ton du poème d'après vous? Est-ce un poème plutôt sérieux, triste, heureux, amusant?

2. Maintenant, relisez le poème. Essayez ensuite de mettre dans l'ordre les phrases suivantes.

   a. Il faut s'installer derrière l'arbre et attendre, peut-être des années.
   b. Il faut fermer la porte de la cage avec le pinceau.
   c. Il faut mettre le tableau dans un jardin ou dans une forêt.
   d. Il faut peindre la plus belle branche de l'arbre.
   e. Il faut peindre une cage avec la porte ouverte.
   f. Il faut attendre qu'un oiseau arrive et entre dans la cage.

B. Les sons. Pour apprécier les sons, lisez ce poème à haute voix. Répondez ensuite aux questions suivantes. Donnez des exemples.

1. Trouvez-vous des répétitions dans le poème?
2. Trouvez-vous un rythme?
3. Est-ce que la rime a beaucoup d'importance dans ce poème?

C. Le sens. Lisez le poème encore une fois, cette fois-ci très attentivement, pour découvrir sa signification. Choisissez dans le poème les dix mots qui sont, d'après vous, les plus importants. Expliquez l'importance de ces mots. Répondez ensuite à ces questions.

1. Est-il possible de peindre un tableau de cette manière? Pourquoi?
2. Vous avez déjà donné une définition du sujet du poème. Maintenant que vous avez lu le poème plusieurs fois, est-ce que vous avez changé d'avis? À votre avis, quel est le véritable sujet du poème?
3. D'après vous, quelle est la signification de ce poème?
4. Est-ce que vous aimez ce poème?

Answers may vary.
1. a. comment peindre un oiseau
   b. Oui./Il y a un commencement, un développement et une conclusion.
   c. Answers will vary.

2. e, c, a, f, b, d

Suggestion. Have students give examples to support their answers.

Suggestion. Have students, working in small groups, develop and discuss their points of view. Then have a class discussion so that students hear different points of view.

La seconde planète était habitée par un vaniteux :

— Ah! ah! Voilà la visite d'un admirateur! s'écria de loin le vaniteux dès qu'il aperçut le petit prince.

Car, pour les vaniteux, les autres hommes sont des admirateurs.

— Bonjour, dit le petit prince. Vous avez un drôle de chapeau.

— C'est pour saluer, lui répondit le vaniteux. C'est pour saluer quand on m'acclame. Malheureusement il ne passe jamais personne par ici.

— Ah oui? dit le petit prince qui ne comprit pas.

— Frappe tes mains l'une contre l'autre, conseilla donc le vaniteux.

Le petit prince frappa ses mains l'une contre l'autre. Le vaniteux salua modestement en soulevant son chapeau.

— Ça c'est plus amusant que la visite au roi, se dit en lui-même le petit prince. Et il recommença de frapper ses mains l'une contre l'autre. Le vaniteux recommença de saluer en soulevant son chapeau.

Flash-conseil. Pour faciliter la compréhension et l'appréciation d'une œuvre littéraire, il faut reconnaître quels sont les éléments essentiels de l'histoire. Par exemple, qui sont les personnages centraux? Quels sont les rapports entre eux? Où se passe l'histoire et quel est le thème principal?

A. Les éléments. Parcourez les dix premières lignes de ce passage du *Petit Prince* écrit par Antoine de Saint-Exupéry. Ensuite, répondez aux questions suivantes.

1. Qui sont les deux personnages dans cette histoire?

2. Où sont-ils?

3. Est-ce qu'ils se connaissent bien?

1. le petit prince et le vaniteux
2. sur la planète du vaniteux
3. Non.

B. L'histoire. Lisez tout le texte en faisant attention au dialogue et aux rapports entre les deux personnages. Répondez ensuite aux questions suivantes.

Après cinq minutes d'exercice le petit prince se fatigua de la monotonie du jeu :

— Et pour que le chapeau tombe, demanda-t-il, que faut-il faire?

Mais le vaniteux ne l'entendit pas. Les vaniteux n'entendent jamais que les louanges.

— Est-ce que tu m'admires vraiment beaucoup? demanda-t-il au petit prince.

— Qu'est-ce que signifie admirer?

— Admirer signifie reconnaître que je suis l'homme le plus beau, le mieux habillé, le plus riche et le plus intelligent de la planète.

— Mais tu es seul sur ta planète!

— Fais-moi ce plaisir. Admire-moi quand même!

— Je t'admire, dit le petit prince, en haussant un peu les épaules, mais en quoi cela peut-il bien t'intéresser?

Et le petit prince s'en fut.

«Les grandes personnes sont décidément bien bizarres», se dit-il simplement en lui-même durant son voyage.

Antoine de Saint-Exupéry

1. Qu'est-ce que le vaniteux veut?

2. Que fait le petit prince pour que le vaniteux soulève son chapeau?

3. Est-ce qu'il y a beaucoup de gens sur la planète du vaniteux?

4. Quelle conclusion tire le petit prince quand il quitte la planète du vaniteux?

1. Il veut des admirateurs pour l'admirer et l'acclamer.
2. Il frappe ses mains l'une contre l'autre.
3. Non. Il y a seulement le vaniteux.
4. Que les grandes personnes sont bizarres.

Suggestion. After students have discussed their answers to Activity C in pairs, you may want to have a class discussion so that students hear different points of view.

C. Les idées. Relisez le texte encore une fois en réfléchissant à sa signification. Avec un(e) camarade de classe, préparez une réponse à chacune des questions suivantes.

1. Qu'est-ce que c'est qu'un vaniteux?

2. Relisez la dernière phrase du texte et essayez de décider quel point de vue le petit prince représente.

3. À votre avis, est-ce un texte sérieux ou comique?

4. À votre avis, que veut dire cette histoire?

Les Confitures

Le jour que nous reçûmes la visite de l'économiste, nous faisions justement nos confitures de cassis, de groseille et de framboise.

L'économiste, aussitôt, commença de m'expliquer avec toutes sortes de mots, de chiffres et de formules, que nous avions le plus grand tort de faire nos confitures nous-mêmes, que c'était une coutume du moyen âge, que, vu le prix du sucre, du feu, des pots et surtout de notre temps, nous avions tout avantage à manger les bonnes conserves qui nous viennent des usines, que la question semblait tranchée, que, bientôt, personne au monde ne commettrait plus jamais pareille faute économique.

— Attendez, monsieur! m'écriai-je. Le marchand me vendra-t-il ce que je tiens pour le meilleur et le principal?

— Quoi donc? fit l'économiste.

— Mais l'odeur, monsieur, l'odeur! Respirez: la maison tout entière est embaumée. Comme le monde serait triste sans l'odeur des confitures!

L'économiste, à ces mots, ouvrit des yeux d'herbivore. Je commençais de m'enflammer.

— Ici, monsieur, lui dis-je, nous faisons nos confitures uniquement pour le parfum. Le reste n'a pas d'importance. Quand les confitures sont faites, eh bien! monsieur, nous les jetons.

J'ai dit cela dans un grand mouvement lyrique et pour éblouir le savant. Ce n'est pas tout à fait vrai. Nous mangeons nos confitures, en souvenir de leur parfum.

Georges Duhamel

A. L'idée générale.   D'abord, parcourez *Les Confitures* écrit par Georges Duhamel et essayez de préciser le sujet et le ton du texte.

1. Quel est le sujet du texte?
2. Est-ce que le ton de cette histoire est plutôt sérieux ou plutôt comique?

1. la fabrication des confitures
2. comique

B. Les mots. Lisez les phrases suivantes. Servez-vous du contexte pour choisir les mots ou les phrases qui sont l'équivalent des mots soulignés (*underlined*). Ensuite, cherchez les mots soulignés dans le texte.

Suggestion. Have students find the words in the text and explain the sentences in which they appear.

1. b
2. a
3. b
4. c
5. c

1. Les économistes utilisent les formules et <u>les chiffres</u> pour faire leurs calculs.
   a. les mots   **b.** les numéros   **c.** les stylos
2. La vache est un animal <u>herbivore</u>.
   a. qui mange de l'herbe
   b. qui donne du lait
   c. qui a l'air intelligent
3. J'ai <u>eu tort</u> quand j'ai dit que deux et deux font cinq.
   a. eu une attaque   **b.** fait une erreur   **c.** été fatigué
4. Il a <u>jeté</u> la balle de tennis aux joueurs.
   a. acheté   **b.** pris   **c.** lancé
5. Elle est sensible à la beauté, et ces diamants vont l'<u>éblouir</u>.
   a. embêter   **b.** intéresser   **c.** impressionner

C. Les confitures. Relisez le texte pour décider si les phrases suivantes sont **vraies** ou **fausses**. Corrigez les phrases qui sont fausses.

1. Faux. Il dit que c'est une coutume du moyen âge.
2. Vrai.
3. Vrai.
4. Faux. Il a dit ça pour éblouir l'économiste.

1. L'économiste dit que la fabrication des confitures à la maison est une coutume typique de l'époque actuelle.
2. L'économiste recommande de manger les confitures faites dans les usines.
3. C'est l'odeur que le narrateur apprécie dans la confection des confitures.
4. Quand ces gens font des confitures, ils ne les mangent pas, ils les jettent.

D. La comparaison. Lisez le texte encore une fois en réfléchissant aux points de vue représentés dans cette histoire. En travaillant avec un(e) camarade de classe, répondez aux questions suivantes.

Option. Have students discuss their answers to Item 3. Encourage them to define the two points of view. Ask them to give examples from their own lives.

1. Pourquoi, d'après l'économiste, est-il préférable d'acheter des confitures?
2. Quel est le point de vue du narrateur?
3. À votre avis, que veut dire cette histoire? Êtes-vous plutôt d'accord avec le point de vue de l'économiste ou avec le point de vue du narrateur?

Tableaux des verbes

Verbes réguliers

Infinitif	Participe présent	Présent		Impératif	Passé composé	
parler	parlant	parle parles parle	parlons parlez parlent	parle parlons parlez	ai parlé as parlé a parlé	avons parlé avez parlé ont parlé
finir	finissant	finis finis finit	finissons finissez finissent	finis finissons finissez	ai fini as fini a fini	avons fini avez fini ont fini
vendre	vendant	vends vends vend	vendons vendez vendent	vends vendons vendez	ai vendu as vendu a vendu	avons vendu avez vendu ont vendu

Verbes pronominaux

Infinitif	Participe présent	Présent	Impératif	Passé composé
se laver	se lavant	me lave te laves se lave nous lavons vous lavez se lavent	lave-toi lavons-nous lavez-vous	me suis lavé(e) t'es lavé(e) s'est lavé(e) nous sommes lavé(e)s vous êtes lavé(e)(s) se sont lavé(e)s

Verbes à changement orthographique

Infinitif	Participe présent	Présent		Impératif	Passé composé	
acheter e → è	achetant	achète achètes achète	achetons achetez achètent	achète achetons achetez	ai acheté as acheté a acheté	avons acheté avez acheté ont acheté
Like **acheter**: élever, emmener, se lever						
appeler l → ll	appelant	appelle appelles appelle	appelons appelez appellent	appelle appelons appelez	ai appelé as appelé a appelé	avons appelé avez appelé ont appelé
payer y → i	payant	paie paies paie	payons payez paient	paie payons payez	ai payé as payé a payé	avons payé avez payé ont payé
Like **payer**: envoyer, essayer, s'ennuyer, nettoyer						
préférer é → è	préférant	préfère préfères préfère	préférons préférez préfèrent	préfère préférons préférez	ai préféré as préféré a préféré	avons préféré avez préféré ont préféré
Like **préférer**: célébrer, espérer, exagérer, protéger, répéter, sécher, suggérer						
Verbs whose infinitives end in **-cer** or **-ger** (like **commencer** or **nager**) change **c** to **ç** or **g** to **ge** before endings that begin with **a** or **o**: **je commençais, nous mangeons.**						

Imparfait		Futur		Conditionnel		Subjonctif	
parlais	parlions	parlerai	parlerons	parlerais	parlerions	parle	parlions
parlais	parliez	parleras	parlerez	parlerais	parleriez	parles	parliez
parlait	parlaient	parlera	parleront	parlerait	parleraient	parle	parlent
finissais	finissions	finirai	finirons	finirais	finirions	finisse	finissions
finissais	finissiez	finiras	finirez	finirais	finiriez	finisses	finissiez
finissait	finissaient	finira	finiront	finirait	finiraient	finisse	finissent
vendais	vendions	vendrai	vendrons	vendrais	vendrions	vende	vendions
vendais	vendiez	vendras	vendrez	vendrais	vendriez	vendes	vendiez
vendait	vendaient	vendra	vendront	vendrait	vendraient	vende	vendent

me lavais	me laverai	me laverais	me lave
te lavais	te laveras	te laverais	te laves
se lavait	se lavera	se laverait	se lave
nous lavions	nous laverons	nous laverions	nous lavions
vous laviez	vous laverez	vous laveriez	vous laviez
se lavaient	se laveront	se laveraient	se lavent

achetais	achetions	achèterai	achèterons	achèterais	achèterions	achète	achetions
achetais	achetiez	achèteras	achèterez	achèterais	achèteriez	achètes	achetiez
achetait	achetaient	achètera	achèteront	achèterait	achèteraient	achète	achètent
appelais	appelions	appellerai	appellerons	appellerais	appellerions	appelle	appelions
appelais	appeliez	appelleras	appellerez	appellerais	appelleriez	appelles	appeliez
appelait	appelaient	appellera	appelleront	appellerait	appelleraient	appelle	appellent
payais	payions	paierai	paierons	paierais	paierions	paie	payions
payais	payiez	paieras	paierez	paierais	paieriez	paies	payiez
payait	payaient	paiera	paieront	paierait	paieraient	paie	paient
préférais	préférions	préférerai	préférerons	préférerais	préférerions	préfère	préférions
préférais	préfériez	préféreras	préférerez	préférerais	préféreriez	préfères	préfériez
préférait	préféraient	préférera	préféreront	préférerait	préféreraient	préfère	préfèrent

Verbes irréguliers

Infinitif	Participe présent	Présent		Impératif	Passé composé	
aller	allant	vais vas va	allons allez vont	va allons allez	suis allé(e) es allé(e) est allé(e)	sommes allé(e)s êtes allé(e)(s) sont allé(e)s
avoir	ayant	ai as a	avons avez ont	aie ayons ayez	ai eu as eu a eu	avons eu avez eu ont eu
boire	buvant	bois bois boit	buvons buvez boivent	bois buvons buvez	ai bu as bu a bu	avons bu avez bu ont bu
conduire construire réduire	conduisant	conduis conduis conduit	conduisons conduisez conduisent	conduis conduisons conduisez	ai conduit as conduit a conduit	avons conduit avez conduit ont conduit
connaître	connaissant	connais connais connaît	connaissons connaissez connaissent	connais connaissons connaissez	ai connu as connu a connu	avons connu avez connu ont connu
courir	courant	cours cours court	courons courez courent	cours courons courez	ai couru as couru a couru	avons couru avez couru ont couru
croire	croyant	crois crois croit	croyons croyez croient	crois croyons croyez	ai cru as cru a cru	avons cru avez cru ont cru
cueillir	cueillant	cueille cueilles cueille	cueillons cueillez cueillent	cueille cueillons cueillez	ai cueilli as cueilli a cueilli	avons cueilli avez cueilli ont cueilli
devoir	devant	dois dois doit	devons devez doivent	dois devons devez	ai dû as dû a dû	avons dû avez dû ont dû
dire	disant	dis dis dit	disons dites disent	dis disons dites	ai dit as dit a dit	avons dit avez dit ont dit
écrire décrire	écrivant	écris écris écrit	écrivons écrivez écrivent	écris écrivons écrivez	ai écrit as écrit a écrit	avons écrit avez écrit ont écrit
être	étant	suis es est	sommes êtes sont	sois soyons soyez	ai été as été a été	avons été avez été ont été
faire	faisant	fais fais fait	faisons faites font	fais faisons faites	ai fait as fait a fait	avons fait avez fait ont fait
falloir		il faut			il a fallu	
lire	lisant	lis lis lit	lisons lisez lisent	lis lisons lisez	ai lu as lu a lu	avons lu avez lu ont lu

Imparfait		Futur		Conditionnel		Subjonctif	
allais	allions	irai	irons	irais	irions	aille	allions
allais	alliez	iras	irez	irais	iriez	ailles	alliez
allait	allaient	ira	iront	irait	iraient	aille	aillent
avais	avions	aurai	aurons	aurais	aurions	aie	ayons
avais	aviez	auras	aurez	aurais	auriez	aies	ayez
avait	avaient	aura	auront	aurait	auraient	ait	aient
buvais	buvions	boirai	boirons	boirais	boirions	boive	buvions
buvais	buviez	boiras	boirez	boirais	boiriez	boives	buviez
buvait	buvaient	boira	boiront	boirait	boiraient	boive	boivent
conduisais	conduisions	conduirai	conduirons	conduirais	conduirions	conduise	conduisions
conduisais	conduisiez	conduiras	conduirez	conduirais	conduiriez	conduises	conduisiez
conduisait	conduisaient	conduira	conduiront	conduirait	conduiraient	conduise	conduisent
connaissais	connaissions	connaîtrai	connaîtrons	connaîtrais	connaîtrions	connaisse	connaissions
connaissais	connaissiez	connaîtras	connaîtrez	connaîtrais	connaîtriez	connaisses	connaissiez
connaissait	connaissaient	connaîtra	connaîtront	connaîtrait	connaîtraient	connaisse	connaissent
courais	courions	courrai	courrons	courrais	courrions	coure	courions
courais	couriez	courras	courrez	courrais	courriez	coures	couriez
courait	couraient	courra	courront	courrait	courraient	coure	courent
croyais	croyions	croirai	croirons	croirais	croirions	croie	croyions
croyais	croyiez	croiras	croirez	croirais	croiriez	croies	croyiez
croyait	croyaient	croira	croiront	croirait	croiraient	croie	croient
cueillais	cueillions	cueillirai	cueillirons	cueillirais	cueillirions	cueille	cueillions
cueillais	cueilliez	cueilliras	cueillirez	cueillirais	cueilliriez	cueilles	cueilliez
cueillait	cueillaient	cueillira	cueilliront	cueillirait	cueilliraient	cueille	cueillent
devais	devions	devrai	devrons	devrais	devrions	doive	devions
devais	deviez	devras	devrez	devrais	devriez	doives	deviez
devait	devaient	devra	devront	devrait	devraient	doive	doivent
disais	disions	dirai	dirons	dirais	dirions	dise	disions
disais	disiez	diras	direz	dirais	diriez	dises	disiez
disait	disaient	dira	diront	dirait	diraient	dise	disent
écrivais	écrivions	écrirai	écrirons	écrirais	écririons	écrive	écrivions
écrivais	écriviez	écriras	écrirez	écrirais	écririez	écrives	écriviez
écrivait	écrivaient	écrira	écriront	écrirait	écriraient	écrive	écrivent
étais	étions	serai	serons	serais	serions	sois	soyons
étais	étiez	seras	serez	serais	seriez	sois	soyez
était	étaient	sera	seront	serait	seraient	soit	soient
faisais	faisions	ferai	ferons	ferais	ferions	fasse	fassions
faisais	faisiez	feras	ferez	ferais	feriez	fasses	fassiez
faisait	faisaient	fera	feront	ferait	feraient	fasse	fassent
il fallait		il faudra		il faudrait		il faille	
lisais	lisions	lirai	lirons	lirais	lirions	lise	lisions
lisais	lisiez	liras	lirez	lirais	liriez	lises	lisiez
lisait	lisaient	lira	liront	lirait	liraient	lise	lisent

Verbes irréguliers

Infinitif	Participe présent	Présent		Impératif	Passé composé	
mettre permettre promettre	mettant	mets mets met	mettons mettez mettent	mets mettons mettez	ai mis as mis a mis	avons mis avez mis ont mis
mourir	mourant	meurs meurs meurt	mourons mourez meurent		suis mort(e) es mort(e) est mort(e)	sommes mort(e)s êtes mort(e)(s) sont mort(e)s
naître	naissant	nais nais naît	naissons naissez naissent		suis né(e) es né(e) est né(e)	sommes né(e)s êtes né(e)(s) sont né(e)s
offrir découvrir ouvrir souffrir	offrant	offre offres offre	offrons offrez offrent	offre offrons offrez	ai offert as offert a offert	avons offert avez offert ont offert
pleuvoir	pleuvant	il pleut			il a plu	
pouvoir	pouvant	peux peux peut	pouvons pouvez peuvent		ai pu as pu a pu	avons pu avez pu ont pu
prendre apprendre comprendre reprendre	prenant	prends prends prend	prenons prenez prennent	prends prenons prenez	ai pris as pris a pris	avons pris avez pris ont pris
recevoir	recevant	reçois reçois reçoit	recevons recevez reçoivent	reçois recevons recevez	ai reçu as reçu a reçu	avons reçu avez reçu ont reçu
savoir	sachant	sais sais sait	savons savez savent	sache sachons sachez	ai su as su a su	avons su avez su ont su
sortir dormir partir se sentir	sortant	sors sors sort	sortons sortez sortent	sors sortons sortez	suis sorti(e) es sorti(e) est sorti(e)	sommes sorti(e)s êtes sorti(e)(s) sont sorti(e)s
venir devenir obtenir revenir	venant	viens viens vient	venons venez viennent	viens venons venez	suis venu(e) es venu(e) est venu(e)	sommes venu(e)s êtes venu(e)(s) sont venu(e)s
vivre	vivant	vis vis vit	vivons vivez vivent	vis vivons vivez	ai vécu as vécu a vécu	avons vécu avez vécu ont vécu
voir	voyant	vois vois voit	voyons voyez voient	vois voyons voyez	ai vu as vu a vu	avons vu avez vu ont vu
vouloir	voulant	veux veux veut	voulons voulez veulent	veuille veuillez	ai voulu as voulu a voulu	avons voulu avez voulu ont voulu

Imparfait		Futur		Conditionnel		Subjonctif	
mettais	mettions	mettrai	mettrons	mettrais	mettrions	mette	mettions
mettais	mettiez	mettras	mettrez	mettrais	mettriez	mettes	mettiez
mettait	mettaient	mettra	mettront	mettrait	mettraient	mette	mettent
mourais	mourions	mourrai	mourrons	mourrais	mourrions	meure	mourions
mourais	mouriez	mourras	mourrez	mourrais	mourriez	meures	mouriez
mourait	mouraient	mourra	mourront	mourrait	mourraient	meure	meurent
naissais	naissions	naîtrai	naîtrons	naîtrais	naîtrions	naisse	naissions
naissais	naissiez	naîtras	naîtrez	naîtrais	naîtriez	naisses	naissiez
naissait	naissaient	naîtra	naîtront	naîtrait	naîtraient	naisse	naissent
offrais	offrions	offrirai	offrirons	offrirais	offririons	offre	offrions
offrais	offriez	offriras	offrirez	offfrirais	offririez	offres	offriez
offrait	offraient	offrira	offriront	offrirait	offriraient	offre	offrent
il pleuvait		il pleuvra		il pleuvrait		il pleuve	
pouvais	pouvions	pourrai	pourrons	pourrais	pourrions	puisse	puissions
pouvais	pouviez	pourras	pourrez	pourrais	pourriez	puisses	puissiez
pouvait	pouvaient	pourra	pourront	pourrait	pourraient	puisse	puissent
prenais	prenions	prendrai	prendrons	prendrais	prendrions	prenne	prenions
prenais	preniez	prendras	prendrez	prendrais	prendriez	prennes	preniez
prenait	prenaient	prendra	prendront	prendrait	prendraient	prenne	prennent
recevais	recevions	recevrai	recevrons	recevrais	recevrions	reçoive	recevions
recevais	receviez	recevras	recevrez	recevrais	recevriez	reçoives	receviez
recevait	recevaient	recevra	recevront	recevrait	recevraient	reçoive	reçoivent
savais	savions	saurai	saurons	saurais	saurions	sache	sachions
savais	saviez	sauras	saurez	saurais	sauriez	saches	sachiez
savait	savaient	saura	sauront	saurait	sauraient	sache	sachent
sortais	sortions	sortirai	sortirons	sortirais	sortirions	sorte	sortions
sortais	sortiez	sortiras	sortirez	sortirais	sortiriez	sortes	sortiez
sortait	sortaient	sortira	sortiront	sortirait	sortiraient	sorte	sortent
venais	venions	viendrai	viendrons	viendrais	viendrions	vienne	venions
venais	veniez	viendras	viendrez	viendrais	viendriez	viennes	veniez
venait	venaient	viendra	viendront	viendrait	viendraient	vienne	viennent
vivais	vivions	vivrai	vivrons	vivrais	vivrions	vive	vivions
vivais	viviez	vivras	vivrez	vivrais	vivriez	vives	viviez
vivait	vivaient	vivra	vivront	vivrait	vivraient	vive	vivent
voyais	voyions	verrai	verrons	verrais	verrions	voie	voyions
voyais	voyiez	verras	verrez	verrais	verriez	voies	voyiez
voyait	voyaient	verra	verront	verrait	verraient	voie	voient
voulais	voulions	voudrai	voudrons	voudrais	voudrions	veuille	voulions
voulais	vouliez	voudras	voudrez	voudrais	voudriez	veuilles	vouliez
voulait	voulaient	voudra	voudront	voudrait	voudraient	veuille	veuillent

Proverbes et dictons français

Aide-toi, le ciel t'aidera.	God helps those who help themselves.
Après la pluie, le beau temps.	Every cloud has a silver lining.
Autres temps, autres mœurs.	Customs change with the times.
Beaucoup de bruit pour rien.	Much ado about nothing.
Cela se voit comme le nez au milieu de la figure.	It's as plain as the nose on one's face.
C'est en forgeant qu'on devient forgeron.	Practice makes perfect.
Comme on fait son lit, on se couche.	You made your bed, now lie on it.
Contre vents et marées.	Against all odds.
De deux maux, il faut choisir le moindre.	One must choose the lesser of two evils.
Être dans le vent.	To be "with it."
Faute de grives, on mange des merles.	Beggars can't be choosers.
Vous êtes bon comme du pain.	You have a heart of gold.
Il faut battre le fer pendant qu'il est chaud.	Strike while the iron is hot.
Il ne faut pas dire: «Fontaine, je ne boirai pas de ton eau.»	Don't burn your bridges.
Il ne faut pas réveiller le chat qui dort.	Let sleeping dogs lie.
Tu ne ferais pas de mal à une mouche.	You wouldn't hurt a fly.
Il n'y a pas à dire.	There's no denying it.
Il n'y a pas de fumée sans feu.	There's no smoke without fire.
Il n'y a que le premier pas qui coûte.	The first step is the hardest.
La fin justifie les moyens.	The end justifies the means.
La nuit porte conseil.	I'll sleep on it.
L'appétit vient en mangeant.	The more you have, the more you want.
Le chat parti, les souris dansent.	When the cat's away, the mice will play.
Le mieux est l'ennemi du bien.	Leave well enough alone.
Le remède est pire que le mal.	The cure is worse than the disease.
Les absents ont toujours tort.	The absent are always in the wrong.
Les affaires sont les affaires.	Business is business.
Les beaux esprits se rencontrent.	Great minds think alike.
Les bons comptes font les bons amis.	Bad debts make bad friends.
Les cordonniers sont les plus mal chaussés.	Shoemakers' children are the worst shod.
Les murs ont des oreilles.	The walls have ears.
L'exception confirme la règle.	The exception proves the rule.
L'habit ne fait pas le moine.	You can't tell a book by its cover.
Loin des yeux, loin du cœur.	Out of sight, out of mind.

Mettre la charrue avant les bœufs.
Mieux vaut tard que jamais.
Œil pour œil, dent pour dent.
Pas de nouvelles, bonnes nouvelles.
Pas de rose sans épines.
Pierre qui roule n'amasse pas mousse.
Plus ça change, plus c'est la même chose.

Plus on est de fous, plus on rit.
Qui ne risque rien n'a rien.
Qui se ressemble s'assemble.
Rira bien qui rira le dernier.
Si jeunesse savait, si vieillesse pouvait.

Tous les chemins mènent à Rome.
Tout est bien qui finit bien.
Tout passe, tout casse.
Tout vient à point à qui sait attendre.
Un tiens vaut mieux que deux tu l'auras.

Vouloir, c'est pouvoir.

To put the cart before the horse.
Better late than never.
An eye for an eye, a tooth for a tooth.
No news is good news.
No rose without a thorn.
A rolling stone gathers no moss.
*The more things change, the more
   they stay the same.*
The more the merrier.
Nothing ventured, nothing gained.
Birds of a feather flock together.
Who laughs last, laughs best.
*If youth but knew, if old age
   but could.*
All roads lead to Rome.
All's well that ends well.
Nothing lasts forever.
Everything comes to one who waits.
*A bird in hand is worth two in
   the bush.*
Where there's a will, there's a way.

Vocabulaire français-anglais

The **Vocabulaire français-anglais** includes all active vocabulary for **Nous tous**. It also relists the active vocabulary from **Et vous?** except for obvious cognates.

The number following each entry indicates the chapter in which the word or expression is first introduced. A chapter reference in parentheses indicates that the word was not required. Required words are taken from the chapter sections titled **Le français en contexte, Les mots et la vie, Présentation,** and **Perspectives.** The entries from **Et vous?** have no chapter reference.

Adjectives are given in the masculine, with irregular feminine and plural forms given in full. Irregular plural forms of nouns are also given in full. Idiomatic expressions from **Nous tous** are listed under the first word as well as the main words. Expressions from **Et vous?** are listed only when their meaning in English cannot be readily deduced, in which case the expression is listed under the first main word. Verbs marked * are irregular in some forms or have spelling changes and may be found in the verb charts.

The following abbreviations are used: (*f*) feminine, (*m*) masculine, (*sing.*) singular, (*pl.*) plural.

A

à   at, in, to
l' **abbaye** (*f*)   abbey (**12**)
abstrait   abstract **12**
l' **Acadie** (*f*)   Acadia (**9**)
acadien (*m*), **acadienne** (*f*)   Acadian **9**
l' **accident** (*m*) (**de voiture**)   (car) accident **8**
accompagner   to accompany **6**
l' **accomplissement** (*m*)   accomplishment **8**
l' **accord** (*m*) (**de paix**)   (peace) agreement **8; être* d'accord**   to agree
l' **achat** (*m*)   purchase; **faire* des achats**   to go shopping **2**
acheter*   to buy
actuel (*m*), **actuelle** (*f*)   present **7; le monde actuel**   the present-day world **7**

actuellement   currently **8**
l' **addition** (*f*)   check (*for a meal*)
l' **adulte** (*m/f*)   adult **5**
les **affaires** (*f*)   belongings, things, possessions; **la femme d'affaires**   businesswoman; **l'homme** (*m*) **d'affaires**   businessman
l' **affiche** (*f*)   poster
afin que   so that, in order that **12**
l' **âge** (*m*)   age; **le Moyen Âge**   the Middle Ages **12; Quel âge avez-vous (as-tu)?**   How old are you?
âgé   old **6**
agrandir   to enlarge **12**
agricole   agricultural **8**
l' **aide** (*f*)   help, assistance

aider   to help, to assist
aimer   to like, to love; **aimer bien**   to like a lot, to like
aîné   older **11**
ainsi   thus **8**
l' **air** (*m*)   air **3**; look; **avoir* l'air**   to seem, to look
l' **aise** (*f*): **à l'aise**   comfortable **9; mal à l'aise**   uncomfortable **9**
ajouter   to add (**7**)
l' **album** (*m*)   album **2**
algérien (*m*), **algérienne** (*f*)   Algerian **2**
l' **allemand** (*m*)   German (*language*)
allemand   German **2**
aller*   to go; **Ça va (bien).**   Fine.; **Comment allez-vous (vas-tu)?**   How are you?;

Comment ça va? How are things?

Allô. Hello. (*on the phone*) 12

les **allumettes** (*f*) matches

alors so, then; **Ça alors!** How about that!; **Non alors!** No!; **Zut alors!** Darn!

l' **amande** (*f*) almond 6

l' **ambassade** (*f*) embassy (5)

améliorer to improve 8

américain American 2

l' **ami** (*m*), l' **amie** (*f*) friend; **petit ami, petite amie** boyfriend, girlfriend 11; se **faire* des amis** to make friends 9

l' **amitié** (*f*) friendship 11; **Amitiés.** Best regards.

l' **amour** (*m*) love

amoureux (*m*), **amoureuse** (*f*) in love 11; **tomber amoureux** to fall in love 11

amusant fun, amusing

s' **amuser** to have a good time 4

l' **an** (*m*) year; **avoir*...ans** to be...years old; **le Jour de l'An** New Year's Day 6

l' **ancêtre** (*m*) ancestor 9

ancien (*m*), **ancienne** (*f*) former, ancient, old 5

l' **anglais** (*m*) English (*language*)

anglais English

l' **animal** (*m*) animal; **animal domestique** pet 10

animé lively 4

l' **année** (*f*) year; **Bonne année!** Happy New Year! 6

l' **anniversaire** (*m*) birthday

annoncer to announce 12

annuel (*m*), **annuelle** (*f*) annual 9

les **Antilles** (*f*) West Indies 9

août (*m*) August

l' **appareil** (*m*): **à l'appareil** calling 12

l' **appareil-photo** (*m*) (*pl.* les **appareils-photos**) camera

appeler* to call 3

s' **appeler*** to be called

apporter (à) to bring

apprécier to appreciate 7

apprendre* to teach 10; **apprendre** (à) to learn (to)

après after; **d'après**

according to 8

après-demain day after tomorrow

l' **après-midi** (*m*) afternoon

l' **arabe** (*m*) Arabic (*language*) 5

l' **arbre** (*m*) tree; **arbre fruitier** fruit tree 3

l' **architecte** (*m*) architect 12

l' **architecture** (*f*) architecture 4

l' **argent** (*m*) money; **argent de poche** (*m*) pocket money 5; **gagner de l'argent** to earn money 3

(s') **arrêter** to stop 4

les **arrière-grands-parents** (*m*) great-grandparents 9

l' **arrivée** (*f*) arrival 4

arriver to happen 8; **arriver** (à) to arrive, to succeed (in) 4

l' **arrondissement** (*m*) district of Paris

l' **artifice** (*m*): **le feu d'artifice** fireworks 6

artistique artistic 2

l' **ascension** (*f*) ascent (2)

l' **aspect** (*m*) aspect 11

Asseyez-vous! Sit down!

assez rather; (**ne...pas**) **assez** (**de**) (not) enough

l' **atmosphère** (*f*) atmosphere 7

attendre to wait (for), to expect; **attendre avec impatience** to await eagerly 6

l' **attention** (*f*) attention; **faire* attention** (à) to pay attention (to)

attirer to attract 12

attraper to catch; **attraper une contravention** to get a traffic ticket 4

au (*à* + *le*) at (the), in (the), to (the)

l' **auberge** (*f*) **de jeunesse** youth hostel

augmenter to increase 8

aujourd'hui today

aussi also, too; **aussi...que** as...as 3

autant (**de**) as much, as many; **autant que possible** as much as possible 7

l' **autobus** (*m*) bus 4

l' **autoroute** (*f*) freeway 4

autour de around

l' **autre** (*m/f*) other; **quelqu'un d'autre** somebody else 9

autre other

autrefois formerly (6)

autrement otherwise

aux (*à* + *les*) at (the), in (the), on (the)

l' **avantage** (*m*) advantage 3

avant (**que**) before 12

avec with

l' **avenir** (*m*) future

l' **avion** (*m*) airplane

l' **avis** (*m*) opinion 2

avoir* to have; **avoir...ans** to be...years old; **avoir besoin de** to need; **avoir confiance en** to have confidence in 7; **avoir connu** (to have) met (6); **avoir de la chance** to be lucky; **avoir de l'importance** to be important 5; **avoir des soucis** to be worried 7; **avoir envie de** to want, to feel like; **avoir l'air** to seem, to look; **avoir le mal du pays** to be homesick 9; **avoir le trac** to get nervous; **avoir lieu** to take place, to happen 7; **avoir mal** (à...) to hurt, to have a sore...; **avoir peur** to be afraid; **avoir raison** to be right 5; **avoir tort** to be wrong 10; **il y a** there is (are); **il y a** + *time expression* ...ago 9; **Qu'est-ce qu'il y a?** What's the matter?

avril (*m*) April; **Poisson d'avril!** April Fool! 6

le **baccalauréat** (**le bac**) exam taken at end of high school

la **baignoire** bathtub

le **bain** bath; **le maillot de bain** swimsuit 5; **la salle de bains** bathroom

la **baleine** whale 7

la **bande dessinée** comic strip (book)

la banlieue   suburbs 4; **en banlieue**   in the suburbs 4
le bateau   boat, ship; **bateau à voiles**   sailboat
le bâtiment   building
la batterie   drums, percussion 2; **faire* de la batterie**   to play drums 2
bavarder   to chat 3
beau (bel) (*m*), belle (*f*) (*m. pl.* beaux)   beautiful, handsome; **Il fait beau.** The weather is nice.
beaucoup   a lot
le beau-frère   brother-in-law, stepbrother 11
belge   Belgian 2
la belle-mère   mother-in-law, stepmother 11
la belle-sœur   sister-in-law, stepsister 11
le berger allemand   German shepherd 10
le besoin: avoir* besoin de   to need
bête   dumb, silly
le beurre   butter
la bibliothèque   library
la bicyclette   bike
bien   well; **aimer bien**   to like a lot, to like; **bien que** although 12; **bien sûr**   of course; **ou bien**   or else
bientôt   soon; **À bientôt.** So long.
le bifteck   steak
le bijou   piece of jewelry 6
le billet   ticket
la bise   kiss; **Grosses bises...** Kisses... (*at the end of a letter*) (4)
bizarre   strange 4
la blague   joke; **Sans blague!** No kidding! 6
blanc (*m*), blanche (*f*)   white
le blé   wheat 3
bleu   blue
le blouson   jacket, windbreaker
le bœuf   beef
Bof.   Ho hum.
boire*   to drink
le bois   woods 10
la boisson   beverage, drink
la boîte de conserve   canned good
bon (*m*), bonne (*f*)   good;

Bonne année!   Happy New Year! 6
le bonbon   candy 6
le bonheur   happiness; **Meilleurs Vœux de Bonheur!**   Best Wishes! 6
Bonjour.   Hello. Good morning. Good afternoon.
Bonsoir.   Good evening.
le bord   side, edge, shore; **au bord de la mer**   at the seaside
la bouche   mouth
la boucherie   butcher's shop
la boulangerie   bakery
la boum   party 2
le bouquet   bouquet 6
la bouteille   bottle
la boutique   shop 4
le bras   arm
le bricolage   do-it-yourself projects 2; **faire* du bricolage**   to do do-it-yourself projects 2
bronzé   tanned (1)
se brosser (les dents)   to brush (one's teeth) 4
le brouillard   fog; **Il fait du brouillard.**   It is foggy. 10
le bruit   noise 7
brûler un feu rouge   to run a red light 4
brun   brown, dark (*hair*)

C

ça   that, it
le cadeau (*pl.* les cadeaux)   gift 2
cadet (*m*), cadette (*f*)   younger 11
le café   cafe, coffee
la cage   cage 10
le cahier   notebook
la caisse   cash register
le calendrier   calendar (6)
la caméra vidéo   video camera
la campagne   country
le camping   camping, campground
canadien (*m*), canadienne (*f*)   Canadian 2
le canapé   sofa

le canard   duck 3
le candidat, la candidate   candidate (6)
la capitale   capital (*city*) (2)
le car   intercity bus, tour bus 2
car   because, as 10
caresser   to pet 10
le carnaval du Mardi Gras   Mardi Gras 6
le carrefour   intersection 4
la carte   map, card 6
le cas   case; **dans ce cas**   in this case; **dans ce cas-là** in that case 8; **en tout cas** in any case 4
la catastrophe   catastrophe 8
le cauchemar   nightmare 7
la cause   reason; **à cause de** because of
causer   to cause 7
ce, cet, cette   this, that, it; **ce qui, ce que**   what, that which 7
cela   that; **à part cela** other than that 12
la célébration   celebration 9
célèbre   famous
célébrer*   to celebrate 6
célibataire   single 11
le célibataire, la célibataire single man, single woman 11
cent   hundred
la centrale nucléaire   nuclear power plant 7
le centre   center; **centre commercial**   shopping center, mall 2
le centre-ville   downtown 4
les céréales (*f*)   grains 3
le cerf   deer 10
certain   certain 3, 4, 5; definite 5; some, certain 3, 5
certains   some people 10
ces   these, those; **ces jours-ci** these days
chacun (*m*), chacune (*f*) each one
la chaîne   channel
la chaîne stéréo (*pl.* les chaînes stéréo)   stereo
chaleureux   warm 3
la chambre   bedroom
le champ   field 3
la chance   luck 2; **avoir* de la chance**   to be lucky
la chanson   song

chanter to sing
le chanteur, la chanteuse singer
le chapeau hat 5
le chapitre chapter (9)
chaque each
la charcuterie pork butcher's shop, delicatessen
charmant charming 11
le chat cat
châtain brown (*hair*)
le château castle (12)
chaud hot; **Il fait chaud.** The weather is hot (warm).
les chaussettes (*f*) socks
les chaussures (*f*) shoes
le chef-d'œuvre (*pl.* **les chefs-d'œuvre**) masterpiece 12
la cheminée fireplace
la chemise shirt
le chemisier blouse
cher (*m*), **chère** (*f*) dear, expensive
chercher to look for
le cheval (*pl.* **les chevaux**) horse 3; **faire* du cheval** to go horseback riding 3
les cheveux (*m*) hair
le chewing-gum chewing gum (6)
chez at the home of
le chien dog
la chimie chemistry
le chinois Chinese (*language*)
chinois Chinese 2
choisir to choose
le choix choice
le chômage unemployment 8; **être* au chômage** to be unemployed 8
la chorale chorus 2
la chose thing; **quelque chose** (**de** + *adjectif*) something (+ *adjective*)
ci-dessous below (7)
le ciel sky
le cimetière cemetery 6
le cinéma movies, movie theater
cinq five
cinquante fifty
la circulation traffic 4
le citron lemon; **citron pressé** lemonade
civique civic; **l'éducation** (*f*) **civique** government, civics

la classe class; **la salle de classe** classroom
la clé key
le climat climate 7
le clown clown 4
le coca cola
le cochon pig 3
le cœur heart
la coexistence coexistence (5)
le coin corner 11
la coïncidence coincidence 2
la collection collection 2
collectionner to collect 2
la colonie colony 9; **colonie de vacances** summer camp
la colonne column (7)
combien (de) how many, how much
commander to order
comme like, (such) as; **Comme ci comme ça.** So-so.; **comme d'habitude** as usual 3
commencer* to begin
Comment…? How…?; **Comment?** What?
les commentaires (*m*) comments (7)
commercialisé commercialized 6
la commode dresser
commun common 10; **en commun** in common 2
la Communauté Européenne, la CE European Community, EC (8)
la compagnie company 6
complimenter to compliment (6)
composé composed of (6)
le compositeur, la compositrice composer 12
compréhensif (*m*), **compréhensive** (*f*) understanding 11
comprendre* to understand
le comprimé tablet
la comptabilité accounting
le comptable, la comptable accountant
compte: en fin de compte all things considered 7
compter to intend 2; to count 5
concerner to concern 8; **en ce qui concerne**

concerning 12
la condition condition (8); **à condition que** on the condition that 12
le conducteur driver 4
conduire* (**comme un fou**) to drive (like a crazy person) 4; **le permis de conduire** driver's license 4
la confiance confidence; **avoir* confiance en** to have confidence in 7
la confiture jam
la connaissance acquaintance; **faire* la connaissance de** to meet
connaître* to be familiar with, to be acquainted with 6; **avoir* connu** (to have) met (6)
le conseil piece of advice
la conséquence consequence 5
considéré considered 9
constamment constantly 10
la construction construction, building 8
construire* to build 7
content happy
le contraste contrast 5
la contravention traffic ticket 4; **attraper une contravention** to get a traffic ticket 4
contre against; **par contre** on the other hand; **le pour et le contre** pros and cons 3
contribuer à to contribute to (7)
le copain, la copine pal, friend
le corps body
corriger to correct (7)
la côte coast 5
le coté side; **à côté de** next to
la côtelette de porc pork chop
la couche layer 10
se coucher to go to bed 4
le coucher du soleil sunset 6
la couleur color; **le crayon de couleur** colored pencil 12
le coup: coup de foudre love at first sight 11; **coup de téléphone** telephone call 12
le coureur racer
courir* to run 10
le cours course; **sécher* un cours** to skip a course 12

la course race, errand; **faire* des courses** to run errands, to go shopping

court short

coûter to cost

la coutume custom 9

couvert covered 10

la craie chalk, piece of chalk

la cravate tie 5

le crayon (de couleur) (colored) pencil 12

la création creation 8

créer to create 7

crevé: le pneu (crevé) (flat) tire 4

le cri cry 3

le crime crime 8

la critique criticism (4)

croire* to believe 10

cueillir* to pick 3

la cuisine kitchen; **faire* la cuisine** to cook, to do the cooking

la cuisinière stove

le cultivateur farmer 3

cultiver to cultivate, to farm 3

la culture culture 5

culturel (*m*), **culturelle** (*f*) cultural 5

curieux (*m*), **curieuse** (*f*) odd, strange, curious 5

le cyclisme cycling

d'abord first

D'accord. OK.; **être* d'accord** to agree

la dactylographie typing

d'ailleurs moreover 6

la danse dance, dancing 2; **faire* de la danse** to study dancing 2

le danseur, la danseuse dancer 12

d'après according to 8

de of, by, from

se débrouiller to get along, to manage 9

le début beginning; **au début** at first, in the beginning 9

le débutant, la débutante beginner 2

la décision decision 5; **prendre* une décision** to make a decision 4

décorer to decorate 6

découragé discouraged 8

se décourager to get discouraged 9

la découverte discovery 8

découvrir* to discover 6

décrire* to describe 6

le défilé parade 6

le déguisement costume 6

se déguiser to wear a costume 6

dehors outside 3

déjà already

le déjeuner lunch; **petit déjeuner** breakfast

déjeuner to have lunch

délicieux (*m*), **délicieuse** (*f*) delicious 6

le deltaplane hang gliding (1)

demain tomorrow; **À demain.** See you tomorrow.

se demander to wonder 6

demander (**à**) to ask

demie: cinq heures et demie half past five

une demi-heure a half hour

le demi-pensionnaire, la demi-pensionnaire day student 3

le dentiste, la dentiste dentist (2)

les dents (*f*) teeth

se dépêcher to hurry 4

dépendre (**de**) to depend (on) 7

dépenser to spend 2

déporter to deport 9

déprimé depressed 8

depuis for, since; **Depuis combien de temps...?** How long...?

dériver to derive 9

dernier (*m*), **dernière** (*f*) last

derrière behind

des some, any; (*de + les*) of (the), from (the), about (the)

dès: dès que as soon as 5

le désavantage disadvantage 3

le descendant descendant (9)

la description description 6

désigner to indicate (7)

désirer to want, to wish

désolé very sorry

le dessin drawing; **dessin animé** cartoon; **dessin industriel** drafting

le dessinateur, la dessinatrice cartoonist 12; **dessinateur industriel, dessinatrice industrielle** draftsman 2

dessiner to draw 2

détester to hate, to dislike

deux two

devant in front of

le développement development (*of film*) 2

devenir* to become 2

deviner to guess

le devoir assignment 7; **les devoirs** homework

devoir* to have to, to owe 11

le dialecte dialect (5)

le dictionnaire dictionary 9

la différence difference 5

difficile difficult, hard to please

la difficulté difficulty 4

dimanche (*m*) Sunday

dire* to say, to tell 5, 8; **Ça ne me dit pas grand-chose.** It doesn't appeal to me. 12; **dire des mots doux** to whisper sweet nothings 8; **dire la vérité** to tell the truth 8; **dire un mensonge** to tell a lie 8; **vouloir* dire** to mean 8

le discours speech (7)

discuter to talk, to discuss 2

la disparition disappearing 9

se disputer to quarrel 5

le disque record

la distraction amusement 3

la diversité diversity 5

divorcé divorced 11

dix ten 0

dommage: C'est dommage. That's too bad.

donner (**à**) to give; **donner à manger** to feed 3

dont of which, of whom 12

dormir* to sleep

le dos back

doubler to pass (*a car*) 4

la douche shower

la doute doubt (8)

douter to doubt 11

doux sweet; **dire* des mots doux** to whisper sweet nothings 8

la douzaine   dozen
douze   twelve
le drapeau   flag 6
dresser   to train 10
la drogue   drugs 7
le droit   right 5
droit   straight; **tout droit**
straight ahead
la droite   right; **à droite**   (to
the) right
drôle   funny 11
dur   hard
durer   to last

E

l' eau (*f*)   water
échapper   to escape 9
échouer (à)   to fail
l' école (*f*)   school
l' écologie (*f*)   ecology 7
l' écologiste (*m/f*)
environmentalist 7
économique   economic 9
écouter   to listen
écrire*   to write
l' écrivain (*m*), **la femme
écrivain**   writer
l' écureuil (*m*)   squirrel 10
l' effaceur (*m*)   chalkboard
eraser
l' effet (*m*)   effect; **en effet**
indeed, in fact 5
également   also 8
l' église (*f*)   church
l' élection (*f*)   election 5
l' élément (*m*)   element 9
l' éléphant (*m*)   elephant 7
l' élève (*m/f*)   student
(*elementary school, high
school*)
élever*   to raise 3
éliminer   to eliminate 8
elle   she, her; **être* à elle**
to be hers
elles   they, them; **être* à
elles**   to be theirs
embêtant   annoying
embêter   to annoy
l' embouteillage (*m*)   traffic
jam 4
(s') embrasser   to kiss 6

l' émission (*f*)   (TV) program
emmener*   to take
(someone) 4
l' emploi (*m*)   job 8
emporter   to take along
emprunter   to borrow
en   (*preposition*) in,
(*pronoun*) about, from,
of it, them, any, some 7;
en avance   early; **en
banlieue**   in the suburbs
4; **en ce qui concerne**
concerning 12; **en
commun**   in common 2;
en effet   indeed, in fact 5;
en fait   in fact 3; **en fin
de compte**   all things
considered 7; **en grande
partie**   to a great extent; **en
liberté**   free 10; **en
réalité**   in fact, in reality 5;
en retard   late; **en
revanche**   on the other
hand 5; **en tout cas**   in any
case 4; **en ville**   in(to) town
4; **en voie d'extinction**
endangered 7
Enchanté(e).   Pleased to
meet you.
encore   still, again; **ne...pas
encore**   not yet
l' endroit (*m*)   place, spot
l' énergie (*f*)   energy 7
l' enfance (*f*)   childhood 3
l' enfant (*m/f*)   child
enfin   finally, at last
s' ennuyer*   to be bored 11
énormément de   an enormous
amount (number) of (3)
ensemble   together
ensuite   next
entendre   to hear; **entendre
dire que**   to hear that 12
s' entendre (avec)   to get along
(with) 5
entier (*m*), **entière** (*f*)
entire 10
entraîner   to bring about (8)
entre   between
l' entrée (*f*)   first course,
entry 8
l' envie (*f*): **avoir* envie de**   to
want, to feel like
envier   to envy 3
l' environnement (*m*)
environment 7

envoyer*   to send
l' épicerie (*f*)   grocery store
l' époque (*f*)   era 12
l' épreuve (*f*)   test
l' équipe (*f*)   team
l' erreur (*f*)   error (8)
l' escargot (*m*)   snail
l' espagnol (*m*)   Spanish
(*language*)
espagnol   Spanish 2
l' espèce (*f*)   species 7
espérer*   to hope
l' esprit (*m*)   spirit
essayer*   to try
essentiel (*m*), **essentielle** (*f*)
essential 11
l' estomac (*m*)   stomach
et   and
l' étage (*m*)   floor,
story (*building*)
l' étagère (*f*)   shelf
l' état (*m*)   state
l' été (*m*)   summer
l' étoile (*f*)   star
étonnant   astonishing 11
étonné   astonished 11
l' étranger (*m*), **l'étrangère** (*f*)
stranger 3
étranger (*m*), **étrangère** (*f*)
foreign
être*   to be; **être au chômage**
to be unemployed 8; **être
d'accord**   to agree; **être en
train de**   to be in the
process of; **être obligé de**
to have to
les étrennes (*f*)   New Year's Day
gifts 6
l' étude (*f*)   study hall
les études (*f*)   studies
l' étudiant (*m*), **l'étudiante** (*f*)
university student 2
étudier   to study
européen   European 8
eux   they, them; **être* à eux**
to be theirs
l' événement (*m*)   event 8
évident   obvious 7
exactement   precisely (2)
exceptionnel (*m*),
exceptionnelle (*f*)
exceptional 11
s' excuser (de)   to apologize
(for) 5
l' explication (*f*)   explanation (8)
expliquer   to explain 5

l' exploit (*m*)   feat **8**
l' exposition (*f*)   exhibit **4**
l' expression (*f*)   expression **9**
exprimer   to express (**7**)
l' extinction (*f*)   extinction; **en voie d'extinction** endangered **7**
extra-terrestre extraterrestrial **7**
extrêmement   extremely (**8**)

la façade   front (*of a building*) **12**
la face: en face de   across from, facing
fâché   angry
se fâcher (**contre**)   to get angry (at) **5**
facile   easy
la façon   way **11**; **de cette façon**   in this (that) way **11**; **de toute façon**   anyway **11**
la faim   hunger
faire*   to do, to make; **faire attention** (**à**)   to pay attention (to); **faire de la batterie**   to play drums **2**; **faire de la danse**   to study dancing **2**; **faire de la peine à quelqu'un**   to hurt someone's feelings **11**; **faire de la peinture**   to study painting **2**; **faire de la photographie** (**photo**)   to take photos **2**; **faire des achats**   to go shopping **2**; **faire du bricolage**   to do do-it-yourself projects **2**; **faire du cheval**   to go horseback riding **3**; **faire du jardinage**   to work in the garden **2**; **faire du lèche-vitrines**   to go window-shopping **2**; **faire du sport** to participate in sports; **faire du théâtre**   to study acting **2**; **faire la connaissance de** to meet; **faire la grève**   to strike **8**; **faire la queue**   to stand in line **4**; **faire le tour**

de   to go around, to go throughout; **faire naufrage** to be shipwrecked (**10**); **faire partie de**   to be part of; **faire peur** (**à**)   to frighten **10**; **faire plaisir à**   to please **11**; **faire son service militaire**   to do one's military service (**5**); **faire un tour** (**à bicyclette, en voiture**)   to go for a ride (by bike, by car) **2**; **font** equals; **Il fait beau/chaud/frais/froid/mauvais.** The weather is nice/hot, warm/cool/cold/bad.; **Il fait du brouillard.**   It is foggy. **10**; **Il fait du soleil/du vent.** The weather is sunny/windy.; **Quel temps fait-il?** How's the weather?
se faire*: **faire des amis**   to make friends **9**
le fait   fact; **en fait**   in fact **3**; **tout à fait**   perfectly, completely **9**
familial   family **6**
la famine   famine **8**
fascinant   fascinating **12**
fatigant   tiring
fatigué   tired
faut: il faut   it is necessary; **il ne faut pas**   one must not **3**
le fauteuil   armchair
faux (*m*), **fausse** (*f*)   false
Félicitations! Congratulations! **6**
la femme   woman, wife **11**
la fenêtre   window
férié: le jour férié   day off work **6**
la ferme   farm **3**
fermer   to close
féroce   fierce, ferocious **10**
la fête   holiday, saint's day, party **11**; **Fête du Travail**   Labor Day **6**; **fête foraine**   fair **3**; **Fête Nationale**   national holiday **6**
fêter   to celebrate **6**
le feu   fire, traffic light **4**; **brûler un feu rouge**   to run a red light **4**; **feu d'artifice**   fireworks **6**; **feu de forêt**   forest fire **7**; **feu de joie**   bonfire **9**

la feuille de papier   sheet of paper
le feuilleton   series, miniseries
février (*m*)   February
le fiancé, la fiancée   fiancé(e) (**6**)
fier (*m*), **fière** (*f*)   proud
la fièvre   fever
la fille   girl, daughter; **fille unique**   only daughter **11**
le film   movie, film; **film d'épouvante**   horror film; **film policier**   detective film
le fils   son; **fils unique**   only son **11**
la fin   end; **en fin de compte** all things considered **7**
finalement   finally **9**
finir   to finish
la flèche   spire (**12**)
la fleur   flower
la flûte   flute **2**
la fois   time, instance; **à la fois** at the same time **9**
folklorique   folk **2**
le fond   bottom; **au fond de** (**la mer**)   at the bottom of (the sea) **7**
le football   soccer; **football américain**   football
la forêt   forest **7**
la forme   form **12**; **être*** en forme**   to be in good shape (**1**)
former   to form **10**
formidable   great, fantastic
fort   strong
fou (*m*), **folle** (*f*)   crazy **4**
la foudre   lightning; **le coup de foudre**   love at first sight **11**
le four à micro-ondes microwave oven
frais (*m*), **fraîche** (*f*)   cool, fresh **3**; **Il fait frais.**   The weather is cool.
la fraise   strawberry
le français   French (*language*)
français   French
franchement   frankly **11**
francophone   French-speaking **5**
frapper   to knock
le frère   brother
le frigo   refrigerator
les frites (*f*)   french fries
le froid   cold
froid   cold; **Il fait froid.**

The weather is cold.
le fromage   cheese
frontière   border **8**
le fruit   piece of fruit; **les fruits**   fruit
fruitier: l'arbre fruitier (*m*) fruit tree **3**
fumer   to smoke **7**
le fumeur   smoker
la fusée (spatiale)   rocket **7**

G

gagner   to win; **gagner de l'argent**   to earn money **3**; **gagner sa vie**   to earn one's living **3**
gai   cheerful, pleasant **4**
le gant   glove **5**
le garçon   boy, waiter
garder   to keep **10**
la gare   train station
garer (la voiture)   to park (the car) **4**
gaspiller   to waste **7**
gâté   spoiled
le gâteau (*pl.* **les gâteaux**)   cake
la gauche   left; **à gauche** (to the) left
généreux (*m*), **généreuse** (*f*) generous **11**
génial   brilliant
le genre   kind
les gens (*m*)   people
gentil (*m*), **gentille** (*f*)   nice, kind
la girafe   giraffe **10**
la glace (à la vanille, au chocolat) (vanilla, chocolate) ice cream
le golf   golf
la gorge   throat
le gorille   gorilla **10**
gothique   gothic **12**
le goût   taste
grand   great, big, large, tall **5**; **le grand magasin** department store **4**
grand-chose: Ça ne me dit pas grand-chose.   It doesn't appeal to me. **12**; **pas grand-chose**   not much
grandir   to grow up **3**

la grand-mère (*pl.* **les grands-mères**)   grandmother
le grand-père (*pl.* **les grands-pères**)   grandfather
les grands-parents (*m*) grandparents
le gratte-ciel (*pl.* **les gratte-ciel**)   skyscraper **4**
grave   serious
la grève   strike **8**; **faire* la grève**   to strike **8**
la grillade   grilled meat
grillé   grilled, toasted
la grippe   flu
gris   gray
gros (*m*), **grosse** (*f*)   big, fat **10**
le groupe   band
la guerre   war **8**
le guide   guide(book)

H

s' habiller   to get dressed **4**
l' habitant (*m*), **l'habitante** (*f*) inhabitant **7**
habiter   to live
l' habitude (*f*)   habit **10**; **comme d'habitude**   as usual **3**; **d'habitude**   usually
s' habituer (à)   to get accustomed (to) **9**
le Hanukkah   Hanukkah **6**
le haricot   bean; **les haricots verts**   green beans
l' héritage (*m*)   heritage **9**
hésiter (à)   to hesitate **3**
l' heure (*f*)   hour, time of day; **à 100 kilomètres à l'heure** at 100 kilometers an hour **4**; **à l'heure**   on time; **À tout à l'heure.**   See you later.; **Il est cinq heures.**   It's five o'clock.; **Quelle heure est-il?**   What time is it?
heureusement   fortunately
heureux (*m*), **heureuse** (*f*) happy
hier   yesterday
l' histoire (*f*)   history, story
l' hiver (*m*)   winter
le hollandais   Dutch (*language*) **(6)**

l' homme (*m*)   man
honnête   honest
l' hôpital (*m*) (*pl.* **les hôpitaux**) hospital
l' hôtel (*m*) **de ville**   City Hall **(4)**
huit   eight

I

ici   here
idéal   ideal **8**
identifier   to identify **3**
l' identité (*f*)   identity **5**
l' ignorance (*f*)   ignorance **9**
il   he, it
l' île (*f*)   island **2**
ils   they
l' immeuble (*m*)   apartment building **4**
l' immigrant (*m*)   immigrant **9**
l' immigration (*f*) immigration **9**
l' immigré (*m*), **l'immigrée** (*f*) immigrant **(5)**
l' impatience (*f*)   impatience; **avec impatience**   eagerly **6**
l' imperméable (*m*)   raincoat **5**
impoli   impolite
l' importance (*f*)   importance **5**; **avoir* de l'importance** to be important **5**
importe: n'importe quoi anything, just anything **11**
impossible   impossible **4**
l' impression (*f*)   impression **5**
l' inconvénient (*m*) disadvantage **5**
incroyable   unbelievable **6**
l' indépendance (*f*) independence **5**
indépendant   independent **11**
indiquer   to indicate **(7)**
l' individu (*m*)   individual **5**
individualiste individualistic **5**
industriel (*m*), **industrielle** (*f*)   industrial **8**; **le dessinateur industriel, la dessinatrice industrielle** draftsman **2**
inférieur   inferior **9**
l' infirmier (*m*), **l'infirmière** (*f*) nurse

l' **inflation** (*f*) inflation **8**
les **informations** (*f*) news
l' **informatique** (*f*) computer science
l' **ingénieur** (*m*), **la femme ingénieur** engineer
injuste unfair **11**
l' **inondation** (*f*) flood **8**
inspirer to inspire **7**
s' **installer** to settle **9**
l' **institut** (*m*) institut **(4)**
l' **instituteur** (*m*), **l'institutrice** (*f*) schoolteacher
l' **instrument** (*m*) instrument **2**
s' **intéresser à** to be interested in **5**
l' **intérêt** (*m*) interest **2**
l' **interne** (*m*/*f*) boarder **3**
interplanétaire interplanetary **(7)**
l' **invention** (*f*) invention **8**
l' **invité** (*m*), **l'invitée** (*f*) guest
isolé isolated **9**
l' **italien** (*m*) Italian (*language*) **2**
italien (*m*), **italienne** (*f*) Italian **2**

jaloux (*m*), **jalouse** (*f*) jealous **3**
jamais: *see* **ne…jamais**
la **jambe** leg
le **jambon** ham
janvier (*m*) January
le **japonais** Japanese (*language*)
japonais Japanese **2**
le **jardin** garden, yard
le **jardinage** gardening **2**; **faire* du jardinage** to work in the garden **2**
jaune yellow
je I
le **jeu** game
jeudi (*m*) Thursday
jeune young
les **jeunes** (*m*/*f*) young people
la **jeunesse** youth
la **joie: le feu de joie** bonfire **9**
joli pretty
jouer to play; **jouer à un**

sport to play a sport; **jouer aux cartes** to play cards **2**; **jouer d'un instrument** to play an instrument **2**
le **jouet** toy **6**
le **jour** day; **ces jours-ci** these days **2**; **Jour de l'An** New Year's Day **6**; **jour férié** day off work **6**; **la vie de tous les jours** everyday life **5**
le **journal** (*pl.* **les journaux**) diary, newspaper
la **journée** day **3**
Joyeux Noël! Merry Christmas! **6**
juillet (*m*) July
juin (*m*) June
la **jument** mare **10**
la **jupe** dress
le **jus** (**de fruit, d'orange**) (fruit, orange) juice
jusqu'à as far as, up to, until; **jusqu'à ce que** until **12**

le **kilomètre** kilometer; **à 100 kilomètres à l'heure** at 100 kilometers an hour **4**

L

la the, it, her
là there, here
le **lac** lake
laisser to leave (*behind*), to allow **6**
le **lait** milk
la **langue** language
le **lapin** rabbit **10**
le **lavabo** sink
se **laver** to wash (*oneself*) **4**
le **lave-vaisselle** dishwasher
le the, it, him
le **lèche-vitrines: faire* du lèche-vitrines** to go window-shopping **2**
la **leçon** lesson

le **légume** vegetable
le **lendemain** the next day
lentement slowly
lequel, laquelle, lesquels, lesquelles which **12**
les the, them
leur (to) them **2**; **leur** (*sing.*), **leurs** (*pl.*) their
se **lever*** to get up **4**; **Levez-vous!** Stand up!
le **lever du soleil** sunrise **6**
la **liberté** liberty **9**; **en liberté** free **10**
libre free; **le temps libre** spare time **2**
le **lieu** place; **au lieu de** instead of **7**; **avoir* lieu** to take place, to happen **7**
la **ligne** line **12**; **ligne (de métro)** (subway) line **4**
linguistique linguistic **(5)**
le **lion** lion **10**
lire* to read
le **lit** bed
le **livre** book
loin (**de**) far (from)
les **loisirs** (*m*) leisure, leisure-time activities **2**
le **long de** along
longtemps a long time; **il y a longtemps** a long time ago **3**; **pendant longtemps** for a long time
lui (to) him, (to) her **2**
lundi (*m*) Monday
la **lune** moon
les **lunettes** (*f*) (**de soleil**) (sun) glasses
la **lutte** wrestling; **faire* de la lutte** to wrestle
lutter to fight
le **lycée** French secondary school
le **lycéen, la lycéenne** high-school student

M. Mr.
ma my
Madame (**Mme**) Ma'am, Mrs.

Mademoiselle (Mlle) Miss

le magasin store, shop; **grand magasin** department store 4

le magazine: magazine télévisé news show, interview show

le magnétophone tape player

le magnétoscope videocassette recorder

magnifique great, magnificent (**2**)

mai (*m*) May

le maillot de bain swimsuit 5

la main hand

maintenant now

mais but

le maïs corn 3

la maison house 3; **à la maison** at home

le maître master 10

le maître-nageur lifeguard (**1**)

majestueux (*m*), **majestueuse** (*f*) majestic (**12**)

le mal pain; **avoir* le mal du pays** to be homesick 9; **avoir* mal (à...)** to hurt, to have a sore...

mal badly; **mal à l'aise** comfortable 9

malade sick

la maladie sickness

malgré in spite of

malheureusement unfortunately

malheureux unhappy (**5**)

Maman Mom

la Manche English Channel 8

manger* to eat; **donner à manger à** to feed 3

la manifestation demonstration 8

manquer to miss (**8**)

le manteau coat 5

le marathon marathon (**8**)

le marché open-air market

marcher to operate, to function, to walk

mardi (*m*) Tuesday; **le carnaval du Mardi Gras** Mardi Gras 6

le mari husband 11

le mariage marriage 6

se marier to get married 5

marocain Moroccan 2

la marque brand 2; mark 9

marron (*invariable*) brown

mars (*m*) March

le matériel supplies, materials, equipment 12

la matière subject (*school*)

le matin morning

mauritanien (*m*), **mauritanienne** (*f*) Mauritanian 5

mauvais bad; **Il fait mauvais.** The weather is bad.

me (to) me 3

méchant mean

mécontent unhappy 3

le médecin medical doctor

le médicament medicine

meilleur better 3; **le/la/les meilleur(e)(s)** the best 4; **Meilleurs Vœux de Bonheur!** Best Wishes! 6

le mélange mixture 11

le membre member

même same, even; **quand même** even so; **moi-même** myself 5

le ménage housework; **faire* le ménage** to do housework

le mensonge lie 6; **dire* un mensonge** to tell a lie 8

la mer sea; **au fond de la mer** at the bottom of the sea 7

Merci. Thank you.

mercredi (*m*) Wednesday

la mère mother

mes my

la mesure measure 7

la météo weather report

le métro subway 4

le metteur en scène film director 12

mettre* to put (on), to wear, to turn on (*radio*), to set (*table*) 5

se mettre* à to begin, to start 5

les meubles (*m*) furniture

mexicain Mexican 2

midi (*m*) noon

mieux better 3; **Il vaudrait mieux que...** It would be better... 11; **Il vaut mieux que...** It is better... 11

mignon (*m*), **mignonne** (*f*) cute 10

le milieu middle; **au milieu de** in the middle of

mille thousand

un millier (about) a thousand

le mime mime 4

minuit (*m*) midnight

le miroir mirror

Mlle Miss

Mme Mrs.

la mode fashion

moi me

moi-même myself 5

le moineau sparrow 10

moins minus

moins (de) less; **à moins que** unless 12; **au moins** at least; **de moins en moins** less and less, fewer and fewer 3; **le moins...** the least... 4; **moins...que** less...than 3

le mois month 4

la moisson harvest 3

le moment moment 8

le monde world; **du monde** lots of people 4; **le monde actuel** the present-day world 7

mondial world, worldwide 8

Monsieur (M.) Mr., sir

la montagne mountain

monter (dans) to climb, to go up

la montre watch 6

montrer to show

le monument monument

se moquer de to laugh at 5

le morceau (de musique) (*pl.* **les morceaux**) piece (of music) 12

la mort death

mort dead 9; **la nature morte** still life 12

la mosquée mosque 6

le mot word; **dire* des mots doux** to whisper sweet nothings 8

la moto motorcycle

mourir* to die 7

le moustique mosquito

le mouton sheep 3

le Moyen Âge the Middle Ages 12

le moyen (de transport) means (of transportation) 7

le muguet lily of the valley 6

la municipalité city government

le mur wall

musulman Moslem 5

N

nager* to swim
la naissance birth 6
naître* to be born 9
la nationalité nationality 2
la nature nature; **nature morte** still life 12
naufrage: faire* naufrage to be shipwrecked (10)
nautique: le ski nautique waterskiing
ne: ne...jamais never; **ne...ni...ni** neither...nor...nor 9; **ne...pas** not; **ne...pas assez (de)** not enough; **ne...personne** nobody 9; **ne...plus** no more, anymore; **ne...que** only 9; **ne...rien** nothing 9; **...n'est-ce pas?** ...isn't that so?
né(e) born 9
la neige snow
nettoyer* to clean 5
neuf nine, new; **Quoi de neuf?** What's new?
le neveu nephew 11
le nez nose
ni: ne...ni...ni neither...nor... 9
la nièce niece 11
le Noël Christmas 6; **Joyeux Noël!** Merry Christmas! 6; **le Père Noël** Santa Claus 6; **le sapin de Noël** Christmas tree 6
le nom name 2; **nom de famille** family name, surname 9
le nombre number 8
nombreux (m), **nombreuse** (f) numerous
normal normal 9
nos our
la note grade
notre our
la nourriture food 6
nous we, (to) us 3
nouveau (nouvel) (m), **nouvelle** (f) (m. pl. **nouveaux**) new
la Nouvelle-Angleterre New England 9
la Nouvelle-Écosse Nova Scotia (10)

les nouvelles (f) news
le nuage cloud
nucléaire nuclear 7; **la centrale nucléaire** nuclear power plant 7
la nuit night

O

obéir (à) to obey
obligé: être* obligé de to have to
observer to observe 10
obtenir* to obtain 5
l' occasion (f) occasion 6; opportunity 10
l' occupation (f) occupation, activity 3
occupé busy 3
s' occuper de to take care of 5
l' œil (m) (pl. **les yeux**) eye
l' œuf (m) egg
l' œuvre (f) (art)work 12
officiel (m), **officielle** (f) official 2
(s') offrir* to offer, to give (each other) 6
l' oiseau (m) bird
onze eleven
l' oppression (f) oppression 9
l' orage (m) thunderstorm 8
l' orchestre (m) orchestra 2
l' ordinateur (m) computer
l' ordre (f) order (9)
l' oreille (f) ear
original creative 11
l' origine (f) origin 9
orné decorated (12)
ou or
où where
oublier to forget
l' ouest (m) west
oui yes
l' ours (m) bear (animal) 10
ouvert open 4
l' ouvrier (m), **l'ouvrière** (f) worker 8
ouvrir* to open 6

P

le pain bread 5
la paix peace; **l'accord** (m) de

paix peace agreement 8
la panne breakdown (car, machine); **tomber en panne** to break down 4; **tomber en panne d'essence** to run out of gas 4
le pantalon pants
Papa Dad
le papier paper
par per, through, by; **par contre** on the other hand; **par exemple** for example
le paragraphe paragraph (7)
le parapluie umbrella 5
parce que because
Pardon. Excuse me.
les parents (m) parents, relatives
paresseux (m), **paresseuse** (f) lazy
parfait perfect
parfois sometimes 9
parisien (m), **parisienne** (f) Parisian 4
le parking parking lot 4
le parlement parliament 8
parler to speak, to talk
parmi among
part: à part other than 3; **à part cela** other than that 12; **d'une part...d'autre part** on the one hand...on the other hand 5; **quelque part** somewhere 9
le partenaire, la partenaire partner (7)
la partie part; **en grande partie** to a great extent; **faire* partie de** to be part of
partiel: à temps partiel part-time 5
partir* to leave; **partir à l'aventure** to wander about (4)
partout everywhere
pas not; **ne...pas** not
le passé past 12
se passer to happen, to take place 5; **Qu'est-ce qui se passe?** What's happening? 5
le passe-temps (pl. **les passe-temps**) pastime 2
la passion passion (2)

passionnant   exciting **6**
passionner   to fascinate **7**
le patin (à glace, à roulettes)
   (ice, roller) skating
la pâtisserie   pastry, pastry shop **5**
le/la patriote   patriot **9**
pauvre   unfortunate, poor **5**
payer*   to pay for
le pays   country
le paysage   landscape, landscape
   painting **12**
la pêche   fishing
le pédiatre, la pédiatre
   pediatrician **(2)**
se peigner   to comb **4**
la peine: Ce n'est pas la peine.
   It's not worth the trouble.;
   faire* de la peine à
   quelqu'un   to hurt
   someone's feelings **11**
le peintre   painter **12**
la peinture   paint, painting **2, 12**;
   faire* de la peinture   to
   study painting **2**
   pendant   during; pendant
   longtemps   for a long time
   penser (à)   to think (about)
   perdre   to lose
le père   father; Père Noël
   Santa Claus **6**
   permettre* (à...de)   to
   permit, to allow **5**
le permis de conduire   driver's
   license **4**
la personnalité   personality **11**
la personne   person **5**;
   ne...personne   nobody **9**
   personnellement
   personally **7**
   petit   small, little, short; le
   petit ami, la petite amie
   boyfriend, girlfriend **11**; le
   petit déjeuner   breakfast;
   les petits pois   peas
   peu (de)   some, little, few; un
   peu (de)   a little, a few
le peuple   people **9**
la peur   fear; avoir* peur   to
   be afraid; faire* peur (à)
   to frighten **10**
   peut-être   maybe, perhaps
le photographe
   photographer **12**
la photographie   photography;
   faire* de la photographie

(photo)   to take photos **2**
photographier   to
   photograph **2**
la phrase   sentence **(7)**
le piano   piano **2**
la pièce   room; pièce (de
   théâtre)   play **12**
le pied   foot; à pied   on foot
le pinceau   paintbrush **12**
la piscine   swimming pool
le placard   cupboard, closet
la place   seat, space, place, city
   square **4**; à ma (ta, etc.)
   place   in my (your, etc.)
   place **8**
la plage   beach
se plaindre   to complain **(8)**;
   faire* plaisir à   to please
   11; le plaisir   pleasure **6**
le plan   outline, draft, (city)
   map **4**; plan **12**
la planche   board; planche à
   roulettes   skateboard;
   planche à voile   wind
   surfboard
la planète   planet **7**
   planter   to plant **3**; planter la
   tente   to pitch the tent
le plat   course; plat principal
   main course
   pleuvoir*   to rain
la plongée sous-marine   scuba
   diving **2**
la pluie   rain
la plupart des (du, de l')   most
   of **2**; la plupart du temps
   most of the time **2**
   plus (de)   more; de plus en
   plus   more and more **5**; le
   plus...   the most... **4**;
   ne...plus   no more,
   anymore; plus...que
   more...than **3**; plus tard
   later
   plutôt   rather, instead
le pneu (crevé)   (flat) tire **4**
la poche   pocket; l'argent (m)
   de poche   pocket money **5**;
   la lampe de poche flashlight
le point   point; à quel point   to
   what extent **10**; point de
   vue   point of view **3**
la poire   pear
les pois: les petits pois (m)   peas
le poisson   fish; Poisson

d'avril!   April Fool! **6**;
   poisson rouge   goldfish **10**
le poivre   pepper
   poli   polite
la politique   politics **8**
   politique   political **8**
   polluer   to pollute **7**
la pollution   pollution **7**
la pomme   apple
la pomme de terre   potato
la population   population **(9)**
le porc   pork
la porte   door **2**
le portefeuille   wallet
   porter   to wear, to carry **5**
le portrait   portrait **12**
le portugais   Portuguese
   (language) **2**
   portugais   Portuguese **2**
   poser des questions   to ask
   questions **5**
la possession   possession **(5)**
   possible   possible; autant
   que possible   as much as
   possible **7**
   postal   post, mail
la poste   post office
le poste   job **(1)**; poste de
   radio   radio; poste de
   télévision   television set
le poulain   foal **10**
la poule   hen **3**
le poulet   chicken **5**
la poupée   doll **6**
   pour   for, in order to; le pour
   et le contre   pros and cons
   3; pour que   so that, in
   order that **12**
   pourquoi   why
   pourtant   however
   pourvu que   provided that **12**
   pousser   to push
la poussière   dust **3**
   pouvoir*   can, may, to be
   able; Il se peut que...   It
   is possible... **11**
   pratiquer   to practice;
   pratiquer un sport   to do a
   sport
   premier (m), première (f)
   first, main
   prendre*   to take, to eat,
   to drink; prendre une
   décision   to make a
   decision **4**; prendre un
   verre   to have a drink **4**

préparer to prepare, to get ready (for)

se préparer to prepare 4

près (de) near

le président, la présidente president 8

presque almost

pressé in a hurry

prêt (à) ready (to)

prêter to lend 2

la prière prayer 6

le printemps spring

pris caught 4

prochain next

la production production 8

le produit product 7

le professeur (le prof) male or female teacher

la profession profession

profiter (de) to take advantage (of)

le programme (TV) schedule

le progrès progress 8

le projet plan

la promenade walk; **faire* une promenade** to go for a walk

promettre* (à...de) to promise 5

propre own, clean 5

la protection protection 7

protéger to protect

prouver to prove

les provisions (f) groceries; **faire* les provisions** to go grocery shopping

provoquer to cause (7)

la publicité commercial, advertisement

puis then 6

la puissance power 8

le pull sweater

pur pure 3

le pyjama pajamas 5

quand when

quand même even so

quarante forty

le quart quarter (hour)

le quartier neighborhood

quatorze fourteen

quatre-vingt-dix ninety

quatre-vingts eighty

que that, which, whom 2; **ce que** what, that which 7; **ne...que** only 9; **Que...? Qu'est-ce que...?** What...? 3; **tout ce que** everything that 7

quel (m), **quelle** (f) which, what

quelque some; **quelque chose (de** + *adjectif*) something (+ *adjective*); **quelque part** somewhere 9

quelquefois sometimes

quelques a few

quelqu'un somebody, someone 9; **quelqu'un d'autre** somebody else 9

la queue line; **faire* la queue** to stand in line 4

qui that, which, who 2; **ce qui** what, that which 7; **Qu'est-ce qui...?** What...? 3; **Qui...?** Who...? Whom...? 3; **Qui est-ce que...?** Whom...? 3; **tout ce qui** everything that 7

quinze fifteen

quitter to leave

quoi what 3

quoique although 12

R

la raison reason; **avoir* raison** to be right 5

le Ramadan Ramadan 6

la randonnée walk, hike; **faire* des randonnées** to go for walks, to go for hikes

rapide fast

rapidement quickly

le rapport relationship 3

rare rare 3

le raton laveur raccoon 10

réaffirmer to reaffirm (9)

la réalité reality; **en réalité** in fact, in reality 5

récemment recently 2

recevoir* to receive 6

la recherche research 8

récolter to harvest 3

recycler to recycle 7

réduire* to reduce 8

réfléchir (à) to think (about)

reflété reflected 12

le refuge refuge, shelter 10

refuser (de) to refuse 3

regarder to look (at), to watch

le régime diet

relativement relatively 11

religieux (m), **religieuse** (f) religious 6

remarquer to notice 6

le remède remedy 8

le renard fox 10

rencontrer to meet

le rendez-vous date, appointment

rendre to give back, to return (*an object*); **rendre visite à** to visit (*a person*)

les renseignements (m) information (7)

rentrer to return, to go home

le repas meal

repasser to iron 5

répéter* to repeat, to rehearse

répondre to answer

la réponse answer

le reportage news report (*coverage*)

reposant restful, relaxing 2

se reposer to rest 4

reprendre* to start again (1)

représenter to represent 6

la réserve reserve 10

réservé reserved 11

réserver to make a reservation

résister to resist 10

le respect respect 11

respirer to breathe 3

la responsabilité responsibility 5

ressembler (à) to resemble

la ressource resource 7

rester to stay

le retard delay; **en retard** late

retourner to return 3

retrouver to find again 3

réuni gathered 11

se réunir to get together 8

réussir (à) to manage, to pass (*a test*)

le rêve   dream 7
se réveiller   to wake up 4
le réveillon   Christmas or
     New Year's Eve meal 6
  revenir*   to come back 2
  rêver (de)   to dream (of,
     about) 3
la revue   magazine
le rez-de-chaussée   ground floor
le rhume   cold
la richesse   wealth, riches 5
  rien, ne…rien   nothing 9;
     De rien.   You're welcome.
la rivière   river 7
le riz   rice
le robot   robot 7
le rôle   part, role
  romain   Roman 12
le roman   novel
le romantisme   romanticism (6)
la rose   rose (3)
le rôti   roast
  rôti   roast
  rouge   red
le rouge-gorge   robin 10
la route   route, road
  roux   red (*hair*)
la rue   street
les ruines (*f*)   ruins 12
le russe   Russian (*language*)
  russe   Russian 2
le rythme   rhythm 3

  sa   his, her, its
le sable   sand 10
le sac   bag; **sac à dos**
     backpack; **sac de couchage**
     sleeping bag
  sain   healthy 7
la salle   room (4); **salle à manger**
     dining room; **salle de bains**
     bathroom; **salle de classe**
     classroom; **salle de séjour**
     living room
  Salut.   Hi. 0
  samedi (*m*)   Saturday 4
  sans   without; **Sans blague!**
     No kidding! 6; **sans doute**
     no doubt 3; **sans que**
     without 12

la santé   health
le sapin de Noël   Christmas
     tree 6
  sauf   except
  sauter   to jump 10
  sauvage   wild
  sauver   to save 7
  savoir*   to know, to know
     how…
le scénario   film script
  scientifique   scientific 8
le sculpteur   sculptor 12
la sculpture   sculpture 12
  sécher un cours   to skip
     a class
la sécheresse   drought 8
  seize   sixteen
le séjour   stay 4; **la salle de**
     séjour   living room
le sel   salt
la semaine   week
  sembler   to seem 5
  sénégalais   Senegalese 2
  sensible   sensitive 11
  se sentir* (bien, mal)   to feel
     (good, bad) 5
  sept   seven
le serpent   snake 10
le service militaire   military
     service 5; **faire* son service**
     militaire   to do one's
     military service (5)
  ses   his, her, its
  seul   only, single, alone,
     lonely 5
  seulement   only
  sévère   strict
  si   if, yes (*to contradict a*
     negative statement), so 11
  s'il vous plaît   please
le siècle   century 9
  signer   to sign 8
le singe   monkey 10
la situation   situation 5
  situé   located
  sociable   sociable 2
  social (*m. pl.* **sociaux**)
     social (8)
la société   society 5
la sœur   sister
la soif   thirst
les soins (*m*)   care, attention 10
le soir   evening
la soirée   evening 3
  soixante   sixty

  soixante-dix   seventy
  solaire   solar 7
le soleil   sun; **le coucher du**
     soleil   sunset 6; **Il fait**
     du soleil.   The weather is
     sunny.; **le lever du soleil**
     sunrise 6
la solitude   loneliness
la solution   solution 4
le sommeil   sleep
  son   his, her, its
  sortir* (de)   to go out
le soucis   worry; **avoir* des**
     soucis   to be worried 7
la soucoupe (volante)   (flying)
     saucer 7
  souffrir*   to suffer 10
le souhait   wish 6
(se) souhaiter   to wish (each
     other) 6
la source   source 3
  sous   under
  sous-marin   underwater 2;
     la plongée sous-marine
     scuba diving 2
  souterrain   subterranean 7
le souvenir   souvenir, memory
  souvent   often
  spatial (*m. pl.* **spatiaux**)
     space 7
  spécial   special 4
le stade   stadium
la station (de métro)   (subway)
     station 4; **station de ski**   ski
     resort
la statue   statue 12
le stylo   pen
le sucre   sugar
le sud   south
  suisse   Swiss 2
  suivant   following
  suivre   to take (*a course*)
le sujet   subject 7
  superbe   great, magnificent
  supporter   to endure, to
     stand
  sur   on, in
  sûr   sure; **bien sûr**   of
     course
  sûrement   certainly
  surpris   surprised 11
  surtout   especially
  sympa (*invariable*)   nice,
     friendly
  sympathique   nice, friendly
le système   system 7

T

ta your
le tableau (*pl.* **les tableaux**)
   chalkboard, painting
le talent talent 12
la tante aunt
   taquiner to tease 10
   tard late 4
la tarte pie
la tasse cup
le taxi taxi 4
   te (to) you 3
   technologique technological 8
la télé television, TV
le téléphone telephone; **le coup
   de téléphone** telephone
   call 12
le téléspectateur TV viewer
   tellement so much 8
le temps time, weather; **à
   temps partiel** part-time
   5; **en ce temps-là** in
   those days (6); **Quel temps
   fait-il?** How's the
   weather?; **temps libre**
   spare time 2
la terrasse terrace 4
la terre earth 7; **la pomme
   de terre** potato 5; **le
   tremblement de terre**
   earthquake 8
   tes your
la tête head
le thé tea
le théâtre theater 2; **faire* du
   théâtre** to study acting 2
   Tiens! Hey! 2
le Tiers-Monde Third World 8
le tigre tiger 10
le timbre(-poste) (*pl.* **les
   timbres[-poste]**) (postage)
   stamp 2
   toi you
la toile canvas 12
le toit roof 11
   tomber to fall; **tomber
   amoureux** to fall in love
   11; **tomber en panne** to
   break down (*car, machine*) 4;
   tomber en panne d'essence
   to run out of gas 4
   ton your
   tort wrong; **avoir* tort** to
   be wrong 10

tôt early 4
toucher to affect 8
toujours always 1
la tour tower 12
le tour tour, turn; **C'est ton
   tour.** It's your turn.; **faire*
   le tour de** to go around,
   to go throughout; **faire*
   un tour (à bicyclette, en
   voiture)** to go for a ride
   (by bike, by car) 2
le touriste, la touriste tourist (2)
   touristique popular with the
   tourists, quaint
tourner to turn; **tourner un
   film** to make a movie
la Toussaint All Saints' Day 6
   tout everything; **tout ce qui
   (que)** everything that 7
   tout (*m. pl.* **tous**) all, whole;
   tout le monde everybody 2
      tout: À tout à l'heure. See
      you later.; **tout à fait**
      perfectly, completely 9; **tout
      de suite** right way; **tout
      droit** straight ahead
   le trac: avoir* le trac to get
      nervous
le tracteur tractor 3
la tradition tradition 6
   traditionnel (*m*), **traditionnelle**
      (*f*) traditional 6
   train: être* en train de to be
      in the process of
   traiter to treat 11
   tranquille quiet
le transport transportation; **le
   moyen (de transport)**
   means (of transportation) 7
le travail work; **Au travail!**
   Let's go to work! (1); **la Fête
   du Travail** Labor Day 6
   travailler to work
   traverser to cross
   treize thirteen
le tremblement de terre
   earthquake 8
   trente thirty
   très very
   triste sad
   trois three
   se tromper (de) to make a
      mistake 5
   trop too
le troupeau herd 10

   trouver to find
   se trouver to be (located) 5
   tu you
   tuer to kill 8
la tulipe tulip (3)
   tunisien (*m*), **tunisienne** (*f*)
      Tunisian 2
le tunnel tunnel 8

U

   ultra-moderne
      ultramodern (4)
   un one (*number*)
   un (*m*), **une** (*f*) a, an, one
   uni united 8
l' union (*f*) union 8
   s' unir to unite 8
l' usine (*f*) factory 9
   utiliser to make use of, to
      use 7

V

les vacances (*f*) vacation
la vache cow 3
la vaisselle: faire* la vaisselle
   to do the dishes
la valise suitcase
   varié varied (5)
les variétés (*f*): **l'émission** (*f*) **de
   variétés** variety show
   **vaudrait: Il vaudrait mieux
   que...** It would be
   better... 11
      vaut: Il vaut mieux que... It
      is better... 11
la veille day before, eve 6
le vélo bicycle, bike
le vélomoteur moped
le vendeur, la vendeuse
   salesclerk
   vendre to sell
   vendredi (*m*) Friday
   venir* to come 2; **venir
   de...** to have just... 2
le vent wind; **Il fait du vent.**
   The weather is windy.

la vérité   truth **6**; **dire* la
vérité**   to tell the truth **8**
le verre   glass **12**; **prendre* un
verre**   to have a drink **4**
vers   at about, toward **6**
vert   green
la veste   (sport) coat, jacket
les vêtements (*m*)   clothes
la viande   meat
le vidéoclip   music video
la vie   life; **gagner sa vie**   to
earn one's living **3**; **la vie de
tous les jours**   everyday
life **5**
le vietnamien   Vietnamese
(*language*) **2**
vietnamien (*m*), **vietnamienne**
(*f*)   Vietnamese **2**
vieux (**vieil**) (*m*), **vieille** (*f*)
(*m. pl.* **vieux**)   old
les vignes (*f*)   vineyards **3**
la ville   city; **en ville**   in(to)
town **4**
le vin   wine
vingt   twenty
la violence   violence **8**
le visiteur   visitor **4**
vite   quickly **4**
le vitrail (*pl.* **les vitraux**)
stained-glass window **12**
Vive (les vacances)!   Long
live (vacations)!

vivre*   to live **3**
le vœux: **Meilleurs Vœux de
Bonheur!**   Best Wishes! **6**
Voici...   Here is (are)...
la voie: **en voie de**   in the
process of; **en voie
d'extinction**   endangered **7**
Voilà...   There (Here) is
(are)...
la voile   sail; **le bateau à
voiles**   sailboat; **la planche
à voile**   wind surfboard
voir*   to see; **Voyons!**
Come on!
le voisin   neighbor **3**
la voiture   car; **l'accident** (*m*)
de voiture   car accident **8**
la voix   voice **2**
le vol   flight
volant   flying; **la soucoupe
volante**   flying saucer **7**
vos   your
voter   to vote **5**
votre   your
vouloir*   to want, to wish; **Je
voudrais...**   I would
like...; **Je voudrais
bien...**   I would really
like...; **Voulez-vous
bien...?**   Would you
please...?; **vouloir dire**   to
mean **8**

vous   (to) you **3**
le voyage   trip
voyager*   to travel
vrai   true
la vue   view **4**; **point de vue**
point of view **3**

W

les W.-C. (*m*)   toilet

Y

y   there, it, to it, about it **8**;
il y a   there is (are)

Z

le zèbre   zebra **10**
le zoo   zoo **10**
Zut alors!   Darn!

Vocabulaire anglais-français

The **Vocabulaire anglais-français** includes all active vocabulary for **Nous tous**. It also relists the active vocabulary from **Et vous?** except for obvious cognates.

The number following each entry indicates the chapter in which the word or expression is first introduced. A chapter reference in parentheses indicates that the word was not required. Required words are taken from the chapter sections titled **Le français en contexte, Les mots et la vie, Présentation,** and **Perspectives.** The entries from **Et vous?** have no chapter reference.

Adjectives are given in the masculine, with irregular feminine and plural forms given in full. Idiomatic expressions from **Nous tous** are listed under the first word as well as the main words. Expressions from **Et vous?** are listed only when their meaning in English cannot be readily deduced, in which case the expression is listed under the first main word. Verbs marked * are irregular in some forms or have spelling changes and may be found in the verb charts.

The following abbreviations are used: (*f*) feminine, (*m*) masculine, (*sing.*) singular, (*pl.*) plural.

A

a un (*m*), une (*f*)
to abandon abandonner
able: to be able pouvoir*
about, at about
  (*approximately*) vers 6
absolutely absolument
abstract abstrait 12
Acadian acadien 9
accident l'accident (*m*) 8;
  car accident accident de
  voiture 8
to accompany accompagner 6
accomplishment
  l'accomplissement (*m*) 8
according to d'après 8
accountant le/la comptable
accounting la comptabilité
accustomed: to get accustomed

(to) s'habituer (à) 9
acquainted: to be acquainted
  with connaître* 6
across from en face de
acting: to study acting faire*
  du théâtre 2
active dynamique, actif (*m*),
  active (*f*)
activity l'activité (*f*);
  l'occupation (*f*) 3
actor l'acteur (*m*)
actress l'actrice (*f*)
adorable adorable
adult l'adulte (*m/f*) 5
to advance avancer*
advantage l'avantage (*m*) 3; **to**
  take advantage (of) profiter
  (de)

adventure l'aventure (*f*)
advertisement la publicité
advice: piece of advice le
  conseil
to affect toucher 8
afraid: to be afraid avoir*
  peur
after après
afternoon l'après-midi (*m*);
  Good afternoon. Bonjour.
again encore, encore une fois
against contre
age l'âge (*m*); **the Middle**
  Ages le Moyen Âge 12
ago: . . . ago il y a + *time*
  expression 9; **a long time**
  ago il y a longtemps 3
to agree être* d'accord

agreeable agréable

agreement l'accord (*m*) 8; **peace agreement** l'accord de paix 8

agricultural agricole 8

ahead: straight ahead tout droit

air l'air (*m*) 3

airplane l'avion (*m*)

airport l'aéroport (*m*)

album l'album (*m*) 2

algebra l'algèbre (*f*)

algerian algérien (*m*), algérienne (*f*) 2

all tout (*m. pl.* tous); **All Saints' Day** la Toussaint 6; **all things considered** en fin de compte 7

to allow permettre* (à...de) 5; laisser 6

almond l'amande (*f*) 6

almost presque

alone seul 5

along le long de; **to get along** se débrouiller 9; **to get along with** s'entendre avec 5

already déjà

also aussi; également 8

although bien que, quoique 12

always toujours

ambitious ambitieux (*m*), ambitieuse (*f*)

American américain 2

among parmi

amusement la distraction 3

amusing amusant

an un (*m*), une (*f*)

ancestor l'ancêtre (*m/f*) 9

ancient ancien (*m*), ancienne (*f*) 5

and et

angry fâché; **to get angry (at)** se fâcher (contre) 5

animal l'animal (*m*) (*pl.* les animaux)

to announce annoncer* 12

to annoy embêter

annoying embêtant

annual annuel (*m*), annuelle (*f*) 9

answer la réponse

to answer répondre

any des

anymore ne...plus

anything, just anything n'importe quoi 11

anyway de cette façon 11

apartment l'appartement (*m*)

apartment building l'immeuble (*m*) 4

to apologize (for) s'excuser (de) 5

to appeal: It doesn't appeal to me. Ça ne me dit pas grand-chose. 12

apple la pomme; **apple pie** la tarte aux pommes

appointment le rendez-vous; **to have an appointment (with)** avoir* rendez-vous (avec)

to appreciate apprécier 7

April avril (*m*); **April fool!** Poisson d'avril! 6

Arabic (*language*) l'arabe (*m*) 5

architect l'architecte (*m*) 12

architecture l'architecture (*f*) 4

arm le bras

armchair le fauteuil

around autour de

arrival l'arrivée (*f*)

to arrive arriver (à)

art l'art (*m*)

artichoke l'artichaut (*m*)

article l'article (*m*)

artist l'artiste (*m/f*)

artistic artistique 2

artwork l'œuvre (*f*) 12

as comme 2; (*because*) car 10; **as...as** aussi...que 3; **as far as** jusqu'à; **as much, as many** autant (de); **as much as possible** autant que possible 7; **as soon as** dès que 5; **as usual** comme d'habitude 3

to ask demander (à); **to ask questions** poser des questions 5

aspect l'aspect (*m*) 11

aspirin tablet le comprimé d'aspirine

assignment le devoir 7

to assist aider

assistance l'aide (*f*)

astonished étonné 11

astonishing étonnant 11

at à; **at about** vers 6; **at first** au début 9; **at home** à la maison; **at last** enfin; **at least** au moins; **at the same time** à la fois 9

athletic sportif (*m*), sportive (*f*)

atmosphere l'atmosphère (*f*) 7

attention (*care*) les soins (*m*) 10; **to pay attention (to)** faire* attention (à)

attentive attentif (*m*), attentive (*f*)

to attract attirer 12

August août (*m*)

aunt la tante

author l'auteur (*m*)

back le dos

backpack le sac à dos

bad mauvais; **to feel bad** se sentir* mal 5; **not bad** pas mal; **That's too bad.** C'est dommage.; **The weather is bad.** Il fait mauvais.

badly mal

bag le sac; **sleeping bag** sac de couchage

bakery la boulangerie

ball la balle; **tennis ball** balle de tennis

banana la banane

band le groupe

bank la banque

barbecue le barbecue

baseball le base-ball

basketball le basket

bathroom la salle de bains

bathtub la baignoire

to be être*; **to be able** pouvoir*; **to be acquainted with** connaître* 6; **to be afraid** avoir* peur; **to be bored** s'ennuyer* 11; **to be cold/hot** avoir* froid/chaud; **to be familiar with** connaître* 6; **to be foggy** faire* du brouillard 10; **to be hungry/thirsty** avoir* faim/soif; **to be (located)** se trouver 5; **to be lucky** avoir* de la chance;

to be part of faire* partie de; **to be right** avoir* raison 5; **to be sleepy** avoir* sommeil; **to be sorry** regretter; **to be unemployed** être* au chômage 8; **to be worried** avoir* des soucis 7; **to be wrong** avoir* tort 10; **to be...years old** avoir*...ans; **How are things?** Comment ça va?; **How are you?** Comment allez-vous (vas-tu)?; **...isn't that so?** ...n'est-ce pas?
beach la plage
bean le haricot; **green beans** les haricots verts
bear l'ours (*m*) 10
beautiful beau (bel) (*m*), belle (*f*) (*m. pl.* beaux)
beauty la beauté
because parce que; car 10; **because of** à cause de
to become devenir* 2
bed le lit; **to go to bed** se coucher 4; **to make the bed** faire* le lit
bedroom la chambre
beef le bœuf
before avant; avant que 12
to begin commencer*; se mettre* à 5
beginner le débutant, la débutante 2
beginning le début; **in the beginning** au début 9
behind derrière
Belgian belge 2
to believe croire* 10
belongings les affaires (*f*)
besides that à part cela 12
best: the best le/la/les meilleur(e)(s) 4; **Best regards.** Amitiés. (*f*); **Best Wishes!** Meilleurs Vœux de Bonheur! 6
better meilleur, mieux 3; **It is better...** Il vaut mieux que... 11; **It would be better...** Il vaudrait mieux que... 11
between entre
beverage la boisson
bicycle, bike le vélo, la bicyclette; **to ride a bicycle** faire* du vélo

big grand; gros (*m*), grosse (*f*) 10
to bike faire* du vélo
biology la biologie
bird l'oiseau (*m*)
birth la naissance 6
birthday l'anniversaire (*m*)
black noir
blond blond
blouse le chemisier
blue bleu
boarder l'interne (*m/f*) 3
boat le bateau
body le corps
bonfire le feu de joie 9
book le livre
border la frontière 8
bored: to be bored s'ennuyer* 11
born né(e) 9; **to be born** naître* 9
to borrow emprunter
bottle la bouteille
bottom: at the bottom of (the sea) au fond de (la mer) 7
bouquet le bouquet 6
boy le garçon
boyfriend le petit ami 11
brand la marque 2
bread le pain
to break down tomber en panne 4
breakfast le petit déjeuner
to breathe respirer 3
brilliant génial, brillant
to bring apporter (à)
brother le frère
brother-in-law le beau-frère 11
brown brun, marron (*invariable*), (*hair*) châtain
to brush (one's teeth) se brosser (les dents) 4
bug l'insecte (*m*)
to build construire* 7
building le bâtiment; la construction 8
bus l'autobus (*m*) 4; **intercity bus, tour bus** le car 2
businessman, businesswoman l'homme (*m*) d'affaires, la femme d'affaires
busy occupé 3
but mais
butcher's shop la boucherie; **pork butcher's shop** la

charcuterie
butter le beurre
to buy acheter*
by de, par

cable le câble
cafe le café
cage la cage 10
cake le gâteau (*pl.* gâteaux)
call: telephone call le coup de téléphone 12
to call appeler* 3; **to be called** s'appeler*; **calling** (*in telephone conversations*) à l'appareil (*m*) 12
camera l'appareil-photo (*m*) (*pl.* les appareils-photos)
camp le camp; **summer camp** la colonie de vacances; **camp fire** le feu de camp
to camp camper
camper le campeur
campground le camping
camping le camping
can (*verb*) pouvoir*
Canadian canadien (*m*), canadienne (*f*) 2
candy le bonbon 6
canned good la boîte de conserve
canoe le canoë
canvas la toile 12
car la voiture; **sports car** voiture de sport; **car accident** l'accident (*m*) de voiture 8
card la carte 6; **to play cards** jouer aux cartes 2
care les soins (*m*) 10; **to take care of** s'occuper de 5
carrot la carotte
to carry porter 5
cartoon le dessin animé
cartoonist le dessinateur, la dessinatrice 12
case le cas; **in any case** en tout cas 4; **in that case** dans

ce cas-là 8; **in this case** dans
ce cas
cash register la caisse
cassette la cassette
casting: to do the casting
distribuer les rôles (m)
cat le chat
catastrophe la catastrophe 8
to catch attraper
cathedral la cathédrale
caught pris 4
to cause causer 7
celebrate célébrer*, fêter 6
celebration la célébration 9
cemetery le cimetière 6
centime le centime
century le siècle 9
certain certain 3, 4, 5
certainly sûrement
chair la chaise
chalk la craie; **piece of chalk**
la craie
chalkboard le tableau;
chalkboard eraser
l'effaceur (m)
change le changement
to change changer*
channel la chaîne
charming charmant 11
to chat bavarder 3
check (for a meal) l'addition
(f); (travelers) **check** le
chèque (de voyage)
cheerful gai 4
cheese le fromage
chemistry la chimie
chicken le poulet
child l'enfant (m/f)
childhood l'enfance (f) 3
Chinese (language) le chinois
Chinese chinois 2
chocolate le chocolat
choice le choix
to choose choisir
chop: pork chop la côtelette de
porc
chorus la chorale 2
Christmas le Noël 6;
Christmas Eve meal le
réveillon 6; **Christmas tree**
le sapin de Noël 6; **Merry
Christmas!** Joyeux Noël! 6
church l'église (f)
city la ville; **city government**
la municipalité; **city map** le
plan 4; **city square** la place 4

civics l'éducation civique (f)
class la classe
classical classique
classroom la salle de classe
to clean nettoyer* 5
clean propre 5
climate le climat 7
to climb monter (dans)
clock: it's five o'clock il est
cinq heures
to close fermer
closet le placard
clothes les vêtements (m)
cloud le nuage
clown le clown
club le club
coast la côte 5
coat le manteau 5; (sport)
coat la veste
coffee le café; **coffee with
milk** café au lait
coincidence la coïncidence 2
cola le coca
cold le froid, (sickness) le
rhume
cold froid; **to be cold** avoir*
froid; **The weather is cold.**
Il fait froid.
to collect collectionner 2
collection la collection 2
colony la colonie 9
color la couleur
colored: colored pencil le
crayon de couleur 12
to comb se peigner 4
to come venir* 2; **to come back**
revenir* 2; **Come on!**
Voyons!
comedy la comédie
comfortable à l'aise 9
comic strip (book) la bande
dessinée
commercial la publicité
commercialized
commercialisé 6
common commun 10; **in
common** en commun 2
compact disc le disque
compact
company la compagnie 6
competition la compétition
completely tout à fait 9
complex compliqué
complicated compliqué
to compose composer
composer le compositeur, la

compositrice 12
computer l'ordinateur (m);
computer science
l'informatique (f)
to concern concerner 8;
concerning en ce qui
concerne 12
concert le concert
condition condition; **on the
condition that** à condition
que 12
condominium
l'appartement (m)
confidence la confiance; **to
have confidence in** avoir*
confiance en 7
Congratulations!
Félicitations! 6
consequence la conséquence 5
considered considéré 9; **all
things considered** en fin de
compte 7
to consist (of) consister (en)
constantly constamment 10
construction la construction 8
to consult consulter
to continue continuer
contrast le contraste 5
to cook faire* la cuisine
cool frais; **The weather is
cool.** Il fait frais.
corn le maïs 3
corner le coin 11; **on the
corner of** au coin de
to cost coûter
costume le déguisement 6
to count compter 5
country la campagne, le pays
courageous courageux (m),
courageuse (f)
course (class) le cours, (meal)
le plat; **first course** l'entrée
(f); **main course** plat
principal; **of course** bien sûr
cousin le cousin, la cousine
coverage: news coverage le
reportage
covered couvert 10
cow la vache 3
crazy fou (m), folle (f) 4; **to
drive like a crazy person**
conduire* comme un fou 4
to create créer 7
creation la création 8
creative original 11
credit card la carte de crédit

crescent roll le croissant
crime le crime 8
to cross traverser
cruel cruel (*m*), cruelle (*f*)
cry le cri 3
to cultivate cultiver 3
cultural culturel (*m*), culturelle (*f*) 5
culture la culture 5
cup la tasse
cupboard le placard
curious curieux (*m*), curieuse (*f*) 5
currently actuellement 8
custom la coutume 9
cute mignon (*m*), mignonne (*f*) 10
cycling le vélo, (*competition*) le cyclisme
cyclist le cycliste

Dad Papa
dance la danse 2
to dance danser
dancer le danseur, la danseuse 12
dancing la danse 2; **to study dancing** faire* de la danse 2
danger le danger
dangerous dangereux (*m*), dangereuse (*f*)
dark (*hair*) brun
Darn! Zut alors!
date (*time*) la date; **to have a date** (**with**) avoir* rendez-vous (avec)
daughter la fille; **only daughter** la fille unique 11
day le jour, la journée 3; **All Saints' Day** la Toussaint 6; **day after tomorrow** après-demain; **day before** la veille 6; **day off work** le jour férié 6; **day student** le demi-pensionnaire, la demi-pensionnaire 3; **saint's day** la fête; **the next day** le lendemain

dead mort 9
dear cher (*m*), chère (*f*)
death la mort
December décembre (*m*)
to decide décider
decision la décision 5; **to make a decision** prendre* une décision 4
to decorate décorer 6
deer le cerf 10
definite certain 5
delicatessen la charcuterie
delicious délicieux (*m*), délicieuse (*f*) 6
demonstration la manifestation 8
department store le grand magasin 2
to depend (**on**) dépendre (de) 7
to deport déporter 9
depressed déprimé 8
to derive dériver 9
to describe décrire* 6
description la description 6
desk le bureau (*pl.* les bureaux)
dessert le dessert
destination la destination
detail le détail
detective film le film policier
to develop développer
development (*of film*) le développement 2
to devise inventer
diary le journal (*pl.* les journaux)
dictionary le dictionnaire 9
to die mourir* 7
diet le régime
difference la différence 5
different différent
difficult difficile
difficulty la difficulté 4
dining room la salle à manger
dinner le dîner
disadvantage le désavantage 3; l'inconvénient (*m*) 5
disagreeable désagréable
disappearing la disparition 9
discouraged découragé 8; **to get discouraged** se décourager* 9
to discover découvrir* 6
discovery la découverte 8
to discuss discuter 2

dishes: to do the dishes faire* la vaisselle
dishwasher le lave-vaisselle
to dislike détester
to disobey désobéir (à)
district of Paris l'arrondissement (*m*)
diversity la diversité 5
diving: scuba diving la plongée sous-marine 2
divorced divorcé 11
to do faire*; **to do a sport** pratiquer un sport
doctor: medical doctor le médecin
documentary le documentaire
dog le chien
do-it-yourself projects le bricolage 2; **to do do-it-yourself projects** faire* du bricolage 2
doll la poupée 6
door la porte
to doubt douter 11
downtown le centre-ville 4
dozen la douzaine
draft le plan 7
drafting le dessin industriel
draftsman le dessinateur industriel, la dessinatrice industrielle 2
drama l'art dramatique (*m*)
to draw dessiner 2
drawing le dessin
dream le rêve 7
to dream (**of, about**) rêver (de) 3
dress la robe
to dress: to get dressed s'habiller 4
dresser la commode
drink la boisson; **to have a drink** prendre* un verre 4
to drink boire*, prendre*
to drive (**like a crazy person**) conduire* (comme un fou) 4
driver le conducteur 4
driver's license le permis de conduire 4
drought la sécheresse 8
drugs la drogue 7
drums la batterie 2; **to play drums** faire* de la batterie 2
duck le canard 3
dumb bête
during pendant
dust la poussière 3

each chaque; **each one** chacun (*m*), chacune (*f*)
eagerly avec impatience 6
ear oreille
early en avance; tôt 4
to earn: to earn money gagner de l'argent 3; **earn one's living** gagner sa vie 3
earth la terre 7
earthquake le tremblement de terre 8
east l'est (*m*)
easy facile
to eat manger*, prendre*
ecology l'écologie (*f*) 7
economic économique 9
education l'éducation (*f*)
egg l'œuf (*m*)
eight huit
eighteen dix-huit
eighty quatre-vingts
election l'élection (*f*) 5
electric electric
elegant élégant
element l'élément (*m*) 9
elephant l'éléphant (*m*) 7
eleven onze
to eliminate éliminer 8
else: or else ou bien; **somebody else** quelqu'un d'autre 9; **something else** autre chose
employee l'employé (*m*), l'employée (*f*)
to encourage encourager*
end la fin
endangered en voie d'extinction 7
to endure supporter
enemy l'ennemi (*m*)
energy l'énergie (*f*) 7
engineer l'ingénieur (*m*), la femme ingénieur
English (*language*) l'anglais (*m*)
English anglais; **English Channel** la Manche 8
to enlarge agrandir 12
enough assez (de); **not enough** ne...pas assez (de)
to enter entrer (dans)
enthusiastic enthousiaste
entire entier (*m*), entière (*f*)10
entry l'entrée (*f*) 8

environment l'environnement (*m*) 7
environmentalist l'écologiste (*m/f*) 7
to envy envier 3
to equal: equals font
equipment l'équipement (*m*); le matériel 12
era l'époque (*f*) 12
eraser: chalkboard eraser l'effaceur (*m*)
errand la course; **to run errands** faire* des courses
escape échapper 9
especially surtout
essential essentiel (*m*), essentielle (*f*) 11
European européen (*m*), européenne (*f*) 8
eve la veille 6
even même; **even so** quand même
evening le soir; la soirée 3; **Good evening.** Bonsoir.
event l'événement (*m*) 8
everybody tout le monde
everyday tous les jours; **everyday life** la vie de tous les jours 5
everything tout; **everything that** tout ce qui, tout ce que 7
everywhere partout
to evoke évoquer
to exaggerate exagérer*
exam l'examen (*m*), (*taken at end of high school*) le baccalauréat (le bac)
example l'exemple (*m*); **for example** par exemple
excellent excellent
except sauf
exceptional exceptionnel (*m*), exceptionnelle (*f*) 11
exciting passionnant
Excuse me. Pardon.
exercise l'exercice (*m*)
to exercise faire* de la gymnastique
exhibit l'exposition (*f*) 4
to expect attendre
expedition l'expédition (*f*)
expensive cher (*m*), chère (*f*)
experience l'expérience (*f*)
to explain expliquer 5
explorer l'explorateur (*m*)

expression l'expression (*f*) 9
extent: to a great extent en grande partie; **to what extent** à quel point 10
extraordinary extraordinaire
extraterrestrial extra-terrestre
eye l'œil (*m*) (*pl.* les yeux)

facing en face de
fact: in fact en fait 3; en effet, en réalité 5
factory l'usine (*f*) 9
to fail échouer (à)
fair la fête foraine 3
fall l'automne (*m*)
to fall tomber; **to fall in love** tomber amoureux 11
false faux (*m*), fausse (*f*)
familiar: to be familiar with connaître* 6
family la famille 3
family familial 6
famine la famine 8
famous célèbre
fantastic fantastique
far (from) loin (de); **as far as** jusqu'à
farm la ferme 3
to farm cultiver 3
farmer le cultivateur 3
to fascinate passionner 7
fascinating fascinant 12
fast rapide
fat gros (*m*), grosse (*f*) 10
father le père
favorite préféré
fear la peur
feat l'exploit (*m*) 8
February février (*m*)
to feed donner à manger à 3
to feel (bad, good) se sentir* (mal, bien) 5; **to feel like** avoir* envie de
ferocious féroce 10
fever la fièvre
few peu (de); **a few** quelques, un peu (de);

fewer and fewer de moins en moins **3**

field le champ **3**; **to do track and field** faire* de l'athlétisme (*m*)

fierce féroce **10**

fifteen quinze

fifty cinquante; **the fifties** les années cinquante

to fight lutter

film le film; **film director** le metteur en scène **12**; **film script** le scénario

finally enfin; finalement **9**

to find trouver; **to find again** retrouver **3**

Fine. Ça va (bien).

to finish finir

fire le feu; **camp fire** feu de camp; **forest fire** feu de forêt **7**

fireplace la cheminée

fireworks le feu d'artifice **6**

first premier (*m*), première (*f*), d'abord; **at first** au début **9**

fish le poisson

fishing la pêche

five cinq

flag le drapeau

flashlight la lampe de poche

flat: flat tire le pneu crevé **4**

flight le vol

flood l'inondation (*f*) **8**

floor l'étage (*m*)

flower la fleur

flu la grippe

flute la flûte **2**

flying saucer la soucoupe volante **7**

foal le poulain **10**

foggy: to be foggy faire* du brouillard **10**

folk folklorique **2**

following suivant

food la nourriture **6**

foot le pied; **on foot** à pied

football le football américain

for pour, depuis; **for a long time** pendant longtemps; **for example** par exemple

foreign étranger (*m*), étrangère (*f*)

forest la forêt **7**; **forest fire** le feu de forêt **7**

to forget oublier

form la forme **12**

to form former **10**

former ancien (*m*), ancienne (*f*) **5**

fortunately heureusement

forty quarante

four quatre

fourteen quatorze

fourth quatrième

fox le renard **10**

franc le franc

frankly franchement **11**

free libre; en liberté **10**

freeway l'autoroute (*f*) **4**

French (*language*) le français

French français; **french fries** les frites (*f*)

French-speaking francophone **5**

fresh frais (*m*), fraîche (*f*) **3**

Friday vendredi (*m*)

friend l'ami (*m*), l'amie (*f*), (*pal*) le copain, la copine; **to make friends** se faire* des amis **9**

friendly sympathique, sympa (*invariable*)

friendship l'amitié (*f*) **11**

fries: french fries les frites (*f*)

to frighten faire* peur (à) **10**

from de

front (*of a building*) la façade **12**; **in front of** devant

fruit les fruits (*m*); **fruit tree** l'arbre fruitier (*m*) **3**; **a piece of fruit** le fruit

fun amusant

to function marcher

funny drôle **11**

furious furieux (*m*), furieuse (*f*)

furniture les meubles (*m*)

future l'avenir (*m*)

G

---

game le match, le jeu

garage le garage

garden le jardin; **to work in the garden** faire* du jardinage **2**

gardening le jardinage **2**

gas l'essence (*f*); **to run out of gas** tomber en panne d'essence **4**

gathered réuni **11**

general général; **in general** en général

generous généreux (*m*), généreuse (*f*) **11**

geography la géographie

geometry la géométrie

German (*language*) l'allemand (*m*)

German allemand **2**; **German shepherd** le berger allemand **10**

to get: to get accustomed (to) s'habituer (à) **9**; **to get along** se débrouiller **9**; **to get along with** s'entendre avec **5**; **to get angry (at)** se fâcher (contre) **5**; **to get a traffic ticket** attraper une contravention **4**; **to get discouraged** se décourager* **9**; **to get dressed** s'habiller **4**; **to get married** se marier **5**; **to get nervous** avoir* le trac; **to get off** descendre (de); **to get ready (for)** préparer; **to get together** se réunir **8**; **to get up** se lever* **4**

gift le cadeau **2**; **New Year's Day gifts** les étrennes (*f*) **6**

giraffe la girafe **10**

girl la fille

girlfriend la petite amie **11**

to give donner (à); offrir* **6**; **to give back** rendre; **to give each other** s'offrir* **6**; **to give up** abandonner

glass le verre **12**; **glasses** les lunettes (*f*); **sunglasses** lunettes de soleil

glove le gant **5**

to go aller*; **to go around** faire* le tour de; **to go down** descendre (de); **to go for a ride** (*by bike, by car*) faire* un tour (à bicyclette, en voiture) **2**; **to go for a walk** faire* une promenade; **to go for walks (hikes)** faire* des randonnées; **to go grocery shopping** faire* les

provisions; **to go home**
rentrer; **to go horseback
riding**   faire* du cheval **3**; **to
go on**   continuer; **to go out**
sortir* (de); **to go shopping**
faire* des courses; faire* des
achats **2**; **to go to bed**   se
coucher **4**; **to go up**   monter
(dans); **to go window-
shopping**   faire* du lèche-
vitrines **2**; **How's it going?**
Ça va?

goldfish   le poisson rouge **10**
golf   le golf **6**
good   bon (*m*), bonne (*f*); **to
feel good**   se sentir* bien **5**;
Good afternoon.   Bonjour.;
Good evening.   Bonsoir.;
Good morning.   Bonjour.; **to
have a good time**   s'amuser **4**
Good-bye.   Au revoir.
gorilla   le gorille **10**
gothic   gothique **12**
government   (*school subject*)
l'éducation civique (*f*); **city
government**   la municipalité
grade   la note
grains   les céréales (*f*) **3**
grandfather   le grand-père (*pl.*
les grands-pères)
grandmother   la grand-mère
(*pl.* les grands-mères)
grandparents   les grands-
parents (*m*)
gray   gris
great   formidable,
extraordinaire, fantastique,
superbe, brillant; grand **5**
great-grandparents   les
arrière-grands-parents (*m*) **9**
green   vert
grilled   grillé; **grilled meat**   la
grillade
**grocery: to go grocery
shopping**   faire* les
provisions; **groceries**   les
provisions (*f*); **grocery store**
l'épicerie (*f*)
ground floor   le rez-de-
chaussée **10**
group   le groupe **2**
to grow up   grandir **3**
to guess   deviner
guest   l'invité (*m*), l'invitée (*f*)
guide(book)   le guide
guitar   la guitare

gymnastics   la gymnastique; **to
do gymnastics**   faire* de la
gymnastique

habit   l'habitude (*f*) **10**
hair   les cheveux (*m*)
half: a half hour   une demi-
heure; **half past five**   cinq
heures et demie
hall: study hall   l'étude (*f*)
ham   le jambon
hamburger   le hamburger
hand   la main; **on the other
hand**   par contre; en
revanche **5**
handsome   beau (bel) (*m*), belle
(*f*) (*m. pl.* beaux)
Hanukkah   le Hanukkah **6**
to happen   se passer **5**; avoir* lieu
7; arriver **8**; **What's
happening?**   Qu'est-ce qui se
passe? **5**
happy   content, heureux (*m*),
heureuse (*f*); **Happy New
Year!**   Bonne année! **6**
hard   dur; **hard to please**
difficile
harvest   la moisson **3**
to harvest   récolter **3**
hat   le chapeau **5**
to hate   détester
to have   avoir*; **to have a drink**
prendre* un verre **4**; **to have
a good time**   s'amuser **4**; **to
have an appointment (a date)
(with)**   avoir rendez-vous
(avec); **to have a sore . . .**
avoir mal (à . . .); **to have
confidence in**   avoir
confiance en **7**; **to have
just . . .**   venir* de . . . **2**; **to
have lunch**   déjeuner; **to
have to**   être* obligé de,
devoir* **11**
he   il
head   la tête
health   la santé
healthy   sain **7**

to hear   entendre; **to hear that**
entendre dire que **12**
heart   le cœur
Hello.   Bonjour.; (*on the
phone*) Allô. **12**
help   l'aide (*f*)
to help   aider
hen   la poule **3**
her   (*possessive*) son (*m*),
sa (*f*), ses (*pl.*),
(*direct object*) la;
(*indirect object*) lui **2**;
(*emphatic*) elle
herd   le troupeau **10**
here   ici, là; **Here is (are) . . .**
Voici . . . , Voilà . . .
heritage   l'héritage (*m*) **9**
hers: to be hers   être* à elle
hesitate   hésiter (à) **3**
Hey!   Tiens! **2**
Hi.   Salut.
high school   le lycée; **high-
school student**   le lycéen, la
lycéenne
hike   la randonnée; **to go for
hikes**   faire* des randonnées
him   (*direct object*) le; (*indirect
object*) lui **2**; (*emphatic*) lui
his   son (*m*), sa (*f*), ses (*pl.*); **to
be his**   être* à lui
history   l'histoire (*f*)
hockey   le hockey
Ho hum.   Bof.
holiday   la fête; **national
holiday**   la Fête
Nationale **6**
home: at home   à la maison; **at
the home of**   chez
homesick: to be homesick
avoir* le mal du pays **9**
homework   les devoirs (*m*);
Take out your homework!
Prenez vos devoirs!
honest   honnête
to hope   espérer*
horror film   le film
d'épouvante
horse   le cheval **3**
**horseback riding: to go
horseback riding**   faire* du
cheval **3**
hospital   l'hôpital (*m*) (*pl.* les
hôpitaux)
hot   chaud; **to be hot**   avoir*
chaud; **The weather is hot.**
Il fait chaud.

hotel   l'hôtel (*m*)
hour   l'heure (*f*); **a half hour**
une demi-heure
house   la maison
housework: to do housework
faire* le ménage
how   comment; **How about**
that! Ça alors!; **How**
long...? Depuis combien
de temps...?; **how much**
combien; **how much**
(many) combien de;
How's the weather?
Quel temps fait-il?
however   pourtant
hundred   cent
hunger   la faim
hungry: to be hungry avoir*
faim
hurry: in a hurry pressé
to hurry   se dépêcher 4
to hurt   avoir* mal (à...)
husband   le mari 11

I

I   je
ice cream   la glace; **(chocolate,**
vanilla) ice cream la glace
(au chocolat, à la vanille)
to ice-skate   faire* du patin à
glace
iceskating   le patin à glace
idea   l'idée (*f*)
ideal   idéal 8
to identify   identifier 3
identity   l'identité (*f*) 5
if   si
ignorance   l'ignorance (*f*) 9
to imagine   imaginer
immigrant   l'immigrant (*m*) 9
immigration   l'immigration
(*f*) 9
impatient   impatient
impolite   impoli
importance   l'importance (*f*) 5;
to be important avoir* de
l'importance 5
important   important

impossible   impossible 4
impression   l'impression (*f*) 5
to improve   améliorer 8
impulsive   impulsif (*m*),
impulsive (*f*)
in   à, dans, sur, en; **in a**
hurry pressé; **in any case**
en tout cas 4; **in common** en
commun 2; **in fact** en fait 3;
en réalité 5; **in front of**
devant; **in general** en
général; **in love** amoureux
(*m*), amoureuse (*f*) 11; **in my**
(your, etc.) place à ma (ta,
etc.) place 8; **in order that**
afin que, pour que 12; **in**
order to pour; **in reality**
en réalité 5; **in spite of**
malgré; **in that case** dans ce
cas-là 8; **in the beginning** au
début 9; **in the middle of** au
milieu de; **in this case** dans
ce cas; **in this (that) way**
de cette façon 11;
in(to) town en ville 4;
in your opinion
à votre (ton) avis
to increase   augmenter 8
indeed   en effet 5
independence   l'indépendance
(*f*) 5
independent   indépendant 11
individual   l'individu (*m*) 5
individual   individuel (*m*),
individuelle (*f*)
individualistic   individualiste 5
industrial   industriel (*m*),
industrielle (*f*) 8
inferior   inférieur 9
inflation   l'inflation (*f*) 8
influence   l'influence (*f*)
inhabitant   l'habitant (*m*),
l'habitante (*f*) 7
insect   l'insecte (*m*)
to inspire   inspirer 7
instance   la fois
instant   l'instant (*m*)
instead   plutôt; **instead of** au
lieu de 7
instrument   l'instrument (*m*) 2
intelligent   intelligent
to intend   compter 2
interest   l'intérêt (*m*) 2
interested: to be interested in
s'intéresser à 5
interesting   intéressant

international   international (*m.*
pl. internationaux)
intersection   le carrefour 4
interview show   le magazine
télévisé
to invent   inventer
invention   l'invention (*f*) 8
to invite   inviter
to iron   repasser 5
irresistible   irrésistible
island   l'île (*f*) 2
isolated   isolé 9
it   ça, il, elle, ce, *(direct object)*
le, la; *(indirect object)* lui 2;
(emphatic) lui 2; **about it,**
from it, of it en 7; **it, to it,**
about it y 8
Italian   *(language)* l'italien
(*m*) 2
Italian   italien (*m*), italienne
(*f*) 2
its   son (*m*), sa (*f*), ses (*pl.*)

J

---

jacket   la veste, *(windbreaker)*
le blouson
jam   la confiture; **traffic jam**
l'embouteillage (*m*) 4
January   janvier (*m*)
Japanese   *(language)* le
japonais
Japanese   japonais 2
jazz   le jazz
jealous   jaloux (*m*), jalouse (*f*) 3
jeans   le jean
jewelry: piece of jewelry le
bijou 6
job   l'emploi (*m*) 8
to jog   faire* du jogging
jogging   le jogging
journalism   le journalisme
juice   le jus; **orange juice** jus
d'orange
July   juillet (*m*)
to jump   sauter 10
June   juin (*m*)
just: to have just... venir*
de... 2

K

to keep garder 10
key la clé
to kill tuer 8
kilo le kilo
kilometer le kilomètre
kind la sorte, le genre; all
kinds of toutes sortes de
kind gentil (m), gentille (f)
to kiss s'embrasser 6
kitchen la cuisine
to knock frapper
to know, to know how... savoir*

L

Labor Day la Fête du Travail 6
lake le lac
lamp la lampe
landscape le paysage;
landscape painting le
paysage 12
language la langue
large grand 5
to last durer
last dernier (m), dernière (f);
at last enfin; last name le
nom de famille 9
late en retard; tard 4;
later plus tard;
See you later.
À tout à l'heure.
to laugh at se moquer de 5
lawyer l'avocat (m),
l'avocate (f)
layer la couche 10
lazy paresseux (m),
paresseuse (f)
to learn (to) apprendre* (à)
least: at least au moins; the
least... le moins... 4
to leave quitter, partir*, (behind)
laisser
left, to the left à gauche
leg la jambe
leisure, leisure-time activities
les loisirs (m) 2
lemonade le citron pressé

to lend prêter 2
less moins (de); less and less
de moins en moins 3;
less...than moins...que 3
lesson la leçon
letter la lettre
lettuce la salade verte
liberty la liberté 9
library la bibliothèque
lie le mensonge 6
life la vie; everyday life la
vie de tous les jours 5; still
life la nature morte 12
light: to run a red light brûler
un feu rouge 4; traffic light
le feu 4
to like aimer (bien); I would like...
Je voudrais...; I would really
like... Je voudrais bien...;
to like a lot aimer bien;
to really like adorer
like comme
lily of the valley le muguet 6
line la ligne 12; to stand in
line faire* la queue 4;
subway line la ligne de
métro 4
lion le lion 10
to listen écouter
liter le litre
literature la littérature
little petit, peu (de); a little
un peu (de)
to live habiter; vivre* 3; Long
live (vacations)! Vive (les
vacances)!
lively animé 4
living: to earn one's living
gagner sa vie 3
living room la salle de séjour
located situé
loneliness la solitude
lonely seul 5
long long (m), longue (f); for a
long time pendant
longtemps; How long...?
Depuis combien de
temps...?; Long live
(vacations)! Vive (les
vacances)!; So long. À
bientôt.
to look (at) regarder; to look
(seem) avoir* l'air; to look
for chercher
to lose perdre
a lot (of) beaucoup (de); lots of

people du monde 4
love l'amour (m); to fall in
love tomber amoureux 11; in
love amoureux (m),
amoureuse (f) 11; love at first
sight le coup de foudre 12
to love aimer, adorer
luck la chance 2
lucky: to be lucky avoir* de la
chance
lunch le déjeuner; to have
lunch déjeuner

M

magazine la revue
magnificent superbe
main premier (m), première
(f), principal (m. pl.
principaux); main course le
plat principal
major principal (m. pl.
principaux)
majority la majorité
to make faire*; to make a
decision prendre* une
décision 4; to make a
mistake se tromper (de) 5;
to make a movie tourner un
film; to make a reservation
réserver; to make friends se
faire* des amis 9; to make the
bed faire* le lit; to make up
one's mind décider; to make
use of utiliser 7
mall le centre commercial 2
man l'homme (m)
to manage réussir (à); se
débrouiller 9
many beaucoup (de); as
many autant (de); how
many combien de
map la carte; city map le
plan 4
March mars (m)
Mardi Gras le carnaval du
Mardi Gras 6
mare la jument 10
mark la marque 9

market: open-air market   le marché

marriage   le mariage 6

married   marié; **to get married**   se marier 5

master   le maître 10

masterpiece   le chef-d'œuvre (*pl.* les chefs-d'œuvre) 12

match   (*sports*) le match

matches   les allumettes (*f*)

materials   le matériel 12

mathematics (math)   les mathématiques (les maths) (*f*)

matter: What's the matter?   Qu'est-ce qu'il y a?

Mauritanian   mauritanien (*m*), mauritanienne (*f*) 5

May   mai (*m*)

may   pouvoir*

maybe   peut-être

meal   le repas

to mean   vouloir* dire 8; **that means**   ça veut dire; **What does...mean?**   Que veut dire...?

mean   méchant

means of transportation   le moyen de transport 7

measure   la mesure 7

meat   la viande

medical doctor   le médecin

medicine   le médicament

to meet   rencontrer, faire* la connaissance de; **Pleased to meet you.**   Enchanté(e).

member   le membre

memory   le souvenir 3

menu   le menu

Merry Christmas!   Joyeux Noël! 6

Mexican   mexicain 2

microwave oven   le four à micro-ondes

middle   le milieu; **in the middle of**   au milieu de; **the Middle Ages**   le Moyen Âge 12

midnight   minuit (*m*)

military service   le service militaire 5

milk   le lait

million   le million

mime   le mime 4

mind: to make up one's mind   décider; **state of mind**   l'état (*m*) d'esprit

mine: to be mine   être* à moi

mineral   minéral; **mineral water**   l'eau minérale (*f*)

miniseries   le feuilleton

minus   moins

minute   la minute

mirror   le miroir

Miss   Mademoiselle

mistake: to make a mistake   se tromper (de) 5

mixture   le mélange 11

modern   moderne

modest   modeste

Mom   Maman

moment   le moment 8

Monday   lundi (*m*)

money   l'argent (*m*); **pocket money**   argent de poche 5

monkey   le singe 10

month   le mois

monument   le monument

moon   la lune

moped   le vélomoteur

more   plus (de); **more and more**   de plus en plus 5; **more...than**   plus...que 3; **no more**   ne...plus

moreover   d'ailleurs 6

morning   le matin; **Good morning.**   Bonjour.

Moroccan   marocain 2

Moslem   musulman 5

mosque   mosquée 6

mosquito   le moustique

most of   la plupart des 2; **most of the time**   la plupart du temps 2; **the most...**   le plus... 4

mother   la mère; **mother-in-law, stepmother**   la belle-mère 11

motorcycle   la moto

mountain   la montagne

mouth   la bouche

movie   le film; **movies, movie theater**   cinéma

Mr.   Monsieur, M.

Mrs.   Madame, Mme

much   beaucoup (de); **as much**   autant (de); **as much as possible**   autant que possible 7; **how much**   combien, combien de; **not much**   pas grand-chose

museum   le musée

music   la musique; **music**

video   le vidéoclip; **piece of music**   le morceau de musique 12; **rock music**   le rock

musician   le musicien, la musicienne

must: one must not   il ne faut pas 3

my   mon (*m*), ma (*f*), mes (*pl.*)

myself   moi-même 5

N

name   le nom 2; **His/Her name is...**   Il/Elle s'appelle...; **last name**   le nom de famille 9; **My name is...**   Je m'appelle...; **What's your name?**   Comment vous appelez-vous (t'appelles-tu)?

national   national (*m. pl.* nationaux); **national holiday**   la Fête Nationale 6

nationality   la nationalité 2

natural   naturel (*m*), naturelle (*f*)

nature   la nature

near   près (de)

necessary   nécessaire; **it is necessary**   il faut

to need   avoir* besoin de

neighbor   le voisin 3

neighborhood   le quartier

neither...nor...   ne...ni...ni 9

nephew   le neveu 11

never   ne...jamais

new   nouveau (nouvel) (*m*), nouvelle (*f*) (*m. pl.* nouveaux); **New England**   la Nouvelle-Angleterre 9; **What's new?**   Quoi de neuf?

news   les informations (*f*), les nouvelles (*f*); **news report (coverage)**   le reportage; **news show**   le magazine télévisé

newspaper   le journal (*pl.* les journaux) 12

New Year: New Year's Day   le

Jour de l'An **6; New Year's Eve meal** le réveillon **6**

next prochain, ensuite; **next to** à côté de; **the next day** le lendemain

nice agréable, sympathique, sympa (*invariable*), gentil (*m*), gentille (*f*); **The weather is nice.** Il fait beau.

niece la nièce **11**

night la nuit

nightmare le cauchemar **7**

nine neuf

nineteen dix-neuf

ninety quatre-vingt-dix

no non; **No!** Non alors!; **no doubt** sans doute **3; No kidding!** Sans blague! **6; no more** ne...plus

nobody ne...personne **9**

noise le bruit **7**

nonsmoking: nonsmoking section la section non-fumeurs

noon midi (*m*)

normal normal **9**

north le nord

nose le nez

not ne...pas; **Why not?** Pourquoi pas?

notebook le cahier

nothing ne...rien **9; to whisper sweet nothings** dire* des mots doux **8**

to notice remarquer **6**

novel le roman

November novembre (*m*)

now maintenant

nuclear nucléaire **7; nuclear power plant** la centrale nucléaire **7**

number le nombre **8**

numerous nombreux (*m*), nombreuse (*f*)

nurse l'infirmier (*m*), l'infirmière (*f*)

O

to observe observer **10**

to obtain obtenir* **5**

obvious évident **7**

obviously évidemment **8**

occasion l'occasion (*f*) **6**

occupation l'occupation (*f*) **3**

to occupy occuper

ocean l'océan (*m*)

October octobre (*m*)

odd curieux (*m*), curieuse (*f*) **5**

of de; **of course** bien sûr

to offer (each other) (s')offrir* **6**

office le bureau (*pl.* les bureaux)

official officiel (*m*), officielle (*f*) **2**

often souvent

OK. D'accord.

old vieux (vieil) (*m*), vieille (*f*) (*m. pl.* vieux); ancien (*m*), ancienne (*f*) **5**; âgé **6; to be...years old** avoir*...ans; **How old are you?** Quel âge avez-vous (as-tu)?; **older** aîné **11**

on sur; **on foot** à pied; **on page...** à la page...; **on the condition that** à condition que **12; on the corner of** au coin de; **on the other hand** par contre; en revanche **5; on time** à l'heure

one (*number*) un; **each one** chacun, chacune; **one** (*with noun*) un (*m*), une (*f*)

onion l'oignon (*m*); **onion soup** la soupe à l'oignon

only seulement; seul **5**; ne...que **9; only daughter** la fille unique **11; only son** le fils unique **11**

to open ouvrir* **6**

open ouvert **4**

open-air market le marché

to operate marcher

opinion l'avis (*m*) **2; in your opinion** à votre (ton) avis

opportunity l'occasion (*f*) **10**

oppression l'oppression (*f*) **9**

optimistic optimiste

or ou

orange l'orange (*f*); **orange juice** le jus d'orange

orange orange (*invariable*)

orchestra l'orchestre (*m*) **2**

order: in order that afin que, pour que **12; in order to** pour

to order commander

to organize organiser

origin l'origine (*f*) **9**

other l'autre (*m/f*)

other autre; **on the other hand** par contre; en revanche **5; other than** à part **3**

otherwise autrement

our notre (*sing.*), nos (*pl.*)

ours: to be ours être* à nous

outline le plan

outside dehors **3**

oven le four; **microwave oven** four à micro-ondes

to owe devoir* **11**

own propre **5**

P

page la page; **on page...** à la page...

paint la peinture **12**

paintbrush le pinceau **12**

painter le/la peintre **12**

painting (*object*) le tableau (*pl.* les tableaux), la peinture **2**; (*activity*)la peinture **12; to study painting** faire* de la peinture **2; landscape painting** le paysage **12**

pajamas le pyjama **5**

pal le copain, la copine

panic la panique

pants le pantalon

paper: sheet of paper la feuille de papier

parade le défilé **6**

parents les parents (*m*)

Parisian parisien (*m*), parisienne (*f*) **4**

park le parc

to park garer **4**

parking lot le parking **4**

parliament le parlement **8**

part le rôle, la partie; **to be part of** faire* partie de

participant participant

to participate (in) participer (à); **to participate in sports** faire* du sport

part-time   à temps partiel **5**
party   la boum **2**; la fête **11**
to pass   passer, (*a test*) réussir (à);
   to pass (**a car**)   doubler **4**
passport   le passeport
past   le passé **12**
pastime   le passe-temps **2**
pastry, pastry shop   la
   pâtisserie
pâté   le pâté
patience   la patience
patient   patient
patriot   le patriote **9**
to pay (**for**)   payer*; **to pay**
   attention (**to**)   faire*
   attention (à)
peace   la paix; **peace**
   agreement   l'accord (*m*) de
   paix **8**
pear   la poire
peas   les petits pois (*m*)
pen   le stylo
pencil   le crayon
people   les gens (*m*); le peuple
   9; **some people**   certains **10**
pepper   le poivre
per   par
percussion   la batterie **2**
perfect   parfait
perfectly   tout à fait **9**
perhaps   peut-être
to permit   permettre* (à...de) **5**
person   la personne **5**
personality   la personnalité **11**
personally   personnellement **7**
pessimistic   pessimiste
pet   l'animal (*m*) domestique **10**
to pet   caresser **10**
philosophy   la philosophie
photo, photograph   la photo; **to**
   take photos   faire* de la
   photographie (photo)
to photograph   photographier **2**
photographer   le
   photographe **12**
physical   physique
physics   la physique
piano   le piano **2**
to pick   ceuillir* **3**
picnic   le pique-nique
pie   la tarte; **strawberry** (**apple**)
   pie   tarte aux fraises (aux
   pommes)
piece: piece of advice   le
   conseil; **piece of chalk**   la
   craie; **piece of jewelry**   le

bijou **6**; **piece of music**   le
   morceau de musique **12**
pig   le cochon **3**
to pitch the tent   planter la tente
place   l'endroit (*m*), la place; **in**
   my (**your, etc.**) **place**   à ma
   (ta, etc.) place **8**; **to take**
   place   se passer **5**; avoir*
   lieu **7**
plan   le projet; le plan **12**
planet   la planète **7**
plant: nuclear power plant   la
   centrale nucléaire **7**
to plant   planter **3**
play   la pièce (de théâtre) **12**
to play (**an instrument**)   jouer
   (d'un instrument) **2**; **to play** (**a**
   sport)   jouer (à un sport); **to**
   play cards   jouer aux cartes
   2; **to play drums**   faire* de la
   batterie **2**
pleasant   agréable; gai **4**
to please   faire* plaisir à **11**; **hard**
   to please   difficile; **please**
   s'il vous plaît; **Pleased to meet**
   you.   Enchanté(e).
pleasure   le plaisir **6**; **with**
   pleasure   avec plaisir
plus   plus
pocket money   l'argent (*m*) de
   poche **5**
poem   le poème
point of view   le point de vue **3**
polite   poli
political   politique **8**
politics   la politique **8**
to pollute   polluer **7**
pollution   la pollution **7**
pool: swimming pool   la piscine
poor   pauvre **5**
popular   populaire
pork   le porc; **pork butcher's**
   shop   la charcuterie; **pork**
   chop   la côtelette de porc
portrait   le portrait **12**
Portuguese (*language*)   le
   portugais **2**
Portuguese   portugais **2**
possessions   les affaires (*f*)
possibility   la possibilité
possible   possible; **as much as**
   possible   autant que possible
   7; **It is possible...**   Il se peut
   que... **11**
postage stamp   le timbre-poste
   (*pl.* les timbres-poste) **2**

postcard   la carte postale
poster   l'affiche (*f*)
post office   la poste
potato   la pomme de terre
power   la puissance **8**; **nuclear**
   power plant   la centrale
   nucléaire **7**
to practice   pratiquer
prayer   la prière **6**
preceding   précédent
to prefer   préférer*
to prepare   préparer; se
   préparer **4**
present   actuel (*m*), actuelle (*f*)
   7; **the present-day world**   le
   monde actuel **7**
president   le président, la
   présidente **8**
problem   le problème
process: to be in the process
   of   être* en train de
product   le produit **7**
production   la production **8**
profession   la profession
program   (*TV*) l'émission (*f*)
programmer   le programmeur,
   la programmeuse
progress   le progrès **8**
to promise   promettre* (à...de) **5**
pros and cons   le pour et le
   contre **3**
to protect   protéger*
protection   la protection **7**
proud   fier (*m*), fière (*f*)
to prove   prouver
provided that   pourvu que **12**
pure   pur **3**
to push   pousser

quaint   touristique; **quaint**
   village   le village touristique
to quarrel   se disputer **5**
quarter (**hour**)   le quart
   (d'heure)
question   question; **to ask**
   questions   poser des
   questions **5**
quickly   rapidement; vite **4**
quiet   tranquille

R

rabbit   le lapin **10**
raccoon   le raton laveur **10**
race   la course
racer   le coureur
racket   (*tennis*) la raquette
radio   la radio, le poste de
   radio
rain   la pluie
to rain   pleuvoir*; **It's going to
   rain.**   Il va pleuvoir.; **It's
   raining.**   Il pleut.
raincoat   l'imperméable (*m*) **5**
to raise   élever* **3**
   Ramadan   le Ramadan **6**
rare   rare **3**
rarely   rarement
rather   assez, plutôt
to read   lire*
ready (to)   prêt (à); **to get ready
   (for)**   préparer
reality: in reality   en réalité **5**
really   vraiment
reason   la raison
reasonable   raisonnable
to receive   recevoir* **6**
recently   récemment **2**
record   le disque
to recycle   recycler **7**
red   rouge, (*hair*) roux
to reduce   réduire* **8**
reflected   reflété **12**
refrigerator   le frigo, le
   réfrigérateur
refuge   le refuge **10**
to refuse   refuser (de) **3**
region   la région
register: cash register   la caisse
to regret   regretter
regular   régulier (*m*),
   régulière (*f*)
relationship   le rapport **3**
relatively   relativement **11**
relatives   les parents (*m*)
relaxing   reposant **2**
religious   religieux (*m*),
   religieuse (*f*) **6**
remedy   le remède **8**
to repeat   répéter*
report: news report   le
   reportage; **sports report**
   reportage sportif; **weather
   report**   la météo
reporter   le reporter

to represent   représenter **6**
research   la recherche **8**
to resemble   ressembler (à) **4**
reservation   la réservation; **to
   make a reservation**   réserver
reserve   la réserve **10**
reserved   réservé **11**
to resist   résister **10**
resort: ski resort   la station de
   ski
resource   la ressource **7**
respect   le respect **11**
responsibility   la
   responsabilité **5**
responsible   responsable
to rest   se reposer **4**
restaurant   le restaurant
restful   reposant **2**
restoration   la restauration
result   le résultat
to return   retourner **3**; (*to go
   home*) rentrer, (*an object*)
   rendre
rhythm   le rythme **3**
rice   le riz
rich   riche
riches   la richesse **5**
ride: to go for a ride (by bike,
   by car)   faire* un tour
   (à bicyclette, en voiture) **2**
to ride: to ride a bicycle   faire*
   du vélo
ridiculous: This is ridiculous!
   Tu exagères!
riding: to go horseback riding
   faire* du cheval **3**
right   le droit **5**
right, to the right   à droite; **to
   be right**   avoir* raison **5**;
   right away   tout de suite
to risk   risquer
river   la rivière **7**
road   la route
roast   le rôti
roast   rôti; **roast chicken**   le
   poulet rôti
robin   le rouge-gorge **10**
robot   le robot **7**
rocket   la fusée (spatiale) **7**
rock music   le rock
role   le rôle
roll: crescent roll   le croissant
to roller-skate   faire* du patin à
   roulettes
rollerskating   le patin à
   roulettes

Roman   romain **12**
roof   le toit **11**
room   la pièce
route   la route
routine   la routine
ruins   les ruines (*f*) **12**
to run   courir* **10**; **to run a red
   light**   brûler un feu rouge **4**;
   to run errands   faire* des
   courses; **to run out of gas**
   tomber en panne d'essence **4**
Russian   (*language*) le russe
Russian   russe **2**

sad   triste
to sail   faire* du bateau à voiles
sailboat   le bateau à voiles
saint: All Saints' Day   la
   Toussaint **6**; **saint's day**   la
   fête
salad   la salade
salesclerk   le vendeur, la
   vendeuse
salt   le sel
same   même; **at the same
   time**   à la fois **9**
sand   le sable **10**
sandwich   le sandwich
Santa Claus   le Père Noël **6**
Saturday   samedi (*m*)
saucer   la soucoupe; **flying
   saucer**   soucoupe volante **7**
to save   sauver **7**
to say   dire* **5, 8**; **How do you
   say...?**   Comment dit-
   on...?
schedule   (*TV*) le programme
school   l'école (*f*); **school
   subject**   la matière;
   secondary (high) school   le
   lycée
schoolteacher   l'instituteur (*m*),
   l'institutrice (*f*)
science   les sciences (*f*);
   computer science
   l'informatique (*f*); **science
   fiction**   la science-fiction

scientific scientifique **8**
script: film script le scénario
scuba diving la plongée sous-marine **2**
sculptor le sculpteur **12**
sculpture la sculpture **12**
sea la mer
seaside: at the seaside au bord de la mer
season la saison
seat la place
second deuxième
secret le secret
section la section; **smoking (nonsmoking) section** la section fumeurs (non-fumeurs)
to see voir*; **See you later.** À tout à l'heure.; **See you tomorrow.** À demain.
to seem avoir* l'air, sembler **5**
selfish égoïste
to sell vendre
to send envoyer*
Senegalese sénégalais **2**
sensitive sensible **11**
September septembre (*m*)
series le feuilleton, la série
serious sérieux (*m*), sérieuse (*f*), grave
to settle s'installer **9**
seven sept
seventeen dix-sept
seventy soixante-dix
several plusieurs
she elle
sheep le mouton **3**
sheet: sheet of paper la feuille de papier
shelf l'étagère (*f*)
shelter le refuge **10**
shepherd: German shepherd le berger allemand **10**
ship le bateau
shirt la chemise
shoes les chaussures (*f*)
shop le magasin; la boutique **4**; **butcher's shop** la boucherie; **pastry shop** la pâtisserie; **pork butcher's shop** la charcuterie
shopping: to go grocery shopping faire* les provisions (*f*); **to go shopping** faire* des achats **2**; faire* des courses (*f*);

shopping center le centre commercial **2**
short petit, court
shorts le short
show: interview show le magazine télévisé; **news show** le magazine télévisé; **variety show** l'émission (*f*) de variétés
to show montrer
shower la douche
shy timide
sick malade
sickness maladie
to sign signer **8**
silly bête
simple simple
since depuis
sincere sincère
to sing chanter
singer le chanteur, la chanteuse
single seul **5**; (*not married*) célibataire **11**; **single man, single woman** le célibataire, la célibataire **11**
sink le lavabo
sir Monsieur, M.
sister la sœur
sister-in-law la belle-sœur **11**
to sit: Sit down! Asseyez-vous!
situation la situation **5**
six six
sixteen seize
sixty soixante
skateboard la planche à roulettes
to skateboard faire* de la planche à roulettes
ski, skiing le ski; **ski resort** la station de ski
to ski faire* du ski
to skip a class sécher* un cours
skirt la jupe
sky le ciel
skyscraper le gratte-ciel (*pl.* les gratte-ciel) **4**
to sleep dormir*; **sleeping bag** le sac de couchage
sleepy: to be sleepy avoir* sommeil
slowly lentement
small petit
to smoke fumer **7**; **smoking section** la section fumeurs
snail l'escargot (*m*)

snake le serpent **10**
snow la neige
to snow neiger*; **It's going to snow.** Il va neiger.; **It's snowing.** Il neige.
so alors; **So long.** À bientôt.; **so much** tellement **8**; **so that** afin que, pour que **12**
soccer le football
sociable sociable **2**
society la société **5**
socks les chaussettes (*f*)
sofa le canapé
solar solaire **7**
solution la solution **4**
some des, un peu (de); certain **3, 5**; **some people** certains **10**
somebody quelqu'un **9**; **somebody else** quelqu'un d'autre **9**
someone quelqu'un **9**
something quelque chose; **something** + *adjective* quelque chose de + *adjectif*; **something else** autre chose
sometimes quelquefois; parfois **9**
somewhere quelque part **9**
son le fils; **only son** le fils unique **11**
song la chanson
soon bientôt; **as soon as** dès que **5**
sore: to have a sore… avoir* mal à…
sorry: to be sorry regretter; **very sorry** désolé
sort la sorte
So-so. Comme ci comme ça.
soup la soupe; **onion (vegetable) soup** soupe à l'oignon (de légumes)
source la source **3**
south le sud
souvenir le souvenir
space spatial (*m. pl.* spatiaux) **7**
Spanish (*language*) l'espagnol (*m*)
Spanish espagnol **2**
spare: spare time le temps libre **2**
sparrow le moineau **10**
to speak parler
special spécial **4**
species l'espèce (*f*) **7**

spectator le spectateur
to spend dépenser **2**; **to spend time** passer
spirit l'esprit (*m*)
spite: in spite of malgré
spoiled gâté
sport coat la veste
sports le sport; **to do a sport** pratiquer un sport; **to participate in sports** faire* du sport
sports sportif (*m*), sportive (*f*); **sports car** la voiture de sport; **sports report** le reportage sportif
spot (*place*) l'endroit (*m*)
spring le printemps
squirrel l'écureuil (*m*) **10**
stadium le stade
stained-glass window le vitrail (*pl.* les vitraux) **12**
stamp (*postage*) le timbre(-poste) (*pl.* les timbres[-poste]) **2**
to stand (*to endure*) supporter; **Stand up!** Levez-vous!
to stand in line faire* la queue **4**
star l'étoile (*f*)
to start se mettre* à **5**
state l'état (*m*); **state of mind** état d'esprit **11**
station (*train*) la gare; **subway station** la station de métro **4**
statue la statue
stay le séjour **4**
to stay rester
steak le bifteck
stepbrother le beau-frère **11**
stepmother la belle-mère **11**
stepsister la belle-sœur **11**
stereo la chaîne stéréo (*pl.* les chaînes stéréo)
still encore
still life la nature morte **12**
stomach l'estomac (*m*)
to stop arrêter **4**; s'arrêter **4**
store le magasin; **department store** le grand magasin **4**; **grocery store** l'épicerie (*f*)
story l'histoire (*f*), (*building*) l'étage (*m*)
stove la cuisinière
straight droit; **straight ahead** tout droit
strange bizarre **4**; **strange** curieux (*m*), curieuse (*f*) **5**

stranger l'étranger (*m*), l'étrangère (*f*) **3**
strawberry la fraise; **strawberry pie** la tarte aux fraises
street la rue
strict sévère
strike la grève **8**
to strike faire* la grève **8**
strip: comic strip la bande dessinée
strong fort
student (*elementary school, high school*) l'élève (*m/f*), (*high school*) le lycéen, la lycéenne; (*university*) l'étudiant (*m*), l'étudiante (*f*) **2**; **day student** le demi-pensionnaire, la demi-pensionnaire **3**
studies les études (*f*)
studio le studio
to study étudier; **to study acting** faire* du théâtre **2**; **to study dancing** faire* de la danse **2**; **to study painting** faire* de la peinture **2**
study hall l'étude (*f*)
stupid stupide
subject le sujet **7**; (*school*) la matière
subterranean souterrain **7**
suburbs la banlieue **4**; **in the suburbs** en banlieue **4**
subway le métro **4**; **subway line** la ligne de métro **4**; **subway station** la station de métro **4**
to succeed (**in**) arriver (à) **4**
such as comme
to suffer souffrir* **10**
sugar le sucre
to suggest suggérer*
suggestion la suggestion
suitcase la valise
summer l'été (*m*); **summer camp** la colonie de vacances
sun le soleil; **sunglasses** les lunettes (*f*) de soleil
Sunday dimanche (*m*)
sunny: The weather is sunny. Il fait du soleil.
sunrise le lever du soleil **6**
sunset le coucher du soleil **6**
supermarket le supermarché
supplies le matériel **12**

sure sûr
surprised surpris **11**
sweater le pull
sweet doux; **to whisper sweet nothings** dire* des mots doux **8**
to swim nager*
swimming pool la piscine
swimsuit le maillot de bain **5**
Swiss suisse **2**
system le système **7**

T

table la table
tablet le comprimé; **aspirin tablet** le comprimé d'aspirine
to take prendre*; (*a course*) suivre*; (*a test*) passer; **to take advantage** (**of**) profiter (de); **to take along** emporter; **to take care of** s'occuper de **5**; **to take photos** faire* de la photographie (photo) **2**; **to take place** se passer **5**; avoir* lieu **7**; **to take** (**someone**) emmener* **4**
talent le talent **12**
to talk parler; discuter **2**
tall grand **5**
tape player le magnétophone
taste le goût
taxi le taxi **4**
tea le thé
to teach apprendre* **10**
teacher (*male or female*) le professeur (le prof); (*elementary school*) l'instituteur (*m*), l'institutrice (*f*)
team l'équipe (*f*)
to tease taquiner **10**
technical technique
technological technologique **8**
telephone le téléphone; **telephone call** le coup de téléphone **12**
to telephone téléphoner (à)
televised télévisé

television la télévision, la télé;
television set le poste de
télévision

to tell dire* 5, 8; **to tell a lie**
dire un mensonge 8; **to tell
stories** raconter des
histoires; **to tell the truth**
dire la vérité 8

ten dix

tennis le tennis; **tennis ball**
la balle de tennis; **tennis
shoes** les chaussures (f) de
tennis

tent la tente 9; **to pitch the
tent** planter la tente 9

terrace la terrasse 4

terrible terrible

test l'examen (m), l'épreuve (f)

to thank: Thanks. Merci.;
Thank you. Merci. **Well,
thanks.** Bien, merci.

that ça, ce, (*demonstrative
adjective*) ce, cet, cette;
(*relative pronoun*) qui, que 2;
everything that tout ce qui,
tout ce que 7; **that is** c'est;
that which ce qui, ce que 7

the le (m), la (f), les (pl.)

theater le théâtre 2

their leur(s)

theirs: to be theirs être* à eux
(m), être* à elles (f)

them (*direct object*) les;
(*indirect object*) leur (m/f) 2;
(*emphatic*) eux (m), elles (f)

then alors; puis 6

there là; y 8; **There is
(are)...** Voilà..., il y a;
there isn't (aren't) il n'y a
pas

these (*demonstrative adjective*)
ces; **these are** ce sont; **these
days** ces jours-ci 2

they ils (m), elles (f)

thing la chose; **all things
considered** en fin de compte
7; **How are things?**
Comment ça va? 0

to think (about) penser (à),
réfléchir (à)

third troisième; **Third
World** le Tiers-Monde 8

thirst la soif

thirsty: to be thirsty avoir*
soif

thirteen treize

thirty trente

this ce, (*demonstrative
adjective*) ce, cet, cette

those (*demonstrative adjective*)
ces

thousand mille; **about a
thousand** un millier

three trois

throat la gorge

through par

thunderstorm l'orage (m) 8

Thursday jeudi (m)

thus ainsi 8

ticket le billet; **traffic ticket**
la contravention 4

tie la cravate 5

tiger le tigre 10

time le temps, (*time of day*)
l'heure (f), la fois; **a long time
ago** il y a longtemps 3; **at
the same time** à la fois 9; **for
a long time** pendant
longtemps; **to have a good
time** s'amuser 4; **on time** à
l'heure; **spare time** temps
libre 2; **to spend time**
passer; **What time is it?**
Quelle heure est-il?

timid timide

tire le pneu 4; **flat tire** pneu
crevé 4

tired fatigué

tiring fatigant

to à

toasted grillé

today aujourd'hui; **What day is
today?** Quel jour est-ce
aujourd'hui?, Quel jour
sommes-nous?

together ensemble; **to get
together** se réunir 8

toilet les W.-C. (m)

tomato la tomate

tomorrow demain; **See you
tomorrow.** À demain.; **the
day after tomorrow** après-
demain

tonight ce soir

too aussi, trop

tooth la dent

toward vers 6

tower la tour 12

town: in(to) town en ville 4

toy le jouet 6

track: to do track and field
faire* de l'athlétisme (m)

tractor le tracteur 3

tradition la tradition 6

traditional traditionnel (m),
traditionnelle (f) 6

traffic la circulation 4; **traffic
jam** l'embouteillage (m) 4;
traffic light le feu 4; **traffic
ticket** la contravention 4

train le train; **train station** la
gare

to train dresser 10

**transportation: means of
transportation** le moyen de
transport 7

to travel voyager*
traveler's check le chèque de
voyage

to treat traiter de 11

tree l'arbre (m)

trigonometry la trigonométrie

trip le voyage

**trouble: It's not worth the
trouble.** Ce n'est pas la
peine.

true vrai

truth la vérité 6

to try essayer*

T-shirt le tee-shirt

Tuesday mardi (m)

Tunisian tunisien (m),
tunisienne (f)

tunnel le tunnel 8

turn: It's your turn. C'est ton
tour.

to turn tourner

TV la télé; **TV program**
l'émission (f); **TV
schedule** le programme;
TV viewer le
téléspectateur

twelve douze

twenty vingt

two deux

typical typique

typing la dactylographie

U

umbrella le parapluie 5

unbelievable incroyable 6

uncle   l'oncle (*m*)
uncomfortable   mal à l'aise **9**
under   sous
to understand   comprendre*
understanding   compréhensif (*m*), compréhensive (*f*) **11**
underwater   sous-marin **2**
unemployed: to be unemployed   être* au chômage **8**
unemployment   le chômage **8**
unfair   injuste **11**
unfortunate   pauvre **5**
unfortunately   malheureusement
unhappy   mécontent **3**
union   l'union (*f*) **8**
to unite   s'unir **8**
united   uni **8**
university   l'université (*f*)
unless   à moins que **12**
unpleasant   désagréable
until   jusqu'à; jusqu'à ce que **12**
up to   jusqu'à
us   nous
to use   utiliser **7**
usual: as usual   comme d'habitude **3**
usually   d'habitude

𝒱

vacation   les vacances (*f*)
vanilla   la vanille; **vanilla ice cream**   la glace à la vanille
variety show   l'émission (*f*) de variétés
vegetable   le légume; **vegetable soup**   la soupe de légumes
very   très; **very sorry**   désolé
victory   la victoire
video camera   la caméra vidéo
videocassette recorder   le magnétoscope
Vietnamese   (*language*) le vietnamien **2**
Vietnamese   vietnamien (*m*), vietnamienne (*f*) **2**

view   la vue **4**; **point of view**   le point de vue **3**
viewer   (*TV*) le téléspectateur
village   le village
vineyards   les vignes (*f*) **3**
violence   la violence **8**
to visit   (*a place, etc.*) visiter; (*a person*) rendre visite à
visitor   le visiteur **4**
voice   la voix **2**
volleyball   le volley-ball
to vote   voter **5**

𝒲

waiter   le garçon
to wait (for)   attendre
to wake up   se réveiller **4**
walk   la promenade, la randonnée; **to go for a walk**   faire* une promenade; **to go for walks**   faire* des randonnées
to walk   marcher
wall   le mur
wallet   le portefeuille
to want   désirer, avoir* envie de, vouloir*
war   la guerre **8**
warm   (*temperature*) chaud; (*people, greetings, etc.*) chaleureux (*m*), chaleureuse (*f*) **3**; **The weather is warm.**   Il fait chaud.
to wash (oneself)   se laver **4**
to waste   gaspiller **7**
watch   la montre **6**
to watch   regarder
water   l'eau (*f*); **mineral water**   eau minérale
to water-ski   faire* du ski nautique
waterskiing   le ski nautique
way   la façon **11**; **in this (that) way**   de toute façon **11**
we   nous
wealth   la richesse **5**
to wear   porter **5**; **to wear a costume**   se déguiser **6**

weather   le temps; **How's the weather?**   Quel temps fait il?; **The weather is bad/nice/hot, warm/cold/cool.**   Il fait mauvais/beau/chaud/froid/frais.; **The weather is sunny/windy.**   Il fait du soleil/du vent.; **weather report**   la météo
Wednesday   mercredi (*m*)
week   la semaine
weekend   le week-end
welcome: You're welcome.   De rien.
well   bien
west   l'ouest (*m*)
western   le western
West Indies   les Antilles (*f*) **9**
whale   la baleine **7**
what   quel (*m*), quelle (*f*); (*that which*) ce qui, ce que **7**; **But what?**   Mais quoi?; **What?**   Comment?; **What . . . ?**   Que . . . ?, Qu'est-ce que . . . ?, Qu'est-ce qui . . . ? **3**; **What day is today?**   Quel jour est-ce aujourd'hui?, Quel jour sommes-nous?; **What's new?**   Quoi de neuf?; **What's that?**   Qu'est-ce que c'est?
wheat   le blé **3**
when   quand
where   où
which   quel (*m*), quelle (*f*); (*relative pronoun*) qui, que **2**; **of which**   dont **12**; **that which**   ce qui, ce que **7**
to whisper sweet nothings   dire* des mots doux **8**
white   blanc (*m*), blanche (*f*)
who   qui **2**; **Who . . . ?**   Qui . . . ? **3**; **Who is it?**   Qui est-ce?
whole   tout (*m. pl.* tous)
whom   que **2**; **of whom**   dont **12**; **Whom . . . ?**   Qui . . . ?, Qui est-ce que . . . ? **3**
why   pourquoi; **Why not?**   Pourquoi pas?
wife   la femme **11**
wild   sauvage
to win   gagner
wind   le vent
windbreaker   le blouson
window   la fenêtre; **stained-glass window**   le vitrail (*pl.* les vitraux) **12**

window-shopping: to go
window-shopping faire* du
lèche-vitrines **2**
to wind surf faire* de la planche
à voile; **wind surfboard** la
planche à voile
windy: The weather is windy.
Il fait du vent.
wine le vin
winter l'hiver (*m*)
wish le souhait **6**; **Best
Wishes!** Meilleurs Vœux de
Bonheur! **6**
to wish désirer, vouloir*; **to wish
(each other)** (se) souhaiter **6**
with avec; **coffee with milk**
le café au lait **5**
without sans; sans que **12**
woman la femme
to wonder se demander **6**
woods le bois **10**
word le mot
work le travail; (*work of art*)
l'œuvre (*f*) **12**
to work travailler; **to work in the
garden** faire* du jardinage **2**
worker l'ouvrier (*m*),
l'ouvrière (*f*) **8**
world le monde; **the present-
day world** monde actuel **7;**

Third World le Tiers-
Monde **8**
world, worldwide mondial **8**
worried: to be worried avoir*
des soucis **7**
worth: It's not worth the
trouble. Ce n'est pas la
peine.
would: It would be better...
Il vaudrait mieux que... **11; I
would like...** Je
voudrais...; **I would really
like...** Je voudrais bien...
to wrestle faire* la lutte
wrestling la lutte
to write écrire*
writer l'écrivain (*m*), la femme
écrivain
wrong: to be wrong avoir*
tort **10**

yellow jaune
yes oui, (*to contradict a
negative statement*)
(mais) si
yesterday hier
yet: not yet (ne...) pas encore
you vous, tu, toi, te
young jeune; **young people**
les jeunes (*m/f*)
younger cadet (*m*), cadette
(*f*) **11**
your ton (*m*), ta (*f*),
tes (*pl.*), votre (*sing.*),
vos (*pl.*)
yours: to be yours être* à vous
(toi)
youth la jeunesse;
youth hostel
l'auberge (*f*)
de jeunesse

Y

yard le jardin
year an, année; **to be...years
old** avoir*...ans

Z

zebra le zèbre **10**
zero zéro
zoo le zoo **10**

Index

Art Credits

Photo Credits

Chapitre 5: 152(t), AAA Photo/Barrett/Phototake; 152(bl), Gerald Cubitt; 152(br), Bjorn Bolstad/Peter Arnold, Inc.; 153, Michelangelo Durazzo/ANA/Viesti Associates, Inc.; 154(l), Beryl Goldberg; 154(r), HRW Photo by Russell Dian; 155, Four By Five; 158, Andree Abecassis; 161, FPG International Corp.; 162(t), Mark Antman/The Image Works; 162(b), Philippe Gontier/The Image Works; 168, The Image Works/Alpha; 173, Bruno Maso/PhotoEdit; 174, Richard Lucas/The Image Works; 178, HRW Photo by Russell Dian; 179, W. Campbell/Sygma Photo News; 181, UNICEF; 183, HRW Photo by Russell Dian; 184, Bruno Maso/PhotoEdit.

Chapitre 6: 190(tl), F. Jalain/Explorer/Photo Researchers, Inc.; 190(tr), Michele Burgess; 190(b), Michel Gascon/Reflexion/Miller Comstock, Inc.; 191, Jose Dupont/Explorer/Photo Researchers, Inc.; 192, Mark Antman/The Image Works; 198, Cinello/Sipa Press; 199, Joe Viesti; 204, Steinlein/Sipa Press; 209, Pascal Alix/Sipa Press; 213, Michel Gascon/Reflexion/Miller Comstock, Inc.; 215, Mark Antman/The Image Works; 221, Joe Viesti.

Gazette 2: 225, Jackson/Sipa Press; 226, HRW Photo by Lance Schriner; 227, De Wildenberg/Sygma Photo News; 229, F. Meylan/Sygma Photo News; 230, P. Terrasson; 231, Agence Live.

Chapitre 7: 232(t), Mike Yamashita/Woodfin Camp & Associates, Inc.; 232(bl), M. Philippot/Sygma Photo New; 232(br), Fourmy/R.E.A./Picture Group, Inc.; 233, Beryl Goldberg; 234(t), Richard Lucas/The Image Works; 234(b), Peter Gonzalez; 240, Messerschmidt/FPG International Corp.; 242, Robert Knowles/Photo Researchers, Inc.; 243, Pottier/R.E.A./Picture Group, Inc.; 247, Topham/The Image Works; 250, Lee Snider/Photo Images; 251, Fourmy/R.E.A./Picture Group, Inc.; 256, Mark Antman/The Image Works; 258, HRW Photo by Russell Dian; 259, Lee Snider/Photo Images; 264, Pitois/R.E.A./Picture Group, Inc.; 265, HRW Photo by Russell Dian.

Chapitre 8: 268(t), Dave B. Fleetham/Tom Stack & Associates; 268(bl), Owen Franken/Stock Boston, Inc.; 268(br), Chamussy/Sipa Press; 269, Philippe Gontier/The Image Works; 270, HRW Photo by Dennis Fagan; 274, Thierry Chesnot/Sipa Press; 278, Stumph/Sipa Press; 279, Derei/Sipa Press; 282(l), HRW Photo by Russell Dian; 282(r), Erich Hartmann/Magnum Photos; 283, HRW Photo by Russell Dian; 284, Bruno Maso/PhotoEdit; 288(l), J. Langevin/Sygma Photo News; 292, Bruno Maso/PhotoEdit; 293, Barthele My-Malanra Nicolas/Sipa Press; 296, Senepart/Sipa Press; 300, Martine Franck/Magnum Photos; 301, HRW Photo by Lance Schriner; 304, Alan Oddie/PhotoEdit.

Chapitre 9: 306(l), David Frazier; 306(r), Ken Ross/Viesti Associates, Inc.; 306(b), Suzanne L. Murphy; 307, John Coletti/The Picture Cube, Inc.; 308, HRW Photo by Robert Royal; 316, D. Donne Bryant; 320, M. Lounes/Gamma-Liaison; 321, Stuart Cohen/Comstock, Inc.; 326, Steve Vidler/Miller Comstock, Inc.; 328, Claire Taplin/Taurus Photos, Inc.; 331(t), H. Armstrong Roberts, Inc.; 331(b), Cameramann International Ltd.; 332, Beryl Goldberg; 333, D. Donne Bryant; 336, Mark Antman/The Image Works; 339, Cameramann International Ltd.; 341, Claire Parry/The Image Works.

Gazette 3: 343, Robert Everts/TSW/Click/Chicago Ltd; 344(cl), Ste Blaupunkt; 346(l), Centre Georges Pompidou Musee National d'Art Moderne; 346(r), Musee des Arts de la mode; 348, C. Sachs/Sipa Press.

Chapitre 10: 350(tl), Carolina Biological Supply Company; 350(tr), Pun Nio; 350(b), Robert Maier/Animals Animals; 351, Jan Spieczny/Peter Arnold, Inc.; 352(l), Walter Chandoha; 355(tl), George Holz/The Image Works; 355(tlc), Alan G. Nelson/Animals Animals; 355(trc), Stefan Meyers/Animals Animals; 355(tr), Galen Burrell; 355(bl), Walter Chandoha; 355(blc), Zig Leszczynski/Animals Animals; 355(brc), John Stevenson/Animals Animals; 355(br), Mike Habicht/Animals Animals; 356, Alan Oddie/PhotoEdit; 360, Ralph A. Reinhold/Animals Animals; 364, Robert Maier/Animals Animals; 370, Zig Leszczynski/Animals Animals; 371, Mark Antman/The Image Works; 377, Eastrott/Momatiuk/The Image Works; 378, Dieter Blum/Peter Arnold Inc.; 380, The Image Works Archives; 382, Walter Chandoha; 383, Gerald Cubitt.

Chapitre 11: 386(t), Robert Fried; 286(bl), Peter Menzel/Stock Boston, Inc.; 386(br), Wolfgang Kaehler Photography; 387, Peter Gonzalez; 388, Bruno Maso/PhotoEdit; 391(t), Richard Lucas/The Image Works; 391(b), Bruno Maso/PhotoEdit; 392, Stuart Cohen/Comstock, Inc.; 395(t), Thierry/Explorer/Photo Researcher, Inc.; 395(b), HRW Photo by Russell Dian; 396, Mark Antman/The Image Works; 400, Bruno Maso/PhotoEdit; 401, Claire Parry/The Image Works; 402, Bruno Maso/Photo Edit; 406, Peter Menzel/Stock Boston, Inc.; 407, 410, Stuart Cohen/Comstock, Inc.; 412, HRW Photo by Russell Dian; 417, HRW Photo by Helena Kolda; 419, IPA/The Image Works; 420, Peter Menzel/Stock Boston, Inc.

Chapitre 12: 422(tl), Sipa Press; 422(tr), Dave Brown/Journalism Services; 422(b), G. Guitot/Sipa Press; 423, Photo News/Gamma-Liaison; 424, J.M. Goyhenex/Sipa Press; 428, Ken Ross/Viesti Associates, Inc.; 430, Bruno Maso/PhotoEdit; 431, Scala/Art Resource; 436, Trilei/Sipa Press; 437, Milwaukee Art Museum, Gift of Mr. & Mrs. Richard B. Flagg; 441, Joe Viesti; 445, Ken Ross/Viesti Associates, Inc.; 446, Joe Viesti; 448(l), HRW Photo by Helena Kolda; 448(r), Burt Glinn/Magnum Photos; 449(l), Bruno Barbey/Magnum Photos; 449(r), HRW Photo by Russell Dian; 450(t), HRW Photo by Russell Dian; 450(b), Giraudon/Art Resource; 450(r), Scala/Art Resource; 452, Ken Ross/Viesti Associates, Inc.; 456, Scala/Art Resource.

Gazette 4: 459, Michael Garland/The Image Bank.